INFRAÇÕES DE TRÂNSITO COMENTADAS

LEI Nº 9.503, DE 23 DE SETEMBRO DE 1997

LEGISLAÇÃO COMPLEMENTAR E EXTRAORDINÁRIA

- A UFIR foi extinta, sendo congelada no valor de R$ 1,0641 pelo § 3º do art. 29 da Medida Provisória nº 1.973-69, de 21.12.2000, tendo sido a nº 2.176-79, de 23.8.2001, sua última reedição.

Os Autores

ERON VERÍSSIMO GIMENES

Delegado de Polícia e Diretor da 168ª Ciretran (Agudos),
tendo atuado como Delegado Adjunto na 13ª Ciretran (Piracicaba)

Pós-Graduado *lato sensu* em Direito na ITE/Bauru

Professor concursado da Academia de Polícia Civil do Estado de São Paulo
na disciplina de Legislação de Trânsito

Professor da Pós-Graduação da Universidade do Sagrado Coração – USC/Bauru
na disciplina de Capacitação de Psicólogos Perito-Examinador de Trânsito

Membro da Associação dos Professores
da Academia de Polícia Civil do Estado de São Paulo

Obras do Autor:

Manual de Procedimento no Trânsito. Bauru: Gráfica Editora Olitra, 1990.

Prática das Infrações no Trânsito: Acidente de Trânsito, Normas para Transporte de Escolares, Código de Identificação das Infrações de Trânsito, Fundamentos Legais, Resoluções Contran, Portarias Cetran-Denatran, Comentários. Bauru: Edipro, 1996.

"A competência nos crimes ambientais – Fauna", *Revista do Instituto de Pesquisas e Estudos de Bauru/SP*, Instituição Toledo de Ensino, Faculdade de Direito de Bauru, nº 33, dez./mar. 2002, p. 355.

"Crimes contra a saúde pública e falsificação, adulteração e outras irregularidades em medicamentos e substâncias alimentícias", *Revista do Instituto de Pesquisas e Estudos de Bauru/SP*, Instituição Toledo de Ensino, Faculdade de Direito de Bauru, nº 26, ago./nov. 1999, p. 219.

"A escuta telefônica à luz da Lei nº 9.296/1996", em parceria com Lucas Pimentel de Oliveira, promotor Público da Comarca de Bauru/SP, *Revista do Instituto de Pesquisas e Estudos de Bauru/SP*, Instituição Toledo de Ensino, Faculdade de Direito de Bauru, nº 21, ago./nov. 1999, p. 259.

DANIELA NUNES VERÍSSIMO GIMENES

Advogada Militante em Bauru e Região

Mestranda na Instituição Toledo de Ensino – ITE/Bauru

Professora Universitária

ERON VERÍSSIMO GIMENES
DANIELA NUNES VERÍSSIMO GIMENES

INFRAÇÕES DE TRÂNSITO COMENTADAS

LEI Nº 9.503, DE 23 DE SETEMBRO DE 1997

LEGISLAÇÃO COMPLEMENTAR E EXTRAORDINÁRIA

INFRAÇÕES DE TRÂNSITO COMENTADAS
LEI Nº 9.503, DE 23 DE SETEMBRO DE 1997
Legislação Complementar e Extraordinária

ERON VERÍSSIMO GIMENES
DANIELA NUNES VERÍSSIMO GIMENES

1ª EDIÇÃO 2003

Nº de Catálogo 1346

Supervisão Editorial: *Jair Lot Vieira*
Editor: *Alexandre Rudyard Benevides*
Capa: *Equipe Edipro*
Revisão: *Ricardo Virando*
Digitação: Disquetes fornecidos pelos Autores.

Dados Internacionais de Catalogação na Publicação (CIP)

(Câmara Brasileira do Livro, SP, Brasil)

Gimenes, Eron Veríssimo
   Infrações de trânsito comentadas: Lei nº 9.503, de 23 de setembro de 1997: Eron Veríssimo Gimenes e Daniela Nunes Veríssimo Gimenes – 1ª ed. -- Bauru, SP: EDIPRO, 2003.

"Legislação complementar e extraordinária."

ISBN 85-7283-412-5

   1. Direito administrativo – Brasil 2. Processo (Direito) – Brasil   3. Trânsito – Infrações – Brasil I. Gimenes, Daniela Nunes Veríssimo. II. Título.

03-4419   CDU-343.346:351.81(81) (094.56)

Índices para catálogo sistemático:
1. Brasil : Comentário : Infrações de trânsito : Direito penal administrativo : 343.346:351.81(81) (094.56)
2. Brasil : Infrações de trânsito : Comentário : Direito penal administrativo : 343.346:351.81(81) (094.56)

EDIPRO – Edições Profissionais Ltda.
Rua Conde de São Joaquim, 332 – Liberdade
CEP 01320-010 – São Paulo – SP
Fone (11) 3107-4788 – Fax (11) 3107-0061
e-mail: *edipro@uol.com.br*

Atendemos pelo Reembolso Postal

*Dedicamos nosso trabalho
a Nilza, Maycon e Alan,
pessoas mais que especiais
que tornam nossos dias felizes.*

*Um agradecimento especial
às estagiárias de Direito
Thalita Daiane Brugnoli de Lacerda,
Lilian Karlla de Paula Lima
e Vivian Karlla de Paula Lima
pois sem elas,
não seria possível a realização deste trabalho.*

*"O Trânsito, em condições seguras,
é um direito de todos e dever dos órgãos e entidades
componentes do Sistema Nacional de Trânsito,
a este cabendo, no âmbito das respectivas competências,
adotar as medidas destinadas a assegurar esse direito."*
(Lei n° 9.503, de 23 de setembro de 1997,
Capítulo I – Disposições Preliminares, art. 1°, § 2°).

SUMÁRIO

INTRODUÇÃO 33
   Anotações Introdutórias – Vigência do Código de Trânsito Brasileiro 33
   Aspectos Históricos 34

INFRAÇÕES DE TRÂNSITO COMENTADAS 37

001 **Art. 161.** *Constitui infração de trânsito a inobservância de qualquer preceito deste Código, da legislação complementar ou das resoluções do Contran, sendo o infrator sujeito às penalidades e medidas administrativas indicadas em cada artigo, além das punições previstas no capítulo XIX.* 37

001 **Parágrafo único.** *As infrações cometidas em relação às resoluções do Contran terão suas penalidades e medidas administrativas definidas nas próprias resoluções.* 37
   Infração de trânsito – Conceito 37
   Responsabilidades – Administrativas, cíveis e penais 38
   Princípio da legalidade 39
   Das penalidades 40
   Advertência por escrito (arts. 256, I e 267, do CTB) 41
   Das multas (art. 256, II, do CTB) 41
      • Deliberação nº 33, de 3 de abril de 2002 44
      • Resolução Contran nº 108 de 21, de dezembro 1999 46
   Limites de peso e dimensões para veículos que transitem por vias terrestres 47
      • Resolução Contran nº 12, de 6 de fevereiro de 1998 47
   Lavratura da autuação do veículo novo ou usado que não ostenta a placa de identificação do veículo 50

SUMÁRIO

Infrações de trânsito elaboradas com base em denúncias, informações de autoridades, terceiros, auto-confessadas ou declaradas pelas partes em conflito 50

Dúvida quanto a perfeita identificação do veículo que o condutor utilizou no cometimento da infração de trânsito 52

Auto de infração incompleto 52

Placas do veículo divergente das demais características constantes do auto de infração de trânsito ou divergências por erro de digitação ... 52

Auto de infração lavrado depois do cometimento da infração 53

Auto de infração sem preenchimento do campo referente à cor do veículo ou do município de licenciamento do veículo 53

Do auto de infração de trânsito 54

- Resolução Contran nº 1, de 23 de janeiro de 1998 - *Estabelece as informações mínimas que deverão constar do auto de infração de trânsito cometida em vias terrestres (urbanas e rurais)* 56

- Resolução Contran nº 149, de 19 de setembro de 2003 - *Dispõe sobre uniformização do procedimento administrativo da lavratura do auto de infração, da expedição da Notificação da Autuação e da Notificação da Penalidade de multa e de advertência por infrações de responsabilidade do proprietário e do condutor do veiculo e da identificação do condutor infrator* 58

Autoridade de Trânsito, Diretor de Ciretran, está impedido de desbloquear multas de trânsito, exceto por ordem judicial, por força do disposto contido na Portaria Detran/SP nº 824/2000 63

- Portaria Detran nº 824, de 1º de agosto de 2000 – *Estabelece critérios para a inserção de dados decorrentes de ações judiciais destinados a permitir a emissão dos documentos de circulação, sem a correspondente exigibilidade do pagamento de débitos incidentes em veículo automotor* 63

Licenciamento de veículo sobre o qual pesa mandado de segurança com deferimento de liminar, entretanto, sem decisão final do tribunal 66

Mandado de segurança: cópia aos Procuradores Regionais da Procuradoria Geral do Estado 67

Resolução Contran nº 66, de 23 de setembro de 1998 – *Institui tabela de distribuição de competência dos órgãos executivos de trânsito* 67

Suspensão do direito de dirigir (art. 256, III, 261 CTB e Resolução Contran nº 54/1998) 89

- Resolução Contran nº 54, de 21 de maio de 1998 91
- Portaria Detran nº 1, de 2 de janeiro de 2002 93
- Portaria Detran nº 151, de 16 de janeiro de 2001 94

Cetran/SP: Decide que motorista infrator terá CNH suspensa depois de esgotar todos os recursos 97
• Deliberação nº 141, de 4 agosto de 2003 97
Cetran/SP: Recolhimento de CNH e competências 98
Cetran/SP: Infração ao art. 165 do CTB e CNH registrada em outra localidade 100
Cetran/SP: Prescrição da penalidade de suspensão do direito de dirigir 102
Procedimento administrativo, num caso concreto de condutor envolvido em acidente de trânsito causando vitimas fatais, não havendo lavratura do auto de infração, face decisão deste Conselho publicada na ata da 6ª Sessão Extraordinária (DO de 10.2.2001) que entendeu deva o mesmo ser lavrado imediatamente 104
Requerimento para bloqueio de veículo por falta de transferência e cautelas legais 106
Impedimento legal a aplicação da penalidade de suspensão/cassação/apreensão da CNH-PPD – Enquanto houver pendência de recurso junto ao Cetran/SP 108
Condutor habilitado em mais de uma categoria a suspensão do direito de dirigir é integral e abrange todas as categorias 108
Situações caracterizadoras que podem ensejar a suspensão do direito de dirigir 108
Cassação da carteira nacional de habilitação (art. 256, V, CTB) 109
Circunstâncias que determinam a cassação da carteira nacional de habilitação 109
Prazo para requerimento da reabilitação do condutor que teve sua CNH cassada 110
Cassação da Permissão para Dirigir (art. 256, VI, CTB) 111
Rito procedimental da cassação da CNH ou PPD 111
Apreensão do veículo (art. 256, VI, CTB) 111
Remoção, guarda dos veículos apreendidos, removidos e retidos decorrentes de prática de infração à legislação de trânsito 113
• Portaria Detran/SP nº 1.344, de 26 de dezembro de 1989 113
Freqüência obrigatória em curso de reciclagem (art 256, VII, c/c art. 268, CTB) 117
• Resolução Contran nº 58, de 21 de maio de 1998 118
• Portaria Detran nº 165, de 19 de janeiro de 2001 121
Das medidas administrativas 127
Das medidas administrativas em espécie 129
 I – Retenção do veículo (arts. 269, I e 270, do CTB) 129
 II – Remoção do veículo (art. 269, II e 271, do CTB) 131

III – Recolhimento da carteira nacional de habilitação (art. 269, III e art. 272, do CTB) 131

IV – Recolhimento da Permissão para Dirigir (art. 269, IV e art. 148, §§ 3º e 4º, do CTB) 132

V – Recolhimento do Certificado De registro – CRV – (arts. 269, V; 238; 273, I; 273, II; 240 e 243, do CTB) 133

VI – Recolhimento do Certificado de Registro Licenciamento de Veículo (Anual) – CRLV (arts. 133; 238; 274, I; 230, V; 274, III; 240; 243; 270, §§ 2º e 3º) 134

• Portaria Detran nº 974, de 26 de agosto de 1999 134

VII – Realização de exames de aptidão física, mental, psicológica, de prática de primeiros socorros de direção veicular (vetado) 136

VIII – Transbordo do excesso de carga (arts. 269, VIII; 231, V e X; 275, do CTB) 136

IX – Realização de teste de dosagem de alcoolemia ou perícia de substância entorpecente ou que determine dependência física ou psíquica 137

• Resolução Contran nº 81, de 19 de novembro 1998 138

X – Recolhimento de animais que se encontrem soltos nas vias e na faixa de domínio das vias de circulação, restituindo-os aos seus proprietários, após o pagamento de multas e encargos devidos 139

XI – Realização de exames de aptidão física, mental, de legislação, de prática de primeiros socorros e de direção veicular . 139

002 **Art. 162.** *Dirigir veículo:* 141

002 ***I –*** *sem possuir carteira nacional de habilitação ou Permissão para Dirigir;* 141

Formas de autorização legal para dirigir veículos automotores 141

Distinção entre não possuir e não portar a Permissão para Dirigir ou carteira nacional de habilitação e fundamentação legal 142

Não possuir Permissão (PPD) ou Habilitação (CNH) – Aspecto administrativo 142

Não portar a Permissão para Dirigir ou Carteira de Habilitação ... 142

Aspecto penal – Inabilitado – Não possuir Permissão ou Habilitação 143

Candidato à Permissão para Dirigir veículo, encontrado dirigindo desacompanhado de instrutor – Situação de inabilitado 143

Tratores e assemelhados – Habilitação legal para conduzi-los em via pública 144

| 003 | **II -** com carteira nacional de habilitação ou Permissão para Dirigir cassada ou com suspensão do direito de dirigir; 146

| 004 | **III -** com carteira nacional de habilitação ou Permissão para Dirigir de categoria diferente da do veículo que esteja conduzindo; . 148
Característica da infração 148
Categorias de habilitação 149
Modelo, validade, especificações da Permissão para Dirigir 150
Categoria de habilitação do condutor de cargas perigosas e o curso de treinamento específico e complementar 151
Veículos denominados "trenzinho" com uma unidade acoplada ou mais . 152
Táxi – Categoria na Carteira Nacional de Habilitação e competência para expedição de alvará 152
Condução de ciclomotores 153
Documentos exigidos para direção de ciclomotor em via pública 154
Lei estadual que concedia autorização para maiores de (16) dezesseis anos de idade dirigir veículos, desde que obtivesse autorização judicial – Inconstitucionalidade 155
Proibição de condução de veículo automotor aos maiores de 16 anos de idade – Inconstitucionalidade mesmo em face de artigo autorizativo de Constituição Estadual 155
Magistrados não devem e não podem regulamentar assuntos de trânsito 155
Portarias judiciais autorizando menores de dezoito anos a dirigirem ciclomotores ou outros tipos de veículos automotores 156
Criança e adolescente não estão autorizados a dirigir ciclomotores 156
Categorias de habilitação para veículos Jog – produzidos pela Yamaha e Scooter AE-50 produzidos pela Suzuki – Deliberação nº 94/1995 – Cetran/SP 156
Parecer do Centran sobre ciclomotores 157
Regras de circulação em relação aos ciclomotores 159
Validade da autorização para conduzir ciclomotores e sua apresentação em original 159
Ciclomotor – Capacete de segurança, vestuário, passageiro 159
Trânsito de ciclomotor antes do registro e licenciamento apenas com o porte da nota fiscal 160
Equipamentos obrigatórios destinados ao ciclomotor 160
Condutor de ciclomotor maior de dezoito anos e adolescente sem autorização para conduzir ciclomotor em via pública 160
Do registro e licenciamento dos ciclomotores 161

Exceções aplicadas aos ciclomotores para transitar em vias de trânsito rápido ou rodovias 161

Emancipação nos termos da lei civil do menor de dezoito anos para adquirir a Permissão para Dirigir e do menor de 21 anos com finalidade de habilitar-se nas categorias "d" ou "e", para condução de veículos das categorias mencionadas – Inadimissibilidade 161

|005| **IV –** *(vetado):* 162

|006| **V –** *com validade da Carteira Nacional de Habilitação vencida há mais de trinta dias:* 162

Validade da Permissão para Dirigir 164

Sobre a aplicação do art. 162, inciso V do CTB para a Permissão para Dirigir 165

Outras considerações – Apreensão do veículo, CNH ou PPD 165

|007| **VI –** *sem usar lentes corretoras de visão, aparelho auxiliar de audição, de prótese física ou as adaptações do veículo impostas por ocasião da concessão ou da renovação da licença para conduzir:* ... 166

Exame de aptidão física e mental do candidato deficiente físico 169

Exame teórico – Técnico – Candidato deficiente físico 169

Da prova prática de direção veicular de candidato deficiente físico 170

Exame de sanidade física e mental de candidato portador de defeito físico sem necessidade de adaptação veicular 170

Veículos adaptados ao condutor deficiente físico em atividade remunerada 170

• Portaria Detran nº 1.708, de 11 de dezembro de 2002 171

|008| **Art. 163.** *Entregar direção do veículo a pessoa nas condições previstas no artigo anterior.* 174

|009| **Art. 164.** *Permitir que pessoa nas condições referidas nos incisos do art. 162 tome posse do veículo automotor e passe a conduzi-lo na via.* 178

|010| **Art. 165.** *Dirigir sob a influência e álcool, em nível superior a seis decigramas por litro de sangue, ou de qualquer substância entorpecente ou que determine dependência física ou psíquica.* 181

|010| **Parágrafo único.** *A embriaguez também, poderá ser apurada na forma do art. 277.* 181

• Parecer nº 109/1999 – Assistência Jurídica do Detran/SP – Elaboração do auto de infração de trânsito para condutor de veículo sob suspeita de embriaguez. Prazo para a notificação ... 191

• Comunicado nº 43, de 6 de setembro de 2000 – Homologação pelo Denatran dos equipamentos, aparelhos ou dispositivos para exames de alcoolemia (etilômetros, etilotestes ou bafômetros) 192

SUMÁRIO

| 011 | **Art. 166.** Confiar ou entregar a direção de veículo a pessoa que, mesmo habilitada, por seu estado físico ou psíquico, não estiver em condições de dirigi-lo com segurança. 193

| 012 | **Art. 167.** Deixar o condutor ou passageiro de usar o cinto de segurança, conforme previsto no art. 65. 194

Cinto de segurança – Medida administrativa 196

| 013 | **Art. 168.** Transportar crianças em veículo automotor sem observância das normas de segurança especiais estabelecidas neste Código. 197

Os erros mais comuns no transporte de criança 198

| 014 | **Art. 169.** Dirigir sem atenção ou sem os cuidados indispensáveis à segurança. 199

| 015 | **Art. 170.** Dirigir ameaçando os pedestres que estejam atravessando a via pública, ou os demais veículos. 201

| 016 | **Art. 171.** Usar o veículo para arremessar, sobre os pedestres ou veículos, água ou detritos. 202

| 017 | **Art. 172.** Atirar do veículo ou abandonar na via objetos ou substâncias. 203

| 018 | **Art. 173.** Disputar corrida por espírito de emulação (racha). 204

Racha automobilístico 205

Racha automobilístico e dolo eventual 206

Condutor que nega ter participado de corrida não autorizada, conhecida por racha é objeto de AIT (Auto de Infração de Trânsito) 207

| 019 | **Art. 174.** Promover, na via, competição esportiva, eventos organizados, exibição e demonstração de perícia em manobra de veículo, ou deles participar, como condutor sem permissão da autoridade de trânsito com circunscrição sobre a via. 208

| 019 | **Parágrafo único.** As penalidades são aplicáveis aos promotores e aos condutores participantes. 208

Demonstração de perícia em vias por determinada montadora ou fabricante de veículos 209

Requisitos para realização de provas e competições desportivas 210

| 020 | **Art. 175.** Utilizar-se de veículo para, em via pública, demonstrar ou exibir manobra perigosa, arrancada brusca, derrapagem ou frenagem com deslizamento ou arrastamento de pneus. 210

| 021 | **Art. 176.** Deixar o condutor envolvido em acidente com vítima: 212

| 021 | **I –** de prestar ou providenciar socorro à vítima, podendo fazê-lo: . 212

| 022 | **II –** de adotar providências, podendo fazê-lo no sentido de evitar perigo para o trânsito no local: 213

| 023 | **III –** de preservar o local, de forma a facilitar os trabalhos, da polícia e da perícia: 214

Classificação dos acidentes de trânsito 215

Acidentes de trânsito envolvendo carros fortes e blindados 216

Reconstituições para feitura de exames periciais de locais de acidentes não preservados 216

Quesitos para acidentes de trânsito 217

Lei nº 5.970, de 11 de dezembro de 1973 217

| 024 | **IV –** de adotar providências para remover o veículo do local, quando determinadas por policial ou agente da autoridade de trânsito: 218

| 025 | **V –** de identificar-se ao policial e de lhe prestar informações necessárias à confecção do boletim de ocorrência: 219

| 026 | **Art. 177.** Deixar o condutor de prestar socorro à vítima de acidente quando solicitado pela autoridade e seus agentes. 220

| 027 | **Art. 178.** Deixar o condutor envolvido em acidente sem vítima, de adotar providências para remover o veículo do local, quando necessária tal medida para assegurar a segurança e a fluidez do trânsito 220

| 028 | **Art. 179.** Fazer ou deixar que se faça reparo em veículo na via pública, salvo nos casos de impedimento absoluto de sua remoção e em que o veículo esteja devidamente sinalizado: 222

| 028 | **I –** em pista de rolamento de rodovias e vias de trânsito rápido: ... 222

| 029 | **II –** nas demais vias: 223

| 030 | **Art. 180.** Ter seu veículo imobilizado na via por falta de combustível. 223

| 031 | **Art. 181.** Estacionar o veículo: 224

| 031 | **I –** nas esquinas e a menos de cinco metros do bordo do alinhamento da via transversal: 224

Distinção entre estacionamento e parada de veículos 225

| 032 | **II –** afastado da guia da calçada (meio-fio) de cinqüenta centímetros a um metro: 226

| 033 | **III –** afastado da guia da calçada (meio-fio) a mais de um metro: ... 227

| 034 | **IV –** em desacordo com as posições estabelecidas neste Código: 228

| 035 | **V –** na pista de rolamento das estradas, das rodovias, das vias de trânsito rápido e das vias dotadas de acostamento: 228

| 036 | **VI -** junto ou sobre hidrantes de incêndio; registro de água ou tampas de poços de visita de galerias subterrâneas, desde que devidamente identificadas, conforme especificações do Contran: . 230

| 037 | **VII -** nos acostamentos, salvo motivo de força maior: 231

| 038 | **VIII -** no passeio ou sobre faixa destinada a pedestre, sobre ciclovia ou ciclofaixa, bem como nas ilhas, refúgios, ao lado ou sobre canteiros centrais, divisores de pista de rolamento, marcas de canalização, gramados ou jardim público: 232

| 039 | **IX -** onde houver guia de calçada (meio-fio) rebaixada destinada à entrada ou saída de veículos: 234

| 040 | **X -** impedindo a movimentação de outro veículo: 235

| 041 | **XI -** ao lado de outro veículo, em fila dupla: 236

| 042 | **XII -** na área de cruzamento de vias, prejudicando a circulação de veículos e pedestres: 237

| 043 | **XIII -** onde houver sinalização horizontal delimitadora de ponto de embarque ou desembarque de passageiros de transporte coletivo ou, na inexistência desta sinalização, no intervalo compreendido entre dez metros antes e depois do marco do ponto; 238

| 044 | **XIV -** nos viadutos, pontes e túneis: 239

| 045 | **XV -** na contramão de direção: 240

| 046 | **XVI -** em aclive ou declive, não estando devidamente freado e sem calço de segurança, quando se tratar de veículo com peso bruto total superior a três mil e quinhentos quilogramas: 241

Abandono do calço de segurança na via pública 242

| 047 | **XVII -** em desacordo com condições regulamentadas especificamente pela sinalização (placa – estacionamento regulamentado): 242

| 048 | **XVIII -** em locais e horários proibidos especificamente pela sinalização (placa – proibido estacionar): 244

| 049 | **XIX -** em locais e horários de estacionamento e parada proibidos pela sinalização (placa – proibido parar e estacionar): 245

| 049 | **§ 1º.** Nos casos previstos neste artigo, a autoridade de trânsito aplicará a penalidade preferencialmente após a remoção do veículo. 245

| 049 | **§ 2º.** No caso previsto no inciso XVI é proibido abandonar o calço de segurança na via. 245

Paradas de veículos proibidas 246

| 050 | **Art. 182.** Parar o veículo: 247

Sumário

050	I –	nas esquinas e a menos de cinco metros do bordo do alinhamento da via transversal:	247
051	II –	afastado da guia da calçada (meio-fio) de cinqüenta centímetros a um metro:	248
052	III –	afastado da guia da calçada (meio-fio) a mais de um metro: ...	249
053	IV –	em desacordo com as posições estabelecidas neste Código:	249
054	V –	na pista de rolamento das estradas, das rodovias, das vias de trânsito rápido e das demais vias dotadas de acostamento:	250
055	VI –	no passeio ou sobre a faixa destinada a pedestres, nas ilhas, refúgios, canteiros centrais e divisores da pista de rolamento e marcas de canalização:	251
056	VII –	na área de cruzamento de vias, prejudicando a circulação de veículos e de pedestres:	252
057	VIII –	nos viadutos, pontes e túneis:	253
058	IX –	na contramão de direção:	254
059	X –	em local e horários proibidos especificamente pela sinalização (placa – Proibido Parar):	254
060	Art. 183.	Parar o veículo sobre a faixa de pedestres na mudança de sinal luminoso.	255
061	Art. 184.	Transitar com o veículo:	256
061	I –	na faixa ou pista da direita, regulamentada como de circulação exclusiva para determinado tipo de veículo, exceto para acesso a imóveis lindeiros ou conversões à direita:	256
062	II –	nas faixa ou pista da esquerda regulamentada como de circulação exclusiva para determinado tipo de veículo:	257
063	Art. 185.	Quando o veículo estiver em movimento, deixar de conservá-lo:	258
063	I –	na faixa a ele destinada pela sinalização de regulamentação, exceto em situações de emergência:	258
064	II –	nas faixas da direita, os veículos lentos e de maior porte:	259
065	Art. 186.	Transitar pela contramão de direção em:	259
065	I –	vias com duplo sentido de circulação, exceto para ultrapassar outro veículo e apenas pelo tempo necessário, respeitada a preferência do veículo que transitar em sentido contrário:	259
066	II –	vias com sinalização de regulamentação de sentido único de circulação:	261

| 067 | **Art. 187.** Transitar em locais e horários não permitidos pela regulamentação estabelecida pela autoridade competente: 262
| 067 | **I –** para todos os tipos de veículos: 262
| 067 | **II –** (Revogado) 262
| 068 | **Art. 188.** Transitar ao lado de outro veículo, interrompendo ou perturbando o trânsito: 263
| 069 | **Art. 189.** Deixar de dar passagem aos veículos precedidos de batedores, de socorro de incêndio e salvamento, de polícia, de operação e fiscalização de trânsito e às ambulâncias, quando em serviço de urgência e devidamente identificados por dispositivos regulamentados de alarme sonoro e iluminação vermelha intermitentes: .. 264
| 070 | **Art. 190.** Seguir veículo em serviço de urgência, estando este com prioridade de passagem devidamente identificados por dispositivos regulamentares de alarme sonoro e iluminação vermelha intermitentes: 265
| 071 | **Art. 191.** Forçar passagem entre veículos que, transitando em sentidos opostos, estejam na iminência de passar um pelo outro ao realizar operação de ultrapassagem: 266
| 072 | **Art. 192.** Deixar de guardar distância lateral e frontal entre o seu veículo e os demais, bem como em relação ao bordo da pista, considerando-se, no momento, a velocidade, as condições climáticas do local da circulação e do veículo: 267
| 073 | **Art. 193.** Transitar com o veículo em calçadas, passeios, passarelas, ciclovias, ciclofaixas, ilhas, refúgios, ajardinamentos, canteiros centrais e divisores de pista de rolamento, acostamentos, marcas de canalização, gramados e jardins públicos: 270
| 074 | **Art. 194.** Transitar em marcha à ré, salvo na distância necessária a pequenas manobras e de forma a não causar ricos à segurança: 272
Retrocesso do veículo 273
| 075 | **Art. 195.** Desobedecer às ordens emanadas da autoridade competente de trânsito ou de seus agentes: 273
| 076 | **Art. 196.** Deixar de indicar com antecedência, mediante gesto regulamentar de braço ou luz indicadora de direção do veículo, o início da marcha, a realização da manobra de parar o veículo, a mudança de direção ou de faixa de circulação: 275
| 077 | **Art. 197.** Deixar de deslocar, com antecedência, o veículo para a faixa mais à esquerda ou mais à direita, dentro da respectiva mão de direção, quando for manobrar para um desses lados: 276
| 078 | **Art. 198.** Deixar de dar passagem pela esquerda, quando solicitado: 277

| 079 | **Art. 199.** Ultrapassar pela direita, salvo quando o veículo da frente estiver colocado na faixa apropriada e der sinal de que vai entrar à esquerda: .... | 278 |

| 080 | **Art. 200.** Ultrapassar pela direita veículo de transporte coletivo ou de escolares, parado para embarque ou desembarque de passageiros, salvo quando houver refúgio de segurança para o pedestre: ..... | 279 |

| 081 | **Art. 201.** Deixar de guardar a distância lateral de um metro e cinqüenta centímetros ao passar ou ultrapassar bicicleta: .... | 280 |

| 082 | **Art. 202.** Ultrapassar outro veículo: .... | 282 |

| 082 | **I –** pelo acostamento: .... | 282 |

| 083 | **II –** em interseções e passagens de nível: .... | 283 |

| 084 | **Art. 203.** Ultrapassar pela contramão outro veículo: .... | 284 |

| 084 | **I –** nas curvas, aclives e declives, sem visibilidade suficiente: ...... | 284 |

| 085 | **II –** nas faixas de pedestre: .... | 285 |

| 086 | **III –** nas pontes, viadutos ou túneis: .... | 286 |

| 087 | **IV –** parado em fila junto a sinais luminosos, porteiras, cancelas, cruzamentos, ou qualquer outro impedimento à livre circulação: ... | 287 |

| 088 | **V –** onde houver marcação viária longitudinal de divisão de fluxos opostos do tipo linha dupla contínua ou simples contínua amarela: | 288 |

| 089 | **Art. 204.** Deixar de parar o veículo no acostamento à direita, para aguardar a oportunidade de cruzar a pista ou entrar à esquerda, onde não houver local apropriado para operação de retorno: .... | 289 |

| 090 | **Art. 205.** Ultrapassar veículo em movimento que integre cortejo, préstito, desfile e formações militares, salvo com autorização da autoridade de trânsito ou de seus agentes: .... | 291 |

| 091 | **Art. 206.** Executar operação de retorno: .... | 292 |

| 091 | **I –** em locais proibidos pela sinalização: .... | 292 |

| 092 | **II –** nas curvas, aclives, declives, pontes, viadutos e túneis: .... | 292 |

| 093 | **III –** passando por cima de calçada, passeio, ilhas, ajardinamento ou canteiros de divisões de pista de rolamento, refúgios e faixas de pedestres e nas de veículos não motorizados: .... | 293 |

| 094 | **IV –** nas interseções, entrando na contramão de direção da via transversal: .... | 294 |

| 095 | **V –** com prejuízo da livre circulação ou da segurança, ainda que em locais permitidos: .... | 295 |

| 096 | **Art. 207.** Executar operação de conversão à direita ou à esquerda em locais proibidos pela sinalização: 295

| 097 | **Art. 208.** Avançar o sinal vermelho do semáforo ou o de parada obrigatória: 296

| 098 | **Art. 209.** Transpor, sem autorização, bloqueio viário com ou sem sinalização ou dispositivos auxiliares, deixar de adentrar às áreas destinadas à pesagem de veículos ou evadir-se para não efetuar o pagamento do pedágio: 299

| 099 | **Art. 210.** Transpor, sem autorização, bloqueio viário policial: 300

| 100 | **Art. 211.** Ultrapassar veículos em fila, parados em razão de sinal luminoso, cancela, bloqueio viário parcial ou qualquer outro obstáculo, com exceção dos veículos não motorizados: 302

| 101 | **Art. 212.** Deixar de parar o veículo antes de transpor linha férrea: 303

    Responsabilidade civil das estradas de ferro 304

| 102 | **Art. 213.** Deixar de parar o veículo sempre que a respectiva marcha for interceptada: 304

| 102 | **I –** por agrupamento de pessoas, como préstitos, passeatas, desfiles e outros: 304

| 103 | **II –** por agrupamento de veículos, como cortejos, formações militares e outros: 305

| 104 | **Art. 214.** Deixar de dar preferência de passagem a pedestre e a veículo não motorizado: 306

| 104 | **I –** que se encontre na faixa e ele destinada: 306

| 105 | **II –** que não haja concluído a travessia mesmo que ocorra sinal verde para o veículo: 307

| 106 | **III –** portadores de deficiência física, idosos e gestantes: 308

| 107 | **IV –** quando houver iniciado a travessia mesmo que não haja sinalização a ele destinada: 309

| 108 | **V –** que esteja atravessando a via transversal para onde se dirige o veículo: 310

| 109 | **Art. 215.** Deixar de dar preferência de passagem: 310

| 109 | **I –** em interseção não sinalizada: 310

| 109 | **a)** a veículo que estiver circulando por rodovia ou rotatória; 310

| 109 | **b)** a veículo que vier da direita: 310

    Preferência de movimento nas rodovias 311

Preferência de movimento nas rotatórias 311
Preferência do veículo que vem da direita em local não sinalizado 312
Cruzamento não sinalizado e a teoria do eixo médio ou chamada ainda de teoria do eixo mediano 312
Trânsito – Teoria do "eixo médio" 312
Da preferência psicológica ou preferência de fato 313
Preferencial por hábito, costume ou consenso da população local 315

| 110 | **II –** *nas interseções de sinalização de regulamentação de Dê a Preferência:* 315

| 111 | **Art. 216.** *Entrar ou sair de áreas lindeiras sem estar adequadamente posicionado para ingresso na via e sem as preocupações com a segurança de pedestres e de outros veículos:* 316

| 112 | **Art. 217.** *Entrar ou sair de fila de veículos estacionamentos sem dar preferência de passagem a pedestres e a outros veículos:* 317

| 113 | **Art. 218.** *Transitar em velocidade superior à máxima permitida para o local, medida por instrumento ou equipamento hábil:* 318

| 113 | **I –** *em rodovias, vias de trânsito rápido e vias arteriais:* 318

| 113 | **a)** *quando a velocidade for superior a máxima em até vinte por cento:* 318

  • Resolução Contran nº 146, de 27 de agosto de 2003 319
  • Deliberação Contran nº 38, de 11 de julho de 2003 320
  • Comunicado Centran nº 2, de 21 de setembro de 2001 327
    • Anexo – Tabela de velocidades para aplicação de penalidades 331

Radar 333
Binóculo ou cronômetro 333
Barreira eletrônica 333
Da velocidade máxima permitida 336
Da velocidade máxima permitida em locais não sinalizados 337
Aparelhos detectores do radar (anti-radar) 338
Dispositivo anti-radar – Legislação brasileira 338

| 114 | **b)** *quando a velocidade for superior à máxima em mais de vinte por cento:* 338

| 115 | **II –** *demais vias:* 340

| 115 | **a)** *quando a velocidade for superior à máxima em até 50% (cinqüenta por cento):* 340

| 116 | **b)** *quando a velocidade for superior à máxima em mais de 50% (cinqüenta por cento):* 341

| 117 | **Art. 219.** Transitar em velocidade inferior à metade da velocidade máxima estabelecida para a via, retardando ou obstruindo o trânsito, a menos que as condições de tráfego e meteorológicas não permitam, salvo se estiver na faixa da direita: 342

| 118 | **Art. 220.** Deixar de reduzir a velocidade do veículo de forma compatível com a segurança do trânsito: 343

| 118 | **I –** quando se aproximar de passeatas, aglomerações, cortejos, préstitos e desfiles: 343

| 119 | **II –** nos locais onde o trânsito esteja sendo controlado pelo agente da autoridade de trânsito, mediante sinais sonoros ou gestos: .. 345

| 120 | **III –** ao aproximar-se da guia da calçada (meio-fio) ou acostamento:. 346

| 121 | **IV –** ao aproximar-se de ou passar por interseção não sinalizada: 347

| 122 | **V –** nas vias rurais cuja faixa de domínio não esteja cercada: 347

| 123 | **VI –** nos trechos em curva de pequeno raio: 348

| 124 | **VII –** ao aproximar-se de locais sinalizados com advertência de obras ou trabalhadores na pista: 350

| 125 | **VIII –** sob chuva, neblina, cerração ou ventos fortes: 351

| 126 | **IX –** quando houver má visibilidade: 352

| 127 | **X –** quando o pavimento se apresentar escorregadio, defeituoso ou avariado: 353

| 128 | **XI –** à aproximação de animais na pista: 353

| 129 | **XII –** em declive: 354

| 130 | **XIII –** ao ultrapassar ciclista: 355

| 131 | **XIV –** nas proximidades de escolas, hospitais, estações de embarque e desembarque de passageiros ou onde haja intensa movimentação de pedestres: 356

| 132 | **Art. 221.** Portar no veículo placas de identificação em desacordo com as especificações e modelos estabelecidos pelo Contran: 357

Ausência de tarjeta nas placas de identificação do veículo – Revisão ... 358

| 133 | **Art. 221.** Portar no veículo placas de identificação em desacordo com as especificações e modelos estabelecidos pelo Contran. 361

| 133 | **Parágrafo único.** Incide na mesma penalidade aquele que confecciona, distribui ou coloca, em veículo próprio ou de terceiros, placas de identificação não autorizadas pela regulamentação: 361

| 134 | **Art. 222.** Deixar de manter ligado, nas situações de atendimento de emergência, o sistema de iluminação vermelha intermitente dos veículos de polícia, de socorro de incêndio e salvamento, de fiscalização de trânsito e das ambulâncias, ainda que paradas: 362

- Portaria Detran nº 1.192, de 30 de agosto de 2002 364

135 **Art. 223.** *Transitar com farol desregulado ou com o facho de luz alta de forma a perturbar a visão do outro condutor:* 367

Motorista hemeralópico 369
Ofuscamento por luz alta de veículo em sentido contrário 369

136 **Art. 224.** *Fazer uso do facho de luz alta dos faróis em vias providas de iluminação pública:* 369

137 **Art. 225.** *Deixar de sinalizar a via, de forma a prevenir os demais condutores e, à noite, não manter acesas as luzes externas ou omitir-se quanto a providências necessárias para tornar visível o local, quando:* 370

137 **I –** *tiver de remover o veículo da pista de rolamento ou permanecer no acostamento:* 370

138 **II –** *a carga for derramada sobre a via e não puder ser retirada imediatamente:* 372

139 **Art. 226.** *Deixar de retirar todo e qualquer objeto que tenha sido utilizado para sinalização temporária da via:* 373

140 **Art. 227.** *Usar buzina:* 374

140 **I –** *em situação que não a de simples toque breve como advertência ao pedestre ou a condutores de outros veículos:* 374

141 **II –** *prolongada e sucessivamente a qualquer pretexto:* 375

142 **III –** *entre as vinte e duas e as seis horas:* 376

143 **IV –** *em locais e horários proibidos pela sinalização:* 377

144 **V –** *em desacordo com os padrões e freqüências estabelecidas pelo Contran:* 378

145 **Art. 228.** *Usar no veículo equipamento com som em volume ou freqüência que não sejam autorizados pelo Contran:* 379

146 **Art. 229.** *Usar indevidamente no veículo aparelho de alarme ou que produza sons e ruído que perturbem o sossego público, em desacordo com normas fixadas pelo Contran:* 380

147 **Art. 230.** *Conduzir o veículo:* 381

147 **I –** *com lacre, a inscrição do chassi, o selo, a placa ou qualquer outro elemento de identificação do veículo violado ou falsificado:* 381

Aspecto penal 384

148 **II –** *transportando passageiros em compartimento de carga, salvo por motivo de força maior, com permissão da autoridade competente e na forma estabelecida pelo Contran:* 385

Aspecto penal – Crime qualificado por transporte irregular 387
Transporte de trabalhador rural 389
  • Portaria SUP/DER nº 33, de 21 de maio de 2003 389

|149| **III –** *com dispositivo anti-radar:* 395
|150| **IV –** *sem qualquer uma das placas de identificação:* 397
Lavratura da autuação do veículo novo ou usado que não ostenta a placa de identificação 398
|151| **V –** *que não esteja registrado e devidamente licenciado:* 398
Exceções para conduzir veículo sem estar registrado e licenciado 400
Como elaborar a autuação no veículo que não esteja registrado/ licenciado perante os órgãos de trânsito uma vez que não possui placas 400
Veículo novo sem registro/licenciamento e com ausência de autorização especial 401
Conduzir veículo sem o licenciamento para o ano em curso, de acordo com o algarismo final da placa – Exercício vencido 401
  • Portaria Detran nº 1.700, de 9 de dezembro de 2002 402
Conduzir veículo portando exclusivamente o documento intitulado auto de depósito – Não autoriza a circulação 407
Conduzir veículo sem a 2ª (segunda) placa traseira, quando o dispositivo de engate estiver encobrindo total ou parcialmente a placa traseira – Resolução Contran nº 783/1994, em vigor a partir de 1º.1.1995 408
O veículo sem licenciamento anual e o recolhimento do Certificado de Registro e Licenciamento do Veículo (CRLV) – Fundamentação legal 409
  • Portaria Detran/SP nº 974, de 26 de agosto de 1999 409
Distinção entre infração de trânsito por conduzir veículo automotor que não esteja registrado e devidamente licenciado, e a infração de conduzir o veículo sem os documentos de porte obrigatório referidos no Código 411
Certificado de Registro e Licenciamento de Veículo – CRLV, é o documento de porte obrigatório em original ou cópia autenticada pela repartição de trânsito que o expediu 412
|152| **VI –** *com qualquer uma das placas de identificação sem condições de legibilidade e visibilidade:* 412
Veículos que portam placas de identificação com películas transparente ou superfície de verniz aplicadas sobre as mesmas 413
Conduzir veículo com a placa traseira escondida no porta-malas do veículo ou sob o assento do condutor no caso de motociclistas e similares, mesmo que estejam lacradas à estrutura do veículo 414

Conduzir veículo com dispositivo de engate para reboques, encobrindo a placa traseira 415

Modificação da série alfanumérica da placa do veículo com aplicações de fitas adesivas 415

|153| **VII –** *com a cor ou característica alterada:* 415

Da mudança da cor do veículo 416

Das modificações da suspensão e do chassi não permitidas 417

Substituição do motor por outro com as mesmas especificações técnicas 417

|154| **VIII –** *sem ter sido submetido à inspeção de segurança veicular, quando obrigatória:* 418

|155| **IX –** *sem equipamento obrigatório ou estando este ineficiente ou inoperante:* 419

Auto de infração – Campo de observações – Art. 230, IX 421

Equipamentos obrigatórios 422

|156| **X –** *com equipamento obrigatório em desacordo com o estabelecido pelo Contran:* 429

|157| **XI –** *com descarga livre ou silenciador de motor de explosão defeituoso, deficiente ou inoperante:* 430

|158| **XII –** *com equipamento ou acessório proibido. descarga livre ou silenciador de motor de explosão defeituoso, deficiente ou inoperante:* 431

|159| **XIII –** *com o equipamento do sistema de iluminação e de sinalização alterados:* 431

|160| **XIV –** *com registrador instantâneo inalterável de velocidade e tempo viciado ou defeituoso, quando houver exigência desse aparelho:* 432

|161| **XV –** *com inscrições, adesivos, legendas e símbolos de caráter publicitário afixados ou pintados no pára-brisa e em toda a extensão da parte traseira do veículo excetuadas as hipóteses previstas neste Código:* 434

|162| **XVI –** *com vidros total ou parcialmente cobertos por películas refletivas ou não, painéis decorativos ou pinturas:* 435

|163| **XVII –** *com cortinas ou persianas fechadas, não autorizadas pela legislação:* 436

|164| **XVIII –** *em mau estado de conservação, comprometendo a segurança, ou reprovado na avaliação de inspeção de segurança e de emissão de poluentes e ruído previsto no art. 104:* 437

|165| **XIX –** *sem acionar o limpador de pára-brisa sob chuva:* 438

| 166 | **XX –** sem portar a autorização de escolares, na forma estabelecida no art. 136: 439

• Portaria Detran nº 1.153, de 26 de agosto de 2002 – Estabelece critérios para a expedição de autorização destinada aos veículos de transporte escola.. 441
• Decreto nº 48.073, de 8 de setembro de 2003 – Regulamento do Serviço Rodoviário Intermunicipal de Transporte Coletivo de Estudantes, criado pela Lei nº 11.258, de 6.11.2002 446
• Portarias autorizadoras de veículos específicos (marca e modelo) 451
  • Portaria Detran nº 94, de 29 de janeiro de 2002 451
  • Portaria Detran nº 95, de 29 de janeiro de 2002 452
  • Portaria Detran nº 98, de 31 de janeiro de 2002 452
  • Portaria Detran nº 238, de 7 de março de 2002 453
  • Portaria Detran nº 274, de 14 de março de 2002 454
  • Portaria Detran nº 503, de 25 de abril de 2002 455
  • Portaria Detran nº 943, de 16 de julho de 2002 455
  • Portaria Detran nº 944, de 16 de julho de 2002 456
  • Portaria Detran nº 959, de 17 de julho de 2002 457
  • Portaria Detran nº 981, de 26 de julho de 2002 458
  • Portaria Detran nº 1.101, de 14 de agosto de 2002 458
  • Portaria Detran nº 1.102, de 14 de agosto de 2002 459
  • Portaria Detran nº 1.136, de 20 de agosto de 2002 460
  • Portaria Detran nº 122, de 27 de janeiro de 2003 461
  • Portaria Detran nº 171, de 14 de fevereiro de 2003 461
  • Portaria Detran nº 172, de 14 de fevereiro de 2003 462
  • Portaria Detran nº 173, de 14 de fevereiro de 2003 463
  • Portaria Detran nº 174, de 14 de fevereiro de 2003 463
  • Portaria Detran nº 241, de 25 de fevereiro de 2003 464

| 167 | **XXI –** de carga, com falta de inscrição da tara e demais inscrições previstas neste Código: 465

| 168 | **XXII –** com defeito no sistema de iluminação, de sinalização ou com lâmpadas queimadas: 467

| 169 | **Art. 231.** Transitar com o veículo: 467

| 169 | **I –** danificando a via, suas instalações e equipamentos: 467

| 170 | **II –** derramando, lançando ou arrastando sobre a via carga: 468

| 170 | **a)** que enseja transportando: 468

| 171 | **b)** *combustível ou lubrificante que esteja utilizando:* 469
| 172 | **c)** *qualquer objeto que possa acarretar risco de acidente:* 470
| 173 | **III –** *produzindo fumaça, gases ou partículas em níveis superiores aos fixados pelo Contran:* 470
| 174 | **IV –** *com suas dimensões ou de sua carga superiores aos limites estabelecidos legalmente ou pela sinalização, sem autorização:* ... 472
| 175 | **V –** *com excesso de peso, admitindo percentual de tolerância quando aferido por equipamento, na forma a ser estabelecida pelo Contran:* 474

Cetran/SP: Interpretação da legislação de peso aplicável as rodovias brasileiras 476

| 176 | **VI –** *em desacordo com a autorização especial, expedida pela autoridade competente para transitar com dimensões excedentes, ou quando a mesma estiver vencida:* 478
| 177 | **VII –** *com lotação excedente:* 479
| 178 | **VIII –** *efetuando transporte remunerado de pessoas ou bens, quando não for licenciado para esse fim, salvo casos de força maior ou com permissão da autoridade competente:* 480
| 179 | **IX –** *desligado ou desengrenado, em declive:* 481
| 180 | **X –** *excedendo a capacidade máxima de tração:* 482
| 180 | **Parágrafo único.** *Sem prejuízo das multas previstas nos incisos V e X, o veículo que transitar com excesso de peso ou excedendo à capacidade máxima de tração, não computando o percentual tolerado na forma do disposto na legislação, somente poderá continuar viagem após descarregar o que exceder, segundo critérios estabelecidos na referida legislação complementar:* 482
| 181 | **Art. 232.** *Conduzir veículo sem os documentos de porte obrigatório referidos neste Código:* 483

Outros documentos de identidade reconhecidos pela legislação federal 486
A fé pública da Carteira Nacional de Habilitação 486
Da autorização para conduzir ciclomotores 486

| 182 | **Art. 233.** *Deixar de efetuar o registro de veículo no prazo de trinta dias, junto ao órgão executivo de trânsito, ocorridas as hipóteses previstas no art. 123:* 487
| 183 | **Art. 234.** *Falsificar ou adulterar documento de habilitação e de identificação do veículo:* 488
| 184 | **Art. 235.** *Conduzir pessoas, animais ou carga nas partes externas do veículo, salvo nos casos devidamente autorizados:* 489

Transporte de bicicletas na parte externa de veículos de transporte de passageiros e mistos 490

Transporte de carga em veículos destinados ao transporte de passageiros a que se refere o art. 109 do CTB 490

185 Art. 236. *Rebocar outro veículo com cabo flexível ou corda, salvo em casos de emergência:* 491

Reboque de outro veículo com motocicleta, motoneta e ciclomotor 492

186 Art. 237. *Transitar com o veículo em desacordo com as especificações, e com falta de inscrição e simbologia necessárias e sua identificação, quando exigidas pela legislação:* 493

Transportando e embarcando *produtos perigosos* sem rótulos de risco e painéis de segurança 493

187 Art. 238. *Recusar-se a entregar à autoridade de trânsito ou a seus agentes, mediante recibo, os documentos de habilitação, de registro, de licenciamento de veículo e outros exigidos por lei, para averiguação de sua autenticidade:* 494

Outros documentos exigidos por lei 495

Dever do condutor de exibir documentos 497

188 Art. 239. *Retirar do local veículo legalmente retido para regularização, sem permissão da autoridade competente ou de seus agentes:* 498

189 Art. 240. *Deixar o responsável de promover a baixa do registro de veículo irrecuperável ou definitivamente desmontado:* 500

• Portaria Detran nº 1.183, de 18 de agosto de 2003 502

• Resolução SSP-SP nº 28, de 10 de março de 1993 504

190 Art. 241. *Deixar de atualizar o cadastro de registro do veículo ou de habilitação do condutor:* 504

191 Art. 242. *Fazer falsa declaração de domicílio para fins de registro, licenciamento ou habilitação:* 506

• Comunicado nº 4, de 30 de março de 2001 507

• Portaria Denatran nº 20, de 23 de março de 2001 507

192 Art. 243. *Deixar a empresa seguradora de comunicar ao órgão executivo de trânsito competente a ocorrência de perda total do veículo e de lhe devolver as respectivas placas e documentos:* 508

193 Art. 244. *Conduzir motocicleta, motoneta e ciclomotor:* 509

193 I – *sem usar capacete de segurança com viseira ou óculos de proteção e vestuário de acordo com as normas e especificações aprovadas pelo Contran:* 509

| 194 | **II –** transportando passageiro sem o capacete de segurança, na forma estabelecida no inciso anterior, ou fora do assento suplementar colocado atrás do condutor ou em carro lateral: 510
| 195 | **III –** fazendo malabarismo ou equilibrando-se apenas em uma roda: 511
| 196 | **IV –** com os faróis apagados: 512
| 197 | **V –** transportando criança menor de sete anos ou que não tenha nas circunstâncias, condições de cuidar de sua própria segurança: 514
| 198 | **VI –** rebocando outro veículo: 514
| 199 | **VII –** sem segurar o guidom com ambas as mãos, salvo eventualmente para indicação de manobras: 515
| 200 | **VIII –** transportando carga incompatível com suas especificações: 516
| 201 | **§ 1º.** Para ciclos aplica-se o disposto nos incisos III, VII e VIII, além de: 516
| 201 | **a)** conduzir passageiro fora da garupa ou assento especial a ele destinado: 516
| 202 | **b)** transitar em vias de trânsito rápido ou rodovias, salvo onde houver acostamento ou faixas de rolamento próprias: 517
| 203 | **c)** transportar crianças que não tenham, nas circunstâncias, condições de cuidar de sua própria segurança: 518
| 204 | **§ 2º.** Aplica-se aos ciclomotores o disposto na alínea "b" do parágrafo anterior: 519
| 205 | **Art. 245.** Utilizar a via para depósito de mercadorias, materiais ou equipamentos, sem autorização do órgão ou entidade de trânsito com circunscrição sobre a via: 520
| 205 | **Parágrafo único.** A penalidade e a medida administrativa, incidirão sobre a pessoa física ou jurídica responsável: 520
| 206 | **Art. 246.** Deixar de sinalizar qualquer obstáculo à livre circulação, à segurança de veículo e pedestres, tanto no leito da via terrestre como na calçada, ou obstaculizar a via indevidamente: 521
| 206 | **Parágrafo único.** A penalidade será aplicada à pessoa física ou jurídica responsável pela obstrução, devendo a autoridade com circunscrição sobre a via providenciar a sinalização de emergência, as expensas do responsável, ou, se possível, promover a desobstrução: 521
| 207 | **Art. 247.** Deixar de conduzir pelo bordo da pista de rolamento, em fila única, os veículos de tração ou propulsão humana e os de

tração animal, sempre que não houver acostamento ou faixa a eles destinados: 524

|208| **Art. 248.** Transportar em veículo destinado ao transporte de passageiros carga excedente em desacordo com o estabelecido no art. 109: 525

|209| **Art. 249.** Deixar de manter acesas, à noite, as luzes de posição, quando veículo estiver parado, para fins de embarque ou desembarque de passageiros e carga e descarga de mercadorias: 526

|210| **Art. 250.** Quando o veículo estiver em movimento: 527

|210| **I –** deixar de manter acesa a luz baixa: 527

|210| **a)** durante à noite: 527

|211| **b)** de dia, nos túneis providos de iluminação pública: 527

|212| **c)** de dia e de noite, tratando-se de veículo de transporte coletivo de passageiros, circulando em faixas ou pistas a eles destinadas: 528

|213| **d)** de dia e de noite, tratando-se de ciclomotores: 529

|214| **II –** deixar de manter acesa pelo menos as luzes de posição sob chuva forte, neblina ou cerração: 529

|215| **III –** deixar de manter a placa traseira iluminada, à noite: 530

|216| **Art. 251.** Utilizar as luzes do veículo: 531

|216| **I –** o pisca-alerta, exceto em imobilizações ou situações de emergência: 531

|217| **Art. 251.** Utilizar as luzes do veículo: 531

|217| **II –** baixa e alta de forma intermitente, exceto nas seguintes situações: 531

|217| **a)** a curtos intervalos quando for conveniente advertir a outro condutor que se tem o propósito de ultrapassá-lo: 532

|217| **b)** em imobilizações ou situação de emergência como advertência utilizando pisca alerta: 533

|217| **c)** quando a sinalização de regulamentação da via determinar o uso do pisca-alerta: 534

|218| **Art. 252.** Dirigir o veículo: 535

|218| **I –** com o braço do lado de fora: 535

|219| **II –** transportando pessoas, animais ou volume à sua esquerda ou entre os braços e pernas: 536

|220| **III –** com incapacidade física ou mental temporária que comprometa a segurança do trânsito: 537

| 221 | **IV –** usando calçado que não se firme nos pés ou que comprometa a utilização dos pedais: .... | 538 |

| 222 | **V –** com apenas uma das mãos, exceto quando deva fazer sinais regulamentares de braço, mudar a marcha do veículo, ou acionar equipamentos e acessórios do veículo: .... | 539 |

| 223 | **VI –** utilizando-se de fones nos ouvidos conectados a aparelhagem sonoro ou de telefone celular: .... | 540 |

Utilização de telefonia móvel celular pelo condutor de veículo em movimento na vigência do código anterior - Decisão Contran nº 4, de 26 de abril de 1994 542

| 224 | **Art. 253.** Bloquear a via com o veículo: .... | 543 |

| 225 | **Art. 254.** É proibido ao pedestre: .... | 544 |

| 225 | **I –** permanecer ou andar nas pistas de rolamento, exceto para cruzá-las onde for permitido: .... | 544 |

| 225 | **II –** cruzar pistas de rolamento nos viadutos, pontes, ou túneis, salvo onde exista permissão: .... | 544 |

| 225 | **III –** atravessar a via dentro das áreas de cruzamento, salvo quando, houver sinalização para esse fim: .... | 544 |

| 225 | **IV –** utilizar-se da via em agrupamentos capazes de perturbar o trânsito, ou para a prática de qualquer folguedo, esporte, desfiles e similares, salvo em casos especiais e com a devida licença da autoridade competente: .... | 544 |

| 225 | **V –** andar fora da faixa própria, passarela, passagem aérea ou subterrânea: .... | 544 |

| 225 | **VI –** desobedecer à sinalização de trânsito específica. .... | 544 |

| 226 | **Art. 255.** Conduzir bicicleta em passeios onde não seja permitida a circulação desta, ou de forma agressiva, em desacordo com o disposto no parágrafo único do art. 59: .... | 545 |

Das penalidades, das medidas administrativas e do processo administrativo (arts. 256 a 290) 547

Ementário das Resoluções do Contran anteriores a Lei nº 9.503/1997 (em vigor)... 555

Ementário das Resoluções do Contran posteriores a Lei nº 9.503/1997 (até nº 150, de 8.10.2003) 558

Ementário das Deliberações do Contran posteriores a Lei nº 9.503/1997 564

Ementário das Portarias Denatran (de interesse geral) 565

Ementário de normas sobre transporte de produtos perigosos 568

Abreviaturas 569

Bibliografia 573

INTRODUÇÃO

ANOTAÇÕES INTRODUTÓRIAS
– VIGÊNCIA DO CÓDIGO DE TRÂNSITO BRASILEIRO

O Novel Diploma de Trânsito veio a lume através da Lei nº 9.503, de 23 de setembro de 1997, publicado no Diário Oficial da União (*DOU*) de 24 de setembro de 1997, sendo retificado em 25 de setembro, com 341 artigos que segundo o Denatran, proporcionam instrumentos e condições para que o processo de circulação de bens e pessoas através do espaço físico brasileiro, tanto rural como urbano se desenvolva dentro dos padrões de segurança, eficiência, fluidez e conforto; apresentando *vacatio legis* de 120 dias a contar de sua publicação, nos termos do art. 340, com a nomenclatura **Código de Trânsito Brasileiro – CTB**, após 31 anos de vigência do Código Nacional de Trânsito – CNT.

Entretanto, inafastável salientar, em que pese as necessárias e indispensáveis inovações, o **Código de Trânsito Brasileiro**, trouxe consigo, inicialmente, divergência doutrinária em relação a sua entrada em vigor, vale dizer, à sua vigência, – nesse passo –, a guisa de ilustração, citamos alguns posicionamentos de que a data de entrada em vigor do Código de Trânsito Brasileiro, deu-se em 22.1.1998: Luiz Flávio Gomes,[1] Damásio E. de Jesus,[2] Arnaldo Rizzardo.[3]

Em sentido contrário, pela vigência a partir de 23.1.1998: Fernando Y. Fukassawa,[4] João Baptista da Silva.[5] Nossa posição, é que a data da vigência é 22.1.1998, fundado no dia da publicação/começo, uma vez que neste momento (24.9.1997), a lei tornou-se conhecida, passando a exercer seu papel de motivadora de condutas, sendo indispensável um posicionamento por parte dos estudio-

---

1. *Estudos de Direito Penal e Processo Penal*, p. 14.
2. *Crimes de Trânsito*, p. 34.
3. *Comentários ao Código de Trânsito Brasileiro*, p. 26.
4. *Crimes de Trânsito*, p. 1.
5. *Código de Trânsito Brasileiro Explicado*, p. 759.

INTRODUÇÃO

sos do Direito, formando convicção jurídica para aplicabilidade, defesa e decisão em determinadas situações fáticas relacionadas ao direito intertemporal. Isto quer dizer, situações ocorridas até 21.1.1998, foram balizadas pelo antigo Código Nacional de Trânsito (CNT), após essa data, pelo Código de Trânsito Brasileiro – CTB.

ASPECTOS HISTÓRICOS

A legislação de trânsito no Brasil, na visão de Geraldo de Faria Lemos Pinheiro e Dorival Ribeiro,[6] foi introduzida no sistema de forma esparsa, a partir **de 1910, através do Decreto nº 8.324, de 27.10.1910**, sobrepondo-se à determinação no art. 21, de que os condutores de veículos, chamados de motorneiros, se mantivessem constantemente senhores da velocidade do veículo. Em seguida, adveio o **Decreto Legislativo nº 4.460, de 11 de janeiro de 1922**, tratando de construção de estradas, carga máxima de veículos, utilizando-se pela primeira vez a expressão "mata-burros" – ponte destinada a impedir a passagem de animais sem embaraçar o tráfego de automóveis. **O Decreto Legislativo nº 5.141, de 5 de janeiro de 1927**, mencionou os autocaminhões; e **o Decreto nº 18.323, de 24 de julho de 1928**, aprovou o regulamento para a circulação internacional de automóveis no território brasileiro e para sinalização, segurança do trânsito e polícia nas estradas de rodagem. De acentuar-se, que não obstante o disciplinamento do assunto em âmbito nacional, os estados e municípios editaram legislação própria, *v.g.*, a **Postura Municipal nº 858, de 15 de abril de 1902, do Rio de Janeiro**, versando sobre a velocidade do automóvel na zona urbana. A **Lei Municipal nº 2.264, de 13 de fevereiro de 1920**, dispõe sobre a inspeção e fiscalização do trânsito em **São Paulo**, de veículos no município.

O **Decreto nº 18.323, de 1928**, vigorou até o primeiro **Código Nacional de Trânsito – CNT (Decreto-Lei nº 2.994, de 2.1.1941)**, revogado em seguida pelo **Decreto-Lei nº 3.651, de 25 de setembro de 1966**. Este último, foi substituído pela **Lei nº 5.108, de 21 de setembro de 1966**, que motivou o **Regulamento do Código Nacional de Trânsito**, através do **Decreto nº 62.157 de 16 de janeiro de 1968 (RCNT)**. Por fim, **a Lei nº 9.503, de 23 de setembro de 1997**, o **Código de Trânsito Brasileiro**, em vigor no presente momento.

O Código de Trânsito Brasileiro, surgiu para atender ao reclamo social que ressonava no país, diante do crescimento assustador dos acidentes de trânsito, aumentando o número de vítimas, uma vez que os diplomas anteriores já não surtiam efeitos imediatos na prevenção e repressão aos acidentes de trânsito, campeava no país uma sensação de impunidade, de quase certeza de não punição, isto é, a legislação naquele momento não inibia mais os condutores.

Era o descrédito na punição pelo Estado, tudo aliado aos fatores do aumento do volume de veículos na frota nacional, a má sinalização e conservação das vias, fiscalização deficiente, ausência de conscientização pelos condutores, campanhas educativas de trânsito ineficientes e tímidas contabilizando a cada ano 750 mil acidentes de trânsito, sendo 27 mil com vítimas fatais e 400 mil com lesões permanentes, correspondendo a uma guerra do Vietnã a cada dois anos (50 mil mortos).

---

6. *Código de Trânsito Brasileiro Interpretado*, pp. 1-2.

INTRODUÇÃO

O novo diploma legal, implicou necessariamente em duas mudanças transcendentes: introduziu modelos de conduta que antes não existiam e modificou as reações dos indivíduos entre si e entre esses e o Estado. Esta nova legislação valorizou a vida humana em detrimento de outros bens secundários (patrimônio, via etc) ao realçar no § 2º do art. 1º do Código que o trânsito em condições seguras é um direito de todos e dever dos órgãos e entidades componentes do Sistema Nacional de Trânsito, no âmbito de suas respectivas competências, devendo adotar medidas destinadas a assegurar esse direito. Em outros termos: o objetivo do Código é a segurança viária, a eliminação ou minimização do risco à vida e à saúde das pessoas humanas e em um plano inferior à integridade dos bens patrimoniais comprometidos na circulação.

INFRAÇÕES DE TRÂNSITO COMENTADAS

001

> **Art. 161.** Constitui infração de trânsito a inobservância de qualquer preceito deste Código, da legislação complementar ou das resoluções do Contran, sendo o infrator sujeito às penalidades e medidas administrativas indicadas em cada artigo, além das punições previstas no capítulo XIX.
>
> **Parágrafo único.** As infrações cometidas em relação às resoluções do Contran terão suas penalidades e medidas administrativas definidas nas próprias resoluções.

INFRAÇÃO DE TRÂNSITO – CONCEITO

O vocábulo *infração* advém da origem latina, *infractio* de *infringere*, "é o ato ou efeito de infringir, é violação de uma lei, ordem, tratado, etc.",[7] é transgressão, desrespeito às leis previamente estabelecidas. Em linhas gerais, trata-se do não acatamento da ordem jurídica em curso no país. Portanto o infrator fica adstrito a ser penalizado por sua conduta em desacordo com a legislação, no caso em questão, pela inobservância de normas de trânsito.

O Anexo I do Código de Trânsito Brasileiro com a rubrica "Dos conceitos e definições",[8] conceitua a palavra *infração* como "**inobservância a qualquer preceito da legislação de trânsito, às normas emanadas do Código de Trânsito, do Conselho Nacional de Trânsito e a regulamentação estabelecida pelo órgão ou entidade executiva do trânsito**".

---

7. *Novo Dicionário Aurélio da Língua Portuguesa.*
8. Lei nº 9.503, de 23 de setembro de 1997.

Importa ressaltar, nesse passo, que o conceito de *infração de trânsito* é preconizado no *caput* do art. 161 do Código de Trânsito Brasileiro, com a seguinte dicção: "***Constitui infração de trânsito a inobservância de qualquer preceito deste Código, da legislação complementar ou das resoluções do Contran, sendo o infrator sujeito às penalidades e medidas administrativas indicadas em cada artigo, além das punições previstas no capitulo XIX***". Este capítulo trata dos crimes de trânsito – a explicitação final, não consta do texto – o conceito é semelhante ao previsto no art. 94 do anterior Código de Trânsito.

As infrações de trânsito cometidas em detrimento das resoluções do Contran, terão suas penalidades e medidas administrativas definidas nas próprias resoluções. Isto quer dizer que as infrações de trânsito podem decorrer de inobservância de norma inserida no Código de Trânsito Brasileiro, legislação complementar e de norma prevista em resolução do Contran.

Estabelece o art. 7º, I, do Código de Trânsito Brasileiro que o Conselho Nacional de Trânsito (Contran) é o Órgão Coordenador do Sistema Nacional de Trânsito, além de Órgão Máximo Normativo e Consultivo. A ele compete, dentre outras atividades previstas no art. 10 do Código, estabelecer as normas regulamentares referidas neste Código e as diretrizes da Política Nacional de Trânsito bem como responder às consultas que lhe forem formuladas, relativas à aplicação da legislação de trânsito. O Contran, ao editar suas resoluções tem como objetivo melhorar a execução das normas inseridas no Código de Trânsito Brasileiro (art. 314 do CTB).

RESPONSABILIDADES – ADMINISTRATIVAS, CÍVEIS E PENAIS

De outra parte, oportuno salientar, que as infrações de trânsito podem consubstanciar-se em infrações administrativas, cíveis e penais ou ainda em todas elas conforme a conduta promovida pelo condutor, não sendo despiciendo destacar que a aplicação, de uma, não retira a incidência da outra quando couber, nos termos do § 1º do art. 256 do Código, aduzindo: **A aplicação das penalidades previstas neste Código não elide as punições originárias de ilícitos penais decorrentes e crimes de trânsito, conforme disposições de lei.**[9] Vale dizer, idêntico fato, graças à incidência múltipla, a um só tempo fere regras administrativas, civil e penal.

Já se deixou assente: "O título da punição é distinto na esfera criminal, em relação ao da esfera administrativa. Aqui visa a boa ordem no tráfego de veículo na via pública; lá o perigo a que expõe, potencialmente a integridade das pessoas. Do mesmo modo o funcionário público poderá ver-se punido, por até três vezes, pela mesma conduta, cuidando-se de responsabilidade penal, civil e disciplinar por uma só e mesma conduta. É da lei e da natureza das coisas.".[10]

De suma importância o *caput* do art. 161 do Código, em linhas gerais, ele se projeta aos demais artigos desse novel diploma, em outros termos, sobre os arts. 162 ao 255, que são os tipos administrativos a que os condutores de veículos no trânsito estão sujeitos, incluindo-se as decorrentes das resoluções do Contran.

---

9. Neste sentido observar *RT* 591/390, *RJD TACRIM/SP* 17/213.
10. Rel. Nelson Schiesari, *JUTACRIM* 78/307.

ART. 161

PRINCÍPIO DA LEGALIDADE

Está consagrado na Constituição Federal de 1998, consubstanciando-se na legalidade das providências. A legalidade, na lição do mestre Hely Lopes Meirelles,[11] "como princípio de administração (CF art. 37, *caput*) significa que o administrador público está, em toda a sua atividade funcional, sujeita aos mandamentos da Lei e as exigências do bem comum, e deles não se pode afastar ou desviar, sob pena de praticar ato inválido e expor-se a responsabilidade disciplinar, civil e criminal, conforme o caso. A eficácia de toda atividade administrativa está condicionada ao atendimento da Lei. Na Administração Pública não há liberdade nem vontade pessoal. Enquanto na administração particular é lícito fazer tudo que a lei não proíbe, na Administração Publica só é permitido fazer o que a Lei autoriza. A lei para o particular significa "pode fazer assim", para o administrador público significa "deve fazer assim".

Em síntese, no Direito privado, tendo em vistas seus interesses, o particular poderá fazer tudo o que a lei não proíbe. No campo de Direito Público, a natureza da função pública e a finalidade do Estado impedem que seus agentes deixem de aplicar os poderes e de cumprir os deveres que a lei lhes impõe, isto é, só se pode fazer o que a lei expressamente autorizar ou determinar. O Princípio da Legalidade representa uma garantia para os administrados, vale dizer, os atos praticados pela Administração Pública somente terá validade se respaldado em lei. É o marco divisório, o limite para a atuação do Estado, visando à proteção do administrado em relação ao abuso de poder.

Importa ainda destacar o comentário muito bem posto do consagrado Diógenes Gasparini,[12] ao comentar o princípio da legalidade: "Esse princípio orientou o constituinte federal na elaboração do inciso II do art. 5º da Constituição da República, que estatui: 'ninguém será obrigado a fazer ou deixar de fazer alguma coisa senão em virtude de lei'. Essa regra, todos sabem, se de um lado prestigia e resguarda o particular contra investidas arbitrárias da Administração Pública, de outro exige lei para os comportamentos estatais, pois quaisquer desses comportamentos, por mínimos que sejam, alcançam o particular".

Não é possível também, deixarmos de citar os mestres Luiz Alberto David Araújo e Vidal Serrano Nunes Júnior[13] que tecem o seguinte comentário sobre o tema: "O princípio da legalidade encontra apoio constitucional no art. 5º, II, que prescreve que 'ninguém será obrigado a fazer ou deixar de fazer alguma coisa senão em virtude de lei', bem como na segunda parte do inciso IV do art. 84, também de nossa *Lex Major*, que atribui ao Chefe do Poder Executivo a tarefa de expedir decretos e regulamentos para a fiel execução da lei. A afirmação de que a Administração Pública deve atender à legalidade em suas atividades implica a noção de que a atividade administrativa é a desenvolvida em nível imediatamente infralegal, dando cumprimento às disposições da lei. Em outras palavras, a função dos atos da Administração é a realização das disposições legais, não lhe sendo possí-

---

11. *Direito Administrativo Brasileiro*, p. 82.
12. *Direito Administrativo*, p. 8.
13. *Curso de Direito Constitucional*, p. 290-291.

vel, portanto, a inovação do ordenamento jurídico, mas tão-só a concretização de presságios genéricos e abstratos anteriormente firmados pelo exercente da função legislativa".

Escorado nesse princípio constitucional, o agente público de trânsito, nas fiscalizações, somente poderá lavrar autuações (AIT); apreender documentos de trânsito e tomar demais providências pertinentes a espécie, dentre as quais, remover, reter e apreender veículos se a legislação de trânsito (CTB, resoluções do Contran) estabelecer essa providência.

O desencadeamento de atitudes aleatórias em desconformidade com o permissivo legal acarretará responsabilidade civil, penal e administrativa. O poder de polícia não é arbitrário devendo ser exercido dentro dos limites balizadores do direito, não comportando excessos desnecessários. Exemplo: se para determinada conduta traduzida em infração de trânsito for cominada especificamente pena de multa, o agente público de trânsito não poderá exceder-se e arbitrariamente remover, apreender ou reter o veículo e nem reter ou apreender a Carteira Nacional de Habilitação ou Permissão para Dirigir do motorista infrator por falta de respaldo legal, devendo restringir-se exclusivamente ao capitulado na legislação. Toda sua conduta deverá ser ao lume da previsão legal. É a submissão e o respeito à lei, ou a atuação dentro da esfera estabelecida pelo legislador.

O Princípio da Legalidade Administrativa está consagrado no art. 37 *caput* da Constituição Federal. O Princípio da Legalidade em matéria penal no art. 5º XXXIX e o Princípio da Legalidade Tributário no art. 150, I, também da Constituição.

DAS PENALIDADES

As penalidades são atos administrativos punitivos impostas a condutores que inobservarem regras gerais de trânsito traduzidos em infrações pelo Código. São as elencadas expressamente no art. 256 incisos I a VII do Código de Trânsito Brasileiro

I – advertência por escrito;

II – multa;

III – suspensão do direito de dirigir;

IV – apreensão do veículo;

V – cassação da Carteira Nacional de Habilitação;

VI – cassação da Permissão para Dirigir;

VII – freqüência obrigatória em curso de reciclagem.

As penalidades serão aplicadas somente pelas Autoridades de Trânsito, na esfera das competências e dentro de sua circunscrição, entretanto, não elide as punições originárias de ilícitos penais decorrentes de crimes de trânsito, conforme disposições de Lei. A imposição da penalidade será comunicada aos Órgãos ou Entidades Executivas de Trânsito responsáveis pelo licenciamento do veículo e habilitação do condutor.

ART. 161

ADVERTÊNCIA POR ESCRITO (ARTS. 256, I E 267, DO CTB)

Será imposta a penalidade advertência por escrito ao condutor que cometer infração de trânsito de natureza leve ou média, passível de ser punida com multa, não sendo reincidente o infrator na mesma infração nos últimos 12 (doze) meses, quando a autoridade, considerando o prontuário do infrator, entender esta providência como mais educativa. Em síntese, o agente público de trânsito elabora o auto de infração por violação ao disposto em determinada infração de trânsito, encaminhando-o no prazo legal a Autoridade de Trânsito, que terá a faculdade após análise dos requisitos básicos para a substituição da pena de multa pela de advertência por escrito, considerando-se seus antecedentes (art. 267).

Advertência Escrita – O infrator não pagará a multa, contudo, ficará registrada em seu prontuário, mas a perda de pontos subsiste. Em tema de advertência por escrito já manifestou o Cetran/SP, através do parecer do conselheiro José Guersi, em resposta ao ofício nº 4BPMI-038/411/1999. Inst. Comandante do Pelotão de Trânsito. Assunto: Solicita esclarecimentos sobre o art. 267 do CTB. O Parecer foi aprovado por unanimidade. Transcrição: "Em exame consulta feita pelo oficial comandante do pelotão de policiamento de trânsito de Bauru, sobre contagem de pontos do art. 259 quando a autoridade aplica o art. 267. Se a autoridade entender que a aplicação do art. 267 é o mais conveniente para os interesses do trânsito (segurança e eficiência) dentro dos parâmetros do art. 267, ela transforma a pena de multa, de natureza leve ou média, em advertência por escrito. A concessão em forma de advertência escrita vai para o prontuário do condutor. O art. 258 do CTB estabelece que as infrações punidas com multas classificam-se, de acordo com sua gravidade, em quatro categorias, dando em UFIRS o valor correspondente a cada uma dessas categorias. O art. 259 do CTB estabelece que "a cada infração cometida serão computados os seguintes números de pontos (...)". O art. 269 do CTB permite, sob certas condições, que a autoridade transforme em advertência penas de multas impostas a infrações de natureza leve ou média. Assim, é de se concluir que, se a pena de multa é transformada em pena de advertência a infração autuada não deixará de existir, pois apenas houve a transformação da pena de multa em advertência. Como o art. 259, que estabelece a perda de pontos para as respectivas infrações, estatui que a "cada infração cometida serão computados os seguintes números de pontos (...)". É de se concluir que se a pena de multa foi convertida em pena de advertência ela não atinge o art. 259 e, portanto, a pena da perda de pontos subsiste. Conclusão: O infrator não pagará a multa, mas perderá os pontos".[14]

DAS MULTAS (ART. 256, II, DO CTB)

Os arts. 256, II, 257, 258, 260, 282, §§ 2º e 3º e o art. 284 do Código, tratam da penalidade de multa que será aplicada pelos órgãos fiscalizadores competentes e

---
14. Cf. Publicada no *DOE* nº 195 de 14.10.1999, p. 4.

arrecadadas pelos Órgãos Executivos de Trânsito na esfera da responsabilidade de cada um com circunscrição sobre a via onde haja ocorrido a infração, conforme disciplina os arts. 20, 21, 22 e 24; quando a infração for cometida com veículo licenciado no exterior em trânsito no território nacional, a multa respectiva deverá ser paga antes de sua saída do país, respeitado o princípio de reciprocidade (art. 260, § 4º).

As infrações punidas com multas classificam-se, de acordo com sua gravidade em quatro categorias e a cada infração cometida são computados números de pontos, dependendo de sua gravidade. Os valores das multas por infração a legislação de trânsito em todo território nacional era aplicada através de Unidade de Referência Fiscal (UFIR), entretanto, por força do disposto na Medida Provisória nº 1.973-67, de 26 de outubro de 2000, extinguiu-se a Unidade de Referência Fiscal. Havendo necessidade de disciplinar o assunto, o Contran emitiu a Resolução nº 136/2002, publicada no *Diário Oficial da União* de 9.4.2002, não promovendo qualquer produção ou aumento, fixando os valores das multas por infrações de trânsito em todo território nacional, restando a seguinte classificação:

I – infração de trânsito de natureza gravíssima (art. 258, I) será punida com multa no valor de R$ 191,54, e computados 7 pontos no prontuário do infrator (art. 259, I);

II – infração de trânsito de natureza grave (art. 258, II será punida com multa no valor de R$ 127,69 e serão computados 5 pontos no prontuário do infrator (art. 259, II);

III – infração de natureza média (art. 258, III), será punida com multa no valor de R$ 85,13 e serão computados 4 pontos no prontuário do infrator (art. 259, III);

IV – infração de natureza leve (art. 258, IV), será punida com multa no valor de R$ 53,20 e serão computados 3 pontos no prontuário do infrator (art. 259, IV).

Importa esclarecer, que haverá infrações de trânsito que são agravadas (art. 258, § 2º), com fator multiplicador ou índice adicional específico de três a cinco vezes acima do valor previsto no art. 258 e computados os pontos do art. 259. Exemplo: art. 165 do CTB, que dispõe sobre a direção de veículo sob a influência de álcool, em nível superior a 6 decigramas por litro de sangue, ou qualquer substância entorpecente ou que determine dependência física ou psíquica. Neste caso, a infração é gravíssima e a penalidade a ser aplicada é de multa (5 vezes) e suspensão do direito de dirigir, independente da contagem de vinte pontos. Infrações de trânsito dessa natureza, por si só, leva a suspensão do direito de dirigir. O pagamento da multa poderá ser efetuado até a data do vencimento expressa na notificação, por 80% do seu valor (art. 284), não ocorrendo o pagamento da multa no prazo estabelecido, seu valor será atualizado através da legislação que disciplina o assunto.

O Denatran[15] – Departamento Nacional de Trânsito – considerando as informações errôneas divulgadas em relação ao assunto, principalmente pela mídia, emitiu esclarecimentos acerca da Resolução Contran nº 136/2002, onde ousamos transcrever na íntegra:

---

15. Observar o *site* do Denatran: *www.denatran.gov.br.*

"Cumpre a esta Coordenação informar que a Resolução nº 136, de 2 de abril de 2002, do Contran, que "dispõe sobre os valores das multas de infração de trânsito", previstas no Código de Trânsito Brasileiro – CTB, apenas converteu as importâncias expressas em quantidade de UFIR (extinta em 26.10.2000, pela MP nº 1.973-67) para Real, não promovendo qualquer redução ou aumento, como vem sendo erroneamente divulgado nos meios de comunicação, em especial, via *internet*.

Ressalte-se, que pela sistemática adotada pelo CTB, a variação dos valores das multas decorre de dois fatores: a) da gravidade da infração – **as multas podem ser de natureza leve (50 UFIR), média (80 UFIR), grave (120 UFIR) ou gravíssima (180 UFIR) e, b)** do fator multiplicador – **quando se tratar de multa agravada em três ou cinco vezes.**

Para melhor entendimento, adote-se como exemplo o seguinte artigo do Código de Trânsito Brasileiro:

"**Art. 218.** Transitar em velocidade superior à máxima permitida para o local, medida por instrumento ou equipamento hábil:

I – em rodovias, vias de trânsito rápido e vias arteriais:

b) quando a velocidade for superior a máxima em mais de 20%

Infração – Gravíssima

Penalidade – Multa (três vezes);"

Neste caso, o cálculo deve ser feito da seguinte maneira: **R$ 191,54** (que é o valor previsto para infração gravíssima, de acordo com a supracitada Resolução) multiplicado por 3 (fator multiplicador previsto como penalidade no artigo analisado), tendo como resultado a quantia de **R$ 574,62**.

Registre-se, que este cálculo, antes da edição da Resolução nº 136/2002, era feito da mesma forma, ou seja: **180 UFIR** (valor correspondente à multa gravíssima, previsto no art. 258, do Código de Trânsito Brasileiro) **multiplicado por 3** (fator multiplicador determinado no art. 218, I, b), tendo como resultado a importância de **540 UFIR**, que deveria, ainda, ser multiplicada por **1,0641** (valor da UFIR à época da sua extinção) para a obtenção do valor em Real: **R$ 574,62**.

Observe-se, que nos dois casos, a quantia obtida para cobrança da multa é a mesma: **R$ 574,62**. A única diferença existente é a utilização do Real no primeiro cálculo, e da UFIR no segundo.

Portanto, claro está que o Ato Normativo veio apenas para converter os valores das multas em Real, face à inexistência de um índice econômico que substituísse a UFIR – Unidade de Referência Fiscal, extinta pela Medida Provisória nº 1.973-67, em 26 de outubro de 2000.

Neste caso, são improcedentes todas as informações veiculadas em sentido contrário ao aqui exposto."

A receita arrecadada com a cobrança das multas de trânsito será aplicada, exclusivamente, em sinalização, engenharia de tráfego, de campo, policiamento, fiscalização e educação de trânsito (art. 320). **O Conselho Nacional de Trânsito Contran – disciplinou o assunto através da Deliberação nº 33, de 3.4.2002**, dispondo sobre a **aplicação da Receita Arrecadada com a cobrança das multas de trânsito, conforme o art. 320 do Código de Trânsito Brasileiro**, onde lanço para conhecimento do leitor a Deliberação supra e abaixo mencionada:

"**DELIBERAÇÃO Nº 33, DE 3 DE ABRIL DE 2002.**

Dispõe sobre aplicação da receita arrecadada com a cobrança das multas de trânsito, conforme art. 320 do Código de Trânsito Brasileiro.

O Presidente do Conselho Nacional de Trânsito – Contran, no uso da atribuição que lhe é conferida pelo inciso IX do art. 6º do Regimento Interno do Conselho Nacional de Trânsito, e de acordo com o Decreto nº 2.327, de 23 de setembro de 1997, que trata da coordenação do Sistema Nacional de Trânsito, e

Considerando a necessidade de dirimir dúvidas suscitadas em todo o território nacional quanto à interpretação das disposições contidas na Lei nº 9.503, de 23 de setembro de 1997, que instituiu o Código de Trânsito Brasileiro, resolve:

Art. 1º. Explicitar as formas de aplicação da receita arrecadada com a cobrança das multas de trânsito, prevista no *caput* do art. 320 do Código de Trânsito Brasileiro:

I – A sinalização é o conjunto de sinais de trânsito e dispositivos de segurança colocados na via pública com o objetivo de garantir sua utilização adequada, compreendendo especificamente as sinalizações vertical e horizontal e os dispositivos e sinalizações auxiliares, tais como:

a) dispositivos delimitadores;

b) dispositivos de canalização;

c) dispositivos e sinalização de alerta;

d) alterações nas características do pavimento;

e) dispositivos de uso temporário, e

f) painéis eletrônicos.

II – As engenharias de tráfego e de campo são o conjunto de atividades de engenharia voltado a ampliar as condições de fluidez e de segurança no trânsito, tais como:

a) a elaboração e atualização do mapa viário do município;

b) o cadastramento e implantação da sinalização;

c) o desenvolvimento e implantação de corredores especiais de trânsito nas vias já existentes;

d) a identificação de novos pólos geradores de trânsito, e

e) os estudos e estatísticas de acidentes de trânsito.

III – O policiamento e a fiscalização são os atos de prevenção e repressão que visem a controlar o cumprimento da legislação de trânsito, por meio do poder de polícia administrativa.

IV – A educação de trânsito é a atividade direcionada à formação do cidadão como usuário da via pública, por meio do aprendizado de normas de respeito à vida e ao meio ambiente, visando sempre o trânsito seguro, tais como:

a) publicidade institucional;

b) campanhas educativas;

c) eventos;

d) atividades escolares;

e) elaboração de material didático-pedagógico;

f) formação e reciclagem dos agentes de trânsito; e

g) formação de agentes multiplicadores.

Art. 2º. As ações relacionadas nesta Portaria têm caráter exemplificativo.

Art. 3º. Esta Deliberação entra em vigor na data de sua publicação."

O porcentual de 5% do valor das multas de trânsito arrecadadas será depositado mensalmente, na conta de Fundo de Âmbito Nacional destinado à Segurança e Educação de Trânsito – FUNSET (parágrafo único do art. 320 e art. 4º da Lei nº 9.602 de 21.1.1998, publicada no *DOU* de 22.1.1998. A gestão do FUNSET caberá ao Denatran, por força do disposto no art. 5º da Lei nº 9.602/1998, conforme competência atribuída pelo inciso XII do art. 19 da Lei nº 9.503/1997 (Decreto nº 2.613 de 3 junho de 1998, publicada no *DOU* de 4.6.1998). O percentual de 10 % do total dos valores arrecadados destinados à Previdência Social, do Prêmio Seguro Obrigatório de Danos Pessoais Causados por Veículos Automotores de Via Terrestre – DPVAT, de que trata a Lei nº 6.194/1974, serão repassados mensalmente ao Coordenador do Sistema Nacional de Trânsito para aplicação exclusiva em programas de que trata este artigo. A Resolução Contran nº 97/1998, publicada no *DOU* de 15.7.1999, dispõe sobre a utilização do percentual dos recursos do Seguro Obrigatório de Danos Pessoais Causados por Veículos Automotores de Vias Terrestres (DPVAT), destinados ao órgão Coordenador do Sistema Nacional de Trânsito pelo parágrafo único do art. 78 do CTB.

A inobservância a qualquer preceito da legislação de trânsito, do Conselho Nacional de Trânsito e a regulamentação estabelecida pelo órgão ou entidade executiva do trânsito, acarretará inicialmente a penalidade de multa (art. 256, II), sem prejuízo de outras penalidades ou medidas administrativas estabelecidas pelo Código. Assim, ocorrendo infração de trânsito, o agente autuador lavrará auto de infração (art. 280), conhecido como **AIT** (Auto de Infração de Trânsito) ou **AIIP** (Auto de Infração e Imposição de Penalidade), o primeiro utilizado no trânsito urbano e o segundo no trânsito rodoviário, mas ambos tem o mesmo objetivo e natureza, vale dizer, registrar a infração de trânsito praticada ou de responsabilidade das pessoas enumeradas no art. 257 do CTB, isto é, refere-se ao condutor, ao proprietário do veículo, ao embarcador e ao transportador, salvo os casos de descumprimento de obrigações e deveres impostos a pessoas físicas ou jurídicas expressamente mencionados no Código. Aos proprietários e condutores de veículos serão impostas concomitantemente as penalidades de que trata o Código de

Trânsito, toda vez que houver responsabilidade solidária em infração dos preceitos que lhes couber observar, respondendo cada um de *per si* pela falta em comum que lhes for atribuída (§ 1º art. 257).

Ao proprietário caberá sempre a responsabilidade pela infração referente à prévia regularização e preenchimento das formalidades e condições exigidas para o trânsito do veículo na via terrestre, conservação e inalterabilidade de suas características, componentes, agregados, habilitação legal e compatível de seus condutores, quando esta for exigida, e outras disposições que deva observar (§ 2º art. 257).

Ao condutor caberá a responsabilidade pelas infrações decorrentes de atos praticados na direção do veículo (§ 3º art. 257). A resolução Contran nº 108/1999, dispõe sobre a Responsabilidade pelo Pagamento das Multas, e para melhor explicitação, transcrevemos:

"RESOLUÇÃO CONTRAN Nº 108 DE 21, DE DEZEMBRO 1999[16]

O Conselho Nacional de Trânsito – Contran, usando da competência que lhe confere o art. 12, inciso I, da Lei nº 9.503, de 23 de setembro de 1997, que instituiu o Código de Trânsito Brasileiro – CTB, e conforme o Decreto nº 2.327, de 23 de setembro de 1997, que trata da Coordenação do Sistema Nacional de Trânsito, considerando a decisão tomada na reunião em 31.8.1999, e tendo em vista a Deliberação nº 13 *ad referendum* do Presidente do Conselho Nacional de Trânsito – Contran, publicada no Diário Oficial da União de 8 de novembro de 1999, resolve:

Art. 1º. Fica estabelecido que o proprietário do veículo será sempre responsável pelo pagamento da penalidade de multa, independente da infração cometida, até mesmo quando o condutor for indicado como condutor-infrator nos termos da lei, não devendo ser registrado ou licenciado o veículo sem que o seu proprietário efetue o pagamento do débito de multas, excetuando-se as infrações resultantes de excesso de peso que obedecem ao determinado no art. 257 e parágrafos do Código de Trânsito Brasileiro.

Art. 2º. Esta Resolução entra em vigor na data de sua publicação."

O embarcador é responsável pela infração relativa ao transporte de carga com excesso de peso nos eixos ou no peso bruto total, quando simultaneamente for o único remetente da carga e o peso declarado na nota fiscal, fatura ou manifesto for inferior àquele aferido (§ 4º art. 257).

---

16. Publicada no *DOU* de 6.1.2000.

ART. 161

LIMITES DE PESO E DIMENSÕES PARA VEÍCULOS QUE TRANSITEM POR VIAS TERRESTRES

"RESOLUÇÃO CONTRAN N° 12, DE 6 DE FEVEREIRO DE 1998[17]

O Conselho Nacional de Trânsito – Contran, usando da competência que confere o inciso I, do art. 12, da Lei n° 9.503, de 23 de setembro de 1997, que instituiu o Código de Trânsito Brasileiro – CTB, e conforme Decreto n° 2.327, de 23 de setembro de 1997, que trata da coordenação do Sistema Nacional de Trânsito;

Considerando o art. 99, do Código de Trânsito Brasileiro, que dispõe sobre peso e dimensões; e

Considerando a necessidade de estabelecer os limites de pesos e dimensões para a circulação de veículos;

Resolve:

Art. 1°. As dimensões autorizadas para veículos, com ou sem carga, são as seguintes:

I – largura máxima: 2,60m;

II – altura máxima: 4,40m;

III – comprimento total:

a) veículos simples: 14,00m;

b) veículos articulados: 18,15m;

c) veículos com reboque: 19,80m.

§ 1°. Os limites para o comprimento do balanço traseiro de veículos de transporte de passageiros e de cargas são os seguintes:

I – nos veículos simples de transporte de carga, até 60% (sessenta por cento) da distância entre os dois eixos, não podendo exceder a 3,50m (três metros e cinqüenta centímetros);

II – nos veículos simples de transporte de passageiros:

a) com motor traseiro: até 62% (sessenta e dois por cento) da distância entre eixos;

b) com motor central: até 66% (sessenta e seis por cento) da distância entre eixos;

c) com motor dianteiro: até 71% (setenta e um por cento) da distância entre eixos.

§ 2°. A distância entre eixos, prevista no parágrafo anterior, será medida de centro a centro das rodas dos eixos dos extremos do veículo.

§ 3°. Não é permitido o registro e licenciamento de veículos, cujas dimensões excedam às fixadas neste artigo, salvo nova configuração regulamentada por este Conselho.

---

17. Publicada no *DOU* de 12.2.1998.

§ 4º. Os veículos em circulação, com dimensões excedentes aos limites fixados neste artigo, registrados e licenciados até 13 de novembro de 1996, poderão circular até seu sucateamento, mediante autorização específica e segundo os critérios abaixo:

I – para veículos que tenham como dimensões máximas, até 20,00 metros de comprimentos; até 2,86 metros de largura, e até 4,40 metros de altura, será concedida *Autorização Específica Definitiva,* fornecida pela autoridade com circunscrição sobre a via, devidamente visada pelo proprietário do veículo ou seu representante credenciado, podendo circular durante as vinte e quatro horas do dia, com validade até o seu sucateamento, e que conterá os seguintes dados:

a) nome e endereço do proprietário do veículo;

b) cópia do Certificado de Registro e Licenciamento do Veículo – CRLV;

c) desenho do veículo, suas dimensões e excessos.

II – para os veículos, cujas dimensões excedam os limites previstos no inciso I, será concedida *Autorização Específica Anual,* fornecida pela autoridade com circunscrição sobre a via e considerando os limites dessa via, com validade de um ano, renovada até o sucateamento do conjunto veicular, obedecendo os seguintes parâmetros:

a) volume de tráfego;

b) traçado da via;

c) projeto do conjunto veicular, indicando dimensão de largura, comprimento e altura, número de eixos, distância entre eles e pesos.

§ 5º. De acordo com o art. 101, do Código de Trânsito Brasileiro, as disposições dos parágrafos anteriores, não se aplicam aos veículos especialmente projetados para o transporte de carga indivisível.

Art. 2º. Os limites máximos de peso bruto total e peso bruto transmitido por eixo de veículo, nas superfícies das vias públicas, são os seguintes:

I – peso bruto total por unidade ou combinações de veículos: 45t;

II – peso bruto por eixo isolados: 10t;

III – peso bruto por conjunto de dois eixos *em tandem*, quando a distância entre os dois planos verticais, que contenham os centros das rodas, for superior a 1,20 m e inferior ou igual a 2,40m: 17t;

IV – peso bruto por conjunto de dois eixos não *em tandem*, quando a distância entre os dois planos verticais, que contenham os centros das rodas, for superior a 1,20m e inferior ou igual a 2,40m: 15t;

V – peso bruto por conjunto de três eixos *em tandem*, aplicável somente a semi-reboque, quando a distância entre os três planos verticais, que contenham os centros das rodas, for superior a 1,20m e inferior ou igual a 2,40m: 25,5t;

VI – peso bruto por conjunto de dois eixos, sendo um dotado de quatro pneumáticos e outro de dois pneumáticos interligados por suspensão especial, quando a distância entre os dois planos verticais que contenham os centros das rodas for:

a) inferior ou igual a 1,20m: 9t;

b) superior a 1,20m e inferior ou igual a 2,40m: 13,5t.

§ 1º Considerar-se-ão eixos *em tandem* dois ou mais eixos que constituam um conjunto integral de suspensão, podendo qualquer deles ser ou não motriz.

§ 2º. Quando, em um conjunto de dois eixos, a distância entre os dois planos verticais paralelos, que contenham os centros das rodas, for superior a 2,40m, cada eixo será considerado como se fosse isolado.

§ 3º. Em qualquer par de eixos ou conjunto de três eixos *em tandem,* com quatro pneumáticos em cada, com os respectivos limites legais de 17t e 25,5t, a diferença de peso bruto total entre os eixos mais próximos não deverá exceder a 1.700kg.

§ 4º. O registro e o licenciamento de veículos com peso excedente aos limites fixados neste artigo não é permitido, salvo nova configuração regulamentada por este Conselho.

§ 5º. As configurações de eixos duplos com distância dos dois planos verticais, que contenham os centros das rodas inferior a 1,20m, serão regulamentadas por este Conselho, especificando os tipos de planos e peso por eixo, após ouvir o órgão rodoviário específico do Ministério dos Transportes.

§ 6º. Os ônibus com peso por eixo superior ao fixado neste artigo e licenciados antes de 13 de novembro de 1996, poderão circular até o término de sua vida útil, desde que respeitado o disposto no art. 100, do Código de Trânsito Brasileiro e observadas as condições do pavimento e das obras de arte rodoviárias.

Art. 3º. Os limites máximos de peso bruto por eixo e por conjunto de eixos, estabelecidos no artigo anterior, só prevalecem:

I – se todos os eixos forem dotados de, no mínimo, quatro pneumáticos cada um;

II – se todos os pneumáticos, de um mesmo conjunto de eixos, forem da mesma rodagem e calçarem rodas no mesmo diâmetro.

§ 1º. Nos eixos isolados, dotados de dois pneumáticos, o limite máximo de peso bruto por eixo será de seis toneladas, observada a capacidade e os limites de peso indicados pelo fabricante dos pneumáticos.

§ 2º. No conjunto de dois eixos, dotados de dois pneumáticos cada, desde que direcionais, o limite máximo de peso será de doze toneladas.

Art. 4º. O não cumprimento do disposto nesta Resolução implicará nas sanções previstas no art. 231 do Código de Trânsito Brasileiro, no que couber.

Art. 5º. Esta Resolução entra em vigor na data de sua publicação."[18]

O transportador é o responsável pela infração relativa ao transporte de carga com excesso de peso nos eixos ou quando a carga proveniente de mais de um embarcador ultrapassar o peso bruto total (§ 5º, art. 257).

---

18. Publicada no *DOU* de 6.1.2000.

ART. 161

O transportador e o embarcador são solidariamente responsáveis pela infração relativa ao excesso de peso bruto total, se o peso declarado na nota fiscal, fatura ou manifesto for superior ao limite legal. Não sendo imediata a identificação da infração, o proprietário do veículo terá quinze (15) dias de prazo, após a notificação da autuação para apresentá-lo, na forma em que dispõe a Resolução Contran nº 149/12003.

Após o prazo previsto no § 7º do art. 257, não havendo identificação do infrator e sendo o veículo de propriedade de pessoa jurídica, será lavrada nova multa ao proprietário do veículo, mantida a originada pela infração, cujo valor é o da multa multiplicada pelo número de infrações iguais cometidas no período de doze meses (§ 8º, art. 257). O fato de o infrator ser pessoa jurídica não o exime do disposto no § 3º do art. 258, este entretanto, foi vetado. Não obstante, a guisa de esclarecimentos, a dicção preconizava que, se o infrator cometesse a mesma infração mais de uma vez no período de doze meses, o valor da multa respectiva seria multiplicado pelo número de infrações cometidas. As razões do veto do § 3º do art. 258, tiveram como argumentação, que a fórmula prevista poderia levar a uma distorção do sistema de sanções, fazendo com escopo administrativo. O modelo proposto poderia dar ensejo ainda, à multiplicação de sanções de índole pecuniária em razões de uma mesma falta ou infração.

LAVRATURA DA AUTUAÇÃO DO VEÍCULO NOVO OU USADO QUE NÃO OSTENTA A PLACA DE IDENTIFICAÇÃO DO VEÍCULO

O Detran/SP, através do **Comunicado nº 51, de 2.9.2002**,[19] informou que a PRODESP inseriu na tela de cadastramento dos autos de infração, o campo para digitar o numeral do chassi do veículo novo ou usado que não ostenta a placa de identificação, devendo o funcionário responsável pelo processamento dos A.I.Ts lavrados pelo número do chassi proceder conforme exemplo abaixo:

a) digitando o número do chassi constante no A.I.T., o sistema irá fornecer o número da placa que se encontra cadastrada no sistema;

b) estando a placa cadastrada no banco de dados de veículo, o funcionário deverá completar o auto de infração colocando o número da placa e município correspondente, para incluir o auto de infração no banco de dados de multas;

c) esclarecemos que, se o número do chassi não estiver no cadastro de veículos, não há como inserir a multa no sistema.

INFRAÇÕES DE TRÂNSITO ELABORADAS COM BASE EM DENÚNCIAS, INFORMAÇÕES DE AUTORIDADES, TERCEIROS, AUTO-CONFESSADAS OU DECLARADAS PELAS PARTES EM CONFLITO

Nos termos do art. 280 do Código de Trânsito Brasileiro, ocorrendo infração prevista na legislação de trânsito, lavrar-se-á Auto de Infração, devendo constar

---
19. Publicado no *DOE* de 5.9.2002, p. 7.

ART. 161

dados inerentes a sua consistência, elencados nos seus incisos de I a VI. Não obstante, verifica-se pela redação do inciso IV, a assinatura do infrator deverá constar do auto de infração, sempre que possível, o que leva a interpretação que necessariamente não foi a vontade do legislador, podendo ser elaborado Auto de Infração ainda que as circunstâncias não permitam a colheita de sua assinatura, principalmente nas infrações de estacionamento irregular de veículo com o condutor ausente, nos casos de recusa de assinar, de avanço de sinal vermelho, excesso de velocidade e outras infrações de movimento. Em síntese, a ausência da assinatura do infrator não fica adstrito a elaboração do auto de infração, por não tratar-se de requisito indispensável.

Considerando-se o que interpretamos, é importante destacar que entendemos, porém, que ocorrendo infração de trânsito não presenciada ou constatada pelo agente fiscalizador de trânsito, esta não poderá ser elaborada com base em denúncias ou informações de autoridades, que não constataram/presenciaram o cometimento da infração de trânsito, terceiros ou quando forem auto-confessadas ou declaradas pelas partes em conflito (exemplo: acidente de trânsito).

Nesse passo, útil e indispensável trazer a posição do Cetran/SP, manifestada na ata da 43ª sessão extraordinária de 1996, realizada em 25.10.1996:[20]

"Assunto: Consulta como proceder no caso de infrações preenchidas com base em informações.

Decisão: O relator, Danilo Rosin, manifestou-se contrário à oposição de multas conseqüentes de denúncias apresentadas à fiscalização pelas autoridades, mantendo assim decisão anterior do Cetran. O conselheiro Serafim Gonzalez, que havia pedido "vistas" do processo, manifestou-se favoravelmente, no que foi acompanhado pelo conselheiro Antonio Barbosa de Souza. Posto em votação por maioria de votos, foi refutada a proposta, mantendo-se a proibição de se multarem veículos com base em denúncias de autoridades. O presidente esclareceu que nada obsta que a corregedoria do Detran à vista das denúncias, convoque o motorista ou proprietário do veículo para explicações."

É importante esclarecer, entendo, que não impede a autuação e outras providências legais quando o agente público de trânsito depara no local, ao ser acionado, com infrações permanentes, dentre as quais, condutor inabilitado, exame médico vencido, não portar documentos exigidos por lei, etc., nestes casos, constatada a infração o Auto deve ser elaborado; o que já não ocorre nas infrações momentâneas (de movimento). Exemplo: excesso de velocidade, avanço de sinal vermelho, etc.

Não se pode confundir nossa interpretação, e é importante ficar esclarecido que, qualquer agente da esfera (Federal, Estadual e Municipal) ou ainda, policial civil ou militar não credenciado, no exercício de suas funções deparando com infração de trânsito em flagrante (momentânea ou permanente), não estando credenciado a efetuar a multa, poderá solicitar o comparecimento do agente público de trânsito credenciado e este poderá elaborar a multa flagranciada. Ao condutor caberá a mais ampla e irrestrita defesa quando do seu recurso. Exemplo: policial

---

20. Publicada no *DOE* nº 215, de 8.11.1996, p. 7.

militar do policiamento padrão/tático, investigador de polícia, etc., depara com o cometimento de determinada infração, entendemos que poderá acionar o agente público de trânsito (policial militar do trânsito, etc.); para elaboração da multa, no histórico deverá constar que a infração foi presenciada/constatada pelo policial militar ou civil, identificando-o.

DÚVIDA QUANTO A PERFEITA IDENTIFICAÇÃO DO VEÍCULO QUE O CONDUTOR UTILIZOU NO COMETIMENTO DA INFRAÇÃO DE TRÂNSITO

Não sendo possível identificar com segurança o veículo que o infrator de trânsito utilizava-se quando do cometimento da infração, o auto não deverá ser elaborado, sob pena de recair a penalidade sobre condutor inocente. Na elaboração do Auto de Infração, o agente fiscalizador de trânsito deverá pautar pela legalidade do ato, observando-se o disposto no art. 280 e seus incisos (I a VI) além dos requisitos estabelecidos na Resolução Contran nº 1/1998,[21] que estabelece as informações mínimas que deverão constar do Auto de Infração de trânsito cometida em vias terrestres (urbanas e rurais), além das Portarias Denatran nºs 1/1998 e 38/1998.

AUTO DE INFRAÇÃO INCOMPLETO

O Centran/SP, manifestou-se sobre o assunto no Parecer, publicado no *DOE* de 7.3.1998: "se o auto de infração, AIIP estiver incompleto, deve ser considerado como insubsistente e conseqüentemente não deverá originar a imposição de penalidade. Mas se exercitar o seu direito de recurso, e a Jari, por sua vez concederá o provimento, anulando a penalidade."

O Cetran/SP,[22] novamente, ao tratar dos dados necessários do AIIP, emitiu parecer com a seguinte observação: "O AIIP, para ser considerado subsistente para imposição da penalidade, deve estar completo, com as informações mínimas exigidas pelo art. 280 do CTB. Como na maioria das vezes o infrator ou proprietário do veículo tem em mãos somente a notificação da imposição da penalidade ou o MILT, quando não houver coincidência de placa, marca ou espécie, a JARI deve optar pelo deferimento do recurso.".

PLACAS DO VEÍCULO DIVERGENTE DAS DEMAIS CARACTERÍSTICAS CONSTANTES DO AUTO DE INFRAÇÃO DE TRÂNSITO OU DIVERGÊNCIAS POR ERRO DE DIGITAÇÃO

O Cetran/SP, através da Deliberação nº 1, de 12.1.1996[23] esclarece que, considerando que é no recurso que o proprietário demonstra que a placa de seu veículo diverge das demais características constantes no Auto de Infração e do ca-

---

21. Publicada no *DOU* de 26.1.1998.
22. Publicado no *DOE* de 31.3.2001.
23. Publicado no *DOE* de 17.1.1996, p. 1.

dastro. Nestes casos nada mais resta aos julgadores de 1ª e 2ª instâncias do que cancelar a penalidade. As divergências ocorrem por erro de digitação das empresas contratadas para processar os sistemas existentes. Restaria, em face do cancelamento da multa, promover novo recadastramento, atribuindo a multa ao verdadeiro infrator. Face ao longo do tempo decorrido entre a autuação, a imposição da penalidade, a sua notificação, e os prazos de recurso e julgamento, meses se passaram. O cunho educativo da penalidade de trânsito, e em especial da multa, está estreitamente ligado à rapidez com que chega ao conhecimento do infrator. O recadastramento após tão longo tempo perde todo efeito educativo. Às empresas de processamento cabe aprimorar seus serviços e técnicas para não mais incorrer em erros grosseiros, utilizando-se dos conhecimentos e programas existentes no mercado e à sua disposição. O poder público deve assumir os erros que comete por si e por seus pressupostos.

Deliberação – Cancelada a multa em 1ª ou 2ª instâncias por divergência da placa com demais características constantes do auto de infração e/ou cadastro, por erro de digitação, não se admitirá reprocessamento, arquivando-se o expediente. As JARIS, pelas suas coordenadorias na Capital, e pelos seus presidentes no interior, remeterão a este Conselho, semestralmente, o número de multas canceladas por erro de digitação. A Secretaria do Conselho providenciará o mesmo em relação aos recursos de 2ª instância.

AUTO DE INFRAÇÃO LAVRADO DEPOIS DO COMETIMENTO DA INFRAÇÃO

O Cetran/SP,[24] manifestou-se em relação ao assunto, isto é, sobre Auto de Infração lavrado posteriormente à data de cometimento da infração. "Estabelece o art. 280 do CTB que, constatada a infração prevista na legislação de trânsito, lavrar-se-á o respectivo auto de infração – AIIP. Entende-se, portanto, que sua lavratura deva ocorrer no momento do cometimento da infração. Pelos documentos que foram apresentados, a ocorrência deu-se em 23.5.2000 e o AIIP foi lavrado em 2.8.2000. Assim sendo, entendo que o AIIP deve ser considerado insubsistente, não podendo produzir seus efeitos" (Danilo Rosin – Conselheiro do Cetran/SP).

AUTO DE INFRAÇÃO SEM PREENCHIMENTO DO CAMPO REFERENTE À COR DO VEÍCULO OU DO MUNICÍPIO DE LICENCIAMENTO DO VEÍCULO

O Parecer do Cetran/SP,[25] estabelece: "sobre esse assunto temos a observar que o art. 280 do CTB e o Anexo I da Resolução nº 1/1998 do Contran, estabelecem as informações mínimas que devem constar no AIIP. Observe-se que em nenhum momento se descreve o campo referente à cor do veículo como sendo obrigatório. Além das informações mínimas a Autoridade de trânsito poderá fazer constar outros elementos julgados necessários à identificação do veículo. É o que estabelece o inciso III do art. 280 do CTB. É oportuno lembrar que o art. 3º da

---

24. Publicado no *DOE* de 10.2.2001.
25. Publicado no *DOE* de 10.2.2001.

Resolução nº 1/1998 do Contran determina que cabe aos órgãos e entidades executivos de trânsito e executivos rodoviários da União dos Estados, do Distrito Federal e dos Municípios, a atribuição de elaborar e implementar o modelo de Auto de Infração, no âmbito de suas respectivas circunscrições respeitadas as informações mínimas estabelecidas. Em conclusão, cabe a autoridade do órgão executivo decidir sobre a necessidade ou não da colocação e o respectivo preenchimento do campo relativo à cor do veículo no AIIP.

O Cetran/SP, repisou o assunto no *DOE* de 30.11.2002, afirmando que a cor e modelo do veículo não são elementos que obrigatoriamente devem constar no auto de infração. Para identificação do veículo são necessários os caracteres da placa, sua marca e espécie. É o que dispõe o art. 280 do CTB em seu inciso III.

Auto de Infração sem o preenchimento do município de licenciamento do veículo, foi objeto do parecer do Cetran/SP, publicado no *DOE* de 22.12.2001, concluindo-se que o auto de infração não estará inconsistente pois a lei não exige esses dados assim como a cor do veículo autuado.

DO AUTO DE INFRAÇÃO DE TRÂNSITO

Nos termos do art. 280 do Código de Trânsito Brasileiro, ocorrendo infração de trânsito lavrar-se-á Auto de Infração. É a previsão, fundamento legal, desse documento que formaliza e registra uma situação que em tese, caracteriza-se como de Infração de Trânsito (art. 161 CTB). Importa destacar que o auto de infração tem denominação de AIT – Auto de Infração de Trânsito, e AIIP – Auto de Infração e Imposição de Penalidade. O primeiro utilizado no trânsito urbano e o segundo no trânsito rodoviário. Ao final, importa saber que ambos tem a mesma finalidade, vale dizer, constatar, formalizar, indicar, que em determinado momento verificou-se uma infração de trânsito (art. 161 e parágrafo único do CTB).

O legislador visando os princípios da legalidade, contraditório e ampla defesa insculpidos na Constituição Federal de 1988, estabeleceu nos incisos do art. 280, do CTB, requisitos obrigatórios que deverão constar no Auto de Infração:

"I – tipificação da infração;

II – local, data e hora do cometimento da infração;

III – caracteres da placa de identificação do veículo, sua marca e espécie, e outros elementos julgados necessários à sua identificação;

IV – o prontuário do condutor, sempre que possível;

V – identificação do órgão ou entidade e da autoridade ou agente autuador ou equipamento que comprovar a infração;

VI – assinatura do infrator, sempre que possível, valendo esta como notificação do cometimento da infração."

Não obstante, a Infração de Trânsito deverá ser comprovada por declaração da Autoridade ou do Agente da Autoridade de Trânsito, por aparelho ou equipamento audiovisual, reações químicas ou qualquer outro meio tecnologicamente disponível, previamente regulamentado pelo CONTRAN (art. 280, § 2º). Por outro lado, não sendo possível a autuação da infração em flagrante, isto é, lavrar o Auto de

Art. 161

Infração na presença do infrator, o Agente de Trânsito relatará o fato à Autoridade no próprio Auto de Infração, informando os dados do veículo, além das constantes nos itens relacionados na tipificação da infração, local, data e hora do cometimento da infração e os caracteres da placa de identificação do veículo, sua marca e espécie, e outros elementos julgados necessários à sua identificação. Verifica-se no art. 280, §§ 2º e 3º, a autuação eletrônica (exemplo: radar, etc). A competência para a lavratura do Auto de Infração de trânsito poderá ser do Agente da Autoridade de Trânsito, Servidor Civil, Estatutário, Celetista, ou, ainda, Policial Militar designado pela Autoridade de trânsito com jurisdição sobre a via no âmbito da sua competência.

Lavrado o Auto da Infração pelo Agente Público de Trânsito, este deverá ser encaminhado ao diretor do Detran (Capital) ou diretor da Ciretran (interior) conforme estabelece a Portaria Detran/SP nº 515/1998, que dispõe sobre o encaminhamento dos Autos de Infração para processamento e microfilmagem, e nos termos de seus arts. 1º e 2º que "os Autos de Infração lavrados na Capital serão processados pela Prodesp e os lavrados no Interior do Estado serão processados pelas Ciretran informatizadas. Os autos de infração deverão dar entrada neste Departamento ou nas Ciretran informatizadas no prazo improrrogável de cinco dias, a partir da data da lavratura do Auto de Infração, acompanhados do mapa de controle do Anexo 1 devidamente preenchido. As CIRETRANS deverão providenciar a digitação e o processamento de imediato dos autos de infração".

Indispensável a diferenciação de autuação e multa. A primeira é atribuição do Agente Público de Trânsito como regra geral, exceção prevista a Autoridade de Trânsito (art. 280, CTB). A segunda é competência exclusiva da Autoridade de Trânsito, em outros termos, ocorrendo infração de trânsito, o Agente Público de Trânsito lavra a autuação, encaminha a Autoridade de Trânsito, na esfera da sua competência estabelecida pelo Código de Trânsito Brasileiro e dentro de sua circunscrição, que julgará a consistência do Auto de Infração e aplicará a penalidade cabível (art. 281, CTB). Ao final, o Auto de Infração será arquivado e seu registro julgado insubsistente, se considerado inconsistente ou irregular, e ainda, se, no prazo máximo de 30 (trinta) dias não for expedida a notificação da autuação (art. 281, II, CTB).

De outra parte, a guisa de eventual irresignação traduzida em recurso, poderá ter como fundamento o art. 166, IV do Novo Código Civil, que determina a nulidade do negócio jurídico quando não revestir a forma prescrita em lei. Com a declaração da nulidade absoluta do negócio jurídico, não há que se falar que este produziu efeito, por ofender a ordem pública, isto por estar inquinado de vícios essenciais.

Assim, imperiosa as considerações traduzidas em ensinamentos da ilustre professora Maria Helena Diniz[26] ao discorrer acerca do conceito e feitos da nulidade absoluta: "Nulidade é a sanção, imposta pela norma jurídica, que determina a privação dos efeitos jurídicos do ato negocial praticado em desobediência ao que prescreve. Com a declaração da nulidade absoluta do negócio jurídico, este não produzirá qualquer efeito por ofender princípios de ordem pública, por estar inqui-

---

26. *Código Civil Anotado*, p. 166.

nado por vícios essenciais. Por exemplo, (...) se não revestir a forma prescrita em lei ou preterir alguma solenidade imprescindível para sua validade (*RT* 707:143, 781:195): (...)".

O Cetran/SP, através da Ata de 3.3.1995, da 9ª seção ordinária de 1995 (*DOE* de 9.3.1995), destacou: "Os Agentes de Trânsito não aplicam penalidades (multas), pois a providência é de competência exclusiva das autoridades de trânsito. È a autoridade de trânsito que aplica multa; os agentes públicos apenas autuam".

Em complemento ao art. 280 do CTB, no que tange a observância de requisitos e formalidades para lavratura do auto de infração de trânsito, não há como deixarmos de transcrever a Resolução Contran nº 1/1998(*DOE* de 26.1.1998), que:

"RESOLUÇÃO CONTRAN Nº 1, DE 23 DE JANEIRO DE 1998

Estabelece as informações mínimas que deverão constar do auto de infração de trânsito cometida em vias terrestres (urbanas e rurais).

O Conselho Nacional de Trânsito – Contran, usando da competência que lhe confere o art. 12 da Lei nº 9.503 de 23 de setembro de 1997, que instituiu o Código de Trânsito Brasileiro – CTB, e conforme Decreto nº 2.327, de 23 de setembro de 1997, que dispõe sobre a coordenação do Sistema Nacional de Trânsito;

Considerando a conveniência de ser estabelecido, para todo o território nacional, o nível mínimo de informações requeridas para lavratura do Auto de Infração, detalhando e complementando o disposto no art. 280 do Código de Trânsito Brasileiro;

Considerando a necessidade de viabilizar condições operacionais adequadas ao atendimento do disposto no inciso XIII, do art. 19 do Código de Trânsito Brasileiro;

Considerando a necessidade de viabilizar condições operacionais adequadas ao efetivo controle da receita arrecadada com a cobrança de multas, atendendo ao disposto no Parágrafo Único do art. 320 do Código de Trânsito Brasileiro;

Resolve:

Art. 1º. Instituir a obrigatoriedade de adoção do padrão de blocos de informações descrito no Anexo I desta Resolução, como uma referência mínima na definição e confecção dos Autos de Infração a serem elaborados.

Art. 2º. Incumbir ao Departamento Nacional de Trânsito – Denatran a definição e divulgação dos critérios de codificação que deverão ser utilizados para preenchimento dos blocos de informação constantes dos Autos de Infração.

Art. 3º. Estabelecer o que compete aos órgãos e entidades executivos de trânsito e executivos rodoviários da União, dos Estados, do Distrito Federal *e* dos Municípios a atribuição de elaborar e implementar o modelo de Auto de Infração que utilizará, no âmbito de suas respectivas circunscrições, respeitados os limites mínimos estabelecidos no artigo anterior.

Art. 4º. Autorizar a utilização dos modelos de Auto de Infração especificados pelos órgãos e entidades executivos de trânsito dos Estados e do Distrito Federal e do modelo de Auto de Infração especificado pelo órgão executivo rodoviário da União, pelos órgãos e entidades executivas de trânsito dos Municípios e pelos órgãos executivos rodoviários dos Estados, do Distrito Federal e dos Municípios, respectivamente.

Art. 5º. Autorizar ao Denatran a estabelecer convênios de cooperação técnica com terceiros, com vistas à implementação de sistemática padronizada e informatizada para registro, controle e baixa das multas originadas por infrações de trânsito notificadas no território nacional.

Art. 6º. Esta Resolução entrará em vigor na data de sua publicação, revogadas as disposições em contrário, em especial a Resolução nº 661, de 3.12.85.

Brasília, 23 de janeiro de 1998.

Iris Rezende - Ministério da Justiça

ANEXO I DA RESOLUÇÃO Nº 001/1998

Padrão de blocos de informações mínimas a ser utilizado para confecção de modelo de auto de infração

BLOCO 1 – IDENTIFICAÇÃO DA AUTUAÇÃO

CAMPO 1 – "CÓDIGO DO ÓRGÃO AUTUADOR"

CAMPO 2 – "IDENTIFICAÇÃO DO AUTO DE INFRAÇÃO"

BLOCO 2 – IDENTIFICAÇÃO DO VEÍCULO

CAMPO 1 – "UF"

CAMPO 2 – "PLACA"

CAMPO 3 – "MUNICÍPIO"

BLOCO 3 – IDENTIFICAÇÃO DO CONDUTOR

CAMPO 1 – "NOME"

CAMPO 2 – "Nº DO REGISTRO DA CNH OU DA PERMISSÃO PARA DIRIGIR"

CAMPO 3 – "UF"

CAMPO 4 – CPF"

BLOCO 4 – IDENTIFICAÇÃO DO INFRATOR

CAMPO 1 – "NOME"

CAMPO 2 – "CPF OU CGC"

BLOCO 5 – IDENTIFICAÇÃO DO LOCAL DE COMETIMENTO DE INFRAÇÕES

CAMPO 1 – "LOCAL DA INFRAÇÃO"

CAMPO 2 – "DATA"

CAMPO 3 – "HORA"
CAMPO 4 – "CÓDIGO DO MUNICÍPIO"
BLOCO 6 – TIPIFICAÇÃO DA INFRAÇÃO
CAMPO 1 – "CÓDIGO DA INFRAÇÃO"
CAMPO 2 – "EQUIPAMENTO/INSTRUMENTO DE AFERIÇÃO UTILIZADO"
CAMPO 3 – "MEDIÇÃO REALIZADA"
CAMPO 4 – "LIMITE PERMITIDO".

Ainda sobre a lavratura do Auto de Infração, e mesmo sobre multas, inarredável a transcrição integral da Resolução do Contran nº 149, de 19 de setembro de 2003:

"**RESOLUÇÃO CONTRAN Nº 149, DE 19 DE SETEMBRO DE 2003**

Dispõe sobre uniformização do procedimento administrativo da lavratura do auto de infração, da expedição da Notificação da Autuação e da Notificação da Penalidade de multa e de advertência por infrações de responsabilidade do proprietário e do condutor do veículo e da identificação do condutor infrator.

O Conselho Nacional de Trânsito – Contran, no uso das atribuições que lhe são conferidas pelo art. 12, da Lei nº 9.503, de 23 de setembro de 1997, que institui o Código de Trânsito Brasileiro – CTB, e conforme o Decreto nº 4.711, de 29 de maio de 2003, que trata da Coordenação do Sistema Nacional de Trânsito – SNT,

Considerando a necessidade de adoção de normas complementares de uniformização do procedimento administrativo utilizado pelos órgãos e entidades de trânsito de um sistema integrado;

Considerando a necessidade de uniformizar o procedimento relativo à expedição da Notificação da Autuação e da Notificação da Penalidade de multa e de advertência por infrações de responsabilidade do proprietário e do condutor do veículo,

Resolve:

I – DISPOSIÇÕES PRELIMINARES

Art. 1º. Estabelecer procedimento para a expedição da Notificação da Autuação e da Notificação da Penalidade de advertência e de multa pelo cometimento de infrações de responsabilidade do proprietário e do condutor de veículo registrado em território nacional.

Art. 2º. Constatada infração pela autoridade de trânsito ou por seus agentes, ou ainda comprovada sua ocorrência por equipamento audiovisual, aparelho eletrônico ou por meio hábil regulamentado pelo Contran, será lavrado o Auto de Infração de Trânsito que deverá conter os dados mínimos definidos pelo art. 280 do CTB e em regulamentação específica.

§ 1º. O Auto de Infração de que trata o *caput* deste artigo poderá ser lavrado pela autoridade de trânsito ou por seu agente:

I – por anotação em documento próprio;

II – por registro em talão eletrônico isolado ou acoplado a equipamento de detecção de infração regulamentado pelo Contran, atendido o procedimento que será definido pelo órgão máximo executivo de trânsito da União;

III – por registro em sistema eletrônico de processamento de dados quando a infração for comprovada por equipamento de detecção provido de registrador de imagem, regulamentado pelo Contran.

§ 2º. O órgão ou entidade de trânsito não necessita imprimir o Auto de Infração elaborado nas formas previstas nos incisos II e III do parágrafo anterior para que seja aplicada a penalidade, porém, quando impresso, deverá conter os dados mínimos definidos no art. 280 do CTB e em regulamentação específica.

§ 3º. A comprovação da infração referida no inciso III do § 1º deverá ter a sua análise referendada por agente da autoridade de trânsito que será responsável pela autuação e fará constar o seu número de identificação no auto de infração.

§ 4º. Sempre que possível o condutor será identificado no ato da autuação.

§ 5º. O Auto de Infração valerá como notificação da autuação quando colhida a assinatura do condutor e:

I – a infração for de responsabilidade do condutor;

II – a infração for de responsabilidade do proprietário e este estiver conduzindo o veículo.

II – DA NOTIFICAÇÃO DA AUTUAÇÃO

Art. 3º. À exceção do disposto no § 5º do artigo anterior, após a verificação da regularidade do Auto de Infração, a autoridade de trânsito expedirá, no prazo máximo de 30 (trinta) dias contados da data do cometimento da infração, a Notificação da Autuação dirigida ao proprietário do veículo, na qual deverão constar, no mínimo, os dados definidos no art. 280 do CTB e em regulamentação específica.

§ 1º. Quando utilizada a remessa postal, a expedição se caracterizará pela entrega da Notificação da Autuação pelo órgão ou entidade de trânsito à empresa responsável por seu envio.

§ 2º. Da Notificação da Autuação constará a data do término do prazo para a apresentação da Defesa da Autuação pelo proprietário do veículo ou pelo condutor infrator devidamente identificado, que não será inferior a 15 (quinze) dias, contados a partir da data da notificação da autuação.

§ 3º. A notificação da autuação, nos termos do § 4º do artigo anterior, não exime o órgão ou entidade de trânsito da expedição de aviso informando ao proprietário do veículo os dados da autuação e do condutor identificado.

§ 4º. Nos casos dos veículos registrados em nome de missões diplomáticas, repartições consulares de carreira ou representações de organismos internacionais e de seus integrantes, a Notificação da Autuação deverá ser remetida ao Ministério das Relações Exteriores, para as providências cabíveis, passando a correr os prazos a partir do seu conhecimento pelo proprietário do veículo.

Art. 4º. Quando o veículo estiver registrado em nome de sociedade de arrendamento mercantil, o órgão ou entidade de trânsito deverá encaminhar a Notificação da Autuação diretamente ao arrendatário, que para os fins desta Resolução, equipara-se ao proprietário do veículo, cabendo-lhe a identificação do condutor infrator, quando não for o responsável pela infração.

Parágrafo único. A arrendadora deverá fornecer ao órgão ou entidade executivo de trânsito responsável pelo registro do veículo, todos os dados necessários à identificação do arrendatário, quando da celebração do respectivo contrato de arrendamento mercantil, sob pena de arcar com a responsabilidade pelo cometimento da infração, além da multa prevista no § 8º do art. 257 do CTB.

III – DO FORMULÁRIO DE IDENTIFICAÇÃO DO CONDUTOR INFRATOR

Art. 5º. Sendo a infração de responsabilidade do condutor, quando este não for identificado no ato do cometimento da infração, deverá fazer parte da Notificação da Autuação o Formulário de Identificação do Condutor Infrator contendo, no mínimo:

I – identificação do órgão ou entidade de trânsito responsável pela autuação;

II – campos para o preenchimento da identificação do condutor infrator: nome, números do registro do documento de habilitação, de identificação e do CPF;

III – campo para preenchimento da data da identificação do condutor infrator;

IV – campo para a assinatura do proprietário do veículo;

V – campo para a assinatura do condutor infrator;

VI – placa do veículo e número do Auto de Infração;

VII – data do término do prazo para a identificação do condutor infrator;

VIII – esclarecimento das conseqüências da não identificação do condutor infrator;

IX – instrução para que o Formulário de Identificação do Condutor Infrator seja acompanhado de cópia reprográfica legível do documento de habilitação, além de documento que comprove a assinatura do condutor infrator, quando esta não constar do referido documento;

X – esclarecimento de que a identificação do condutor infrator só surtirá efeito se estiver corretamente preenchida, assinada e acompanhada de cópia legível dos documentos relacionados no inciso IX;

XI – endereço para onde o proprietário deve encaminhar o Formulário de Identificação do Condutor Infrator;

XII – esclarecimento sobre a responsabilidade nas esferas cível, administrativa e penal, pela veracidade das informações e dos documentos fornecidos.

Art. 6º. O Formulário de Identificação do Condutor Infrator só produzirá os efeitos legais se estiver corretamente preenchido, assinado e acompanhado de cópia legível dos documentos relacionados no artigo anterior.

Parágrafo único. Na impossibilidade da coleta da assinatura do condutor infrator, por ocasião da identificação, o proprietário deverá anexar ao Formulário de Identificação do Condutor Infrator, cópia de documento onde conste cláusula de responsabilidade por quaisquer infrações cometidas na condução do veículo, bem como pela pontuação delas decorrentes.

IV – DA RESPONSABILIDADE DO PROPRIETÁRIO

Art. 7º. Não havendo a identificação do condutor infrator até o término do prazo fixado na Notificação da Autuação, o proprietário do veículo será considerado responsável pela infração cometida.

Art. 8º. Ocorrendo a hipótese prevista no artigo anterior e sendo o proprietário do veículo pessoa jurídica, será imposta multa, nos termos do § 8º do art. 257 do CTB, expedindo-se a notificação desta ao proprietário do veículo.

V – DO JULGAMENTO DA AUTUAÇÃO E APLICAÇÃO DA PENALIDADE

Art. 9º. Interposta a Defesa da Autuação, nos termos do § 2º do art. 3º desta Resolução, caberá à autoridade de trânsito apreciá-la.

§ 1º. Acolhida a Defesa da Autuação, o Auto de Infração será cancelado, seu registro será arquivado e a autoridade de trânsito comunicará o fato ao proprietário do veículo.

§ 2º. Em caso do não acolhimento da Defesa da Autuação ou de seu não exercício no prazo previsto, a autoridade de trânsito aplicará a penalidade, expedindo a Notificação da Penalidade, da qual deverão constar, no mínimo, os dados definidos no art. 280 do CTB, o previsto em regulamentação específica e a comunicação do não acolhimento da defesa, quando for o caso.

§ 3º. A Notificação de Penalidade de multa deverá conter um campo para a autenticação eletrônica a ser regulamentado pelo órgão máximo executivo da União.

§ 4º. A notificação de penalidade de multa imposta a condutor será encaminhada ao proprietário do veículo, responsável pelo seu pagamento, como estabelece o § 3º do art. 282 do CTB.

Art. 10. A autoridade de trânsito poderá socorrer-se de meios tecnológicos para julgar a consistência do auto e aplicar a penalidade cabível.

Art. 11. Não incidirá qualquer restrição, inclusive para fins de licenciamento e transferência, nos arquivos do órgão ou entidade executivo de trânsito responsável pelo registro do veículo, até que a penalidade seja aplicada.

VI – DOS RECURSOS ADMINISTRATIVOS CONTRA A IMPOSIÇÃO DE PENALIDADE

Art. 12. Da imposição da penalidade caberá, ainda, recurso em 1ª e 2ª Instâncias na forma dos art. 285 e seguintes do CTB.

Parágrafo único. Esgotados os recursos, as penalidades aplicadas nos termos deste Código serão cadastradas no RENACH.

VII – DAS DISPOSIÇÕES FINAIS E TRANSITÓRIAS

Art. 13. Até que o órgão máximo executivo da União defina o procedimento do uso e o prazo para a adequação do talão eletrônico a que se refere o inciso II do § 1º do art. 2º desta Resolução, ficam convalidados os autos de infração já lavrados com esse equipamento e validados os que serão lavrados até o término do prazo fixado na regulamentação específica.

Art. 14. Os órgãos e entidades executivos de trânsito e rodoviários terão o prazo de até 180 (cento e oitenta) dias, contados da publicação desta Resolução, para adequarem seus procedimentos.

Art. 15. Esta Resolução entrará em vigor na data de sua publicação, revogadas as disposições em contrário, em especial as Resoluções Contran nºs 17/1998, 59/9098 e 72/1998.

Ailton Brasiliense Pires - Presidente

ART. 161

AUTORIDADE DE TRÂNSITO, DIRETOR DE CIRETRAN, ESTÁ IMPEDIDO DE DESBLOQUEAR MULTAS DE TRÂNSITO, EXCETO POR ORDEM JUDICIAL, POR FORÇA DO DISPOSTO CONTIDO NA PORTARIA DETRAN/SP N° 824/2000

PORTARIA DETRAN N° 824, DE 1° DE AGOSTO DE 2000[27]

Estabelece critérios para a inserção de dados decorrentes de ações judiciais destinados a permitir a emissão dos documentos de circulação, sem a correspondente exigibilidade do pagamento de débitos incidentes em veículo automotor, revogando os critérios anteriormente estabelecidos na portaria detran n° 331, de 30 de março de 2000.

O Delegado de Polícia Diretor do Departamento Estadual de Trânsito da Secretaria de Estado da Segurança Pública, no uso de suas atribuições legais e,

Considerando a implantação do Sistema de Autenticação Digital, através da Portaria Conjunta n° 001, de 22 de março de 2000, entre a Coordenadoria da Administração Tributária da Secretaria de Estado dos Negócios da Fazenda e o Departamento Estadual de Trânsito;

Considerando o estabelecimento de rotina específica para controle e fiscalização dos códigos e senhas de acesso ao Sistema Integrado de Multas e Outros Débitos, conforme regras insertas na Portaria Detran n° 331, de 30 de março de 2000;

Considerando, por derradeiro, os constantes aprimoramentos das rotinas operacionais do Sistema de Autenticação Digital, integrando os bancos de dados para possibilitar o cumprimento das determinações emanadas do Poder Judiciário, devidamente comprovadas em procedimentos administrativos através das unidades de trânsito do Departamento Estadual – Detran/SP,

Resolve:

Art. 1°. Os códigos e senhas de acesso destinados aos desbloqueios manuais de multas e outros débitos, implantados pela Portaria Detran n° 331, de 30 de março de 2000, terão sua finalidade modificada para fins exclusivos de cadastramento de ações judiciais para a emissão dos documentos de circulação, atendidas as determinações constantes desta Portaria.

§ 1°. A autoridade de trânsito, na condição de detentora do código de acesso, será responsável pelo cadastramento das ações judiciais interpostas junto à sua Unidade de Trânsito, assim como das ações interpostas contra as Seções de Trânsito vinculadas à sua respectiva unidade.

§ 2°. Na hipótese de regular afastamento da autoridade de trânsito, mediante prévia comunicação, deverá ser indicado o substituto legal, para o qual será destinado código e senha de acesso provisório, com validade para o referido período.

---

27. Publicado no *DOE* n° 147, 2.8.2000, p. 4.

Art. 2º. As ações judiciais interpostas e que ocasionaram os desbloqueios manuais realizados entre a publicação da Portaria Detran nº 331/2000 e a vigência desta, obrigatoriamente anotadas no relatório de controle de desbloqueios manuais, também deverão ser cadastradas para fins de cumprimento das regras estabelecidas nesta Portaria.

Art. 3º. Para o cumprimento das determinações oriundas do Poder Judiciário, em face do Sistema de Autenticação Digital, bem como nos moldes da presente Portaria, a autoridade de trânsito deverá adotar os seguintes procedimentos:

I – cadastrar no Sistema de Bloqueios, com a opção "11 – mandado de segurança", independentemente do tipo de ação proposta pelo interessado, todos os dados decorrentes do processo judicial e descrição resumida dos termos da ordem judicial e sua abrangência;

II – abertura de livro de registro e controle das inserções constantes no Sistema de Bloqueios, com páginas numeradas e rubricadas pela autoridade de trânsito, contendo obrigatoriamente número do protocolo da unidade de trânsito, identificação do conjunto alfanumérico do veículo, individualização das multas e débitos a serem desbloqueados e origem da requisição judicial (tais como tipo e número do processo, do ofício, da Vara requisitante, etc.); e

III – elaboração de relatório mensal, detalhando todos os registros especificados no inciso anterior, com o devido aproveitamento do modelo instituído pelo Anexo I da Portaria Detran nº 331/2000.

§ 1º. A utilização do código "11 – mandado de segurança", a princípio e por questões técnicas e operacionais, será adotado como código genérico, abrangendo todas as ações judiciais em que haja a concessão de liminares, tutelas antecipada ou quaisquer outras determinações oriundas do Poder Judiciário, visando precipuamente a inexigibilidade de multas e/ou outros débitos inseridos nos bancos de dados.

§ 2º. O livro de registro, anteriormente instituído pelo art. 4º da Portaria Detran nº 331/2000, poderá ser reaproveitado pela autoridade de trânsito, desde que faça obrigatoriamente a menção da mudança de finalidade, através de despacho fundamentado com base nesta Portaria.

§ 3º. O relatório, constante no inciso III deste artigo, deverá ser encaminhado à Corregedoria do Departamento Estadual de Trânsito até o décimo dia do mês subsequente e, tratando-se de transações efetuadas pelas Circunscrições Regionais de Trânsito, enviados por intermédio da Divisão de Controle do Interior.

§ 4º. Os códigos e senhas de acesso atribuídos para as autoridades de trânsito responsáveis pelas Unidades circunscricionais deste Departamento, assim como para as autoridades de trânsito das Divisões de Controle do Interior e de Registros e Licenciamentos da Capital e da Coordenadoria do RENAVAM/RENACH, serão objeto de controle e operacionalização através de auditoria periódica.

Art. 4º. Realizado o processo de cadastramento, após o cumprimento dos requisitos constantes nesta Portaria, o sistema permitirá a emissão do documento sem a correspondente exigibilidade dos débitos existentes, fazendo constar no campo de observações do documento, mensagem informativa "mandado de segurança", expressão equivalente a ser utilizada em todas as demais ações judiciais porventura propostas.

§ 1º. Na hipótese de ordem judicial autorizando a transferência de propriedade, e esta concretizar transação de transferência para outra Unidade da Federação, automaticamente a transação do Sistema RENAVAM será enviada com a respectiva anotação quanto à existência de "Restrição Judicial", em campo próprio.

§ 2º. A autoridade de trânsito, independentemente do cumprimento da determinação oriunda do Poder Judiciário, deverá exigir a comprovação de todos os requisitos inerentes ao processo de emissão do documento, inclusive exigindo a comprovação do pagamento dos débitos não relacionados ou abrangidos na decisão judicial, inclusive a quitação das taxas previstas em Lei Estadual.

Art. 5º. Ficam extintas e excluídas do Sistema todas as transações estabelecidas para as operações de "desbloqueio manual", anteriormente previstas na Portaria Detran nº 331/2000.

Parágrafo único. Independentemente da extinção e exclusão das transações mencionadas no *caput* deste artigo, assim como em relação ao disposto no artigo 2º desta Portaria, todas as autoridades de trânsito deverão efetuar os registros e encaminhar os relatórios decorrentes das operações realizadas até a data da vigência da Portaria Detran nº 331/2000, dada a continuidade do processo de controle e fiscalização pela Corregedoria do Departamento.

Art. 6º. A Companhia de Processamento de Dados do Estado de São Paulo – PRODESP remeterá à Corregedoria do Departamento Estadual de Trânsito, mensalmente, relatório circunstanciado contendo todos os bloqueios e/ou eventuais desbloqueios efetuados por usuário que utilizou o Sistema, de sorte a confrontar com as operações realizadas por cada autoridade de trânsito.

Parágrafo único. Com a vigência da presente Portaria, a PRODESP, de imediato, fornecerá relatório das transações previstas no artigo 5º da Portaria Detran nº 331/2000.

Art. 7º. A autoridade de trânsito é a única responsável pela utilização, guarda e controle do código e da senha de acesso, vedada a sua entrega ou compartilhamento com terceiros, funcionários ou não, recaindo sobre aquela todas as responsabilidades administrativas, cíveis e criminais decorrentes do uso ou inserção de dados indevidos ou fictícios.

Parágrafo único. Todos os códigos de acesso e respectivos usuários serão objeto de controle e fiscalização da Corregedoria do Departamento.

Art. 8º. Esta Portaria entrará em vigor a partir de 7 de agosto de 2000, revogando-se todas as disposições em contrário, especialmente a Portaria Detran nº 331, de 30 de março de 2000.

José Francisco Leigo
Delegado de Polícia Diretor do Detran".

LICENCIAMENTO DE VEÍCULO SOBRE O QUAL PESA MANDADO DE SEGURANÇA COM DEFERIMENTO DE LIMINAR, ENTRETANTO, SEM DECISÃO FINAL DO TRIBUNAL

Neste caso concreto consultamos o Departamento Jurídico do Detran/SP, advindo o ofício abaixo transcrito, que sem dúvida é indispensável seu conhecimento a todas as autoridades que militam na área de trânsito, principalmente diretores de Ciretrans. Entendemos que nestes casos a Autoridade de Trânsito Diretor de Ciretran, considerando o ofício abaixo, deve solicitar que o impetrante apresente junto com o processo de licenciamento, certidão de pé do processo (mandado de segurança).

ASSISTÊNCIA JURÍDICA

São Paulo, 26 de dezembro de 2000

Ofício nº 4766/2000/AJ

(Ref. Of. nº 301/00-mra)

PREZADO DELEGADO,

Com relação aos termos da vossa consulta em que solicita saber se a segurança concedida para o licenciamento do veículo sem o pagamento do valor de determinada multa tem validade para os licenciamentos posteriores, esclareço-lhe que a matéria é controversa e demanda muitos questionamentos.

O entendimento singelo desta Assessoria Jurídica é no sentido de que a segurança concedida para o licenciamento do veículo continua a valer para os exercícios seguintes, até eventual cassação, se a decisão judicial baseou-se em matéria de direito, com a inconstitucionalidade da exigência do pagamento de valores de multas para o licenciamento de veículo, abrangendo toda e qualquer multa.

Se concedida a segurança com base em matéria de fato, *como irregularidades no processo de imposição da multa ou pendência de recurso administrativo, a segurança concedida valerá em relação a multa objeto do mandado de segurança deferido enquanto não for cassada a segurança ou perdurarem os motivos que embasaram a sua concessão.*

Contudo, tratando-se de multa de competência de outro órgão de trânsito, aquele que licencia o veículo, por não possuir controle sobre multa aplicada por outro órgão, deve cumprir a segurança nos seus exatos termos até sua eventual cassação.

Sem mais para o momento, aproveito o ensejo para externar-lhe os votos de elevada estima e distinta considerações.

Anísio Mathias dos Santos
Assessoria Jurídica/DETRAN

MANDADO DE SEGURANÇA: CÓPIA AOS PROCURADORES REGIONAIS DA PROCURADORIA GERAL DO ESTADO[28]

Assistência Jurídica

Comunicado

O Delegado de Polícia do Departamento Estadual de Trânsito, determina aos Diretores de CIRETRAN que observem o disposto no art. 3º da Lei nº 4.348/1964, que transcreve a seguir:

Art. 3º. *As autoridades administrativas, no prazo de 48 horas de notificação da medida liminar, remeterão ao ministério ou ao órgão a que se acham subordinadas e ao Procurador-Geral da República ou a quem tiver a representação judicial da União do Estado, do Município ou entidade apontada como coatora, cópia autenticada do mandado notificatório, assim como indicações e elementos outros necessários às providências a serem tomadas para a eventual suspensão da medida e defesa do ato apontado como ilegal ou abusivo de poder.*

Portanto, nos casos de Mandado de Segurança, deverão, nos termos do citado artigo, comunicar aos Procuradores Regionais da Procuradoria Geral do Estado.

RESOLUÇÃO CONTRAN Nº 66, DE 23 DE SETEMBRO DE 1998

Instituição da tabela de distribuição de competência dos órgãos executivos de trânsito.

O Conselho Nacional de Trânsito – Contran, usando da competência que lhe confere o art. 12, inciso I, da Lei nº 9.503 de 23 de setembro de 1997, que instituiu o Código de Trânsito Brasileiro – CTB e conforme Decreto nº 2.327, de 23 de setembro de 1997, que trata da coordenação do Sistema Nacional de Trânsito, e

Considerando a necessidade de definir competências entre Estados e Municípios, quanto à aplicação de dispositivos do Código de Trânsito Brasileiro referentes a infrações cometidas em áreas urbanas, resolve:

Art. 1º. Fica instituída a TABELA DE DISTRIBUIÇÃO DE COMPETÊNCIA, FISCALIZAÇÃO DE TRÂNSITO, APLICAÇÃO DAS MEDIDAS ADMINISTRATIVAS, PENALIDADES CABÍVEIS E ARRECADAÇÃO DAS MULTAS APLICADAS, conforme Anexo desta Resolução.

Art. 2º. Esta Resolução entra em vigor na data de sua publicação. [29]

---

28. Publicado no *DOE* nº 125, de 4.7.1995.
29. Publicada no *DOU* de 25.9.1998.

ART. 161

TABELA DE DISTRIBUIÇÃO DE COMPETÊNCIA, FISCALIZAÇÃO DE TRÂNSITO, APLICAÇÃO DAS MEDIDAS ADMINISTRATIVAS PENALIDADES CABÍVEIS E ARRECADAÇÃO DE MULTAS APLICADAS

• *Esta Tabela abrange o Anexo IV da Portaria Denatran nº 1, de 5.2.1998.*

• *A UFIR foi extinta, sendo congelada no valor de R$ 1, 0641, pelo § 3º, do art. 29, da Medida Provisória nº 1.973-69, de 21.12.2000, tendo sido a nº 2.176-79, de 23.8.2001, § 3º, do art. 29, sua última reedição.*

Notas

CI = Código da Infração

CTB = Amparo Legal – Referência ao CTB

CLA = Classe – Nesta coluna usamos os seguintes Códigos: **GR** = Gravíssima — **G** = Grave — **M** = Média — **L** = Leve.

R$ = Valor em Reais – As colunas C (*Classe*) e D (*Valor*) foram acrescidas pelo Editor, não constam do *Diário Oficial*.

C = Competência – *Esta* coluna é a constante na Resolução Contran nº 66, de 23.9.1998, usando os códigos: **E** = Estado — **M** = Município

CI	DESCRIÇÃO DA INFRAÇÃO	CTB	CLA	R$	C
501 – 0	Dirigir veículo sem possuir Carteira Nacional de Habilitação ou Permissão para Dirigir	162 – I	GR	574,61 [3 x]	E
502 – 9	Dirigir veículo com Carteira de Habilitação ou Permissão para Dirigir cassada ou com suspensão do direito de dirigir	162 – II	GR	957,69 [5 x]	E
503 – 7	Dirigir veículo com Carteira Nacional de Habilitação ou Permissão para Dirigir de categoria diferente da do veículo que esteja conduzindo	162 – III	GR	574,61 [3 x]	E
504 – 5	Dirigir veículo com validade da Carteira Nacional de Habilitação vencida há mais de trinta dias	162 – V	GR	191,53	E
505 – 3	Dirigir veículo sem usar lentes corretoras de visão, aparelho auxiliar de audição, de prótese física ou as adaptações do veículo impostas por ocasião da concessão ou da renovação da licença para conduzir	162 – VI	GR	191,53	E
506 – 1	Entregar a direção do veículo a pessoa que não possua a Carteira Nacional de Habilitação ou Permissão para Dirigir	163	GR	574,61 [3 x]	E
507 – 0	Entregar a direção do veículo a pessoa com Carteira de Habilitação ou Permissão para Dirigir cassada ou com suspensão do direito de dirigir	163	GR	957,69 [5 x]	E

CI	DESCRIÇÃO DA INFRAÇÃO	CTB	CLA	R$	C
508 – 8	Entregar a direção do veículo a pessoa com Carteira Nacional de Habilitação ou Permissão para Dirigir de categoria diferente da do veículo que esteja conduzindo	163	GR	574,61 [3 x]	E
509 – 6	Entregar a direção do veículo a pessoa com validade da Carteira Nacional de Habilitação vencida há mais de trinta dias	163	GR	191,53	E
510 – 0	Entregar a direção do veículo a pessoa sem usar lentes corretoras de visão, aparelho auxiliar de audição, de prótese física ou as adaptações do veículo impostas por ocasião da concessão ou da renovação da licença para conduzir	163	GR	191,53	E
511 – 8	Permitir que tome posse do veículo automotor e passe a conduzi-lo na via a pessoa que não possua a Carteira Nacional de Habilitação ou Permissão para Dirigir	164	GR	574,61 [3 x]	E
512 – 6	Permitir que tome posse do veículo automotor e passe a conduzi-lo na via a pessoa com Carteira de Habilitação ou Permissão para Dirigir cassada ou com suspensão do direito de dirigir	164	GR	957,69 [5 x]	E
513 – 4	Permitir que tome posse do veículo automotor e passe a conduzi-lo na via a pessoa com Carteira Nacional de Habilitação ou Permissão para Dirigir de categoria diferente da do veículo que esteja conduzindo	164	GR	574,61 [3 x]	E
514 – 2	Permitir que tome posse do veículo automotor e passe a conduzi-lo na via a pessoa com validade da Carteira Nacional de Habilitação vencida há mais de trinta dias	164	GR	191,53	E
515 – 0	Permitir que tome posse do veículo automotor e passe a conduzi-lo na via a pessoa sem usar lentes corretoras de visão, aparelho auxiliar de audição, de prótese física ou as adaptações do veículo impostas por ocasião da concessão ou da renovação da licença para conduzir	164	GR	191,53	E
516 – 9	Dirigir sob a influência de álcool, em nível superior a seis decigramas por litro de sangue, ou de qualquer substância entorpecente ou que determine dependência física ou psíquica	165	GR	957,69 [5 x]	E
517 – 7	Confiar ou entregar a direção de veículo a pessoa que, mesmo habilitada, por seu estado físico ou psíquico, não estiver em condições de dirigi-lo com segurança	166	GR	191,53	E

CI	DESCRIÇÃO DA INFRAÇÃO	CTB	CLA	R$	C
518 – 5	Deixar o condutor ou passageiro de usar o cinto de segurança	167	G	127,69	E e M
519 – 3	Transportar crianças em veículo automotor sem observância das normas de segurança especiais estabelecidas no Código de Trânsito Brasileiro	168	GR	191,53	E e M
520 – 7	Dirigir sem atenção ou sem os cuidados indispensáveis à segurança	169	L	53,20	E e M
521 – 5	Dirigir ameaçando os pedestres que estejam atravessando a via pública, ou os demais veículos	170	GR	191,53	E e M
522 – 3	Usar o veículo para arremessar, sobre os pedestres ou veículos, água ou detritos	171	M	85,12	M
523 – 1	Atirar do veículo ou abandonar na via objetos ou substâncias	172	M	85,12	M
524 – 0	Disputar corrida por espírito de emulação	173	GR	574,61 [3 x]	M e E
525 – 8	Promover, na via, competição esportiva, eventos organizados, exibição e demonstração de perícia em manobra de veículo, sem permissão da autoridade de trânsito com circunscrição sobre a via	174	GR	957,69 [5 x]	M
526 – 6	Participar, na via, como condutor, de competição esportiva, eventos organizados, exibição e demonstração de perícia em manobra de veículo, sem permissão da autoridade de trânsito com circunscrição sobre a via	174	GR	957,69 [5 x]	M
527 – 4	Utilizar-se de veículo para, em via pública, demonstrar ou exibir manobra perigosa, arrancada brusca, derrapagem ou frenagem com deslizamento ou arrastamento de pneus	175	GR	191,53	E
528 – 2	Deixar o condutor envolvido em acidente com vítima de prestar ou providenciar socorro à vítima, podendo fazê-lo	176 – I	GR	191,53	E
529 – 0	Deixar o condutor envolvido em acidente com vítima de adotar providências, podendo fazê-lo, no sentido de evitar perigo para o trânsito local	176 – II	GR	191,53	E
530 – 4	Deixar o condutor envolvido em acidente com vítima de preservar o local, de forma a facilitar os trabalhos da polícia e da perícia	176 – III	GR	191,53	E
531 – 2	Deixar o condutor envolvido em acidente com vítima de adotar providências para remover o veículo do local, quando determinadas por policial ou agente da autoridade de trânsito	176 – IV	GR	191,53	E

ART. 161

CI	DESCRIÇÃO DA INFRAÇÃO	CTB	CLA	R$	C
532 – 0	Deixar o condutor envolvido em acidente com vítima de identificar-se ao policial e de lhe prestar informações necessárias à confecção do boletim de ocorrência	176 – V	GR	191,53	E
533 – 9	Deixar o condutor de prestar socorro à vítima de acidente de trânsito quando solicitado pela autoridade e seus agentes	177	G	127,69	E e M
534 – 7	Deixar o condutor, envolvido em acidente sem vítima, de adotar providências para remover o veículo do local, quando necessária tal medida para assegurar a segurança e a fluidez do trânsito	178	M	85,12	M
535 – 5	Fazer ou deixar que se faça reparo em veículo na via pública, salvo nos casos de impedimento absoluto de sua remoção e em que o veículo esteja devidamente sinalizado em pista de rolamento de rodovias e vias de trânsito rápido	179 – I	G	127,69	M
536 – 3	Fazer ou deixar que se faça reparo em veículo na via pública, salvo nos casos de impedimento absoluto de sua remoção e em que o veículo esteja devidamente sinalizado, em outras vias além de pista de rolamento de rodovias e vias de trânsito rápido	179 – II	L	53,20	M
537 – 1	Ter seu veículo imobilizado na via por falta de combustível	180	M	85,12	M
538 – 0	Estacionar o veículo nas esquinas e a menos de cinco metros do bordo do alinhamento da via transversal	181 – I	M	85,12	M
539 – 8	Estacionar o veículo afastado da guia da calçada (meio-fio) de cinqüenta centímetros a um metro	181 – II	L	53,20	M
540 – 1	Estacionar o veículo afastado da guia da calçada (meio-fio) a mais de um metro	181 – III	G	127,69	M
541 – 0	Estacionar o veículo em desacordo com as posições estabelecidas no Código de Trânsito Brasileiro	181 – IV	M	85,12	M
542 – 8	Estacionar o veículo na pista de rolamento das estradas, das rodovias, das vias de trânsito rápido e das vias dotadas de acostamento	181 – V	GR	191,53	M
543 – 6	Estacionar o veículo junto ou sobre hidrantes de incêndio, registro de água ou tampas de poços de visita de galerias subterrâneas, desde que devidamente identificados, conforme especificações do Contran	181 – VI	M	85,12	M
544 – 4	Estacionar o veículo nos acostamentos, salvo motivo de força maior	181 – VII	L	53,20	M

CI	DESCRIÇÃO DA INFRAÇÃO	CTB	CLA	R$	C
545 – 2	Estacionar o veículo no passeio ou sobre faixa destinada a pedestre, sobre ciclovia ou ciclofaixa, bem como nas ilhas, refúgios, ao lado ou sobre canteiros centrais, divisões de pista de rolamento, marcas de canalização, gramados ou jardim público	181 – VIII	G	127,69	M
546 – 0	Estacionar o veículo onde houver guia de calçada (meio-fio) rebaixada destinada à entrada ou saída de veículos	181 – IX	M	85,12	M
547 – 9	Estacionar o veículo impedindo a movimentação de outro veículo	181 – X	M	85,12	M
548 – 7	Estacionar o veículo ao lado de outro veículo, em fila dupla	181 – XI	G	127,69	M
549 – 5	Estacionar o veículo na área de cruzamentos de vias, prejudicando a circulação de veículos e pedestres	181 – XII	G	127,69	M
550 – 9	Estacionar o veículo onde houver sinalização horizontal delimitadora de ponto de embarque ou desembarque de passageiros de transporte coletivo ou, na inexistência desta sinalização, no intervalo compreendido entre dez metros antes e depois do marco do ponto	181 – XIII	M	85,12	M
551 – 7	Estacionar o veículo nos viadutos, pontes e túneis	181 – XIV	G	127,69	M
552 – 5	Estacionar o veículo na contramão de direção	181 – XV	M	85,12	M
553 – 3	Estacionar o veículo em aclive ou declive, não estando devidamente freado e sem calço de segurança, quando se tratar de veículo com peso bruto total superior a 3.500 (três mil e quinhentos) quilogramas	181 – XVI	G	127,69	M
554 – 1	Estacionar o veículo em desacordo com as condições regulamentadas especificamente pela sinalização (placa – Estacionamento Regulamentado)	181 – XVII	L	53,20	M
555 – 0	Estacionar o veículo em locais e horários proibidos especificamente pela sinalização (placa – Proibido Estacionar)	181 – XVIII	M	85,12	M
556 – 8	Estacionar o veículo em locais e horários de estacionamento e parada proibidos pela sinalização (placa – Proibido Parar e Estacionar)	181 – XIX	G	127,69	M
557 – 6	Parar o veículo nas esquinas e a menos de cinco metros do bordo do alinhamento da via transversal	182 – I	M	85,12	M
558 – 4	Parar o veículo afastado da guia da calçada (meio-fio) de cinqüenta centímetros a um metro	182 – II	L	53,20	M

ART. 161

CI	DESCRIÇÃO DA INFRAÇÃO	CTB	CLA	R$	C
559 – 2	Parar o veículo afastado da guia da calçada (meio-fio) a mais de um metro	182 – III	M	85,12	M
560 – 6	Parar o veículo em desacordo com as posições estabelecidas no Código de Trânsito Brasileiro	182 – IV	L	53,20	M
561 – 4	Parar o veículo na pista de rolamento das estradas, das rodovias, das vias de trânsito rápido e das vias dotadas de acostamento	182 – V	G	127,69	M
562 – 2	Parar o veículo no passeio ou sobre faixa destinada a pedestres, nas ilhas, refúgios, canteiros centrais e divisores de pista de rolamento e marcas de canalização	182 – VI	L	53,20	M
563 – 0	Parar o veículo na área de cruzamento de vias, prejudicando a circulação de veículos e pedestres	182 – VII	M	85,12	M
564 – 9	Parar o veículo nos viadutos, pontes e túneis	182 – VIII	M	85,12	M
565 – 7	Parar o veículo na contramão de direção	182 – IX	M	85,12	M
566 – 5	Parar o veículo em local e horário proibidos especificamente pela sinalização (placa – Proibido Parar)	182 – X	M	85,12	M
567 – 3	Parar o veículo sobre a faixa de pedestres na mudança de sinal luminoso	183	M	85,12	M
568 – 1	Transitar com o veículo na faixa ou pista da direita, regulamentada como de circulação exclusiva para determinado tipo de veículo, exceto para acesso a imóveis lindeiros ou conversões à direita	184 – I	L	53,20	M
569 – 0	Transitar com o veículo na faixa ou pista da esquerda regulamentada como de circulação exclusiva para determinado tipo de veículo	184 – II	G	127,69	M
570 – 3	Deixar de conservar o veículo, quando estiver em movimento, na faixa a ele destinada pela sinalização de regulamentação, exceto em situações de emergência	185 – I	M	85,12	M
571 – 1	Deixar de conservar o veículo, lento e de maior porte, nas faixas da direita	185 – II	M	85,12	M
572 – 0	Transitar pela contramão de direção em vias com duplo sentido de circulação, exceto para ultrapassar outro veículo e apenas pelo tempo necessário, respeitada a preferência do veículo que transitar em sentido contrário	186 – I	G	127,69	M
573 – 8	Transitar pela contramão de direção em vias com sinalização de regulamentação de sentido único de circulação	186 – II	GR	191,53	M

CI	DESCRIÇÃO DA INFRAÇÃO	CTB	CLA	R$	C
574 – 6	Transitar em locais e horários não permitidos pela regulamentação estabelecida pela autoridade competente, para todos os tipos de veículos • Redação dada pela Resolução nº 121, de 14.2.2001. • Redação anterior: Transitar em locais e horários não permitidos pela regulamentação estabelecida pela autoridade competente, para todos os tipos de veículos, exceto para caminhões e ônibus	187 – I	M	85,12	M
575 – 4	• Revogado pela Resolução nº 121, de 14.2.2001. • Redação anterior: Transitar em locais e horários não permitidos pela regulamentação estabelecida pela autoridade competente, para todos os tipos de veículos	187 – II	G	127,69	M
576 – 2	Transitar ao lado de outro veículo, interrompendo ou perturbando o trânsito	188	M	85,12	M
577 – 0	Deixar de dar passagem aos veículos precedidos de batedores, de socorro de incêndio e salvamento, de polícia, de operação e fiscalização de trânsito e às ambulâncias, quando em serviço de urgência e devidamente identificados por dispositivos regulamentados de alarme sonoro e iluminação vermelha intermitente	189	GR	191,53	E e M
578 – 9	Seguir veículo em serviço de urgência, estando este com prioridade de passagem devidamente identificada por dispositivos regulamentares de alarme sonoro e iluminação vermelha intermitente	190	G	127,69	M
579 – 7	Forçar passagem entre veículos que, transitando em sentidos opostos, estejam na iminência de passar um pelo outro ao realizar operação de ultrapassagem	191	GR	191,53	M
580 – 0	Deixar de guardar distância de segurança lateral e frontal entre o seu veículo e os demais, bem como em relação ao bordo da pista, considerando-se, no momento, a velocidade, as condições climáticas do local da circulação e do veículo	192	G	127,69	M
581 – 9	Transitar com o veículo em calçadas, passeios, passarelas, ciclovias, ciclofaixas, ilhas, refúgios, ajardinamentos, canteiros centrais e divisores de pista de rolamento, acostamentos, marcas de canalização, gramados e jardins públicos	193	GR	574,61 [3 x]	M

ART. 161

CI	DESCRIÇÃO DA INFRAÇÃO	CTB	CLA	R$	C
582 – 7	Transitar em marcha à ré, salvo na distância necessária a pequenas manobras e de forma a não causar riscos à segurança	194	G	127,69	M
583 – 5	Desobedecer às ordens emanadas da autoridade competente de trânsito ou de seus agentes	195	G	127,69	E e M
584 – 3	Deixar de indicar com antecedência, mediante gesto regulamentar de braço ou luz indicadora de direção do veículo, o início da marcha, a realização da manobra de parar o veículo, a mudança de direção ou de faixa de circulação	196	G	127,69	E e M
585 – 1	Deixar de deslocar, com antecedência, o veículo para a faixa mais à esquerda ou mais à direita, dentro da respectiva mão de direção, quando for manobrar para um desses lados	197	M	85,12	M
586 – 0	Deixar de dar passagem pela esquerda, quando solicitado	198	M	85,12	M
587 – 8	Ultrapassar pela direita, salvo quando o veículo da frente estiver colocado na faixa apropriada e der sinal de que vai entrar à esquerda	199	M	85,12	M
588 – 6	Ultrapassar pela direita veículo de transporte coletivo ou de escolares, parado para embarque ou desembarque de passageiros, salvo quando houver refúgio de segurança para o pedestre	200	GR	191,53	M
589 – 4	Deixar de guardar a distância lateral de um metro e cinqüenta centímetros ao passar ou ultrapassar bicicleta	201	M	85,12	M
590 – 8	Ultrapassar outro veículo pelo acostamento	202 – I	G	127,69	M
591 – 6	Ultrapassar outro veículo em interseções e passagens de nível	202 – II	G	127,69	M
592 – 4	Ultrapassar pela contramão outro veículo nas curvas, aclives e declives, sem visibilidade suficiente	203 – I	GR	191,53	M
593 – 2	Ultrapassar pela contramão outro veículo nas faixas de pedestres	203 – II	GR	191,53	M
594 – 0	Ultrapassar pela contramão outro veículo nas pontes, viadutos ou túneis	203 – III	GR	191,53	M
595 – 9	Ultrapassar pela contramão outro veículo parado em fila junto a sinais luminosos, porteiras, cancelas, cruzamentos ou qualquer outro impedimento à livre circulação	203 – IV	GR	191,53	M

ART. 161

CI	DESCRIÇÃO DA INFRAÇÃO	CTB	CLA	R$	C
596 – 7	Ultrapassar pela contramão outro veículo onde houver marcação viária longitudinal de divisão de fluxos opostos do tipo linha dupla contínua ou simples contínua amarela	203 – V	GR	191,53	M
597 – 5	Deixar de parar o veículo no acostamento à direita, para aguardar a oportunidade de cruzar a pista ou entrar à esquerda, onde não houver local apropriado para operação de retorno	204	G	127,69	M
598 – 3	Ultrapassar veículos em movimento que integrem cortejo, préstimo, desfile e formações militares, salvo com autorização da autoridade de trânsito ou de seus agentes	205	L	53,20	M
599 – 1	Executar operação de retorno em locais proibidos pela sinalização	206 – I	GR	191,53	M
600 – 9	Executar operação de retorno nas curvas, aclives, declives, pontes, viadutos e túneis	206 – II	GR	191,53	M
601 – 7	Executar operação de retorno passando por cima de calçada, passeio, ilhas, ajardinamento ou canteiros de divisões de pista de rolamento, refúgios e faixas de pedestres e nas de veículos não motorizados	206 – III	GR	191,53	M
602 – 5	Executar operação de retorno nas interseções, entrando na contramão de direção da via transversal	206 – IV	GR	191,53	M
603 – 3	Executar operação de retorno com prejuízo da livre circulação ou da segurança, ainda que em locais permitidos	206 – V	GR	191,53	M
604 – 1	Executar operação de conversão à direita ou à esquerda em locais proibidos pela sinalização	207	G	127,69	M
605 – 0	Avançar o sinal vermelho do semáforo ou o de parada obrigatória	208	GR	191,53	M
606 – 8	Transpor, sem autorização, bloqueio viário com ou sem sinalização ou dispositivos auxiliares, deixar de adentrar às áreas destinadas à pesagem de veículos ou evadir-se para não efetuar o pagamento do pedágio	209	G	127,69	E e M
607 – 6	Transpor, sem autorização, bloqueio viário policial	210	GR	191,53	E e M
608 – 4	Ultrapassar veículos em fila, parados em razão de sinal luminoso, cancela, bloqueio viário parcial ou qualquer outro obstáculo, com exceção dos veículos não motorizados	211	G	127,69	E e M

CI	DESCRIÇÃO DA INFRAÇÃO	CTB	CLA	R$	C
609 – 2	Deixar de parar o veículo antes de transpor linha férrea	212	GR	191,53	M
610 – 6	Deixar de parar o veículo sempre que a respectiva marcha for interceptada por agrupamento de pessoas, como préstitos, passeatas, desfiles e outros	213 – I	GR	191,53	M
611 – 4	Deixar de parar o veículo sempre que a respectiva marcha for interceptada por agrupamento de veículos, como cortejos, formações militares e outros	213 – II	G	127,69	M
612 – 2	Deixar de dar preferência de passagem a pedestre e a veículo não motorizado que se encontre na faixa a ele destinada	214 – I	GR	191,53	M
613 – 0	Deixar de dar preferência de passagem a pedestre e a veículo não motorizado que não haja concluído a travessia mesmo que ocorra sinal verde para o veículo	214 – II	GR	191,53	M
614 – 9	Deixar de dar preferência de passagem a pedestre e a veículo não motorizado, portadores de deficiência física, crianças, idosos e gestantes	214 – III	GR	191,53	M
615 – 7	Deixar de dar preferência de passagem a pedestre e a veículo não motorizado quando houver iniciado a travessia, mesmo que não haja sinalização a ele destinada	214 – IV	G	127,69	M
616 – 5	Deixar de dar preferência de passagem a pedestre e a veículo não motorizado que esteja atravessando a via transversal para onde se dirige o veículo	214 – V	G	127,69	M
617 – 3	Deixar de dar preferência de passagem, em interseção não sinalizada, a veículo que estiver circulando por rodovia ou rotatória ou a veículo que vier da direita	215 – I	G	127,69	M
618 – 1	Deixar de dar preferência de passagem nas interseções com sinalização de regulamentação de *"Dê a Preferência"*	215 – II	G	127,69	M
619 – 0	Entrar ou sair de áreas lindeiras sem estar adequadamente posicionado para ingresso na via e sem as precauções com a segurança de pedestres e de outros veículos	216	M	85,12	M
620 – 3	Entrar ou sair de fila de veículos estacionados sem dar preferência de passagem a pedestres e a outros veículos	217	M	85,12	M
621 – 1	Transitar em velocidade superior à máxima permitida para o local, medida por instrumento ou equipamento hábil em rodovias, vias de trânsito rápido e vias arteriais quando a velocidade for superior à máxima em até 20% (vinte por cento)	218 – I – a	G	127,69	M

CI	DESCRIÇÃO DA INFRAÇÃO	CTB	CLA	R$	C
622 – 0	Transitar em velocidade superior à máxima permitida para o local, medida por instrumento ou equipamento hábil em rodovias, vias de trânsito rápido e vias arteriais quando a velocidade for superior à máxima em mais de 20% (vinte por cento)	218 – I – b	GR	574,61 [3 x]	M
623 – 8	Transitar em velocidade superior à máxima permitida para o local, medida por instrumento ou equipamento hábil em vias que não sejam rodovias, vias de trânsito rápido e vias arteriais, quando a velocidade for superior à máxima em até 50% (cinqüenta por cento)	218 – II – a	G	127,69	M
624 – 6	Transitar em velocidade superior à máxima permitida para o local, medida por instrumento ou equipamento hábil em vias que não sejam rodovias, vias de trânsito rápido e vias arteriais, quando a velocidade for superior à máxima em mais de 50% (cinqüenta por cento)	218 – II – b	GR	574,61 [3 x]	M
625 – 4	Transitar com veículo em velocidade inferior à metade da velocidade máxima estabelecida para a via, retardando ou obstruindo o trânsito, a menos que as condições de tráfego e meteorológicas não permitam, salvo se estiver na faixa da direita	219	M	85,12	M
626 – 2	Deixar de reduzir a velocidade do veículo de forma compatível com a segurança do trânsito quando se aproximar de passeatas, aglomerações, cortejos, préstitos e desfiles	220 – I	GR	191,53	M
627 – 0	Deixar de reduzir a velocidade do veículo de forma compatível com a segurança do trânsito nos locais onde o trânsito esteja sendo controlado pelo agente da autoridade de trânsito, mediante sinais sonoros ou gestos	220 – II	G	127,69	M
628 – 9	Deixar de reduzir a velocidade do veículo de forma compatível com a segurança do trânsito ao aproximar-se da guia da calçada (meio-fio) ou acostamento	220 – III	G	127,69	M
629 – 7	Deixar de reduzir a velocidade do veículo de forma compatível com a segurança do trânsito ao aproximar-se de ou passar por interseção não sinalizada	220 – IV	G	127,69	M
630 – 0	Deixar de reduzir a velocidade do veículo de forma compatível com a segurança do trânsito nas vias rurais cuja faixa de domínio não esteja cercada	220 – V	G	127,69	M

ART. 161

CI	DESCRIÇÃO DA INFRAÇÃO	CTB	CLA	R$	C
631 – 9	Deixar de reduzir a velocidade do veículo de forma compatível com a segurança do trânsito nos trechos em curva de pequeno raio	220 – VI	G	127,69	M
632 – 7	Deixar de reduzir a velocidade do veículo de forma compatível com a segurança do trânsito ao aproximar-se de locais sinalizados com advertência de obras ou trabalhadores na pista	220 – VII	G	127,69	M
633 – 5	Deixar de reduzir a velocidade do veículo de forma compatível com a segurança do trânsito sob chuva, neblina, cerração ou ventos fortes	220 – VIII	G	127,69	M
634 – 3	Deixar de reduzir a velocidade do veículo de forma compatível com a segurança do trânsito quando houver má visibilidade	220 – IX	G	127,69	M
635 – 1	Deixar de reduzir a velocidade do veículo de forma compatível com a segurança do trânsito quando o pavimento se apresentar escorregadio, defeituoso ou avariado	220 – X	G	127,69	M
636 – 0	Deixar de reduzir a velocidade do veículo de forma compatível com a segurança do trânsito à aproximação de animais na pista	220 – XI	G	127,69	M
637 – 8	Deixar de reduzir a velocidade do veículo de forma compatível com a segurança do trânsito em declive	220 – XII	G	127,69	M
638 – 6	Deixar de reduzir a velocidade do veículo de forma compatível com a segurança do trânsito ao ultrapassar ciclista	220 – XIII	G	127,69	M
639 – 4	Deixar de reduzir a velocidade do veículo de forma compatível com a segurança do trânsito nas proximidades de escolas, hospitais, estações de embarque e desembarque de passageiros ou onde haja intensa movimentação de pedestres	220 – XIV	GR	191,53	M
640 – 8	Portar no veículo placas de identificação em desacordo com as especificações e modelos estabelecidos pelo Contran	221	M	85,12	E
641 – 6	Confeccionar, distribuir ou colocar, em veículo próprio ou de terceiros, placas de identificação não autorizadas pela regulamentação	221 – Único	M	85,12	E
642 – 4	Deixar de manter ligado, nas situações de atendimento de emergência, o sistema de iluminação vermelha intermitente dos veículos de polícia, de socorro de incêndio e salvamento, de fiscalização de trânsito e das ambulâncias, ainda que paradas	222	M	85,12	M

ART. 161

CI	DESCRIÇÃO DA INFRAÇÃO	CTB	CLA	R$	C
643 – 2	Transitar com o farol desregulado ou com o facho de luz alta de forma a perturbar a visão de outro condutor	223	G	127,69	E
644 – 0	Fazer uso do facho de luz alta dos faróis em vias providas de iluminação pública	224	L	53,20	M
645 – 9	Deixar de sinalizar a via, de forma a prevenir os demais condutores e, à noite, não manter acesas as luzes externas ou omitir-se quanto a providências necessárias para tornar visível o local, quando tiver de remover o veículo da pista de rolamento ou permanecer no acostamento	225 – I	G	127,69	M
646 – 7	Deixar de sinalizar a via, de forma a prevenir os demais condutores e, à noite, não manter acesas as luzes externas ou omitir-se quanto a providências necessárias para tornar visível o local, quando a carga for derramada sobre a via e não puder ser retirada imediatamente	225 – II	G	127,69	M
647 – 5	Deixar de retirar todo e qualquer objeto que tenha sido utilizado para sinalização temporária da via	226	M	85,12	M
648 – 3	Usar buzina em situação que não a de simples toque breve como advertência ao pedestre ou a condutores de outros veículos	227 – I	L	53,20	M
649 – 1	Usar buzina prolongada e sucessivamente a qualquer pretexto	227 – II	L	53,20	M
650 – 5	Usar buzina entre as vinte e duas e as seis horas	227 – III	L	53,20	M
651 – 3	Usar buzina em locais e horários proibidos pela sinalização	227 – IV	L	53,20	M
652 – 1	Usar buzina em desacordo com os padrões e freqüências estabelecidas pelo Contran	227 – V	L	53,20	M
653 – 0	Usar no veículo equipamento com som em volume ou freqüência que não sejam autorizados pelo Contran	228	G	127,69	M
654 – 8	Usar indevidamente no veículo aparelho de alarme ou que produza sons e ruído que perturbem o sossego público, em desacordo com normas fixadas pelo Contran	229	M	85,12	E
655 – 6	Conduzir o veículo com o lacre, a inscrição do chassi, o selo, a placa ou qualquer outro elemento de identificação do veículo violado ou falsificado	230 – I	GR	191,53	E

ART. 161

CI	DESCRIÇÃO DA INFRAÇÃO	CTB	CLA	R$	C
656 – 4	Conduzir o veículo transportando passageiros em compartimento de carga, salvo por motivo de força maior, com permissão da autoridade competente e na forma estabelecida pelo Contran	230 – II	GR	191,53	M
657 – 2	Conduzir o veículo com dispositivo anti-radar	230 – III	GR	191,53	E
658 – 0	Conduzir o veículo sem qualquer uma das placas de identificação	230 – IV	GR	191,53	E
659 – 9	Conduzir o veículo que não esteja registrado e devidamente licenciado	230 – V	GR	191,53	E
660 – 2	Conduzir o veículo com qualquer uma das placas de identificação sem condições de legibilidade e visibilidade	230 – VI	GR	191,53	E
661 – 0	Conduzir o veículo com a cor ou característica alterada	230 – VII	G	127,69	E
662 – 9	Conduzir o veículo sem ter sido submetido à inspeção de segurança veicular, quando obrigatória	230 – VIII	G	127,69	E
663 – 7	Conduzir o veículo sem equipamento obrigatório ou estando este ineficiente ou inoperante	230 – IX	G	127,69	E
664 – 5	Conduzir o veículo com equipamento obrigatório em desacordo com o estabelecido pelo Contran	230 – X	G	127,69	E
665 – 3	Conduzir o veículo com descarga livre ou silenciador de motor de explosão defeituoso, deficiente ou inoperante	230 – XI	G	127,69	E
666 – 1	Conduzir o veículo com equipamento ou acessório proibido	230 – XII	G	127,69	E
667 – 0	Conduzir o veículo com o equipamento do sistema de iluminação e de sinalização alterados	230 – XIII	G	127,69	E
668 – 8	Conduzir o veículo com registrador instantâneo inalterável de velocidade e tempo viciado ou defeituoso, quando houver exigência desse aparelho	230 – XIV	G	127,69	E
669 – 6	Conduzir o veículo com inscrições, adesivos, legendas e símbolos de caráter publicitário afixados ou pintados no pára-brisa e em toda a extensão da parte traseira do veículo, excetuadas as hipóteses previstas no Código de Trânsito Brasileiro	230 – XV	G	127,69	E
670 – 0	Conduzir o veículo com vidros total ou parcial-mente cobertos por películas refletivas ou não, painéis decorativos ou pinturas	230 – XVI	G	127,69	E

CI	DESCRIÇÃO DA INFRAÇÃO	CTB	CLA	R$	C
671 – 8	Conduzir o veículo com cortinas ou persianas fechadas, não autorizadas pela legislação	230 – XVII	G	127,69	E
672 – 6	Conduzir o veículo em mau estado de conservação, comprometendo a segurança, ou reprovado na avaliação de inspeção de segurança e de emissão de poluentes e ruído	230 – XVIII	G	127,69	E
673 – 4	Conduzir o veículo sem acionar o limpador de pára-brisa sob chuva	230 – XIX	G	127,69	E
674 – 2	Conduzir o veículo sem portar a autorização para condução de escolares	230 – XX	G	127,69	E
675 – 0	Conduzir o veículo de carga, com falta de inscrição da tara e demais inscrições previstas no Código de Trânsito Brasileiro	230 – XXI	M	85,12	E
676 – 9	Conduzir o veículo com defeito no sistema de iluminação, de sinalização ou com lâmpadas queimadas	230 – XXII	M	85,12	E
677 – 7	Transitar com o veículo danificando a via, suas instalações e equipamentos	231 – I	GR	191,53	M
678 – 5	Transitar com o veículo derramando, lançando ou arrastando sobre a via carga que esteja transportando	231 – II – a	GR	191,53	M
679 – 3	Transitar com o veículo derramando, lançando ou arrastando sobre a via combustível ou lubrificante que esteja utilizando	231 – II – b	GR	191,53	M
680 – 7	Transitar com o veículo derramando, lançando ou arrastando sobre a via qualquer objeto que possa acarretar risco de acidente	231 – II – c	GR	191,53	M
681 – 5	Transitar com o veículo produzindo fumaça, gases ou partículas em níveis superiores aos fixados pelo Contran	231 – III	G	127,69	M
682 – 3	Transitar com o veículo com suas dimensões ou de sua carga superiores aos limites estabelecidos legalmente ou pela sinalização, sem autorização	231 – IV	G	127,69	M
683 – 1	Transitar com o veículo com excesso de peso, admitido percentual de tolerância quando aferido por equipamento	231 – V	M	85,12	M
684 – 0	Transitar com o veículo em desacordo com a autorização especial, expedida pela autoridade competente, para transitar com dimensões excedentes, ou quando a mesma estiver vencida	231 – VI	G	127,69	M
685 – 8	Transitar com o veículo com lotação excedente	231 – VII	M	85,12	E e M

ART. 161

CI	DESCRIÇÃO DA INFRAÇÃO	CTB	CLA	R$	C
686 – 6	Transitar com o veículo efetuando transporte remunerado de pessoas ou bens, quando não for licenciado para esse fim, salvo casos de força maior ou com permissão da autoridade competente	231 – VIII	M	85,12	M
687 – 4	Transitar com o veículo desligado ou desengrenado, em declive	231 – IX	M	85,12	M
688 – 2	Transitar com o veículo excedendo a capacidade máxima de tração, em infração considerada *média* pelo Contran	231 – X	M	85,12	M
689 – 0	Transitar com o veículo excedendo a capacidade máxima de tração, em infração considerada *grave* pelo Contran	231 – X	G	127,69	M
690 – 4	Transitar com o veículo excedendo a capacidade máxima de tração, em infração considerada *gravíssima* pelo Contran	231 – X	GR	191,53	M
691 – 2	Conduzir veículo sem os documentos de porte obrigatório	232	L	53,20	E
692 – 0	Deixar de efetuar o registro de veículo no prazo de trinta dias, junto ao órgão executivo de trânsito	233	G	127,69	E
693 – 9	Falsificar ou adulterar documento de habilitação e de identificação do veículo	234	GR	191,53	E
694 – 7	Conduzir pessoas, animais ou carga nas partes externas do veículo, salvo nos casos devidamente autorizados	235	G	127,69	M
695 – 5	Rebocar outro veículo com cabo flexível ou corda, salvo em casos de emergência	236	M	85,12	M
696 – 3	Transitar com o veículo em desacordo com as especificações, e com falta de inscrição e simbologia necessárias à sua identificação, quando exigidas pela legislação	237	G	127,69	E
697 – 1	Recusar-se a entregar à autoridade de trânsito ou a seus agentes, mediante recibo, os documentos de habilitação, de registro, de licenciamento de veículo e outros exigidos por lei, para averiguação de sua autenticidade	238	GR	191,53	E
698 – 0	Retirar do local veículo legalmente retido para regularização, sem permissão da autoridade competente ou de seus agentes	239	GR	191,53	E e M
699 – 8	Deixar o responsável de promover a baixa do registro de veículo irrecuperável ou definitivamente desmontado	240	G	127,69	E
700 – 5	Deixar de atualizar o cadastro de registro do veículo ou de habilitação do condutor	241	L	53,20	E

ART. 161

CI	DESCRIÇÃO DA INFRAÇÃO	CTB	CLA	R$	C
701 – 3	Fazer falsa declaração de domicílio para fins de registro, licenciamento ou habilitação	242	GR	191,53	E
702 – 1	Deixar a empresa seguradora de comunicar ao órgão executivo de trânsito competente a ocorrência de perda total do veículo e de lhe devolver as respectivas placas e documentos	243	G	127,69	E
703 – 0	Conduzir motocicleta, motoneta e ciclomotor sem usar capacete de segurança com viseira ou óculos de proteção e vestuário de acordo com as normas e especificações aprovadas pelo Contran	244 – I	GR	191,53	E e M
704 – 8	Conduzir motocicleta, motoneta e ciclomotor transportando passageiro sem o capacete de segurança, ou fora do assento suplementar colocado atrás do condutor ou em carro lateral	244 – II	GR	191,53	M
705 – 6	Conduzir motocicleta, motoneta, ciclomotor e ciclo fazendo malabarismo ou equilibrando-se apenas em uma roda	244 – III	GR	191,53	M
706 – 4	Conduzir motocicleta, motoneta e ciclomotor com os faróis apagados	244 – IV	GR	191,53	M
707 – 2	Conduzir motocicleta, motoneta e ciclomotor transportando criança menor de sete anos ou que não tenha, nas circunstâncias, condições de cuidar da própria segurança	244 – V	GR	191,53	M
708 – 0	Conduzir motocicleta, motoneta e ciclomotor rebocando outro veículo	244 – VI	M	85,12	M
709 – 9	Conduzir motocicleta, motoneta, ciclomotor e ciclo sem segurar o guidom com ambas as mãos, salvo eventualmente para indicação de manobras	244 – VII	M	85,12	M
710 – 2	Conduzir motocicleta, motoneta, ciclomotor e ciclo transportando carga incompatível com suas especificações	244 – VIII	M	85,12	M
711 – 0	Conduzir ciclo transportando passageiro fora da garupa ou assento especial a ele destinado	244 – § 1º – a	M	85,12	M
712 – 9	Conduzir ciclo e ciclomotor em vias de trânsito rápido ou rodovias, salvo onde houver acostamento ou faixas de rolamento próprias	244 – § 1º – b	M	85,12	M
713 – 7	Conduzir ciclo transportando crianças que não tenham, nas circunstâncias, condições de cuidar da própria segurança	244 – § 1º – c	M	85,12	M
714 – 5	Utilizar a via para depósito de mercadorias, materiais ou equipamentos, sem autorização do órgão ou entidade de trânsito com circunscrição sobre a via	245	G	127,69	M

CI	DESCRIÇÃO DA INFRAÇÃO	CTB	CLA	R$	C
715 – 3	Deixar de sinalizar qualquer obstáculo à livre circulação, à segurança de veículo e pedestres, tanto no leito da via terrestre como na calçada, ou obstaculizar a via indevidamente, sem agravamento de penalidade pela autoridade de trânsito	246	GR	191,53	M
716 – 1	Deixar de sinalizar qualquer obstáculo à livre circulação, à segurança de veículo e pedestres, tanto no leito da via terrestre como na calçada, ou obstaculizar a via indevidamente, com agravamento de penalidade de *duas vezes* pela autoridade de trânsito	246	GR	383,06 [2 x]	M
717 – 0	Deixar de sinalizar qualquer obstáculo à livre circulação, à segurança de veículo e pedestres, tanto no leito da via terrestre como na calçada, ou obstaculizar a via indevidamente, com agravamento de penalidade de *três vezes* pela autoridade de trânsito	246	GR	574,61 [3 x]	M
718 – 8	Deixar de sinalizar qualquer obstáculo à livre circulação, à segurança de veículo e pedestres, tanto no leito da via terrestre como na calçada, ou obstaculizar a via indevidamente, com agravamento de penalidade de *quatro vezes* pela autoridade de trânsito	246	GR	766,12 [4 x]	M
719 – 6	Deixar de sinalizar qualquer obstáculo à livre circulação, à segurança de veículo e pedestres, tanto no leito da via terrestre como na calçada, ou obstaculizar a via indevidamente, com agravamento de penalidade de *cinco vezes* pela autoridade de trânsito	246	GR	957,69 [5 x]	M
720 – 0	Deixar de conduzir pelo bordo da pista de rolamento, em fila única, os veículos de tração ou propulsão humana e os de tração animal, sempre que não houver acostamento ou faixa a eles destinados	247	M	85,12	M
721 – 8	Transportar em veículo destinado ao transporte de passageiros, carga excedente em desacordo com as normas estabelecidas pelo Contran	248	G	127,69	E
722 – 6	Deixar de manter acesas, à noite, as luzes de posição, quando o veículo estiver parado, para fins de embarque ou desembarque de passageiros e carga ou descarga de mercadorias	249	M	85,12	M
723 – 4	Deixar de manter acesa a luz baixa quando o veículo estiver em movimento durante a noite	250 – I – *a*	M	85,12	M

CI	DESCRIÇÃO DA INFRAÇÃO	CTB	CLA	R$	C
724 – 2	Deixar de manter acesa a luz baixa quando o veículo estiver em movimento de dia, nos túneis providos de iluminação pública	250 – I – b	M	85,12	M
725 – 0	Deixar de manter acesa a luz baixa quando o veículo estiver em movimento de dia e de noite, tratando-se de veículo de transporte coletivo de passageiros, circulando em faixas ou pistas a eles destinadas	250 – I – c	M	85,12	M
726 – 9	Deixar de manter acesa a luz baixa quando o veículo estiver em movimento de dia e de noite, tratando-se de ciclomotor	250 – I – d	M	85,12	M
727 – 7	Deixar de manter acesas pelo menos as luzes de posição sob chuva forte, neblina ou cerração, quando o veículo estiver em movimento	250 – II	M	85,12	M
728 – 5	Deixar de manter a placa traseira iluminada, à noite, quando o veículo estiver em movimento	250 – III	M	85,12	E
729 – 3	Utilizar as luzes do veículo, o pisca-alerta, exceto em imobilizações ou situações de emergência	251 – I	M	85,12	M
730 – 7	Utilizar as luzes do veículo baixa e alta de forma intermitente, exceto nas seguintes situações: a curtos intervalos, quando for conveniente advertir a outro condutor que se tem o propósito de ultrapassá-lo; em imobilizações ou situação de emergência, como advertência, utilizando pisca-alerta; quando a sinalização de regulamentação da via determinar o uso do pisca-alerta	251 – II	M	85,12	M
731 – 5	Dirigir o veículo com o braço do lado de fora	252 – I	M	85,12	M
732 – 3	Dirigir o veículo transportando pessoas, animais ou volume à sua esquerda ou entre os braços e pernas	252 – II	M	85,12	E
733 – 1	Dirigir o veículo com incapacidade física ou mental temporária que comprometa a segurança do trânsito	252 – III	M	85,12	E
734 – 0	Dirigir o veículo usando calçado que não se firme nos pés ou que comprometa a utilização dos pedais	252 – IV	M	85,12	E
735 – 8	Dirigir o veículo com apenas uma das mãos, exceto quando deva fazer sinais regulamentares de braço, mudança de marcha do veículo, ou acionar equipamentos e acessórios do veículo	252 – V	M	85,12	E

ART. 161

CI	DESCRIÇÃO DA INFRAÇÃO	CTB	CLA	R$	C
736 – 6	Dirigir o veículo utilizando-se de fones nos ouvidos conectados a aparelhagem sonora ou de telefone celular	252 – VI	M	85,12	E e M
737 – 4	Bloquear a via com veículo	253	GR	191,53	M
738 – 2	É proibido ao pedestre permanecer ou andar nas pistas de rolamento, exceto para cruzá-las onde for permitido	254 – I	L	26,60	M
739 – 0	É proibido ao pedestre cruzar pistas de rolamento nos viadutos, pontes, ou túneis, salvo onde exista permissão	254 – II	L	26,60	M
740 – 4	É proibido ao pedestre atravessar a via dentro das áreas de cruzamento, salvo quando houver sinalização para esse fim	254 – III	L	26,60	M
741 – 2	É proibido ao pedestre utilizar-se da via em agrupamentos capazes de perturbar o trânsito, ou para a prática de qualquer folguedo, esporte, desfiles e similares, salvo em casos especiais e com a devida licença da autoridade competente	254 – IV	L	26,60	M
742 – 0	É proibido ao pedestre andar fora da faixa própria, passarela, passagem aérea e subterrânea	254 – V	L	26,60	M
743 – 9	É proibido ao pedestre desobedecer à sinalização de trânsito específica	254 – VI	L	26,60	M
744 – 7	Conduzir bicicleta em passeios onde não seja permitida a circulação desta, ou de forma agressiva	255	M	85,12	M

CÓDIGOS ACRESCIDOS PELA PORTARIA DENATRAN Nº 38, DE 10.12.1998

Códigos das infrações referentes ao transporte rodoviário de produtos perigosos

CI	DESCRIÇÃO DA INFRAÇÃO	DECRETO Nº 96.044/88	INFRATOR	R$
901-6	Transportar produto cujo deslocamento rodoviário seja proibido pelo Ministério dos Transportes.	45, I, a	Transportador	617,00
902-4	Transportar produto perigoso a granel que não conste do Certificado de Capacitação.	45, I, b	Transportador	617,00
903-2	Transportar produto perigoso a granel em veículo desprovido de Certificado de Capacitação válido.	45, I, c	Transportador	617,00
904-0	Transportar, juntamente com produto perigoso, pessoas, animais, alimentos ou medicamentos destinados ao consumo humano ou animal, ou ainda, embalagens destinadas a estes bens.	45, I, d	Transportador	617,00

ART. 161

CI	DESCRIÇÃO DA INFRAÇÃO	DECRETO Nº 96.044/88	INFRATOR	R$
905-9	Transportar produtos incompatíveis entre si, apesar de advertido pelo expedidor.	45, I, e	Transportador	617,00
906-7	Não dar manutenção ao veículo ou ao seu equipamento.	45, II, a	Transportador	308,50
907-5	Estacionar ou parar com inobservância ao preceituado no art. 14.	45, II, b	Transportador	308,50
908-3	Transportar produtos cujas embalagens se encontrem em más condições.	45, II, c	Transportador	308,50
909-1	Não adotar, em caso de acidente ou avaria, as providências constantes da Ficha de Emergência e do Envelope para o Transporte.	45, II, d	Transportador	308,50
910-5	Transportar produto a granel sem utilizar o tacógrafo ou não apresentar o disco à autoridade competente, quando solicitado.	45, II, e	Transportador	308,50
911-3	Transportar carga mal estivada.	45, III, a	Transportador	123,40
912-1	Transportar produto perigoso em veículo desprovido de equipamento para situação de emergência e proteção individual.	45, III, b	Transportador	123,40
913-0	Transportar produto perigoso desacompanhado de Certificado de Capacitação para o Transporte de Produtos Perigosos a Granel.	45, III, c	Transportador	123,40
914-8	Transportar produto perigoso desacompanhado de declaração de responsabilidade do expedidor, aposta no Documento Fiscal.	45, III, d	Transportador	123,40
915-6	Transportar produto perigoso desacompanhado de Ficha de Emergência e Envelope para o Transporte.	45, III, e	Transportador	123,40
916-4	Transportar produto perigoso sem utilizar, nas embalagens e no veículo, rótulos de risco e painéis de segurança em bom estado e correspondentes ao produto transportado.	45, III, f	Transportador	123,40
917-2	Circular em vias públicas nas quais não seja permitido o trânsito de veículos transportando produto perigoso.	45, III, g	Transportador	123,40
918-0	Não dar imediata ciência da imobilização do veículo em caso de emergência, acidente ou avaria.	45, III, h	Transportador	123,40
919-9	Embarcar no veículo produtos incompatíveis entre si.	46, I, a	Expedidor	617,00
920-2	Embarcar produto perigoso não constante do Certificado de Capacitação do veículo ou equipamento ou estando esse Certificado vencido.	46, I, b	Expedidor	617,00

ART. 161

CI	DESCRIÇÃO DA INFRAÇÃO	DECRETO Nº 96.044/88	INFRATOR	R$
921-0	Não lançar no Documento Fiscal as informações de que trata o item II do art. 22.	46, I, C	Expedidor	617,00
922-9	Expedir produto perigoso mal acondicionado ou com embalagens em más condições.	46, I, d	Expedidor	617,00
923-7	Não comparecer ao local do acidente quando expressamente convocado pela autoridade competente.	46. I, e	Expedidor	617,00
924-5	Embarcar produto perigoso em veículo que não disponha de conjunto de equipamentos para situação de emergência e proteção individual.	46, II, a	Expedidor	308,50
925-3	Não fornecer ao transportador a Ficha de Emergência e o Envelope para o Transporte.	36, II, b	Expedidor	308,50
926-1	Embarcar produto perigoso em veículo que não esteja utilizando rótulos de risco e painéis de segurança, afixados nos locais adequados.	46, II, c	Expedidor	308,50
927-0	Expedir carga fracionada com embalagem externa desprovida dos rótulos de risco específicos.	46, II, d	Expedidor	308,50
928-8	Embarcar produto perigoso em veículo ou equipamento que não apresente adequadas condições de manutenção.	46, II, e	Expedidor	308,50
929-6	Não prestar os necessários esclarecimentos técnicos em situações de emergência ou acidentes, quando solicitado pelas autoridades.	46, II, f	Expedidor	308,50

SUSPENSÃO DO DIREITO DE DIRIGIR (ART. 256, III, 261 CTB E RESOLUÇÃO CONTRAN Nº 54/1998)

Trata-se de penalidade preconizada no art. 256, III, do CTB, a ser imposta somente pela autoridade de trânsito diretor do Detran ou Ciretran do local de residência ou domicílio do condutor que no período de 12 meses atingiu ou ultrapassou a somatória de 20 pontos, (art. 259 c/c art. 261, § 1º, última parte) ou praticado infrações de trânsito que por si só estabelecem diretamente a suspensão do direito de dirigir (art. 261, § 1º), independente de contagem de pontos prevista no art. 257. São as infrações previstas nos arts. 165, 170, 173, 174, 175, 176, 210, 218, I, b, 244, I a V, e 278 c/c art. 210, todos do CTB. Importa destacar, que as penalidades de suspensão do direito de dirigir e de cassação do documento de habilitação somente serão aplicadas por decisão fundamentada da Autoridade de Trânsito Diretor do Detran ou Ciretran competente, através de processo administrativo, assegurando-se ao infrator amplo direito de defesa (art. 265 do CTB) e contraditório (art. 5º, LV, da CF), vale acentuar, o condutor indigitado terá direito a interpor recurso administrativo ou judicial, visando demonstrar que não é o responsável pela imputação que ora lhe é atribuída, fundado em violação de observância formal do auto de infração ou ainda, relacionada a própria situação fática que não cometeu, ou se eventualmente as cometeu, por razões exculpatórias merecem observância acentuada por parte do julgador.

Assim os recursos administrativos, na lição de Hely Lopes Meirelles,[30] "(...) em acepção ampla, são todos os meios hábeis a propiciar o reexame da decisão interna pela própria Administração. No exercício de sua jurisdição a Administração aprecia e decide as pretensões dos administrados e de seus servidores, aplicando o Direito que entenda cabível, segundo a interpretação de seus órgãos técnicos e jurídicos. Pratica, assim, atividade jurisdicional típica, de caráter *parajudicial* quando provém de seus tribunais ou comissões de julgamento. Essas decisões geralmente escalonam-se em *instâncias*, subindo da inferior para a superior através do respectivo recurso *administrativo* previsto em lei ou regulamento" (itálico consta do original).[31]

Gilson Delgado Miranda e Patricia Miranda Pizzol,[32] esclarecem que "Segundo a origem etimológica – no latim, *recursus, us* – significa a repetição de um caminho já utilizado".

No que concerne aos recursos, os mesmos autores utilizam-se do conceito de Barbosa Moreira[33] para definir recurso "no direito processual civil brasileiro, como o remédio voluntário idôneo a ensejar, dentro do mesmo processo, a reforma, a invalidação, o esclarecimento ou a integração de decisão judicial que se impugna".

Dentre os vários fundamentos que levam a utilização do recurso, os autores supra-mencionados,[34] após larga enumeração, finda, aduzindo que: "Explica-se a adoção do recurso, na prática, até mesmo por inquietação de ordem psicológica. Nesse sentido, são as palavras de Gabriel Rezende Filho:[35] 'Psicologicamente, o recurso corresponde a uma irresistível tendência humana.' Esse motivo está relacionado com o inconformismo natural do vencido, quer ter uma 'segunda chance'."

---

30. *Direito Administrativo Brasileiro*, p. 580-581. E continua o autor: "Os recursos em geral são interpostos voluntariamente pelo particular (recurso provocado) e os hierárquicos o são também pela autoridade que proferiu a decisão inferior (recurso de ofício), desde que a lei ou o regulamento assim o determine expressamente." (*op. cit.*, p. 581).

31. "O julgamento do *recurso administrativo* torna vinculante para a Administração seu pronunciamento decisório e atribui definitividade ao ato apreciado em última instância. Daí por diante, é imodificável pela própria Administração e só o Judiciário poderá reapreciá-lo e dizer de sua legitimidade. E assim é porque, embora inexista entre nós a *coisa julgada administrativa*, no sentido processual de sentença definitiva *erga omnes* (coisa julgada formal e material), existe, todavia, o ato administrativo inimpugnável e imodificável pela administração, por exauridos os recursos próprios e as oportunidades internas de autocorreção da atividade administrativa (...)"(itálico consta do original, *op. cit.*, p. 582).

32. *Processo Civil: Recursos*, p.17. Cf. *Novo Dicionário Aurélio da Língua Portuguesa*: "Recurso (do latim, *recursu*) 1. Ato ou efeito de recorrer; (...) 3. Meio, expediente. (...) 6. Jur. Meio de provocar, na mesma instância ou na superior, a reforma ou a modificação de uma sentença judicial desfavorável (...)."

33. José Carlos Barbosa Moreira. *Comentários ao Código de Processo Civil*, vol. 5, p. 231, apud Gilson Delgado Miranda e Patricia Miranda Pizzol, *op. cit.*, p. 17.

34. *Op. cit.*, p. 20.

35. Gabriel José Rodrigues de Rezende Filho. *Curso de Direito Processual Civil*, vol. 3, p. 86 apud Gilson Delgado Miranda e Patricia Miranda Pizzol, *op. cit.*, p. 20.

O remédio constitucional mais utilizado esgotados os recursos administrativos, é a utilização do mandado de segurança "para proteger direito líquido e certo, não amparado por *habeas corpus* ou *habeas data*, quando o responsável pela ilegalidade ou abuso de poder for autoridade pública ou agente de pessoa jurídica no exercício de atribuições do Poder Público".[36]

Necessário esclarecer que mandado de segurança não é recurso e sim ação constitucional de rito próprio (Lei nº 1.533/1951). Desta forma, o "(...) recurso pode ser concebido como espécie do gênero meios de impugnação dos pronunciamentos judiciais, entre os quais se inserem a ação rescisória, o mandado de segurança, a ação declaratória de inexistência ou nulidade da sentença (*querella nulitatis insanabilis*) e a ação cautelar".[37]

Lembram os autores que o mandado de segurança "Somente pode ser utilizado contra pronunciamento judicial quando não existir recurso apto a impedir lesão a algum direito líquido e certo.".[38]

Logo, esgotados os recursos administrativos, vale dizer, observados os princípios constitucionais da ampla defesa e do contraditório, a autoridade de trânsito formando convicção da responsabilidade do condutor, em decisão fundamentada, promoverá a suspensão do direito de dirigir, que será aplicada pelo prazo mínimo de 1 mês até o máximo de 1 ano e, no caso de reincidência no período de 12 meses, pelo prazo mínimo de 6 meses até o máximo de 2 anos, segundo critérios estabelecidos pelo Contran (art. 261). Os critérios a que deverão se fundar a decisão da autoridade de trânsito deve ser a luz e estão previstos na Resolução nº 54/1998 Contran, que transcrevo abaixo para efeito de explicitação.

"RESOLUÇÃO CONTRAN Nº 54, DE 21 DE MAIO DE 1998[39]

Dispõe sobre a penalidade de suspensão do direito de dirigir, nos termos do art. 261 do Código de trânsito brasileiro.

O Conselho Nacional de Trânsito – Contran, usando da competência que lhe confere o art. 12, inciso I, da Lei nº 9.503, de 23 de setembro de 1997, que instituiu o Código de Trânsito Brasileiro – CTB, e conforme o Decreto nº 2.327, de 23 de setembro de 1997, que trata da coordenação do Sistema Nacional de Trânsito, resolve:

Art. 1º. Os prazos para a suspensão do direito de dirigir deverão obedecer os critérios abaixo:

I – de 01 (um) a 03 (três) meses, para penalidades de suspensão do direito de dirigir aplicadas em razão de infrações para as quais não sejam previstas multas agravadas;

II – de 02 (dois) a 07 (sete) meses, para penalidades de suspensão do direito de dirigir aplicadas em razão de infrações para as quais sejam previstas multas agravadas com fator multiplicador de três vezes;

---

36. Art. 5º, inciso LXIX, da CF.
37. Gilson Delgado Miranda e Patricia Miranda Pizzol, *Op. cit.*, pp. 20-21.
38. *Op. cit.*, p. 58.
39. Publicada no *DOU* de 22.5.1998.

III – de 04 (quatro) a 12 (doze) meses, para penalidades de suspensão do direito de dirigir aplicadas em razão de infrações para as quais sejam previstas multas agravadas com fator multiplicador de cinco vezes.

Art. 2º. Os prazos para a suspensão do direito de dirigir cujos infratores forem reincidentes no período de 12 (doze) meses, deverão obedecer os critérios abaixo:

I – de 06 (seis) a 10 (dez) meses, para penalidades de suspensão do direito de dirigir aplicadas em razão de infrações para as quais não sejam previstas multas agravadas;

II – de 08 (oito) a 16 (dezesseis) meses, para penalidades de suspensão do direito de dirigir aplicadas em razão de infrações para as quais sejam previstas multas agravadas com fator multiplicador de três vezes;

III – de 12 (doze) a 24 (vinte e quatro) meses, para penalidades de suspensão do direito de dirigir aplicadas em razão de infrações para as quais sejam previstas multas agravadas com fator multiplicador de cinco vezes.

Art. 3º. O cômputo da pontuação referente às infrações de trânsito, para fins de aplicabilidade da penalidade de suspensão do direito de dirigir, terá a validade do período de 12 (doze) meses.

§ 1º. A contagem do período expresso no *caput* deste artigo será computada sempre que o infrator for penalizado, retroativo aos últimos 12 (doze) meses.

§ 2º. Para efeito das penalidades previstas nesta Resolução, serão consideradas apenas as infrações cometidas a partir da data de sua publicação.

§ 3º. Os pontos computados até esta data são considerados de caráter eminentemente educativo, não se aplicando a penalidade de suspensão do direito de dirigir do condutor.

Art. 4º. Esta Resolução entra em vigor na data da sua publicação."

Não obstante, as balizas a serem seguidas na suspensão aplicação da penalidade de suspensão do direito de dirigir pela Autoridade de Trânsito do Órgão Executivo Estadual e do Distrito Federal (Diretor do Detran ou Ciretran), previstas na Resolução nº 54/1998 Contran, o Detran/SP, regulamentou o processo administrativo para suspensão e cassação do direito de condução de veículos automotores através da Portaria Detran nº 1.500/2001, publicada no *DOE* de 6.12.2001, p. 5 e da Portaria Detran nº 1, de 2.1.2002, p. 5, revogando-se as Portarias Detran nºs 289/1996 e 551/1999.

A Portaria nº 1/2002, tem requisitos constitucionais indispensáveis a serem observados pelo Estado Administração em um Estado Democrático de Direito, impondo que nenhuma Autoridade Trânsito aplicará sanção ou restrição do direito de dirigir a qualquer condutor antes da conclusão do processo administrativo para a defesa. Importante repetir, é obrigatório que a Autoridade de Trânsito competente instaure processo administrativo observando-se além da legislação pertinente sobre o assunto (Código de Trânsito Brasileiro, Resoluções Contran, Portarias Detran), os princípios constitucionais insculpidos no quadro de liberdades públicas relativas as pessoas sujeitas a ação persecutória do estado, outorgadas pelo art. 5º e incisos da carta política. Com essas considerações, transcrevo a Portaria Detran nº 1, de 2.1.2002, para conhecimento integral e aplicabilidade no que couber:

"PORTARIA DETRAN Nº 1, DE 2 DE JANEIRO DE 2002

Regulamenta o processo administrativo para suspensão e cassação do direito de condução de veículos automotores.

Nota: *Na realidade, esta Portaria Detran nº 1/2002, é uma republicação integral da Portaria Detran nº 1.500, de 21.11.2001, motivo pelo qual não transcreveremos esta última.*

O Delegado de Polícia Diretor,

Considerando que a Lei nº 9.503, de 23.9.1997 – CTB, ao definir as infrações de trânsito e cominar as respectivas penalidades, estabeleceu as possibilidades de suspensão e cassação da Carteira Nacional de Habilitação dos condutores autuados por infrações ao Código de Trânsito Brasileiro e que, no período de 12 meses, tenham atingido ou ultrapassado a somatória de 20 pontos, ou praticado infrações que, por si só, estabelecem diretamente a suspensão do direito de dirigir, independente da contagem de pontos;

Considerando que, no moderno Estado de Direito, é determinante o atendimento ao princípio da ampla defesa, insculpido na Constituição Federal;

Considerando que todas as infrações, ao serem inseridas no Banco de Dados da Pontuação, não são mais objeto de recursos administrativos junto aos Órgãos autuantes;

Considerando, por derradeiro, as regras instituídas pelo art. 261 e parágrafos do Código de Trânsito Brasileiro, bem como a Resolução nº 54/1998, do Conselho Nacional de Trânsito – Contran;

Resolve:

Art. 1º. Nenhuma autoridade de trânsito aplicará sanção ou restrição ao direito de dirigir veículos automotores a qualquer condutor antes da conclusão do processo administrativo que lhe tenha assegurado a produção de todos os meios de provas admitidos em lei, para a sua defesa.

Art. 2º. A relação dos condutores que, por força de imposição de infrações de trânsito, tenham alcançado pontuação igual ou superior a 20 pontos, no período de 12 meses, ou autuados por infrações que, por si só, motivem a suspensão do direito de dirigir, será publicada no *Diário Oficial do Estado* e os condutores serão individualmente notificados para que, no prazo de 30 dias, contados a partir da data de sua notificação apresentem, por escrito, sua defesa ao órgão de trânsito de sua atual residência ou domicílio.

§ 1º. O não cumprimento do prazo contido no *caput* deste artigo, por parte do condutor devidamente notificado, implicará no prosseguimento do processo, devendo o fato constar de seu cadastro a fim de resguardar os interesses da Administração Pública.

§ 2º. A notificação devolvida por desatualização do endereço reputar-se-á como válida para todos os efeitos.

Art. 3º. A decisão do processo administrativo competirá à autoridade de trânsito do atual domicílio ou residência do condutor e, na Capital, pela autoridade de trânsito responsável pelo Setor competente da Divisão de Habilitação.

Art. 4º. Apresentada a defesa ou transcorrido do prazo de 30 dias, a autoridade de trânsito analisará os elementos cognitivos acostados ao processo e fundamentará sua decisão, determinando o seu arquivamento ou a imposição de penalidade, indicando, neste caso, o período de suspensão ou as razões que determinaram a cassação.

Parágrafo único. O condutor deverá ser cientificado sobre a decisão do processo.

Art. 5º. Fica assegurado ao condutor, a partir da data em que tomar conhecimento da imposição da penalidade, o prazo de 30 dias para oferecimento de recurso perante a Junta Administrativa de Recurso de Infrações – JARI, instalada junto à unidade de trânsito competente.

§ 1º. O recurso interposto não terá efeito suspensivo, na forma da lei.

§ 2º. A autoridade que impôs a penalidade remeterá o recurso ao órgão julgador, dentro dos 3 dias úteis subseqüentes à sua apresentação e, se entender intempestivo, assinalará o fato no despacho de encaminhamento.

§ 3º. Das decisões da JARI, caberá recurso junto ao Conselho Estadual de Trânsito – Cetran, no prazo de até 30 dias contados da publicação ou notificação da decisão.

§ 4º. O recurso previsto no parágrafo anterior não terá efeito suspensivo, na forma da lei.

Art. 6º. O período da suspensão do direito de dirigir terá início com a efetiva apreensão da Carteira Nacional de Habilitação, mediante termo próprio.

Parágrafo único. A autoridade de trânsito que aplicou a penalidade determinará a inserção de todos os dados referente ao processo no cadastro do condutor.

Art. 7º. Deverá a autoridade de trânsito observar todas as regras estabelecidas através da Portaria Detran nº 151, de 16.1.2001.

Art. 8º. Esta Portaria entrará em vigor na data de sua publicação, revogando-se todas as disposições em contrário, em especial as Portarias Detran 289/1996 e 551/1999."

Considerando-se que a Portaria Detran nº 01/2002 em seu art. 7º estabeleceu a obrigatoriedade da observância da Portaria Detran nº 151/2001,[40] para conhecimento de seu integral conteúdo, passamos a transcrevê-la:

"PORTARIA DETRAN Nº 151, DE 16 DE JANEIRO DE 2001

Estabelece metodologia e procedimento operacional para o sistema de pontuação previsto no art. 259 do Código de Trânsito Brasileiro.

---

40. Publicada no *DOE* de 17.1.2001.

O Delegado de Polícia Diretor,

Considerando a competência estabelecida no art. 22, inciso II, do Código de Trânsito Brasileiro, determinante para o controle do processo de formação, aperfeiçoamento, suspensão e cassação da Permissão para Dirigir e da carteira nacional de habilitação;

Considerando o disposto nos arts. 257, em seus §§ 2°, 3° e 7°, e 259, ambos do Código de Trânsito Brasileiro;

Considerando a necessidade de ser estabelecido metodologia e procedimento operacional para fins de gerenciamento e controle do sistema de pontuação;

Considerando, por derradeiro, a integração dos órgãos executivos municipais e rodoviários de trânsito, responsáveis pelo encaminhamento das informações decorrentes das infrações de trânsito, ao banco de dados do Departamento Estadual de Trânsito – Detran/SP, resolve:

Art. 1°. Os órgãos autuadores integrados ao Sistema Nacional de Trânsito, responsáveis pelo recebimento dos dados inerentes à pontuação decorrente de infrações de trânsito, deverão obrigatoriamente encaminhar ao Departamento Estadual de Trânsito – Detran/SP os arquivos magnéticos contendo tais informações no prazo máximo de até 120 dias, contados da data da autuação da infração de trânsito.

§ 1°. O período estabelecido no *caput* deste artigo abrange o prazo necessário para conferência e tramitação das informações destinadas à eventual aplicação das penalidades estabelecidas no art. 256 do Código de Transito Brasileiro.

§ 2°. Se, no prazo de 120 dias, os arquivos não forem encaminhados ou recebidos, o sistema de pontuação, automaticamente, atribuirá a pontuação com base nos dados constantes dos respectivos arquivos de multas cadastradas no Sistema do Detran/SP.

Art. 2°. O prazo de 120 dias, previsto no artigo anterior, não restringe a obrigatoriedade de os órgãos executivos municipais e rodoviários encaminhar as informações de pontuação anteriores a data desta Portaria, eventualmente não fornecidas ao Detran/SP.

Parágrafo único. O não cumprimento da obrigação estabelecida pelo art. 257 do Código de Trânsito Brasileiro, bem como das regras contidas nesta Portaria, ensejarão representação ao Órgão Executivo Máximo de Trânsito da União, visando, dentre outras providências, a possibilidade de cancelamento da delegação e integração junto ao Sistema Nacional de Trânsito, sem prejuízo de eventuais medidas administrativas decorrentes da inércia ou negligência do órgão.

Art. 3°. Obedecidas as regras contidas nesta Portaria, e devidamente cadastradas as informações de pontuação junto ao Sistema Detran/SP, não serão aceitas ou permitidas quaisquer modificações ou exclusões dos pontos anteriormente atribuídos, salvo nos casos de deferimento de recursos administrativos.

Art. 4°. As eventuais modificações ou exclusões, após a edição da correspondente Portaria de indicação e notificação para a instauração de procedimento de aplicação de penalidades administrativas, desde que devidamente comprovadas pelo interessado, somente poderão ser realizadas após autorização expressa da autoridade de trânsito do local de registro da carteira nacional de habilitação ou do domicílio do condutor.

§ 1º. A autoridade de trânsito deverá determinar o recebimento do requerimento e dos eventuais documentos ofertados, mediante anotação em protocolo e respectiva autuação.

§ 2º. Deferido o pedido realizado pelo interessado, através de decisão fundamentada, a autoridade de trânsito deverá registrar a providência em livro próprio, inclusive no que tange ao controle de utilização da senha, bem como eventual correição.

§ 3º. As modificações ou exclusões de pontuação somente poderão ser realizadas pelos Diretores das Unidades de Trânsito do Departamento Estadual de Trânsito – Detran/SP, sob sua exclusiva responsabilidade, utilizando-se as mesmas transações disponibilizadas para tal finalidade, através do Código e senha de acesso destinados ao Sistema de Autenticação Digital (Código "AD" – Portaria Detran nº 331/2000, alterada pela Portaria nº 824/2000).

Art. 5º. Fica vedada, após a edição de Portaria de indicação e notificação para a instauração de procedimento de aplicação de penalidades administrativas, a transferência de pontos entre condutores habilitados, ressalvados os casos de:

I – erro de cadastro (dados de qualificação do banco de dados de veículos e condutores);

II – venda do veículo em data antecedente ao do cometimento da(s) infração(es), tenha ou não o adquirente procedido a transferência e registro perante o órgão de trânsito, desde que atendida a regra contida no art. 134 do Código de Trânsito Brasileiro;

III – aquisição do veículo após a data do cometimento da(s) infração(es);

IV – deferimento de recurso administrativo de multa de trânsito não comunicado tempestivamente ao Detran/SP;

V – comprovação inequívoca do encaminhamento do documento de indicação do condutor (Resolução Contran nº 17/1998), desde que no prazo previsto no § 7º do art. 257 do Código de Trânsito Brasileiro, cujo órgão autuador não tenha processado a informação; e

VI – determinação do Poder Judiciário.

§ 1º. Fica vedada a análise da consistência, subsistência ou mérito da autuação e respectiva aplicação da penalidade de multa do órgão executivo de trânsito, de sorte a determinar a exclusão ou modificação da pontuação.

§ 2º. A modificação ou exclusão dos pontos não importará na exclusão da multa de trânsito ou seu reconhecimento para fins de deferimento de recurso administrativo, perante a Junta Administrativa de Recursos de Infrações ou junto ao Conselho Estadual de Trânsito.

Art. 6º. As autoridades de trânsito, responsáveis pela instauração dos procedimentos administrativos destinados à suspensão do direito de dirigir, deverão atender ao disposto na Resolução Contran nº 54/1998, fundamentando a fixação da dosimetria da penalidade aplicada.

Art. 7º. O Departamento Estadual de Trânsito, para fins de operacionalização e cumprimento das imposições contidas no Código de Trânsito Brasileiro, poderá fixar regras de escalonamento de datas para a apresentação, defesa e conclusão do procedimento específico.

Art. 8º. O sistema de pontuação, através do número do registro ou prontuário do condutor, poderá ser consultado junto aos endereços eletrônicos da Secretaria da Segurança Pública e do Departamento Estadual de Trânsito – Detran/SP, "www.ssp.sp.gov.br" e "www.detran.sp.gov.br", respectivamente.

Art. 9º. Esta Portaria entrará em vigor na data de sua publicação."

CETRAN/SP DECIDE QUE MOTORISTA INFRATOR TERÁ CNH SUSPENSA DEPOIS DE ESGOTAR TODOS OS RECURSOS

"DELIBERAÇÃO Nº 141, DE 4 AGOSTO DE 2003 [41]

O Conselho Estadual de Trânsito – Cetran, Considerando o grande número de consultas formuladas a respeito do direito de defesa do motorista, no procedimento administrativo instaurado para suspensão do direito de dirigir e na renovação de exame médico,

Considerando a necessidade de se estabelecer um modelo sistêmico, a ser observado em todo o Estado de São Paulo, para aplicação do art. 259 do CTB, referente à pontuação atribuída aos infratores, com a conseqüente suspensão do direito de dirigir (art. 261, § 1º, do CTB), na reunião do dia 1º de agosto de 2003, decidiu que:

1. Atingida a contagem de 20 pontos negativos ou as infrações que por si só ensejam a instauração do procedimento, a Autoridade de trânsito instaurará, de ofício, processo administrativo para imposição de sanção consistente na suspensão do direito de dirigir, indicando desde logo quais as infrações que deram margem às providencias, com as respectivas datas.

2. Da notificação expedida constará o prazo de 30 dias para o infrator condutor apresente " toda a matéria de defesa, expondo as razões de fato e de direito, com que impugna a acusação que lhe foi feita e especificando as provas que pretende produzir". (*Manual de Procedimentos e Prática de Trânsito* – Desembargador Walter Cruz Swensson, 2ª ed., 2002, p. 167).

3. Da defesa constará prova de que o infrator recorreu tempestivamente de cada infração, indicando,sempre que possível, a ausência do trânsito em julgado, servindo-se do protocolo ou documento equivalente de cada recurso.

4. A penalidade de suspensão, com observância da Resolução nº 54/1998 do CONTRAN e art. 261 do CTB, será aplicada por decisão fundamentada da autori-

---
41. Publicada no *DOE* de 5.8.2003.

dade de trânsito competente, após ter sido assegurado ao infrator amplo direito de defesa (art. 265 do CTB).

5. Durante o procedimento administrativo não cabe apreensão da CNH, pois tal medida configura imposição de penalidade sem o devido processo legal (*Comentários ao Código de Trânsito Brasileiro*, Desembargador Arnaldo Rizzardo, 4ª ed., p. 554).

6. Compete aos dirigentes dos órgãos executivos de trânsito do Estado articular-se com os demais órgãos do Sistema Nacional de Trânsito, sob a coordenação do CETRAN (art. 22, XVI, do CTB), para que obtenham todas as informações necessárias ao julgamento dos recursos.

7. Convém recordar que " é o sistema de pontuação o que propicia ao condutor maior tempo de reflexão e estímulo a modificar-se e aperfeiçoar-se. Bem aplicado, os resultados positivos não tardarão (*Código de Trânsito Brasileiro*, Waldyr de Abreu, 1998, p. 177)".

8. "Somente após decisão definitiva da autoridade impondo a penalidade, da qual não caiba nenhum recurso administrativo, é que pode ser executada a suspensão do direito de dirigir, cujo prazo se inicia a partir da apreensão da Carteira de Habilitação. Essa apreensão jamais poderá ocorrer antes da decisão definitiva impondo a penalidade." (*Multas de Trânsito*, Juiz Carlos Alberto M. S. M. Violante, 2001, p. 62).

9. Improcede a recusa de renovação da CNH a pretexto da existência de autuações e multas, não estando o procedimento de suspensão concluído (sentença proferida no Processo 166/053.01.002648-0 da 8ª. Vara da Fazenda Pública – transcrita na obra acima mencionada, pp. 88/89).

10. É fora de dúvidas que as punições, que contam pontos, deverão ser passadas em julgado, dentro do prazo de doze meses (*Trânsito: Como Recorrer das Punições*, Waldyr de Abreu, 2ª ed., 2001, p. 160).

11. Da decisão da autoridade de trânsito competente cabe recurso para a JARI e, em segunda instância, para o CETRAN, observados os prazos e os procedimentos legais.

Esta Deliberação entrará em vigor na data de sua publicação, revogadas as disposições em contrário e mantidas as que não conflitarem com a presente."

CETRAN/SP: RECOLHIMENTO DE CNH E COMPETÊNCIAS[42]

Proveniente da Assistência Jurídica do DETRAN, o presente expediente versa sobre consulta formulada pelo D. Diretor da 35ª Ciretran – Limeira – SP, a respeito da competência para proceder ao Recolhimento da Carteira Nacional de Habilitação como medida administrativa, bem como sobre a competência de Delegado de Polícia de Plantão, para praticar atos privativos da autoridade de trânsito.

---

42. Publicado no *DOE* de 30.1.1999.

Encartado aos Autos, encontra-se manifestação da Assistência Jurídica do DETRAN, na qual é descrita a previsão legal para a prática da Medida Administrativa de Recolhimento da CNH, bem como as definições legais de agente e autoridade de trânsito. No mesmo parecer é mencionada a Deliberação n° 04/98 deste CETRAN, datada de 3.2.1998, que determina que os agentes de trânsito se abstenham de aplicar a medida administrativa em pauta até regulamentação de sua forma pelo CONTRAN.

Lastrados nas referências acima mencionadas, assim como nos dispositivos contidos nos arts. 269 e seu § 1°, 165 e 175 do CTB, bem como no art. 306 do mesmo diploma legal e ainda no texto do art. 331 do CTB, é que fazemos os comentários seguintes:

1) DA COMPETÊNCIA DO DELEGADO DE PLANTÃO

Indaga o Ilustre Delegado de Polícia Titular do 1° Distrito Policial de Limeira, através do expediente encaminhado pela 35ª Ciretran, se o Delegado de Polícia de Plantão na cidade, por ser a única Autoridade Policial em serviço nos períodos noturnos e finais de semana é considerado Agente da Autoridade Estadual de Trânsito ou a ela equiparado, com poderes para praticar atos administrativos com relação ao CTB.

Bem coloca o douto Assistente Jurídico do DETRAN quando se remete ao Anexo I do CTB, dali pinçando as definições de Autoridade de Trânsito e Agente da Autoridade de Trânsito, transcritas às fls. 11 do presente expediente. Tais definições, claramente nos demonstram que agente da autoridade de trânsito é na verdade aquele que exerce regularmente a FISCALIZAÇÃO DE TRÂNSITO, ou seja, o Policial Militar ou funcionário civil de qualquer tipo que na via pública tem como atividade principal fiscalizar o trânsito e autuar os infratores, o que exclui, de imediato, o Delegado de Polícia de Plantão.

Autoridade de Trânsito, por sua vez, é o dirigente máximo de órgão ou entidade executivo de trânsito (no caso do Estado de São Paulo, o Diretor Geral do DETRAN) ou pessoa por ele credenciada (ainda no caso do Estado de São Paulo, os Diretores de Ciretrans, que são designados direta e expressamente pelo Diretor Geral do DETRAN através de Portaria). Não existe, no atual Sistema Nacional de Trânsito preconizado pelo CTB, possibilidade de equiparação à Autoridade de Trânsito.

2) COMPETÊNCIA PARA APLICAR A MEDIDA ADMINISTRATIVA DE RECOLHIMENTO DA CNH

No Código de Trânsito Brasileiro, não há, prevista, a medida de apreensão da CNH, portanto não poderia jamais tal medida ser adotada por quaisquer dos componentes do Sistema Nacional de Trânsito com base nesse Diploma Legal. Há sim, a previsão de uma medida administrativa (art. 269, III, do CTB) chamada de "recolhimento da Carteira Nacional de Habilitação", aplicável, conforme o mesmo artigo, em seu § 1º para a proteção à vida e à incolumidade física da pessoa, sempre e exclusivamente "pelas autoridades de trânsito e seus agentes", de conformidade com o art. 272, ainda da mesma codificação legal.

Mais uma vez, louvamos a bem lançada observação do ínclito Assistente Jurídico do DETRAN, que menciona a Deliberação nº 04/1998 deste CETRAN, pois, embora o art. 272 do CTB exija que o recolhimento se dê mediante fornecimento de correspondente recibo comprobatório do ato, ainda não foi regulamentado pelo CONTRAN o modelo de tal documento, nem os requisitos mínimos que deverão constar do mesmo, motivo pelo qual este Conselho deliberou não se aplicar tal medida administrativa até que ocorra a necessária e imprescindível regulamentação.

Assim sendo, entendemos que, por não ter competência legal para a prática do ato, não poderia o Delegado de Plantão aplicá-lo e, por não disporem do documento previsto no art. 272, assim como por dever de cumprimento da Deliberação (normativa) nº 04/1998 deste CETRAN, também não poderiam tê-lo feito os Policiais Militares que detêm a qualidade de agentes da autoridade de trânsito.

Posto isso, submetemos o presente relatório à apreciação dos N. colegas Conselheiros, propondo seja aprovado, transformando-se em decisão.

José Almeida Sobrinho – Conselheiro."

CETRAN/SP: INFRAÇÃO AO ARTIGO 165 DO CTB E CNH REGISTRADA EM OUTRA LOCALIDADE[43]

Levo ao conhecimento e julgamento de meus diletos Pares os seguintes fatos e circunstâncias, tendo por fulcro estabelecer parâmetros norteadores para a correta interpretação do Código de Trânsito Brasileiro e perfeita aplicação das normas de regulamentação, em direta consonância com todos os demais ordenamentos.

OS FATOS

O Diretor da Circunscrição Regional de Trânsito de Agudos consulta este Egrégio Conselho Estadual de Trânsito, aduzindo a seguinte situação fática:

Condutor autuado por violação ao art. 165 do CTB, constatando-se que sua carteira nacional de habilitação encontra-se registrada em outra localidade;

Processo administrativo encaminhado à autoridade de trânsito, com atendimento do princípio da ampla defesa;

Processo retorna a Ciretran do local da infração, invocando a outra autoridade de trânsito o contido no art. 256 e seu § 3º c/c art. 287, parágrafo único, todos do CTB.

---

43. Publicado no *DOE* de 28.11.2000.

ART. 161

Indaga qual seria a autoridade de trânsito com competência para instaurar, presidir e julgar o processo administrativo? Seria a autoridade de trânsito que jurisdiciona o local de registro da carteira nacional de habilitação do condutor/infrator ou a autoridade de trânsito onde se deram os fatos?

Eis a síntese do contexto.

VOTO

De proêmio, importante deixar consignado que as regras administrativas para determinar a autoridade competente para instaurar, presidir e julgar determinado processo administrativo de suspensão do direito de dirigir não são as estabelecidas no Código de Processo Penal, o qual, por princípio, obedecendo-se determinadas exceções, diz que a

"competência será, de regra, determinada pelo lugar em que se consumar a infração" (cf. art. 70, *caput*, CPP).

Da mesma e idêntica forma, as regras que definem a competência no âmbito do direito processual civil não se aplicam para a administração do trânsito, muito embora diga o art. 94 que:

"a ação fundada em direito pessoal e a ação fundada em direito real sobre bens móveis serão propostas, em regra, no foro do domicílio do réu".

Portanto, todas as questões de ordem processual, notadamente no âmbito do direito penal, devem ser postas de lado, ainda que a conduta do infrator tenha reflexos no âmbito penal, particularmente pelo fato de dirigir sob a influência de álcool (art. 165 do CTB).

Realizadas estas considerações, importantes para o deslinde da questão "trânsito", reportamo-nos ao teor da Portaria Detran nº 289, de 20 de março de 1996, em que o DD. Diretor do Departamento Estadual de Trânsito regulamentou o rito procedimental referente à suspensão e à cassação do direito de dirigir veículo.

Referido ato administrativo, ainda que publicado sob a égide da legislação revogada, naquilo que não conflitar com a Lei Federal nº 9.503/1997, é perfeitamente aplicável (parágrafo único do art. 314 do CTB – por analogia).

Dessa forma, competente para a instauração, instrução e julgamento do processo administrativo de imposição de penalidade, seja ela a suspensão do direito de dirigir ou a cassação da permissão ou da carteira nacional de habilitação, será o Diretor da Circunscrição Regional de Trânsito que jurisdicionar o domicílio ou residência do condutor, interpretando-se a regra contida no art. 2º da aludida Portaria.

Esta Portaria também está em perfeita consonância com a Resolução Contran nº 738, de 19 de setembro de 1989, que assim dispõe:

"Os Diretores dos Departamentos de Trânsito (DETRANs) poderão delegar às Circunscrições Regionais de Trânsito (CIRETRANs) de suas jurisdições os poderes de sua competência."

Dispondo o art. 22, II, do CTB, que compete aos órgãos ou entidades executivos de trânsito dos Estados e do Distrito Federal

"realizar, fiscalizar e controlar o processo de formação, aperfeiçoamento, reciclagem e suspensão de condutores, expedir e cassar Licença de Aprendizagem, Permissão para dirigir e Carteira Nacional de Habilitação",

evidente, segundo nossa interpretação, que o condutor/infrator deverá ser responsabilizado no local de seu domicílio ou residência.

Será neste local que o condutor/infrator poderá ofertar todos os meios de prova ao seu alcance, se não bastasse o próprio entendimento de que, realizando-se todos os atos na localidade, despicienda a eventual extração de carta precatória, numa clara demonstração de pleno atendimento aos princípios da economia e celeridade processual.

Cabe finalizar, por derradeiro, que os dispositivos apontados pela autoridade consulente não possuem qualquer tipo de relação ou ligação com a definição do local de competência para fins de aplicação das penalidades de suspensão ou cassação, estando aqueles relacionados com o processo de imposição da penalidade de multa, cujo conceito está intimamente ligado ao local da infração/via pública jurisdicionada pelos órgãos executivos e rodoviários.

Esta a Decisão que levo ao conhecimento de meus pares para análise e referendo, acaso procedente.

Manoel Messias Barbosa – Conselheiro."

CETRAN/SP: PRESCRIÇÃO DA PENALIDADE DE SUSPENSÃO DO DIREITO DE DIRIGIR[44]

Levo ao conhecimento e julgamento de meus diletos Pares os seguintes fatos e circunstâncias, tendo por fulcro estabelecer parâmetros norteadores para a correta interpretação e aplicação das regras do Código de Trânsito Brasileiro e sua legislação complementar, diante de consulta formulada a este Egrégio Conselho:

1. O Diretor da Circunscrição Regional de Trânsito de Agudos indaga sobre o prazo legal de aplicabilidade de suspensão do direito de dirigir do condutor que atingir 20 (vinte) pontos no elastério temporal de 01 ano ou quando cometa infração de trânsito que por si só venha a ensejar a aplicação da suspensão do direito de dirigir, considerando-se a portaria indicativa do DETRAN/SP, já publicada.

Questão distribuída para manifestação deste Conselheiro.

2. Eis a síntese do contexto.

3. O Código de Trânsito Brasileiro, consoante regra do art. 261 e seus parágrafos, impõe a aplicação da penalidade de suspensão do direito de dirigir nas hipóteses previstas no referido ordenamento, ou quando o condutor completar o mínimo de 20 (vinte) pontos.

---

44. Publicado no *DOE* de 23.2.2001.

Entretanto, não só para esta penalidade de trânsito, assim como para todas as demais (cf. art. 256), o Código de Trânsito Brasileiro não estabeleceu prazo máximo para que a administração pública venha a exercer o seu poder punitivo, logicamente após a instauração de processo administrativo e atendimento do princípio do direito de defesa.

É comum ouvirmos entendimentos de que, tratando-se de regras prescricionais, aplicável a Resolução Contran nº 812, de 3 de setembro de 1996; vale dizer, a pretensão executória prescreve, na hipótese de suspensão do direito de dirigir, em 4 (quatro) anos (cf. art. 3º, III).

Contudo, comungamos do mesmo entendimento esposado pelo Departamento Nacional de Trânsito – DENATRAN, ou seja, as regras contidas na Resolução Contran nº 812/1996 não são aplicáveis para as hipóteses punitivas estabelecidas para a nova legislação de trânsito, razão pela qual o disposto no parágrafo único do art. 314 deve ser desconsiderado. Isto não significa admitir que os atos administrativos punitivos sejam imprescritíveis.

Na realidade, a regra é prescritibilidade, conforme ensinamentos esposados pelo Professor Hely Lopes Meirelles, *in verbis*:

"A prescrição administrativa opera a preclusão da oportunidade de atuação do Poder Público sobre a matéria sujeita à sua apreciação. Não se confunde com a prescrição civil, nem estende seus efeitos às ações judiciais, pois é restrita à atividade interna da Administração e se efetiva no prazo que a norma legal estabelecer. Mas, mesmo na falta de lei fixadora do prazo prescricional, não pode o servidor público ou o particular ficar perpetuamente sujeito a sanção administrativa por ato ou fato praticado há muito tempo. A esse propósito, o STF já decidiu que 'a regra é a prescritibilidade'. Entendemos que, quando a lei não fixa o prazo da prescrição administrativa, esta deve ocorrer em cinco anos, à semelhança da prescrição das ações pessoais contra a Fazenda Pública (Decreto nº 20.910/1932), das punições dos profissionais liberais (Lei nº 6.838/1980) e para cobrança do crédito tributário (CTN, art. 174)." (Direito Administrativo Brasileiro, 22ª ed., Malheiros Editores).

4. Com estas considerações, entendo que o prazo legal de aplicabilidade da penalidade de suspensão do direito de dirigir opera-se no prazo de 5 (cinco) anos, contados a partir da data da infração, nas situações previstas no C.T.B., ou a partir do período em que o condutor completar 20 (vinte) pontos.

A Portaria indicativa para a instauração do processo administrativo, este a cargo da autoridade de trânsito que jurisdicionar o local de registro da carteira nacional de habilitação ou a residência ou domicílio do condutor, não deve servir como marco inicial para a contagem da prescrição administrativa, até porque não tem o condão de interromper ou suspender a contagem do prazo de 5 (cinco) anos, especificamente por absoluta falta de previsão legal.

Estas as considerações que oferto aos meus pares para conhecimento e manifestação colegiada.

Manoel Messias Barbosa – Conselheiro"

PROCEDIMENTO ADMINISTRATIVO, NUM CASO CONCRETO DE CONDUTOR ENVOLVIDO EM ACIDENTE DE TRÂNSITO CAUSANDO VÍTIMAS FATAIS, NÃO HAVENDO LAVRATURA DO AUTO DE INFRAÇÃO, FACE DECISÃO DESTE CONSELHO PUBLICADA NA ATA DA 6ª. SESSÃO EXTRAORDINÁRIA (*DOE* DE 10.2.2001) QUE ENTENDEU DEVA O MESMO SER LAVRADO IMEDIATAMENTE[45]

"(...) 10) Consulta o Dr. José Francisco Leigo, Delegado de Polícia Diretor do DETRAN, qual seria o procedimento administrativo, num caso concreto de condutor envolvido em acidente de trânsito causando vítimas fatais, não havendo lavratura do auto de infração, face decisão deste Conselho publicada na Ata da 6ª Sessão Extraordinária (*DOE* de 10.2.2001) que entendeu deva o mesmo ser lavrado imediatamente.

Parecer:

O problema em questão deve ser enfrentado sob dois enfoques, ou seja, o administrativo e o judicial.

No caso que interessa ao Departamento Estadual de Trânsito – DETRAN -, na condição de órgão executivo de trânsito, a matéria está contida no art. 22 do CTB, especialmente no inciso I (cumprir e fazer cumprir a legislação e as normas de trânsito no âmbito das respectivas atribuições) e no inciso II (realizar, fiscalizar e controlar o processo de formação, aperfeiçoamento, reciclagem e suspensão de condutores, expedir e cassar Licença de Aprendizagem, Permissão para Dirigir e Carteira Nacional de Habilitação, mediante delegação do órgão federal competente).

No que diz respeito ao Conselho Estadual de Trânsito – Cetran – a competência está contida no art. 14 do CTB, inciso III, ou seja, "responder a consultas relativos à aplicação da legislação e dos procedimentos normativos de trânsito", além da obrigação de "fazer cumprir a legislação e as normas de trânsito" (art. 14, inciso I).

Indiscutivelmente no Estado de São Paulo o Diretor do DETRAN é a autoridade de trânsito, na condição de "dirigente máximo de órgão ou entidade executivo integrante do Sistema Nacional de Trânsito" (Anexo I – dos Conceitos e Definições – CTB).

Conseqüentemente, ao Diretor do DETRAN cabe, ao seu juízo, ordenar que seja submetido aos exames de habilitação o condutor envolvido em acidente grave, podendo apreender o documento de habilitação até a sua aprovação nos exames realizados (art. 160, §§ 1º e 2º do CTB).

O dispositivo não é novo, pois já no Código Nacional de Trânsito (Lei nº 5.108/1966) e no seu Regulamento (Decreto nº 62.127/1968) à autoridade de trânsito foram conferidos poderes iguais (arts. 77 §§ 1º e 2º do CNT e 159 e parágrafo único do RCNT).

Como se pode ver, a autoridade de trânsito, a seu juízo, independentemente do auto de infração previsto no art. 280 do CTB, poderá exercer suas prerrogativas

---

45. Publicado no *DOE*, nº 147, de 7.8.2003.

quando tomar conhecimento de acidente grave por meio do respectivo Boletim de Ocorrência ou Termo Circunstanciado (art. 69 da Lei nº 9.099/1995) para os fins judiciais, mas que serve também para providências administrativas.

Esclareça-se, desde logo, que o acidente automobilístico, quando observado pelo agente da autoridade de trânsito, pode gerar o auto de infração administrativo mas, esta providência não interfere na expedição do BO ou TC, que é exclusivo do agente da autoridade policial.

Como se vê, existem duas possibilidades do exercício do poder de polícia: uma pelo agente da autoridade de trânsito e outra pelo servidor público ligado à Secretaria da Segurança Pública.

Consoante lição de Maria Sylvia Zanella Di Pietro, o poder de polícia que o Estado exerce pode incidir em duas áreas de atuação estatal: na administrativa e na judiciária.

A polícia administrativa, segundo a competente jurista, tanto pode ser de caráter preventivo como repressivo. No primeiro caso, por exemplo, está a proibição do porte de arma ou a direção de veículos automotores, e no segundo caso, repressivo, está a apreensão da licença do motorista infrator, na hipótese da polícia administrativa preventiva, ela está tentando impedir que o comportamento individual cause prejuízos maiores à coletividade.

Com fundamento ainda na lição da festejada autora, o poder de polícia do Estado se divide em atos normativos e atos administrativos e operações materiais de aplicação da lei ao caso concreto, compreendendo medidas preventivas (fiscalização, vistorias, notificação, autorização, licença) com o objetivos de adequar o comportamento individual à lei, e medidas repressivas, com a finalidade de coagir o infrator a cumprir a lei (*Direito Administrativo*, 14ª ed., Atlas, pp. 112/113).

Desta forma, tendo ciência efetiva e documental de um acidente grave de trânsito (ocorrência em que envolve condutor ou condutores, ocasionando dano físico ou material), compete à autoridade de trânsito (já definida anteriormente) exercer o ato administrativo descrito na legislação, sem se preocupar se o acidente ocorreu por força de infração que leva à lavratura do auto, pois neste caso a competência se desenvolverá tão somente para aplicação do preceito do art. 160, §§ 1º e 2º do CTB, ignorando-se portanto o § 4º do art. 280.

Não se trata, portanto, de julgamento da consistência do auto de infração e nem de notificação ao proprietário ou ao infrator (arts. 281 e 282).

O importante é que o condutor, envolvido em acidente grave, a juízo da autoridade executiva estadual, tenha oportunidade para ampla defesa, como determina o legislador do CTB.

Isto, entretanto, não o dispensa da apreensão da CNH para que se submeta aos exames citados no art. 140 do CTB e na Resolução nº 50/1998 do CONTRAN, cumprindo-se, também, o art. 147 do CTB.

Renato Funicello Filho – Presidente.

Aprovado por unanimidade.

Nada mais havendo a tratar, foram dados por encerrados os trabalhos desta reunião, lavrando-se do ocorrido esta ata, que vai assinada pelo Senhor Presidente e por mim Secretária."

Após a decisão fundamentada da Autoridade de Trânsito impondo a suspensão do direito de dirigir, esta somente começa a vigorar após a efetiva entrega da Carteira Nacional de Habilitação pelo infrator ao órgão executivo de trânsito. É conhecido este momento nos meios de trânsito, como apreensão física do documento de habilitação. Haverá condutor que para tentar subtrair-se ou prolongar a efetiva suspensão do seu direito de dirigir, muda-se da cidade ou de endereço, ou ainda elabora boletim de ocorrência simulando o extravio/subtração de sua CNH, para não entregá-la no órgão de trânsito responsável pela aplicabilidade da suspensão do direito de dirigir, neste caso, a autoridade de trânsito competente que já exarou decisão final no processo administrativo, deverá bloquear administrativamente o documento de habilitação, lançando no prontuário do condutor existente informatizado do Detran, consignando o número do processo administrativo, é o período da suspensão do direito de dirigir.

O condutor que foi penalizado com a suspensão do direito de dirigir, obrigatoriamente deverá ser submetido ao curso de reciclagem na forma estabelecida pelo Contran, prevista na Resolução nº 58/1998 (âmbito federal), conforme impõe o art. 268, inciso II do CTB, para voltar a dirigir após o cumprimento da penalidade de suspensão.

Aplicada a penalidade de suspensão do direito de dirigir, decorrente de infração de trânsito que por si só estabeleça essa penalidade, entendermos que essa pontuação não poderá ser contabilizada no prontuário do condutor para efeito do art. 259, isto é, não é inserida no computo dos 20 pontos, sob pena de dar ensejo a um *bis in idem*.

REQUERIMENTO PARA BLOQUEIO DE VEÍCULO POR FALTA DE TRANSFERÊNCIA E CAUTELAS LEGAIS

A venda de veículo hoje, deve ser precedida de algumas cautelas, assegurando-se o proprietário antigo de que a transferência será efetuada em seguida para o novo adquirente, sob pena de ser responsabilizado por infrações administrativas, penal e civil, que não praticou. É certo que em qualquer destas circunstâncias será oportunizada direito de ampla defesa e contraditório, institutos consubstanciado no Princípio do Devido Processo Legal previsto nos incisos LIV e LV do art. 5º da Constituição Federal de 1988, que acarreta nulidade insanável quando não se permitiu o seu exercício, conforme o caso exculpando-se o proprietário antigo, mas até por questão de economia processual, deve-se evitar estes transtornos decorrentes da desídia ou excesso de confiança. Pois bem, ocorrido a alienação do veículo, deve-se inicialmente comparecer ao cartório Tabelião de Notas e Protesto de Letras e Títulos, onde além de registro em livro próprio, o Certificado de Registro do Veículo (documento de transferência) deverá por segurança ser preenchido, datado e assinado, com firma reconhecida por autenticidade.

ART. 161

Ainda que realizada com sucesso a providência anteriormente citada, em obediência a imposição legal prevista no art. 134 do Código de Trânsito Brasileiro, é medida indispensável, vale dizer: *"No caso de transferência de propriedade, o proprietário antigo deverá encaminhar ao órgão executivo de trânsito do Estado dentro de um prazo de trinta dias, cópia autenticada do comprovante de transferência de propriedade, devidamente assinado e datado, sob pena de se responsabilizar solidariamente pelas penalidades impostas e suas reincidências até a data da comunicação."*.

Na hipótese de alienado o veículo, transcorrido trinta dias a contar da venda, e por qualquer motivo ainda não tiver o adquirente efetuado a transferência, deverá o alienante ingressar junto a **Ciretran** da placa onde o veículo estiver registrado, com **Requerimento para Bloqueio de Transferência**, conforme modelo abaixo, editado no **Manual de Procedimentos Administrativos do Detran/SP:**[46]

REQUERIMENTO PARA BLOQUEIO DE TRANSFERÊNCIA:

Ilmo Sr. Delegado de Polícia Diretor do Detran (da Ciretran de ___ _____/.
DA SEÇÃO DE TRÂNSITO de _____)

    Eu, _____, abaixo assinado, portador do RG nº _____, CIC nº _____, residente a _____, nº _____, bairro _____, nesta Cidade, ex-proprietário do veículo de marca _____, fabricação _____, modelo _____, cor _____, chassis _____, combustível _____, placa _____, tendo vendido o mesmo e não tendo sido, até a presente data, efetuada a transferência pelo comprador, venho respeitosamente, solicitar de V. Sª dignas providências no sentido de determinar o Bloqueio do CRV deste veículo até a sua regularização.

N. Termos
P. Deferimento

_____, _____ de _____de 2003

_____
(Reconhecer firma)

---

46. Publicado no *DOE* nº 223 de 4.12.1997, p. 7.

IMPEDIMENTO LEGAL A APLICAÇÃO DA PENALIDADE DE SUSPENSÃO/ CASSAÇÃO/APREENSÃO DA CNH-PPD – ENQUANTO HOUVER PENDÊNCIA DE RECURSO JUNTO AO CETRAN/SP

A Divisão de Controle do Interior do Detran/SP, manifestou-se através do Comunicado nº 6 de 15.1.2003,[47] quando o sindicado comprovar que entrou com recurso em Segunda Instância, a Autoridade de Trânsito não deverá apreender a CNH do condutor enquanto não houver decisão do julgamento junto ao Cetran. A apreensão da CNH e a Suspensão do Direito de Dirigir, somente poderá ser efetivada após o resultado dos recursos administrativos em 1ª e 2ª instância. Quando houver recursos, as sindicâncias em andamento deverão ser sobrestadas.

CONDUTOR HABILITADO EM MAIS DE UMA CATEGORIA A SUSPENSÃO DO DIREITO DE DIRIGIR É INTEGRAL E ABRANGE TODAS AS CATEGORIAS

Não é despiciendo afirmar que caso o condutor seja habilitado para direção de veículos automotores em mais de uma categoria, a suspensão do direito de dirigir é aplicada integralmente, vale dizer atinge, abrange todas as categorias, não há possibilidade de desconexão para aplicação da suspensão do direito de dirigir em apenas uma das categorias, isto é, apenas para a categoria em que o motorista foi surpreendido cometendo a infração. Como já se disse, a aplicação é integral por força do art. 159, § 7º, do CTB).

SITUAÇÕES CARACTERIZADORAS QUE PODEM ENSEJAR A SUSPENSÃO DO DIREITO DE DIRIGIR:

1. Dar-se-á quando os condutores no período de doze meses foram autuados e penalizados por infrações ao Código de Trânsito Brasileiro, cuja somatória de pontos atingiram o número de vinte pontos, prevista no art. 259.
2. Nos casos previstos expressamente no Código de Trânsito Brasileiro, isto é, cometeram infrações de trânsito que por si só estabelecem diretamente a suspensão do direito de dirigir, independente da contagem de vinte pontos.
3. Por determinação judicial, como sanção imposta por sentença penal condenatória com trânsito em julgado ou de forma preventiva, no curso da investigação ou da ação penal (arts. 292 a 294)

O julgador pode aplicar a suspensão ou proibição de se obter a permissão ou a habilitação para dirigir veículo automotor com penalidade principal, isolada ou cumulativamente com outras penalidades (art. 292).

A suspensão do direito de dirigir (permissão ou da habilitação) ou a proibição de sua obtenção poderá dar-se em qualquer fase da investigação ou da ação penal (qualquer fase do procedimento) havendo necessidade para garantia da ordem pública, de três maneiras como medida cautelar em decisão motivada:

---

47. Publicado no *DOE* nº 13 de 18.1.2003, p. 14.

1. por juiz de ofício;
2. a requerimento do Ministério Público;
3. mediante representação da autoridade policial.

Da decisão que decretar a suspensão ou a medida cautelar, ou da que indeferir o requerimento do Ministério Público, caberá recurso em sentido estrito, sem efeito suspensivo. Portanto são legitimados para utilizar-se da via recursal, somente o condutor penalizado e o Ministério Público, ficando excluído a autoridade policial.

CASSAÇÃO DA CARTEIRA NACIONAL DE HABILITAÇÃO (ART. 256, V, CTB)

É uma espécie de penalidade prevista no art. 256, V do CTB. O órgão ou entidade executivo de trânsito dos Estados e Distrito Federal pode aplicá-la quando estiverem presentes os requisitos legais.

CIRCUNSTÂNCIAS QUE DETERMINAM A CASSAÇÃO DA CARTEIRA NACIONAL DE HABILITAÇÃO

Fundado no art. 263 do CTB, infere-se que a cassação do documento de habilitação dar-se-á:

I - Quando, suspenso o direito de dirigir, o infrator conduzir qualquer veículo e for surpreendido nesta situação, isto é, estando com essa limitação de direito, insistir na condução de veículo automotor (art. 263, I). Esta conduta vem inserida também no art. 307 do Código de Trânsito Brasileiro, tipificada como infração penal, violar a suspensão ou a proibição de se obter a permissão ou habilitação para dirigir veículo automotor imposto como fundamento neste Código (CTB) as penas previstas é de detenção; de seis meses a um ano e multa, com nova imposição adicional de idêntico prazo de suspensão ou de proibição. No aspecto penal, o art. 307 aplica-se somente quando o condutor tendo **suspensa** sua permissão ou a habilitação para dirigir veículo ou proibido de obtê-las, descumpra a ordem. A ação consiste em descumprir a suspensão ou proibição proveniente de decisão administrativa ou judicial. A suspensão ou proibição pode decorrer de medida cautelar (art. 294), pena criminal (infração penal de trânsito prevista no CTB) ou penalidade administrativa que estão elencadas no art. 256 incisos V e VI, poderá ocorrer a violação do disposto no art. 309 do CTB (direção sem habilitação).

II - No caso de reincidência, no prazo de doze meses, das infrações previstas no inciso III do art. 162 e nos arts. 163, 164, 165, 173, 174 e 175. É a imposição do art. 263, II.

Exemplos de situações que determinam a cassação da CNH:

1. Se for encontrado dirigindo veículo com carteira nacional de habilitação ou Permissão para Dirigir da categoria diferente da do veículo que esteja conduzindo (art.162, inciso III).

2. Entregar a direção do veículo a pessoa que (art.163):

a) não possua Carteira Nacional de Habilitação ou Permissão para Dirigir;

b) possua, mas que esteja com esta cassada ou suspensa;

c) possua carteira de categoria diferente da do veículo que esteja conduzindo;

d) com validade da carteira vencida há mais de trinta dias;

e) dirigir sem usar lentes corretoras de visão, tendo deficiência;

f) sem o aparelho auxiliar de audição; e

g) sem utilização de prótese física ou as adaptações do veículo impostas por ocasião da concessão ou da renovação da licença para conduzir.

3. Permitir que pessoa, nas condições referidas anteriormente, tome posse do veículo automotor e passe a conduzi-lo na via (art. 164).

4. Dirigir sob a influência de álcool, em nível superior a seis decigramas por litro de sangue, ou de qualquer substância entorpecente ou que determine dependência física ou psíquica (art.165).

5. Disputar corrida por espírito de emulação (art.173).

6. Promover, na via pública, competição esportiva, eventos organizados, exibição e demonstração de perícia em manobra de veículo, ou deles participar, como condutor, sem permissão da autoridade de trânsito com circunscrição sobre a via (art.174).

7. Utilizar-se de veículo para, em via pública, demonstrar ou exibir manobra perigosa, arrancada brusca, derrapagem ou frenagem com deslizamento ou arrastamento de pneus (art. 175).

III – Quando condenado judicialmente por delito de trânsito, observado o disposto no art. 160, conforme dicção do art. 263, III.

Verifica-se também, além dos casos previstos expressamente no art. 263, por força do disposto no art. 263, § 1º, c/c art. 265, que constatada, em processo administrativo, a irregularidade na expedição do documento de habilitação, a autoridade expedidora promoverá o seu cancelamento.

PRAZO PARA REQUERIMENTO DA REABILITAÇÃO DO CONDUTOR QUE TEVE SUA CNH CASSADA

Decorridos dois anos da cassação da carteira nacional de habilitação, o infrator poderá requerer sua reabilitação, submetendo-se a todas os exames necessários à habilitação, na forma estabelecida pelo **Contran** (§ 2º do art. 263 c/c art. 33 da Resolução Contran nº 50/1998). O Contran, estabeleceu que nestas circunstâncias, o condutor deverá submeter-se a todas as etapas no processo de primeira habilitação na mesma categoria que possuía à época da cassação (art. 33 Resolução nº 50/1998).

ART. 161

CASSAÇÃO DA PERMISSÃO PARA DIRIGIR (ART. 256, VI, CTB)

A Permissão para Dirigir (art. 148, § 2º), é uma autorização concedida pelo órgão executivo de trânsito (Detran, Ciretran) ao candidato aprovado inicialmente nos exames de trânsito (teórico e prático), também é um documento de habilitação conforme § 3º do art. 269, do CTB, com suas peculariedades, com validade de um ano, e caso nesse período (1 ano), o condutor não cometer nenhuma infração de natureza grave ou gravíssima, ou seja, reincidente em infração média, será conferida a carteira nacional de habilitação (§ 3º do art. 148). A não obtenção da carteira nacional de habilitação, tendo em vista a incapacidade de atendimento destes requisitos, obriga o candidato a reiniciar todo o processo de habilitação. Em tema de cassação de Permissão para Dirigir (art. 256, VI), e ainda que, o art. 264 tenha sido vetado a cassação da Permissão para Dirigir, subsistem como penalidade do art. 256, VI CTB dizia o artigo: *"a cassação da Permissão para Dirigir dar-se-á no caso de cometimento de infração grave ou gravíssima, ou ainda na reincidência em infração média"*. As razões do veto foram as seguintes: *"os §§ 3º e 4º tratam adequadamente da matéria, uma vez que impõem a suspensão do direito de dirigir e obrigam o condutor detentor da Permissão para Dirigir a reiniciar o processo de habilitação caso, no período de um ano tenha cometido infração grave ou gravíssima ou seja reincidente a infração média"*.

O procedimento da cassação da Carteira Nacional de Habilitação, é o mesmo a ser aplicado na cassação da Permissão para Dirigir, fundado no teor ideativo do art. 269, § 3º, que dispõe: *"São documentos de habilitação a Carteira Nacional de Habilitação e a Permissão para Dirigir"*. Entretanto, entendo que não se aplica o elastério temporal de 2 anos para o condutor que teve sua Permissão para Dirigir cassada, por ter cometido infrações de trânsito de natureza grave ou gravíssima ou seja reincidente em infração média, para submeter-se a novos exames de trânsito, isto é, cassado a permissão por violação ao disposto no art. 148, § 3º, poderá após concluído o processo administrativo e a efetiva suspensão de sua permissão, submeter-se a novos exames de trânsito teórico, prático, médico e psicotécnico.

RITO PROCEDIMENTAL DA CASSAÇÃO DA CNH OU PPD

Repisemos que, tratando-se de cassação da Carteira Nacional de Habilitação ou da Permissão para Dirigir, o rito procedimental no processo administrativo deverá ser o previsto na Portaria Detran/SP nº 1, de 2.1.2002, publicada no *DOE* de 4.1.2002, p. 5, nº 2 (anteriormente transcrita e que possui a mesma redação da Portaria Detran nº 1.500/2001), que regulamenta o processo administrativo para suspensão e cassação do direito de condução de veículos automotores combinada com o art. 261 do Código de Trânsito Brasileiro.

APREENSÃO DO VEÍCULO (ART. 256, VI, CTB)

Trata-se de penalidade imposta ao condutor e/ou proprietário, e consiste no ato de retirada do veículo, de circulação das vias públicas e encaminhá-lo ao depósito até que sejam cumpridas as imposições legais decorrente do ato que deu ensejo a apreensão do veículo. O veículo apreendido permanecerá sob custódia e responsabilidade do órgão ou entidade apreendedora, com ônus para seu proprietário, pelo prazo de até 30 (trinta) dias, conforme critério estabelecido pelo Contran (art. 262), o que foi feito através da Resolução nº 53/1998, que estabeleceu critérios em caso de apreensão de veículo e recolhimento aos depósitos, conforme o art. 262 do CTB. Os procedimentos e os prazos de custódia dos veículos apreendidos em razão de penalidade aplicada, obrigatoriamente, será o previsto na Resolução nº 53/1998, neste caso, o agente de trânsito responsável pela apreensão do veículo, caberá a emissão do Termo de Apreensão de Veículo (TAV) que será lavrado em três vias, sendo a primeira destinada ao proprietário ou condutor do veículo apreendido, a segunda ao órgão ou entidade responsável pela custódia do veículo, e a terceira ao agente de trânsito responsável pela apreensão.

Necessariamente, o agente de trânsito discriminará no TAV (Termo de Apreensão de Veículo); os objetos que se encontrem no veículo, os equipamentos obrigatórios ausentes, o estado geral da lataria e da pintura, os danos causados por acidente quando for o caso, identificação do proprietário e do condutor quando possível e os dados que permitam a precisa identificação do veículo.

Estando presente o proprietário ou o condutor no momento da apreensão, o termo de apreensão de veículo (TAV) será apresentado para sua assinatura, sendo-lhe entregue a primeira via; havendo recusa na assinatura, o agente fará constar tal circunstância no termo antes de sua entrega do veículo (262, § 1º), e deverá, desde logo, adotar a medida administrativa de recolhimento do certificado de licenciamento anual (CRLV ou CLA), e fará contra entrega de recibo ao proprietário ou condutor, ou informará no termo de apreensão, o motivo pelo qual não foi recolhido.

O órgão ou entidade responsável pela apreensão do veículo, nos termos da Resolução Contran nº 53/1998[48] em seu art. 30, fixara o prazo de custódia, tendo em vista as circunstâncias da infração e obedecidos os critérios abaixo:

Prazo de custódia do veículo apreendido	Circunstâncias da infração
De 01 a 10 dias	Para penalidade aplicada e razão de infração para a qual não seja prevista multa agravada.
De 11 a 20 dias	Para penalidade aplicada em razão de infração para a qual seja prevista multa agravada com fator multiplicador de três vezes.
De 21 a 30 dias	Para penalidade aplicada em razão de infração para a qual seja prevista multa agravada com fator multiplicador de cinco vezes.

---

48. Publicada no DOU 22.5.1998.

Em caso de veículo transportando carga perigosa ou perecível e de transporte coletivo de passageiros, a critério do agente, não se dará a retenção imediata, desde que ofereça condições de segurança para a circulação em via pública (art. 270, § 5º, CTB c/c art. 4º da Resolução Contran nº 53/1998).

A restituição dos veículos apreendidos só ocorrerá mediante o prévio pagamento das multas, impostos, taxas e despesas com remoção e estada, além de outros encargos previstos na legislação específica (§ 2º do art. 262 c/c art. 271, parágrafo único).

Insta acentuar, que a exigência prévia do pagamento das multas e outros encargos previstos na legislação para liberar veículo apreendido é inconstitucional por ferir os princípios da ampla defesa e do contraditório, isso, para as multas que acabaram de ser lavradas. Entretanto, é possível condicionar a liberação do veículo a multas e outros encargos quando ocorreu o trânsito em julgado ou o condutor não utilizou-se dos meios inerentes a ampla defesa tempestivamente.

A retirada dos veículos apreendidos é condicionada, ainda, ao reparo de qualquer componente ou equipamento obrigatório que não esteja em perfeito estado de funcionamento. A Resolução Contran nº 14/1998, estabelece os equipamentos obrigatórios para a frota de veículos em circulação.

Se o reparo referido anteriormente (§ 3º do art. 262), demandar providência que não possa ser tomada no depósito, a autoridade responsável pela apreensão liberará o veículo para reparo, mediante autorização, assinando prazo para sua reapresentação e vistoria.

Os veículos apreendidos ou removidos a qualquer título e os animais não reclamados por seus proprietários, dentro do prazo de 90 dias, serão levados a hasta pública, deduzindo-se, do valor arrecadado, o montante da dívida relativa a multas, tributos e encargos legais, e o restante, se houver, depositado à conta do ex-proprietário, na forma da lei (art. 328 c/c art. 269, X, § 4º e art. 271, todos do CTB).

REMOÇÃO, GUARDA DOS VEÍCULOS APREENDIDOS, REMOVIDOS E RETIDOS DECORRENTES DE PRÁTICA DE INFRAÇÃO À LEGISLAÇÃO DE TRÂNSITO – PORTARIA DETRAN/SP Nº 1.344, DE 26.12.1989

Para conhecimento e aplicabilidade referente a apreensão do veículo, indispensável a leitura da Portaria Detran nº 1.344/1989, que ainda está em vigor e traça roteiro seguro para situações de guarda/remoção/retenção e apreensão de veículos em desacordo com a legislação de trânsito.

"O Delegado de Polícia Diretor do Departamento Estadual de Trânsito;

Considerando a Lei Federal nº 6.575, de 30 de setembro de 1978;

Considerando que a remoção e guarda dos veículo apreendidos por estarem em infração à legislação de trânsito é um serviço público do Estado que pode ser explorado ou delegado a pessoas físicas ou jurídicas mediante permissão, a título precário;

Considerando a necessidade de se regulamentar e uniformizar o serviço de remoção e guarda dos veículos apreendidos; resolve:

Art. 1º. Os veículos removidos, retidos ou apreendidos com base no art. 95, alíneas *e*, *f* e *g* do Código Nacional de Trânsito serão depositados em locais designados pelo Detran, Ciretran ou Seções de Trânsito ou por permissionário, devidamente credenciado, a título precário.

Parágrafo único. O ônus decorrente da remoção ou apreensão do veículo recairá sobre seu proprietário, ressalvados os casos fortuitos.

Art. 2º. A permissão será sempre a título precário, por prazo indeterminado e revogável a critério do órgão competente.

Art. 3º. A delegação a pessoas físicas ou jurídicas privadas, será de competência do Detran, Ciretran ou Seções de Trânsito nos municípios precedida de prévia licitação pública.

Art. 4º. Para ser admitido à licitação, o licitante, além das exigências da lei federal, deverá apresentar:

I – negativas criminais;

II – negativas de execuções cíveis, da Justiça Estadual e Federal.

Art. 5º. A proposta deverá indicar:

I – as características dos veículos ou veículo que será utilizado para rebocar o veículo infrator, assim como sua documentação;

II – a tarifa pretendida e os critérios de sua fixação e revisão;

III – o local onde os veículos apreendidos serão guardados, e as condições de segurança do mesmo;

IV – o horário em que o(s) veículo(s) ficarão à disposição do serviço;

V – outras vantagens que o licitante ofereça relacionadas com a eficiência do serviço.

Art. 6º. Ao vencedor da licitação, o Diretor do Departamento Estadual de Trânsito, Ciretran ou Seção de Trânsito concederá permissão para explorar o serviço, sem ônus para o Estado, mediante termo de compromisso, em que constará, obrigatoriamente:

I – a identificação do permissionário e de seus fiadores;

II – a tarifa a ser cobrada e seus critérios de fixação e revisão;

III – a obrigação do permissionário de indenizar danos causados pela remoção dos veículos;

IV – características dos veículos ou veículo que será utilizado para rebocar veículo infrator, assim como sua documentação;

V – o local onde os veículos apreendidos serão guardados e as condições de segurança dos mesmos;

VI – outras cláusulas exigidas pelo órgão permitente.

Art. 7º. Nenhum veículo poderá ser removido pelo permissionário se o condutor ou proprietário, devidamente habilitado, estando presente, se dispuser a fazê-lo de imediato.

ART. 161

§ 1º. Mesmo que o procedimento já tiver sido iniciado, a presença do condutor ou proprietário que se dispuser a remover o veículo de imediato, suspenderá a ação do permissionário.

§ 2º. A presença do condutor ou proprietário não impedirá a remoção:

a) se o veículo já tiver sido movimentado do local da infração quando da sua chegada;

b) se o condutor ou proprietário estiver portando Carteira Nacional de Habilitação com exame médico vencido ou não forem habilitados;

c) se o veículo tiver sido infracionado por não estar em condições adequadas de segurança para trafegar.

§ 3º. Qualquer remoção somente poderá ser feita, pelo permissionário, com a presença de um agente da Autoridade que constate a legalidade do fato e atue o infrator.

§ 4º. A presença do condutor ou proprietário não elide a autuação da infração pelo agente da Autoridade.

Art. 8º. A tarifa não poderá ser cobrada pelo permissionário na hipótese prevista no art. 7º, § 1º.

Art. 9º. Em nenhuma hipótese, o condutor ou proprietário poderá ser constrangido a aguardar a chegada do permissionário, nem impedido de cessar o estado de infração por ato próprio, a não ser quando se tratar do previsto no art. 7º, alíneas *b* e *c*.

Art. 10. O permissionário deverá manter plantão permanente, de vinte e quatro horas, nos locais utilizados para depósito dos veículos removidos e apreendidos, habilitados para:

I – receber o veículo;

II – preencher ficha de vistoria, registrando o estado em que o veículo está sendo recebido.

Art. 11. O permissionário deverá manter um preposto, junto aos depósitos de veículos removidos, nos dias úteis no horário de expediente da Ciretran ou Seção de Trânsito, capacitados para liberar veículos tão logo seja paga a tarifa de remoção, permanência e guarda, independentemente do pagamento da multa cabível, fornecendo os respectivos recibos.

§ 1º. Os veículos recolhidos aos locais utilizados para depósito e não retirados por seus proprietários, ou por quem de direito, serão levados a leilão público, obedecidos os prazos e as formalidades da legislação federal pertinentes.

§ 2º. Caberá o leilão ao Departamento Estadual de Trânsito, Ciretran ou Seções de Trânsito.

Art. 12. A ficha de vistoria, sob pena de responsabilidade do funcionário deverá registrar:

I – equipamentos visíveis do veículo (rádio, toca-fitas, antenas, calotas removíveis e outros);

II – danos porventura sofridos pelo veículo com a remoção;

III – breve descrição do estado do veículo, no seu aspecto externo;

IV – outros detalhes exigidos pelo permitente.

Art. 13. O procedimento de liberação do veículo será centralizado no plantão de que trata o art. 10 desta Portaria, no próprio local de depósito.

Art. 14. Haverá um livro de registro no qual o condutor ou proprietário, ao retirar o veículo, registrará eventuais danos ou falta de equipamentos e/ou acessórios, ou ainda a sua conformidade com o estado em que recebeu o mesmo.

Art. 15. A condenação dos permissionários em ação cível de indenização por danos causados a veículo removido, implicará a revogação da permissão e a interdição do permissionário para participar de qualquer licitação para o mesmo serviço pelo prazo de dois anos.

Art. 16. O permitente é responsável por danos ou comprovada falta de equipamentos e/ou acessórios de veículo que receber, quando ocorridos no interior de seu depósito, independente de verificação de culpa, assegurado direito regressivo contra o autor do dano ou responsável pelo fato.

Art. 17. Em nenhuma hipótese, o permissionário poderá provocar danificação no veículo, para permitir ou facilitar sua remoção.

Art. 18. O permissionário e responsável por quaisquer danos sofridos pelo veículo removido a que haja dado causa.

Art. 19. O permitente definirá pontos adequados, juntamente com a Serviço Municipal de Trânsito, nas zonas em que os problemas de circulação forem mais acentuados, para localização dos permissionários e agilização do procedimento de remoção.

Art. 20. O permissionário será acionado, para se posicionar, para remoção dos veículos apreendidos por contravenção à legislação de trânsito, nos comando efetuados pelos agentes da autoridade.

Art. 21. O Departamento Estadual de Trânsito, Ciretran ou Seções de Trânsito nos municípios, notificarão no prazo de 10 dias, por via postal, a pessoa que figurar na licença como proprietário do veículo, para que dentro de 20 dias, a contar da notificação efetue o pagamento do débito e promova a retirada do veículo.

Art. 22. Não atendida a notificação, por via postal, serão os interessados notificados por edital, afixados nas dependências do órgão apreensor e publicado uma vez na imprensa oficial se houver, e duas em jornal de maior circulação do local, para o fim previsto no artigo anterior e com o prazo de 30 dias, a contar da primeira publicação.

§ 1º. Do edital constarão:

a) nome ou designação da pessoa que figurar na licença como proprietária do veículo;

b) os números da placa e da numeração do chassi, bem como a indicação da marca e ano de fabricação do veículo.

§ 2º. Nos casos de penhor, alienação fiduciária em garantia e venda como reserva de domínio, quando os instrumentos dos respectivos atos jurídicos estiverem arquivados no órgão fiscalizador competente do edital constarão os nomes do proprietário e do possuidor do veículo.

Art. 23. Não atendendo os interessados ao disposto no artigo anterior e decorridos 90 dias da remoção, apreensão ou retenção, o veículo será vendido em leilão público mediante avaliação.

§ 1º. Se não houver lance igual ou superior ao valor estimado, proceder-se-á à venda pelo maior lance.

§ 2º. Do produto apurado na venda serão deduzidas as despesas:

I – das multas e taxas devidas;

II – da remoção, apreensão ou retenção, e das referentes notificações e editais mencionados nos artigos anteriores e as demais decorrentes do leilão recolhendo-se o saldo ao Banco do Brasil S/A, à disposição da pessoa que figurar na licença como proprietária do veículo ou seu representante legal.

Art. 24. Não serão cobrados o serviço de guinchos e as diárias dos veículos abandonados em vias públicas resultantes de furto, roubo ou caso fortuito.

Art. 25. O prazo mínimo para pagamento das diárias deverá ser analisado e ajustado de acordo com as conveniências locais, entre permitente e permissionário.

Art. 26. Os casos omissos serão resolvidos por este Detran.

Art. 27. O disposto nesta Portaria não se aplica a veículos recolhidos a depósito por ordem judicial ou aos que estejam à disposição de autoridade policial.

Art. 28. Esta Portaria entrará em vigor na data de sua publicação.

Art. 29. Revogam-se mas disposições em contrário".

FREQÜÊNCIA OBRIGATÓRIA EM CURSO DE RECICLAGEM (ART 256, VII, C/C ART. 268, CTB)

Como assevera o art. 268 do Código de Trânsito Brasileiro, trata-se de mais uma hipótese de penalidade a ser imposta ao condutor/infrator, nas seguintes situações:

I – quanto, sendo contumaz, for necessário à sua reeducação;

II – quando suspenso do direito de dirigir;

III – quando se envolver em acidente grave para o qual haja contribuído, independentemente de processo judicial;

IV – quando condenado judicialmente por delito de trânsito;

V – a qualquer tempo, se for constatado que o condutor esta colocando em risco a segurança de trânsito;

VI – em outras situações a serem definidas pelo Contran.

ART. 161

O condutor infrator sujeita-se a outras penalidades inerentes a infração de trânsito praticada, como exemplo, a multa, suspensão do direito de dirigir, etc., assim como também ó obrigado a submeter-se ao curso de reciclagem nos termos do art. 268 do Código, sendo esta penalidade de exclusiva competência de aplicação por parte das Autoridades Executivas de Trânsito, diretor da Ciretran ou Detran, do local de residência ou domicílio do condutor. Entendo, ainda que respeitado entendimento em sentido contrário de renomados doutrinadores, dentre os quais, Geraldo de Faria Lemos Pinheiro e Dorival Ribeiro,[49] que não se trata simplesmente de pena acessória, isto é, pode ser ou não pena acessória nos termos dos incisos do art. 268. Entretanto, será pena acessória quando houver a penalidade de suspensão do direito de dirigir, mas poderá não o ser, quando envolver-se em acidente grave para o qual haja contribuído independentemente de processo judicial ou a qualquer tempo quando o condutor está colocando em risco a segurança do trânsito ou sendo contumaz ser necessário à sua reeducação. Nestes casos, necessariamente não haverá autuações por infrações de trânsito ou aplicação de qualquer outra penalidade, ainda assim, entendemos que a freqüência obrigatória em curso de reciclagem é indispensável para a conscientização do condutor/infrator, devendo as autoridades de trânsito dos Estados e Distrito Federal aplicá-la sempre que necessário, sabemos que hoje, esta penalidade é utilizada em quase sua totalidade das vezes após a penalidade de suspensão do direito de dirigir (art. 256, VII c/c art. 268, II CTB).

O art. 268, estabelece que o Contran disciplinará o curso de reciclagem, foi o que aconteceu através da publicação da Resolução Contran nº 58/1998, em âmbito estadual, o Detran/SP, emitiu a Portaria hº 165/2001, que deve ser observada toda vez que a autoridade executiva de trânsito deliberar pela sua aplicação.

"RESOLUÇÃO CONTRAN Nº 58, DE 21 DE MAIO DE 1998[50]

Estabelece normas gerais do curso de reciclagem para infratores do Código de Trânsito Brasileiro, de acordo com o art. 268.

O Conselho Nacional de Trânsito – Contran, usando da competência que lhe confere o art. 12, inciso I, da Lei nº 9.503, de 23 de setembro de 1997, que instituiu o Código de Trânsito Brasileiro e conforme o Decreto nº 2.327, de 23 de setembro de 1997, que trata da coordenação do Sistema Nacional de Trânsito, resolve:

Art. 1º. Aprovar as normas gerais do curso de reciclagem para infratores do Código de Trânsito Brasileiro, constantes do Anexo desta Resolução.

Art. 2º. O curso poderá ser ministrado, por instituições, estabelecimento ou empresas legalmente instaladas, na forma da legislação local e cujo funcionamento tenha sido autorizado pelo órgão executivo competente, e mediante autorização do órgão executivo de trânsito dos Estados ou do Distrito Federal.

---

49. *Código de Trânsito Brasileiro Interpretado*, p. 424.
50. Publicada no *DOU* de 22.5.1998.

Art. 3°. Para fins de registro, de acompanhamento e de estatística, os resultados de cada curso deverão ser comunicados ao órgão executivo de trânsito dos Estados ou do Distrito Federal, por aqueles que ministraram o mesmo.

Art. 4°. Esta Resolução entra em vigor 180 (cento e oitenta) dias após a data de sua publicação.

ANEXO

1. DOS FINS

1.1. Este curso terá por finalidade reciclar condutores infratores.

1.2. Para consecução de suas finalidades cabe a este curso dar condições ao condutor para:

1.2.1. Identificar e corrigir falhas na sua forma de conduzir veículos.

1.2.2. Atualizar-se com a legislação vigente e os avanços tecnológicos.

1.2.3. Desenvolver atitudes psico-sociais positivas, especificamente quando estiverem no trânsito.

1.2.4. Recriar no condutor a mentalidade da direção preventiva.

1.2.5. Conscientizar o condutor da importância do respeito ao meio ambiente.

1.2.6. Propiciar noções mais acuradas de primeiros socorros.

2. DA ORGANIZAÇÃO

A organização administrativa do curso será estabelecida pelas instituições que o ministrarem, observando-se as necessidades regionais e guardando-se compatibilidade com a presente norma, sem prejuízo do ensino.

3. DAS DISCIPLINAS E DA CARGA HORÁRIA

Disciplina	Carga Horária
Meio Ambiente e Cidadania	02
Primeiros Socorros	04
Direção Defensiva	06
Legislação de Trânsito	08
Total	20

3.1. Meio Ambiente e Cidadania – Carga Horária: .... 2 horas

3.1.1. O cidadão e o meio ambiente .... 15 min

3.1.2. Legislação específica .... 25 min

3.1.3. Conceito de poluição: causas e conseqüências .... 5 min

3.1.4. Riscos para a saúde .... 15 min

3.1.5. A importância de uma operação adequada .... 15 min

3.1.6. Cuidados na substituição de fluídos .... 15 min

3.1.7. Detecção de veículos poluidores .... 10 min

3.2. Primeiros Socorros – Carga Horária: .... 4 horas

3.2.1. Primeiras providências .... 45 min

- seja prevenido
- mantenha a calma
- previna-se
- o que evitar
- o que fazer

3.2.2. Provimentos básicos .... 2,45 horas

- hemorragia
- desmaios
- estado de choque
- convulsões
- parada cardíaca ou respiratória
- ferimentos
- fraturas
- queimaduras
- envenenamento
- AIDS

3.2.3. Transporte de vítimas .... 30 min

- transporte por maca
- transporte por pessoas
- por uma pessoa
- por duas pessoas
- por três pessoas
- por quatro pessoas

3.3. Direção Defensiva: Carga Horária: .... 6 horas

3.3.1. Abertura, introdução, pré-teste .... 1,00 hora

3.3.2. Acidente evitável ou não evitável .... 30 min

3.3.3. Como evitar colisão com o veículo que vai a frente .... 30 min

3.3.4. Como evitar colisão traseira .... 30 min

3.3.5. Como evitar colisão frontal .... 30 min

3.3.6. Como evitar colisões em cruzamentos .... 30 min

3.3.7. Como ultrapassar e ser ultrapassado .... 1,00 hora

3.3.8. A colisão de difícil identificação da causa .... 30 min

3.3.9. Como evitar outros tipos comuns de colisão .... 1,00 hora

3.4. Legislação de Trânsito: Carga Horária: .... 8 horas
  3.4.1. CTB, introdução e considerações .... 1, 00 hora
  3.4.2. Análise e interpretação .... 30 min
  3.4.3. Deveres e proibições .... 1,00 hora
  3.4.4. Responsabilidade do condutor durante o transporte .... 1,00 hora
  3.4.5. Registrador de velocidade .... 30 min
  3.4.6. Das infrações e penalidades .... 30 min
  3.4.7. Regras gerais de circulação .... 1,00 hora
  3.4.8. Vias públicas .... 1,00 hora
  3.4.9. Tipos de sinalização de trânsito .... 1,00 hora
  3.4.10. Psicologia e segurança no trânsito .... 30 min

4. DA REGÊNCIA

As disciplinas que constituem o currículo deste curso deverão ser transmitidas por pessoas de capacidade compatível com o grau de ensino a ser ministrado e que tenham conhecimentos pedagógicos satisfatórios.

5. DA MATRÍCULA

Deverá ser gerada pelo órgão ou entidade executivo de trânsito dos Estados ou do Distrito Federal, mediante formulário próprio encaminhando o motorista infrator à realização de curso de reciclagem.

6. DO REGIME DE FUNCIONAMENTO

6.1. Duração do curso: 20 horas

6.2. Número de participantes: máximo de 30 alunos por turma

6.3. Material didático: os instrutores deverão utilizar de bibliografias existente, apostilas e recursos audiovisuais que garantam o melhor aprendizado possível do aluno.

7. DO APROVEITAMENTO

  7.1. Ao final do curso, far-se-á uma aferição do aproveitamento do aluno através de avaliação escrita, contendo um mínimo de 10 (dez) questões sobre cada disciplina constante do currículo.

  7.2. O aluno deverá obter o mínimo de 7, 0 (sete) na avaliação.

  7.3. Quando reprovado, uma primeira vez, o aluno poderá repetir o teste no curso seguinte, e se reprovado pela segunda vez, poderá matricular-se para um novo curso, freqüentando-o integralmente.

8. DO CERTIFICADO DE CONCLUSÃO

O aluno aprovado receberá um Certificado de Conclusão do curso, expedido pela instituição executora do treinamento e terá validade em âmbito nacional".

"PORTARIA DETRAN Nº 165, DE 19 DE JANEIRO DE 2001

Disciplina o funcionamento do curso de reciclagem previsto no art. 268 do Código de Trânsito Brasileiro.

O Delegado de Polícia Diretor,

Considerando a competência estabelecida no art. 22, inciso II, do Código de Trânsito Brasileiro, determinante para o controle do processo de formação, aperfeiçoamento, suspensão e reciclagem de condutores, mediante delegação do órgão executivo máximo de trânsito da União;

Considerando o disposto no art. 268 do Código de Trânsito Brasileiro e as regras estabelecidas na Resolução Contran nº 58, de 21.5.1998;

Considerando as regras contidas na Portaria Detran nº 540/1999, disciplinando o credenciamento, funcionamento e qualificação teórica-técnica dos Centros de Formação de Condutores – Categoria "A" e "A/B";

Considerando, por derradeiro, a necessidade de implementar rotinas específicas para o pleno atendimento das determinações estabelecidas pelo Código de Trânsito Brasileiro;

Resolve:

Art. 1º. O condutor será submetido a curso de reciclagem:

I – quando suspenso do direito de dirigir;

II – quando se envolver em acidente grave para o qual haja contribuído, independentemente de processo judicial;

III – quando condenado judicialmente por delito de trânsito;

IV – quando, sendo contumaz, for necessário à sua reeducação.

Art. 2º. O curso de reciclagem poderá ser ministrado pelos Centros de Formação de Condutores – Categoria "A" e "A/B" registrados pelas Circunscrições Regionais e Seções de Trânsito, desde que requerido e autorizado pela autoridade de trânsito do local de credenciamento.

Parágrafo único. Para a instalação e funcionamento do curso de reciclagem será exigido:

I – requerimento encaminhado à autoridade de trânsito, com indicação da Portaria de registro e credenciamento; e

II – plano de desenvolvimento do conteúdo programático do curso de reciclagem, com indicação dos horários, organização, relação dos instrutores e indicação do Diretor de Ensino.

Art. 3º. O curso de reciclagem somente poderá ser ministrado aos condutores residentes no município de funcionamento do Centro de Formação de Condutores, exceto se na localidade não houver entidade de ensino registrada ou esta não ministrar o referido curso.

Art. 4º. Autorizado o funcionamento do curso de reciclagem, nos termos do disposto no art. 2º desta Portaria, o condutor somente poderá ser inscrito (matriculado) após encaminhamento realizado pela autoridade de trânsito responsável pelo procedimento administrativo.

§ 1º. O condutor poderá realizar o curso de reciclagem durante o período de suspensão do direito de dirigir ou no período imposto para as demais situações descritas no art. 1º desta Portaria.

§ 2º. Na hipótese de aplicação da penalidade de suspensão do direito de dirigir, em não sendo possível a realização do curso durante o período de cumprimento da penalidade, a autoridade de trânsito poderá permitir que o condutor o realize após a devolução da carteira nacional de habilitação, em decorrência do efetivo cumprimento da penalidade, mediante estabelecimento de termo de compromisso, conforme modelo contido no Anexo I desta Portaria.

§ 3º. Independentemente da aceitação do termo de compromisso, conforme o previsto no parágrafo anterior, a realização do curso de reciclagem será exigida previamente para fins de renovação da carteira nacional de habilitação, adição e/ou mudança de categoria, alteração ou correção de dados, mudança de domicílio ou residência, perda, dano ou extravio, ou mesmo nas hipóteses de posterior aplicação de medida administrativa de recolhimento do documento de habilitação.

Art. 5º. O curso terá por finalidade reciclar condutores infratores, devendo propiciar condições ao condutor para identificar e corrigir falhas na sua forma de conduzir veículos, atualizar-se com a legislação de trânsito e avanços tecnológicos e recriar a mentalidade da direção preventiva, dentre outros objetivos.

Art. 6º. Fica estabelecida a seguinte carga horária, distribuída entre as disciplinas:

Disciplina	Carga Horária
Meio Ambiente/Cidadania	02
Primeiros Socorros	04
Direção Defensiva	06
Legislação de Trânsito	08
Total	20

§ 1º. O conteúdo programático, distribuído entre a carga horária, deverá obrigatoriamente atender ao disposto no Anexo da Resolução Contran nº 58, de 21.5.1998, inclusive quanto à utilização do material didático.

§ 2º. As disciplinas que constituem o currículo do curso de reciclagem deverão ser transmitidas por instrutores devidamente capacitados, nos termos da legislação de trânsito pertinente, vinculados ou não ao Centro de Formação de Condutores.

§ 3º. O número de participantes, por curso ou turma, ficará limitado a 30 alunos, exceto na hipótese de a sala de ensino comportar número menor, situação em que a limitação estará adstrita aos termos do contido na Portaria de registro e funcionamento do Centro de Formação de Condutores.

Art. 7º. O curso de reciclagem deverá ser realizado separadamente do curso de formação teórico-técnico, distribuído em módulos, de tal sorte que o mínimo, por dia, seja de 2 (duas) e no máximo 5 (cinco) horas/aulas, cujos intervalos serão estabelecidos pelo Diretor de Ensino do Centro de Formação de Condutores, atendidosos horários de funcionamento previstos na Portaria Detran nº 540/1999.

Parágrafo único. O curso, ministrado de forma freqüência, deverá ser ministrado integralmente, não sendo admitido nenhum percentual de falta, ainda que justificada.

Art. 8º. A conclusão do curso habilita o condutor a realizar avaliação escrita, de caráter obrigatório, contendo 10 (dez) questões sobre cada disciplina constante da carga horária.

§ 1º. O condutor deverá obter o mínimo de 7,0 (sete) na avaliação, por disciplina.

§ 2º. O horário destinado à avaliação escrita não poderá ser computado para atendimento da carga horária.

§ 3º. A avaliação escrita deverá ser aplicada de uma única vez, abrangendo todas as disciplinas especificas no art. 6º desta Portaria.

§ 4º. Quando reprovado, em qualquer uma das disciplinas, pela primeira vez, o condutor poderá repetir a avaliação escrita para aquela(s) disciplina(s), e se reprovado pela segunda vez, deverá ser encaminhado à autoridade de trânsito competente para verificação quanto à necessidade de realização de uma nova avaliação escrita ou a realização de novo curso de reciclagem.

§ 5º. Ao condutor aprovado na avaliação escrita será conferido certificado de conclusão, conforme modelo previsto no Anexo II desta Portaria.

§ 6º. As avaliações deverão ficar arquivadas no Centro de Formação de Condutores, devendo o Diretor de Ensino, ao final de cada curso de reciclagem, encaminhar ao Diretor da Unidade de Trânsito relatório contendo:

I – relação dos condutores aprovados e reprovados, indicando nome completo, números do registro ou prontuário da habilitação, da cédula de identidade e do CPF; e

II – avaliação final, por disciplina.

Art. 9º. O encaminhamento do condutor para a realização do curso de reciclagem, assim como as ocorrências de caráter relevante, inclusive final aprovação no referido curso, deverão ser lançadas no prontuário do condutor para fins de controle e fiscalização da autoridade de trânsito competente.

Art. 10. Esta Portaria entrará em vigor na data de sua publicação, revogando-se todas as disposições em contrário.

ANEXO I – AUTO DE ENTREGA E TERMO DE COMPROMISSO
MODELO PADRÃO

Aos .... dias do mês de .... de dois mil e ...., na ...., onde se achava o Doutor(a) ...., Delegado de Polícia respectivo, comigo escrivão de seu cargo, ao final nomeado e assinado e as testemunhas infra-assinadas, aí presente o(a) Senhor(a) ...., R.G. nº ....-.../.., pela mesma Autoridade lhe foi feita a entrega da carteira nacional de habilitação registrada em nome de ...., nº ...., espelho nº ...., com exame de aptidão física e mental válido até ...., expedida pelo Detran/SP em ....

O condutor, mediante compromisso neste auto, assume a responsabilidade de, em razão de não haver realizado o Curso de Reciclagem durante o período de cumprimento da penalidade de suspensão do direito de dirigir, submeter-se ao referido curso, estando ciente de sua imediata obrigatoriedade para fins de renovação da carteira nacional de habilitação, adição e/ou mudança de categoria, alteração ou correção de dados, mudança de domicílio ou residência, perda, dano ou extravio, ou mesmo nas hipóteses de posterior aplicação de medida administrativa de recolhimento do documento de habilitação decorrente da prática de infrações de trânsito.

Nada mais havendo a tratar, determinou a Autoridade que se encerrasse o presente auto que, depois de lido e achado conforme, vai devidamente assinado por todos.

Autoridade:

Recebedor/Compromissário:

1ª Testemunha:

2ª Testemunha:

Escrivão:

ANEXO II – ESPECIFICAÇÕES TÉCNICAS DO CERTIFICADO DE CONCLUSÃO DO CURSO DE RECICLAGEM

1. Instruções: O modelo deverá ser impresso atendendo as seguintes especificações:

a) dimensões – largura: 21 cm; altura: 17 cm;

b) os quadros e os dados constantes no modelo, destinados às informações obrigatórias, não poderão ser alterados;

c) as cores a serem impressas serão livres."

As situações que obrigam o condutor/infrator a submeter-se ao curso de reciclagem, como já se disse anteriormente, são as elencadas no art. 268 e incisos.

A primeira delas, trata do condutor contumaz e o curso de reciclagem é necessário à sua reeducação (art. 268, I). Contumácia, segundo o Novo Dicionário Aurélio da Língua Portuguesa, de Aurélio Buarque de Holanda Ferreira,[51] "Grande teimosia; obstinação; aferro, afinco, pertinácia". Outros[52] a definem como recalcitrante, reincidente, repetição, pertinácia, não obediência a ordem legal, após aplicação de penalidade e outras medidas. Embora tenha sido punido, continua repetindo a conduta tida como infração no trânsito. Ele ignora a administração pública e a sociedade em geral. Exemplo: sempre estaciona irregularmente, desobedece a sinalização de trânsito costumeiramente, envolve-se sempre em acidente de trânsito, suas condutas são talhadas pela imprudência e negligência de forma acintosa. Não se trata aqui da prática de apenas uma norma violadora de trânsito, mas em decorrência de sua reiteração em violar regras previstas na legislação de trânsito. Além de ser punido por eventuais infrações de trânsito que cometeu, ainda poderá ser submetido ao curso de reciclagem pelo conjunto de ações proibidas que praticou.

---

51. Rio de Janeiro: Editora Nova Fronteira, 1986, p. 469.
52. Como por exemplo Francisco da Silveira Bueno, *Dicionário da Língua Portuguesa*. 11ª ed., 8ª tiragem. Rio de Janeiro: FAE, 1984, p. 297.

Tudo com objetivo de conscientizar e reeducar o infrator, além de promover a segurança no trânsito. De lembrar-se que, as autoridades de trânsito observarão os preceitos constitucionais do art. 5º da Constituição Federal, dentre os quais, os princípios da ampla defesa e do contraditório, toda vez que desencadear penalidade administrativa.

Quanto a freqüência obrigatória em curso de reciclagem decorrente da suspensão do direito de dirigir (art. 268, II), já efetuamos comentário sobre o assunto quando tratamos dessa penalidade (art. 256, VII), entretanto, o condutor atingindo a somatória de 20 pontos (§ 1º, art. 261) por infração à legislação de trânsito ou que tenha praticado infração que por si só leva a suspensão do direito de dirigir, nestes casos, após regular processo administrativo e decisão da autoridade competente, é obrigatório que o condutor/infrator seja submetido ao curso de reciclagem.

O inciso III do art. 268, impõe a obrigatoriedade de submeter o condutor a penalidade de freqüência a curso de reciclagem, quando envolver-se em acidente grave para o qual haja contribuído, independentemente de processo judicial. Necessariamente para a tipificação deste dispositivo, o condutor deu causa ao acidente, ainda que não tenha vítima, desobedecendo regras de trânsito, provocando o acidente grave ou gravíssimo. Exemplo: ingressar no semáforo vermelho, desobedecer a placa de parada obrigatória (pare), conversão em local proibido, transitar na contramão de direção, perder o controle direcional do veículo, etc. A competência para aplicação desta penalidade é da autoridade executiva de trânsito dos órgãos dos Estados e Distrito Federal, diretor do Detran ou Ciretran. Não poderia deixar de transcrever a interpretação de Arnaldo Rizzardo,[53] sobre o assunto: *"Acidente grave não é apenas aquele com vítimas humanas. Num abalroamento na contramão da direção, com danos apenas materiais, não haverá processo criminal, o que não afasta a gravidade de abalroamento. Dada a evidência das circunstâncias que envolveram o acidente, e se afigurando induvidosa a responsabilidade, mostra-se justificável a imposição da freqüência em curso de reciclagem. Com mais razão quando há vítimas humanas, não raramente colhidas em paradas de ônibus ou no acostamento, ou em faixas destinadas a pedestres, dentre várias outras situações, até quando não atingindo patrimônio de terceiros, como quando o condutor precipita o veículo ribanceira abaixo das laterais da pista, ou colide violentamente em muros, árvores, postes de sustentação da rede elétrica. O sentido de acidente grave compreende tanto os resultados drásticos como a violação de normas primárias de conduta e de trânsito, com inecusável conduta culposa."*.

Como já se disse anteriormente, o acidente de trânsito previsto para a tipificação do inciso III do art. 268, que obriga o condutor a freqüentar curso de reciclagem, poderá ser com ou sem vítima, ficando a critério da autoridade de trânsito optar por submeter o condutor a novos exames para que possa voltar a dirigir, ainda apreender o documento de habilitação até sua aprovação nos exames realizados, conforme dicção dos §§ 1º e 2º do art. 160 do CTB, assegurada ampla defesa ao condutor.

A freqüência obrigatória em curso de reciclagem, se dará ainda, quando o condutor, nos termos do inciso IV, do art. 268, for condenado judicialmente por delito

---

53. *Comentários ao Código de Trânsito Brasileiro*, p. 564.

ART. 161

de trânsito. Esta figura pressupõe o trânsito em julgado, devendo a autoridade judiciária por força do disposto no art. 295 do CTB, comunicar à autoridade de trânsito (diretor Detran/Ciretran), onde o condutor condenado for domiciliado ou residente. Entendo também, que caso a autoridade judiciária não comunique o diretor da Ciretran ou Detran, este último, tomando conhecimento da decisão judicial com trânsito em julgado, poderá instaurar processo administrativo, observada as garantias constitucionais, e submeter o condutor a freqüência obrigatória de curso de reciclagem. Vejamos também sob o prisma jurídico e legal, que além das infrações penais previstas no Código de Trânsito Brasileiro, as infrações previstas no Código Penal, apesar de não serem tipicamente de trânsito, também estão sujeitas a essa penalidade. Exemplo: art. 132 do CP, principalmente o seu parágrafo único, onde a exposição da vida ou da saúde de outrem a perigo decorre do transporte de pessoas para a prestação de serviços em estabelecimento de qualquer natureza, (sítios, fazendas, indústrias, fábricas, lojas, estabelecimentos comerciais, recreação e prefeituras), em desacordo com as normas legais. Trata-se de uma figura típica relacionada com a segurança viária, visando coibir o transporte de trabalhadores, principalmente os denominados "bóias-frias", em carrocerias de caminhão, sem as cautelas devidas.

A obrigatoriedade, no inciso V do art. 268, de submeter a curso de reciclagem, atinge a qualquer tempo, se for constatado que o condutor está colocando em risco a segurança do trânsito. É o caso do condutor que freqüentemente desobedece as regras de trânsito. Age com imprudência, negligência, com desrespeito a segurança do trânsito, deficiência, insegurança, instabilidade e falta de habilidade na condução do veículo, habilidade extrema nas condutas perigosas, condutor que deixa ciclista segurar na parte traseira do veículo e passa a transitar rebocando-o, condutor que pratica reiteradas manobras imprevisíveis no trânsito, freadas bruscas e inopinadas chamando a atenção, prática de "racha", "cavalo de pau" empinar motocicleta, malabarismos com o veículo, etc.

Ao final, o inciso VI do art. 268, preconiza que o infrator será submetido a curso de reciclagem em outras situações a serem definidas pelo Contran. Há entendimento de que este inciso é inconstitucional.

DAS MEDIDAS ADMINISTRATIVAS

As autoridades de trânsito, ou seus agentes, na esfera das competências estabelecidas pelo Código de Trânsito Brasileiro e dentro de sua circunscrição, deverá adotar as seguintes medidas administrativas, previstas no art. 269:

I – retenção do veículo;

II – remoção do veículo;

III – recolhimento da carteira nacional de habilitação;

IV – recolhimento da Permissão para Dirigir;

V – recolhimento do certificado de registro;

VI – recolhimento do certificado do licenciamento anual;

ART. 161

VII – (vetado); *[Nota: o inciso VII, tinha a seguinte dicção: "realização de exames de aptidão física, mental, psicológica, de legislação, de prática de primeiros socorros de direção veicular".]*

VIII – transbordo do excesso de carga;

IX – realização de teste de dosagem de alcoolemia ou perícia de substância entorpecente ou que determine dependência física ou psíquica;

X – recolhimento de animais que se encontrem soltos nas vias e na faixa de domínio das vias de circulação, restituindo-os aos seus proprietários, após o pagamento de multas e encargos devidos;

XI – realização de exames de aptidão física, mental, de legislação, de prática de primeiros socorros e de direção veicular. *[Nota: Inciso XI, acrescentado pela Lei nº 9.602/1998.]*

As medidas administrativas, tem por objetivo prioritário a proteção à vida e a incolumidade física da pessoa (art. 269, § 1º). As medidas administrativas não elidem a aplicação das penalidades impostas por infrações estabelecidas no Código, possuindo caráter complementar a estas (art. 269, § 2º). Importa destacar que as medidas administrativas são aplicadas pela autoridade de trânsito estadual, obedecidos os limites das atribuições e dentro da sua circunscrição territorial. Contudo, a medida administrativa prevista no inciso IX do art. 269 do CTB, poderá ser desencadeada pela autoridade policial, não obstante, observando-se as prerrogativas constitucionais do condutor de veículo que dirige sob a influência de álcool ou substância entorpecente, tóxica ou de efeitos análogos, de acordo com as características técnicas científicas, de efeitos análogos, cujo resultado dos exames ensejará responsabilidades na esfera administrativa e penal.

A legislação sobre o assunto é disciplinada pelos arts. 165, 276, 277 e 306 do Código de Trânsito Brasileiro, além da Resolução Contran nº 81/1998, onde estabelece que a comprovação de que o condutor se acha impedido de dirigir veículo automotor, sob suspeita de haver excedido os limites previstos no art. 276, isto é, de seis decigramas de álcool por litro de sangue ou de haver feito uso de substância entorpecente. Havendo suspeição do condutor de veículo dirigindo nessas condições, o agente público fiscalizador de trânsito, após o arrolamento de testemunhas presenciais deverá apresentar a ocorrência a autoridade policial, que deliberará na forma de sua convicção, podendo fazer prova, observando-se as imposições constitucionais a favor do investigado, conforme segue abaixo:

a) Teste em aparelho de ar alveolar (bafômetro) com concentração igual ou superior a 0,3 mg por litro de ar expelido dos pulmões. Este teste, poderá ser efetuado no local dos fatos (acidente de trânsito ou por ocasião da fiscalização), o condutor poderá recusar-se a submeter-se ao teste em questão.

b) Exame químico toxicológico através de extração sangüínea. Também deve ser objeto de autorização do condutor, vez que, por força de dispositivos constitucionais, não é o condutor obrigado a sujeitar-se aos exames em comento.

c) Exame clínico com laudo conclusivo e firmado pelo médico examinador da Polícia Judiciária.

ART. 161

Dentre as medidas administrativas, conforme já vimos, algumas são atos próprios da autoridade de trânsito, portanto, indelegáveis, ressalvadas exceções legais, isto é, podem ser desencadeadas pelos seus agentes.

A esse propósito, faço transcrever, por oportuno, o magistério de Arnaldo Rizzardo:[54] *"As medidas administrativas não constituem sanções ou penalidades, mas providências exigidas para a regularização de situações anormais, sendo, em grande parte, de caráter momentâneo de rápida solução e cessando a constrição tão logo atendidas as exigências impostas, embora possam se prolongar indefinidamente, como na direção de veículo de categoria diferente da que consta na habilitação, quando se dá o recolhimento do documento correspondente (art. 162, inciso III). Pode-se afirmar que são complementares as penalidades."*

O entendimento sobre a matéria de Walter Cruz Swensson e Renato Swensson Neto,[55] é indispensável, como se vê: *"Por se tratar de uma providência cautelar, para prevenir ou evitar a ocorrência de fatos graves, que possam por em risco a integridade física ou ao patrimônio público ou privado, permite o Código de Trânsito Brasileiro que sejam elas adotadas imediatamente. É evidente que, em obediência ao princípio do contraditório e da ampla defesa, insculpido na Constituição Federal (inciso LV, do art. 5º), consumada a medida administrativa, ante a urgência em ser ela adotada, é de ser assegurado o direito àquele que foi por ela atingido, questionar sua necessidade, validade ou legalidade, tanto na esfera administrativa, como pela via jurisdicional como posteriormente ver-se-á. Somente após a adoção da medida administrativa, desaparecendo o risco, aí sim, procederá a autoridade ou seu agente, à lavratura do auto de infração. E isso porque, a adoção da medida administrativa, por ser providência urgente, visando evitar riscos concretos à integridade física ou à saúde dos usuários da via pública ou aberta ao público ou ao patrimônio público ou privado, insista-se."*

DAS MEDIDAS ADMINISTRATIVAS EM ESPÉCIE

I – RETENÇÃO DO VEÍCULO (arts. 269, I e 270, do CTB) – Consiste no ato ou efeito de reter, manter sob guarda, conservar em poder, é a paralisação do veículo no local em que verificou-se a infração de trânsito, sob a responsabilidade da autoridade ou seus agentes, ocasião em que o veículo não preenche os requisitos necessários para o trânsito ou o condutor não apresenta as condições exigidas para dirigi-lo. Pode ocorrer ainda a retenção do veículo em relação ao passageiro, exemplo: portando capacete no braço, sem viseira, condutor ou passageiro sem usar cinto de segurança, condutor não portando documentos do veículo, entretanto, prontifica-se a buscá-lo imediatamente após ser autorizado pelo agente de trânsito. Importa esclarecer que a decisão pela espera da busca por ausência de eventuais documentos é faculdade do agente de trânsito e não direito, imposição do condutor. Após a autuação, sanando a irregularidade o veículo será liberado no local (art. 270, § 1º). A retenção do veículo pode ter limite temporal breve ou prolongado, dependendo do caso concreto. A retenção do veículo somente se dará

---

54. *Código de Trânsito Brasileiro*, p. 566.
55. *Manual de Procedimentos e Prática de Trânsito*, p. 116.

nos casos expressos no Código de Trânsito Brasileiro: arts. 162, I, II, III, V, e VI, 163, 164, 165, 167, 168, 170, 221, 223, 228, 230, VII a XIX, 231, I, II, III, IV, V, VII, VIII, IX, X, 232, 233, 235, 237 e 248.

Não sendo possível sanar a falha no local da infração, o veículo poderá ser retirado por condutor regularmente habilitado, mediante recolhimento do certificado de licenciamento anual (CLA/CRLV), conforme o art. 270, § 2º, devendo o agente de trânsito expedir contra recibo, (certificado de recolha, recibo de recolhimento de documento ou Auto de Exibição e Apreensão), assinalando-se ao condutor prazo para sua regularização, para o que se considerará, desde logo notificado. O certificado de licenciamento anual será devolvido ao condutor no órgão ou entidade aplicadores das medidas administrativas, tão logo o veiculo seja apresentado a autoridade devidamente regularizado (§ 3º art. 270).

Não se apresentando condutor habilitado no local da infração, ou quando a irregularidade implicar em risco à segurança para circulação em via pública, o veículo será recolhido ao depósito, aplicando-se neste caso o disposto nos parágrafos do art. 262, vale dizer, o veículo apreendido em decorrência de penalidade aplicada será recolhido ao depósito e nele permanecerá sob custódia e responsabilidade do órgão ou entidade apreendedora, com ônus para seu proprietário, pelo prazo de até trinta dias e na forma estabelecida na Resolução Contran nº 53/1998.

No caso de infração em que seja aplicável a penalidade de apreensão do veículo, o agente de trânsito deverá, desde logo, adotar a medida administrativa de recolhimento do certificado de licença anual (§ 1º do art. 262).

A restituição dos veículos apreendidos só ocorrerá mediante o prévio pagamento das multas impostas, taxas e despesas com remoção e estada, além de outros encargos previstos na legislação específica (§ 2º do art. 262 c/c parágrafo único do art. 271). A doutrina tem entendido inconstitucional o condicionamento de prévio pagamento das multas para liberar o veículo, entretanto há que se fazer uma distinção, entendemos que se a multa transitou em julgado ou ainda o condutor cientificado deixou passar ao largo seu direito de defesa e contraditório, a multa de trânsito deve ser exigida.

A retirada dos veículos apreendidos é condicionada, ainda, ao reparo de qualquer componente ou equipamento obrigatório que não esteja em perfeito estado de funcionamento. Se o reparo demandar providência que não possa ser tomada no depósito, a autoridade responsável pela apreensão liberará o veículo para reparo, mediante autorização, assinalando-se ao condutor prazo para sua reapresentação e vistoria (§§ 3º e 4º do art. 262). Neste caso, mediante o recolhimento do certificado de licenciamento anual (CRLV/CLA), contra recibo (auto de exibição e apreensão, certificado de recolha ou recibo de recolhimento de documentos). A Resolução nº 14/1998 do Contran, estabelece os equipamentos obrigatórios para a frota de veículos em circulação.

Não se dará a retenção imediata, a critério do agente de trânsito, quando se tratar de veículo de transporte coletivo transportando passageiros ou veículo transportando produto perigoso ou perecível, desde que ofereça condições de segurança para a circulação em via pública (art. 270, § 5º). O mesmo se aplica, no caso de veículos sujeitos à apreensão, conforme o disposto no art. 4º da Resolução nº 53/1998 do Contran.

II – REMOÇÃO DO VEÍCULO (arts. 269, II e 271, do CTB) – É a ação de tirar o veículo de um lugar e colocar em outro, isto é, para o pátio de depósito, é o deslocamento do veículo por ordem da autoridade de trânsito ou seus agentes para local determinado e autorizado. É o ato ou efeito de remover, é a transferência do veículo de um local para outro, mor das vezes, ocorre quando o veículo encontra-se dificultando o trânsito, obstruindo-o ou oferecendo risco a segurança do trânsito. A finalidade da remoção é a segurança e a fluidez da via pública. As taxas e despesas relacionadas com a remoção e estadias será feita às expensas do proprietário do veículo. O serviço de remoção, guarda e estadia do veículo, poderá ser desempenhado pelo poder público ou pelo terceirizado/permissionário autorizado na forma prevista no art. 25 do Código. Importante esclarecer, que a remoção do veículo não deve ser feita de um local da via pública para outro simplesmente, isto é, transferência de posição ou lugar, devendo o veículo ser removido para local seguro e sob vigilância que é o pátio ou depósito; entretanto, se a situação exigir essa imediatividade de remoção (por alguns metros da via, para outra via, etc.), logo após, assim que possível, o veículo deverá ser removido ao pátio ou depósito, exceto se o proprietário apresentar-se no local antes desta providência com a documentação de propriedade do veículo em ordem e habilitado para dirigir. Ainda assim, as autuações correspondentes as infrações de trânsito devem ser lavradas.

Importante trazer a lume as disposições previstas no art. 7º da Portaria nº 1.344/1989 do Detran/SP, impondo que nenhum veículo poderá ser removido pelo permissionário se o condutor ou proprietário, devidamente habilitado, estando presente, se dispuser a fazê-lo de imediato. Mesmo que o procedimento já tiver sido iniciado, a presença do condutor ou proprietário que se dispuser a remover o veículo de imediato, suspenderá a ação do permissionário.

Não obstante, a presença do condutor ou proprietário não impedirá a remoção se o veículo já tiver sido movimentado do local da infração quando da sua chegada, se o condutor ou proprietário estiver portando carteira nacional de habilitação com exame médico vencido ou não forem habilitados e também não impedirá a remoção se o veículo tiver sido infracionado por não estar em condições adequadas de segurança para trafegar.

A remoção do veículo decorre da apreensão nos casos determinados pelo Código ou da retenção para regularização de situação que não possa ser sanada no local da infração.

III – RECOLHIMENTO DA CARTEIRA NACIONAL DE HABILITAÇÃO (art. 269, III e art. 272, do CTB) – As exceções que o Código autoriza a autoridade de trânsito, a autoridade policial, os seus agentes a recolher imediatamente a carteira de habilitação decorre da hipótese do condutor que estiver com o exame de aptidão física e mental vencido a mais de trinta dias (art. 162, V) e quando houver suspeita de sua inautenticidade ou adulteração (arts. 238 e 272). As demais infrações deverão ser procedidas de observância aos princípios constitucionais da ampla defesa e contraditório, (art. 5º, LV, da CF). Exemplo: Cassação da Permissão para Dirigir nos termos dos arts. 148, § 3º; 160; 261, § 1º. Neste caso, foi autuado e penalizado por infrações ao Código de Trânsito Brasileiro, cuja somatória de pontos atingiram o número de vinte pontos ou que cometeram infrações que por si só estabelecem diretamente a suspensão, independente da contagem de vinte pontos, etc. De registrar-se que nos casos destes exemplos, a competência para aplicação da penalidade é exclusivamente da autoridade de trânsito estadual (Diretor do Detran ou Diretor da Ciretran) em decisão motivada e fundamentada, observando-se o rito procedimental estabelecido na Portaria Detran/SP nº 1/2002.[56]

Por outro lado, a carteira de habilitação com suspeita de inautenticidade ou adulteração (arts. 238 e 272), deve e pode ser recolhida de pronto não só pela autoridade de trânsito como pela autoridade policial e seus agentes, devendo o investigado ser conduzido a Unidade Policial Civil da área para deliberação da autoridade policial e medidas de polícia judiciária. A retenção do documento de habilitação sem base legal pode constituir violação ao disposto na Lei federal nº 5.553/1968, sob pena de incidir no abuso de autoridade, sendo imperioso esclarecer, que a carteira nacional de habilitação somente terá validade para a condução de veículo quando apresentada em original (art. 159, § 5º, *caput* e a Resolução Contran nº 13/1998), e terá fé pública, equivalendo a documento de identidade em todo território nacional (art. 159, *caput*), tratando-se de documento de porte obrigatório quando o condutor estiver à direção do veículo (art. 159, § 1º)

Em que pese as argumentações expendidas, indispensável para melhor interpretação do instituto das medidas administrativas prevista no art. 269 do Código, principalmente no que tange ao Recolhimento da Carteira Nacional de Habilitação e do Recolhimento da Permissão para Dirigir, que se traga a lume a Deliberação Cetran nº 199,[57] de 6.10.2000, com o seguinte teor:

"O Código de Trânsito Brasileiro estabelece como uma das medidas administrativas, a retenção do documento de habilitação, em infração da qual possa resultar a suspensão do direito de dirigir.

Cabe à autoridade de trânsito, após processo regular, suspender o direito de dirigir (art. 272) de quem foi personagem de ato infracional (art. 280).

O recolhimento do documento pressupõe que será dado um recibo ao seu proprietário. O CTB é omisso, e cabe ao Contran regulamentá-lo, para que o condutor não seja impedido de dirigir.

Até que o Contran regulamente o recolhimento do documento (que se afigura de duvidosa constitucionalidade, face ao art. 5º, II, LV e LVII da Constituição Federal), os agentes referidos no art. 280 devem se abster de recolher documento de habilitação, mesmo porque, em tese, incorreriam em abuso de autoridade.

(Esta deliberação substitui a Deliberação nº 04/1998, por ter saído com incorreções)."

IV – RECOLHIMENTO DA PERMISSÃO PARA DIRIGIR (art. 269, IV e art. 148, §§ 3º e 4º, do CTB) – Tratando-se da Permissão para Dirigir, é aplicável sua apreensão imediata nos casos de suspeita de autenticidade ou adulteração e ainda por exame de aptidão física e mental vencida nos termos dos arts. 238, 272 e

---

56. Publicada no *DOE* nº 02, de 4.1.2002, p. 5.
57. Publicada no *DOE* nº 195 no dia 10.10.2000.

162, V do CTB, e Portaria nº 28/1999 do Denatran devendo ser enfatizado que as providências tendentes ao recolhimento da Permissão para Dirigir, pelo fato de, o condutor, no término de um ano, cometeu infrações de trânsito de natureza grave ou gravíssima ou seja reincidente em infração média, nos termos do art. 148, § 3º e § 4º, é ato indelegável da autoridade de trânsito, devendo ser revestido das formalidades legais.

De anotar-se, que a Permissão para Dirigir somente terá validade para condução de veículo quando apresentada em original (art. 159, § 5º e art. 1º, *caput*, da Resolução Contran nº 13/1998), tem fé pública equivalente a documento de identidade em todo território nacional (art. 159, *caput*), sendo documento de porte obrigatório quando o condutor estiver na direção de veículo (art. 159, § 1º).

De outra parte, as considerações anteriores relacionadas a Deliberação Cetran 199 de 6.10.2000 deve ser observada integralmente sob pena de responsabilidade penal administrativa e civil, isto é, o recolhimento da Permissão para Dirigir ou da Carteira Nacional de Habilitação, em decorrência de infração da qual possa resultar a suspensão do direito de dirigir, cabe a autoridade de trânsito (diretor do Detran/Ciretran) após processo administrativo regular, observando-se as disposições constitucionais.

A Portaria nº 28, de 8.3.1999 do Denatran, dispõe que para efeito de fiscalização fica concedida a mesma tolerância do inciso V do art. 162 do CTB (30 dias), do condutor portador da Permissão para Dirigir, contados da data do vencimento do referido documento.

V – RECOLHIMENTO DO CERTIFICADO DE REGISTRO – CRV – (arts. 269, V; 238; 273, I; 273, II; 240 e 243, do CTB) – Certificado de Registro de Veículo (CRLV), é o documento expedido pelo órgão executivo de trânsito dos Estados e Distrito Federal, através do qual comprova-se a propriedade do veículo, devendo obrigatoriamente, constar no Registro Nacional de Veículos Automotores (RENAVAN). Referido documento de propriedade de veículo automotor deverá constar as especificações técnicas mencionadas na Resolução Contran nº 16/1998, que alterou os anexos das Resoluções nºs 664/1986 e 766/1993 (Contran), implantando inclusive um dígito verificador no número de série do Certificado de Registro e Licenciamento – CRLV, os quais passaram a ter dez dígitos. Para o cálculo do dígito verificador será utilizado o módulo onze, com peso 2 a 9, voltando ao 2, a partir da mais baixa ordem, ou seja, da direita para a esquerda.

A aplicação da medida de recolhimento do certificado de registro pode dar-se preventivamente na hipótese de suspeita de inautenticidade ou adulteração fundado nos arts. 238 e 273, I, ou ainda se alienado o veículo não for transferida sua propriedade no prazo de trinta dias (art. 273, II) e complementar a autuação, quando o agente de trânsito constatar que o responsável deixou de promover a baixa do veículo irrecuperável ou definitivamente desmontado (art. 240) e por final, quando a empresa seguradora deixou de comunicar ao órgão executivo de trânsito competente a ocorrência de perda total de veículo e de lhe devolver as respectivas placas e documentos (art. 243). O recolhimento do certificado de registro de propriedade de veículo deve ser contra recibo (Auto de Exibição e Apreensão, Certificado de Recolha, Recibo de Apreensão de Documento, etc.).

VI – RECOLHIMENTO DO CERTIFICADO DE REGISTRO LICENCIAMENTO DE VEÍCULO (ANUAL) – CRLV (arts. 133; 238; 274, I; 230, V; 274, III; 240; 243; 270, §§ 2º e 3º) – Certificado de Registro e Licenciamento de Veículo (CRLV) é documento relacionado ao veículo, certificando que este está devidamente licenciado para o exercício de cada ano, uma vez que é renovável a cada ano após o pagamento de eventuais multas, taxas e emolumentos. Trata-se de documento de porte obrigatório art. 133 e art. 1º, inciso II da Resolução Contran nº 13/1998. Importa destacar que será aceito o CRLV pelo agente fiscalizador de trânsito no original ou cópia autenticada pela repartição de trânsito que o expediu (parte final do inciso II do art. 1º da Resolução nº 13/1998).

A medida administrativa do recolhimento do certificado de licenciamento anual, dar-se-á quando houver suspeita de sua autenticidade ou adulteração (arts. 238 e 274, I), o licenciamento estiver vencido (art. 230, V e 274, II do CTB c/c Portaria Detran/SP nº 947/1999, publicada no *DOE* 165 de 31.8.1999), o responsável deixou de promover a baixa do veículo irrecuperável ou definitivamente desmontado (art. 240 e art. 6º da Resolução nº 11/1998), a empresa seguradora deixou de comunicar ao órgão executivo de trânsito competente a ocorrência de perda total do veículo e de devolver as respectivas placas e documentos no prazo de quinze dias da conclusão do laudo (art. 243 e art. 6º Resolução nº 11/1998) ou ainda, ocorrer infração em que esteja prevista a medida de retenção do veículo por irregularidade que não possa ser sanada no local (arts. 270, § 2º e 274, III), ocasião em que o agente, verificando as condições do veículo e do condutor concederá prazo para a regularização, sendo devolvido ao condutor o documento, assim que o veículo seja apresentado à autoridade regularizado e com a falta sanada (art. 270, §§ 2º e 3º).

Considerando a importância do tema, objetivando dar uma visão global sobre o Recolhimento do Certificado de Registro e Licenciamento de Veículo (CRLV), pelos legitimados a adotarem essa providência, é indispensável a transcrição abaixo:

"PORTARIA DETRAN Nº 974, DE 26 DE AGOSTO DE 1999[58]

Estabelece procedimento administrativo específico para a expedição de novo Certificado de Registro e Licenciamento, na hipótese de recolhimento do antigo documento de circulação. Modificada pela Portaria Detran/SP nº 1.279 de 9 de setembro de 2003,[59] *que altera nomenclaturas de expressões técnicas contidas na Portaria Detran nº 974, de 1999, a qual estabelece procedimento administrativo específico para a expedição de novo certificado de registro e licenciamento – CRLV, na hipótese de recolhimento do antigo documento de circulação.*

O Delegado de Polícia Diretor do Departamento Estadual de Trânsito,

Considerando o que dispõem os arts. 262, § 1º, 270 e 274, inciso II, todos do Código de Trânsito Brasileiro e as manifestações contidas no Protocolado Detran nº 20083-2/98, inclusive da Divisão de Controle do Interior; e

---

58. Publicada no *DOE* nº 165 de 31.8.1999.
59. Publicada no *DOE* de 11.9.2003.

Considerando a necessidade de otimização dos serviços, melhoria na qualidade dos serviços executados e celeridade na execução das atividades administrativas do trânsito, resolve:

Art. 1º. O Comprovante de Recolhimento ou o Auto de Recolhimento de Documento, na hipótese de recolhimento do Certificado de Registro e Licenciamento de Veículo, poderá ser utilizado como documento comprobatório para a expedição de um novo Certificado de Licenciamento, independentemente do trâmite e prazo administrativo estabelecido para o encaminhamento daquele documento à unidade circunscricional de registro do veículo.

• *Caput com redação dada pelo art. 1º da Portaria Detran nº 1.279, de 9.9.2003.*

§ 1º. No comprovante de recolhimento ou no auto de recolhimento de documento deverão constar, obrigatória e necessariamente, os motivos determinantes, o dispositivo violado e a destinação do documento.

• *§ 1º com redação dada pelo art. 1º da Portaria Detran nº 1.279, de 9.9.2003.*

§ 2º. A faculdade prevista no *caput* deste artigo somente ocorrerá nos casos de falta de licenciamento, transferência e alterações cadastrais pessoais, vedada a utilização daqueles documentos para as hipóteses de mau estado de conservação, falta de equipamentos obrigatórios e demais situações que demandem a realização de vistoria, inclusive alteração de características.

Art. 2º. Recolhido o documento, deverá o agente da autoridade de trânsito encaminhá-lo à unidade circunscricional do local da atuação, independentemente do município de registro do veículo, para fins de anotação e bloqueio do cadastro.

• *Caput com redação dada pelo art. 1º da Portaria Detran nº 1.279, de 9.9.2003.*

§ 1º. Competirá à autoridade de trânsito do local da autuação encaminhar o Certificado de Registro e Licenciamento para o local de sua expedição no prazo máximo de 10 (dez) dias, contados de seu recebimento.

§ 2º. Sanadas as irregularidades e realizada vistoria específica no veículo, a autoridade de trânsito do local de registro do veículo ou do recolhimento poderá efetuar o desbloqueio do documento.

• *§ 2º com redação dada pelo art. 1º da Portaria Detran nº 1.279, de 9.9.2003.*

Art. 3º. Na hipótese de alteração de características; consoante determinação contida na Resolução Contran nº 25/1998, a autoridade de trânsito deverá proceder ao desbloqueio do documento mediante a apresentação do Certificado de Segurança Veicular – CSV, emitido por empresa credenciada pelo INMETRO.

Art. 4º. Serão exigidos, a depender de cada situação específica, todos os demais documentos constantes na rotina operacional estabelecida pelo Departamento Estadual de Trânsito.

Art. 5º. Esta Portaria entrará vigor na data de sua publicação, revogando-se as disposições em contrário."

Nota: A Portaria Detran/SP nº 1.279, de 9.9.2003, determinou em seu art. 2º: "Para conhecimento dos órgãos executivos de trânsito, consoante requerido pelo órgão autuador rodoviário estadual, integra esta Portaria anexo contendo modelo do auto de recolhimento de documento.". Em seu art. 3º, estabeleceu: "Ficam inalteradas as demais disposições contidas na Portaria Detran nº 974, de 1999.". O art. 4º da referida Portaria, determina que entrou em vigor na data de sua publicação, isto é, em 11 de setembro de 2003, *DOE* nº 172/2003. As alterações produzidas por essa Portaria (nº 1.279/2003), na Portaria Detran nº 974/1999, considerou a motivação ofertada pela polícia Militar Rodoviária do Estado de São Paulo, a teor do contido no Protocolo Detran nº 92512-8/2003, tendo por fulcro adaptar nomenclaturas de expressões técnicas contidas na Portaria Detran nº 974, de 1999, especificamente para a aplicação da medida administrativa de recolhimento do certificado de registro e licenciamento.

VII – (Vetado). Nota: O inciso VII do art. 269, tinha a seguinte redação: *"Realização de exames de aptidão física, mental, psicológica, de prática de primeiros socorros de direção veicular."*.

Razões do Veto: "a oposição de vetos as demais disposições que tratam do Exame Psicológico no presente projeto de Lei."

Importa destacar, que verificando-se o equívoco em relação ao veto presidencial, a Associação Nacional de Psicologia do Trânsito, bem como as Autoridades de Trânsito e os psicólogos em geral, manifestaram-se veementemente contra o veto presidencial, acabando por surgir, impelido pelo clamar geral, um novo projeto de lei, que foi sancionado no dia 21.1.1998 e publicada no *DOU* de 22.1.1998, a Lei nº 9.602/1998, refazendo e restabelecendo a obrigatoriedade do exame psicológico na primeira habilitação, como complemento do Exame de Aptidão Física e Mental.

Posteriormente, adveio a Lei nº 10.350/2001, publicada no *DOU* de 22.12.2001, que tornou obrigatório a realização de Exame Psicológico Periódico para os motoristas profissionais – aqueles que exercem atividade remunerada de veículo. O Detran/SP, publicou a Portaria nº 208/2002, no *DOE* 38, de 28.2.2002, p. 5, relacionada à Lei nº 10.350/2001, disciplinando o tema.

VIII – TRANSBORDO DO EXCESSO DE CARGA (arts. 269, VIII; 231, V e X; 275, do CTB) – Trata-se de baldeação, passagem da carga ou mercadorias de um veículo para outro. A carga pode estar com excesso de peso ou na capacidade de tração, em ambos os casos (excesso de peso nos eixos ou no peso bruto total – PTB), a autoridade poderá decretar o transbordo do excesso como condição para prosseguimento da viagem às expensas do proprietário do veículo, sem prejuízo da multa aplicável (arts. 231, X e 275). Não sendo possível desde logo atender a determinação de transbordo, o veículo será recolhido ao depósito, sendo liberado após sanada a irregularidade e pagas as despesas de remoção e estada (parágrafo único do art. 275). Regulamenta o art. 231, X, a Resolução Contran nº 49/1998, que disciplina a inscrição de dados técnicos em veículos de carga. A Resolução Contran nº 12/1998, estabelece os limites de peso e dimensões para os veículos que transitem por vias terrestres, limitando em 45 toneladas o peso bruto total por unidade ou combinação de veículo e em 10 toneladas o peso bruto por eixo isolado. O excesso de peso caracteriza multa correspondente a infração média, de 80 Ufir, acrescida a cada tirar 200 quilogramas ou fração de excesso de seiscentos quilogramas até cinco mil quilogramas, de 5 a 50 Ufir, conforme tabela específica (art. 231, V). A pesagem é aferida em equipamento estabelecido pelo Contran, o agente de trânsito constatando o excesso de peso no veículo além do percentual e tolerância admitido de 5%, deverá ser procedido o transbordo do excesso de carga.

IX – REALIZAÇÃO DE TESTE DE DOSAGEM DE ALCOOLEMIA OU PERÍCIA DE SUBSTÂNCIA ENTORPECENTE OU QUE DETERMINE DEPENDÊNCIA FÍSICA OU PSÍQUICA – A medida administrativa em comento, não está inserida nas infrações, inclusive ausente na direção do veículo sob a influência de álcool (art. 165), entretanto, é preciso destacar que esta medida administrativa tem relação com a dicção dos art. 276: *"A concentração de seis decigramas de álcool por litro de sangue comprova que o condutor se acha impedido de dirigir o veículo automotor".* A Resolução Contran nº 81/1998, disciplina o uso de medidores da alcoolemia e a pesquisa de substâncias entorpecentes no organismo humano de acordo com os arts. 165, 276 e 277 do CTB.

O Código estabelece no seu art. 277 que todo condutor de veículo automotor, envolvido em acidente de trânsito ou que for alvo de fiscalização de trânsito, sob suspeita de haver excedido os limites previstos na Resolução Contran nº 81/1998, será submetido a testes de alcoolemia, exames clínicos, perícia, ou outro exame que por meios técnicos ou científicos, em aparelho homologados pelo Contran, permitam certificar seu estado. Medida correspondente aplica-se no caso de suspeita de uso de substância tóxica ou de efeitos análogos.

No aspecto penal, independente da penalidade administrativa, importa destacar, que o condutor que dirigir veículo em via pública, sob a influência de álcool ou substâncias de efeitos análogos, expondo a dano potencial a incolumidade de outrem, viola também o art. 306 do Código de Trânsito Brasileiro, que tem a seguinte dicção: *"Conduzir veículo automotor, na via pública, sob a influência de álcool ou substância de efeitos análogos, expondo a dano potencial a incolumidade de outrem. Penas – detenção, de seis meses a três anos, multa e suspensão ou proibição de se obter a permissão ou a habilitação para dirigir veículo automotor."*.

Em que pesem as imposições do Código de Trânsito Brasileiro arts. 276, 277 e Resolução Contran nº 81/1998, o condutor suspeito de ter ingerido bebidas alcoólicas e encontrado na direção de veículo automotor, não está obrigado a submeter-se ao exame de dosagem alcoólica (extração sangüínea), entretanto havendo recusa, a autoridade policial poderá valer-se do exame clínico ou ainda na sua ausência, estas poderão ser supridas pela prova testemunhal (art. 167 do CPP). Os doutrinadores em sua maioria entendem que por força do disposto nos incisos, II, XLIX e LXIII, do art. 5º, da Constituição Federal e na Convenção Americana Sobre Direitos Humanos, conhecida como Pacto de São José da Costa Rica, art. 8º, "g", não estão obrigados a produzirem provas contra si. A título de ilustração, referido pacto do qual o Brasil é signatário entrou em vigor internacionalmente em 18.7.1978, tendo sido ratificado pelo Brasil em 25.9.1992. O Congresso Nacional aprovou o Decreto Legislativo nº 27, de 26.5.1992. Pelo Decreto do Poder Legislativo nº 678, de 6.11.1992, determinou-se o seu cumprimento no país.

Por final, resta acentuar que o bafômetro (Etilômetro), também não poderá ser imposto o seu uso ao condutor suspeito, salvo se este concordar, no caso de recusa, o condutor infrator deve ser conduzido à presença da autoridade policial que deliberará sobre os fatos e formando convicção verificará se o condutor concorda em submeter-se ao exame de dosagem alcoólica (extração sangüínea), havendo recusa, resta o exame clínico que não poderá ser recusado pelo investigado, ou na ausência deste, fundar os atos de polícia judiciária em prova testemunhal (art. 167, CPP). Para conhecimento integral da Resolução Contran nº 81/1998, que inclusive disciplina os testes de alcoolemia, transcrevo-a:

"RESOLUÇÃO CONTRAN Nº 81, DE 19 DE NOVEMBRO 1998[60]

Disciplina o uso de medidores da alcoolemia e a pesquisa de substâncias entorpecentes no organismo humano, estabelecendo os procedimentos a serem adotados pelas autoridades de trânsito e seus agentes.

O Conselho Nacional de Trânsito – Contran, usando da competência que lhe confere o art. 12, inciso I, da Lei nº 9.503, de 23 de setembro de 1997, que instituiu o Código de Trânsito Brasileiro, c/c seus arts. 165, 276, 277 e conforme o Decreto nº 2.327, de 23 de setembro de 1997, que trata da coordenação do Sistema Nacional de Trânsito, resolve:

Art. 1º. A comprovação de que o condutor se acha impedido de dirigir veículo automotor, sob suspeita de haver excedido os limites de seis decigramas de álcool por litro de sangue, ou de haver usado substância entorpecente, será confirmado com os seguintes procedimentos:

I – teste em aparelho de ar alveolar (bafômetro) com a concentração igual ou superior a 0, 3mg por litro de ar expelido dos pulmões;

II – exame clínico com laudo conclusivo e firmado pelo médico examinador da Polícia Judiciária;

III – exames realizados por laboratórios especializados indicados pelo órgão de trânsito competente ou pela Polícia Judiciária, em caso de uso da substância entorpecente, tóxica ou de efeitos análogos, de acordo com as características técnicas científicas.

Art. 2º. É obrigatória a realização do exame de alcoolemia para as vítimas fatais de trânsito.

Art. 3º. Ao condutor que conduzir veículo automotor, na via pública, sob influência do álcool ou substância de efeitos análogos, expondo a dano potencial a incolumidade de outrem, serão aplicadas as penas previstas no art. 306 do Código de Trânsito Brasileiro – CTB para os crimes em espécie, isto é, detenção, de seis meses a três anos, multa e suspensão ou proibição de obter a permissão ou a habilitação para dirigir veículo automotor.

---

60. Republicada no *DOU* de 25.11.1998, por ter saído com incorreção, do original, no *DOU* nº 223, de 20.11.1998, seção I, p. 24.

Art. 4º. Ao condutor de veículo automotor que infringir o disciplinado no artigo anterior, serão aplicadas as penalidades administrativas estabelecidas no art. 165, do Código de Trânsito Brasileiro – CTB, ou seja, multa (cinco vezes o valor correspondente a 180 UFIR) e suspensão do direito de dirigir.

Art. 5º. Os aparelhos sensores de ar alveolar serão aferidos por entidades indicadas pelo órgão máximo executivo de trânsito da União, que efetuará o seu registro, submetendo posteriormente à homologação do Contran.

(**Nota:** A Resolução Contran nº 109/1999, publicada no DOU de 6.1.2000, estabeleceu que a homologação de cada modelo de aparelho de ar alveolar (etilômetros, etilotestes ou bafômetros) de que trata este artigo, far-se-á mediante Portaria do Órgão Máximo Executivo de Trânsito da União).

Art. 6º. Os aparelhos sensores de ar alveolar em uso em todo território nacional terão o prazo de 180 (cento e oitenta) dias para aferição e registro no órgão máximo executivo de trânsito da União.

Art. 7º. Fica revogada a Resolução nº 52/1998-Contran.

Art. 8º. Esta Resolução entra em vigor da data da sua publicação."

X – RECOLHIMENTO DE ANIMAIS QUE SE ENCONTREM SOLTOS NAS VIAS E NA FAIXA DE DOMÍNIO DAS VIAS DE CIRCULAÇÃO, RESTITUINDO-OS AOS SEUS PROPRIETÁRIOS, APÓS O PAGAMENTO DE MULTAS E ENCARGOS DEVIDOS – Os animais isolados ou em grupos só podem circular nas vias quando conduzidos por um guia e para facilitar os deslocamentos, os rebanhos deverão ser divididos em grupos de tamanho moderado e separados uns dos outros por espaços suficientes para não obstruir o trânsito. Os animais que circularem pela pista de rolamento deverão ser mantidos junto ao bordo a pista (art. 53).

Para aplicação deste dispositivo, os órgãos de trânsito com circunscrição sobre a via deverão manter serviço de recolhimento e depósito de animais. Visando a segurança do trânsito. A restituição desses animais somente ocorrerá mediante o pagamento de multas, taxas e despesas com remoção e estada e outros encargos devidos previstos na legislação específica (art. 269, § 4º c/c art. 271). Os animais não reclamados por seus proprietários dentro do prazo de 90 dias, serão levados a hasta pública, deduzindo-se do valor arrecadado o montante da dívida relativa a multas, tributos e encargos legais, e o restante, se houver depositado à conta do ex-proprietário, na forma da lei: § 4º do art. 269 c/c art. 328.

XI – REALIZAÇÃO DE EXAMES DE APTIDÃO FÍSICA, MENTAL, DE LEGISLAÇÃO, DE PRÁTICA DE PRIMEIROS SOCORROS E DE DIREÇÃO VEICULAR – A medida administrativa em comento foi acrescentada pela Lei nº 9.602/1998 de 21.1.1998, publicada no DOU de 22.1.1998, posto que, o art. 149 do CTB, que disciplinava o exame psicológico e de aptidão física e mental, foi vetado. As infrações do Código não prevêem esta medida administrativa. No próprio Código outros dispositivos referem-se aos exames em questão.

O exame de aptidão física e mental será preliminar e renovável a cada 5 anos, ou a cada 3 anos para condutores com mais de 65 anos de idade, no local de residência ou domicílio (§ 2º do art. 147). Não obstante, este exame quando referente à primeira habilitação, incluirá a avaliação psicológica preliminar e complementar ao referido exame (§ 3º do art. 147).

Havendo indícios de deficiência física, mental, ou de progressividade de doença que possa diminuir a capacidade para conduzir o veículo, o prazo anteriormente mencionado poderá ser diminuído por proposta do perito examinador (§ 4º do art. 147). As Resoluções Contran nºs 51/1998 e 80/1998, dispõe sobre os exames de aptidão física e mental e os exames de avaliação psicológica de forma detalhada.

Quanto ao curso de direção defensiva e primeiros socorros, há previsão legal no art. 150 do Código de Trânsito Brasileiro, e o Conselho Nacional de trânsito (Contran), através da Resolução nº 50, de 21.5.1998, publicada no *Diário Oficial da União* em 22.5.1998, estabelece os procedimentos necessários para o processo de habilitação, relativas a aprendizagem, a autorização para conduzir ciclomotores e aos exames de habilitação. A Resolução nº 74/1998, regulamenta o credenciamento dos serviços de formação e processo de habilitação de condutores de veículos, revogando a Resolução nº 33/1998.

O art. 32 da Resolução Contran nº 50/1998, preconiza que todo condutor que não possua curso de direção defensiva e primeiros socorros, deverá fazer estes cursos com carga horária mínima de 8 horas aulas para direção defensiva, 6 para primeiros socorros, e 4 de proteção ao meio ambiente e cidadania, ministrado pelo Órgão Executivo de Trânsito ou entidades credenciadas, por ocasião da renovação da carteira nacional de habilitação.

Havendo cassação da Carteira Nacional de Habilitação, após decorrido o prazo de dois anos previsto no § 2º do art. 263 do Código de Trânsito Brasileiro, o condutor poderá requerer sua reabilitação, submetendo-se a todas as etapas previstas no processo de primeira habilitação, na mesma categoria que possuía à época da cassação.

A título de exemplo de cassação de documento de habilitação, destacamos o art. 160 do Código em seus parágrafos § 1º e § 2º que impõe como faculdade a autoridade executiva estadual de trânsito, assegurada ampla defesa ao condutor, em caso de condutor envolvido em acidente grave, poderá exigir que o condutor seja submetido a novos exames para voltar a dirigir de acordo com as normas estabelecidas pelo Contran. Neste caso, o condutor terá seu documento de habilitação apreendido até a sua aprovação nos exames realizados (art. 160, §§ 1º e 2º c/c art. 263 e Resolução Contran nº 50/1998).

| 002 |

> **Art. 162.** Dirigir veículo:
> **I –** sem possuir carteira nacional de habilitação ou Permissão para Dirigir;
> - **Amparo Legal** – art. 162, I (Adm.) e art. 309 (Penal) – CTB.
> - **Infração** – Gravíssima.
> - **Número de pontos** – 7 (Sete).
> - **Penalidade** – Multa (três vezes) e apreensão do veículo.
> - **Valor de cada multa** – R$ 191,54 – Resolução Contran nº 136/2002. Neste caso, R$ 191,54 x 3 = R$ 574,62. Trata-se de multa agravada com fator multiplicador de três vezes.
> - **Medida Administrativa** – Não há previsão.
> - **Código de Infração** – 501-0 (Denatran/Detran Resolução nº 66/1998). Corresponde ao art. 162, I, CTB.
> - **Competência** – Estado (Resolução Contran nº 66/1998).

FORMAS DE AUTORIZAÇÃO LEGAL PARA DIRIGIR VEÍCULOS AUTOMOTORES

Com o advento do **Código de Trânsito Brasileiro,** Lei nº 9.503 de 23 de Setembro de 1997, modificado pela Lei nº 9.602 de 21 de janeiro de 1998, o legislador implantou em todo território nacional duas formas de autorização legal para dirigir em via pública. O condutor deverá submeter-se a exames realizados pelo órgão executivo de trânsito. E quando aprovado, receberá a **Permissão para Dirigir (PPD)** com validade por um ano nos termos do § 2º do art. 148 CTB e Resolução Contran nº 71/1998, entretanto, não poderá o condutor cometer qualquer infração de trânsito de natureza grave, gravíssima ou ser reincidente em infração média, sob pena de não obtenção a **Carteira Nacional de Habilitação (CNH)**, prevista no art. 148, § 3º CTB, e ser obrigado a reiniciar todo o processo de habilitação por força do § 4º do art. 148 CTB. A **Permissão para Dirigir,** tem caráter obrigatório preliminar e precedente da Carteira Nacional de Habilitação. Obrigatoriamente todo condutor na primeira autorização legal para dirigir automotores, será contemplado com a **Permissão para Dirigir** nas categorias "A" ou "B" ou "AB", e conterá o mesmo modelo e especificações da **Carteira Nacional de Habilitação,** diferenciando-se apenas pela palavra **"Permissão"**.

Após o elastério temporal de um ano, observadas as formalidades legais, será conferida a **Carteira Nacional de Habilitação** (§§ 3º e 4º do art. 148, CTB), na categoria "B", nesse passo, gradativamente, poderá pleitear outras categorias, devendo o interessado realizar exames complementares exigidos na categoria pretendida (art. 146), além de observância de outros requisitos, dentre os quais o decurso do prazo, vale dizer, para habilitar-se na categoria "C", o condutor deverá estar habilitado no mínimo há um ano na categoria "B" e não ter cometido nenhuma infração grave ou gravíssima, ou ser reincidente em infrações médias durante os últimos doze meses (§ 1º do art. 143, CTB). Para habilitar-se nas categorias "D" e "E" ou para conduzir veículo de transporte coletivo de passageiros, de escolares, de emergência ou de produtos perigosos, o candidato deverá ter vinte e um anos, estar habilitado no mínimo há um ano na categoria "C". Quando pretender habilitar-se na categoria "E", não ter cometido nenhuma infração grave ou gravíssima ou ser reincidente em infrações médias durante os últimos doze meses e ser aprovado em curso especializado e curso de treinamento de prática veicular em situação de risco, nos termos da normatização do Contran, Resoluções nºs 50/1998 e 74/1998 (art. 145, CTB).

DISTINÇÃO ENTRE NÃO POSSUIR E NÃO PORTAR A PERMISSÃO PARA DIRIGIR OU CARTEIRA NACIONAL DE HABILITAÇÃO E FUNDAMENTAÇÃO LEGAL

• *Não possuir Permissão (PPD) ou Habilitação (CNH) – Aspecto administrativo*

A distinção está em que, a expressão *não possuir*, quer dizer, o condutor *não submeteu-se* aos exames teóricos e práticos de direção veicular junto aos órgãos de trânsito; portanto, não possui, não tem **Permissão para Dirigir** (PPD) ou **Carteira Nacional de Habilitação** (CNH), motivo pelo qual não está autorizado pela administração pública a dirigir qualquer espécie de veículo automotor em via pública. Ressalte-se que *dirigir veículo* é operar o mecanismo e controles do veículo; seguir determinado trajeto ou rumo, é movimentá-lo com o motor ligado, sendo indiferente se percorra ou não longo caminho ou distância pela via pública ou o manobre por curto espaço. A conduta dirigir, verifica-se quando o condutor é surpreendido na direção de veículo automotor, não importando se está iniciando ou terminando o trajeto ou manobra. O condutor surpreendido nessa condição, incide ao menos em tese, na tipificação da conduta estatuída no art. 162, I, CTB (penalidade administrativa), que impõe a penalidade de multa agravada com fator multiplicador de três vezes, tendo como classificação infração de natureza gravíssima, advindo ainda, a apreensão do veículo (art. 162, I, c/c arts. 256, IV e 262, § 1º, CTB). É de observar-se a primeira visada, que trata de multa agravada por força do art. 162, I c/c art. 258, § 2º do CTB, vez que, estabelece fator multiplicador triplo, isto é, o artigo em comento, logo após a palavra multa, traz entre parênteses a expressão "três vezes". No caso em tela, o valor da multa prevista por dirigir veículo *sem possuir Carteira Nacional de Habilitação ou Permissão para Dirigir*, será de R$ 574,61 – Resolução Contran nº 136/2002. **Nota:** A UFIR foi extinta, sendo congelada no valor de R$ 1,0641 pelo § 3º do art. 29 da Medida Provisória nº 1.973-69, de 21.12.2000, tendo sido a nº 2.176-79, de 23.8.2001 – sua última reedição.

• *Não portar a Permissão para Dirigir ou Carteira de Habilitação*

Não portar, é não trazer consigo; não trazer junto de si, é não estar a mão por qualquer motivo. Nessa situação o condutor é legalmente autorizado a dirigir através da **permissão** *ou* **habilitação,** entretanto não está portando a Permissão para Dirigir ou a Carteira Nacional de Habilitação.

ART. 162

A Permissão para Dirigir e a Carteira Nacional de Habilitação, por força da dicção do § 5º do art. 159 do Código de Trânsito, combinado com o inciso I do art. 1º da Resolução Contran nº 13/1998, serão válidos exclusivamente no original quando o condutor estiver na direção de veículo automotor. O descumprimento da imposição legal, acarreta a autuação prevista no art. 232 do Código, multa classificada de leve (art. 232 c/c art. 258, IV), punida com valor correspondente a R$ 53,20, anotando-se três pontos no prontuário do condutor para os fins de suspensão do direito de dirigir, se no prazo de um ano cometer outras infrações de trânsito atingindo vinte pontos (§ 1º, art. 261). Resta como medida administrativa a retenção do veículo até a apresentação do documento faltante, podendo culminar na apreensão do conduzido. A característica fundamental a ser invocada neste assunto é possuir o documento, entretanto não está portando. O condutor possui a permissão ou habilitação e não a tráz consigo.

* *Aspecto penal – Inabilitado – Não possuir Permissão ou Habilitação*

O condutor surpreendido na direção de veículo automotor sem possuir Permissão para Dirigir ou Carteira Nacional de Habilitação, gerando perigo de dano nos termos do art. 309 do CTB, deverá ser apresentado obrigatoriamente ao Delegado de Polícia Civil da área para providências própria de polícia judiciária, exceto se as circunstâncias do fato não permitir a apresentação. Entretanto, a comunicação da notícia é indispensável. Apresentado o condutor inabilitado a autoridade policial, ensejará a elaboração de **Termo Circunstanciado da Ocorrência**, conforme preconiza os arts. 61 e 69 da Lei nº 9.099/1995 – Lei dos Juizados Especiais Criminais – visando apuração de eventual crime previsto no art. 309 do CTB, isto é, dirigir veículo automotor em via pública, sem a devida permissão ou habilitação, ou ainda, se casado o direito de dirigir, gerando perigo de dano (o grifo é nosso). Entretanto, ausente o perigo de dano, restará, para a conduta do motorista que dirige veículo automotor em via pública na condição de inabilitado sem gerar o perigo de dano apenas a responsabilidade administrativa prevista no art. 162, I, do CTB. Na hipótese de caracterização do art. 309 do CTB, a conduta amolda-se a infração de menor potencial ofensivo, portanto, sujeitando-se às normas da Lei nº 9.099/1995 – Juizado Especial Criminal – Estas providências são independentes das administrativas (art. 162, I CTB), vez que as responsabilidades são simultâneas (§ 1º do art. 256).

CANDIDATO À PERMISSÃO PARA DIRIGIR VEÍCULO, ENCONTRADO DIRIGINDO DESACOMPANHADO DE INSTRUTOR – SITUAÇÃO DE INABILITADO

O candidato à Permissão para Dirigir veículo automotor que for encontrado dirigindo desacompanhado do respectivo instrutor, terá a licença para aprendizagem de direção veicular – LADV – cassada e só poderá obter nova licença decorridos 6 (seis) meses após a cassação (parágrafo único do art. 6º da Resolução Contran nº 50/1998). A autoridade de trânsito deverá oportunizar ampla defesa e fundamentar sua decisão através de procedimento administrativo, culminando pela publicação da penalidade na imprensa oficial. Casos mais comuns, advém quando o candidato à habilitação, devidamente matriculado para aprendizagem envolve-se em acidente de trânsito ou é interceptado na direção de veículo automotor em operações de bloqueio de trânsito (fiscalização).

Indispensável neste caso, a apresentação do condutor à autoridade policial, leia-se, o Delegado de Polícia da área onde ocorreu o fato para análise da situação fática, tipificação e deliberação. Não gerando a conduta do autor perigo de dano, constatando-se apenas a direção de veículo desautorizada, ocorrerá a violação do disposto no art. 162, I do CTB. Não obstante, gerando perigo de dano. Exemplo: envolve-se em acidente, dirigir em zigue-zague, subir na calçada, evadir-se da fiscalização, etc, neste caso, a conduta a ser atribuída ao condutor é a do art. 309 do CTB. A infração penal (art. 309 do CTB) é de competência do Juizado Especial Criminal (Lei nº 9.099/1995).

TRATORES E ASSEMELHADOS – HABILITAÇÃO LEGAL PARA CONDUZI-LOS EM VIA PÚBLICA

Inexiste qualquer dúvida diante da redação do art. 144 CTB, que o condutor de trator de roda, o trator de esteira misto ou equipamento automotor destinado a movimentação de cargas ou execução de trabalho agrícola, de terraplanagem, de construção ou de pavimentação só podem referidos veículos serem conduzidos na via pública por condutor devidamente habilitado. O art. 144 do Código estabelece que nessas condições. O tratorista deverá ser habilitado nas categorias "C", "D" ou "E" . De outra parte, o aplicador da legislação de trânsito não pode descurar-se da legislação esparsa, sob pena de violar direitos e a ordem jurídica, vez que, o assunto, também vem disciplinado pela Resolução Contran nº 67/1998, que altera, dilata o conteúdo do art. 144 do Código ao conceder prazo para regularização da habilitação dos condutores de veículo, que se refere o artigo em comento. A Resolução trouxe uma dilação temporal ao afirmar que os condutores de tratores e assemelhados terão prazo de 2 (dois) anos para regularizar sua habilitação podendo, neste caso, conduzir referidos veículos em via pública com habilitação na categoria "B". Isto quer dizer, que a data limite foi em 28 de setembro do ano 2000, vez que, a Resolução Contran nº 67/1998 foi publicada no *Diário Oficial da União* no dia 25 de Setembro de 1998 e retificada a data de 28 de Setembro de 1998. Vale ressaltar que nesse elastério temporal de dois anos, os condutores habilitados na categoria "B", estão autorizadas a dirigirem trator ou assemelhados enumerados no art. 144 do Código. Em suma, condutor inabilitado surpreendido dirigindo trator ou assemelhado (os do 144) em via pública, terão a conduta tipificada no art. 162, I do CTB, na esfera administrativa; caso a conduta acabe gerando perigo de dano a responsabilidade penal, será fundamentado no art. 309 CTB.

De outra parte, se o condutor dirigindo veículos previstos no art. 144, apenas com a Permissão para Dirigir, terá a conduta amoldada ao art. 162, III do CTB. Fato que também poderá caracterizar infração penal se gerar perigo de dano, nesse passo, necessária a apresentação do autor ao delegado de polícia da respectiva área para providências de polícia judiciária, conforme o caso.

ART. 162

Importa salientar, que o art. 115, § 4º do Código, ao tratar da identificação dos veículos, em relação a tratores e assemelhados preconiza que os aparelhos automotores destinados a puxar ou arrastar maquinaria de qualquer natureza ou a executar trabalhos agrícolas e de construção ou de construção ou de pavimentação são sujeitos, desde que lhes seja facultado transitar nas vias, ao registro e licenciamento da repartição competente, devendo receber numeração especial.

Não obstante, referidos veículos, apesar da faculdade do registro e licenciamento, não é prática comum junto aos órgãos de trânsito, não existindo até o presente momento regulamentação do assunto. Havendo a necessidade de trânsito, deverá ser conduzido por motorista devidamente habilitado na forma estabelecida pelo art. 144 do Código e Resolução Contran nº 67/1998, além do porte de cópia da nota fiscal autenticada ou do recibo particular de compra e venda, posto que, a medida facilitaria em caso de eventual acidente de trânsito na informação do proprietário/responsável, independente da identificação do tratorista ou operador. Entendemos ainda, de grande importância o proprietário manter documentos comprobatórios da origem do trator, principalmente nos casos de furto, roubo, apropriação indébita, estelionato, etc.

O trânsito dos veículos expressamente mencionado nos arts. 115 § 4º e 144 do CTB, principalmente nos grandes centros urbanos é desaconselhável na via pública em decorrência da grande movimentação de veículos automotores, o que conflita com os tratores e assemelhados que tem seu deslocamento lento e exige redobrada cautela por parte do condutor, causando com isso congestionamento ou acidentes. O trânsito desses veículos em via pública, devem ser aceitos somente em casos excepcionais, devendo na maioria das vezes serem transportados para o local de execução dos trabalhos diversos, como terraplanagem, construção e pavimentação, etc. O conhecimento das regras de trânsito, a capacitação, responsabilidade no manejo e execução das atividades do condutor na direção destes veículos são aspectos indispensáveis a serem considerados. Aliás, a preocupação do legislador verifica-se a primeira visada no art. 144 do Código.

Oportuno enfatizar, que no interior das propriedades privadas não é exigível que o condutor seja habilitado legalmente, não ocorrendo a violação do disposto no art. 162, I e art. 309 do CTB. Entretanto, não é despiciendo lembrar, que no caso de acidente com vítima, ainda que no interior da propriedade particular, o condutor e proprietário não poderão eximir-se da responsabilidade mesmo que a título de culpa, sendo que na maioria das vezes o empregador está ciente do transporte anormal de empregados e autoriza o tratorista a dirigir sem habilitação. Comumente é registrado acidentes fatais envolvendo condutor do trator em propriedades privadas, conduzindo pessoas sentadas no paralama do trator cuja conduta não oferece o mínimo de segurança. Referido veículo não é adequado ao transporte de passageiros sendo, extremamente perigoso, tratando-se de conduta que pode acarretar resultado lesivo previsível. O trânsito noturno é outro aspecto de incidência em acidente com tratores e assemelhados, normalmente, no trajeto e retorno do local das atividades à propriedade base, uma vez que, acoplados com algum instrumento agrícola estes ultrapassem a largura do trator e não possuem iluminação traseira ou lateral e quando existem, o sistema é precário. O legislador perdeu excelente oportunidade de restringir expressamente o trânsito de veículos nesta categoria (art.144) para somente durante o dia e pequenos trajetos no desempenho de atividades. É a busca do máximo de segurança em defesa da vida. Poderá ocorrer em caso de acidente a responsabilidade penal prevista nos arts. 302 ou 303 do CTB, conforme o caso.

| 003 |

Art. 162. Dirigir veículo:

II – com carteira nacional de habilitação ou Permissão para Dirigir cassada ou com suspensão do direito de dirigir;

- **Amparo Legal** – art. 162, II (Adm.) e art. 309 (Penal) – CTB.
- **Infração** – Gravíssima.
- **Número de pontos** – 7 (Sete).
- **Penalidade** – Multa (cinco vezes) e apreensão do veículo.
- **Valor de cada multa** – R$ 191,54 – Resolução Contran nº 136/2002. Neste caso, R$ 191,54 x 5 = R$ 957,70. Trata-se de multa agravada com fator multiplicador de cinco vezes.
- **Medida Administrativa** – Não há previsão.
- **Código de Infração** – 502-9 (Denatran/Detran Resolução nº 66/1998). Corresponde ao art. 162, II, CTB.
- **Competência** – Estado (Resolução Contran nº 66/1998).

Esta infração administrativa de trânsito, pressupões que o condutor do veículo seja possuidor da **Permissão para Dirigir** (PPD) ou da **Carteira Nacional de Habilitação** (CNH) e em decorrência de inobservância de regras técnicas de trânsito (art. 161 CTB), tenha o condutor sofrido punição de **suspensão do direito de dirigir** ou a **cassação da carteira nacional de habilitação**.

A **suspensão do direito de dirigir,** pode decorrer nos casos expressamente previstos no Código de trânsito, vale dizer, aplica-se aos condutores que dentro de doze meses, foram autuados e penalizados por infrações ao Código de Trânsito Brasileiro, cuja somatória de pontos atingiu o número de vinte ou mais pontos, (art. 259 e Resolução Contran nº 54/1998 art. 3º) ou cometeram infrações que por si só estabelecem diretamente a suspensão, independentemente da contagem de vinte pontos. A suspensão pode dar-se também por determinação judicial, como sanção imposta por sentença penal condenatória ou de forma cautelar no curso da investigação ou de ação penal (arts. 292 usque 294, CTB).

O prazo mínimo da suspensão será de um mês até o máximo de um ano. Havendo reincidência no período de doze meses o prazo mínimo será de seis meses até o máximo de dois anos (art. 261, caput). A Resolução nº 54/1998, dispõe sobre a penalidade de suspensão do direito de dirigir nos termos do art. 261 do Código, estabelecendo critérios para a dosagem da pena, que será de um a três meses para as penalidades aplicadas em razão de infrações para as quais **não sejam previstas**

ART. 162

multas agravadas (exemplo: três vezes, cinco vezes). De dois a sete meses para penalidades decorrentes de infrações *para as quais sejam previstas multas agravadas* com fator multiplicador de três vezes. Nos casos de infrações previstas com multas agravadas e o fator multiplicador for de cinco vezes, a suspensão dar-se-à pelo prazo de quatro a doze meses.

Havendo reincidência no período de doze meses os infratores ficarão sujeitos em razão de infrações para os quais *não sejam previstas multas agravadas* por seis a dez meses. Caso as infrações contenham multas agravadas com fator multiplicador de três vezes o período de suspensão será de oito a dezesseis meses. Entretanto, se as multas agravadas tiverem fator multiplicador de cinco vezes, a suspensão do direito de dirigir será de doze a vinte e quatro meses.

De outra parte, necessário salientar que o cômputo da pontuação referente às infrações de trânsito para os fins de aplicabilidade da penalidade de suspensão do direito de dirigir, terá a validade do período de doze meses (art. 3º Resolução Contran nº 54/1998). A contagem do período será computado sempre que o infrator for penalizado, retroativo aos últimos doze meses (§ 1º da Resolução Contran nº 54/1998).

Cumprida a penalidade e o curso de reciclagem, a carteira nacional de habilitação será devolvida imediatamente a seu titular.

A cassação da Carteira Nacional de Habilitação prevista no art. 263, é penalidade mais gravosa, mais severa e o infrator de trânsito somente poderá reavê-la submetendo-se a todos os exames necessários à habilitação, observando-se todas as etapas previstas no processo de primeira habilitação, na mesma categoria que possuía à época da cassação (art. 33 da Resolução Contran nº 50/1998).

A cassação da habilitação dar-se-á quando, suspenso o direito de dirigir, o infrator conduzir qualquer veículo. No caso de reincidência no prazo de doze meses, das infrações previstas no inciso III do art. 162 e nos arts. 163, 164, 165, 173, 174 e 175 ou quando condenado judicialmente por delito de trânsito e neste último caso, submetido a novos exames independentemente do recolhimento da prescrição em face da pena concretizada na sentença (art. 160).

As penalidades de suspensão do direito de dirigir e de cassação do documento de habilitação serão aplicadas por decisão fundamentada da autoridade de trânsito competente, em processo administrativo, assegurado ao infrator amplo direito de defesa (art. 265).

Condutor de veículo com Carteira Nacional de Habilitação ou Permissão para Dirigir cassada ou com a suspensão do direito de dirigir deverá ser encaminhado a unidade policial civil da área para registro do fato e conseqüente encaminhamento das peças elaboradas em torno a situação fática, independentemente de eventual responsabilidade penal à autoridade policial de trânsito, no caso, o delegado de polícia diretor de órgão executivo para as providências pertinentes à espécie.

Nessa modalidade de infração, já há decisão fundamentada e oficializada da administração pública que observou o trâmite legal do procedimento administrativo, dentre as quais a observância do princípio da ampla defesa, entretanto, o condutor desobedece a imposição da administração pública, sendo encontrado na direção de automotor. Não exige-se outra conduta a não ser a desobediência a decisão estabelecida, não há necessidade de conduta gerando perigo de dano, bastando o condutor com permissão ou habilitação cassada e dirigindo veículo em via pública para a tipificação da infração administrativa.

Aspecto importante a ser destacado é que esta infração tem punição de multa mais elevada que na direção de veículo sem possuir permissão ou carteira, entretanto, punida também com multa agravada, diferenciando-se no fator multiplicador de cinco vezes, além de ser comum entre elas a classificação de gravíssima, e ser computado sete pontos ao infrator e da apreensão do veículo. Quanto a competência, por força de Resolução Contran nº 66/1998, continua sendo do Estado e seu Código de infração (Denatran/Detran) para preenchimento do AIT é 502-9.

004

Art. 162. *Dirigir veículo:*

III – *com carteira nacional de habilitação ou Permissão para Dirigir de categoria diferente da do veículo que esteja conduzindo;*

- **Amparo Legal** – *art. 162, III (Adm.) e art. 309 (Penal) – CTB.*
- **Infração** – *Gravíssima.*
- **Número de pontos** – *7 (Sete).*
- **Penalidade** – *Multa (três vezes) e apreensão do veículo.*
- **Valor de cada multa** – *R$ 191,54 – Resolução Contran nº 136/2002. Neste caso, R$ 191,54 x 3 = R$ 574,62. Trata-se de multa agravada com fator multiplicador de três vezes.*
- **Medida Administrativa** – *Recolhimento do documento de habilitação (CNH ou PPD)*
- **– Nota:** *Penalidade a ser aplicada exclusivamente pela autoridade de trânsito, observado ou princípios da ampla defesa e contraditório nos termos do art. 5º, III, LV e LVII da CF, art. 265 do CTB e Deliberação nº 199/2000, do Cetran/SP, DOE nº 195 de 10.10.2000, p. 4.*
- **Código de Infração** – *503-7 (Denatran/Detran Resolução nº 66/1998). Corresponde ao art. 162, III, CTB.*
- **Competência** – *Estado (Resolução Contran nº 66/1998).*

CARACTERÍSTICA DA INFRAÇÃO

Caracteriza-se a infração de trânsito em comento, quando o condutor é surpreendido na direção de veículo automotor, dirigindo veículo de categoria diferente da Carteira Nacional de Habilitação que possui ou da Permissão para Dirigir. Ocorre que o motorista é habilitado ou possui Permissão para Dirigir, entretanto de categoria diferente ou com amplitude autorizativa de categoria inferior a imposição legal para o veículo que é surpreendido dirigindo. Exemplo: o condutor habilitado na categoria "B", não pode dirigir veículos nas categorias "C", "D", "E". De outra parte, o inverso é permitido a categoria superior é autorizativa para dirigir veículos de categorias inferiores, isto é, categoria precedentes. Exemplo: Motorista habilitado na categoria "E"' está autorizado a dirigir na categoria "D", "C", "B". De registrar-se, que entretanto não poderá dirigir veículos de categoria "A"(motocicletas, triciclos, etc.), a não ser que submeta-se a exames de trânsito específicos para essa categoria, sob pena de responder por dirigir veículo sem habilitação legal ou permissão na esfera administrativa e penal. O inverso também é exigido, vale dizer, condutor de veículo da categoria "A", não pode dirigir veículos nas categorias "B", "C", "D", "E", exceto nos casos em que é habilitado também nessas categorias (B, C, D, E). Trazemos a colação sobre o assunto o art. 146 do Código que disciplina a obrigatoriedade do condutor para dirigir veículo de outra categoria, deverá realizar exames complementares, exigidos para habilitação na categoria pretendida e regulamentado pelas Resoluções Contran nºs 50/1998 e 74/1998. Exemplo: categoria A/B.

Aduz-se por oportuno, que entre as categorias "B", "C", "D", "E", existe gradações que serão atingidas pelo condutor observando requisitos temporal e outros de ordem técnica expressamente exigidos pela legislação. Entre a categoria "A" e as outras categorias (B, C, D, E), existe diferencial de categoria e não gradação, superado somente se o candidato habilitar-se especificamente em cada categoria, isto é, categoria "A" ou categorias "B", "C", "D", "E".

CATEGORIAS DE HABILITAÇÃO

O Código de Trânsito Brasileiro, destaca expressamente as categorias para as quais poderá habilitar-se, após o período da **Permissão para Dirigir** (§§ 2º, 3º, 4º do art. 148 c/c Resoluções Contran nºs 71/1998 e 78/1998). Preceitua o art. 143 que os candidatos a direção de veículos poderão habilitar-se:

I – Categoria "A" – Condutor de veículo motorizado de duas ou três rodas, com ou sem carro lateral (exemplo: motocicletas).

II – Categoria "B" – Condutor de veículo motorizado, não abrangido pela categoria "A", cujo peso bruto total não exceda a três mil e quinhentos quilogramas e cuja lotação não exceda a oito lugares, excluído, o do motorista.

> **Nota** – *Submetido aos exames de trânsito e aprovado, o candidato receberá nos termos do art. 148, § 2º, a Permissão para Dirigir (PPD) com validade de um ano. Ao término de um ano, será conferida a Carteira Nacional de Habilitação, desde que o mesmo não tenha cometido nenhuma infração de natureza grave ou gravíssima ou seja reincidente em infração média (art. 148, § 3º c/c Resoluções Contran nºs 71/1998 e 78/1998). A não obtenção da Carteira Nacional de Habilitação tendo em vista a incapacidade de atendimento no mencionado anteriormente, isto é, tenha cometido infração de natureza grave ou gravíssima ou seja reincidente em infração média, obriga o candidato a reiniciar todo o processo de habilitação.*

III – Categoria "C" – Condutor de veículo motorizado utilizado no transporte de carga cujo peso bruto total exceda a três mil e quinhentos quilogramas.

> **Nota** – *Para habilitar-se na categoria "C", o condutor deverá estar habilitado no mínimo há um ano na categoria "B" e não ter cometido nenhuma in-*

fração grave ou gravíssima, ou ser reincidente em infrações médias, durante os últimos doze meses (§ 1º do art. 143).

IV – Categoria "D" – Condutor de veículo motorizado utilizado, no transporte de passageiros, cuja lotação exceda a oito lugares, excluído o do motorista.

V – Categoria "E" – Condutor de combinação de veículos em que a unidade tratora se enquadre nas categorias "B, "C" ou "D", cuja unidade acoplada, reboque, semi-reboque ou articulada, tenha seis mil quilogramas ou mais de peso bruto total, ou cuja lotação exceda a oito lugares, ou ainda, que seja enquadrado na categoria trailer. Aplica-se este comentário ao condutor da combinação de veículos com mais de uma unidade tracionada, independentemente da capacidade de tração ou do peso bruto total (§ 2º, art. 143).

Nota – Para habilitar-se nas categorias "D" e "E" ou para conduzir veículo de transporte coletivo de passageiros de escolares, de emergência ou de produto perigoso, o candidato deverá preencher os seguintes requisitos (art. 145):

I – ser maior de vinte e um anos;

II – estar habilitado no mínimo há dois anos na categoria "B", ou no mínimo há um ano na categoria "C", quando pretender habilitar-se na categoria "D", e no mínimo há um ano na categoria "C", quando pretender habilitar-se na categoria "E";

III – não ter cometido nenhuma infração grave ou gravíssima ou ser reincidente em infrações médias durante os últimos doze meses;

IV – ser aprovado em curso especializado e curso de treinamento de prática veicular em situação de risco, nos termos da normatização do Contran (Regulamentado pelas Resoluções nºs 55/1998, 57/1998 e 74/1998).

MODELO, VALIDADE, ESPECIFICAÇÕES DA PERMISSÃO PARA DIRIGIR

A Permissão para Dirigir (PPD), instituída pelo Código de Trânsito, será expedida no mesmo modelo e especificações da carteira nacional de habilitação, diferenciando-se apenas na palavra *"permissão"*. Sua expedição dar-se-á somente no ato da primeira habilitação, e nas categorias "A" ou "B" ou "AB" (art. 3º e parágrafo único das Resoluções Contran nºs 71/1998 e 765/1993).

A permissão será expedida ao candidato aprovado nos exames de direção veicular preliminarmente à carteira de habilitação, com validade de um ano (art. 148, § 2º e Resolução Contran nº 71/1998, art. 3º, § 1º, "a"), ao seu término (de um ano), se o condutor não tiver cometido nenhuma infração de natureza grave ou gravíssima ou seja reincidente em infração média (art. 148, §§ 2º e 3º c/c Resolução Contran nº 71/1998). O não atendimento a esses requisitos obriga o condutor a reiniciar todo o processo de habilitação (§ 4º do art. 148), isto é após o trâmite do processo administrativo sob a luz do contraditório e da ampla defesa, em decisão motivada da autoridade de trânsito, a Permissão para Dirigir é apreendida fisicamente e a partir daí, o permissionário, para voltar a dirigir tem que submeter-se a novos exames de trânsito (teórico e prático).

ART. 162

De registrar-se por oportuno, que a **Permissão para Dirigir (PPD)**, após o vencimento tem eficácia temporal de trinta dias, a mesma estabelecida para a Carteira Nacional de Habilitação no art. 162, inciso V do CTB, vez que o Departamento Nacional de Trânsito (Detran) publicou no DOU de 9.3.1998, a Portaria nº 28, estendendo a mesma tolerância (do art. 162, V, CTB) para efeito de fiscalização, ao condutor portador da Permissão para Dirigir, contados da data do vencimento do referido documento, vale dizer, à validade da permissão que é de um ano (art. 148, § 2º e Resolução Contran nº 71/1998, art. 3º, § 1º, letra "a"), adiciona-se 01 (um) mês após o vencimento (Portaria DENATRAM nº 28/1998), teremos de eficácia temporal limitada, um ano e um mês. Somente após esse elastério temporal é que será considerada vencida a Permissão para Dirigir.

CATEGORIA DE HABILITAÇÃO DO CONDUTOR DE CARGAS PERIGOSAS E O CURSO DE TREINAMENTO ESPECÍFICO E COMPLEMENTAR

A Resolução nº 404/1968, classifica a periculosidade das mercadorias a serem transportadas, por veículos automotores (explosivos, gases, líquidos, inflamáveis, substâncias venenosas, rodoviárias, corrosivos, etc.) que por força do art. 145 do Código de Trânsito Brasileiro. O condutor deverá habilitar-se nas categorias "D" ou "E", ser maior de vinte e um anos e aprovado em curso especializado e curso de treinamento de prática veicular em situação de risco (inciso IV do art. 145, CTB), nos termos da normatização do Contran, atualmente regulamentado pelas Resoluções Contran nºs 55/1998, 57/1998 e 74/1998.

Os cursos de treinamento específico e complementar para condutores de veículos rodoviários transportadores de produtos perigosos é disciplinado pela Resolução Contran nº 91/1999, sendo destinado ao condutor que deseja habilitar-se a conduzir veículos para transportar produtos perigosos ou para a renovação do seu certificado do curso de treinamento específico.

Importa destacar, que os cursos mencionados serão ministrados por órgão ou entidade executivo rodoviário da *União* ou Instituições vinculadas ao *Sistema Nacional de Formação de Mão-de-Obra* nas modalidades de ensino a distância e/ou de ensino regular, e estabelecimentos ou empresas legalmente instalados na forma da legislação local e cujo funcionamento tenha sido autorizado pelo órgão ou entidade executivo trânsito do *Estado* ou do *Distrito Federal,* apenas na modalidade de ensino regular.

As instituições, em funcionamento, vinculadas ao *Sistema Nacional de Formação de mão-de-obra* ou empresas e os estabelecimentos autorizados pelo órgão ou entidade executivo de trânsito do *Estado* ou do *Distrito Federal* deverão ser recadastrados até 1º de outubro de 1999, com posterior renovação a cada dois anos.

O condutor deverá comprovar sua participação em curso de treinamento específico para transporte de produtos perigosos mediante certificado atualizado. O órgão máximo executivo de trânsito da União, por meio de portaria, estabelecerá o modelo, as especificações técnicas de confecção e as instruções de preenchimento do certificado mencionado anteriormente. Por final, o certificado emitido antes da publicação da Resolução Contran nº 91/1999, terá validade até 1º de abril de

2005, ocasião em que o condutor deverá requerer sua renovação. O condutor de veículo de Produtos Perigosos, além da CNH, deverá trazer consigo o Certificado do Curso – MOPP – Movimentação de Produtos Perigosos – Este curso poderá ser realizado através de entidade registrada no Conselho Nacional de Mão-de-Obra: SENAI, SENAT, SENAC, etc. Os agentes públicos de trânsito, deparando com condutor habilitado na categoria do veículo que dirige, entretanto, apesar de habilitado, não comprovar ou exibir o **Certificado MOPP**, isto é não atestar que recebeu treinamento previsto na Resolução nº 91/1999, deverá ser autuado nos termos do art. 32 do CTB, combinado com os arts. 161, 145 inciso IV do CTB e Resolução Contran nº 91/1999.

Importa acentuar, que o condutor e proprietário de veículo de transporte de produtos perigosos, fica sujeito as penalidades próprias elencadas na Portaria Denatran nº 38/1998 e Decreto nº 96.044 de 18 de maio de 1998, sem prejuízo das previstas no Código de Trânsito Brasileiro.

VEÍCULOS DENOMINADOS "TRENZINHO" COM UMA UNIDADE ACOPLADA OU MAIS

O veículo denominado "trenzinho", isto é, descaracterizados de sua forma e finalidade, mas acoplado com um reboque e utilizado no transporte coletivo de crianças em passeios pela via pública, o condutor deve ser habilitado na categoria "D", por força do disposto no inciso IV do art. 143 do CTB. Entretanto, se a combinação estiver conectado a mais de uma unidade tracionada, independente da capacidade de tração (categoria "B", "C", "D") ou com peso bruto total (reboque, semi-reboque ou articulado, inferior a 6.000 quilos) o condutor deve possuir Carteira Nacional de Habilitação na categoria "E", consoante preconiza o § 2º do art. 143 do Código de Trânsito Brasileiro.

Condutor habilitado em categorias inferiores às mencionadas nos exemplos anteriores, viola, sem dúvida o art. 162, III do CTB – "Dirigir veículo com a Carteira Nacional de Habilitação ou Permissão para Dirigir de categoria diferente a do veículo que esteja conduzindo". Para dirigir veículos de outra categoria o condutor deverá realizar exames complementares exigidos para habilitação na categoria pretendida (Resoluções nºs 50/1998 e 74/1998).

TÁXI – CATEGORIA NA CARTEIRA NACIONAL DE HABILITAÇÃO E COMPETÊNCIA PARA EXPEDIÇÃO DE ALVARÁ

Exercendo a atividade de condutor autônomo de passageiros em veículo de aluguel (táxi), vale dizer, para conduzir veículo de aluguel destinado ao transporte individual de passageiros, o condutor poderá possuir habilitação na categoria "B", que significa, o condutor de veículo motorizado, não abrangido pela categoria "A" (veículos de duas ou três rodas, exemplo: motocicleta) cujo peso bruto total não exceda a três mil e quinhentos (3.500) quilogramas e cuja lotação não exceda a oito (8) lugares, excluído o do motorista (art. 143, II).

ART. 162

Para o registro, licenciamento e respectivo emplacamento de característica comercial, deverá estar devidamente autorizado pelo poder público concedente (art. 135). Além das exigências previstas no Código de Trânsito Brasileiro, deverá satisfazer às condições técnicas e aos requisitos de segurança, higiene e conforto estabelecidos pelo poder competente, para autorizar, permitir ou conceder a exploração dessa atividade (art. 107).

Nessa perspectiva, importa destacar, outrossim, que o Detran/SP, através da **Divisão de Controle do Interior**, manifestou-se no caso de Transporte Remunerado de Passageiros, através do Comunicado nº 38/2000, no DOE de nº 163 de 24.8.2000:

"Quando a proprietário pretender o registro de veículo ou licenciamento na categoria aluguel, 'torna-se obrigatório que o interessado comprove a prévia e efetiva autorização do poder público concedente, nos termos e conforme menção do art. 135 do CTB'. Apresentação de Alvará expedido pelos órgãos responsáveis pela concessão ou permissão para o transporte remunerado. Os órgãos competentes para a expedição do Alvará são os municipais, DER e DNER."

CONDUÇÃO DE CICLOMOTORES

Com o avento da Resolução Contran nº 50/1998, que estabelece os procedimentos necessários para o processo de habilitação, normas relativas à aprendizagem, *Autorização Para Conduzir Ciclomotores,* e os exames de habilitação conforme dispões os arts. 141, 142, 148, 150, 158 e 263, do Código de Trânsito Brasileiro, criou-se no país grande expectativa entre adolescentes de 14 a 17 anos a possibilidade de conduzirem legalmente ciclomotores de acordo com o art. 11 da Resolução em comento, exigindo apenas fossem aprovados nos exames, bastando que soubessem ler e escrever, cabendo aos Conselhos de Trânsito das Unidades da Federação (Cetran) regulamentarem nas suas respectivas jurisdições a autorização para conduzir ciclomotores, além de outras providências que entendessem necessárias. Caberia ainda aos **Cetran's,** estabelecerem os valores das multas cometidas pelos condutores na direção do ciclomotor condicionada à prévia homologação pelo Conselho Nacional de Trânsito. O Cetran/SP, desde o primeiro momento mostrou-se responsável e rigoroso nessa empreitada através de seu presidente *Adilson Toniolo,* Delegado de Polícia que tivemos a honra de conhecer, quando de nossa passagem pela 13ª Ciretran (Piracicaba/SP). O Conselho Estadual de Trânsito/SP, ao que consta exigiria que os adolescentes, além de submeterem-se a exames semelhantes aos necessário para obter a permissão ou habilitação, teriam necessidade de autorização dos pais ou responsáveis por escrito, com inclusão no documento de um termo de responsabilidade pelos danos ocasionados pelo adolescente. A autorização seria concedida somente para a condução de ciclomotores com motor de, no máximo 50 (cinqüenta) cilindradas que atinjam velocidade máxima de 50 quilômetros por hora.

Em que pese a substanciosa argumentação desenvolvida por aqueles que eram favoráveis a autorização para conduzir ciclomotores, aos adolescentes entre 14 e

17 anos, a intenção não prosperou, uma vez que, o *Conselho Nacional de Trânsito* (Contran), em decorrência do clima de intranqüilidade que pairou sobre a sociedade e os meios de comunicação, além de inúmeras consultas por parte de órgão de trânsito em geral, autoridades e operadores do direito, questionando, a legalidade do preconizado no art. 11 da Resolução Contran nº 50/1998, em especial no que tange a inimputabilidade do adolescente, na importância da preservação da vida e da integridade física dos jovens, o Contran *alterou a redação do art. 10 da Resolução mencionada* (nº *50/1998) e revogou os arts. 11 e 13, através da deliberação Contran nº 4, de 5 de fevereiro de 1999, publicada no Diário Oficial da União no dia 8 de fevereiro de 1999,* ressaltando e estando em vigor no momento que a habilitação para conduzir veículo automotor e a autorização para conduzir ciclomotores, serão apuradas por meio de realização dos cursos e exames previstos na própria resolução Contran nº 50/1998, requeridos pelo candidato que sabe ler e escrever e seja *plenamente imputável* e mediante apresentação da prova de identidade reconhecida pela legislação federal. De outra parte, a título de lembrança, a Constituição Federal de 1988, estabelece no art. 228, que são penalmente inimputáveis os menores de dezoito anos, que são sujeitos à normas de legislação especial, vale dizer, Lei nº 8.069 – Estatuto da Criança e do Adolescente. Na verdade, esse artigo da Carta Maior repete o artigo infraconstitucional lançado no art. 27 do Código Penal, corroborado pelo Estatuto mencionado em seu art. 104. Os adeptos da posição favorável investem contra o art. 27 do Código Penal, em síntese, aduzem que quando o Código Penal previu a idade de dezoito anos para a responsabilização do infrator perante a sociedade, fundou-se no desenvolvimento biopsicossocial da época, e os adolescentes, isto é, os menores de dezoito anos levavam mais tempo a amadurecer estariam em fase de desenvolvimento, o que não se justificaria mais nos dias atuais diante da carga de informação diária que recebem pelos meios de comunicação, além da Constituição da República permitir que maiores de 16 anos votem (art. 14, § 1º, II, "c"), o que justifica ser desnecessário manter a inimputabilidade nesse patamar. Outros se apegam a necessidade de se ajustar a lei à realidade social. Não obstante as argumentações a favor da redução da imputabilidade, existem outras esgrimidas que estribam-se no receio de mandar para o cárcere os adolescentes eventualmente condenados, mormente diante do quadro do sistema prisional existente hoje em todo o território brasileiro, notadamente nas cadeias públicas. Referida posição, também é constatada diante do arcabouço de leis em vigor, a exemplo das Leis nºs 9.099/1995 e 9.714/1998, que combatem a pena de prisão.

DOCUMENTOS EXIGIDOS PARA DIREÇÃO DE CICLOMOTOR EM VIA PÚBLICA

Diante da necessidade de regulamentar o assunto, o Contran manifestou-se através da Resolução nº 98, de 14 de julho de 1999, publicada no *DOU* de 15.7.1999, acrescendo parágrafos aos arts. 10 e 30 da Resolução nº 50/1998, esta última também de sua lavra, determinando que para a *circulação de ciclomotores no território nacional é obrigatório o porte da Autorização ou da Carteira Nacional de Habilitação categoria "A"* (condutor de veículo motorizado de duas ou três rodas, com ou sem carro lateral – art. 143, I, CTB).

ART. 162

Quanto ao cidadão brasileiro habilitado à condução de veículo automotor em país estrangeiro amparado por acordos ou convenções internacionais, retificados e aprovados pelo Brasil, desde que penalmente imputável no Brasil, está autorizado a dirigir no território nacional, conforme respectivo acordo, e poderá requerer a Carteira Nacional de Habilitação ao diretor do órgão executivo do Estado ou do Distrito Federal, mediante registro do seu domicílio ou residência, juntando a tradução oficial do documento original de habilitação, sujeitando-se aos exames de sanidade física e mental de avaliação psicológica.

Por final, no Brasil, a condução de ciclomotor está condicionada a idade mínima de dezoito anos, uma vez, que a *Autorização Para Conduzir Ciclomotores* somente é expedida pelos órgãos executivos de trânsito após comprovação deste requisito, o mesmo em relação a *Carteira Nacional de Habilitação categoria "A"*.

LEI ESTADUAL QUE CONCEDIA AUTORIZAÇÃO PARA MAIORES DE (16) DEZESSEIS ANOS DE IDADE DIRIGIR VEÍCULOS, DESDE QUE OBTIVESSE AUTORIZAÇÃO JUDICIAL – INCONSTITUCIONALIDADE

A título de ilustração, mencionamos que a assembléia do Rio de Janeiro aprovou e o governador da época, sancionou a Lei nº 1.682, em vigor a partir de 21.7.1990, autorizando menores de dezoito anos a dirigirem veículos, desde que obtivessem autorização judicial. Na época, o presidente do Conselho Nacional de Trânsito (Contran) avisou que suspenderia a emissão das carteiras de motoristas daquele estado se o Departamento Estadual de Trânsito (Detran/RJ) concedesse habilitação a menores de dezoito ano (*Folha de São Paulo*, 22.7.1990). O argumento estribou-se na inconstitucionalidade da lei, uma vez que, cabe privativamente a União legislar sobre a matéria de trânsito (art. 22, XI da CF).

PROIBIÇÃO DE CONDUÇÃO DE VEÍCULO AUTOMOTOR AOS MAIORES DE 16 ANOS DE IDADE – INCONSTITUCIONALIDADE MESMO EM FACE DE ARTIGO AUTORIZATIVO DE CONSTITUIÇÃO ESTADUAL

O Ministro Sydnei Sanches, do STF, na ADIN nº 532, j. em 5.8.1998, entendeu inconstitucional o art. 158, parágrafo único, da Constituição do Estado do Rio Grande do Norte, que permitia a condução de veículo automotor a maiores de dezesseis anos de idade.[61]

MAGISTRADOS NÃO DEVEM E NÃO PODEM REGULAMENTAR ASSUNTOS DE TRÂNSITO

Parecer aprovado por unanimidade relatado pelo conselheiro Danilo Rosin, no dia 9 de março de 1996 e publicado no *DOE* nº 52 de 19.3.1996 do *Conselho Estadual de Trânsito* (Cetran/SP), defende a interpretação dos órgãos de trânsito,

---

61. *Informativo do STF*, 117:3, Brasília, 12.8.1998.

Contran e Detran's da Federação, que determinam a condução de ciclomotores por maiores de dezoito anos. Cita também a manifestação da douta corregedoria do Tribunal de Justiça do Estado de São Paulo, pelo parecer nº CG 26.573/84, onde esclarece que os magistrados não devem e não podem regulamentar assuntos pertinentes ao trânsito.

PORTARIAS JUDICIAIS AUTORIZANDO MENORES DE DEZOITO ANOS A DIRIGIREM CICLOMOTORES OU OUTROS TIPOS DE VEÍCULOS AUTOMOTORES

Não tem efeito legal, portarias judiciais autorizando menores de dezoito anos a dirigir ciclomotores ou outros tipos de veículos automotores, vez que, o Estatuto da Criança e do Adolescente, não prevê a condução de veículos automotores.

A Corregedoria Geral de Justiça do Estado de São Paulo recomendou aos MM. Juízes de direito da infância e da juventude deste Estado, para não baixarem portarias autorizando menores de dezoito anos a dirigir veículos, fundamentando que aquele Estatuto limita matérias de competência desses juízes e que a condução de veículos não está entre elas incluídas, por ser de competência do poder executivo legislar sobre veículos automotores e habilitações de condutores, inclusive de ciclomotores. Consoante Ofício Circular nº 339/1992 – CG JESP/I.N nº 3/1993 – Detran/SP.

CRIANÇA E ADOLESCENTE NÃO ESTÃO AUTORIZADOS A DIRIGIR CICLOMOTORES

Conclui-se portanto, notadamente com a deliberação nº 4, de 5 de fevereiro de 1999, do Departamento Nacional de Trânsito, publicada no *Diário Oficial da União* no dia 8 de fevereiro de 1999 e Resolução Contran nº 89 de 14 de julho de 1999, que acresceu parágrafos aos arts. 10 e 30 da Resolução nº 50/1998, que criança ou adolescente não podem dirigir ciclomotores em via pública e a autorização para conduzi-los será concedida às pessoas maiores de dezoito anos após submeterem-se a cursos e exames. Os órgão acometidos da expedição nos estados estão a cargo do Detran ou Ciretran, com observância de cautelas legais, conforme modelo inserido no Anexo I da Resolução Contran nº 50/1998. Portanto, revogada a Resolução nº 657 e os dispositivos que tratam dos ciclomotores na Resolução Contran nº 734/1989, no que for incompatível com a Resolução nº 50/1998.

CATEGORIAS DE HABILITAÇÃO PARA VEÍCULOS JOG – PRODUZIDOS PELA YAMAHA E SCOOTER AE-50 PRODUZIDOS PELA SUZUKI – DELIBERAÇÃO 94/1995 – CETRAN/SP

Para a direção em via pública dos veículos denominados JOG – produzidos pela Yamaha e Scooter AE –50, produzidos pela Suzuki, o condutor deverá ser habilitado na categoria "A" (condutor de veículo motorizado de duas ou três rodas, com ou sem carro lateral) – art. 143, I CTB e art. 27, § 3º da Resolução Contran nº 50/1998, combinado com a Deliberação nº 94/1995 do Cetran, vez que esta última (Deliberação) determina que os veículos JOG e SCOOTER não sejam registrados e licenciados como ciclomotores e que seus condutores deverão portar a habilitação correspondente – categoria "A" (Deliberação Cetran/SP publicada no *DOE*/SP, nº 122, de 29.6.1995, p. 2.)

Os veículos de duas rodas JOG da Yamaha e o Scooter da Suzuki atingem velocidade superior a 50 km/h, motivo que foram alçados a similares de motocicleta. Condutor surpreendido dirigindo os veículos acima mencionados com carteira de habilitação diferente da categoria "A", (B, C, D, E) cometem a infração de trânsito do art. 162, III CTB, e não possuir permissão ou habilitação o enquadramento será o art. 162, I, CTB.

PARECER DO CETRAN SOBRE CICLOMOTORES

O Cetran/SP, através da ata da 54ª Sessão Extraordinária, realizada em 30.11.1998, publicada no *DOE* nº 236, de 12.12.1998, através do Conselheiro Danilo Rosin, manifestou-se no sentido da necessária adoção das seguintes providências e procedimentos:

1. Revogação da deliberação 94/1995 do Cetran (*DOE* 29.6.1995), adotando-se como definição para ciclomotor aquela que consta no Anexo I do Código de Trânsito Brasileiro aprovado pela Lei Federal nº 9.503, de 23 de setembro de 1997.

2. Retificação da decisão Cetran/SP, publicada no *DOE*/SP de 12 de setembro de 1998 em resposta a consulta formulada pela 92ª Ciretran, por meio do Ofício nº 358/1998, para que os condutores de ciclomotor, que ao serem fiscalizados e não apresentarem a autorização para conduzir ciclomotor, deverão ser autuados com base no art. 232 do CTB e não como constou anteriormente.

PARECER DO CETRAN
ACERCA DA NECESSIDADE EM SE EXIGIR CNH
PARA CONDUÇÃO DO CICLOMOTOR JOG

Apresentação de parecer do Conselheiro Manoel Messias Barbosa para o Correio eletrônico de 24.9.2002. Int.: Diretor da Ciretran de Marília. Assunto: questiona acerca da necessidade em se exigir CNH para condução do ciclomotor Jog. O parecer foi aprovado à unanimidade dos votos. Transcrição: "O Diretor da Ciretran de Marília, via sistema de mensagem eletrônica, indaga quanto à exigência da carteira nacional de habilitação para a condução de ciclomotores, em especial os veículos modelo "Jog", fabricado pela Yamaha. Faz citação da Deliberação Cetran nº 94/1995. Eis o exato teor do assunto. A matéria comporta breve digressão legislativa, essencial para a sua compreensão e demonstração da iniciativa deste Conselho de Trânsito. O Código de Trânsito Brasileiro, ao estabelecer classificação específica para a condução de veículos, em suas diversas matizes, dispôs que a categoria "A" destina-se à condução de veículo motorizado de duas ou três rodas, com ou sem carro lateral (cf. art. 143, I), levando a crer para a imediata inclusão dos ciclomotores, também definido conceitualmente como veículo (cf. n° 2 da letra "a" do inciso II do art. 96). Impôs registro deste veículo, a cargo do órgão executivo municipal de trânsito, responsável pela expedição de sua licença anual de circulação (cf. inciso XVII do art. 24), situação que nos presume exigir prévia identificação veicular, imposto pelo art. 114, além do respectivo emplacamento e lacração, agora nos termos do art. 115, todos do mesmo ordenamento de trânsito. Na realidade, salvo engano, desconhecemos iniciativa dos municípios em regular a matéria ou assumir suas responsabilidades, agindo o órgão executivo estadual de trânsito de forma suplementar, especialmente para evitar irregularidades relativas ao tráfego dos ciclomotores. Entende-se como ciclomotor, no esteio de definição expressa do CTB (Anexo I), o veículo de duas ou três rodas, provido de um motor de combustão interna, cuja cilindrada não exceda a cinqüenta centímetros cúbicos (3,05 polegadas cúbicas) e cuja velocidade máxima de fabricação não exceda a cinqüenta quilômetros por hora. Vislumbrando regulamentação específica, o Conselho Nacional de Trânsito, em face de sua competência originária, fez editar a Resolução Contran n° 50, de 21 de maio de 1998, a qual, em seu princípio, previa a criação de uma autorização especial para a condução de ciclomotor, conferida a maior de 14 anos de idades que comprovasse sua alfabetização e realizasse exames específicos (cf. art. 11); ainda, conferia aos Conselhos Estaduais de Trânsito a competência para estabelecer os valores correspondentes às infrações cometidas pelos condutores de ciclomotores. Questionamentos quanto à legalidade da norma de regulamentação, precipuamente frente ao impositivo do inciso I do art. 140, ao exigir imputabilidade penal para a condução de veículo, levou o Conselho Nacional de Trânsito a rever a norma epigrafada, advindo a edição da Resolução n° 93, de 4.5.1999, com revogação expressa dos arts. 11 e 13 daquela primeira. O art. 10 da Resolução Contran n° 50/1998 passou a comportar nova redação de adequação, aqui transcrita: "A habilitação para conduzir veículo automotor e a autorização para conduzir ciclomotores serão apuradas por meio de realização dos cursos e exames previstos nesta Resolução, requeridos pelo candidato que saiba ler e escrever, que seja penalmente imputável e mediante apresentação de prova de identidade reconhecida pela legislação federal." As regras contidas nos arts. 14 (forma de condução do ciclomotor) e 15 (validade do documento) permaneceram inalteradas. Resolvendo a questão primordial suscitada, a inclusão do § 1° ao citado art. 10, nos termos da Resolução Contran n° 98, de 14.7.1999, *verbis*: "Para a circulação de ciclomotores no território nacional é obrigatório o porte da Autorização ou da Carteira Nacional de Habilitação Categoria A". Tal enunciado resolve a questão indagada pela autoridade de trânsito, ou seja, a autorização ou a carteira de nacional expressando habilitação específica na categoria "A" são os únicos documentos hábeis a permitir a condução de ciclomotor. Por obviedade, as habilitações para as categorias "B", "C", "D" e "E", a despeito da capacitação do condutor, não aproveitam o habilitado para a condução de ciclomotores, sujeitando-os às aplicações inerentes à legislação de trânsito. Oferto, para integral conhecimento dos interessados, ata da 54ª Sessão Extraordinária do Conselho Estadual de Trânsito, realizada em 30.11.1998, assim como manifestação por mim proferida em consulta realizada pela Ciretran de Monte Aprazível, datada de 15.1.2001, esta abordando questões relativas às penalidades incidentes aos faltosos. A Deliberação Cetran nº 94/1995, por força do novo ordenamento, está revogada, razão pela qual não possui qualquer aplicabilidade no conceito e regras envolvendo a utilização de ciclomotores. Estas as considerações que submeto aos pares para conhecimento e deliberação."

REGRAS DE CIRCULAÇÃO EM RELAÇÃO AOS CICLOMOTORES

O art. 14 da Resolução Contran nº 50/1998, ao tratar da circulação de ciclomotores acentua que deverá ser obedecido rigorosamente o contido no art. 57 do Código:

"Os ciclomotores devem ser conduzidos pela direita da pista de rolamento, preferencialmente no centro da faixa mais à direita ou no bordo direito da pista sempre que não houver acostamento ou faixa própria a eles destinada, proibida a sua circulação nas vias de trânsito rápido e sobre as calçadas das vias urbanas.

O parágrafo único, destaca que quando uma via comportar duas ou mais faixa de trânsito e a da direita for destinada ao uso exclusivo de outro tipo de veículo os ciclomotores deverão circular pela faixa adjacente à da direita."

VALIDADE DA AUTORIZAÇÃO PARA CONDUZIR CICLOMOTORES E SUA APRESENTAÇÃO EM ORIGINAL

A Autorização para Conduzir ciclomotor é válida para todo território nacional, sendo obrigatória a sua apresentação no original e acompanhada de documento de identidade reconhecido pela legislação federal (art. 15 da Resolução Cetran nº 50/1998).

CICLOMOTOR – CAPACETE DE SEGURANÇA, VESTUÁRIO, PASSAGEIRO

Os condutores de ciclomotores só poderão circular nas vias, utilizando capacete de segurança, com viseira ou óculos protetores, segurando o guidons com as duas mãos e usando vestuário de proteção, de acordo com as especificações do Contran (art. 54 da Resolução Cetran nº 50/1998).

Os passageiros serão transportados também utilizando-se de capacete de segurança, vestuário compatível com diretrizes do Contran, entretanto, poderão serem transportados em carro lateral acoplado ou em assento suplementar atrás do condutor (art. 55 da Resolução Cetran nº 50/1998).

De observar-se ainda, a Resolução Contran nº 20/1998, que disciplina o uso de capacete além de outras providências, dentre as quais, obrigatoriedade do uso do capacete pelo condutor e passageiro, as prescrições de segurança constantes em normas brasileiras, para sua fabricação. Se o capacete não tiver viseira transparente diante dos olhos, o condutor deverá obrigatoriamente utilizar óculos de proteção além de estar devidamente afixado na cabeça para que seu uso seja considerado correto. O não cumprimento do disposto anteriormente, implica nas sanções do art. 244 do Código de Trânsito Brasileiro (§ 4º, Resolução Contran nº 20/1998), além de outras especificadas no próprio artigo.

TRÂNSITO DE CICLOMOTOR ANTES DO REGISTRO E LICENCIAMENTO APENAS COM O PORTE DA NOTA FISCAL

O art. 4º, I, da Resolução Contran nº 4/1998, dispõe sobre o trânsito de veículos novos antes do registro e licenciamento, autorizando o trânsito do ciclomotor pelo prazo de cinco (5) dias consecutivos apenas com o porte da nota fiscal de compra e venda ou documento alfandegário do pátio da fábrica, da indústria encarrecadora ou concessionária, do posto alfandegário ao órgão de trânsito do município destino.

Após o escoamento do prazo de cinco dias preconizado pelo I do art. 4º da Resolução Contran nº 4/1998, o ciclomotor será considerado não registrado e devidamente licenciado pelo órgão de trânsito, ensejando a autuação prevista no art. 230, V, do CTB, e obviamente, suas conseqüências.

EQUIPAMENTOS OBRIGATÓRIOS DESTINADOS AO CICLOMOTOR

Quanto aos equipamentos obrigatórios destinados aos ciclomotores, estes vêm especificados na Resolução Contran nº 14/1998, no seu art. 1º, III:

1. espelhos retrovisores, de ambos os lados;
2. farol dianteiro, de cor branca ou amarela;
3. lanterna, de cor vermelha, na parte traseira;
4. velocímetro;
5. buzina;
6. pneus que ofereçam condições mínimas de segurança;
7. dispositivo destinado ao controle de ruído do motor.

O ciclomotor circulando em via pública desprovido dos requisitos estabelecidos na Resolução Contran nº 14/1998, ficam sujeitos as penalidades constantes do art. 230 do Código de Trânsito Brasileiro.

CONDUTOR DE CICLOMOTOR MAIOR DE DEZOITO ANOS E ADOLESCENTE SEM AUTORIZAÇÃO PARA CONDUZIR CICLOMOTOR EM VIA PÚBLICA

O condutor surpreendido na direção de ciclomotor em via pública desprovido de autorização para conduzir ciclomotor, ou carteira de habilitação, categoria "A", uma vez que não a possui, comete apenas infração administrativa, possível de autuação de trânsito prevista no art. 232 do Código, não advindo a responsabilidade penal pela ausência da autorização. Isto quer dizer, que o maior de dezoito anos que não possua autorização ou não seja habilitado na categoria "A" (veículos de duas ou três rodas) e o adolescente (este somente poderá dirigir ciclomotores ao completar dezoito anos e obtenha junto aos órgãos executivos de trânsito autorização ou habilitação na categoria "A"), estão sujeitos somente às penalidades administrativas. A jurisprudência cristalizou-se no sentido de não responder penalmente pela falta de habilitação. Nesse sentido, constitui infração administrativa e nunca infração penal a direção na via pública sem habilitação legal, de ciclomotor, cuja potência não ultrapassa 50 (cinqüenta) centímetros cúbicos ou cilindradas (TACrin – SP – RHC – Rel. Aguiar Valim – *RJ* 7/220). (No mesmo sentido: *RT* 444/376, 599/355, 604/381, 694/367. *JUTACRIN* 21/245, 25/173, 34/235, 86/416, 87/232, 87/298, 88/110, 93/175, 94/153, 97/119, 97/458. *RJD* 10/195).

DO REGISTRO E LICENCIAMENTO DOS CICLOMOTORES

Os ciclomotores terão o registro e licenciamento de acordo com a regulamentação estabelecida em legislação municipal do domicílio ou residência de seus proprietários (arts. 24, XVII e 129, CTB). O não licenciamento ou registro, ou ainda, passados 5 (cinco) dias consecutivos da emissão da nota fiscal (inciso I do art. 4º da Resolução nº 4/1998), implícita na elaboração do auto de infração de trânsito, a teor do art. 230, V do CTB. Até o presente momento, o assunto não foi disciplinado na esfera municipal, portanto, os estados continuam através dos Detran's e Ciretran's, emitindo o documento de registro e licenciamento de ciclomotores.

EXCEÇÕES APLICADAS AOS CICLOMOTORES PARA TRANSITAR EM VIAS DE TRÂNSITO RÁPIDO OU RODOVIAS

Os ciclomotores nos termos do art. 244, § 2º do CTB, ao fazer remissão a letra "b" do § 1º do mesmo artigo, expõe que os ciclomotores não poderá transitar em vias de trânsito rápido ou rodovias, salvo, onde houver acostamento ou faixas de rolamento próprias.

EMANCIPAÇÃO NOS TERMOS DA LEI CIVIL DO MENOR DE DEZOITO ANOS PARA ADQUIRIR A PERMISSÃO PARA DIRIGIR E DO MENOR DE 21 ANOS COM FINALIDADE DE HABILITAR-SE NAS CATEGORIAS "D" OU "E", PARA CONDUÇÃO DE VEÍCULOS DAS CATEGORIAS MENCIONADAS – INADIMISSIBILIDADE

O Contran através da Decisão nº 106/1973, decidiu que não se pode habilitar condutor de veículo pessoa com idade inferior a dezoito anos, ainda que emancipado. Da mesma forma, o candidato menor de 21 anos não poderá habilitar-se nas categorias "D" ou "E" para conduzir veículo de transporte coletivo de passageiros, de escolares, de emergência ou de produto perigoso (art. 145, I, CTB), mesmo que se emancipe, vez que a lei exige a idade legal, isto é, não se observará as formas de emancipação estatuída no art. 5º, parágrafo único, do Código Civil (Lei nº 10.406/2002) para essa finalidade.

005

Art. 162. *Dirigir veículo:*
IV – *(vetado);*
Redação: IV – fora das restrições impostas para a Permissão para Dirigir.

Razões do Veto: Este inciso cria uma infração tendo por base as restrições impostas para a Permissão para Dirigir e estas foram retiradas do texto do projeto no curso de sua tramitação. Não há, pois, como deixar-se de opor o veto à presente decisão legislativa.

- **Infração** – Gravíssima.
- **Número de Pontos:** 7 (Sete).
- **Penalidade:** Multa (cinco vezes) e cassação da Permissão para Dirigir.
- **Medida Administrativa:** Recolhimento da Permissão para Dirigir.
- **OBS:** Art. 162, IV, Vetado. Inaplicável.

006

Art. 162. *Dirigir veículo:*
V – com validade da Carteira Nacional de Habilitação vencida há mais de trinta dias;
Amparo legal – art. 162, V – CTB e Portaria Denatran nº 28/1999. Tratando-se de PPD.

Nota: Tratando-se de PPD, aplica-se a mesma tolerância por força da Portaria Denatran nº 28/1999, publicada no DOU de 9.3.1999.

- **Classificação da Infração** – Gravíssima
- **Número de pontos** – 7 (sete)
- **Penalidade** – Multa
- **Valor da Multa** – R$ 191,54 – Resolução Contran nº 136/2002.
- **Medida Administrativa** – Recolhimento da Carteira Nacional de Habilitação e retenção do veículo até a apresentação de condutor habilitado.

Nota: O recolhimento da CNH ou PPD, com Exame Médico vencido há mais de trinta dias, poderá ser feito no ato da fiscalização pelo agente fiscalizador de trânsito mediante recibo e deverá ser encaminhado a au-

ART. 162

> toridade de trânsito do órgão expedidor. A Portaria Denatran nº 28/1999, estendeu a mesma tolerância do art. 162, V, que aplica-se a CNH, para PPD (DOU 9.3.1999).
> - **Código da Infração** – 504-5 – Denatran/Detran/ Resolução CONTAR nº 66/1998.
> - **Competência** – Estado – Resolução Contran nº 66/1998.

Esta infração de trânsito restará caracterizada quando o condutor possuir Carteira Nacional de Habilitação em qualquer de suas categorias, entretanto o documento de habilitação está com a validade vencida há mais de trinta dias. Isto é, deixou passar ao largo o prazo fixado pela lei, não renovando os exames de saúde física e mental.

A validade da Carteira Nacional de Habilitação está condicionada ao prazo de vigência o exame de aptidão física e mental (CTB, art. 159, § 10, acrescida pela Lei nº 9.602, de 21.1.1998).

O exame de aptidão física e mental será preliminar e renovável a cada cinco anos ou três anos para condutores com mais de sessenta e cinco anos de idade, e no local de residência ou domicílio do examinado (§ 2º do art. 147 CTB, acrescido pelo art. 2º da Lei nº 9.602/1998).

O exame de aptidão física e mental, quando referente a primeira habilitação, incluirá a avaliação psicológica preliminar e complementar ao referido exame (§ 3º do art. 147 CTB, acrescido pelo art. 2º da Lei nº 9.602/1998 c/c Resoluções Contran nºs 51/1998 e 80/1998).

Havendo indícios de deficiência física, mental ou de progressividade de doença que possa diminuir a capacidade para conduzir o veículo, o prazo de cinco anos para pessoas com idade até sessenta anos ou de três anos para condutores com mais de sessenta e cinco anos de idade, poderá ser diminuído por proposta do perito examinador (§ 4º art. 147, acrescido pelo art. 2º da Lei nº 9.602/1998 c/c Resoluções nºs 51/1998 e 80/1998).

A Resolução Contran nº 85, de 4 de maio de 1999, dispensa os tripulantes de aeronaves do exame de aptidão física e mental necessário à obtenção ou renovação periódica da Carteira Nacional de Habilitação – CNH – aduzindo que os tripulantes de aeronaves titulares de cartão de saúde devidamente atualizado, expedido pelas Forças Armadas ou pelo Departamento de Aeronáutica Civil – DAC – ficam dispensados do exame de aptidão física e mental necessário à obtenção ou à Renovação periódica da habilitação para conduzir veículo automotor, ressalvados os casos previstos no § 4º (acrescido pela Lei nº 9.602 de 1998) do art. 147 e art. 160 do Código de Trânsito Brasileiro – CTB.

A Carteira Nacional de Habilitação tem eficácia temporal limitada nos termos de atos regulamentares dependentes de requisitos a serem cumpridos. Sua eficácia temporal vem expressamente consignada no art. 159, § 10, com redação acrescida pelo art. 1º da Lei nº 9.602/1998, ao preceituar que a validade da Carteira Nacional de Habilitação está condicionada ao prazo de vigência do exame de aptidão física e mental, isto quer dizer, segundo o teor contido no art. 147, § 2º, do Código que o exame será a cada cinco anos ou a três anos para condutores com mais de sessenta e cinco anos.

A Carteira Nacional de Habilitação, expedida na vigência anterior será substituída por ocasião do vencimento do prazo para revalidação do exame de aptidão física e mental, ressalvados os casos especiais previstos no Código (art. 159, § 11, com redação acrescida pelo art. 1º da Lei nº 9.602/1998).

A renovação da validade da Carteira Nacional de Habilitação ou a emissão de uma nova via, somente será realizada após a quitação de débitos constantes do prontuário do condutor (§ 8º do art. 159). Os débitos a que o Código se refere são os provenientes de obrigações tributárias ou administrativas. O mesmo procedimento o Código determina para a expedição de novo certificado de registro de veículo (art. 124, inciso VIII). Ao licenciar o veículo, isto é, o órgão de trânsito para expedir o licenciamento anual de veículo deverá exigir a quitação de débitos relativos a tributos, encargos, e multas de trânsito e ambientais, vinculados ao veículo, independentemente da responsabilidade pelas infrações cometidas (art. 131, § 2º).

A duração limitada no tempo da Carteira Nacional de Habilitação, tem objetivo de possibilitar à administração pública uma constante fiscalização do condutor, em caso de não satisfazer os requisitos legais, podendo simplesmente os órgão de trânsito negar-lhe a renovação, fundamentada. Entretanto, passível de mandado de segurança. As multas para serem exigidas deve ter seguido o procedimento legal da notificação e ampla defesa (arts. 281, 282).

A título ilustrativo trazemos a colação a jurisprudência do TACrim – SP – AC – Rel. Marrey Neto – *JUTACRIM* 92/387, que esclarece a importância do exame médico:

> "A habilitação legal para dirigir veículo automotor é obtida através de ato administrativo complexo, onde tem até maior peso e importância o exame médico, que deve ser reeditado nos prazos regulamentares e sempre em caráter eliminatório, de toda justificada a exigência posto que o passar dos anos cobra seu preço na acuidade e capacidade visual da maioria das pessoas. Quem tenciona dirigir veículo a motor deve não só habilitar-se no seu manejo, como também submeter-se às provas que satisfaçam as exigências regulamentares quanto à capacidade técnica e à saúde. Tratando-se de infração de perigo e perigo abstrato é imprescindível o exame médico, sem o que não existirá habilitação."[62]

VALIDADE DA PERMISSÃO PARA DIRIGIR

Nos termos do art. 148, § 2º do CTB, combinado com o art. 3º, § 1º, "a", da Resolução Contran nº 71/1998, ao candidato aprovado nos exames de trânsito será conferida Permissão para Dirigir com validade de um ano. Entretanto, o Departamento Nacional de Trânsito (Denatran), através da Portaria nº 28, publicada no *Diário Oficial da União* de 9.3.1998, estendeu a mesma tolerância aplicada às Carteiras de Habilitação, dilação temporal de 30 dias após o seu vencimento (art. 162, V) para efeito de fiscalização ao condutor portador da Permissão para Dirigir,

---

62. No mesmo sentido: *JUTACRIM* 35/273, 36/288, 42/315, 43/286, 46/1996, 46/351, 51/358.

contados da data do vencimento do referido documento. A eficácia temporal limitada da Permissão para Dirigir agora é de um ano e um mês (arts. 148, § 2º e 162, V do CTB c/c art. 3º, § 1º, "a", da Resolução Contran nº 71/1998 e Portaria nº 28/1998 Denatran).

SOBRE A APLICAÇÃO DO ART. 162, INCISO V DO CTB PARA A PERMISSÃO PARA DIRIGIR – REALIZADA EM 25.2.2003

"PARECER DO CETRAN

O parecer foi aprovado à unanimidade dos votos. Transcrição: "O Presidente da Junta Administrativa de Recursos de Infrações da Circunscrição Regional de Trânsito de Barretos, em face do processo de nº 33/03, indaga quanto ao exato enquadramento da situação fática abaixo descrita: "Condutor exibe permissão com validade vencida há 5 (cinco) dias, sendo autuado com fundamento no art. 162, I, CTB, cuja argumentação leva em consideração que esse documento é distinto da carteira nacional de habilitação.". Embora com nomenclaturas distintas, quero crer que a permissão, tanto quanto a carteira de habilitação, são espécies do gênero documento de habilitação, ficando as peculiaridades estabelecidas no § 3º do art. 148 do CTB e respectivo período de revalidação e/ou substituição. No mais, não há que se falar em distinção para fins de condução, sendo perfeitamente lógica a aceitação do prazo de carência de 30 (trinta) dias, novidade que chegou a viger em épocas passadas, alterada no curso da vigência da Lei Federal nº 5.108, de 1966 (Código Nacional de Trânsito). Corroborando este entendimento, inclusive com solução definitiva da matéria indagada, servimo-nos do contido na Portaria Denatran nº 28, de 8 de março de 1999, aqui transcrita: *"Art. 1º para efeito de fiscalização fica concedida a mesma tolerância estabelecida no art. 162, inciso V, do CTB, ao condutor portador de Permissão para Dirigir, contado da data do vencimento do referido documento."*. Posto isto, em se tratando de recurso administrativo interposto pelo condutor/proprietário, na hipótese de enquadramento da regra anotada, deverá o órgão colegiado deferir a pretensão e cancelar a penalidade administrativa. Sugiro, ainda em complemento, dada a relevância e alcance da matéria, elaboração de Deliberação deste Egrégio Conselho Estadual de Trânsito, reforçando o inteiro conhecimento do assunto pautado. Estas as considerações que submeto aos pares para conhecimento e deliberação".

OUTRAS CONSIDERAÇÕES – APREENSÃO DO VEÍCULO, CNH OU PPD

O condutor surpreendido dirigindo com a Carteira Nacional de Habilitação ou Permissão para Dirigir, vencida a mais de trinta dias, será autuado nos termos do art. 162, V do CTB, e terá o veículo retido até apresentação de outro condutor habilitado e formalmente em ordem, não havendo outro condutor além da autuação, serão recolhidos o veículo ao depósito (pátio) e a CNH (art. 162, V e art. 270, § 4º do CTB) ou Permissão (esta última com fundamento na Portaria Denatran nº 28/1998, c/c art. 162, V e 270, § 4º do CTB).

007

Art. 162. Dirigir veículo:

VI – sem usar lentes corretoras de visão, aparelho auxiliar de audição, de prótese física ou as adaptações do veículo impostas por ocasião da concessão ou da renovação da licença para conduzir.

- **Amparo Legal** – art. 162, VI – CTB.
- **Infração** – Gravíssima.
- **Número de Pontos** – 7 (Sete).
- **Penalidade** – Multa.
- **Valor da Multa** – R$ 191,54 – Resolução Contran nº 136/2002.
- **Medida Administrativa** – Retenção do veículo até o saneamento da irregularidade ou apresentação de condutor habilitado.
- **Código da Infração** – 505-3 (Denatran/Detran – Resolução Contran nº 66/1998) (Corresponde ao art. 162, VI, CTB).
- **Competência** – Estado – Resolução Contran nº 66/1998.

Luiz Alberto David Araújo[63] em uma primeira abordagem acerca do tema pessoas portadoras de deficiência, esclarece que das diversas nomenclaturas que tentam conceituar esses grupos, "(...) selecionamos três: *"excepcional", "deficientes"* e *"pessoas portadoras de deficiência"*. A primeira, que foi utilizada na Emenda Constitucional de 1969, traz uma idéia normalmente mais ligada à deficiência mental. Há uma tendência muito forte de se tratarem as pessoas mentalmente doentes como sendo *"excepcionais"*. Assim sendo, entendemos desaconselhável o uso do termo, especialmente porque a matéria deve ser tratada da forma mais comum possível, pois o Direito precisa trabalhar com dados da realidade e esta indica que a palavra "excepcional" não tem grande aceitação para cuidar de deficiências físicas ou de deficiência do metabolismo. Seria difícil, por exemplo, chamarmos um aidético de "excepcional". O segundo termo, "deficiente", é mais incisivo, pois leva diretamente ao objeto estudado, a deficiência do indivíduo. A última expressão, "pessoas portadoras de deficiência", tem o condão de diminuir o estigma da deficiência, ressaltando o conceito de pessoa; é mais leve, mais elegante e diminui a situação de desvantagem que caracteriza esse grupo de indivíduos".

O mesmo autor,[64] prefere utilizar-se da expressão "pessoas portadoras de deficiência" pois, "o núcleo é a palavra "pessoa" e "deficiência" apenas um qualificativo, foi aquela que julgamos mais adequada para este estudo. Há valorização da "pessoa" a qualificação, apenas, completa a idéia nuclear. Aliás, sob esse enfoque, o novo texto constitucional atentou para o delicado problema, adotando a terminologia que julgamos mais adequada (pessoas portadoras de deficiência), ao contrário do texto anterior, que se utilizava das expressões "deficientes" e "excepcional"."

---

63. *A Proteção Constitucional das Pessoas Portadoras de Deficiência*, pp. 16-17.
64. *Op. cit.*, pp. 17-18.

ART. 162

Depreende-se da dicção do artigo em comento, que o condutor acometido de deficiência física,[65] não está vedado a direção de veículo automotor, entretanto indispensável que proceda as correções, as quais, serão lançadas no prontuário, na Permissão para Dirigir e Carteira Nacional de Habilitação, em outras palavras, a situação fática fica conexa ao documento de trânsito que autoriza a direção de veículo automotor em via pública, o condutor deve ter sido aprovado em exame específico, ao grau de sua deficiência. Referida avaliação tem como escopo preservar a vida do próprio condutor e de terceiros, estes últimos, tem o direto de um trânsito seguro conforme, preconiza o § 2º do art. 1º da Lei nº 9.503/1997. Não obstante, a maior deficiência ainda é a visual e a surdez parcial[66], podendo serem supridas pelos meios inerentes e tecnologia de ponta.

Luiz Alberto David Araújo[67] ao escrever sobre as deficiências visuais esclarece que "Os indivíduos, por receberem as impressões através da visão, deixam de desenvolver, muitas vezes, outros sentidos. A falta de visão, assim, constitui-se um bloqueio, num primeiro momento, para a recepção das outras impressões. Assim, ao se tornar portador de deficiência visual, o indivíduo deverá desenvolver outros sentidos que compensem a falta de visão. (...) A agudez visual é determinada por cálculo que tem como relação o campo visual e o objeto a ser identificado. (...) Há tabelas que podem identificar, com facilidade, o portador de visão normal. A falta de visão, no entanto, surge apenas como um grau da deficiência visual, pois há indivíduos com visão parcial. (...) Há, portanto, que ser identificado o grau de deficiência visual do indivíduo".

De outra parte, de verificar-se que o próprio dispositivo enumera as deficiências que poderão ser tipificadas no nóvel diploma de trânsito, com o aditício de também abordar as adaptações do veículo que deve estar compatível na sua parte técnica com a deficiência do condutor. As adaptações que serão exigidas para o veículo, serão impostas quando da concessão ou da renovação da licença para conduzir. Deve haver uma perfeita integração entre o condutor que apresenta deficiência física e as adaptações do veículo automotor, sob pena de colocar em risco à vida e a saúde da pessoa humana, que pode ser realizada através de conduta positiva quando a adaptação apesar de ter sido providenciada não obedece as normas técnicas compatíveis, e com isso, não atende as exigências legais ou através de conduta negativa, como é o caso de deixar de adaptar o veículo a necessidade detectada. Em tese, poderá conforme o caso, configurar a violação do art. 132 do Código Penal.

Não obstante, é de se destacar a crítica balizada de João Baptista da Silva:[68] "seja qual for a deficiência, se as correções e providências indicadas possibilitarem ao interessado dirigir com segurança, mesmo que não plena, mas de forma seguramente positiva, poderá ele habilitar-se. Suas deficiências não lhe garantem, porém privilégio algum; devem os candidatos sujeitar-se a todos os exames e procedimentos da habilitação, e ser aprovados neles. Cabe ao Contran baixar normas a respeito, atento às peculiaridades das situações, mas também a impos-

---

65. A respeito do tema observar Luiz Alberto David Araujo, *Op. cit.*, p. 32.
66. Sobre o assunto observar Luiz Alberto David Araujo, *Op. cit.*, p. 35.
67. *Op. cit.*, pp. 33-34.
68. *Código de Trânsito Brasileiro Explicado,* p. 374.

tergável necessidade de segurança do trânsito. O texto refere a "concessão ou renovação da licença". Não parece legítima a insinuação de que o deficiente careça de licença para dirigir, enquanto dos demais é exigida tão só habilitação. A exigência se entendida nesses termos, consagraria tratamento discriminatório, que não tem amparo na Constituição Federal. Ao contrário, recebe ali repulsa expressa (arts. 5º, XLI e 7º XXXI – CF).

O Autor,[69] ainda esclarece: "O deficiente deve submeter-se aos mesmo exames normalmente, como os demais, valendo-se das correções e adaptações que a condição exija, e que não cabe a órgão ou autoridade alguma indicar quais sejam. É questão dele, com seu médico se satisfazer as condições da lei, que são as mesmas para todos, inclusive para ele, receberá a habilitação, não a licença que, embora ato vinculado, coloca-o sob certa forma (para o interessado sempre de maneira dependente) à mercê da autoridade. O documento de sua habilitação, sim será diferente, por que deverá consignar as condições para dirigir, que serão aquelas com as quais se habilitou. Como se trata de questões cuja ignorância da parte do legislador não é lícito afirmar, segue-se que o termo "licença", do inciso, refere-se às adaptações do veículo".

Todavia, as modificações do veículo deve ser procedida de autorização da autoridade competente, conforme teor do art. 98 – "Nenhum proprietário ou responsável poderá sem prévia autorização da autoridade competente, fazer ou ordenar que sejam feitas no veículo modificações de suas características de fábrica". Toda modificação deve ser balizada pela Resolução nº 25, de 21 de maio de 1998, publicada no *DOU* de 22.5.1998, que exige dentre outros requisitos a apresentação do Certificado de Segurança Veicular – CSV – expedido por entidade credenciada pelo Inmetro – Instituto Nacional de Metrologia, Normalização e Qualificação. Não obstante, a junta médica especial mencionada no item 10 do Anexo 1 da Resolução Contran nº 80/1998 que proceder ao exame de sanidade física e mental do candidato a condutor de veículo automotor portador de deficiência física, para fins de adaptação do veículo para o deficiente físico deverá observar as indicações a seguir.

A Junta Médica Especial de que trata este artigo, para fins de adaptação do veículo para o deficiente físico, deverá observar as seguintes indicações:

DEFICIÊNCIAS FÍSICAS	XII – ADAPTAÇÃO NO VEÍCULO
1) Amputação ou paralisia do membro inferior esquerdo total ou parcial (Categoria B)	a) Veículo automático b) Embreagem adaptada à alavanca de câmbio
2) Amputação ou paralisia do membro inferior direito total ou parcial (Categoria B)	c) Veículo automático d) Embreagem adaptada a alavanca de cambio e) Em ambos os casos acelerador a esquerda.
3) Amputação ou paralisia dos membros inferiores total ou parcial (Categoria B)	f) Veículo com transmissão automática ou modificado conforme necessidade de cada caso com todos comandos manuais adaptados g) Cinto pélvico-toráxico obrigatório

---

69. *Idem, ibidem.*

ART. 162

4) Amputação ou paralisia do membro inferior esquerdo total ou parcial (Categoria A)	h) Moto com carro lateral
	i) Câmbio manual adaptado
5) Amputação ou paralisia do membro inferior direito total ou parcial (Categoria A)	j) Moto com carro lateral
	k) Freio manual adaptado.
6) Amputação ou paraplegia de membros inferiores (Categoria A)	l) Moto com carro lateral
	m) Freio e cambio manuais adaptados
7) Amputação do membro superior direito ou mão direita (Categoria B)	n) Veículo com transmissão automática ou modificado conforme necessidade de cada caso
	o) Comandos de painel a esquerda
8) Amputação do membro superior esquerdo ou na mão esquerda (Categoria B)	p) Veículo com transmissão automática ou modificado conforme necessidade de cada caso
Casos de amputação de dedos, paralisias parciais (membros superiores ou inferiores) atrofiados, defeitos congênitos ou adquiridos não enquadrados acima, e outros comprometimentos que não necessitem de adaptações veiculares.	q) Ficam a critério da Junta Médica Especial as exigências e adaptações.

EXAME DE APTIDÃO FÍSICA E MENTAL DO CANDIDATO DEFICIENTE FÍSICO

A Resolução nº 80/1998, item 10, Anexo 1, estabelece que o exame de sanidade física e mental ao candidato a condutor de veículo automotor portador de deficiência física, será realizada por junta médica especial designada pelo diretor do executivo de trânsito da unidade da federação e do Distrito Federal.

O exame psicotécnico será realizado por clínica psicológica ou psicólogo credenciado junto ao Detran, nos termos do art. 147, § 3º do CTB. Entretanto, não havendo junta médica especial na Ciretran, a autoridade de trânsito encaminhará o candidato com deficiência física a Ciretran mais próxima que já tiver em funcionamento junta médica especial, munido do respectivo ofício e formulário RENACH.

EXAME TEÓRICO – TÉCNICO – CANDIDATO DEFICIENTE FÍSICO

O exame teórico – técnico para concessão da licença para dirigir, será aplicado pelo Órgão Executivo de Trânsito (Detran – Ciretran), ou por entidades públicas ou privadas, credenciadas por este, sendo a prova constituída de no mínimo 30 (trinta) questões, das quais o candidato deverá acertar no mínimo 70 com o conteúdo previsto no art. 4º da Resolução nº 50/1998 (art. 26). Entretanto, os exames de aptidão física e mental que serão realizados por junta médica especial deverá obedecer ao preconizado na Resolução nº 51/1998, item 13 do Anexo I. A prova prática de direção veicular para o candidato portador de deficiência física, será considerada prova especializada e deverá ser julgada por uma comissão especial integrada por dois examinadores de trânsito e um médico, nomeada pelo órgão executivo de trânsito estadual (art. 28 da Resolução nº 50/1998 e Resolução nº 80/1998).

DA PROVA PRÁTICA DE DIREÇÃO VEICULAR DE CANDIDATO DEFICIENTE FÍSICO

O candidato a direção de veículo automotor portador de deficiência física poderá pleitear a habilitação de categorias "A" e "B", entretanto, o veículo destinado ao exame de direção veicular, deverá estar perfeitamente adaptado segundo indicação contida no laudo médico emitido pela comissão especial (art. 28, parágrafo único da Resolução nº 50/1998 e Resolução nº 80/1998).

De registrar-se que o candidato que tiver amputação em algum membro superior, não poderá habilitar-se na categoria "A". Entretanto, se a imputação for em um dos membros inferiores poderá habilitar-se na categoria "A", com a exigência da motocicleta possuir side-car (carro lateral), conforme o estabelecimento no quadro de deficiências indicados na Resolução nº 80/1998, item 10.2, Anexo 1) não havendo comissão especial (parágrafo único do art. 28), na Ciretran, a autoridade policial encaminhará o candidato portador de deficiência física a Ciretran que já a possua ou ao Detran, mediante ofício, formulário RENACH, LADV e ficha de exame prático. Aprovado o candidato, haverá restituição dos referidos documentos à Ciretran de seu domicílio onde será expedida a Permissão para Dirigir (PPD). Nos termos do § 4º do art. 147 do CTB, o prazo de validade de aptidão física e mental do condutor portador de deficiência poderá ser diminuído por proposta do perito examinador, quando houver indícios, dessas deficiências (física ou mental), ou de progressividade de doença que possa diminuir a capacidade para conduzir veículo (art. 147, § 4º, acrescido pelo art. 2º da Lei nº 9.602/1998).

EXAME DE SANIDADE FÍSICA E MENTAL DE CANDIDATO PORTADOR DE DEFEITO FÍSICO SEM NECESSIDADE DE ADAPTAÇÃO VEICULAR

O exame de sanidade física e mental do candidato a condutor de veículo automotor portador de defeito físico em que não haja necessidade de adaptação veicular, poderá ser realizado por médico especialista em medicina de tráfego, devendo este condutor ser encaminhado à prova de direção veicular na banca especial do órgão executivo de trânsito (item 10.1 Anexo I – Resolução nº 80/1998).

VEÍCULOS ADAPTADOS AO CONDUTOR DEFICIENTE FÍSICO EM ATIVIDADE REMUNERADA

O condutor de veículo automotor portador de deficiência física terá vedada a atividade remunerada, nos termos da Resolução nº 80/1998, item 10.3, Anexo I.

"PORTARIA DETRAN Nº 1.708, DE 11 DE DEZEMBRO DE 2002[70]

Dispõe sobre a acessibilidade das pessoas portadoras de deficiência ou com mobilidade reduzida nas clínicas médicas e psicotécnicas credenciadas pelo Detran/SP e altera dispositivos das Portarias Detran nºs 541, de 15.4.1999 e 175, de 24.1.2001.

O Delegado de Polícia Diretor

Considerando as disposições previstas nos arts. 22, II e 148, ambos do Código de Trânsito Brasileiro;

Considerando as regras cogentes contidas na Resolução Contran nº 51/1998, alterada pela Resolução nº 80/1998, tratando das condições de funcionamento das clínicas médicas e psicotécnicas;

Considerando os requisitos estabelecidos na Portaria Detran nº 541, de 15.4.1999, regulamentando o credenciamento de médicos e psicólogos para a realização dos exames de aptidão física e mental e dos exames de avaliação psicológica em candidatos à obtenção da Permissão para Dirigir e renovação da carteira nacional de habilitação;

Considerando o teor da Portaria Detran nº 175, de 24.1.2001, tratando do trâmite dos processos de credenciamento e renovação do alvará de funcionamento das clínicas médicas e psicotécnicas;

Considerando as imposições cogentes estabelecidas na Lei Federal nº 10.098, de 19.12.2000, a qual dispõe sobre as normas gerais e critérios básicos para a promoção de acessibilidade das pessoas portadoras de deficiência ou com mobilidade reduzida;

Considerando o regramento especificado na Lei Estadual 11.263, de 12.11.2002 (DOE de 13.11.2002), decorrente do Projeto de Lei nº 295, de 1999, da deputada Célia Leão, tratando sobre as normas e critérios para a acessibilidade das pessoas portadoras de deficiência ou com mobilidade reduzida, dentre outras providências;

Considerando as normas impositivas para adequação das edificações à pessoa deficiente, descritas na Norma NBR 9050/1994, da Associação Brasileira de Normas Técnicas;

Considerando o ajustamento realizado com o Grupo de Atuação Especial de Proteção às Pessoas Portadoras de Deficiência – Pró-PPD do Ministério Público do Estado de São Paulo, nos termos do procedimento administrativo nº 28/2001 – Protocolo Detran nº 33906-7/2002;

Considerando, por derradeiro, a necessidade da fiel observância à legislação pertinente, como condição norteadora da conduta do administrador frente aos princípios da legalidade, moralidade e finalidade, resolve:

Art. 1º. Ficam acrescidos os §§ 8º, 9º e 10 ao art. 10 da Portaria Detran nº 541, de 15 de abril de 1999, nos seguintes termos:

---

70. Publicada no DOE nº 238 de 13.12.2002.

"**§ 8º**. Para cumprimento do disposto no *caput* deste artigo, independentemente das demais exigências estabelecidas nesta Portaria, deverão ser observados nos locais de credenciamento, pelo menos, os seguintes requisitos de acessibilidade para os portadores de deficiência ou com mobilidade reduzida:

I – pelo menos um dos acessos ao interior da edificação deverá estar livre de barreiras arquitetônicas e de obstáculos que impeçam ou dificultem a acessibilidade;

II – pelos menos um dos itinerários que comuniquem horizontal e verticalmente todas as dependências e serviços do edifício, entre si e com o exterior, deverá cumprir os requisitos de acessibilidade de que trata o Capítulo das Normas de Adequação das Edificações previstas na norma ABNT NBR 9050/1994;

III – disponibilização, pelo menos, de um banheiro acessível, distribuindo-se seus equipamentos e acessórios de maneira que possam ser utilizados de maneira adequada, independentemente do disposto no § 5º deste artigo; e

IV – nas áreas externas ou internas da edificação, destinadas a garagem e a estacionamento de uso público, deverão ser reservadas vagas próximas dos acessos de circulação de pedestres, devidamente sinalizadas com o símbolo internacional de acesso, de acordo com o item 8.3 da norma ABNT NBR 9050/1994 (dimensionamento e quantidade das vagas).

§ 9º. Nos locais de funcionamento instalados em edifícios em que seja obrigatória a instalação de elevadores, independentemente das demais exigências estabelecidas nesta Portaria, deverão ser observados os seguintes requisitos:

I – percurso acessível que una as unidades habitacionais com o exterior e com as dependências de uso comum;

II – percurso acessível que una a edificação à via pública, às edificações e aos serviços anexos de uso comum e aos edifícios vizinhos; e

III – cabine do elevador e respectiva porta de entrada acessíveis para pessoas portadoras de deficiência ou com mobilidade reduzida.

§ 10. Os locais de funcionamento instalados em edifícios com mais de um pavimento além do pavimento de acesso, e que não sejam obrigados à instalação de elevadores, deverão dispor de especificações técnicas e de projeto que facilitem a instalação de um elevador adaptado, devendo os demais elementos de uso comum destes edifícios atender aos requisitos de acessibilidade previstos na Lei Federal nº 10.098/2000 e Lei Estadual nº 11.263/2002."

Art. 2º. Os incisos I e II do *caput* do art. 5º, seu § 1º e *caput* do § 2º, todos da Portaria Detran nº 175, de 24 de janeiro de 2001, passam a vigorar com as seguintes redações:

"**Art. 5º**. (...)

I – na Capital, a vistoria será realizada por funcionário do Serviço Médico e Psicológico do Detran/SP, nomeado pelo Diretor da Divisão de Habilitação de Condutores, acompanhado de um representante da Comissão Permanente de Acessibilidade – CPA da Prefeitura do Município de São Paulo, convidando-se ainda um representante nomeado pela entidade de classe; e

II – nas demais unidades de trânsito, a vistoria será realizada pelo respectivo Diretor, ou, se houver, por seu Assistente, acompanhado de:

a) um representante da Comissão de Acessibilidade local, sendo que na ausência desta, respectivamente, pelo Conselho Municipal, pelo Conselho Estadual da Pessoa Portadora de Deficiência, ou por entidade reconhecidamente representativa de deficientes; e

b) dois médicos ou psicólogos, em face do pedido de credenciamento, os quais serão compromissados para o ato.

§ 1º. Os responsáveis pela vistoria proferirão manifestação objetiva quanto ao atendimento dos requisitos técnicos estabelecidos na Portaria Detran nº 541/1999, fazendo todas as anotações pertinentes para embasamento da decisão da autoridade de trânsito.

§ 2º. Os responsáveis pela vistoria, à exceção dos convidados para o acompanhamento dos trabalhos, não poderão realizar manifestações ou participar dos trabalhos, nos seguintes casos: (...)."

Art. 3º. Ficam modificados os modelos dos Anexos I e II da Portaria Detran nº 175, de 24 de janeiro de 2001, especificando a forma de elaboração dos laudos de vistoria.

Parágrafo único. Os Diretores das unidades de trânsito poderão requerer arquivo magnético contendo as especificações necessárias para a elaboração dos laudos de vistoria, cujo pedido deverá ser formulado diretamente ao Serviço Médico e Psicotécnico da Divisão de Habilitação de Condutores.

Art. 4º. Os pedidos de credenciamento ou mudança de endereço de funcionamento, independentemente da fase de andamento e apreciação, serão devolvidos à origem para o efetivo cumprimento das novas disposições estabelecidas nas Portarias Detran nºs 541/1999 e 175/2001.

Art. 5º. Os atuais locais de credenciamento deverão estar adequados, impreterivelmente, até a data limite estabelecida para a renovação do credenciamento relativo ao exercício 2004.

§ 1º. A renovação do credenciamento dependerá da prévia realização de vistoria, atendidas as novas disposições estabelecidas nas Portarias Detran nºs 541/1999 e 175/2001.

§ 2º. O não cumprimento das disposições estabelecidas para a acessibilidade das pessoas portadoras de deficiência ou com mobilidade reduzida, tendo por abrangência as regras e os prazos impostos para as clínicas médicas e psicotécnicas credenciadas antes do advento desta Portaria, implicará no imediato bloqueio administrativo e impedimento para operação no Sistema GEFOR, independentemente da deflagração de processo administrativo para cancelamento do registro e respectivo credenciamento.

Art. 6º. Ficam revogados os §§ 1º e 2º do art. 16 da Portaria Detran nº 541, de 15 de abril de 1999.

Art. 7º. Esta Portaria entrará em vigor na data de sua publicação, revogando-se todas as disposições em contrário."

008

Art. 163. Entregar direção do veículo a pessoa nas condições previstas no artigo anterior.

Nota: Esta infração de trânsito caracteriza-se quando ocorrer uma as condições abaixo mencionadas:

Art. 163 c/c art. 162, I – CTB – Entregar a direção do veículo a pessoa que não possua Carteira Nacional de Habilitação ou Permissão para Dirigir.

- **Amparo Legal** – art. 163 c/c art. 162, I (Adm.) – CTB e art. 310 (Penal) – CTB.
- **Infração** – Gravíssima.
- **Número de Pontos** – 7 (sete).
- **Penalidade** – Multa (três vezes) e apreensão do veículo.
- **Valor de cada multa** – R$ 191,54 – Resolução Contran nº 136/2002. Neste caso, R$ 191,54 x 3 = R$ 574,62. Trata-se de multa agravada com fator multiplicador de três vezes.
- **Medida Administrativa** – Recolhimento do documento de habilitação (CNH ou PPD) – **Nota:** Penalidade a ser aplicada exclusivamente pela autoridade de trânsito, observado os princípios da ampla defesa e contraditório nos termos do art. 5º, II, LV e LVII da CF, art. 265 do CTB e Deliberação nº 199 de 6.10.2000, do Cetran/SP, publicada no DOE nº 195 de 10.10.2000, p. 4.
- **Código da Infração** – 506-1 – (Denatran/Detran – Resolução Contran nº 66/1998) (Corresponde ao art. 163 c/c art. 162, I do CTB).
- **Competência** – Estado – Resolução Contran nº 66/1998.

Art. 163 c/c art. 162, II – CTB – Entregar a direção do veículo a pessoa com carteira nacional de habilitação ou Permissão para Dirigir cassada ou com suspensão do direito de dirigir.

- **Amparo Legal** – art. 163 c/c art. 162, II (Adm.) CTB e art. 310 (Penal) – CTB.
- **Infração** – Gravíssima.
- **Número de Pontos** – 7 (sete).
- **Penalidade** – Multa (cinco vezes) e apreensão do veículo.
- **Valor de cada multa** – R$ 191,54. Neste caso R$ 191,54 x 5 = R$ 957,70. Trata-se de multa agravada com fator multiplicador de cinco vezes.
- **Medida Administrativa** – Recolhimento do documento de habilitação (CNH ou PPD) – **Nota:** Penalidade a ser aplicada exclusivamente pela autoridade de trânsito, observado os princípios da ampla defesa e

contraditório nos termos do art. 5º, II, LV e LVII da CF, art. 265 do CTB e Deliberação nº 199 de 6.10.2000, do Cetran/SP, publicada no DOE nº 195 de 10.10.2000, p. 4.

- **Código da Infração** – 507-0 (Denatran/Detran – Resolução Contran nº 66/1998) (Corresponde ao art. 163 c/c art. 162 II, CTB).
- **Competência** – Estado – Resolução Contran nº 66/1998.

Art. 163 c/c art. 162, III – **CTB – Entregar a direção do veículo a pessoa com carteira nacional de habilitação ou Permissão para Dirigir de carteira diferente da do veículo que esteja conduzindo.**

- **Amparo Legal** – art. 163 c/c art. 162, III – CTB.
- **Infração** – Gravíssima.
- **Número de Pontos** – 7 (sete).
- **Penalidade** – Multa (três vezes) e apreensão do veículo.
- **Valor de cada multa** – R$ 191,54. Neste caso, R$ 191,54 x 3 = R$ 574,62. Trata-se de multa agravada com fator multiplicador de três vezes.
- **Medida Administrativa** – Recolhimento do documento de habilitação (CNH ou PPD) – **Nota:** Penalidade a ser aplicada exclusivamente pela autoridade de trânsito, observado os princípios da ampla defesa e contraditório nos termos do art. 5º, II, LV e LVII da CF, art. 265 do CTB e Deliberação nº 199, de 6.10.2000, do Cetran/SP, publicado no DOE nº 195 de 10.10.2000, p. 4.
- **Código da Infração** – 508-8 Denatran/Detran – Resolução Contran nº 66/1998 (Corresponde ao art. 163 c/c art. 162, III, CTB).
- **Competência** – Estado – Resolução Contran nº 66/1998.

Art. 163 c/c art. 162, V – **CTB – Entregar a direção do veículo a pessoa com validade da Carteira Nacional de Habilitação vencida há mais de trinta dias.**

- **Amparo Legal** – art. 163 c/c art. 162, V – CTB.
- **Infração** – Gravíssima.
- **Número de pontos** – 7 (sete).
- **Penalidade** – Multa.
- **Valor da multa** – R$ 191,54.
- **Medida Administrativa** – Recolhimento do documento de habilitação (CNH ou PPD) e retenção do veículo até apresentação de condutor habilitado (art. 270 § 4º do CTB). **Nota:** Medida de recolhimento da CNH ou PPD, a ser aplicada exclusivamente pela autoridade de trânsito no que tange a quem entregou, devendo ser observado os princípios da ampla defesa e contraditório nos termos do art. 5º, II, LV e

LVII da CF, art. 265 do CTB e Deliberação do Cetran nº 199, de 6.10.2000, publicada no DOE nº 195 de 10.10.2000, p. 4. Quanto ao condutor que está dirigindo o veículo e apresenta sua CNH ou PPD com exame médico vencido há mais de 30 (trinta) dias, esses documentos poderão ser apreendidos pelo agente fiscalizador de trânsito mediante recibo (CR, Auto de Exibição e Apreensão, etc.) e encaminhados ao órgão de trânsito expedidor.

- **Código da Infração** – 509-6 Denatran/Detran – Resolução Contran nº 66/1998 (Corresponde ao art. 163 c/c art. 162, V – CTB).
- **Competência** – Estado – Resolução Contran nº 66/1998.

Art. 163 c/c art. 162, VI – CTB – **Entregar a direção do veículo a pessoa sem usar lentes corretoras de visão, aparelho auxiliar de audição, de prótese física ou as adaptações do veículo impostas por ocasião da concessão ou renovação da licença para conduzir.**

- **Amparo Legal** – art. 163 c/c art. 162, VI (Adm.) CTB e art. 310 (Penal) – CTB.
- **Infração** – Gravíssima.
- **Número de pontos** – 7 (sete).
- **Penalidade** – Multa.
- **Valor da multa** – R$ 191,54.
- **Medida administrativa** – Recolhimento do documento de habilitação (CNH ou PPD) e retenção do veículo até apresentação de condutor habilitado (art. 270, § 4º do CTB). **Nota:** O recolhimento da CNH ou PPD, é medida a ser aplicada exclusivamente pela autoridade de trânsito, observados os princípios da ampla defesa e contraditório nos termos do art. 5º, II, LV e LVII da CF, art. 265 do CTB e Deliberação nº 199/2000, do Cetran/SP, publicada no DOE nº 195 de 10.10.2000, p. 4.
- **Código da infração-** 510-0 – Denatran/Detran – Resolução Contran nº 66/1998 (Corresponde ao art. 163 c/c art. 162, VI, CTB).
- **Competência** – Estado – Resolução Contran nº 66/1998.

O art. 163, faz remissa ao artigo anterior, vale dizer, art. 162, notadamente em seus incisos I, II, III, IV (vetado), V e VI.

As situações caracterizadoras da infração já foram exaustivamente mencionadas, sobressaindo seis hipóteses:

1. entregar a direção do veículo a pessoa que não possua CNH ou PPD;
2. com CNH ou PPD cassada;
3. com suspensão do direito de dirigir;
4. com CNH ou PPD de categoria diferente da do veículo que esteja conduzindo;
5. com validade da CNH vencida há mais de trinta dias;

ART. 163

6. sem usar lentes corretoras de visão, aparelho auxiliar de audição, de prótese física, ou as adaptações o veículo impostas por ocasião da concessão ou renovação da licença para conduzir.

Importante ressaltar nesse passo, que o agente público de trânsito ao formalizar a autuação deverá constar no AIT qual das situações foi violada, apontando o inciso do art. 162 em que fundou a situação fática, sob pena do auto ser considerado pelo órgão julgador inconsistente nos termos do inciso I do art. 281, do CTB. A infração cometida será a do art. 163, entretanto deverá ser apontado o inciso do art. 162 no campo das observações que foi transgredido. O art. 163, remete a situação infringente para amoldar-se ao art. 162, em uma das modalidades de seus incisos. O art. 163, sozinho não subsiste, complementa-se com os incisos do art. 162.

Desde logo, se verifica que o tipo administrativo do art. 163, traz a dicção *"entregar a direção do veículo"*, portanto, é necessário que a pessoa a quem foi entregue o veículo passe a dirigi-lo em local considerado via pública nos termos do art. 2º do Código de Trânsito Brasileiro.

Entregar, tem o sentido de *"passar às mãos"*, vontade de entregar a direção do veículo, intenção, que somente vai aperfeiçoar o tipo se a pessoa a quem foi confiada a direção do conduzido passe a dirigi-lo, nas hipóteses anteriormente mencionadas. Entrementes, necessário frisar, que não importa se quem entrega a direção de automotor nas condições relatadas desconhecia o fato que deu origem a autuação, vez que, tinha o dever de certificar-se antes de entregar as chaves do automotor, se a pessoa tinha condições de dirigir com segurança em relação aos demais usuários da via pública. O enquadramento neste dispositivo, visa a punição do proprietário, daquele que possui a detenção do veículo e não obedece as determinações legais de somente entregar a direção do automotor a pessoa legalmente habilitada e não o impede de dirigir.

Caso o dispositivo seja violado, deverá ser elaborado autuações de trânsito distintas, fulcrado no art. 162 e inciso correspondente ao violador direto da norma administrativa e o art. 163, ao infrator indireto, aquele que fez a *entrega* a condutor que não possuía as condições técnicas destacadas nos incisos do art. 162 (inciso I, II, III, V, VI). Oportuno enfatizar, que no caso desta infração de trânsito, nem sempre o infrator indireto (proprietário/aquele que entrega a direção), esta presente acompanhado o infrator direto, entretanto, este argumento não obsta que seja efetuada a autuação com base no art. 163 do CTB. Nesse caso, a autuação deverá ser elaborada e se a pessoa apontada como infratora não detiver a responsabilidade da infração, deverá, nos termos do § 7º do art. 257 do Código, c/c Resoluções Contran nº 17/1998 e 72/1998, no prazo de quinze (15) dias, apresentar o verdadeiro responsável. Sob tal ótica, saliente-se, que é muito comum nesta infração os pais serem responsáveis pela entrega da direção de veículo aos filhos menores de dezoito (18) anos, portanto, inabilitados para dirigirem veículos automotores. O que importa é o agente ativo, aquele que pratica a conduta do verbo entregar, pode ter laço de parentesco ou não, não importa.

Além da tipificação administrativa, o condutor poderá ser responsabilizado pelo art. 309 do CTB, se sua conduta gerar perigo de dano, entretanto, o agente que entregou a direção do veículo automotor, responderá além de administrativamente pelo art. 163, pela infração penal do art. 310 do CTB, se couber.

009

Art. 164. Permitir que pessoa nas condições referidas nos incisos do art. 162 tome posse do veículo automotor e passe a conduzi-lo na via.

Nota – As situações caracterizadoras desta infração seguem abaixo.

Art. 164 c/c art. 162, I – CTB – Permitir que tome posse do veículo automotor e passe a conduzi-lo na via a pessoa que não possua carteira nacional de habilitação ou Permissão para Dirigir.

- **Amparo Legal** – art. 164 c/c art. 162, I (Adm.) CTB e art. 310 (Penal) – CTB.
- **Infração** – Gravíssima.
- **Número de pontos** – 7 (sete).
- **Penalidade** – multa (três vezes) e apreensão do veículo.
- **Valor de cada multa** – R$ 191,54 (Resolução Contran nº 136/2002). Neste caso R$ 191,54 x 3 = R$ 574,62. Trata-se de multa agravada com fator multiplicador de três vezes.
- **Medida administrativa** – Recolhimento do documento de habilitação (CNH ou PPD). **Nota:** Penalidade a ser aplicada exclusivamente pela autoridade de trânsito, observados os princípios da ampla defesa e contraditório nos termos do art. 5º, II, LV e LVII da CF, art. 265 do CTB e Deliberação nº 199, de 6.10.2000, da Cetran/SP, publicada no DOE nº 195 de 10.10.2000, p. 4.
- **Código da infração** – 511-8 – Denatran/Detran – Resolução Contran nº 66/1998 (Corresponde ao art. 164 c/c art. 162, I – CTB).
- **Competência** – Estado – Resolução Contran nº 66/1998.

Art. 164 c/c art. 162, II – CTB – Permitir que tome posse do veículo automotor e passe a conduzi-lo na via a pessoa com Carteira Nacional de Habilitação ou Permissão para Dirigir cassada ou com suspensão do direito de dirigir.

- **Amparo Legal** – art. 164 c/c art. 162 II (Adm.) CTB e art. 310 (Penal) – CTB.
- **Infração** – Gravíssima.
- **Número de pontos** – 7 (sete).
- **Penalidade** – Multa (cinco vezes) e apreensão do veículo.
- **Valor de cada multa** – R$ 191,54 (Resolução Contran nº 136/2002). Neste caso, R$ 191,54 x 5 = R$ 957, 70. Trata-se de multa agravada com fator multiplicador de cinco vezes.

- **Medida administrativa** – Recolhimento do documento de habilitação (CNH ou PPD). **Nota:** Penalidade a ser aplicada exclusivamente pela autoridade de trânsito, observado os princípios da ampla defesa e contraditório nos termos do art. 5º, II, LV e LVII da CF, art. 265 do CTB e Deliberação nº 199, de 6.10.2000 da Cetran/SP, publicada no DOE nº 195 de 10.10.2000, p. 4.
- **Código da infração** – 512-6 Denatran/Detran – Resolução Contran nº 66/1998 (Corresponde ao art. 164 c/c art. 162 II CTB).
- **Competência** – Estado – Resolução Contran nº 66/1998.

Art. 164 c/c art. 162, III – CTB – **Permitir que tome posse do veículo automotor e passe a conduzi-lo na via a pessoa com Carteira Nacional de Habilitação ou Permissão para Dirigir de categoria diferente da do veículo que esteja conduzindo.**

- **Amparo Legal** – art. 164 c/c art. 162, III (Adm.) CTB e art. 310 (Penal) CTB
- **Infração** – Gravíssima.
- **Número de pontos** – 7 (sete).
- **Penalidade** – Multa (três vezes) e apreensão do veículo.
- **Valor de cada multa** – R$ 191,54 (Resolução Contran nº 136/2002). Neste caso, R$ 191,54 x 3 = R$ 574,62. Trata-se de multa agravada com fato multiplicador de três vezes.
- **Medida administrativa** – Recolhimento do documento de habilitação (CNH ou PPD). **Nota:** Medida a ser aplicada exclusivamente pela Autoridade de trânsito observando os princípios da ampla defesa e contraditório nos termos do art. 5º, II, LV e LVII da CF, art. 265 do CTB e Deliberação nº 199/2000, do Cetran/SP, publicada no DOE nº 195 de 10.10.2002, p. 4.
- **Código da infração** – 513-4 – Denatran/Detran – Resolução Contran nº 66/1998 (Corresponde ao art. 164 c/c art. 162, III – CTB).
- **Competência** – Estado – Resolução Contran nº 66/1998.

Art. 164 c/c art. 162, V – CTB – **Permitir que tome posse do veículo automotor e passe a conduzi-lo na via a pessoa com validade da carteira nacional de habilitação vencida há mais de trinta dias.**

- **Amparo Legal** – art. 164 c/c art. 162, V (Adm.) – CTB
- **Infração** – Gravíssima.
- **Numero de pontos** – 7 (sete).
- **Penalidade** – Multa.
- **Valor de cada multa** – R$ 191,54 – Resolução Contran nº 136/2002.
- **Medida administrativa** – Recolhimento do documento de habilitação (CNH ou PPD). **Nota:** medida de recolhimento da CNH ou PPD a ser

> *aplicada exclusivamente pela autoridade de trânsito no que tange a quem permitiu, devendo ser observado os princípios da ampla defesa e contraditório nos termos do art. 5º, II, LV e LVII da CF, art. 265, CTB e Deliberação do Cetran nº 199/2000, publicado no DOE nº 195, de 10.10.2000, p. 4. Quanto ao condutor que está com a CNH/PPD com exame médico vencido há mais de 30 (trinta) dias, estes documentos poderão ser apreendidos pelo agente fiscalizador de trânsito mediante recibo e encaminhados a Ciretran expedidora.*
> - **Código da infração** – *514-2 – Denatran/Detran – Resolução Contran nº 66/1998 (Corresponde ao art. 164 c/c art. 162, V – CTB).*
> - **Competência** – *Estado – Resolução Contran nº 66/1998.*
>
> **Art. 164 c/c art. 162, VI** – **CTB – Permitir que tome posse do veículo automotor e passe a conduzi-lo na via a pessoa sem usar lentes corretoras de visão, aparelho auxiliar de audição, de prótese física ou as adaptações do veículo impostas por ocasião da concessão ou renovação da licença para conduzir.**
> - **Amparo Legal** – *art. 164 c/c art. 162, VI (Adm.) – CTB*
> - **Infração** – *Gravíssima.*
> - **Número de pontos** – *7 (sete).*
> - **Penalidade** – *Multa.*
> - **Valor de cada multa** – *R$ 191,54 – Resolução Contran nº 136/2002.*
> - **Medida administrativa** – *Recolhimento do documento de habilitação (CNH ou PPD).* **Nota:** *Medida a ser aplicada exclusivamente pela autoridade de trânsito, observado os princípios da ampla defesa e contraditório nos termos do art. 5º, II, LV e LVII da CF, art. 265 do CTB e deliberação do Cetran/SP nº 199/2000, publicada no DOE nº 195, de 10.10.2000, p. 4*
> - **Código da infração** – *515-0 – Denatran/Detran – Resolução Contran nº 66/1998 (Corresponde ao art. 164 c/c art. 162 VI, CTB).*
> - **Competência** – *Estado – Resolução Contran nº 66/1998.*
> -

Permitir, tem o sentido de dar licença, consentir, é o ato de permitir. Esta infração ocorre constantemente, mormente quando os pais emprestam seus veículos aos filhos não habilitados, aos adolescentes. A permissão configura-se inclusive com a conduta omissiva de não oposição ao apossamento do veículo.

Na lição do competente Arnaldo Rizzardo, (in *Comentários ao Código de Trânsito Brasileiro,* p. 401), indispensável e de grande importância seu posicionamento: "O verbo permitir, pois abrange, um significado amplo, a ponto de atingir situações até de descuido, de falta de diligência ou cuidados para que amigos, conhecidos, familiares (como filhos) se apoderem do veículo.

Omite-se o proprietário nas diligências ou precauções recomendáveis para evitar que pessoas de suas relações tomem posse do veículo e o dirijam. De outro lado, embora não se dê a entrega no sentido literal da palavra, há elementos materiais que levam a manifestar-se a permissão, como quando o proprietário coloca o veículo à disposição de um grupo de pessoas, para determinados usos".

No excelente trabalho João Baptista da Silva,[71] acentua: "Não faz diferença permitir, não recusando, e permitir entregando. Em ambas as ações o elemento volitivo, que qualifica a ação, como má ou boa, é o mesmo: o consentimento".

As situações caracterizadoras já foram anteriormente comentadas ao analisarmos cada artigo.

De anotar-se que, além da conduta prevista no art. 164 configurar infração administrativa, contra a pessoa que permitiu, também será tipificada no art. 310 do Código de Trânsito Brasileiro, sem prejuízo do condutor surpreendido na direção do veículo automotor ser eventualmente responsabilizado pelo art. 309 do CTB, se a conduta gerar perigo de dano.

010

Art. 165. Dirigir sob a influência e álcool, em nível superior a seis decigramas por litro de sangue, ou de qualquer substância entorpecente ou que determine dependência física ou psíquica.

Parágrafo único. A embriaguez também, poderá ser apurada na forma do art. 277.

Art. 277. Todo condutor de veículo automotor, envolvido em acidente de trânsito ou que for alvo de fiscalização de trânsito, sob suspeita de haver excedido os limites previstos no artigo anterior, será submetido a testes de alcoolemia, exames clínicos, perícia, ou outro exame que por meios técnicos ou científicos, em aparelhos homologados pelo Contran, permitam certificar seu estado. *(Ver Resoluções Contran nºs 81/1998 e 109/1999)*

Parágrafo único. Medida correspondente aplica-se no caso de suspeita de uso de substância entorpecente, tóxica ou de efeitos análogos.

- *Amparo Legal* – art. 165 (Adm.) CTB e art. 306 (Penal) CTB
- *Infração* – Gravíssima.
- *Número de pontos* – 7 (sete).
- *Penalidade* – Multa (cinco vezes) e suspensão do direito de dirigir.
- *Valor de cada multa* – R$ 191,54. Neste caso, R$ 191,54 x 5 = R$ 957,70. Trata-se de multa agravada com fator multiplicador de cinco vezes.

---

71. *Código de Trânsito Brasileiro Explicado*, p. 379.

ART. 165

- **Medida administrativa** – *Retenção do veículo até a apresentação de condutor habilitado e recolhimento do documento de habilitação (CNH ou PPD).* **Nota:** *Medida de recolhimento do documento de habilitação a ser aplicada exclusivamente pela autoridade de trânsito, observado os princípios da ampla defesa e do contraditório nos termos do art. 5º, II, LV e LVII da CF, art. 265 do CTB e deliberação Cetran/SP nº 199/2000, publicada no DOE nº 195 de 10.10.2000, p. 4. Não havendo outro condutor para entrega do veículo, este será recolhido ao depósito nos termos do art. 270, § 4º, do CTB.*
- **Código da infração** – *516-9 Denatran/Detran – Resolução Contran nº 66/1998 (Corresponde ao art. 165 – CTB).*
- **Competência** – *Estado – Resolução Contran nº 66/1998.*

A primeira visada ao art. 165 do CTB, observa-se que o legislador brasileiro inovou ao preconizar que a conduta do motorista que dirigir veículo automotor sob a *influência de álcool, em nível superior a seis decigramas por litro de sangue,* comete a infração estatuída no artigo sob comento. Não obstante, alguns países adotaram tolerância zero para os limites de alcoolemia na condução de veículos, tais como Inglaterra e Estados Unidos.

De outra parte, não se pode deixar de aplaudir o legislador que foi arrojado ao excluir do tipo administrativo anterior a expressão *embriaguez alcoólica* (art. 89, III, CNT e art. 181, III, RCNT), indo mais além, no próprio tipo penal previsto no art. 306 do novel diploma de trânsito também consignou a dicção *"sob a influência de álcool".* Nos dias atuais, basta que o condutor dirija veículo automotor em nível superior a seis decigramas por litro de sangue para que seja penalizado administrativamente pelo art. 165 do CTB, no qual, presume-se o perigo. Responderá penalmente ainda conforme o caso, pelo art. 306 do mesmo Código, entretanto, indispensável aduzir que o tipo penal do art. 306, do CTB, não faz referência a limite tolerado de álcool ou substância análoga, isto quer dizer, havendo a condução de veículo automotor **sob a influência** do álcool ou substância análoga, expondo a dano potencial a incolumidade pública, já se terá a tipificação do art. 306 do CTB. Esse é o diferencial em relação à responsabilidade administrativa prevista no art. 165 do CTB (aqui é exigido prova de que o condutor dirigia o veículo sob a influência de álcool, em nível superior a seis decigramas por litro de sangue ou de qualquer substância entorpecente ou que determine dependência física ou psíquica). Não obstante, para este enquadramento, do art. 306 do CTB, necessário que a conduta praticada, vale dizer, o condutor que dirija veículo automotor em via pública, sob a influência de álcool e ofereça perigo, risco, a incolumidade pública. Exemplo: Sob influência de álcool envolva-se em acidente ou quase acidente, dirigindo em zigue-zague, contramão de direção, avançar sinal vermelho, evadir-se da fiscalização de forma perigosa, paradas repentinas em via pública, dirigir veículos aos trancos, subir na calçada, atingir a guia da calçada, velocidade abusiva, desobedecer regras básicas de trânsito, necessariamente que ocorra um risco de dano, um perigo, etc. Eventualmente, a conduta supra discriminada com ausência de álcool ou substância tóxica e outra adequação típica poderá subsistir a contravenção penal do art. 34 da Lei de Contravenções Penais. Em outros termos caso não subsista o art. 306 do CTB, restará conforme a situação fática, a aplicação subsidiária do art. 34 da LCP, que não foi revogado pelo art. 306. Alguns autores, mencionam como aplicação subsidiária também o art. 62 da LCP (embriaguez escandalosa ou perigosa), entretanto, nossa posição no caso de ausência do tipo previsto no art. 306, de aplicar-se o art. 34, não havendo outra adequação mais oportuna. De esclarecer-se que o art. 34 da LCP, diferencia-se do crime previsto no art. 132 do CP, quando este último praticado na direção de veículo, porque o art. 132 do CP, exige pessoa determinada. Ex: passar muito perto de uma pessoa para assustá-la, tirando fininha, a contravenção do art. 34 da LCP, foi parcialmente derrogada, porque outras formas de direção perigosas não previstas no CTB, subsistem, consistindo em contravenção do artigo citado. Por outro lado, não se pode confundir a contravenção do art. 34, com o crime previsto no art. 311 da Lei nº 9.503/1998 – CTB, que exige que a conduta típica seja praticada nas proximidades de escolas, hospitais, estações de embarque e desembarque de passageiros, logradouros (ruas por exemplo) estreitas ou onde haja grande movimentação ou concentração de pessoas (estádios, feiras ou manifestações).

Pedimos vênia para novamente, dada a importância ao assunto abordarmos o tema, que a quantificação alcoólica prevista no art. 276 do CTB de seis decigramas de álcool por litro de sangue que comprova o impedimento do condutor para dirigir veículos aplica-se apenas ao art. 165 do CTB, vale dizer, apenas no aspecto administrativo, sendo que na seara penal (art. 306), basta apenas que o condutor esteja sob influência de álcool, dirija veículo automotor e exponha a dano potencial outrem. Não se exige a quantificação, isto é, a taxa-limite de seis decigramas de álcool por litro de sangue.

Depreende-se que o Código estabeleceu uma taxação limitadora de ingestão de bebida alcoólica pelo condutor, preconizando textualmente no art. 276: *"A concentração de seis decigramas de álcool por litro de sangue comprova que o condutor se acha impedido de dirigir veículo automotor".*

Verifique-se ainda, que o parágrafo único do art. 165, remete o intérprete ao art. 277, aos destacar: *"A embriaguez também poderá ser apurada na forma do art. 277".*

Todavia, necessário a transcrição impositiva do art. 277: Todo condutor de veículo automotor, envolvido em acidente de trânsito ou que for alvo de fiscalização de trânsito, sob suspeita de haver excedido os limites previstos no artigo anterior será submetido a testes de alcoolemia, exames clínicos, perícia, ou outro exame que por meios técnicos ou científicos, em aparelhos homologados pelo Contran, permita, certificar seu estado. *"Parágrafo único. Medida correspondente aplica-se no caso de suspeita de uso de substância entorpecente, tóxica ou de efeitos análogos."*.

A prova da infração vêm expressamente enumerada no § 2º do art. 280: A infração deverá ser comprovada por declaração da autoridade ou do agente da autoridade de trânsito, por aparelho eletrônico ou por equipamento audiovisual, reações químicas ou qualquer outro meio tecnologicamente disponível, previamente regulamentado pelo Contran. Aqui o texto inicia pela credibilidade presumida que goza todo agente público de trânsito ou a própria autoridade em seguida envereda por mencionar o radar utilizado acentuadamente para medir os excessos de velocidade – nessa mesma linha o tacógrafo; para o estacionamento irregular a fotografia é meio de prova. Entretanto quanto a embriaguez, refere-se ao bafômetro (etilômetro), o exame clínico médico, a perícia técnica de análise o teor alcoólico no sangue ou urina para os testes de reações químicas.

De fácil constatação, que a ingestão de bebidas alcoólicas, associadas ou não a outros fatores de risco, constitui hoje uma das maiores preocupações no trânsito, contribuindo com o aumento diário de perdas de vidas e mutilações no trânsito.

O *Contran* através da Resolução nº 81/1998,[72] que revogou a Resolução nº 52/1998, disciplinou o uso de medidores de alcoolemia e a pesquisa de substâncias entorpecentes no organismo humano, estabelecendo os procedimentos a serem adotados pela autoridades de trânsito e seus agentes.

O art. 1º da Resolução nº 81/1998, estabelece que a comprovação de que o condutor se acha impedido de dirigir veículo automotor, sob suspeita de haver excedido os limites de seis decigramas de álcool por litro de sangue, ou de haver usado substância entorpecente, será confirmado com os seguintes procedimentos:

I - Teste em aparelho de ar alveolar (bafômetro) com a concentração igual ou superior a 0,3 mg por litro de ar expelido pelos pulmões.

II - Exame clínico com laudo conclusivo e firmado pelo médico examinador da polícia judiciária.

III - Exames realizados por laboratórios especializados indicados pelo órgão de trânsito competente ou pela polícia judiciária, em caso de uso da substância entorpecente, tóxica ou defeitos análogos, de acordo com as características técnicas científicas.

Os aparelhos sensores de ar alveolar (bafômetro, conhecido também como etilômetro), serão aferidos por entidades indicadas pelo órgão máximo executivo de trânsito da União, que efetuará seu registro, submetendo posteriormente à homologação do Contran (art. 5º da Resolução nº 81/1998). É preciso destacar, que a Resolução Contran nº 109/1999, publicada no *DOU* de 6.1.2000, disciplinou o art. 5º citado, ao estabelecer que a homologação de cada modelo de aparelho sensor de ar alveolar (etilômetros, etilotestes ou bafômetros), far-se-á mediante Portaria do Órgão Máximo Executivo de Trânsito. Referidos aparelhos (bafômetro) terão prazo de 180 das para aferição e registro no órgão máximo executivo de trânsito da União (art. 6º da Resolução nº 81/1998).

Interessante notar, que o art. 269 do CTB, fortalece o art. 277 ao preceituar que a autoridade de trânsito ou seus agentes na esfera das competências estabelecidas no Código e dentro de sua circunscrição, deverá adotar a medida administrativa prevista no inciso IX, que trata da realização de teste de dosagem de alcoolemia ou perícia de substância entorpecente ou que determine dependência física ou psíquica em relação os condutores sob suspeição de estarem dirigindo veículo automotor sob influência de álcool.

Todavia, em relação as vítimas fatais de trânsito, o art. 2º da Resolução nº 81/1998 do Contran, estabelece obrigatoriedade de realização do exame de alcoolemia, neste caso, além do exame necroscópico, também deve ser requisitado o exame de dosagem alcoólica.

---

72. Publicada no *DOU* de 25.11.1998.

ART. 165

A comprovação da direção de veículo automotor sob influência de álcool através do bafômetro (etilômetro), e outros meios de prova (exame *clínico de embriaguez, dosagem alcoolêmica no sangue venoso* (extração sangüínea) *e testemunhal.*

Como já observamos no texto que discorremos, a Resolução Contran nº 81/1998, menciona que uma das formas de confirmar a direção de veículo sob influência de álcool dá-se através do bafômetro (etilometro), não obstante, o que se questiona na doutrina é sobre a obrigatoriedade ou não do condutor submeter-se ao álcool-teste (bafômetro). Em que pesem eventuais argumentações no sentido da obrigatoriedade, tenho para mim, que o condutor sob suspeita de direção de veículo após ingestão de álcool, não está obrigado a submeter-se ao teste do bafômetro, a não ser que concorde. Neste caso, o agente público de trânsito deverá acautelar-se, arrolando testemunhas e para maior segurança providenciar um termo, mesmo que seja manuscrito, e colher as assinaturas das testemunhas e investigado, inclusive, alertando este último de que tem o direito assegurado constitucionalmente de recusar-se. Registre-se que, apesar da imposição contida no art. 277 corroborada pelo § 2º do art. 280 do CTB, o condutor não está obrigado e não responderá pelo crime de desobediência. Ao agente público de trânsito, diante da recusa do motorista, não deverá coagi-lo, mas, encaminhá-lo à presença da Autoridade Policial, neste caso, o Delegado de Polícia, vez que, seria caminhar contra a lógica jurídica admitir-se o contrário, deliberará sobre a situação fática, podendo sugestionar após cientificar o investigado de suas prerrogativas constitucionais, se este submete-se ao exame de dosagem alcoólica – extração sangüínea, ocasião em que, o condutor concordando formalizará termo na presença de testemunhas em apartado ou no próprio corpo do boletim de ocorrência, liberando o suspeito até que advenha o resultado do exame químico toxicológico de embriaguez, quando então, nos termos do inciso I do art. 5º do Diploma Processual Penal, instaurar-se-á inquérito policial para cabal esclarecimento dos fatos. Esta opção (extração sangüínea), dispensa inicialmente o flagrante, em decorrência da espera conclusiva do laudo. Todavia, esta modalidade de exame (Dosagem alcoólica) no sangue venoso, deve ser realizada quando o fato não teve repercussão social, abalo na sociedade, ocorreu violação do art. 306 do CTB, mas a conduta não exauriu-se em perdas de vidas, acidentes graves, uma vez que ocorrendo o inverso (gravidade extrema), entendo que a Autoridade Policial de plano deve requisitar o exame clínico e se este advier conclusivo pela embriaguez, deverá decidir pela lavratura do flagrante. Registre-se que esta expressão "deverá" utilizada por nós encontra limite na convicção da Autoridade Policial que tem o direito de decidir sobre os fatos, uma vez que qualquer interferência na avaliação do Delegado de Polícia importaria em odiosa violência contra a consciência jurídica da Autoridade Policial. Com certeza, este profissional saberá o melhor caminho a adotar para a situação apresentada, ou pela extração sangüínea ou pelo exame clínico, conforme os meios que se tenha em mãos, optando pela lavratura dos fatos em boletim de ocorrência e posterior instauração de inquérito policial, ou ainda pelo auto de prisão em flagrante. Não raras vezes, partes envolvidas ou outros lidadores do direito, demonstram irresignação, descontentamento, irritação, inconformismo, quando a autoridade policial no uso de suas atribuições legais, delibera pelo lançamento dos fatos em boletim de ocorrência e instauração de inquérito policial, e não imediato auto de prisão em flagrante, isto com certeza caracteriza desconhecimento que não há qualquer prejuízo na apuração dos fatos, vez que o auto de prisão em flagrante também é uma das formas de instauração de inquérito policial. Esclareça-se, os dois meios de apuração dos fatos desemboca no inquérito policial, peça indispensável na apuração dos fatos e busca da verdade real. A deliberação é exclusiva da autoridade policial, não se admitindo intervenção de terceiros. Nesse sentido o *Habeas Corpus*:[73] "Delegado de Polícia. Poder Discricionário. Hipótese – Quando a *notitia criminis* chega à autoridade policial, esta tem poder discricionário de avaliar se está diante de hipótese de lavrar a prisão em flagrante, de baixar portaria para instaurar inquérito, ou de simples elaboração de boletim de ocorrência".

O Perito Examinador da Polícia Judiciária – médico do *Instituto Médico Legal – IML* – ofertará diagnóstico conclusivo sobre o examinado, sem invadir seu corpo que poderá ser positivo ou negativo. No entanto, entendendo necessário, consignará no laudo a recusa do investigado de submeter-se ao exame de dosagem alcoólica ou do álcool-teste (bafômetro).

Aspecto importante que poderá ocorrer é que o examinado, o condutor sob suspeita do uso de álcool etílico, orientado ou por vontade própria, se recuse a responder as perguntas do médico-perito, ou andar, sentar, falar, cruzar as pernas, permanecendo imóvel, etc., amparado pelo seu direito constitucional, mesmo assim, não tenho dúvida alguma que ainda que se apresente situação com esse quadro, o médico perito poderá diagnosticar conclusivamente sobre o estado alcoólico ou não do examinado. Há sinais externos na pessoa humana, mormente, na embriaguez que dispensa a intervenção corporal ou ainda qualquer exercício. Os sinais sintomáticos da pessoa embriagada, por mais que se negue ou tente dissimular é possível visualizá-lo até por não-médico, pelo homem médio, quanto mais pelo médico perito da Polícia Judiciária, acostumado a situações cotidianas nesse sentido. Com o devido respeito que merece o perito médico, ele não deve deixar de diagnosticar conclusivamente de forma positiva ou negativa em situações como essa. Por outro lado, caso o perito médico entenda não ser possível dar parecer sobre os fatos diante da imobilização total do examinado, a autoridade policial poderá ouvi-lo a termo (médico-perito) ou que este produza um laudo nesse sentido ou mesmo uma simples declaração, e ainda que o escrivão de polícia elabore uma certidão sobre os fatos ocorridos, desencadeando a *persecutio criminis* com base na prova testemunhal, estribado no art. 167 do Código de Processo Penal, que a admite esgotados os meios inerente a prova direta, indagando a estas (testemunhas) sobre os sinais sintomáticos do investigado por ocasião dos fatos, Exemplo: voz pastosa e incoerentes, andar cambaleante, agressividade ou apático, palavras desconexadas, hálito alcoólico, odor alcoólico, sudorese, modo como dirigia o veículo (em zigue-zague, manobras perigosas e arriscadas) euforia, retardamento dos reflexos, perda de memória, desobediência reiterada, fixação em determinada situação ou assunto, falar alto, ofensas com palavras do baixo calão, olhos vermelhos e brilhantes, não conseguindo permanecer em pé, etc. Deve-se levar em conta o conjunto de sinais e dados e não somente um deles isoladamente.

---

73. Cf. *Habeas Corpus* nº 321.388/2, Urupês, 16ª Câmara, j. 7.5.1998, v. u., Rel. Juiz Eduardo Pereira.

ART. 165

Dentre a farta argumentação pela doutrina de que o condutor suspeito de ter ingerido substância alcoólica pode negar-se a submeter-se a intervenção corporal para fins de obtenção de provas, principalmente em seu desfavor, como é o caso do exame de dosagem alcoólica ou a exalação do ar para constatação do nível de álcool no organismo, (bafômetro, conhecido como etilometro), a coleta de urina para realização de reações químicas ou ainda, a negativa sistemática de responder as perguntas do médico da polícia judiciária (perito do IML) permanecendo imóvel, sua negativa encontra fundamento na legislação Constitucional e no direito comparado do qual o Brasil é signatário. Na esfera Constitucional trazemos à colação o direito fundamental, as liberdades públicas inseridas na Carta Política no seu art. 5º, X (direto a intimidade), XLIX (respeito a integridade física e moral) LXIII (permanecer calado), por força do princípio *nemo tenetur se detegere* (ninguém é obrigado a acusar-se). No direito comparado trazemos a Convenção Americana Sobre Direitos Humanos, conhecida como Pacto de São José da Costa Rica celebrada em São José da Costa Rica em 22.11.1969, no seu art. 8º, II, "g", que preconiza: "direito de não ser obrigada a depor contra si mesma, nem a confessar-se culpada". A referida convenção ou Pacto de San José da Costa Rica, entrou em vigor internacionalmente em 18.7.1978, tendo sido ratificada pelo Brasil em 25.9.1992. O Congresso Nacional a aprovou pelo Decreto Legislativo nº 27, de 26.5.1992 e o pelo Decreto do Poder Legislativo nº 678, de 6.11.1992, determinou o seu cumprimento no país.

A obrigação da integração do ordenamento jurídico brasileiro às normas internacionais tem seu fundamento na redação do § 2º do art. 5º da Carta Política: "Os direitos e garantias expressos nesta constituição não excluem outros decorrentes do regime e dos princípios por ela adotados, ou tratados internacionais em que a república federativa do Brasil seja parte".

Em relação a este dispositivo Manoel Gonçalves Ferreira Filho,[74] esclarece: "O dispositivo em exame significa simplesmente que a Constituição brasileira ao enunciar os direitos fundamentais não pretende ser exaustiva. Por isso, além desses direitos explicitamente reconhecidos, admite existirem outros 'decorrentes do regimes e dos princípios por ela adotados', incluindo também aqueles que derivam de tratados internacionais.".

Diante do quanto até aqui se disse, de registrar-se que o agente público de trânsito não pode, não deve obrigar o condutor contra sua vontade a submeter-se ao teste do bafômetro (etilômetro), sob pena de vir, ao menos em tese, responder por abuso de autoridade.

Ainda sobre o uso do bafômetro (etilômetro), oportuno ressaltar a excelente posição do saudoso mestre e amigo Delton Croce e Delton Croce Júnior,[75] que passo a transcrever pela lúcida visão dos autores sobre o assunto e homenagem ao inesquecível professor: "sob a vigência do Código de Trânsito anterior surgiu a discussão sobre a obrigatoriedade do uso do bafômetro no condutor de veículo automotor suspeito de estar alcoolizado, mesmo diante de sua recusa. Para nós, a solução era encontrada na Constituição Federal, mais especificamente nos direi-

---

74. *Comentários à Constituição Brasileira de 1988*, p. 84.
75. *Manual de Medicina Legal*, p. 102.

tos e garantias fundamentais individuais (art. 5º, I), já que: ninguém será obrigado a fazer ou deixar de fazer alguma coisa senão em virtude de lei. Diante de tal situação, por absoluta ausência de previsão legal, a autoridade que obrigasse o condutor do veículo a realizar tal teste estaria praticando o delito de constrangimento ilegal, previsto no art. 146 do Código penal. Entretanto, o novo ordenamento de trânsito em seu art. 277 determina a obrigatoriedade do uso do etilômetro naquelas situações, suprindo a lacuna legal anteriormente existente. Não obstante tal permissivo legal, fica evidenciada nítida inconstitucionalidade ao dispositivo nesse tópico, já que a intimidade da pessoa também é inviolável, devendo a prova de alcoolemia ser feita por outros meios admitidos em direito. Saliente-se, ademais, que ninguém está obrigado a produzir prova contra si mesmo. Da mesma maneira, não se tipificará o crime de desobediência para o condutor que se negar a utilizar o instrumento. Por outro lado, também diante do permissivo legal, não mais haverá o delito de constrangimento ilegal para a autoridade que obrigar a pessoa a utilizar o bafômetro. O ideal é que a autoridade sugira o uso do bafômetro, sem qualquer obrigação para a pessoa envolvida. Se ainda assim se recusar, será conduzida a presença do delegado de polícia para submeter-se ao exame clínico".

Sobre o bafômetro (etilômetro), manifestou-se o brilhante jurista Damásio E. de Jesus:[76] "O motorista não é obrigado a submeter-se a esse exame. Negando-se, não responde por crime de desobediência. O agente policial, entretanto, pode conduzi-lo perante a autoridade policial, que o submeterá a testes de alcoolemia, exame clínico, etc. (art. 277 do CT). Ele não tem a obrigação de permitir a realização desse exame, e sua negativa não configura delito de desobediência. Nesse sentido, Renato Ferreira dos Santos: "Pode o cidadão recusar-se a submeter-se a realização do exame com bafômetro?" (*Uniprospectus*, órgão de informação da Universidade Paulista (UNIP), São Paulo, abr. 1998, p. 10).".

Também sobre o bafômetro, Luiz Flávio Gomes[77] ao tratar a prova da embriaguez, acentuou: "o art. 277 estabelece de o condutor do veículo se submeter a testes de alcoolemia (Sangue), exames clínicos, perícias, etc. Inclusive o bafômetro é possível. E se o sujeito se recusa? Do ponto de vista processual, recusado o bafômetro, o exame de urina e o exame de sangue, comprova-se a embriaguez pelo exame clínico e pelas testemunhas. O ponto de vista material, a recusa no Brasil, não é crime. Poderia eventualmente configurar a infração administrativa do art. 195, caso se entende-se que a obrigação de se submeter a tais intervenções corporais não fere o princípio de que ninguém é obrigado a fazer prova contra si mesmo".

O Renomado autor, Luiz Flávio Gomes, prossegue citando Walter Cruz Swensson e Renato Swensson Neto:[78] "prevalece o ponto de vista de que nenhum exame que implique intervenção corporal pode ser feito sem a concordância explicita da pessoa. Ninguém pode ser compelido a fazer qualquer exame que exija intervenção corporal. Nesse sentido decidiu o Supremo Tribunal Federal, maioria de votos, no HC nº 71371, RS, Rel. Min Marco Aurélio, que acolheu a argumentação

---

76. *Crimes de Trânsito – Anotações à parte criminal do Código de Trânsito – Lei nº 9.503, de 27 de Setembro de 1997*, p. 157.
77. *Estudos de Direito Penal e Processo Penal*, p. 51.
78. *Procedimentos e Prática de Trânsito*, pp. 80-81.

do desembargador José Carlos Teixeira Giorgis". O mesmo autor conclui: "Noutro julgado decidiu-se que ninguém é obrigado a auto incriminar-se. Com base nesse princípio, concede-se *habeas corpus* ao réu para trancar a ação penal instaurada por crime de desobediência, porquanto o réu se recusará a fornecer à autoridade policial padrões gráficos de próprio punho para a instauração de procedimentos investigatório."[79]

Cotejando o excelente trabalho de Walter Cruz Swensson e Renato Swensson Neto,[80] no tocante a *submissão compulsória do suspeito de prática de infração de trânsito a testes ou fornecimento de sangue ou urina para a realização de reações químicas*, não poderia deixar de transcrever manifestação do R. ministro *Sydney Sanches,* no acórdão anteriormente mencionado: "Parece-me repugnar a natureza das coisas e a própria natureza humana compelir alguém, contra sua vontade a servir como objeto de prova, com violação a intimidade até do corpo (art. 5º, inciso X da CF).".

Walter Cruz Swensson e Renato Swensson Neto,[81] expressamente consignam: "assim não pode a autoridade administrativa de trânsito ou seu agente compelir, obrigar, coagir o condutor de veículo, suspeito de prática de infração disciplinar de trânsito, a soprar em um aparelho, a urinar em recipiente ou a permitir que dele seja extraído sangue, para verificar se ingeriu bebida alcoólica ou se usou substância entorpecente. Por outro lado, tal prova pode ser obtida, através de verificação clínica, pelas observações, por médico, de sinais externos da conduta e comportamento do examinado, isso além da prova testemunhal, perfeitamente cabível para suprir-se a recusa do condutor. Observe-se, por fim, que o art. 277 do CTB prevê a possibilidade de realização de exames clínicos para verificar-se o estado do condutor".

Waldir de Abreu,[82] como sempre, demonstrando alto grau de exegese ao comentar o art. 277 do CTB asseverou: "Nosso Código nas condições do art. 277, obriga o exame, mas sem punição específica aos que não se deixam examinar, ao contrário das melhores leis estrangeiras. Por exemplo, na França assim como na Itália, a punição é igual à da intoxicação positiva. Pela recusa entre nós, entendemos aplicável o art. 195, como desobediência. Além disso, há de ser considerado em desfavor do condutor em observação o seu procedimento e aspecto geral".

No aspecto do direito comparado, Ariosvaldo de Campos Pires e Sheila Jorge de Sales,[83] aborda a legislação espanhola, trazendo a lume: "interessante mencionar que no recente Código Penal espanhol, o art. 380 incrimina como delito de desobediência grave, previsto no art. 556, a conduta do motorista que se negar aos exames. Comina-se para o fato pena de *prisión*, de seis meses a um ano. O mesmo ocorre no sistema penal português, em seu art. 12º do Decreto-Lei nº 124/1990 prevê o crime de *recusa aos exames,* cominando-se para o fato pena de prisão até um ano e multa de até duzentos dias, além da pena acessória de inibição da faculdade de conduzir, com a duração de seis meses a cinco anos, bem

---

79. *Op. cit.*, mesma página.
80. *Manual de Procedimento e Prática de Trânsito*, p. 81.
81. *Op. cit.*, mesma página.
82. *Código de Trânsito Brasileiro*, p. 122.
83. *Crimes de Trânsito na Lei nº 9.503/1997*, pp. 222-223.

como outras medidas. Entre nós, ausente disposição semelhante, pode ser sustentado constituir ilegalidade a obrigação de submeter-se ao exame, à vista de regra contida nos arts. 5º, LXIII, da Constituição Federal e 186 do Código de Processo Penal".

A título de ilustração, transcreveremos o art. 180 do CP espanhol: *"El conductor que, requerido por el agente de la autoridad, se negare someter-se a las pruebas legalmente estabelecidas para la comprobación de los hechos descritos em artículo anterior, será castigado como autor de um a delito de desobediência grave, previsto em el artículo 556 de este Código"*. Registre-se que a doutrina espanhola tem suscitado a constitucionalidade do artigo em questão, a exemplo, Gonzalo Quintero Olivares.[84]

Na obra citada de Luiz Flávio Gomes,[85] o autor comenta: "Mas no direito espanhol, em recente decisão, o Tribunal constitucional não reconheceu a inconstitucionalidade do art. 380 do CP, que criminalizou a conduta da recusa do exame alcoólico. Esta decisão vem merecendo extensos reparos da doutrina especializada".

Não bastasse as argumentações expendidas, imperioso nos socorrermos das lições do mestre do direito de trânsito Waldir de Abreu:[86] "Não encerremos estas observações sem acentuar que mais importante que elas é a consciência, para a devida prevenção, dos efeitos nocivos destas indevidas ingestões.Todos os usuários da via pública precisam conhecê-los e os condutores de veículos como obrigação legal. Logo a partir das primeiras doses, o que exceda um terço de uma garrafa de vinho, ou três quartos de garrafa de cerveja, ou moderada dose de uísque, principalmente estando de estômago vazio. Além destas quantidades modestas, o paciente, inclusive pedestre ou passageiro: a) passa a assumir riscos maiores, por perda de inibições; b) tem prejudicada a coordenação motora, sendo condutor, com freadas bruscas, acelerações violentas e manobras de direção exageradas; c) os reflexos aos estímulos tornam-se mais lentos, pelo cérebro mais preguiçoso; d) tem reduzida a visão próxima e a distante, não raro visão dupla, estreitamento do ângulo de visão lateral, passando a ver em túnel, como vulgarmente se diz, e recuperação mais lenta ao ofuscamentos; e) enfim, em qualquer condição condutor, passageiros ou pedestres, havendo bebido, poderá ter perturbações circulatórias e intoxicação maiores, provocadas pelo impacto nos acidentes, conforme afirmações médicas de credibilidade".

Nossa posição: No Brasil, face a legislação em vigor, a conduta de quem recusa-se a submeter-se aos testes de alcoolemia decorrentes de direção de veículo automotor, não é crime, e muito menos se pode falar a recusa do investigado importa em conclusão de autoria, vale dizer, as intervenções corporais para fins de obtenção de prova não subsistem em desfavor do investigado, a não ser com expressa concordância deste, devendo a Autoridade Policial e seus agentes valer-se dos meios que não importem em violação ao enunciado no art. 5º da Constituição Federal do Brasil.

---

84. *Comentários al Nuevo Código Penal*, p. 1.691.
85. *Op. cit.*, pp. 51-52.
86. *Trânsito: Como policiar, ser policiado e recorrer das punições*, pp. 26-27.

Ainda para conhecimento, relacionada ao tema, transcrevo o Parecer nº 109/1999 da Assistência Jurídica do Detran/SP, exarado no Protocolo 65607-0/1999, de 10 de maio de 1999, conforme segue:

"PARECER Nº 109/1999 – ASSISTÊNCIA JURÍDICA DO DETRAN/SP

Elaboração do auto de infração de trânsito para condutor de veículo sob suspeita de embriaguez. Prazo para a notificação.

Para manifestação específica quanto ao assunto enfocado, diante das postulações requerente, permitimo-nos citar, inicialmente, a legislação pertinente a matéria:

1. Do Processo Administrativo

"Código de Trânsito Brasileiro

Art. 280. Ocorrendo a infração prevista na legislação de trânsito, lavrar-se-á o auto de infração, do qual constará:

I – tipificação da infração;

II – local, data e hora do cometimento da infração;

III – caracteres da placa de identificação do veículo; sua marca e espécie, e outros elementos julgados necessários à sua identificação;.

IV – o prontuário do condutor, sempre que possível;

V – identificação do órgão e da autoridade ou agente autuado ou equipamento que comprovar a infração;

VI – assinatura do infrator, sempre que possível, valendo esta como notificação do cometimento da infração.

§ 2º. A infração deverá ser comprovada por declaração da autoridade ou do agente da autoridade de trânsito, por aparelho eletrônico, ou por equipamento audiovisual, reações químicas ou qualquer outro meio tecnologicamente disponível, previamente regulamentado pelo Contran.

Art. 281. A autoridade de trânsito, na esfera da competência estabelecida neste Código e dentro de sua circunscrição, julgará a consistência do auto de infração e aplicará a penalidade cabível.

Parágrafo único. O auto de infração será arquivado e seu registro julgado insubsistente:

I – se considerado inconsistente ou irregular;

II – se, no prazo máximo de trinta dias, não for expedida a notificação da autuação."

Pelo exposto, entendemos que a autoridade policial deverá em princípio, e na suspeita de o condutor estar dirigindo o veículo sob o estado de embriaguez, elaborar o auto de infração na presença deste, colhendo sua assinatura, valendo esta como notificação do cometimento da infração e o encaminhará para se submeter ao exame de alcoolemia (Resolução Contran n° 737/1989). Posteriormente, quando da emissão do laudo, resultando positiva a embriaguez, ficará mantida a penalidade prevista pela legislação, ou caso contrário, será cancelada pela autoridade competente.

São Paulo, 10 de maio de 1999

Léa Maria Ferreira – Assistente Jurídica – Detran".

"COMUNICADO N° 43, DE 6 DE SETEMBRO DE 2000

Diretor da Divisão do Controle do Interior

Homologação pelo Denatran dos equipamentos, aparelhos ou dispositivos para exames de alcoolemia (etilômetros, etilotestes ou bafômetros), marca CMI, modelo Intoxilyzer 400 de etiloteste eletroquímico.

Para conhecimento e aplicação pelos Delegados de Polícia Diretores de Ciretran's, transcrevo a Portaria n° 4, de 19.1.2000, do Denatran, protocolado Detran 15300-1/2000, versando sobre homologação dos equipamentos.

"Portaria n° 4 de 19 de janeiro de 2000

O Diretor do Departamento Nacional de Trânsito, no uso das atribuições legais que lhe confere o art. 19 inciso I, da Lei n° 9.503 de 23 de setembro de 1997, que instituiu o Código de Trânsito Brasileiro, e

Considerando o disposto no art. 1° da Resolução Contran n° 109/1999, de 21 de dezembro de 1999, que trata da homologação dos equipamentos, aparelhos ou dispositivos para exames de alcoolemia (etilômetros, etilotestes ou bafômetros).

Considerando o disposto na Portaria Inmetro/Dimel n° 129, 3 de dezembro de 1999, parte integrante do Processo n° 08021.004695/1999-94 Denatran/MJ, resolve:

Art. 1°. Homologar o modelo Intoxilyzer 400 de etiloteste eletroquímico, marca CMI com os seguintes dados:

Fabricante CMI – INC, EUA

Endereço: 316E 9 th St – Owernsboro, KY 42303 – USA

Marca: CMI

Modelo: Intoxilyzer 400

Requerente: Rana Center Técnica e Comercial Ltda.

Endereço: Av. Nove de Julho, 40, 10° andar, 01312-000, São Paulo/SP

Art. 2°. Esta Portaria entre em vigor na data de sua publicação."

011

> **Art. 166.** Confiar ou entregar a direção de veículo a pessoa que, mesmo habilitada, por seu estado físico ou psíquico, não estiver em condições de dirigi-lo com segurança.
> - **Amparo Legal** – art. 166 (Adm.) CTB e art. 310 (Penal) CTB.
> - **Infração** – Gravíssima.
> - **Número de pontos** – 7 (sete).
> - **Penalidade** – Multa.
> - **Valor da multa** – R$ 191,54 – Resolução Contran nº 136/2002.
> - **Medida Administrativa** – Não há previsão.
> - **Código da infração** – 517-7 – Denatran/Detran – Resolução Contran nº 66/1998 (Corresponde ao art. 166 do CTB).
> - **Competência** – Estado – Resolução Contran nº 66/1998.

Confiar,[87] significa autorizar, consentir, ceder o veículo, por, colocar sob confiança, transmitir a direção de veículo. *Entregar,*[88] é passar às mãos de alguém, colocá-lo em poder de uma pessoa, transferi-lo para terceiro. O presente dispositivo configura-se quando ocorre a entrega ou confiança de direção de veículo automotor a pessoa habilitada legalmente e esta passe a dirigi-lo na via pública, entretanto, o estado físico ou psíquico do condutor não recomendam que dirija sob pena de colocar em risco a integridade física da coletividade. A infração ocorre tão somente com confiança ou entrega da direção de veículo automotor e conseqüentemente sua condução em via pública. Não há necessidade de exaurir-se em acidente de trânsito ou que tenha uma pessoa exposta ao risco ou perigo.

O artigo em comento visa a segurança do trânsito. A incapacidade pode ser momentânea ou duradoura.

Este artigo tem correspondência com teor da regra imposta no § 2º do art. 1º do Código de Trânsito que preconiza: "O trânsito, em condições seguras, é um direito de todos e dever dos órgãos e entidades componentes do sistema nacional de trânsito, a estes cabendo, nas respectivas competências, adotar as medidas destinadas a assegurar esse direito". É a garantia de um trânsito com segurança, com respeito a vida humana. É um direito fundamental inserido na Constituição Federal em seu art. 5º que ressalta a inviolabilidade do direito à vida, à segurança e a saúde. De verificar-se também a imposição do art. 28 do CTB: "O condutor deverá, a todo momento, ter o domínio de seu veículo, dirigindo-o com atenção e cuidados indispensáveis à segurança do trânsito".

---

87. Cf. Francisco da Silveira Bueno, *Dicionário Escolar da Língua Portuguesa.* 11ª ed., 8ª tiragem, Rio de Janeiro: FAE, 1984, p. 286; Aurélio Buarque de Holhanda Ferreira, *Novo Dicionário Aurélio da Língua Portuguesa.* 2ª ed. rev. e amp., Rio de Janeiro: Nova Fronteira, p. 451.
88. *Ibid.*, p. 420; *Ibid.*, p. 665.

Esta infração é destinada ao proprietário do veículo, ao possuidor, detentor do automotor, não havendo necessidade de que o veículo esteja registrado em seu nome na repartição de trânsito. Estando responsável pelo veículo, passa às mãos, confia ou entrega a pessoa sem condições físicas ou psíquicas que passa a conduzi-lo. De notar-se que se o surpreendido dirigindo sem condições físicas ou psíquicas for o proprietário, o possuidor, a tipificação será outro dispositivo, isto é, poderá incorrer na violação do inciso III do art. 252 (dirigir veículo com incapacidade física ou mental temporária que comprometa a segurança do trânsito). Esta norma do inciso III do art. 252 tem aplicação ampla e atinge situações não disciplinadas pelo Código especificamente no que tange a qualquer redução de capacidade física ou mental e possa perturbar a segurança do trânsito.

No aspecto penal é possível a tipificação do art. 310 do Código de Trânsito Brasileiro.

012

Art. 167. Deixar o condutor ou passageiro de usar o cinto de segurança, conforme previsto no art. 65.

- **Amparo Legal** – art. 167 – CTB.
- **Infração** – Grave.
- **Número de pontos** – 5 (cinco).
- **Penalidade** – multa.
- **Valor da multa** – R$ 127,69 – Resolução Contran nº 136/2002.
- **Medida administrativa** – Retenção do veículo até colocação do cinto pelo infrator.
- **Código da infração** – 518-5 – Denatran/Detran – Resolução Contran nº 66/1998 (Corresponde ao art. 167 do CTB).
- **Competência** – Estado e Município – Resolução Contran nº 66/1998.

O artigo focalizado faz remessa ao art. 65 do Código que impõe: *"É obrigatório o uso de cinto de segurança para condutor e passageiros em todas as vias do território nacional, salvo em situações regulamentadas pelo Contran".*

Esta compulsoriedade para o uso do cinto de segurança tem como objetivo diminuir as irreparáveis perdas de vida no trânsito ou ainda, as lesões advindas de acidente automobilísticos. O Código inovou ao determinar o uso do cinto de segurança em todas as vias públicas do país, a legislação anterior atingia somente o âmbito das rodovias.

A tipificação nesta infração decorre do condutor ou passageiro, quando o veículo em circulação, não estarem usando o cinto de segurança. Importa esclarecer entendermos que, em sendo o passageiro surpreendido sem usar o cinto de segurança, ainda assim, a autuação será contra o condutor, devendo o agente público

ART. 167

de trânsito esclarecer se era o condutor ou passageiro, ou ainda ambos, quem não utilizava-se do cinto de segurança por ocasião da fiscalização, no histórico ou campo de observações do auto de infração.

Não obstante nossa posição, em sentido contrário manifestou-se o ilustre Waldir de Abreu:[89] *"É também o condutor responsável pela ausência do cinto de segurança ou de seus defeitos na forma do art. 27. Mas entendemos que não responderá pelo passageiro, perante o art. 167, salvo se for menor sob sua guarda ou cuidado. Não sendo assim, cada qual deve ser acusado individualmente pela infração do art. 167".*

Também colhemos a posição do admirável Arnaldo Rizzardo,[90] no seu trabalho de relevo: *"Não importa quem seja a pessoa que não porte o equipamento, isto é, se motorista ou passageiro. Responderá sempre o primeiro"*. O mesmo autor afirma em relação ao cinto de segurança: *"Também é do condutor a responsabilidade caso os demais ocupantes não o estejam usando, cabendo-lhe por isso, verificar e exigir que todos os que estiverem no veículo já o tenham colocado antes de dar partida ao veículo".*[91]

Nossa posição, já expressamos anteriormente. Adotamos a de Arnaldo Rizzardo, com todo o respeito que merece interpretação em sentido contrário. Demais disso, o Código no seu art. 27, visando garantir maior segurança aos condutores e demais usuários da via pública, aponta como dever do motorista que antes de colocar o veículo em circulação nas vias públicas, deverá verificar a existência e as boas condições de funcionamento dos equipamentos de uso obrigatório, dentre os quais, insere-se o uso do cinto de segurança. É um dever visando a proteção da pessoa humana.

Na infração do art. 167, o veículo automotor tem instalado o cinto de segurança, entretanto, seu condutor ou passageiro não estão usando.

Pode ocorrer que o veículo fiscalizado não tenha instalado o cinto de segurança, neste caso, o agente público de trânsito autuará o infrator pela não utilização do cinto de segurança por violação ao disposto no art. 167 e também pela falta de equipamento de uso obrigatório (não instalação do cinto de segurança, cuja tipificação será a do art. 230, IX do CTB, por força da Resolução Contran nº 14/1998, art. 9º. Assim também será a autuação caso exista cinto de segurança instalado no veículo e este encontra-se ineficiente ou inoperante. Ao enquadrar no art. 230, IX, o agente fiscalizador deverá esclarecer no histórico ou no campo de observações do auto de infração se a conduta consistiu na ausência do cinto de segurança ou este apresentava-se ineficiente ou inoperante. Entretanto, caso o equipamento se mostre em desacordo com o estabelecido pelo Contran, a tipificação será a do inciso X do art. 230.

O Código estabelece no art. 105, I, que dentre outros, são equipamentos obrigatórios dos veículos o cinto de segurança, conforme regulamentação específica do Contran, com exceção dos veículos destinados ao transporte de passageiros em percursos em que seja permitido viajar em pé.

---

89. *Código de Trânsito Brasileiro*, p. 12.
90. *Comentários ao Código de Trânsito Brasileiro*, p. 406.
91. *Op. cit.*, p. 115.

A Resolução Contran nº 48/1998 (*DOU* de 22.5.1998), dispõe sobre os requisitos de instalação e procedimentos para ensaios de cintos de segurança de acordo com o inciso I do art. 105 anteriormente mencionado.

A Resolução Contran nº 14/1998 (*DOU* de 12.2.1998), estabelece os equipamentos obrigatórios para a frota de veículos em circulação no território nacional, dispondo no seu art. 1º, inciso I, item 22, que é obrigatório a instalação nos veículos automotores e ônibus elétricos cintos de segurança para todos os ocupantes do veículos, a serem constatados pela fiscalização e sua condição de funcionamento.

A mesma resolução abre exceções ao afirmar que não se exigirá cinto de segurança (art. 2º, IV):

a) para os passageiros, nos ônibus e microônibus produzidos até 1º de janeiro de 1999;

b) até 1º de janeiro de 1999, para o condutor e tripulantes, nos ônibus e microônibus;

c) para os veículos destinados ao transporte de passageiros, em percurso que seja permitido viajar em pé.

Ainda, a Resolução em comento, em seu art. 6º, IV, impõe que os veículos automotores produzidos a partir de 1º de janeiro de 1999, deverão ser dotados de cinto de segurança graduável e de três pontos em todos os assentos dos automotores.

Nos assentos centrais, o cinto poderá ser do tipo sub-abdominal. Os ônibus e microônibus poderão utilizar cinto sub-abdominal para os passageiros.

De registrar-se ainda, que a Resolução Contran nº 15/1998, publicada no *DOU* de 12.2.1998, em seu art. 3º, destaca que fica proibida a utilização de dispositivos no cinto de segurança que travem, afrouxem ou modifiquem, de qualquer forma, o seu funcionamento normal. O art. 4º da presente Resolução, estabelece que de acordo com a infração cometida, a conduta implica na violação dos arts. 167 ou 168 do CTB.

De outra parte, necessário esclarecer outro ponto que poderá incorrer em controvérsia, vale dizer, constatado que mais de uma pessoa não estava usando o cinto de segurança, é vedado a elaboração de mais de uma infração pelo agente público de trânsito. Será lavrado uma única infração, devendo ser anotado no campo reservado para histórico ou observações do auto o que ficou constatado quando da abordagem e fiscalização, exceto se forem infrações de natureza diversa, o que justificaria outra tipificação.

CINTO DE SEGURANÇA – MEDIDA ADMINISTRATIVA

O Cetran/SP, decidiu e publicou no *DOE* de 8.6.1999, Parecer fundado na consulta do presidente da JARI de Mirassol/SP, que solicitou informações quanto ao procedimento a ser adotado, na apreciação dos recursos, em que os recorrentes alegam a necessidade de que a fiscalização paralise o veículo para autuar o condutor, no caso de não estar usando cinto de segurança: "lamentavelmente esse entendimento passou a ser divulgado por órgãos de imprensa, logo após a entrada em vigor do Código de Trânsito Brasileiro – CTB, em janeiro de 1998, e isso em má interpretação da legislação de trânsito. O uso do cinto de segurança é obrigatório nos termos do art. 65 do CTB. Aos infratores devem ser aplicadas as sanções estabelecidas no art. 167 desse Código. Infração grave. Penalidade de multa (120 UFIR) e Medida Administrativa de Retenção do veículo até a colocação do cinto pelo condutor. Assim, ao condutor que não estiver usando cinto de segurança, deve ser aplicada a penalidade de multa. Porém, nem sempre é possível reter o veículo para a aplicação da medida administrativa, em decorrência das condições do trânsito ou porque o condutor prosseguiu na marcha. Assim, o fato de não ter sido possível a aplicação da medida administrativa, não dá ao infrator o direito de elidir-se da responsabilidade da multa. Em resumo, mesmo não sendo aplicada a medida administrativa, a penalidade de multa deve ser mantida."

013

Art. 168. *Transportar crianças em veículo automotor sem observância das normas de segurança especiais estabelecidas neste Código.*

- **Amparo Legal** – art. 168 do CTB.
- **Infração** – Gravíssima.
- **Número de pontos** – 7 (sete).
- **Penalidade** – Multa.
- **Valor da multa** – R$ 191,54 – Resolução Contran nº 136/2002.
- **Medida administrativa** – Retenção do veículo até que a irregularidade seja sanada.
- **Código da Infração** – 519-3 Denatran/Detran – Resolução Contran nº 66/1998 (Corresponde ao art. 168 CTB).
- **Competência** – Estado e Município – Resolução Contran nº 66/1998.

O dispositivo em comento demonstra a preocupação do legislador com o transporte de crianças no trânsito brasileiro, notadamente não observância às normas especiais de segurança.

É cediço que ao transportar crianças, o condutor de veículo automotor deve ter sua atenção redobrada, inclusive ao passar por elas na via pública. São irrequietas, capazes de reações rápidas e inesperadas cada qual com características próprias nas diversas fases de crescimento. Habitualmente, as crianças são transportadas de um lugar para outro, como, escola, dentista, natação, etc., entretanto, os dispositivos de segurança, os cuidados, nem sempre são levados a sério pelo motorista, com isso, colocam em risco a integridade física delas.

ART. 168

O Código de Trânsito Brasileiro, em seu art. 64, determina que as crianças com idade inferior a dez anos devem ser transportadas nos bancos traseiros, salvo exceções regulamentadas pelo *Contran*.

A Resolução Contran nº 15/1998 (*DOU* de 12.2.1998) dispõe sobre o transporte de menores de dez anos de idade em veículos automotores, estabelecendo condições mínimas de segurança. Em seu art. 1º, a Resolução mencionada, obriga que os menores de dez anos deverão ser transportados nos bancos traseiros e usar individualmente cinto de segurança ou sistema de retenção equivalente. Não obstante, o § 1º do art. 1º da Resolução sub análise, autorizava que excepcionalmente nos veículos dotados exclusivamente de banco dianteiro, o transporte de menores de dez anos poderá ser realizado neste banco, observados, rigorosamente as normas de segurança, isto é, uso individual de cinto de segurança ou sistema de retenção equivalente.

Todavia, na hipótese do transporte de menores de dez anos exceder a capacidade de lotação do banco traseiro, será admitido o transporte daquele de maior estatura no banco dianteiro. De lembrar-se que as excepcionalidades previstas na Resolução que disciplina o transporte de crianças menores de dez anos, não se aplicam ao transporte remunerado em automóveis. A não utilização do cinto de segurança implica nas sanções previstas no art. 167 do CTB, ou ainda, a não observância das normas de segurança especiais ao transportar crianças em veículo automotor, conforme o caso, poderá ocorrer violação do art. 168 do Código.

O Código ainda disciplina outras condutas visando preservar a vida humana. É o caso do art. 252, II: *"dirigir o veículo transportando pessoas, animais ou volume à sua esquerda ou entre os braços e pernas;"* (o grifo é nosso). Por mais estranho que possa parecer o dispositivo, não é incomum depararmos no trânsito com pessoas dirigindo veículo automotor com crianças à sua esquerda, junto a porta do motorista, alguns até com a cabeça fora da janela, menos raro, é o transporte de criança no colo do condutor, entre os braços e pernas.

O Código foi mais além no art. 244, V: "Conduzir motocicleta, motoneta e ciclomotor transportando criança menor de sete anos ou que não tenha nas circunstâncias, condições de cuidar de sua própria segurança". Também o art. 244, § 1º, "c", estende ao ciclo essa preocupação do legislador, entretanto, não estabelece limite da idade neste último, referindo-se genericamente a criança.

Por final, o art. 230, XX, pune a conduta do condutor que conduzir veículo sem portar a autorização para condução de escolares, na forma estabelecida no art. 136.

OS ERROS MAIS COMUNS NO TRANSPORTE DE CRIANÇA

— Crianças viajarem soltas no banco traseiro sem o cinto.

— Pais e filhos sentados no banco da frente utilizando o mesmo cinto de segurança.

— Crianças atrás, viajando em pé, com a cabeça entre os dois bancos dianteiros.

— Crianças de joelhos no banco traseiro do automóvel.

— Crianças no banco da frente sentados na ponta do banco e com as mãos no painel, sem cinto de segurança.
— Crianças sentadas no mesmo banco do motorista, sobre suas pernas e entre seus braços e ainda em alguns casos segurando a direção simulando conduzir o veículo.
— Crianças no banco da frente ou no banco traseiro com a cabeça para fora da janela.
— Crianças transportadas em veículos com as portas destravadas.
— Se estiver com crianças no carro, redobre a atenção ao ser fechada a porta. Muitas vezes deixam pé ou mão do lado de fora, sofrendo acidentes.
— Não deixe, brinquedos pontiagudos com crianças no banco de trás, objetos, tais como ferramentas e outros. A criança além de poder jogá-los pela janela, pode atirá-los também dentro do carro, muitas vezes, distraindo o condutor, podendo resultar em acidente.
— Nunca deixe o carro na garagem, esquentando o motor, com as crianças dentro e sozinhas.
— Ao dar marcha-a-ré, na garagem ou próximo de crianças, verifique a exata posição delas. Muito cuidado. Sendo baixas, elas ficam fora do campo de visão e da linha dos espelhos retrovisores, podendo atropelá-las.
— Nunca transporte crianças no bagageiro dos veículos utilitário, há perigo permanente do monóxido de carbono que é altamente tóxico e imperceptível.
— Não transporte crianças nas caçambas de caminhonetes ou outros veículos, ocorrendo freada brusca, elas serão projetadas sobre o veículo e contra o solo.

014

> **Art. 169.** Dirigir sem atenção ou sem os cuidados indispensáveis à segurança.

- **Amparo Legal** – art. 169 – CTB.
- **Infração** – Leve.
- **Número de pontos** – 3 (três).
- **Penalidade** – Multa e suspensão do direito de dirigir.
- **Valor da multa** – R$ 53,20 – Resolução Contran nº 136/2002.
- **Medida administrativa** – Não há previsão.
- **Código da Infração** – 520-7 Denatran/Detran – Resolução Contran nº 66/1998.
- **Competência** – Estado e Município – Resolução Contran nº 66/1998.

ART. 169

A crítica que se faz a este dispositivo é que falta objetividade. Entendemos que esta penalidade abrange uma generalidade de condutas perigosas do condutor dirigindo veículo automotor em via pública.

Os condutores de veículos automotores gozam do princípio da confiança mútua (recíproca). As regras de circulação de veículos criam para os motoristas a convicção de que serão atendidas por todos. Por força do princípio da confiança mútua (recíproca), fundamental em matéria de circulação de veículos, o usuário do trânsito tem o direito a contar que os demais usuários se comportem igualmente de maneira correta e se atenham as regras e cautelas que de todos são exigidas, inclusive os pedestres, observando as normas de trânsito. A não observância, caracteriza a violação das normas básicas de trânsito.

Este enquadramento deve ser usado para as infrações em que não haja penalidade específica, mas que tenham correspondência com o conteúdo da redação deste artigo, ou seja dirigir com cuidados indispensáveis à segurança do trânsito. Princípio da confiança recíproca (mútua). É um dispositivo combativo de lacunas, adequado a condutas contrárias às normas de circulação e segurança. É um pressuposto da direção defensiva visando a incolumidade pública. *JUTACRIM* 34/274, 30/332, 30/330, *RT* 425/349, 554/378, 583/361.

Aplicável: Caso de fechadas, falta de atenção, desvio de atenção para observar pessoas ou coisas ao longo da via, dirigir observando vitrines, dirigir abraçada a outra pessoa, dirigir olhando para os lado, conversar com os passageiros a ponto de distrair-se, dirigir o veículo com o volume do rádio ou aparelho de som muito alto, efetuar com o veículo movimentos irregulares abalando a segurança do trânsito, atravessar a via de um lado à outro, frear bruscamente, empinar motocicletas, transitar entre espaços de outros veículos, transitar em zigue-zague, não manter o veículo na sua faixa de trânsito mudando a todo instante, transitar com o veículo no meio da via, ou muito rente a calçada, tirar fininha em pedestre, veículos ou objetos, dirigir bebendo alguma coisa (suco, guaraná, etc.), chupando sorvete, lendo alguma parte do jornal ou revista ou outra coisa qualquer, mudança brusca e repentina de mão de direção, diminuir repentinamente a velocidade do veículo sem que seja motivado por algum imprevisto, não ultrapassar com cautela caminhão de coleta de lixo, atravessar com o sinal amarelo, motorista que efetua ultrapassagem ou ingressa em cruzamento fiando-se em sinais dados por outro motorista, manobra inábil, perda do controle direcional momentaneamente, direção desatenta em relação a relacionamento amoroso no interior do veículo, abaixar-se quando dirigindo o veículo para apanhar qualquer objeto (fita, cigarro), dirigir veículo ajustando o banco, cinto de segurança ou espelhos retrovisores, dirigir discutindo com alguém.

São condutas perigosas sem que tenham penalidade mais grave própria ou específica, cuja conduta desvia a atenção do condutor ou leva a ausência ou diminuição dos cuidados indispensáveis à segurança do trânsito. Trata-se de infração residual, de reserva, aplica-se se outra não se amoldar. É toda conduta que deve ser observada para evitar acidente. É a cautela, o cuidado, a precaução, ser diligente, zeloso, atenção. Objetiva-se preservar a segurança do trânsito. Dependendo da conduta, poderá configurar a contravenção do art. 34 da Lei das Contravenções Penais, neste caso, com apresentação obrigatória do motorista à Autoridade

ART. 170

Policial para avaliação da situação fática e jurídica, nos termos da Lei nº 9.099/1995. Lavrando-se termo circunstanciado, este deve ser encaminhado a autoridade de trânsito, Diretor do Detran ou Ciretran para providências administrativas sem prejuízo da adotada na área penal.

015

> **Art. 170.** Dirigir ameaçando os pedestres que estejam atravessando a via pública, ou os demais veículos.
>
> - **Amparo Legal** – art. 170 – CTB.
> - **Infração** – Gravíssima.
> - **Número de pontos** – 7 (sete).
> - **Penalidade** – Multa e suspensão do direito de dirigir.
> - **Valor da multa** – R$ 191,54 – Resolução Contran nº 136/2002.
> - **Medida administrativa** – Retenção do veículo e recolhimento do documento de habilitação (CNH ou PPD). **Nota:** A medida de recolhimento da CNH ou PPD, deve ser aplicada exclusivamente pela autoridade de trânsito, observado os princípios da ampla defesa e contraditório nos termos do art. 5º, II, LV e LVII da CF, art. 265 do CTB e Deliberação Cetran/SP nº 199/2000, publicada no DOE nº 195 de 10.10.2000, p. 4.
> - **Código da Infração** – 521-5 Denatran/Detran – Resolução Contran nº 66/1998 (Corresponde ao art. 170 – CTB).
> - **Competência** – Estado e Município – Resolução Contran nº 66/1998.

A conduta descrita no presente artigo, tem conotação de intimidar, periclitar, causar medo, para os pedestre que estejam atravessando a via pública ou para os demais veículos. Exemplo mais comum ocorre quando o pedestre está concluindo a travessia da via pública, mesmo que o local não seja dotado de semáforo ou faixa de pedestres e o motorista aproxima o conduzido demasiadamente do pedestre com intenção de apressá-lo na travessia, utiliza-se da buzina com nítida intenção de assustá-lo, forçando o pedestre a prática de esforços desnecessários na conclusão da travessia da via, acelerando deliberadamente o motor do veículo mesmo com o veículo em ponto morto; é acelerar o motor com o veículo parado dando a impressão de que vai colocar-se em marcha naquele momento, é arremeter ou ameaçar de arremeter o veículo contra o pedestre, dar trancos com o veículo na direção das pessoas; é a agressividade desnecessária do condutor em desfavor do pedestre que está atravessando a via pública. Não se deve aqui confundir o artigo em questão com o previsto no art. 193 do Código, vez que este último refere-se a invasão do veículo em locais proibidos para sua circulação.

Esta infração ocorre também em relação a outros veículos e usuários da via, é o caso porém, quando o condutor na direção de seu automotor força o veículo da frente a avançar sinal ou que imprima marcha acelerada com a abertura dele, quando solicita passagem não sendo atendido efetua manobras conhecidas como fechadas, fininhas, aproximação demasiada traseira ou lateral, ou após a ultrapassagem diminui, sensivelmente a marcha do veículo de forma repentina, obstrui a ultrapassagem do veículo que acabou de ultrapassar em represália a qualquer fato ocorrido anteriormente, ultrapassar determinado veículo e frear bruscamente, reiteradamente ou não seu conduzido com deliberação de irritar o outro condutor.

Há autores que entendem violado esta norma mesmo que decorrente de gestos ofensivos e ofensas verbais, como é o caso de João Baptista da Silva:[92] *"o texto menciona ameaças, "ameaçando". Ameaçar é intimidar, por em perigo, meter medo, anunciar malefício. No contexto, é aplicar golpes no volante do veículo na direção do pedestre ou do outro veículo intimidando o pedestre ou o condutor do outro veículo; é por em risco ou dar a impressão de pôr em perigo um ou outro; é anunciar com palavras, de regra raivosas e exasperadas, e de baixo calão, ou gestos precipitados, de cotio indecorosos, qualquer maltrato, em revide a uma suposta ofensa, a ofensa de surgir na sua frente, num ato involuntário e casualmente prejudicial ao agastado motorista".*

Da mesma interpretação a posição de Aureliano Pires Vasques:[93] *"Ocorre quando o condutor do veículo ameaça o pedestre de agressão verbal ou física por se encontrar sobre a pista de rolamento, etc., ou os ocupantes de outro veículo, quer por uma "fechada" ou por ter sido dirigido qualquer gracejo ou palavra contra a honra do mesmo".*

016

Art. 171. **Usar o veículo para arremessar, sobre os pedestres ou veículos, água ou detritos.**

- *Amparo Legal* – art. 171 – CTB.
- *Infração* – Média.
- *Número de pontos* – 4 (quatro).
- *Penalidade* – multa.
- *Valor da multa* – R$ 85,13 – Resolução Contran nº 136/2002.
- *Medida Administrativa* – Não há previsão.
- *Código da Infração* – 522-3 – Denatran/Detran – Resolução Contran nº 66/1998 (Corresponde ao art. 171 CTB).
- *Competência* – Município – Resolução Contran nº 66/1998.

---

92. *Código de Trânsito Brasileiro Explicado*, p. 392.
93. *Código de Trânsito Comentado e o Despachante, a Auto-Escola e os Órgãos de Trânsito*, p. 89.

ART. 172

Esta infração ocorre quando o condutor na direção de veículo automotor utiliza-se do conduzido para arremessar sobre os pedestre ou demais veículos, água ou detritos (resíduo de uma substância, lixo, sujidade). Arremessar quer dizer atirar, lançar, arrojar.

A situação caracterizadora da infração pode ocorrer mais acentuadamente em dias de chuva ou após alguém lavar a calçada ou mesmo a via pavimentada ou não, e restar água empoçada ou qualquer resíduo (substância ou sujidade).

O lançamento, arremesso, deve ser sobre os pedestres ou veículos podendo configurar-se ainda que não haja intenção, basta que ocorra a infração em tela, vem atrelada a falta de atenção, cautela, cuidado, displicência, desleixo, descaso, negligência, imprudência ou quando por transitar com o veículo em velocidade inadequada para o local, muito próximo a calçada, ponto de embarque ou desembarque de passageiros de ônibus, acabando por lançar, água, barro, detritos sobre as pessoas ou demais veículos.

017

Art. 172. Atirar do veículo ou abandonar na via objetos ou substâncias.
- **Amparo Legal** – art. 172, CTB.
- **Infração** – Média.
- **Número de pontos** – 4 (quatro).
- **Penalidade** – multa.
- **Valor da multa** – R$ 85,13 – Resolução Contran nº 136/2002.
- **Medida Administrativa** – Não há previsão.
- **Código da Infração** – 523-1 Denatran/Detran – Resolução Contran nº 66/1998 (Corresponde ao art. 172 – CTB)
- **Competência** – Município – Resolução Contran nº 66/1998.

A infração objeto de nosso comentário é decorrente da deseducação de nossos motoristas, motivo pelo qual, necessário que invista-se na educação do trânsito, notadamente das crianças e adolescentes que serão os motoristas do futuro.

A infração dessa natureza é abrangida pelo tipo em questão de duas formas: **ação** ou **omissão.** A primeira decorre dos atos físicos de atirar, lançar, jogar fora do veículo objetos ou substâncias dos quais não tenha mais interesse em manter consigo, como é o caso de lixo, restos de alimentos, recipientes que continham bebidas, resto de cigarro e sua cartela de armazenagem, propagando em papéis que são sistematicamente entregues ao condutor quando da parada do veículo nos semáforos ou engarrafamentos de trânsito, caracterizando-se também a infração quando o condutor infrator receber a segunda via do auto de infração por qualquer outra infração de trânsito que acabou de cometer e após, rasgá-la ou amassá-la, atirá-la (jogar) na via pública do interior do veículo, etc. A segunda forma é a **omissiva** de objetos ou substâncias como é o caso do calço de segurança utilizados no estacionamentos de veículos pesados em aclives ou declives por força do preconizado no art. 181, XVI e § 2º, do CTB, e ainda qualquer objeto que tenha sido utilizado para sinalização temporária da via, nesse último aspecto, advém nítido conflito com o art. 226 do Código que será objeto de análise posteriormente. Na verdade, o abandono de qualquer objeto ou substância em via pública, caracteriza a presente infração. Exemplo: pedras, galhos, pneu danificado e trocado, pedaços de madeira, etc.

A conduta ainda é agravada em suas duas formas quando os objetos ou substâncias possam ocasionar acidentes no trânsito como foi o caso do veículo que transportava na carroceria pessoas e uma delas após beber água-de-coco, atirou o recipiente contra transeuntes vindo a atingir um deles, ocasionando-lhe traumatismo craniano. Entretanto, alerte-se que a infração caracteriza-se independente de ocorrer eventual acidente, basta a conduta de atirar ou abandonar na via pública objetos ou substâncias diversas. Não há necessidade que ofereça risco para a infração exaurir-se. Há divergência entre alguns doutrinadores, no caso do passageiro ser o autor da ação de atirar para fora do veículo objeto ou substâncias, se a conduta deve ser imposta ao condutor do veículo ou ao passageiro que praticou ato físico. Nossa posição: O condutor é responsável pelo veículo automotor que dirige, ainda nessa circunstância, com o devido respeito que merece entendimento em sentido contrário, o condutor deve ser responsabilizado, entretanto, o agente público de trânsito deve anotar no campo de observações do auto de infração que a ação foi do passageiro e se possível identificado para que o condutor exerça seu direito de ampla defesa.

Todavia, a conduta também poderá amoldar-se ao art. 37 da Lei das Contravenções Penais (Decreto-Lei nº 3.688/1941): *"Arremessar ou derramar em via pública, ou em lugar de uso comum, ou de uso alheio, coisa que possa ofender, sujar ou molestar alguém".*

Entretanto, recebendo a via por infração a legislação de trânsito amassá-la e jogá-la contra o agente público de trânsito com objetivo de ofender, menosprezar, humilhar, menoscabar o funcionário público ocorrerá a infração penal prevista no art. 331 do Código Penal. É importante o arrolamento de testemunhas.

Art. 331. *Desacatar funcionário público no exercício da função ou em razão dela:*

Pena *– Detenção, de seis meses a dois anos, ou multa.*

018

Art. 173. **Disputar corrida por espírito de emulação (racha).**
- **Amparo Legal** *– art. 173 (Adm.) CTB e art. 308 (Penal) CTB.*
- **Infração** *– Gravíssima.*

ART. 173

> - **Número de pontos** – 7 (sete).
> - **Penalidade** – Multa (três vezes), suspensão do direito de dirigir e apreensão do veículo.
> - **Valor da multa** – R$ 191,54. Resolução Contran nº 136/2002 – Neste caso, R$ 191,54 x 3 = R$ 574,62.
> - **Medida administrativa** – Recolhimento do documento de habilitação e remoção do veículo. **Nota:** O recolhimento da CNH ou PPD, é medida a ser aplicada exclusivamente pela autoridade de trânsito, observado os princípios da ampla defesa e contraditório nos termos do art. 5º, II, LV e LVII, da CF, art. 265 do CTB e Deliberação nº 199/2000, do Cetran/SP, publicada no DOE nº 195 de 10.10.2000, p. 4.
> - **Código da Infração** – 524-0 – Denatran/Detran – Resolução Contran nº 66/1998 (Corresponde ao art. 173 CTB).
> - **Competência** – Estado e Município – Resolução Contran nº 66/1998.

RACHA AUTOMOBILÍSTICO

Esta infração é conhecida popularmente como **racha**, nome vulgar para designar disputas automobilísticas nas vias públicas, comuns nas madrugadas, entre dois ou mais condutores, sem obediência a qualquer formalidade exigida nas ações desportivas, apenas por espírito de emulação, aqui não há organização ou promoção por entidades desportivas. Não há o controle ou licença legal da autoridade de trânsito.

O sentido de emulação aqui é competição, rivalidade, concorrência. Ocorre sempre na clandestinidade. Não há organização por promotores de eventos ou clubes ou de distribuições de prêmios.

Essa infração não pode ser realizada somente por uma pessoa, ela exige a participação de dois ou mais motoristas ou em grupos sempre com o espírito de competição entre si. São próprias de adolescentes que para auto afirmarem-se partem para o exibicionismo e nem sempre com final feliz. Por incrível que possa parecer, há grupos de pessoas que estão no local somente para assistir, aplaudir, torcer pelos concorrentes. Não raras vezes, observamos através da mídia atropelamentos gravíssimos decorrentes do racha, em algumas ocasiões, pessoas que estão sobre a calçada, atravessando a via, assistindo o racha.

A cumplicidade da platéia quando da chegada da polícia, é outro fator que causa estranheza. O público mantém-se silente em relação a identificação dos rachadores e rechaçam a idéia de que o fato além de constituir infração administrativa, é infração penal. São coniventes com os "pegadores" ainda que ocorram vítimas.

No caso da interceptação do condutor que disputa corrida por espírito de emulação, este, adolescente ou maior de dezoito anos, deve ser apresentada ao delegado de polícia para providências próprias de polícia judiciária, anteriormente a vigência do novel diploma de trânsito, a conduta era tipificada no art. 34 da Lei das Contravenções Penais, hoje, no novo ordenamento jurídico, ao menos em tese, impõe-se a responsabilidade do condutor nestas condições ao preceptivo jurídico previsto no art. 308 do CTB: *"Participar, na direção de veículo automotor, em via pública, de corrida, disputa ou competição automobilística não autorizada pela autoridade competente, desde que resulte dano potencial à incolumidade pública ou privada".*

O preceito secundário do tipo em questão prevê pena de seis meses a dois anos, multa e suspensão ou proibição de se obter a Permissão ou a Habilitação para dirigir veículo automotor. No caso, poderá o condutor rachador ser autuado em flagrante.

Todavia, tratando-se de adolescente, caberá à Autoridade Policial a elaboração do boletim de ocorrência circunstanciado versando sobre ato infracional a teor da Lei nº 8.069/1990 – Estatuto da Criança e do Adolescente.

Existem registros de verdadeiras tragédias envolvendo adolescentes nessas empreitadas (racha), com seqüelas irreversíveis neles próprios e em terceiros, ocorrendo em alguns casos a morte.

Quando se atropela alguém, também se atropela seus sonhos.

Lembramos, mesmo que os condutores envolvidos no racha, evadirem-se, o fato deve ser noticiado a Autoridade Policial, para que esta determine a realização de diligências, visando coibir a prática dessa infração, principalmente se foi anotada alguma identificação do veículo (marca/placas) ou dos investigados para apurar a responsabilidade dos pais na conivência com os filhos autores; no caso do investigado ser inabilitado e adolescente, medida que entendemos indispensável é a oitiva dos vizinhos, visando esclarecer se observaram o adolescente inabilitado dirigindo ao lado dos pais, irmãos, familiares, e ainda, se estes abrem o portão da garagem para que o filho saia com o veículo. Os vizinhos sabem de tudo.

RACHA AUTOMOBILÍSTICO E DOLO EVENTUAL

Geraldo de Faria Lemos Pinheiro,[94] à época, presidente do Cetran/SP:

"Ao tomar ciência de três recursos de condutores de veículos acusados de corrida na via pública, o conselho aproveitou para discutir o tormentoso assunto que vem tomando manchetes na imprensa e declarou-se inteiramente favorável à idéia do secretário da segurança pública no sentido de que os rachas deixaram de ser simples infrações para assumirem a forma de homicídio e, como tal devem ser punidos. Já é tempo de serem considerados tais comportamentos como de dolo eventual, perfeitamente adequados a doutrina penal, além da imediata suspensão do direito de dirigir, pelo prazo máximo previsto na legislação de trânsito. Tendo em conta que nem sempre as penalidades de multa e apreensão de CNH são aplicadas segundo procedimentos que permitam perfeito exame dos recursos, bem como proporcionem a ampla defesa prevista na legislação, decidiu o conselho elaborar minuta de procedimentos para os futuros casos que venham ao conhecimento das juntas e do conselho."

---

94. Publicado no *DOE* nº 20 de 28.1.1995, p. 3, ata do Cetran/SP.

CONDUTOR QUE NEGA TER PARTICIPADO DE CORRIDA NÃO AUTORIZADA, CONHECIDA POR RACHA É OBJETO DE AIT (AUTO DE INFRAÇÃO DE TRÂNSITO)

Em suas considerações o recorrente (condutor), além da negativa da infração, aduz que o veículo está bloqueado na Corregedoria sem que possa aliená-lo ou licenciá-lo, reiterando que para o desbloqueio o órgão exige o pagamento da multa e a apreensão da CNH. O Cetran/SP apresentou o seguinte voto (*DOE* de 14.3.1995):

"Levamos o caso ao conhecimento prévio do colegiado como orientação preliminar. De longa data o Cetran tem se insurgido contra o sistema adotado pela fiscalização, quanto aos denominados rachas, considerando mesmo uma arbitrariedade, se não for abuso de autoridade, a convocação do proprietário do veículo, a quem imputa a infração do art. 89, XIX – CNT, para que se apresente à divisão de fiscalização, com a finalidade de receber o auto de infração e apresentar a CNH para apreensão, devendo desde logo recolher a multa originada do auto, sem o que continuará nos computadores a expressão de **interesse da corregedoria**. Tal bloqueio impede o licenciamento ou alienação do veículo sem embargo da louvável preocupação do órgão em corrigir as competições esportivas mencionadas no art. 89, XIX – CNT, o que equivale a preocupar-se justamente com a segurança de condutores e público participante. Na verdade os procedimentos estão errados, pois a sindicância, que certo seria desnecessária para comprovar a infração e identificar o infrator, só virá mais tarde, após o cumprimento das exigências de vistoria do veículo, pagamento de multa e entrega da CNH. Ora, se o infrator de trânsito tem 30 dias para recorrer após a aplicação da multa e notificação correspondente, e se a apreensão da CNH deve ser feita contra recibo, por decisão fundamentada da autoridade de trânsito (art. 96, § 2°, CNT), é evidente que o procedimento dotado desobedece ao princípio da ampla defesa, garantida constitucionalmente. Que sindicância pode ser feita, após a violência contra o proprietário do veículo, a que se acusa de **racha**, sem a defesa, que é necessária tanto para a multa como para a apreensão da CNH? A preocupação do órgão em coibir os abusos é elogiável e deve continuar diariamente, sem tréguas, mas segundo as regras do direito e assegurado princípio da ampla defesa. No caso em tela, o recorrente categoricamente afirma ter passado apenas pelo local, com familiares e amigos, após a comemoração de aniversário de sua filha, o que está comprovado quanto à data pela certidão em apenso. Se existiam duas placas anotadas pelo serviço de inteligência, ou o que seja parecido, porque não foram desde logo convocados os proprietário dos veículos? Não só para indicarem quem dirigia na ocasião dos fatos como para serem acareados em sindicância regular na corregedoria, única competente para o procedimento corretivo do órgão de trânsito. Em suma, sem que seja preciso analisar se os agentes tem fé para tomar o número das placas, o procedimento adotado e as provas do processo não autorizam a incriminação pretendida, tanto mais que o Cetran não acolhe a prática aqui relatada. Por tais fundamentos, meu voto defere o recurso, para que seja cancelada a multa, se foi colocada nos registros, para que o recorrente não tenha sua CNH apreendida e finalmente se dê baixa na expressão **de interesse da corregedoria**, remetendo-se cópia do voto ao senhor diretor do Detran e ao senhor corregedor do órgão."

| 019 |

Art. 174. Promover, na via, competição esportiva, eventos organizados, exibição e demonstração de perícia em manobra de veículo, ou deles participar, como condutor sem permissão da autoridade de trânsito com circunscrição sobre a via.

Parágrafo único. As penalidades são aplicáveis aos promotores e aos condutores participantes.

- **Amparo Legal** – art. 174 (Adm.) CTB e art. 308 (Penal) – CTB.
- **Infração** – Gravíssima.
- **Número de pontos** – 7 (sete).
- **Penalidade** – Multa (cinco vezes), suspensão do direito de dirigir e apreensão do veículo. **Nota:** Aplicáveis aos promotores e aos condutores participantes (art. 174, parágrafo único)
- **Valor de cada multa** – R$ 191,54. Resolução Contran nº 136/2002. Neste caso, R$ 191,54 x 5 = R$ 957,70. Trata-se de multa agravada com fatos multiplicador de cinco vezes.
- **Medida administrativa** – Recolhimento do documento de habilitação e remoção do veículo. **Nota:** A medida administrativa de recolhimento do documento de habilitação, trata-se de medida a ser aplicada exclusivamente pela autoridade de trânsito, observado os princípios da ampla defesa e contraditório nos termos do art. 5º, II, LV e LVII da CF, art. 265 do CTB e Deliberação nº 199, de 6.10.2000, do Cetran/SP, publicado no DOE nº 195 de 10.10.2000, p. 4.
- **Código da Infração** – 525-8 e 526-6 Denatran/Detran – Resolução Contran nº 66/1998

Nesta infração são previstos dois códigos:

525-8 – (Corresponde ao art. 174, CTB) – Promover, na via, competição esportiva, eventos organizados, exibição e demonstração de perícia em manobra de veículo, sem permissão da autoridade de trânsito com circunscrição sobre a vida.

526-6 – (Corresponde ao art. 174 CTB) – Participar, na via, como condutor, de competição esportiva, eventos organizados, exibição e demonstração de perícia em manobra de veículo, sem permissão da autoridade de trânsito com circunscrição sobre a via.

- **Competência** – Município – Resolução Contran nº 66/1998.

A diferença da conduta prevista no art. 173 com a do art. 174 do Código, é que no primeiro, não há organização, há a clandestinidade. No art. 174, é promovida sem permissão da autoridade de trânsito, na via pública, competição esportiva, eventos organizados, exibição e demonstração de perícia em manobra de veículo, ou deles participar como condutor.

ART. 174

São competições esportivas programadas desprovidas de autorização legal, sem formalidades legais. As penalidades são aplicáveis aos promotores e aos condutores participantes.

A autorização da autoridade é um ato vinculado às exigências legais somadas as medidas acauteladoras da segurança pública. A responsabilidade no caso supra descrito aplica-se tanto aos promotores como aos condutores participantes de eventos que não tenham autorização legal. Exemplo: provas de rally, sem autorização da autoridade.

A distinção dessa infração como o famigerado racha é que aqui, os participantes são esportistas de uma determinada categoria de esportes e não atuam na clandestinidade como é o caso do racha (Disputar corrida por espírito de emulação – art. 173 CTB).

Serão autuados por violação ao menos em tese deste artigo, todos os promotores do evento e condutores participantes, mesmo que não sejam habilitados como condutores. A competição deve ter um mínimo de organização, caso contrário poderá estar ocorrendo a infração prevista no art. 173 – disputar corrida por espírito de emulação.

Surpreendidos na prática de promoção e participação como condutor na via de competição esportiva, eventos organizados, exibição e demonstração de perícia em manobra de veículo, sem permissão da autoridade de trânsito com circunscrição sobre a via, estes devem ser apresentados a autoridade policial para providências próprias de polícia judiciária; conforme o caso, poderá configurar pelo motorista a violação do disposto no art. 308 do CTB: participar, na direção de veículo automotor, em via pública, de corrida, disputa ou competição automobilística não autorizada pela autoridade competente, desde que resulte dano potencial à incolumidade pública ou privada. Havendo vítimas, a configuração do delito será a do 302 ou 303 do CTB, conforme o desfecho do evento.

DEMONSTRAÇÃO DE PERÍCIA EM VIAS POR DETERMINADA MONTADORA OU FABRICANTE DE VEÍCULOS

Essas exibições públicas normalmente são acompanhados de numerosa assistência de populares, principalmente adolescentes, todos com risco de algum acidente grave por falha ou defeito da máquina. A prática de tais demonstrações comerciais demonstrando a qualidade de seus produtos, de certa forma incorre na infração prevista no art. 174 do CTB, tão combatida pela fiscalização do órgão do trânsito, além de péssimo exemplo para aqueles que tentarão repetir as habilidades demonstradas, especialmente as chamadas "**cavalo-de-pau**".

O Cetran/SP,[95] aduziu que se houver qualquer acidente nessa demonstração perigosa, o órgão de trânsito que tolerou a exibição responderá civil e criminalmente pela omissão. Acrescenta que embora os textos dos anúncios desaconselhem que tal prática seja feita na via pública, é certo que o exemplo será imitado pelos jovens, prossegue ainda, afirmando que a propaganda nesse aspecto não leva a nada, pois não é a perícia do piloto que demonstra a boa qualidade do produto.

---
95. Publicado no *DOE* nº 38, de 23.2.1995, p. 5.

Importa destacar, que a permissão da autoridade competente com circunscrição sobre a via para realização do evento, não exonera os promotores do evento, ou participantes da responsabilidade civil e criminal em decorrência de eventual ação ou omissão que resulte em danos a incolumidade físicas das pessoas. A autorização legal da autoridade tem objetivo de dar cumprimento as medidas legais administrativas, portanto, somente em relação a estas vítimas, o promotor do evento ou participante poderá invocá-las a seu favor.

REQUISITOS PARA REALIZAÇÃO DE PROVAS E COMPETIÇÕES DESPORTIVAS

O art. 174 do CTB, esta intimamente relacionado as condições impostas pelo art. 67 do Código que trata das provas e competições desportivas e tem a seguinte dicção:

"Art. 67. As provas ou competições desportivas, inclusive seus ensaios, em via aberta à circulação, só poderão ser realizadas mediante prévia permissão da autoridade de trânsito com circunscrição sobre a via e dependerão de:

I – autorização expressa da respectiva confederação desportiva ou de entidades estaduais a ela filiadas;

II – caução ou fiança para cobrir possíveis danos materiais à via;

III – contrato de seguro contra riscos e acidentes em favor de terceiros;

IV – prévio recolhimento do valor correspondente aos custos operacionais em que órgão ou entidade permissionária incorrerá.

Parágrafo único. *A autoridade com circunscrição sobre a via arbitrária os valores mínimos da caução ou fiança e do contrato de seguro."*

De observar-se que o disposto no art. 67 do CTB, aplica-se a todas as provas ou competições de qualquer veículo, isto é, caminhões, automóveis, motocicletas, aplicando-se apesar da omissão do artigo, a todas as provas desportivas em geral, aos shows e demonstrações de manobras com veículos, inclusive no caso de demonstração de perícia em vias por determinada montadora ou fabricante de veículos onde a exibição dos veículos visa demonstrar a potência do motor, a eficiência dos freios, a aderência ao solo, a velocidade de arrancada e segurança. Na verdade trata-se de publicidade em relação a determinada marca de veículo e normalmente ocorrem em via pública ou em locais especialmente determinados.

```
020
```

> **Art. 175.** *Utilizar-se de veículo para, em via pública, demonstrar ou exibir manobra perigosa, arrancada brusca, derrapagem ou frenagem com deslizamento ou arrastamento de pneus.*
>
> • ***Amparo Legal*** *– art. 175 – CTB.*

- **Infração** – Gravíssima.
- **Número de pontos** – 7 (sete).
- **Penalidade** – Multa, suspensão do direito de dirigir e apreensão do veículo.
- **Valor da Multa** – R$ 191,54. Resolução Contran nº 136/2002.
- **Medida administrativa** – Recolhimento do documento de habilitação e remoção do veículo. **Nota:** O recolhimento do documento de habilitação CNH ou PPD, trata-se de medida a ser aplicada exclusivamente pela autoridade de trânsito, observado os princípios da ampla defesa e contraditório nos termos do art. 5º, II, LV e LVII da CF, art. 265 do CTB e Deliberação do Cetran/SP nº 199/2000, publicada no DOE nº 195 de 10.10.2000, p. 4.
- **Código da Infração** – 527-4 Denatran/Detran – Resolução Contran nº 66/1998 (Corresponde ao art. 175 – CTB).
- **Competência** – Estado – Resolução Contran nº 66/1998.

O preceito em foco apresenta-se com os verbos demonstrar, que quer dizer: provar, mostrar, revelar, manifestar, indicar por sinais exteriores. Exibir, que quer dizer: apresentar, expor, ostentar, alardear, mostrar-se, apresentar-se. Estes verbos são conexos com a conduta do motorista que na direção de veículo (automotor ou não), na via pública, executa manobra perigosa, arrancada brusca, derrapagem ou frenagem com deslizamento ou arrastamento de pneus. Entretanto, nestes casos havendo autorização da autoridade competente em eventos organizados ou promoções de publicidade de determinada marca de veículo, a conduta ilícita deixa de existir.

Este artigo é um desmembramento dos arts. 173 e 174. Na verdade trata-se do exibicionismo do condutor na direção de veículo ou ainda, a vontade deliberada de demonstrar destreza; afastados aqui os arts. 169 e 218 do CTB, podendo ocorrer independente de interesse econômico ou gratuito. O demonstrador ou exibicionista quer chamar a atenção para si, dos pedestres, das pessoas de modo geral. O condutor de veículo quer mostrar-se, exibir-se, é o auto-exibicionismo, a auto-afirmação. Com o devido respeito a outros entendimentos, caso não resulte em situação mais grave, pode configurar-se na esfera penal na violação ao menos em tese do art. 34 da Lei de Contravenções Penais ou do art. 132 do Código Penal, sem prejuízo das penalidades administrativas.

Exemplo: "cavalo-de-pau", empinar motocicleta em uma roda, conduzir a motocicleta em pé sobre ela, efetuar demonstração com o veículo circulando sobre as duas rodas, etc.

```
021
```

> **Art. 176.** Deixar o condutor envolvido em acidente com vítima:
> **I –** de prestar ou providenciar socorro à vítima, podendo fazê-lo; (...)
> - **Amparo Legal** – art. 176, I (Adm.) CTB e art. 304 (Penal) – CTB.
> - **Infração** – Gravíssima.
> - **Número de pontos** – 7 (sete).
> - **Penalidade** – Multa (cinco vezes) e suspensão do direito de dirigir.
> - **Valor de cada multa** – R$ 191,54. Resolução Contran nº 136/2002. Neste caso, R$ 191,54 x 5 = R$ 957,70. Trata-se de multa agravada com fator multiplicador de cinco vezes.
> - **Medida administrativa** – Recolhimento do documento de habilitação (CNH ou PPD). **Nota:** A medida de recolhimento do documento de habilitação, CNH ou PPD, deve ser aplicada exclusivamente pela autoridade de trânsito, observado os princípios da ampla defesa e do contraditório nos termos do art. 5º, II, LV e LVII da CF, art. 265 do CTB e Deliberação do Cetran/SP, nº 199/2000, publicada no DOE nº 195 de 10.10.2000, p. 4.
> - **Código da Infração** – 528-2 – Denatran/Detran – Resolução Contran nº 66/1998 (Corresponde ao art. 176, I – CTB)
> - **Competência** – Estado – Resolução Contran nº 66/1998.

Este artigo focaliza a conduta do motorista envolvido em acidente de trânsito com vítima que deixa de prestar ou providenciar socorro à vítima, podendo fazê-lo.

Mesmo o condutor de veículo não envolvido no acidente tem o dever de prestar socorro a vítima, quanto mais o envolvido, independente de culpa. Este preceito administrativos utiliza a terminologia envolvido, portanto aplica-se a todo condutor que diretamente ou indiretamente integrou o acidente de trânsito como parte autora ou adversa.

O socorro pode ser prestado pelo condutor envolvido ou ainda este poderá apenas providenciar o socorro à vítima, exceto se por motivo relevante não puder fazê-lo, vale dizer, sua conduta poderá ser de imediata prestação de assistência caso tenha condições ou de solicitação de socorro a terceiros ou as autoridades públicas. Havendo risco pessoal (justa causa), deve providenciar socorro por outros meios, não estando obrigado a expor-se, como é o caso de possibilidade de incêndio ou explosão do veículo, ameaça física (*RT* 605:370; *JUTACRIM*/SP 87:236). Pode ocorrer que também esteja ferido e necessitando de socorros.

No aspecto penal, o art. 304 tipifica a conduta do condutor de veículo, que pratica omissão de socorro. Entretanto, Damásio E. de Jesus[96] afirma que em relação ao art. 304 do CTB, *"sujeito da omissão é o condutor de veículo automotor sem*

---

96. *Crimes de Trânsito*, pp. 133-134.

culpa envolvido em acidente com vítima. Não é o causador do acidente com morte culposa ou lesão corporal culposa, caso em que devem ser aplicados arts. 302, parágrafo único, III, e 303, parágrafo único, do CTB, i.e., o motorista responde por crimes de homicídio ou lesão corporal culposa com a pena agravada (a omissão de socorro atuando como causa de aumento de pena)".

Todavia, necessário transcrevermos o art. 31, nº 1, "d" da Convenção de Viena, que preconiza: *"Todo condutor ou qualquer outro usuário da via, implicado num acidente de trânsito, deverá... prestar auxílio aos feridos".*

Importante também a dicção do art. 301 do CTB: *"Ao condutor de veículo, nos casos de acidentes de trânsito de que resulte vítima, não se imporá a prisão em flagrante, nem se exigirá fiança, se prestar pronto e integral socorro àquela".*

Há também a previsão genérica da omissão de socorro, que não cabe às infrações de trânsito, devido ao Princípio da especialidade, prevista no art. 135 do Código Penal.

022

Art. 176. Deixar o condutor envolvido em acidente com vítima: (...)
II – de adotar providências, podendo fazê-lo no sentido de evitar perigo para o trânsito no local; (...)
• **Amparo Legal** – art. 176, II (Adm.) CTB, e conforme o caso, arts. 302 ou 303 (Penal) CTB.
• **Infração** – Gravíssima.
• **Número de pontos** – 7 (sete).
• **Penalidade** – Multa (cinco vezes) e suspensão do direito de dirigir.
• **Valor da multa** – R$ 191,54 – Resolução Contran nº 136/2002. Neste caso, R$ 191,54 x 5 = R$ 957,70. Trata-se de multa agravada com fator multiplicador de cinco vezes.
• **Medida administrativa** – Recolhimento do documento de habilitação (CNH ou PPD). **Nota:** Penalidade a ser aplicada exclusivamente pela autoridade de trânsito, observado os princípios da ampla defesa e contraditório nos termos do art. 5º, II, LV e LVII da CF, art. 265 do CTB e Deliberação Cetran/SP nº 199/2000, publicada no DOE nº 195 de 10.10.2000, p. 4.
• **Código da Infração** – 529-0 – Denatran/Detran – Resolução Contran nº 66/1998 (Corresponde ao art. 176, II CTB).
• **Competência** – Estado – Resolução Contran nº 66/1998.

Verifica-se neste inciso II do art. 176, que o legislador preocupou-se no sentido de que o condutor em acidentes de trânsito com vítima deve desencadear esforços visando evitar perigo para o trânsito no local, podendo fazê-lo. Em linhas gerais, é importante que sinalize o local como advertência aos demais usuários da via visando evitar novo acidente. Os meios são os possíveis e a mão, como exemplo, colocar o triângulo bem distante dos veículos que sofreram embate, vegetação estirada na pavimentação asfáltica (ramos de arbustos) luzes intermitentes acesas, e até mesmo, como último recurso, retirar os veículos do fluxo de trânsito colocando-os no acostamento da via estribado na Lei nº 5.970, de 11 de dezembro de 1973. O acidente com vítima, deverá ser comunicado a Autoridade Policial da Delegacia de Polícia da área.

```
023
```

Art. 176. *Deixar o condutor envolvido em acidente com vítima: (...)*

III – *de preservar o local, de forma a facilitar os trabalhos, da polícia e da perícia; (...)*

- **Amparo Legal** – *art. 173, III (Adm.) CTB ou art. 312 (Penal) do CTB.*
- **Infração** – *Gravíssima.*
- **Número de pontos** – *7 (sete).*
- **Penalidade** – *Multa, suspensão do direito de dirigir.*
- **Valor da multa** – *R$ 191,54 – Resolução Contran nº 136/2002. Neste caso, R$ 191,54 x 5 = R$ 957,70. Trata-se de multa agravada com fator multiplicador de cinco vezes.*
- **Medida administrativa** – *Recolhimento do documento de habilitação (CNH ou PPD).* **Nota:** *Esta medida deve ser aplicada exclusivamente pela autoridade de trânsito, diretor da Ciretran/Detran, observado os princípios da ampla defesa e contraditório nos termos do art. 5º, II, LV e LVII da CF, art. 265 do CTB e Deliberação Cetran/SP nº 199/2000, publicada no DOE nº 195 de 10.10.2000, p. 4.*
- **Código da Infração** – *530-4 – Renavan/Detran – Resolução Contran nº 66/1998 (Corresponde ao art. 176 III, CTB).*
- **Competência** – *Estado – Resolução Contran nº 66/1998.*

A preservação do local de acidente é importante para a verificação de quem deu causa ao evento, o que faculta sobre maneira os trabalhos da polícia e da perícia. Entretanto, havendo um bem maior a ser preservado, como é o caso das vidas de outros condutores, passageiros, pedestres, neste caso, sacrifica-se a preservação do local de acidente em detrimento da vida humana. Não obstante, reiteramos que, havendo necessidade de prejudicar o local de acidente (remoção dos veículos da via, da pista, do fluxo de trânsito), poderá ser feito, com fulcro na Lei nº 5.970/1973. O caráter deste artigo não é absoluto, mas relativo. Toda ação deve ser justificada.

ART. 176

Não se pode deixar de alertar para as imposições do art. 312 do Código de Trânsito Brasileiro, isto é, havendo alteração ou inovação dos elementos que envolveram o fato, com objetivo de inovar artificialmente em caso de acidente automobilístico com vítimas, haverá inovação artificiosa, ou fraude processual. Exemplo: mudança da posição dos veículos quando do sítio da colisão, destruir vestígios e marcas, em geral relacionados ao acidente antes da chegada da polícia e dos peritos, troca de placas de indicação de via preferencial etc. Caso o motorista após o acidente afaste-se do local, para fugir da responsabilidade penal ou civil que lhe possa ser atribuída, viola o art. 305 do Código de Trânsito Brasileiro, sem prejuízo de outras responsabilidades. Não confundir com a fraude processual comum prevista no art. 347 do CP. Não deslembrar que o crime de adulteração de sinal de veículo automotor está prevista no art. 311 do CP.

CLASSIFICAÇÃO DOS ACIDENTES DE TRÂNSITO

01) Atropelamento: Acidentes em que um veículo em movimento causa lesões (leve, grave ou fatal) em um ser animado (pessoa ou animal). A vítima pode ser única ou várias, pode consubstanciar-se o atropelamento ainda por composição ferroviária e aeronaves quando executando manobras de taxiamento, pouso ou decolagem.

02) Abalroamento: Pode ser lateral ou transversal, ocorre quando o veículo em movimento sofre o impacto de outro veículo, também em movimento, lateral ou transversalmente.

03) Colisão: É o impacto recíproco entre veículos em movimento frontalmente ou na parte traseira.

04) Capotamento: Ocorre quando o veículo em circulação sai da sua posição normal, girando em torno de si mesmo, chegando a tocar o teto no solo (capota), imobilizando-se em qualquer posição, após as evoluções de capotamento.

05) Choque: Caracteriza-se pelo impacto ou embate do veículo contra qualquer obstáculo físico imóvel: poste, muro, árvore, barraco, cerca e ainda contra outro veículo parado ou estacionado. Também ocorre quando há o embate de um veículo em movimento contra porta de outro, cujo condutor estava desembarcando.

06) Tombamento: É a ocorrência em que o veículo em circulação sai de sua posição normal e se apóia em um de seus lados imobilizando-se, podendo ou não permanecer nessa posição. Não toca o teto (capota) no solo.

07) Precipitação: É a projeção de um veículo em nível inferior ao que transitava.

08) Engavetamento ou colisão em cadeia: É o impacto ou embate de um veículo contra outros enfileirados parados ou em movimento, de modo que, respectivamente, um seja impulsionado contra o outro.

09) Outros: Além da classificação mencionada, existem outros tipos de acidentes de trânsito com veículos, que recebem denominações diversas em conformidade com as circunstâncias do evento: **incêndio, soterramento, submersão, explosão, queda acidental** (ciclista e motociclista, etc.).

ACIDENTES DE TRÂNSITO
ENVOLVENDO CARROS FORTES E BLINDADOS

Acidentes de trânsito sem vítimas – Envolvendo carros fortes e blindados: O encarregado do veículo de transporte de valores não precisará desembarcar do veículo e apenas entregará ao agente público de trânsito pela seteira ou viseira, uma papeleta contendo todos os dados necessários à confecção da ocorrência ou os próprios documentos necessários a sua elaboração, sendo liberadas em seguida as partes.

Acidentes de trânsito com vítimas – Envolvendo carros fortes e blindados: O encarregado do veículo de transporte de valores descerá do veículo, e prestará as informações necessárias ao agente público de trânsito, no caso de necessidade de recolha do veículo de transporte de valores para complementação de exames periciais; o encarregado deverá providenciar outro veículo da mesma espécie para o transbordo dos valores transportados, com observância das regras de segurança a fim de evitar perpetração de ilícitos penais. Reiteradas vezes subtradores utilizam-se do *modus operandi* de simular acidente de trânsito para a prática de roubo (art. 157 do CP). A autoridade policial, nos casos de acidentes de trânsito com vítimas, deverá ser comunicada imediatamente para providências de polícia judiciária, requisitando ao Instituto de Criminalística o exame pericial do local ou vistorias.

RECONSTITUIÇÕES PARA FEITURA DE EXAMES PERICIAIS
DE LOCAIS DE ACIDENTES NÃO PRESERVADOS

As autoridades policiais podem solicitar ao Instituto de Criminalística a reconstituição de delito de qualquer natureza, acostando à requisição uma via de declaração das partes e dos depoimentos das testemunhas arroladas. Nos supracitados, se o perito designado para o levantamento do local possuir elementos obtidos com a leitura das declarações e depoimentos o exame complementar será realizado.

Se o perito não possuir elementos suficientes para a reconstituição, solicitará da autoridade policial requisitante que as partes envolvidas naquele delito sejam intimadas a comparecer na unidade policial civil (DP) em data futura previamente marcada, quando então a equipe do Instituto de Criminalística ali comparecerá e dirigir-se-á ao local para a realização do exame pericial que consta da requisição e apontado pelas partes [sítio do atropelamento, trajetória dos veículo(s), etc.].

Nas requisições para exames periciais referentes a acidentes de trânsito devem constar a natureza do exame, local, ponto de referência, data, placas dos veículos, nome da autoridade requisitante e o número do inquérito policial.

(Fonte: "Manual de orientação para requisições de exames periciais", Instituto de Criminalística – DEPC, 1985, pp. 10 e 11.)

ART. 176

QUESITOS PARA ACIDENTES DE TRÂNSITO

A) Local preservado
1. Houve acidente?
2. Qual a sua natureza?
3. Qual a sua causa provável?
4. Qual o estado de funcionamento mecânico dos veículos envolvidos e a gravidade dos danos?

B) Local prejudicado – Vistoria
1. Quais as características do veículo examinado?
2. Esse veículo apresentava danos? Em caso de resposta afirmativa, onde se situavam? Quais as orientações desses danos?
3. Como se apresentavam seus sistemas de segurança para o tráfego (freios, direção, alarme e iluminação)?
4. Em que estado de conservação achava-se os pneus desse veículo?
5. Esse veículo encontra-se em condições perfeitas para transitar normalmente?

Em caso de necessidade de complementação de laudo pericial de acidente de trânsito, poderão ser formulados outros quesitos a critério das autoridades competentes.

LEI Nº 5.970, DE 11 DE DEZEMBRO DE 1973

Local de acidente de trânsito com vítimas, não preservação. Autorização legal, atendimento das vítimas e desobstrução da via pública. Exclui da aplicação do disposto nos arts. 6º, inciso I, 64 e 169, do Código de Processo Penal, os casos de acidentes de trânsito, e dá outras providências.

"O Presidente da República

Faço saber que o Congresso Nacional decreta e eu sanciono a seguinte Lei:

Art. 1º. Em caso de acidente de trânsito, a autoridade ou agente policial que primeiro tomar conhecimento do fato poderá autorizar, independentemente de exame o local, a imediata remoção das pessoas que tenham sofrido lesão, bem como dos veículos nele envolvidos, se estiverem no leito da via pública e prejudicarem o tráfego.

Parágrafo único. Para autorizar a remoção, a autoridade ou agente policial lavrará boletim da ocorrência, nele consignando o fato, as testemunhas que o presenciaram e todas as demais circunstâncias necessárias ao esclarecimento da verdade.

Art. 2º. Esta Lei entrará em vigor na data de sua publicação, revogadas as disposições em contrário.

Brasília, 11 de dezembro de 1973 (DOU de 13.12.73)

Emílio G. Médici – Alfredo Buzaid."

024

> **Art. 176.** Deixar o condutor envolvido em acidente com vítima: (...)
> **IV –** de adotar providências para remover o veículo do local, quando determinadas por policial ou agente da autoridade de trânsito; (...)
>
> - **Amparo Legal** – art. 176, IV, (Adm.) CTB e art. 330 do CP.
> - **Infração** – Gravíssima.
> - **Número de pontos** – 7 (sete).
> - **Penalidade** – Multa (cinco vezes) e suspensão do direito de dirigir.
> - **Valor da multa** – R$ 191,54 – Resolução Contran nº 136/2002. Neste caso, R$ 191,54 x 5 = R$ 957,70. Trata-se de multa agravada com fator multiplicador de cinco vezes.
> - **Medida administrativa** – Recolhimento do documento de habilitação (CNH ou PPD). **Nota:** Esta medida deve ser adotada exclusivamente pela autoridade de trânsito, observado os princípios da ampla defesa e contraditório nos termos do art. 5º, II, LV, LVII, da CF, art. 265 do CTB e Deliberação Cetran/SP nº 199/2000, publicada no DOE nº 195 de 10.10.2000, p. 4.
> - **Código da Infração** – 531-2 – Renavan/Detran – Resolução Contran nº 66/1998 (Corresponde ao art. 176, IV – CTB).
> - **Competência** – Estado – Resolução Contran nº 66/1998.

Nos acidentes de trânsito com vítima, o policial ou agente da autoridade de trânsito com fundamento na Lei nº 5.970/1973, podem remover do local os veículos envolvidos no acidente, e os condutores ou proprietários devem acatar as determinações neste sentido sob pena de cometerem a infração do inciso IV do art. 176 do Código de Trânsito Brasileiro ou art. 330 do CP.

Necessário esclarecer que estas remoções podem ser antes ou depois de exame pericial do local, todavia, a remoção antes do exame pericial deve ser precedida de fundamentos que justifiquem prejudicar o local e deve ser anotada no boletim de ocorrência mediante arrolamento de testemunhas. Estes casos são necessário quando em decorrência do primeiro acidente pode advir outro. Portanto, a preservação de local tem natureza relativa e não absoluta. Mesmo assim, não é desconhecido para ninguém que um local de acidente devidamente preservado para exame pericial é de fundamental importância para esclarecimento dos fatos e dirimir as responsabilidades. Como complemento ver Lei nº 5.970, de 11.12.1973, anteriormente transcrita.

Outra forma que poderá ocorrer esta infração seria no caso do exame pericial do local já ter sido realizado, entretanto as avarias do veículo não permitem sua locomoção própria, possível somente através de guincho ou outros meios. Então o policial ou agente da autoridade de trânsito libera o local determinando a retirada do veículo da via, não obstante, o condutor ou responsável mostra-se recalcitrante, deixa de atender a determinação e de adotar as providências que o caso requer.

025

> **Art. 176.** *Deixar o condutor envolvido em acidente com vítima: (...)*
> **V –** *de identificar-se ao policial e de lhe prestar informações necessárias à confecção do boletim de ocorrência:*
>
> - **Amparo Legal** – art. 176, V (Adm.) CTB, ou art. 68 da LCP (Lei das Contravenção Penais).
> - **Infração** – Gravíssima.
> - **Número de pontos** – 7 (sete).
> - **Penalidade** – Multa (cinco vezes) e suspensão do direito de dirigir.
> - **Valor da multa** – R$ 191,54. Resolução Contran nº 136/2002. Neste caso, R$ 191,54 x 5 = R$ 957,70. Trata-se de multa agravada com fator multiplicador de cinco vezes.
> - **Medida administrativa** – Recolhimento do documento de habilitação (CNH ou PPD). **Nota:** Medida a ser adotada exclusivamente pela autoridade de trânsito observado os princípios da ampla defesa e contraditório nos termos do art. 5º, II, LV e LVII da CF, art. 265 do CTB e Deliberação Cetran/SP nº 199/2000, publicada no DOE nº 195 de 10.10.2000, p. 4.
> - **Código da Infração** – 532-0 – Denatran/Detran – Resolução Contran nº 66/1998 (Corresponde ao art. 176, V – CTB)
> - **Competência** – Estado – Resolução Contran nº 66/1998.

Esta infração de trânsito mencionada no inciso V do art. 176, pode ocorrer quando o condutor envolvido em acidente de trânsito com vítima deixa por qualquer meio de identificar-se ao policial e de lhe prestar informações necessárias à confecção do boletim de ocorrência. Quando isso acontece, temos para nós, o omitente, visa subtrair-se das responsabilidades que lhe são inerentes ou beneficiar-se de alguma forma com sua conduta.

Acentue-se que a recusa de dados sobre a própria identidade ou qualificação pode configurar ao menos em tese, a violação dos disposto no art. 68 da Lei das Contravenções Penais ou ainda fazer declarações inverídicas a respeito de sua identidade pessoal, estado, profissão, domicílio e residência, se o fato constitui infração mais grave como é o caso do art. 307 do Código penal (falsa identidade).

026

Art. 177. Deixar o condutor de prestar socorro à vítima de acidente quando solicitado pela autoridade e seus agentes.
- **Amparo Legal** – art. 177 (Adm.) do CTB e art. 135 (Penal) do CP.
- **Infração** – Grave.
- **Número de pontos** – 5 (cinco).
- **Penalidade** – Multa.
- **Valor da multa** – R$ 127,69 – Resolução Contran nº 136/2002.
- **Medida Administrativa** – Não há previsão.
- **Código da Infração** – 533-9 – Denatran/Detran – Resolução Contran nº 66/1998 (Corresponde ao art. 177 CTB).
- **Competência** – Estado e Município – Resolução Contran nº 66/1998.

O condutor referido no art. 177, é o não envolvido no acidente de trânsito, na maioria das vezes, ele está transitando pelo local com seu conduzido quando é solicitado pela autoridade os seus agentes a prestar socorro à vítima de acidente, conduzindo-a até um hospital ou pronto socorro ou assemelhados. Havendo a recusa poderá configurar-se além da penalidade administrativa prevista no art. 177 do Código, como a do art. 135 do Código penal.

A situação do art. 177, não se confunde com a do art. 176, I, do Código de Trânsito Brasileiro. São situações distintas. Naquele é o condutor envolvido em acidente de trânsito com vítima, neste, o condutor não é envolvido no acidente, havendo apenas a solicitação quando passava pelo local para que preste socorro a vítima de acidente. É o motorista usuário da via. Trata-se de um dever de solidariedade humana, é um dever moral do cidadão que vive em sociedade. Pode ocorrer que o condutor nem tenha presenciado a ocorrência do acidente, pode ter chegado ao local posteriormente, ou mesmo que seja testemunha presencial mas não está envolvido no embate dos veículos. As desculpas para o não socorro são os mais variados, alguns por receio de serem envolvidos e acusados de terem dado causa ao acidente, outros para não envolverem-se com a polícia ou justiça vez que serão intimados a deporem como testemunha ou ainda, para não terem despesas com os estofados do veículo que suja-se de sangue. Esta última hipótese é mesquinha, mas existe.

027

Art. 178. Deixar o condutor envolvido em acidente sem vítima, de adotar providências para remover o veículo do local, quando necessária tal medida para assegurar a segurança e a fluidez do trânsito.
- **Amparo Legal** – art. 178, CTB.

ART. 178

- **Infração** – Média.
- **Número de pontos** – 4 (quatro).
- **Penalidade** – Multa.
- **Valor da multa** – R$ 85,13 – Resolução Contran nº 136/2002.
- **Media Administrativa** – Não há previsão.
- **Código da Infração** – 534-7 – Denatran/Detran – Resolução Contran nº 66/1998 (Corresponde ao art. 178 – CTB).
- **Competência** – Município – Resolução Contran nº 66/1998.

Neste dispositivo temos o condutor envolvido em acidente de trânsito sem vítima que deixa de adotar providências para remover o veículo do local, quando tal medida se faz necessária para assegurar a segurança e a fluidez do trânsito.

O Código tem como escopo com esse artigo proporcionar segurança e a fluidez do trânsito. Sabemos que dependendo do local do evento, a não retirada dos veículos do local poderá ocasionar novos acidentes, principalmente em locais de visibilidade reduzida, após uma curva, local de tráfego intenso, local com falta de iluminação, de grande movimentação de pedestres, etc. É a segurança do demais usuários da via que se pretende proteger. A fluidez do trânsito é o segundo aspecto, não justificando-se que os condutores envolvidos em acidentes sem vítima prejudiquem a livre circulação dos demais veículos provocando imensos engarrafamentos. Além da remoção do veículo é importante ressaltar que não deve descuidar com a sinalização do local nos termos do art. 46: *"Sempre que for necessária a imobilização temporária de um veículo no leito viário, em situação de emergência, deverá ser providenciada a imediata sinalização e advertência, na forma estabelecida pelo Contran".* É o que vem regulamentando a Resolução Contran nº 36 de 21 de maio de 1998 (*DOU* de 22.5.1998), que estabelece a forma de sinalização de advertência para os veículos que, em situação de emergência, estiverem imobilizados no leito viário.

Referida Resolução em seu art. 1º, determina que o condutor deverá acionar de imediato as luzes de advertência (pisca-alerta) providenciando a colocação do triângulo de sinalização ou equipamento similar à distância mínima de 30 metros da parte traseira do veículo. O equipamento de sinalização de emergência deverá ser instalado perpendicularmente ao eixo da via, e em condição de boa visibilidade.

O art. 225 do CTB, estabelece como infração grave e penalidade de multa, o condutor que *"deixar de sinalizar a via, de forma a prevenir os demais condutores e, à noite, não manter acesas as luzes externas ou omitir-se quanto as providências necessárias para tornar visível o local, quando tiver de remover o veículo da pista de rolamento ou permanecer no acostamento ou quando a carga for derramada sobre a via e não puder ser retirada imediatamente".*

Não se justifica manter os veículos envolvidos em acidente de trânsito sem vítima na via pública, congestionando a fluidez do trânsito ou abalando sua segurança, mesmo porque, a desobstrução da via neste casos encontra respaldo na Lei nº 5.970/1973 e na Deliberação Cetran/SP nº 88/1983.

| 028 |

> **Art. 179.** *Fazer ou deixar que se faça reparo em veículo na via pública, salvo nos casos de impedimento absoluto de sua remoção e em que o veículo esteja devidamente sinalizado:*
> **I –** *em pista de rolamento de rodovias e vias de trânsito rápido; (...)*
>
> - **Amparo Legal** – art. 179, I, CTB.
> - **Infração** – Grave.
> - **Número de pontos** – 5 (cinco).
> - **Penalidade** – Multa.
> - **Valor da multa** – R$ 127,69 – Resolução Contran nº 136/2002.
> - **Medida Administrativa** – Remoção do veículo.
> - **Código da Infração** – 535-5 Denatran/Detran – Resolução Contran nº 66/1998 (Corresponde ao art. 179, I – CTB).
> - **Competência** – Município – Resolução Contran nº 66/1998.

O tipo administrativa do inciso I do art. 179, tem ação e omissão voltada do reparo de veículo na via pública.

No primeiro caso, o verbo é fazer. É muito comum mecânicos fazerem reparos nos veículos no local onde o veículo apresentou avarias, principalmente no ponto em que o veículo parou na pista. Com essa conduta o Código quer evitar prejuízo a circulação dos demais veículos e mesmo acidentes, atropelamentos inclusive do próprio mecânico. Quanto a segunda hipótese é o verbo deixar, isto é, poderá haver ocasiões em que haja necessidade de um rápido reparo para a desobstrução da via e o responsável omite-se.

A penalidade leva ainda em consideração a espécie da via, admitindo-se ressalva quando há impedimento absoluto da remoção do veículo, exigindo também a devida sinalização da pista de rolamento de rodovias e das vias de trânsito rápido na forma estabelecida no art. 46 do CTB e resolução normativa do Contran nº 36/1998.

De anotar-se, que o Código de trânsito brasileiro veda o estacionamento na pista de rolamento das rodovias conforme preconiza o art. 181, V, o que conflita com este dispositivo em comento; não obstante deve prevalecer a lógica, mas sempre levando-se em conta as medidas acauteladoras adotadas pelo condutor em relação a situação fática.

Entendemos ainda, que a infração poderá configurar-se nos casos das oficinas mecânicas que utilizam-se das vias públicas como se fossem extensões suas, levando-se em conta a natureza da via.

029

> **Art. 179.** Fazer ou deixar que se faça reparo em veículo na via pública, salvo nos casos de impedimento absoluto de sua remoção e em que o veículo esteja devidamente sinalizado: (...)
>
> **II –** nas demais vias.
>
> *(Estradas, vias arteriais, vias coletoras e vias locais)*
>
> - **Amparo Legal** – art. 179, II, CTB.
> - **Infração** – Leve.
> - **Número de pontos** – 3 (três).
> - **Penalidade** – Multa.
> - **Valor da multa** – R$ 53,20 – Resolução Contran nº 136/2002.
> - **Código da Infração** – 536-3 – Denatran/Detran – Resolução Contran nº 66/1998 (Corresponde ao art. 179, II – CTB).
> - **Competência** – Município – Resolução Contran nº 66/1998.

Os comentários aplicados no inciso I do art. 179, também são extensíveis ao inciso II, levando-se em conta como diferenciação que aqui se trata das demais vias, enquanto o inciso I trata de pista de rolamento de rodovias e vias de trânsito rápido. Entretanto o ponto nuclear é o mesmo.

030

> **Art. 180.** Ter seu veículo imobilizado na via por falta de combustível.
>
> - **Amparo Legal** – art. 180 CTB.
> - **Infração** – Média.
> - **Número de pontos** – 4 (quatro).
> - **Penalidade** – Multa.
> - **Valor da multa** – R$ 85,13 – Resolução Contran nº 136/2002.
> - **Medida Administrativa** – Remoção do veículo.
> - **Código da Infração** – 537-1 – Denatran/Detran – Resolução Contran nº 66/1998 (Corresponde ao art. 180 CTB).
> - **Competência** – Estado – Resolução Contran nº 66/1998.

Nos dias atuais, notadamente nos grandes centro urbanos, a falta de combustível do veículo pode acarretar além de visível negligência do motorista, interferência na segurança do trânsito viário, causando congestionamentos com imenso prejuízo a livre circulação dos demais veículos. Portanto, os veículos devem estar equipados com indicadores de estoque de combustível. Trata-se de imprevidência, desatenção, desídia do condutor. Registre-se que esta figura nunca existiu na legislação anterior, todavia, mostra-se como medida preventiva no trânsito e deveria ser divulgada de forma sistemática pela imprensa visando conscientizar nossos motoristas que na maioria das vezes mostram-se displicentes em relação a estocagem do combustível no veículo.

A presente tipificação do art. 180, encontra respaldo no art. 27 do Código, parte final, ao reportar que antes de colocar o veículo em circulação nas vias públicas o condutor deverá assegurar-se da existência de combustível suficiente para chegar ao local de destino.

031

Art. 181. *Estacionar o veículo:*

I – *nas esquinas e a menos de cinco metros do bordo do alinhamento da via transversal:*

- **Amparo Legal** – art. 181, I CTB.
- **Infração** – Média.
- **Número de pontos** – 4 (quatro).
- **Penalidade** – Multa.
- **Valor da Multa** – R$ 85,13 – Resolução Contran nº 136/2002.
- **Medida administrativa** – Remoção do veículo.
- **Código da Infração** – 538-0 – Denatran/Detran – Resolução Contran nº 66/1998 (Corresponde ao art. 181, I – CTB).
- **Competência** – Município – Resolução Contran nº 66/1998.

O estacionamento nas esquinas e a menos de cinco metros do bordo do alinhamento da via transversal pode afetar sobremaneira a visibilidade causando acidentes, obrigando demasiadamente o ingresso na via que advém transversalmente e com isso podendo ocasionar acidentes.

Na legislação anterior haviam duas distâncias, vale dizer exigia-se três metros para automóvel de passageiros e dez metros para demais veículos (caminhões, ônibus, etc.). Entretanto com o novo diploma de trânsito, manteve-se uma medida mínima para todos os veículos, isto é, *cinco metros* do bordo do alinhamento da via transversal (do encontro com a via transversal). Vale dizer, do muro, da parede do imóvel construído no local, da cerca e não do meio-fio (guia da calçada). No contexto, deve se incluir as motocicletas e similares.

O agente público de trânsito ao atender acidentes de trânsito e observar no local que a causa decorreu de algum veículo estacionado a menos de cinco metros do bordo do alinhamento da via transversal deve consignar no boletim de ocorrência essa circunstância, identificando o veículo, e se possível o responsável pelo estacionamento irregular e motivador de ausência de segurança no local no tocante a visibilidade.

Outro fator relevante é que o agente fiscalizador de trânsito ao elaborar o auto de infração de trânsito deverá lançar em primeiro lugar a via na qual o veículo está estacionado e depois a via transversal. Exemplo: veículo estacionado a menos de cinco metros do bordo do alinhamento da via transversal, na rua Cussy Junior com a rua Gustavo Maciel, neste caso, no campo do auto de infração destinado ao *local da infração* deverá ser mencionado o seguinte: R. Cussy Junior x R. Gustavo Maciel, e não rua Cussy Junior quadra 12, ou defronte ao nº 386, porque essa informação enseja recursos e traz dúvidas ao julgador de possível recurso administrativo interposto pelo infrator. O agente público de trânsito deve ser orientado a lançar as informações que constatou no local para o auto de infrações de trânsito de forma clara, objetiva, sem margens para dúvidas, entretanto, ele ainda não aprendeu na maioria dos casos a utilizar-se adequadamente dos espaços existentes no auto de infração, notadamente no campo de observações. O auto de infração bem elaborado é fundamental para sua consistência.

DISTINÇÃO ENTRE ESTACIONAMENTO E PARADA DE VEÍCULOS

O Anexo I do Código de Trânsito Brasileiro define estacionamento como sendo a imobilização de veículos por tempo superior ao necessário para embarque e desembarque de passageiros.

No mesmo Anexo, **parada**, é a imobilização do veículo com a finalidade e pelo tempo estritamente necessário para efetuar embarque e desembarque de passageiros.

A Convenção Internacional de Trânsito Viário – Convenção de Viena – Decreto nº 86.714 de 10 de dezembro de 1981, aprovada pelo Decreto nº 33, de 13 de maio de 1980, no artigo K, ii, considera-se que um veículo está **estacionado,** quando está imobilizado por uma razão que não seja a necessidade de evitar interferência com outro usuário da via ou uma colisão com um obstáculo; ou a de obedecer às regras de trânsito, e sua imobilização não se limita ao tempo necessário para embarcar ou desembarcar e carregar ou descarregar coisas. **Parado,** quando está imobilizado durante o tempo necessário para embarque ou desembarque de pessoas, carga ou descarga de coisas (art. 1 K, i). Entretanto, as **partes contratantes** poderão considerar parado todo veículo imobilizado nas condições definidas no inciso (ii) da presente alínea, se a duração de sua imobilidade não exceder um período fixado pela legislação nacional, e considerar estacionado todo veículo imobilizado nas condições definidas no inciso (i) da presente alínea, se a duração de sua imobilidade exceder um período fixado pela legislação nacional.

Na nossa visão, no estacionamento existe o ânimo de permanência no local mais longo do que a parada e não existe o ato de embarcar ou desembarcar rapidamente.

Sempre que for necessária a imobilização temporária de um veículo no leito viário, em situação de emergência, deverá ser providenciada a imediata sinalização de advertência em consonância com a Resolução Contran nº 36/1998 (art. 46, CTB).

Quando proibido o estacionamento na via, a parada deverá restringir-se ao tempo indispensável para embarque ou desembarque de passageiros, desde que não interrompa ou perturbe o fluxo de veículos ou a locomoção de pedestres (art. 47, CTB).

A operação de carga e descarga será regulamentada pelo órgão ou entidade com circunscrição sobre a via e é considerada estacionamento (parágrafo único do art. 47 CTB).

Nas paradas, operações de carga e descarga e nos estacionamentos, o veículo deverá ser posicionado no sentido do fluxo, paralelo ao bordo da pista de rolamento e junto à guia da calçada (meio-fio), admitidas as exceções devidamente sinalizadas (art. 48 CTB).

Nas vias providas de acostamento, os veículos parados, estacionados ou em operação de carga ou descarga deverão estar situados fora da pista de rolamento (§ 1º do art. 48 CTB).

O estacionamento dos veículos motorizados de duas rodas será feito em posição perpendicular à guia da calçada (meio-fio) e junto a ela, salvo quando houver sinalização que determine outra condição (§ 2º do art. 48 CTB).

O estacionamento dos veículos sem abandono do condutor poderá ser feito somente nos locais previstos neste Código ou naqueles regulamentados por sinalização específica.

O Código disciplina dezenove situações de estacionamentos irregulares pelo condutor de veículo, o que nos leva a comentá-las em apartado.

032

Art. 181. *Estacionar o veículo:*

II – *afastado da guia da calçada (meio-fio) de cinqüenta centímetros a um metro:*

- . **Amparo Legal** – *art. 181, II CTB.*
- **Infração** – *Leve.*
- **Número de pontos** – *3 (três).*
- **Penalidade** – *Multa.*
- **Valor da Multa** – *R$ 53,20 – Resolução Contran nº 136/2002.*
- **Medida administrativa** – *Remoção do veículo.*
- **Código da Infração** – *539-8 – Denatran/Detran – Resolução Contran nº 66/1998 (Corresponde ao art. 181, II – CTB).*
- **Competência** – *Município – Resolução Contran nº 66/1998.*

ART. 181

Na legislação anterior, a distância máxima era de trinta centímetros conforme regulamentação pela Resolução Contran nº 736/1989. Com o novo diploma de trânsito, considera-se infração de trânsito estacionar o veículo afastado da guia da calçada (meio-fio) de cinqüenta centímetros a um metro. Deu-se uma dilação na tolerância do afastamento entre o veículo estacionado e o meio-fio (guia da calçada).

É importante o dimensionamento da distância no caso mencionado para evitar polêmicas, complexidades uniformizando em todo país a distância máxima a ser observada pelo condutor do veículo, não restando mais a avaliação subjetiva do agente público do trânsito no que tange a distância entre o veículo estacionado e a guia da calçada como era o caso do antigo CNT e RCNT antes do advento da Resolução Contran nº 736/1989. Agora, o próprio artigo do Código dirime as situações, evitando com isso conflitos desnecessários.

Necessário esclarecer que se o estacionamento de veículo afastado do meio-fio (guia da calçada) for de mais de um metro, aplica-se o art. 181, III e não o II.

O estacionamento de veículo distante do meio-fio constitui infração e pode representar, a um só tempo, consoante as peculiaridades de cada caso, imprudência, negligência ou até mesmo imperícia.[97]

033

> **Art. 181.** Estacionar o veículo:
> **III –** afastado da guia da calçada (meio-fio) a mais de um metro:
> - **Amparo Legal** – art. 181, III CTB.
> - **Infração** – Grave
> - **Número de pontos** – 5 (cinco).
> - **Penalidade** – Multa.
> - **Valor da Multa** – R$ 127,69 – Resolução Contran nº 136/2002.
> - **Medida administrativa** – Remoção do veículo.
> - **Código da Infração** – 540-1 – Denatran/Detran – Resolução Contran nº 66/1998 (Corresponde ao art. 181, III – CTB).
> - **Competência** – Município – Resolução Contran nº 66/1998.

Os comentários que tecemos para o inciso anterior aplica-se em quase sua totalidade ao inciso III do art. 181. Não obstante, deve-se observar que aquele (inciso II do art. 181), refere-se ao estacionamento de veículo afastado da guia da calçada (meio-fio) numa distância de cinqüenta centímetros a um metro. Aqui (inciso III do art. 181), a penalidade é aplicada se o veículo estiver estacionado a mais de um metro da guia da calçada (meio-fio).

---

97. HC nº 110. 226, 7ª Câm. Do TACrim SP, 1981, Rel. Djalma Lofrano, *JUTACRIM*/SP, 68:169.

034

> **Art. 181.** Estacionar o veículo:
> **IV –** em desacordo com as posições estabelecidas neste Código:
> - **Amparo Legal** – art. 181, IV CTB.
> - **Infração** – Média.
> - **Número de pontos** – 4 (quatro).
> - **Penalidade** – Multa.
> - **Valor da Multa** – R$ 85,13 – Resolução Contran nº 136/2002.
> - **Medida administrativa** – Remoção do veículo.
> - **Código da Infração** – 541-0 – Denatran/Detran – Resolução Contran nº 66/1998 (Corresponde ao art. 181, IV – CTB).
> - **Competência** – Município – Resolução Contran nº 66/1998.

A posição para o estacionamento dos veículos vem estabelecidas pelo art. 48 e seus parágrafos do Código de Trânsito; este artigo é que regulamenta a forma de estacionamento ou parada dos veículos. O art. 48, *caput*, é regra geral, com a dicção de que nas paradas, operações de carga e descarga e nos estacionamentos, o veículo deverá ser posicionado no sentido do fluxo, paralelo ao bordo da pista de rolamento e junto a guia da calçada (meio-fio), admitidas as exceções devidamente sinalizadas. No seu § 1º determina que nas vias providas de acostamento, os veículos parados, estacionados ou em operação de carga e descarga deverão estar situados fora da pista de rolamento. Todavia, tratando-se de veículo motorizado de duas rodas (motocicletas e assemelhados) serão estacionados em posição perpendicular à guia da calçada (meio-fio) e junto a ela (§ 2º do art. 48), exceto se houver sinalização no local que determine outra condição. A regra é a obediência da sinalização existente e implantada no local pelo órgão de trânsito com competência sobre a via. Não havendo sinalização prevalece a regra geral do art. 48 e seus parágrafos.

035

> **Art. 181.** Estacionar o veículo:
> **V –** na pista de rolamento das estradas, das rodovias, das vias de trânsito rápido e das vias dotadas de acostamento:
> - **Amparo Legal** – art. 181, V – CTB.
> - **Infração** – Gravíssima.
> - **Número de pontos** – 7 (sete).

ART. 181

- **Penalidade** – Multa.
- **Valor da Multa** – R$ 191,54 – Resolução Contran nº 136/2002.
- **Medida administrativa** – Remoção do veículo.
- **Código da Infração** – 542-8 – Denatran/Detran – Resolução Contran nº 66/1998 (Corresponde ao art. 181, V – CTB).
- **Competência** – Município – Resolução Contran nº 66/1998.

Na definição do Anexo I do Código, **pista** é parte da via normalmente utilizada para a circulação de veículos, identificada por elementos separadores ou por diferença de nível em relação as calçada, ilhas ou aos canteiros centrais. **Rolamento**, é o fluxo de trânsito, de tráfego, por onde devem transitar os veículos.

No mesmo Anexo encontramos a definição de **estradas** como sendo via rural não pavimentada. **Rodovias** é via rural pavimentada. **Via de trânsito rápido**, é denominada aquela caracterizada por acessos especiais com trânsito livre, sem interseções em nível, sem acessibilidade direta aos lotes lindeiros e sem travessia de pedestres em nível. Quanto **a vias dotadas de acostamento**, dispensa maiores comentários, entretanto, podemos entender como aquela que além do fluxo de trânsito conta com parcela reservada para emergências. Acostamento, é parte da via diferenciada da pista de rolamento destinado à parada ou estacionamento de veículos, em caso de emergência, e à circulação de pedestres e bicicletas, quando não houver local apropriado para esse fim. É para a eventual imobilização do veículo.

O estacionamento nos locais acima mencionados é de alto risco, podendo ocasionar graves acidentes de trânsito, congestionamentos, motivo pelo qual o Código veda o estacionamento nessas condições.

Estacionar o veículo nas condições do art. 181, V, por si só configura infração de trânsito, não obstante, tratar-se de veículo que sofreu avarias de qualquer forma e estando impedido de imediata remoção ou retirada do local para o acostamento e conserto em melhores condições, de modo a diminuir o risco de acidente, ainda assim, o motorista, tem obrigação de adotar medidas acauteladoras não bastando a existência de triângulo e de lanternas acesas. Mostrando-se essas providências insuficientes, deve adotar outras que esgotem os meios que dispõe conforme o caso concreto.

O art. 46 do Código, preceitua que sempre que for necessária a imobilização temporária de um veículo no leito viário, em situação de emergência, deverá ser providenciada a imediata sinalização de advertência na forma determinada pela Resolução Contran nº 36/1998, o condutor deverá acionar de imediato as luzes de advertência (pisca alerta), providenciando a colocação do triângulo de sinalização ou equipamento similar à distância de 30 metros da parte traseira do veículo. O equipamento de sinalização de emergência deverá ser instalado perpendicularmente ao eixo da via, e em condições de boa visibilidade. Ressaltamos que é indispensável a retirada do veículo da pista de rolamento o mais rápido possível, vez que o risco de acidente é de grande probabilidade, principalmente no período noturno. O condutor não deve deixar de encetar todos os meios que dispõe e liberar o fluxo de trânsito registrando, por oportuno, que a legislação de trânsito veda o estacionamento também nos acostamentos (art. 181, VII, CTB), autorizando-o somente por motivo de força maior, vale dizer, somente em situações absolutamente excepcionais.

Insta acentuar, que o art. 225 do Código impõe penalidade de multa no valor de R$ 127,69 e considera penalidade grave, a conduta de quem deixar de sinalizar a via de forma a prevenir os demais condutores e, à noite, não manter acesas as luzes externas ou omitir-se quanto a providências necessárias para tornar visível o local, quando tiver de remover o veículo da pista de rolamento ou permanecer no acostamento.

036

Art. 181. *Estacionar o veículo:*

VI – *junto ou sobre hidrantes de incêndio, registro de água ou tampas de poços de visita de galerias subterrâneas, desde que devidamente identificadas, conforme especificações do Contran:*

- **Amparo Legal** – *art. 181, VI, CTB.*
- **Infração** – *Média.*
- **Número de pontos** – *4 (quatro).*
- **Penalidade** – *Multa.*
- **Valor da Multa** – *R$ 85,13 – Resolução Contran nº 136/2002.*
- **Medida administrativa** – *Remoção do veículo.*
- **Código da Infração** – *543-6 – Denatran/Detran – Resolução Contran nº 66/1998 (Corresponde ao art. 181, VI – CTB).*
- **Competência** – *Município – Resolução Contran nº 66/1998.*

O preceito contido neste dispositivo visa facilitar o acesso para reabastecimento e utilização destes locais especialmente destinados para casos de emergência. Não obstante, referidos locais devem estar devidamente sinalizados identificando os equipamentos existentes e implantados, inclusive com sinalização vertical e horizontal alertando os condutores de que estacionamento nessas condições pode acarretar muito mais que uma multa no trânsito, isto é, o direito à segurança, à saúde e à vida, preconizados na Constituição Federal. O tempo perdido nos grandes centros urbanos para desobstrução do local para um abastecimento de emergência como o de água nos incêndios pode acarretar perdas de vidas. É até mesmo um problema de conscientização do motorista. O estacionamento nessas hipóteses pode demonstrar uma simples desatenção como insensibilidade do condutor. É o interesse individual colidindo com o coletivo. O agente público de trânsito deve consignar no auto de infração no campo das observações ou informações complementares a sinalização existente no local.

Em relação ao assunto, há a Resolução Contran nº 31, de 21 de maio de 1998,[98] que dispõe sobre a sinalização de identificação, determinando que as áreas destinadas ao acesso prioritário para hidrantes, registros de água ou tampas de poços de visita de água ou tampas de poços de visita de galerias subterrâneas deverão ser sinalizadas através de pintura na cor amarela, com linhas de indicação de proibição de estacionamento e/ou parada, conforme o Anexo I da presente Resolução que entrou em vigor após 180 dias de sua publicação.

```
037
```

> **Art. 181.** Estacionar o veículo:
> **VII –** nos acostamentos, salvo motivo de força maior:
> - **Amparo Legal** – art. 181, VII – CTB.
> - **Infração** – Leve.
> - **Número de pontos** – 3 (três).
> - **Penalidade** – Multa.
> - **Valor da Multa** – R$ 53,20 – Resolução Contran nº 136/2002.
> - **Medida administrativa** – Remoção do veículo.
> - **Código da Infração** – 544-4 – Denatran/Detran – Resolução Contran nº 66/1998 (Corresponde ao art. 181, VII – CTB).
> - **Competência** – Município – Resolução Contran nº 66/1998.

Conforme os comentários lançados no inciso V do art. 181, **acostamento**, é parte da via pública destinada a imobilização eventual de veículo. Portanto, os acostamentos não se coadunam com os estacionamentos prolongados, exceto por **motivo de força maior**, que significa, motivo que independe da vontade humana, como exemplo, os fenômenos da natureza, como chuva, raio, tempestade, inundações, nevascas d'água, trombas d'água, tufão, mal súbito de quem dirige. São acontecimentos que ultrapassam as forças humanas. Importa destacar que João Baptista da Silva[99] esclarece: "São situações acima das forças dominadoras do ser humano. Por extensão e em relação ao trânsito, diz-se de **força maior** o motivo que, embora afastável em tese não o é pelo motorista no momento em que ocorre, como o defeito mecânico, a falta de combustível, o estouro do pneu, a chuva intensa e desnorteante, o defeito no sistema elétrico, etc. Em tais situações, e somente nelas, é permitido estacionar no acostamento das vias de circulação. Estacionar veículo fora dessas circunstâncias configura a infração do inciso VII".

Os acostamentos, somente admitem os estacionamentos por motivo de força maior, entretanto, excepcionalmente é utilizado em outras situações, como a de

---

98. Publicada no *DOU* de 22.5.1998.
99. *Código de Trânsito Brasileiro Explicado*, pp. 420-421.

conversão à esquerda e a operação retorno nas vias (art. 37), no embarque e desembarque de pessoas, trânsito de animais, carros de propulsão animal (art. 52), bicicletas (art. 58) e de pedestres.

Em caso de acidente de trânsito é possível a parada ou estacionamento ao longo dos acostamentos até que o veículo seja reparado ou guinchado, mas sempre com observância de medidas acauteladoras. Infração comum dá-se quando o condutor estaciona no acostamento da rodovia para pescar, observar gado nas pastagens ou paisagem, conversar com outro condutor, etc.

Havendo a situação excepcional que motiva o estacionamento no acostamento, ainda assim, o condutor não desobriga-se de adotar medidas cautelares, sob pena de incidir no art. 225 do Código que destaca expressamente ser penalidade de multa de R$ 127,69 (Resolução Contran nº 136/2002) e infração grave, o condutor deixar de sinalizar a via, de forma a prevenir os demais condutores e, à noite, não manter acesas as luzes externas ou omitir-se quanto as providências necessárias para tornar visível o local, quando tiver de remover o veículo da pista de rolamento ou permanecer no acostamento.

Ao observarmos o inciso VII do art. 181, verte-se que a preocupação do estacionamento de veículo automotor em acostamento, é fator que preocupou o legislador, posto que, a redação quase chega a conflitar com o inciso V do mesmo dispositivo.

038

Art. 181. *Estacionar o veículo:*

VIII – *no passeio ou sobre faixa destinada a pedestre, sobre ciclovia ou ciclofaixa, bem como nas ilhas, refúgios, ao lado ou sobre canteiros centrais, divisores de pista de rolamento, marcas de canalização, gramados ou jardim público:*

- **Amparo Legal** – *art. 181, VIII CTB.*
- **Infração** – *Grave.*
- **Número de pontos** – *5 (cinco).*
- **Penalidade** – *Multa.*
- **Valor da Multa** – *R$ 127,69 – Resolução Contran nº 136/2002.*
- **Medida administrativa** – *Remoção do veículo.*
- **Código da Infração** – *545-2 – Denatran/Detran – Resolução Contran nº 66/1998 (Corresponde ao art. 181, VIII – CTB).*
- **Competência** – *Município – Resolução Contran nº 66/1998.*

As hipóteses previstas neste inciso que ensejam aplicação de penalidade por estacionamento irregular são doze, conforme abaixo:

1. No *passeio* (calçadas da via urbana).
2. Sobre *faixa destinada a pedestre*. São partes da via pública com sinalização horizontal indicadora para travessia com segurança pelos pedestres. A faixa pode ser zebrada ou apenas, com linhas paralelas.
3. Na *ciclovia*. É pista própria destinada à circulação de ciclos, separada fisicamente do tráfego comum (Anexo I, CTB).
4. Na *ciclofaixa*. É denominada, a parte da pista de rolamento destinada à circulação exclusiva de ciclos, delimitada por sinalização específica (Anexo I, CTB).
5. Nas *ilhas*. É o obstáculo físico, colocado na pista de rolamento, destinado à ordenação dos fluxos de trânsito em uma interseção (Anexo I, CTB). A Resolução nº 666/1986, define ilhas como as áreas delimitadas, apostas à superfície do pavimento de uma via, com o objetivo de disciplinar o movimento dos veículos, organizando-o e evitando conflito entre os mesmos, deles com os pedestres ou com os obstáculos.
6. Nos *refúgios*. Que tem como definição, parte da via, devidamente sinalizada e protegida, destinada ao uso de pedestres durante a travessia da mesma (Anexo I, CTB).
7. Ao lado de *canteiros centrais*, isto é, obstáculo físico construído como separador de duas pistas de rolamento, eventualmente substituído por marcas viárias (canteiro fictício) (Anexo I, CTB).
8. Sobre *canteiros centrais*.
9. Sobre divisores de pista de rolamento. É a obra de arte utilizada como obstrução física que delimita ou separa as pistas da via pública. Exemplo: Avenidas.
10. Sobre marcas de canalização – Também chamadas de "zebrada ou sargento", orientam os fluxos de tráfego em uma via, direcionando a circulação de veículos pela marcação de áreas de pavimento não utilizáveis. Podem ser na cor branca quando direcionam fluxos de mesmo sentido e na cor amarela quando direcionam fluxos de sentidos opostos (Anexo II, item 2.2.3, do CTB). É o instrumental disponível, em termos de marcas viárias, para orientar os fluxos de tráfego em uma via, de modo a propiciar maior segurança na circulação, quando a ela são opostos obstáculos, nas interseções, quando varia a largura das pistas ou, de maneira geral, quando se deseja direcionar a circulação de veículos em uma área pavimentada (Resolução Contran nº 666/1986, item 4.1.1).
11. Nos grandes centros urbanos, é muito comum observar-se veículos estacionados sobre a calçada, defronte a residência do condutor/proprietário; todavia, configura infração de trânsito, não sendo permitido o estacionamento sobre a calçada, ainda que seja motocicleta ou ciclomotor estacionado. Tem pessoas que tem o hábito de estacionar o veículo sobre a calçada para concertá-los, pernoite ou lavá-los, sendo certo que cometem a infração de trânsito prevista no inciso VIII do art. 181 do Código.
12. Nos gramados.
13. Nos jardins públicos.

| 039 |

> **Art. 181.** Estacionar o veículo:
>
> **IX –** onde houver guia de calçada (meio-fio) rebaixada destinada à entrada ou saída de veículos:
>
> - **Amparo Legal** – art. 181, IX – CTB.
> - **Infração** – Média.
> - **Número de pontos** – 4 (quatro).
> - **Penalidade** – Multa.
> - **Valor da Multa** – R$ 85,13 – Resolução Contran nº 136/2002.
> - **Medida administrativa** – Remoção do veículo.
> - **Código da Infração** – 546-0 – Denatran/Detran – Resolução Contran nº 66/1998 (Corresponde ao art. 181, IX – CTB).
> - **Competência** – Município – Resolução Contran nº 66/1998.

Guia de calçada (meio-fio) rebaixada é a entrada da garagem, dos estacionamentos, dos acessos ao interior de edifícios, residências, enfim, é a calçada rebaixada para facilitar a entrada e saída de veículos. É infração característica das cidades, dos centros urbanos.

O Código proíbe o estacionamento defronte a guia da calçada (meio-fio) rebaixada de forma absoluta, nem mesmo o proprietário do local que é provido de guia rebaixada pode estacionar ou autorizar o estacionamento defronte a guia rebaixada, sob pena de ser autuado assim como os demais condutores. O Código não abre exceções ao possuidor do edifício, loja, residência, etc.

Acentue-se que o auto de infração de trânsito somente poderá ser lavrado se efetivamente entrar ou sair veículos. Nos casos de garagem desativada, lojas comerciais descaracterizando o fim (garagem usada como loja) não haverá infração. Basta analisar a parte final deste dispositivo que observa-se que o local (guia de calçada rebaixada) deve estar destinado à entrada ou saída de veículos. Ocorre muito na área comercial das cidades a garagem desativada sediar uma loja e o proprietário não requer o levantamento da guia da calçada como meio de inibir o estacionamento de veículos dos não clientes; entretanto, incentiva, o estacionamento no local pelos seus clientes. No caso, não haverá infração. Alguns colocam obstáculos na via sem autorização do poder público, através de cavaletes, cones, latas, caixas de madeira e outros objetos. No caso, estará obstaculizando a via indevidamente, incorrendo no art. 246 do CTB. As leis de trânsito não existem para atender um interesse individual, mas o bem comum da coletividade.

O agente público de trânsito deve estar atento ao atender solicitações nestes locais, evitando efetuar infrações se efetivamente a guia rebaixada (meio-fio) não estiver sendo efetivamente utilizada para entrada ou saída de veículos. Também não caracteriza-se a infração se houver guia rebaixada defronte a um muro ou parede, vez que, o mero rebaixamento não é suficiente para lavrar-se o auto de infração.

A conduta do motorista que estaciona seu conduzido defronte a guia de calçada rebaixada (meio-fio), tem sido motivo de inúmeros conflitos no trânsito, em virtude de constranger direito de outras pessoas de acessarem o local saindo ou entrando com seus automotores.

```
040
```

Art. 181. *Estacionar o veículo:*

X – *impedindo a movimentação de outro veículo:*

- **Amparo Legal** – art. 181, X – CTB.
- **Infração** – Média.
- **Número de pontos** – 4 (quatro).
- **Penalidade** – Multa.
- **Valor da Multa** – R$ 85,13 – Resolução Contran nº 136/2002.
- **Medida administrativa** – Remoção do veículo.
- **Código da Infração** – 547-9 – Denatran/Detran – Resolução nº 66/1998 Contran (Corresponde ao art. 181, X – CTB).
- **Competência** – Município – Resolução Contran nº 66/1998.

Esta infração de trânsito ocorre quando o condutor estaciona o veículo muito próximo, encostado a outro veículo, impedindo a movimentação, dificultando as manobras para deixar o local. Não há espaços suficientes que permitam a retirada do veículo. Pode ser na parte da frente, de trás ou lateralmente. É confinar um ou mais veículos em determinado local impedindo a movimentação. O fato apesar de causar estranheza, é comum em eventos esportivos, artísticos, culturais, políticos, religiosos, etc. A conduta também está dentre aquelas que vem associada a conflitos verbais e físicos, diante da irritabilidade que causa no condutor que teve seu direito de locomoção através da retirada de seu veículo prejudicado no aguardo da localização do motorista egoísta. É causa desencadeadora da violência no trânsito. Não obstante, esta infração deverá ser constatada em flagrante. Isto é, no ato do cometimento, caso contrário será conflitoso saber quem cometeu a infração, exceto se o agente público tiver o controle visual da situação e nitidamente poder distinguir quem dos condutores foi o responsável pela infração.

041

> **Art. 181.** Estacionar o veículo:
> **XI –** ao lado de outro veículo, em fila dupla:
> - **Amparo Legal** – art. 181, XI – CTB.
> - **Infração** – Grave.
> - **Número de pontos** – 5 (cinco).
> - **Penalidade** – Multa.
> - **Valor da Multa** – R$ 127,69 – Resolução Contran nº 136/2002.
> - **Medida administrativa** – Remoção do veículo.
> - **Código da Infração** – 548-7 – Denatran/Detran – Resolução Contran nº 66/1998 (Corresponde ao art. 181, XI – CTB).
> - **Competência** – Município – Resolução Contran nº 66/1998.

A infração do inciso XI do art. 181, é popularmente conhecida como estacionar o veículo em fila dupla, e na maioria das vezes bloqueia a corrente de tráfego na via pública levando aos acidentes de trânsito. Ademais, isso dificulta a visibilidade dos demais condutores da via, causa congestionamentos e irritabilidade nos outros motoristas.

O grau de risco desta infração é decorrente do próprio desconforto que ela causa no trânsito, quase sempre aliada a outras condutas como é o caso do embarque e desembarque de passageiros (adultos e crianças) pelo lado do fluxo de trânsito em total desobediência ao parágrafo único do art. 49, que determina o embarque e desembarque sempre do lado direito da calçada, exceto para o condutor.

Quanto ao condutor, apesar de estar autorizado a embarcar e desembarcar do seu lado (lado da direção) que quase sempre desemboca no fluxo de trânsito, deve proceder a abertura da porta com cautela de modo a evitar acidentes, caso contrário sua conduta será de evidente imprudência, displicência e desatenção e sem dúvida alguma terá agido ao menos com culpa para ocasionar o acidente. Este tipo de acidente é muito comum contra motocicletas e assemelhados, vez que o motociclista é obrigado a transitar pela direita da via.

A conduta do estacionamento em fila dupla dá-se de forma reiterada defronte as escolas quando os pais vão acompanhar os filhos. Também ocorre nas áreas comerciais, defronte a estabelecimentos noturnos, eventos culturais e esportivos.

O comportamento do condutor que estaciona seu conduzido em fila dupla é anti social, age por motivos egoísticos e com desprezo às regras básicas de trânsito e de convivência social. O condutor que parar o veículo ao lado de outro para embarcar e/ou desembarcar passageiros, carga ou descarga de algum objeto, ainda que rapidamente, poderá incorrer na infração prevista no art. 182, III do CTB (parar o veículo afastado da guia da calçada (meio-fio) a mais de um metro) ou art. 182, IV do CTB (parar o veículo em desacordo com as posições estabelecidas no CTB).

ART. 181

```
042
```

> **Art. 181.** Estacionar o veículo:
>
> **XII –** na área de cruzamento de vias, prejudicando a circulação de veículos e pedestres:
>
> - **Amparo Legal** – art. 181, XII – CTB.
> - **Infração** – Grave.
> - **Número de pontos** – 5 (cinco).
> - **Penalidade** – Multa.
> - **Valor da Multa** – R$ 127,69 – Resolução Contran nº 136/2002.
> - **Medida administrativa** – Remoção do veículo.
> - **Código da Infração** – 549-5 – Denatran/Detran – Resolução Contran nº 66/1998 (Corresponde ao art. 181, XII – CTB).
> - **Competência** – Município – Resolução Contran nº 66/1998.

Cruzamento, conforme o Anexo I do Código é a interseção de duas vias em nível. É o encontro de duas vias, o cruzamento. O condutor que estacionar o veículo na área de cruzamento de vias, comete infração de trânsito e esta conduta por si só acaba prejudicando a livre circulação dos demais veículos e pedestres. É a obstrução da via com o estacionamento.

Todavia, havendo motivo de força maior, deve-se adotar as cautelas do art. 46 do Código que ressalta sempre que for necessária a imobilização temporária de um veículo no leito viário, em situações de emergência, deverá ser providenciada a imediata sinalização de advertência na forma estabelecida na Resolução Contran nº 36/1998, isto é, o condutor deverá acionar de imediato as luzes de advertência (pisca alerta) providenciando a colocação do triângulo de sinalização ou equipamento similar à distância de 30 metros da parte traseira do veículo. O equipamento de sinalização de emergência deverá ser instalado perpendicularmente ao eixo da via e em condição de boa visibilidade. Ressalte-se que no trânsito urbano o acionamento de guincho é rápido e eficaz em situações de emergência.

Esta situação de trânsito não deve ser confundida com a de estacionamento nas esquinas e a menos de cinco metros do bordo do alinhamento da via transversal (art. 181, inciso I). Aqui trata-se de estacionamento na área de cruzamento e acarretando prejuízo à livre circulação dos demais veículos e pedestres. Ainda que os demais usuários da via consignam desviar do veículo estacionado na área de cruzamento e seguir em frente, haverá a infração em comento. Basta que a conduta perturbe a fluidez e a segurança do trânsito e estará configurada.

Havendo a parada do veículo na área de cruzamento de vias, ocorrerá a infração prevista no art. 182, VII do CTB (parar o veículo na área de cruzamento de vias, prejudicando a circulação de veículos e pedestres). De lembrar-se da dicção do art. 45 do CTB: *"Mesmo que a indicação luminosa do semáforo lhe seja favorá-*

vel, nenhum condutor pode entrar em uma interseção se houver possibilidade de ser obrigado a imobilizar o veículo na área do cruzamento, obstruindo ou impedindo a passagem do trânsito transversal". (itálico nosso).

```
043
```

> **Art. 181.** Estacionar o veículo:
>
> **XIII –** onde houver sinalização horizontal delimitadora de ponto de embarque ou desembarque de passageiros de transporte coletivo ou, na inexistência desta sinalização, no intervalo compreendido entre dez metros antes e depois do marco do ponto;
>
> - **Amparo Legal** – art. 181, XIII – CTB.
> - **Infração** – Média.
> - **Número de pontos** – 4 (quatro).
> - **Penalidade** – Multa.
> - **Valor da Multa** – R$ 85,13 – Resolução Contran nº 136/2002.
> - **Medida administrativa** – Remoção do veículo.
> - **Código da Infração** – 550-9 – Denatran/Detran – Resolução Contran nº 66/1998 (Corresponde ao art. 181, XIII – CTB).
> - **Competência** – Município – Resolução Contran nº 66/1998.

O inciso XIII do art. 181, estabelece duas formas de cometimento de infração de estacionamento junto a ponto de embarque e desembarque de passageiros de transporte coletivo.

1. Estacionar o veículo onde houver sinalização horizontal delimitadora de ponto de embarque e desembarque de passageiros de coletivo;
2. ou, na inexistência de sinalização horizontal delimitadora, no intervalo compreendido entre dez metros antes e depois do marco do ponto.

Sinalização é o conjunto de sinais de trânsito e dispositivos de segurança colocados na via pública com o objetivo de garantir sua utilização adequada, possibilitando melhor fluidez no trânsito e maior segurança dos veículos e pedestres que nela circulam (Anexo I da Lei nº 9.503/1997).

Sinalização Vertical, é um subsistema da sinalização viária, que se utiliza de placas, onde o meio de comunicação (sinal) está na posição vertical, fixado ao lado ou suspenso sobre a pista, transmitindo mensagens de caráter permanente e, eventualmente, variáveis, mediante símbolos e/ou legendas pré-reconhecidas e legalmente instituídas. As placas classificam-se de acordo com as suas funções, são agrupadas em um dos seguintes tipos de sinalização vertical: sinalização de regulamentação, sinalização de advertência, sinalização de indicação.

ART. 181

Sinalização Horizontal é um subsistema de sinalização viária que se utiliza de linhas, marcações, símbolos e legendas, pintados ou apostos sobre o pavimento das vias. Tem como função organizar o pavimento das vias. Tem como função organizar o fluxo de veículos e pedestres, controlar e orientar os deslocamentos em situações com problemas de geometria, reprografia ou frente a obstáculos, complementar os sinais verticais de regulamentação, advertência ou indicação.

Sinalização horizontal é aquela no solo, a faixa de pedestre e todas inscrições de trânsito na pavimentação asfáltica. No caso do ponto de embarque e desembarque de passageiros de transporte coletivo é a faixa delimitadora pintada no solo reservando espaço para a parada do coletivo. Normalmente além da sinalização horizontal, há a sinalização vertical; não obstante, para configuração da infração pode o local estar provido de sinalização horizontal ou na sua ausência no intervalo compreendido entre dez metros, antes e depois do marco do ponto. O agente público de trânsito ao lavrar a autuação deve consignar no campo das observações ou informações complementares do auto de infração qual a real circunstância em que deu-se a infração, com sinalização horizontal ou na sua inexistência. No segundo caso, não havendo o marco do ponto do coletivo, não haverá infração porque não há como o motorista saber que no local é ponto de embarque e desembarque de passageiros de coletivo. O Anexo II do CTB, item 2.2.4, trata das marcas de delimitação e controle de estacionamento e/ou parada. Elas delimitam e propiciam melhor controle das áreas onde é proibido ou regulamentado o estacionamento e a parada de veículos. O item "b" trata de marcação de área reservada para parada de veículos específicos (cor amarela). Isto é marcação delimitadora de área para parada de ônibus em faixa de trânsito e marcação delimitadora de área para parada de ônibus feita em reentrância da calçada.

Esta infração é de grande importância, vez que, o coletivo faz a parada para embarque e desembarque na via pública, ao lado dos veículos estacionados irregularmente no ponto de ônibus e com isso pode conturbar o trânsito prejudicando sua fluidez e ocasionar acidentes ou atropelamentos dos próprios passageiros.

```
044
```

Art. 181. *Estacionar o veículo:*

XIV – *nos viadutos, pontes e túneis:*

- **Amparo Legal** – *art. 181, XIV – CTB.*
- **Infração** – *Grave.*
- **Número de pontos** – *5 (cinco).*
- **Penalidade** – *Multa.*
- **Valor da Multa** – *R$ 127,69 – Resolução Contran nº 136/2002.*
- **Medida administrativa** – *Remoção do veículo.*
- **Código da Infração** – *551-7 – Denatran/Detran – Resolução Contran nº 66/1998 (Corresponde ao art. 181, XIV – CTB).*
- **Competência** – *Município – Resolução Contran nº 66/1998.*

O estacionamento de veículo nos viadutos, pontes e túneis é expressamente vedado pelo Código, ressalvando-se motivo de força maior, como é o caso de defeito mecânico impedindo-o de circulação, o que não desobriga o condutor de adotar cautelas excepcionais visando evitar acidentes. O estacionamento nesses locais é extremamente perigoso, não havendo acostamento ou refúgio, o que acarreta estreitamento da via prejudicando a circulação dos demais veículos. Ocorrendo o estacionamento por força maior, será necessário sinalizar o local na forma estabelecida na Resolução nº 36/1998 do Contran.

O Código define no Anexo I o que se deva entender por viaduto, como sendo obra de construção civil destinada a transpor uma depressão de terreno ou servir de passagem superior. Ponte, é obra de construção civil destinada a ligar margens opostas de uma superfície líquida qualquer. Túnel, é passagem subterrânea.

De lembrar-se que nestes locais, viadutos, pontes e túneis não é permitido ao menos parar o veículo, sob pena de violação do disposto no art. 182 VIII, do CTB.

045

Art. 181. *Estacionar o veículo:*
XV – *na contramão de direção:*

- **Amparo Legal** – *art. 181, XV – CTB.*
- **Infração** – *Média.*
- **Número de pontos** – *4 (quatro).*
- **Penalidade** – *Multa.*
- **Valor da Multa** – *R$ 85,13 – Resolução Contran nº 136/2002.*
- **Medida administrativa** – *Remoção do veículo.*
- **Código da Infração** – *552-5 – Denatran/Detran – Resolução Contran nº 66/1998 (Corresponde ao art. 181, XV – CTB).*
- **Competência** – *Município – Resolução Contran nº 66/1998.*

Contramão de direção, na visão de Geraldo de Faria Lemos Pinheiro e Dorival Ribeiro[100] é: *"ocupar a faixa destinada aos veículos que transitam em sentido contrário nas vias de duplo sentido de direção".*

Infere-se, portanto, que este enquadramento somente poderá ocorrer quando o veículo estiver estacionado na via de duplo sentido de direção, voltado frontalmente para os veículos que transitam corretamente na sua mão de direção, no fluxo de trânsito.

A infração prevista neste dispositivo tem o objetivo de coibir o estacionamento de veículos na contramão de direção, fato muito comum defronte a residência do condutor, para carga e descarga quando a carga está acondicionada na lateral contrária para embarque e desembarque.

---

100. *Doutrina, Legislação e Jurisprudência do Trânsito,* p. 291.

ART. 181

A infração somente ocorre no estacionamento em que a via seja provida de duplo sentido de direção, e não em via de mão única. O estacionamento, caso seja autorizado, é para o estacionamento na via no sentido de trânsito do veículo, no sentido do fluxo do trânsito.

A via pública deve ser provida ou não de linha divisória delimitadora do fluxo de trânsito e ainda com placas R-28: duplo sentido de circulação, conforme Anexo II do Código de Trânsito Brasileiro. Havendo obstáculos físicos, é sentido oposto ao estabelecido.

O ingresso ou saída do veículo estacionado na contramão de direções implica em manobras de risco, principalmente por parte dos condutores que transitam regularmente no seu fluxo de trânsito, podendo surpreendê-los e induzi-los à manobras imprevistas, o que sem dúvida, pode levar aos acidentes de trânsito.

| 046 |

Art. 181. Estacionar o veículo:

XVI – em aclive ou declive, não estando devidamente freado e sem calço de segurança, quando se tratar de veículo com peso bruto total superior a três mil e quinhentos quilogramas:

Obs.: O § 2º deste art. 181, tem o seguinte teor: "*No caso previsto no inciso XVI é proibido abandonar o calço de segurança na via.*".

- **Amparo Legal** – art. 181, XVI CTB.
- **Infração** – Grave.
- **Número de pontos** – 5 (cinco).
- **Penalidade** – Multa.
- **Valor da Multa** – R$ 127,69 – Resolução Contran nº 136/2002.
- **Medida administrativa** – Remoção do veículo.
- **Código da Infração** – 553-3 – Denatran/Detran – Resolução Contran nº 66/1998 (Corresponde ao art. 181, XVI – CTB).
- **Competência** – Município – Resolução Contran nº 66/1998.

Trata-se de infração de trânsito específica para os veículos de carga com peso bruto total (PTB) superior a três mil e quinhentos (3.500) quilogramas, não aplicando-se aos veículos de transporte coletivo de passageiros (ônibus ou microônibus). O preceito é lacunoso, posto que, não esclarece se o veículo nessas condições deve estar carregado ou vazio, motivo pelo qual entendemos que a autuação poderá ocorrer nas duas situações. Também não especifica se o calço de segurança deve ser colocado defronte ao pneu dianteiro ou traseiro, de apenas um dos pneus ou de todos. Configura-se a infração independente de ter ocorrido ou não acidente de trânsito ou o veículo ter-se desbrecado, basta a ausência do calço de segurança. De observar-se que o art. 26 do Código estabelece que os usuários das vias terrestres devem abster-se de todo ato que possa constituir perigo para o trânsito de veículos e pessoas.

A conduta do motorista que tem a obrigação de cautela ao estacionar o veículo com peso bruto total superior a três mil e quinhentos quilogramas em aclive ou declive, devidamente freado e com calço de segurança, e deixa de adotar essas providências, age com negligência, ainda que não tenha ocorrido o deslizamento do veículo. O objetivo deste dispositivo é evitar acidentes no trânsito.

O condutor tem inequívoco conhecimento de que a ausência de calço de segurança e o freamento do veículo constitui fatos de grande risco à segurança do trânsito. Há outras medidas acauteladoras que o tipo não descreve e pode ser adotada nessas situações, como é o caso do engate da marcha e o posicionamento de uma das rodas enviesada e encostada junto ao meio-fio (guia da calçada).

No Manual de Policiamento e Fiscalização de Trânsito,[101] elaborado sob responsabilidade do Ministério do Exército, EME/IGPM, Contran/Denatran, há a seguinte argumentação em torno do calço de segurança: "O calço de segurança, a rigor, deveria ser um equipamento obrigatório para aqueles veículos que o Código denominou "pesados". Isto porque em muitas circunstâncias o condutor não encontra no local um instrumento apropriado e adequado para as finalidades pretendidas. Alguns motoristas, como boa praxe, já tem dispositivos que levam consigo para cumprir a obrigação legal. Outros, há, entretanto, que não adotam esse cuidado, procurando servir-se de elementos variados, colhidos nas cercanias, e que, por isso, são abandonados na via pública após o deslocamento do veículo".

ABANDONO DO CALÇO DE SEGURANÇA NA VIA PÚBLICA

O § 2º do art. 181, estabelece que é proibido abandonar o calço de segurança na via pública, entretanto, não impõe qualquer penalidade, uma vez que, ocorrendo o fato em questão, aplica-se o disposto no art. 226 do Código que preconiza como infração média e multa de R$ 85,13 (Resolução Contran nº 136/2002), deixar de retirar todo e qualquer objeto que tenha sido utilizado para sinalização temporária da via pública.

047

Art. 181. *Estacionar o veículo:*

XVII – *em desacordo com as condições regulamentadas especificamente pela sinalização (placa – estacionamento regulamentado):*

- *Amparo Legal* – art. 181, XVII – CTB.
- *Infração* – Leve.
- *Número de pontos* – 3 (três).

---

101. *Op. cit.*, p. 98.

ART. 181

- **Penalidade** – Multa.
- **Valor da Multa** – R$ 53,20 – Resolução Contran nº 136/2002.
- **Medida administrativa** – Remoção do veículo.
- **Código da Infração** – 554-1 – Denatran/Detran – Resolução Contran nº 66/1998 (Corresponde ao art. 181 – XVII – CTB).
- **Competência** – Município – Resolução Contran nº 66/1998.

A infração prevista neste inciso, ocorre de forma mais acentuada no trânsito urbano, sendo considerada carro-chefe; com isso, óbvio, enseja grande número de recursos administrativos e quase sempre com ganho de causa a favor do infrator, vez que, apesar da credibilidade pública atribuída ao agente de trânsito, mor das vezes, as autuações não são elaboradas corretamente, deixando de consignar no campo das informações complementares dados indispensáveis à perfeita formalização do auto de infração.

A teor do disposto no próprio tipo, para que ocorra a infração, é necessário que o local esteja devidamente sinalizado, isto é, especificamente regulamentado pela sinalização, *in casu*, placa de estacionamento regulamentado (placa R-6b), acoplada a sinalização complementar indicando as condições e circunstâncias para o estacionamento naquele local. São informações complementares tais como: período de validade, características e uso do veículo, condições de estacionamento, carga e descarga, lotação, ponto de táxi, motocicletas, obrigatório cartão de área azul, ambulâncias, área destinada a deficiente físico, além de outras e deve estas informações serem colocadas em uma placa adicional abaixo do sinal de regulamentação, podendo estar incorporada à principal, formando uma só placa sempre nas cores branca (fundo), vermelha (tarjas) e preta (símbolos e letras).

O agente público de trânsito ao formalizar o auto de infração, deverá esclarecer no campo de observações dados individualizadores da infração no local, exemplo:

1. Local sinalizado com placa R.6b, carga e descarga, entretanto, veículo não autorizado a estacionar no local por não ser destinado a esse fim, condutor ausente.

2. Local sinalizado com placa R-6b – área azul – veículo desprovido de cartão – condutor ausente.

3. Local sinalizado com placa R-6b – área azul – veículo com cartão nº 1305, vencido às 14:00 horas, horário da autuação 15:00 horas, condutor ausente. (Obs.: neste caso, sempre dar uma margem de tempo ao condutor antes de realmente elaborar a autuação, o condutor pode ter-se atrasado por algum motivo relevante, além do que, autuação logo após o vencimento do cartão, quase sempre ocasiona conflito no local além da imagem negativa que proporciona ao aplicador da infração e ao órgão que representa. Isto não quer dizer que não se deverá elaborar o auto de infração, mas o bom senso nessas ocasiões, o equilíbrio, é o fator que deve preponderar.

4. Local sinalizado com placa R-6b – ponto de táxi – veículo estacionado é categoria particular. Condutor ausente.

5. Local sinalizado com placa R-6b – ambulâncias – veículo estacionado é categoria particular.

Além destes exemplos mencionados, existem muitos outros, mas a técnica da elaboração do auto de infração é as dos exemplos supra.

Deve-se evitar ainda, a ausência de numeral do local da infração, exemplo: Rua Agenor Meira, quadra 6, o local deve ser expressamente identificado com o nome correto da via numeral.

A placa R-6b – estacionamento regulamentado, assinala ao condutor do veículo que é permitido o estacionamento na via, trecho ou área abrangida pela regulamentação. Quando acompanhada de placa complementar, assinala ao condutor que a permissão é restrita aos veículos indicados, horários, tempo fixado tempo de permanência e/ou forma de cobrança. Ela regulamenta as condições do estacionamento.[102]

048

Art. 181. *Estacionar o veículo:*

XVIII – *em locais e horários proibidos especificamente pela sinalização (placa – proibido estacionar):*

- **Amparo Legal** – *art. 181, XVIII – CTB.*
- **Infração** – *Média.*
- **Número de pontos** – *4 (quatro).*
- **Penalidade** – *Multa.*
- **Valor da Multa** – *R$ 85,13 – Resolução Contran nº 136/2002.*
- **Medida administrativa** – *Remoção do veículo.*
- **Código da Infração** – *555-0 – Denatran/Detran – Resolução Contran nº 66/1998 (Corresponde ao art. 181, XVIII – CTB).*
- **Competência** – *Município – Resolução Contran nº 66/1998.*

Para a configuração desta infração, o local deverá estar sinalizado com placa R-6a – proibido estacionar. Esta placa assinala ao condutor do veículo que é proibido o estacionamento no trecho abrangido pela restrição. Deve ser utilizada sempre que, por motivo de visibilidade, segurança, capacidade de escoamento, usos específicos do passeio, a qualquer outro motivo detectado pela autoridade competente, o estacionamento de veículo for considerado prejudicial. A placa R-6a deverá ser repetida no máximo a cada 40m, nas zonas comerciais e/ou com elevado volume de tráfego, e no máximo a cada 80m, no caso de zonas rurais ou de baixo volume de tráfego. Para quadras ou trechos de extensão inferior a 40m, pode-se utilizar apenas uma placa, valendo a proibição para todo o trecho ou quadra. Quando a restrição de estacionamento se aplicar a uma quadra ou a determinado

---

102. Ver Resolução Contran nº 599/1982.

trecho dessa, recomenda-se o uso da placa R-6a acompanhada de informação complementar, conforme exemplos a seguir:

- Para trechos extensos – implantação de duas ou mais placas R-6a, contendo, aquelas situadas nos pontos extremos, as inscrições "início" e "término".
- Para pequenos trechos – pintura de uma linha contínua, ao longo do meio-fio e sob a placa R-6a, a inscrição "ao longo da linha".
- Se a restrição de estacionamento não for permanente, a placa R-6a deverá vir acompanhada de placa adicional, indicando o período de vigência da restrição, no caso de não ser aplicável às 24 horas do dia, dias de vigência, exceção da restrição. No caso de regulamentação de carga e descarga, pode-se utilizar a placa de estacionamento proibido ou a de estacionamento regulamentado. Deve-se usar a placa R-6a quando se pretender proibir o estacionamento, de qualquer veículo, fora do período destinado a carga e descarga e a R-6b, quando o estacionamento for permitido para qualquer veículo, mas deseja-se reservar um trecho para a operação indicada (Resolução Contran nº 599/1982).
- A restrição pode ser em relação ao local e horário, mas devidamente sinalizado, inclusive, com placa adicional indicativa da restrição. Na confecção do auto de infração, no campo das informações complementares deverá ficar esclarecido o tipo de sinalização do local (placa R-6a) e a restrição impeditiva do estacionamento (permitida carga e descarga das 10:00 às 16:00 horas até o fim da quadra, ao longo da linha, etc.).

| 049 |

> **Art. 181.** *Estacionar o veículo:*
> **XIX –** *em locais e horários de estacionamento e parada proibidos pela sinalização (placa – proibido parar e estacionar):*
> - **Amparo Legal** – *art. 181, XIX – CTB.*
> - **Infração** – *Grave.*
> - **Número de pontos** – *5 (cinco).*
> - **Penalidade** – *Multa.*
> - **Valor da Multa** – *R$ 127,69 – Resolução Contran nº 136/2002.*
> - **Medida administrativa** – *Remoção do veículo.*
> - **Código da Infração** – *556-8 – Denatran/Detran – Resolução Contran nº 66/1998 (Corresponde ao art. 181, XIX – CTB).*
> - **Competência** – *Município – Resolução Contran nº 66/1998.*
>
> **§ 1º.** *Nos casos previstos neste artigo, a autoridade de trânsito aplicará a penalidade preferencialmente após a remoção do veículo.*
> **§ 2º.** *No caso previsto no inciso XVI é proibido abandonar o calço de segurança na via.*

ART. 181

O local estando devidamente sinalizado com placa R-6c, a parada ou o estacionamento estão proibidos. Esta placa assinala ao condutor do veículo que é proibido parar, ainda que para operações de embarque e desembarque, mesmo que essas tomem apenas um curto espaço de tempo. A placa R-6c – proibido parar e estacionar, deve ser utilizada em locais onde, por motivos de segurança e/ou fluidez do tráfego, é necessário que se impeça a parada dos veículos. Tais situações, dentre outras, se caracterizam em aproximação de cruzamentos críticos de tráfego intenso que torne necessária a total capacidade da via, vias de trânsito, curvas verticais e/ou horizontais acentuadas.

Na utilização da placa R-6c – proibido parar e estacionar, deverão ser observados os mesmos critérios estabelecidos para a placa R-6a – proibido estacionar. Deve-se frisar, entretanto, que os critérios que determinam seu uso devem ser mais rígidos, face ao rigor implícito da proibição, não permitindo a detenção do veículo sequer para o embarque e desembarque de pessoas. Seu uso excessivo pode acarretar indução ao desrespeito (Resolução Contran nº 599/1982).

Ao elaborar a autuação, o agente público de trânsito deverá lançar no campo das observações complementares do auto de infração se a conduta do motorista foi de parada ou estacionamento além da placa de sinalização existente no local. Este tipo de infração deve ser combatido com rigor, posto que, ocasiona estreitamento da via parando o fluxo de trânsito e pode levar a acidentes de trânsito. Bom lembrar, havendo no local placa R-6c, é proibido a parada e o estacionamento, inclusive o simples e rápido desembarque de pessoas e coisas, mormente defronte a estabelecimentos na área urbana.

O § 1º do dispositivo em comento determina a aplicação da penalidade (multa), preferencialmente após a remoção do veículo, sendo que nem sempre é possível a remoção nos termos do art. 270, § 1º do Código o qual dispõe que quando a irregularidade puder ser sanada no local da infração, o veículo será liberado tão logo seja regularizada a situação; é o caso de lavrada a autuação ou a lavrar-se, o condutor comparecer no local e prontificar-se a retirada do veículo do estacionamento ou parada proibida, entretanto, apesar de não ser aplicada a medida administrativa diante do exemplo mencionado, o condutor não livra-se da autuação. Esta deve ser elaborada ainda que sanada a irregularidade. A remoção somente se dará antes da chegada do condutor, ou no caso deste recusar-se a cumprir a determinação do agente de trânsito de retirada do veículo. Neste último caso, os fatos deverão ser noticiados a autoridade policial da área para medidas de polícia judiciária e comunicação à autoridade policial de trânsito para medidas que entender necessárias, observado o direito a ampla defesa.

PARADAS DE VEÍCULOS PROIBIDAS

Além das infrações de estacionamento, a parada de veículos em via pública é proibida nos casos compreendidos nos incisos do art. 182 do Código, que traz dez situações caracterizadoras e possíveis autuações pelo agente público de trânsito.

O Anexo I do Código de Trânsito Brasileiro, conceitua parada como sendo a imobilização do veículo com a finalidade e pelo tempo estritamente necessário para efetuar embarque ou desembarque de passageiros.

ART. 182

Parada é a imobilização do veículo momentaneamente para a realização de algum ato, não havendo ânimo definitivo, isto é, deixar o veículo no local de forma a caracterizar o estacionamento. É a interrupção da marcha do veículo pelo tempo restrito ao embarque ou desembarque de passageiros, carga ou descarga de mercadorias. No estacionamento é em regra mais demorado e na sua quase totalidade o condutor ausenta-se do veículo.

Na tipificação de parada irregular de veículos, normalmente são penalizados os condutores que estejam embarcando ou desembarcando passageiros, carregando ou descarregando mercadorias, ou ainda, aguardando brevemente o passageiro retornar, transmitir recados ou apanhando informações.

Importa destacar, que não caracteriza-se infração de trânsito a parada do veículo decorrente de congestionamento no trânsito aguardando abertura de sinal luminoso, passagem de pedestre, defeito mecânico ou outros advindos de força maior. Entretanto, sempre que for necessária a imobilização do veículo temporariamente deverá ser providenciada a imediata sinalização de advertência na forma estabelecida no art. 46 do Código e na Resolução Contran nº 36/1998.

Observando o conceito de parada do Anexo I do Código e da Convenção de Viena, art. 1, alínea K(i), verifica-se que o legislador alçou como fatores ou elementos caracterizadores da parada a duração e a finalidade.

O Código estabelece no seu art. 47 que quando for proibido o estacionamento de veículo na via, a parada deverá restringir-se ao tempo indispensável para embarque e desembarque de passageiros, desde que não interrompa ou perturbe o fluxo de veículos ou a locomoção de pedestres.

Importa destacar que o Código considera a operação de carga e descarga como estacionamento e deverá ser regulamentada pelo órgão ou entidade como circunscrição sobre a via, conforme disposição expressa do parágrafo único do art. 47. Não obstante, nas paradas, operações de carga e descarga e nos estacionamentos, o veículo deverá ser posicionado no sentido do fluxo, paralelo ao bordo da pista de rolamento e junto à guia da calçada (meio-fio), admitidos as exceções devidamente sinalizadas. Nas vias providas de acostamento, os veículos parados, estacionados ou em operação de carga e descarga deverão estar situados fora da pista de rolamento, é o que dispõe o art. 48 e seu § 1º.

| 050 |

Art. 182. *Parar o veículo:*

I – *nas esquinas e a menos de cinco metros do bordo do alinhamento da via transversal:*

- **Amparo Legal** – art. 182, I – CTB.
- **Infração** – Média.
- **Número de pontos** – 4 (quatro).
- **Penalidade** – Multa.

ART. 182

- **Valor da Multa** – R$ 85,13 – Resolução Contran nº 136/2002.
- **Medida Administrativa** – Não há previsão.
- **Código da Infração** – 557-6 – Denatran/Detran – Resolução Contran nº 66/1998 (Corresponde ao art. 182, I – CTB).
- **Competência** – Município – Resolução Contran nº 66/1998.

Além do estacionamento, também é proibido a parada de veículo nas esquinas e a menos de cinco metros do bordo do alinhamento da via transversal. Por ser considerada infração de trânsito menos grave que o estacionamento, não há previsão da medida administrativa de remoção do veículo. Entretanto, ocorrendo a parada irregular de veículo e o condutor recuse-se a retirá-lo do local, poderá dar-se a autuação do art. 195 do CTB: "Desobedecer às ordens emanadas da autoridade competente do trânsito ou de seus agentes". Se houver bloqueio da via com o veículo, é possível a autuação conforme o art. 253 do CTB, que impões multa gravíssima e apreensão do veículo além da medida administrativa de remoção do veículo. Não obstante estas providências, havendo grave perigo à ordem pública no trânsito, o fato deve ser noticiado a autoridade policial de trânsito.

Esta infração de parada prejudica a visibilidade e a fluidez no trânsito, acarretando perigo para a segurança dos demais usuários da via. Contribuindo para algum acidente de trânsito, o condutor deve ser arrolado para aferição através dos meios legais de sua responsabilidade. Importante verificar os arts. 47 a 49 do CTB.

```
051
```

Art. 182. Parar o veículo:

II – afastado da guia da calçada (meio-fio) de cinqüenta centímetros a um metro:

- **Amparo Legal** – art. 182, II – CTB.
- **Infração** – Leve.
- **Número de pontos** – 3 (três).
- **Penalidade** – Multa.
- **Valor da Multa** – R$ 53,20 – Resolução Contran nº 136/2002.
- **Medida Administrativa** – Não há previsão.
- **Código da Infração** – 558-4 – Denatran/Detran – Resolução Contran nº 66/1998 (Corresponde ao art. 182, II – CTB).
- **Competência** – Município – Resolução Contran nº 66/1998.

Nos locais permitidos ou com ausência de placas de proibição de parada de veículo, a parada não poderá ultrapassar a cinqüenta centímetros afastado da guia da calçada (meio-fio), sob pena de ser autuado. O objetivo do legislador é impedir que o veículo parado além dos cinqüenta centímetros prejudique a livre circulação dos demais veículos, estreitando parte do leito da pista, afetando a segurança do trânsito.

A parada nas circunstâncias mencionada neste dispositivo apresenta o limite de espaço inicial de cinqüenta centímetros e final de um metros a contar da guia da calçada, vez que se ultrapassar mais de um metro a tipificação será a do inciso III do art. 182 e a infração será considerada média (R$ 85,13), a primeira infração é leve com valor da multa estipulado em R$ 53,20 – Resolução Contran nº 136/2002. O interessado deverá observar o conteúdo dos arts. 47 a 49 do CTB.

052

Art. 182. *Parar o veículo:*
III – *afastado da guia da calçada (meio-fio) a mais de um metro:*
- **Amparo Legal** – *art. 182, III – CTB.*
- **Infração** – *Média.*
- **Número de pontos** – *4 (quatro).*
- **Penalidade** – *Multa.*
- **Valor da Multa** – *R$ 85,13 – Resolução Contran nº 136/2002.*
- **Código da Infração** – *559-2 – Denatran/Detran – Resolução Contran nº 66/1998 (Corresponde ao art. 182, III – CTB).*
- **Competência** – *Município – Resolução Contran nº 66/1998.*

Conforme já se dissemos no inciso anterior, a parada poderá ocorrer nos locais permitidos ou na inexistência de placas de proibição no local, entretanto, havendo a parada além de um metro da guia da calçada, será esta tipificação e não a do inciso II do art. 182. Esta infração de parada é mais grave que a anterior, motivo pelo qual, o número de pontos e o valor da multa são maiores que o previsto no artigo anterior. Não há dúvida que esta infração pode levar a acidentes ou conturbar o fluxo de trânsito no local. A parada deve ser na forma estabelecida no art. 48, *caput* e § 1º do CTB.

053

Art. 182. *Parar o veículo:*
IV – *em desacordo com as posições estabelecidas neste Código:*
- **Amparo Legal** – *art. 182, IV CTB.*
- **Infração** – *Leve.*

ART. 182

- **Número de pontos** – 3 (três).
- **Penalidade** – Multa.
- **Valor da Multa** – R$ 53,20 – Resolução Contran nº 136/2002.
- **Código da Infração** – 560-6 Denatran/Detran – Resolução Contran nº 66/1998 (Corresponde ao art. 182, IV – CTB).
- **Competência** – Município – Resolução Contran nº 66/1998.

As posições estabelecidas pelo Código não são muitas, não obstante, o art. 48 estabelece que nas paradas ou nos estacionamentos, nas operações de carga e descarga, o veículo deverá ser posicionado no sentido do fluxo, paralelo ao bordo da pista de rolamento e junto a guia da calçada (meio-fio). Nas vias providas de acostamento, os veículos parados deverão estar situados fora da pista de rolamento, isto é, no acostamento. Quanto aos veículos motorizados de duas rodas a parada será feita em posição perpendicular à guia da calçada (meio-fio) e junto a ela, exceto se houver sinalização que determine outra condição.

054

Art. 182. Parar o veículo:

V – na pista de rolamento das estradas, das rodovias, das vias de trânsito rápido e das demais vias dotadas de acostamento:

- **Amparo Legal** – art. 182, V – CTB.
- **Infração** – Grave.
- **Número de pontos** – 5 (cinco).
- **Penalidade** – Multa.
- **Valor da Multa** – R$ 127,69 – Resolução Contran nº 136/2002.
- **Código da Infração** – 561-4 – Denatran/Detran – Resolução Contran nº 136/2002 (Corresponde ao art. 182, V – CTB).
- **Competência** – Município – Resolução Contran nº 66/1998.

A parada de veículo na pista de rolamento das estradas, das rodovias, vias de trânsito rápido ou nas demais vias providas de acostamento, caracteriza medida de extremo perigo e portanto deve ser evitada, podendo dar causa a acidente de trânsito. A parada nestes locais não se justifica pelo risco que oferece aos demais usuários da via. No caso de força maior, ainda assim, a parada deve ser precedida de medidas acauteladoras. Havendo acostamento despiciendo dizer que o veículo deve parar nele ocorrendo fator imprevisível e impositivo, vez que parar no acostamento é fator de menos risco que parar o veículo no leito carroçável da via na ausência de acostamento, o veículo deve parar rente ao bordo da via. No sentido de trânsito e o obstáculo que delimita a via, isto é, cerca, barranco, etc.

ART. 182

A parada de veículo em locais proibidos por motivo de força maior, ainda que o condutor adote medidas visando alertar os demais usuários da via, não desobriga de sua responsabilidade havendo acidente e sua conduta será analisada caso a caso no âmbito do processo. Importante a leitura dos arts. 47 e 49 do CTB.

055

Art. 182. *Parar o veículo:*
VI – *no passeio ou sobre a faixa destinada a pedestres, nas ilhas, refúgios, canteiros centrais e divisores da pista de rolamento e marcas de canalização:*
- **Amparo Legal** – *art. 182, VI CTB.*
- **Infração** – *Leve.*
- **Número de pontos** – *3 (três).*
- **Penalidade** – *Multa.*
- **Valor da Multa** – *R$ 53,20 – Resolução Contran nº 136/2002.*
- **Medida Administrativa** – *Não há previsão.*
- **Código da Infração** – *562-2 – Denatran/Detran – Resolução Contran nº 66/1998 (Corresponde ao art. 182, VI – CTB).*
- **Competência** – *Município – Resolução Contran nº 66/1998.*

A parada de veículo nas condições acima especificadas são proibidas pelo Código. A violação que mais ocorre é parar o veículo sobre faixa destinada a pedestres.

O estacionamento e a parada de veículo sobre faixa de pedestre são infrações de trânsito de impacto visual e de prática reiterada por infratores contumazes à legislação de trânsito. O agente público de trânsito deverá combater sistematicamente a parada de veículo sobre faixa de pedestre que ocorre por displicência ou pela sensação de impunidade do condutor. É a infração de trânsito de repercussão em virtude de ser percebida imediatamente pelos usuários da via pública. O pedestre se sente desrespeitado em seus direitos e as conseqüências podem traduzir-se desde pacífica tolerância até a ofensas verbais ou físicas.

As demais paradas, no passeio, ilhas, refúgios, canteiros centrais e divisores de pista de rolamento e marcas de canalização, não deixam de ser menos importantes, e também devem ser coibidas.

Passeio – É definido pelo Anexo I do Código como sendo parte da calçada ou da pista de rolamento, neste último caso, separada por pintura ou elemento físico separador, livre de interferências, destinada à circulação exclusiva de pedestres e, excepcionalmente de ciclistas.

Canteiro central – Trata-se de obstáculo físico construído como separador de duas pistas de rolamento, eventualmente substituído por marcas viárias (canteiro fictício).

Ilha – Na versão do Código é obstáculo físico, colocado na pista de rolamento, destinado à ordenação dos fluxos de trânsito em uma interseção. Denomina-se refúgio, parte da via, devidamente sinalizada e protegia, destinada ao uso de pedestres durante a travessia da mesma.

Dispositivo de Canalização – São elementos, geralmente não refletorizados, apostos em série sobre a superfície pavimentada em substituição às guias quando não for possível a construção imediata das mesmas ou para evitar que veículos transponham determinado local ou faixa de tráfego. Sua cor é usualmente branca, mas podendo ser amarela se contíguas à sinalização horizontal desta cor.

Marcas de Canalização – Também chamadas de "zebrado ou sargento", orientam os fluxos de tráfego em uma via direcionando a circulação de veículos pela marcação de áreas de pavimento. Podem ser na cor branca quando direcionam fluxos de mesmo sentido e na cor amarela quando direcionam fluxos de sentidos opostos (Anexo II, item 2.2.3. CTB).

056

Art. 182. *Parar o veículo:*

VII – *na área de cruzamento de vias, prejudicando a circulação de veículos e de pedestres:*

- **Amparo Legal** – *art. 182, VII – CTB.*
- **Infração** – *Média.*
- **Número de pontos** – *4 (quatro).*
- **Penalidade** – *Multa.*
- **Valor da Multa** – *R$ 85,13 – Resolução Contran nº 136/2002.*
- **Medida Administrativa** – *Não há previsão.*
- **Código da Infração** – *563-0 – Denatran/Detran – Resolução Contran nº 66/1998 (Corresponde ao art. 182, VIII – CTB).*
- **Competência** – *Município – Resolução Contran nº 66/1998.*

A simples parada de veículo na área de cruzamento pode acarretar sérios danos a segurança do trânsito, afetando sensivelmente a visibilidade, uma vez que 85% das informações necessárias ao motorista são informações visuais advindas do campo visual do condutor e dependem da sua capacidade de enxergar e das condições de visibilidade do meio. Portanto, é importante garantir condições adequadas de visibilidade e não há dúvida que o veículo parado na área de cruzamento é um dos fatores que contribuem para diminuir o campo visual dos demais condutores, podendo levar a acidente entre veículos ou atropelamento de pedestre.

De outra parte, inegável que a parada de veículo nessa circunstância, prejudica a circulação de outros veículos e pedestres, posto que, bloqueia e dificulta a passagem.

Área de cruzamento, é onde os veículos se deparam com fluxos cruzados de veículos e pedestres, são as esquinas.

Importa ainda destacar, que o Código preconiza "mesmo que a indicação luminosa do semáforo lhe seja favorável, nenhum condutor pode entrar em uma intersecção se houver possibilidade de ser obrigado a imobilizar o veículo na área do cruzamento, obstruindo ou impedindo a passagem do trânsito transversal".[103]

057

Art. 182. *Parar o veículo:*
VIII - *nos viadutos, pontes e túneis:*
- **Amparo Legal** – art. 182, VIII CTB.
- **Infração** – Média.
- **Número de pontos** – 4 (quatro).
- **Penalidade** – Multa.
- **Valor da Multa** – R$ 85,13 – Resolução Contran nº 136/2002.
- **Código da Infração** – 564-9 – Denatran/Detran – Resolução Contran nº 136/2002 (Corresponde ao art. 182, VIII – CTB).
- **Competência** – Município – Resolução Contran nº 66/1998.

Viadutos, são obras da construção civil destinada a transpor uma depressão de terreno ou servir de passagem superior. Pontes, também são obras da construção civil, entretanto, destinadas a ligar margens opostas de uma superfície líquida qualquer. Túnel é considerado caminho ou passagem subterrânea. Estes locais são tipicamente inadequados para a parada de veículos e quase sempre desprovidos de acostamentos.

Túneis, são fontes potenciais permanentes de problemas de iluminação, ensejando cautela e atenção redobrada por parte dos condutores. São trechos mais escuros que as demais vias durante o dia, enquanto que a noite são mais iluminados que as vias externas. Nos túneis, os olhos dos condutores ficam sujeitos a dupla adaptação, na entrada e na saída do túnel, o que se traduz no fato de que, por duas vezes, os olhos do condutores não estão ajustados para o máximo desempenho. Os túneis são parcialmente escuros, e fechando e abrindo os olhos rapidamente antes de entrar neles dilata as pupilas e traz maior visibilidade na escuridão. Ao sair do túnel, volte a semi-cerrá-los, isso evita o ofuscamento.[104]

---

103. Cf. art. 45, CTB. Ver ainda arts. 47 a 49 do CTB.
104. Observar ainda os arts. 47 a 49 do CTB.

058

> **Art. 182.** Parar o veículo:
> **IX –** na contramão de direção:
> - **Amparo Legal** – art. 182, IX – CTB.
> - **Infração** – Média.
> - **Número de pontos** – 4 (quatro).
> - **Penalidade** – Multa.
> - **Valor da Multa** – R$ 85,13 – Resolução Contran nº 136/2002.
> - **Medida Administrativa** – Não há previsão.
> - **Código da Infração** – 565-7 – Denatran/Detran – Resolução Contran nº 66/1998 (Corresponde ao art. 182, IX – CTB).
> - **Competência** – Município – Resolução Contran nº 66/1998.

A contramão de direção somente ocorrerá nas vias de duplo sentido de direção. A parada será irregular quando o condutor parar o veículo voltado frontalmente para os veículos que transitam corretamente em sua mão de direção. A manobra do veículo para estacionar ou deixar o local (contramão) afeta a segurança e fluidez do trânsito. Não configura a infração a parada em qualquer lado da via com sentido único de direção. Ver ainda os arts. 47 e 49 do CTB.

059

> **Art. 182.** Parar o veículo:
> **X –** em local e horário proibidos especificamente pela sinalização (placa – Proibido Parar):
> - **Amparo Legal** – art. 182, X – CTB.
> - **Infração** – Média.
> - **Número de pontos** – 4 (quatro).
> - **Penalidade** – Multa.
> - **Valor da Multa** – R$ 85,13 – Resolução Contran nº 136/2002.
> - **Medida Administrativa** – Não há previsão.
> - **Código da Infração** – 566-5 – Denatran/Detran – Resolução Contran nº 66/1998 (Corresponde ao art. 182, X – CTB).
> - **Competência** – Município – Resolução Contran nº 66/1998.

Para a configuração desta infração o local deverá estar devidamente sinalizado pela placa R-6c – proibido parar e estacionar. Tanto um como outro são vedados no local. O agente público de trânsito deverá lançar no campo das informações complementares do auto de infração a existência da placa R-6c, e assinalar ao condutor do veículo que é proibido parar, ainda que para operações de embarque e desembarque de pessoas ou coisas, mesmo que essas condutas tomem apenas um curto espaço de tempo.

A placa R-6c deve ser utilizada em locais onde, por motivos de segurança e/ou fluidez do tráfego, é necessário que se impeça a parada de veículos. Tais situações, se caracterizam, dentre outras, em aproximação de cruzamentos críticos, volume de tráfego intenso, que torne necessária a total capacidade da via, vias de trânsito rápido, curvas verticais e/ou horizontais acentuadas.

Deve-se frisar, entretanto, que os critérios que determinam seu uso devem ser mais rígidos, face ao rigor implícito da proibição, não permitindo a detenção do veículo sequer para o embarque e desembarque de pessoas. Seu uso excessivo pode acarretar indução ao desrespeito.

De-se observar que, se se tratar de estacionamento em local sinalizado com a placa R-6c, a tipificação será a do art. 181, XIX do CTB. Porém se for parada de veículo onde o local seja sinalizado com a placa R-6c, a autuação será a do art. 182, X, do Código. Ver ainda arts. 47 a 49 do CTB.

060

> **Art. 183.** Parar o veículo sobre a faixa de pedestres na mudança de sinal luminoso.
> - **Amparo Legal** – art. 183 – CTB.
> - **Infração** – Média.
> - **Número de pontos** – 4 (quatro).
> - **Penalidade** – Multa.
> - **Valor da Multa** – R$ 85,13 – Resolução Contran nº 136/2002.
> - **Medida Administrativa** – Não há previsão.
> - **Código da Infração** – 567-3 – Denatran/Detran – Resolução Contran nº 66/1998 (Corresponde ao art. 183 – CTB).
> - **Competência** – Município – Resolução Contran nº 66/1998.

Esta infração de trânsito prevista no art. 183 do CTB, não pode ser confundida com a do art. 182, VI do Código. A do art. 183, possui um plus a mais, a infração somente ocorrerá se o condutor parar o veículo na faixa de pedestre na mudança de sinal luminoso (semáforo). Já a do inciso VI do art. 182, tipifica-se em qualquer outra circunstância de parada do veículo sobre a faixa de pedestre, não se tratando de parada do veículo sobre a faixa de pedestre na mudança de sinal luminoso. A infração do art. 183 é específica e a do inciso VI do art. 182 é geral.

É notório que nos centros urbanos nos locais providos de dispositivo luminoso (semáforo), precede a faixa de pedestres e a faixa de retenção conhecida também como linhas de retenção (que antecede propriamente dito a faixa de pedestre; são as linhas transversais à via que indicam aos condutores o local-limite em que deverão parar os veículos, caso isto lhes seja imposto pela sinalização de controle de tráfego (placa "pare" ou semáforo) ou pela autoridade legal pertinente). A parada nestas condições (sobre a faixa de pedestre, na mudança de sinal luminoso), impede ou dificulta a travessia de pedestres na via pública.

Alguns motoristas aceleram o veículo enquanto o sinal ainda está fechado, intimidando o pedestre que está efetuando a travessia da via sobre a faixa de pedestres, na maioria das vezes com o propósito deliberado de assustar o pedestre ou para que este conclua mais rapidamente a travessia. Essa conduta demonstra o desrespeito com o ser humano. Em geral ele está irritado com o sinal vermelho que interrompeu seu caminho, então passa a atropelar os direitos de quem caminha sobre a faixa.

Nesta infração o condutor avalia mal o tempo de mudança do sinal ou deliberadamente, vai avançando sobre a faixa de pedestre impulsionado pela deseducação e impaciência. A faixa de pedestre é uma sinalização horizontal, e esta última, é um subsistema de sinalização viária que se utiliza de linhas, marcações, símbolos e legendas, pintados ou apostos sobre o pavimento das vias.

Por força da Deliberação Contran nº 38, de 11.7.2003 (*DOE* de 14.7.2003), e da Resolução Contran nº 146/2003, que regulamentou os requisitos técnicos mínimos para a fiscalização de parada sobre a faixa de pedestres na mudança de sinal luminosos, restou determinado que os instrumentos ou equipamentos hábeis para a comprovação dessa infração, devem obedecer à legislação metrológica em vigor. A Deliberação em comento e a Resolução nº 146/2003 revogaram a Resolução Contran nº 141/2002, que disciplinava o assunto anteriormente.

```
061
```

Art. 184. *Transitar com o veículo:*

I – *na faixa ou pista da direita, regulamentada como de circulação exclusiva para determinado tipo de veículo, exceto para acesso a imóveis lindeiros ou conversões à direita:*

- **Amparo Legal** – *art. 184, I – CTB.*
- **Infração** – *Leve.*
- **Número de pontos** – *3 (três).*
- **Penalidade** – *Multa.*
- **Valor da Multa** – *R$ 53,20 – Resolução Contran nº 136/2002.*
- **Medida de Administrativa** – *Não há previsão.*
- **Código da Infração** – *568-1 – Denatran/Detran – Resolução Contran nº 66/1998 (Corresponde ao art. 184, I – CTB).*
- **Competência** – *Município – Resolução Contran nº 66/1998.*

Determinadas vias públicas, considerando-se suas peculiaridades, tais como, volume e densidade de trânsito, podem e devem sofrer restrições impostas pelo órgão de trânsito como circunscrição sobre a via, através de adequada sinalização, por meio de placas regulamentadoras.

A conduta descrita no inciso I do art. 184 do Código, proíbe que veículos comuns, em regra automóveis, ingressem na faixa ou pista da direita destinada como de circulação exclusiva para determinado tipo de veículos tido como especiais, como é o caso de ônibus, veículos de transporte escolares, veículos de carga, lentos, produtos perigosos, motocicletas, etc.

Importa destacar que o tipo admite exceção, vale dizer, exceto para acesso a imóveis lindeiros ou conversões à direita para ingressar em garagens, estacionamento ou efetuar conversão à direita.

O preceito em comento visa a segurança e a fluidez do trânsito. Havendo ausência, insuficiência ou colocação incorreta de sinalização no local (placa de regulamentação), o agente público de trânsito não poderá exigir a conduta ou elaborar auto de infração por força do disposto no art. 90 do CTB.

Segundo o Anexo II do Código, *"faixa é, qualquer uma das áreas longitudinais em que a pista pode ser subdividida, sinalizada ou não por marcas viárias longitudinais, que tenham uma largura suficiente para permitir a circulação de veículos automotores"*.

Pista, trata-se de *parte da via normalmente utilizada para a circulação de veículos, identificada por elementos separadores ou por diferença de nível em relação às calçadas, ilhas ou aos canteiros centrais"*.

O intérprete deve ter em mente ainda a dicção do art. 29, inciso IV, do Código que estabelece: quando uma pista de rolamento comportar várias faixas de circulação no mesmo sentido, são as da direita destinadas ao deslocamento dos veículos mais lentos e de maior porte quando não houver faixa especial à eles destinada, e as da esquerda, destinadas à ultrapassagem e ao deslocamento dos veículos de maior velocidade.

Importa lembrar, caso a faixa ou pista seja da esquerda, a infração será a prevista no art. 184, II do CTB.

| 062 |

Art. 184. *Transitar com o veículo:*

II – *nas faixa ou pista da esquerda regulamentada como de circulação exclusiva para determinado tipo de veículo:*

- **Amparo Legal** – art. 184, II – CTB.
- **Infração** – Grave.
- **Número de pontos** – 5 (cinco).
- **Penalidade** – Multa.

- **Valor da Multa** – R$ 127,69 – Resolução Contran nº 136/2002.
- **Medida Administrativa** – Não há previsão.
- **Código da Infração** – 569-0 – Denatran/Detran – Resolução Contran nº 66/1998 (Corresponde ao art. 184, II CTB).
- **Competência** – Município – Resolução Contran nº 66/1998.

Os comentário e anotações efetuados anteriormente no inciso I do art. 184 do Código, aplicam-se quase na sua totalidade ao inciso II. A divergência consiste no trânsito de veículo na faixa ou pista da esquerda. Também observa-se que no inciso II, não há exceção para acesso a imóveis lindeiros ou conversões a esquerda. A infração do inciso I é classificada de leve e o inciso II de grave.

063

Art. 185. Quando o veículo estiver em movimento, deixar de conservá-lo:

I – na faixa a ele destinada pela sinalização de regulamentação, exceto em situações de emergência:

- **Amparo Legal** – art. 185, I – CTB.
- **Infração** – Média.
- **Número de pontos** – 4 (quatro).
- **Penalidade** – Multa.
- **Valor da Multa** – R$ 85,13 – Resolução Contran nº 136/2002.
- **Código da Infração** – 570-3 – Denatran/Detran – Resolução Contran nº 66/1998 (Corresponde ao art. 185, I – CTB).
- **Competência** – Município – Resolução Contran nº 66/1998.

Esta penalidade deve ser aplicada aos condutores de veículos que não conservam seus veículos quando em movimento na faixa própria ou não se posicionam na faixa de trânsito específica, através da sinalização no local de placa de regulamentação. É o caso, onde houver placa R-23 (conserve-se à direita), ou onde houver corredor ou faixa exclusiva de ônibus ou caminhões.

A sinalização no local é a vertical ou horizontal e o veículo está sendo conduzido fora da faixa a ele destinada, e indicada pela sinalização regulamentadora. O inciso comentado admite exceção, posto que, as situações de emergência devidamente justificadas, excluem a infração como a ausência, incorreta e insuficiente sinalização do local.

A sinalização de regulamentação, tem por finalidade informar aos usuários das condições, proibições, obrigações ou restrições no uso das vias. Suas mensagens são imperativas e seu desrespeito constitui infração (Anexo II da Lei nº 9.503/1997, item, 1.1).

064

Art. 185. Quando o veículo estiver em movimento, deixar de conservá-lo:

II – nas faixas da direita, os veículos lentos e de maior porte:

- **Amparo Legal** – art. 185, II – CTB.
- **Infração** – Média.
- **Número de pontos** – 4 (quatro).
- **Penalidade** – Multa.
- **Valor da Multa** – R$ 85,13 – Resolução Contran nº 136/2002.
- **Medida Administrativa** – Não há previsão.
- **Código da Infração** – 571-1 – Denatran/Detran – Resolução Contran nº 66/1998 (Corresponde ao art. 185, II – CTB).
- **Competência** – Município – Resolução Contran nº 66/1998.

Os veículos lentos e de maior porte quando em movimento devem sempre serem conservados nas faixas de trânsito da direita, mesmo que no local não tenha sinalização específica para o uso desses veículos da direita da via. Não é outra a recomendação da norma de circulação prevista no inciso IV do art. 29 do CTB: *"Quando uma pista de rolamento comportar várias faixas de circulação no mesmo sentido, são as da direita destinadas ao deslocamento dos veículos mais lentos e de maior porte, quando não houver faixa especial a eles destinada, e as da esquerda destinadas à ultrapassagem e ao deslocamento dos veículos de maior velocidade."*.

065

Art. 186. Transitar pela contramão de direção em:

I – vias com duplo sentido de circulação, exceto para ultrapassar outro veículo e apenas pelo tempo necessário, respeitada a preferência do veículo que transitar em sentido contrário:

- **Amparo Legal** – art. 186 I – CTB.
- **Infração** – Grave.
- **Número de Pontos** – 5 (cinco).
- **Penalidade** – Multa.
- **Valor da Multa** – R$ 127,69 – Resolução Contran nº 136/2002.
- **Medida Administrativa** – Não há previsão.

ART. 186

- **Código da Infração** – 572-0 – Denatran/Detran – Resolução Contran nº 66/1998 (Corresponde ao art. 186, I – CTB).
- **Competência** – Município – Resolução Contran nº 66/1998.

Para que ocorra a violação deste dispositivo, o condutor deverá estar transitando com o veículo a esquerda da via e de seu fluxo de trânsito em via de duplo sentido de direção, haja ou não faixa sólida. Portanto, inocorre em vias de sentido único de direção ou via com duplo sentido de circulação separadas por canteiro divisor ou qualquer obstrução física, podendo caracterizar outra infração de trânsito.

Contramão de direção, na lição de Geraldo de Faria Lemos Pinheiro e Dorival Ribeiro,[105] "*é ocupar a faixa destinada aos veículos que transitam em sentido contrário nas vias de duplo sentido de direção*".

A teor da exceção contida na conduta infracional, caso o veículo esteja sendo conduzido pela esquerda da via, na contramão de direção por força de estar efetuando manobra de ultrapassagem e pelo tempo necessário não ocorrerá a infração de trânsito, posto que, o Código permite a ultrapassagem de veículos, mas com observância da sinalização existente no local em sentido contrário.

A circulação de veículos em via de duplo sentido de direção pela contramão, deve ser medida adotada apenas para ultrapassagem, entretanto, face aos acidentes que decorrem desta manobra, os cuidados devem ser redobrados, vez que, ocorrendo acidente de trânsito nessas condições, o veículo que advém, em sua mão de direção em sentido contrário ao que executa a ultrapassagem, é o único com direito de trânsito. O veículo que adentra na contramão, ainda que para ultrapassagem, causando colisão, é o único responsável, diante da previsibilidade de aproximação do automotor que transita na sua mão de direção, em sentido contrário ao veículo que enceta passagem.

As situações que levam as colisões e dão ensejo a infração mencionada, decorrem da simples ultrapassagem, quando o condutor avalia inoportunamente o momento da ultrapassagem dando causa ao evento lesivo, como a conduta do motorista que em vias de duplo sentido de direção deriva para a contramão de direção para desviar-se de buraco ou obstáculo na pista, vindo a colidir com o veículo que provinha em sentido contrário e corretamente em sua mão de direção. Outros aduzem, que a causa de invasão da pista contrária deu-se devido as condições atmosféricas (chuva) o que possibilitou de ver a sinalização regulamentadora do local, ainda assim, mencionada alegação não o socorre, posto que, diante das diversidades do tempo e da via, as medidas cautelares devem ser adotadas com redobrada atenção. Há os que, aproveitam-se da mudança recente da sinalização no local, vale dizer, o sentido de trânsito sofreu alteração recentemente; a via era de mão única, passou a mão dupla. Ainda assim, nossa posição é de que, havendo sinalização no local, este fato não deve ser motivo para exonerar o condutor de suas responsabilidades, restando, se for o caso, ação regressiva contra o órgão de trânsito com circunscrição sobre a via, uma vez, que não se compensam culpas na área penal.

---

105. *Doutrina, Legislação e Jurisprudência de Trânsito*, p. 291.

A ultrapassagem é de exclusiva responsabilidade do motorista que a executa e somente pode ser iniciada com certeza absoluta de segurança para com os demais usuários da via, ainda que a velocidade do veículo que advém pela sua mão de direção esteja em velocidade inadequada; alguns condutores, encontrando a via pela qual trafega obstruída, deixam de contornar o quarteirão e ingressam na contramão, a conduta também é considerada imprudente.

066

Art. 186. *Transitar pela contramão de direção em:*
II – *vias com sinalização de regulamentação de sentido único de circulação:*

- **Amparo Legal** – art. 186, II – CTB.
- **Infração** – Gravíssima.
- **Número de pontos** – 7 (sete).
- **Penalidade** – Multa.
- **Valor da Multa** – R$ 181,54 – Resolução Contran nº 136/2002.
- **Medida Administrativa** – Não previsão.
- **Código da Infração** – 573-8 – Denatran/Detran – Resolução Contran nº 66/1998 (Corresponde ao art. 186, II – CTB).
- **Competência** – Município – Resolução Contran nº 66/1998.

O inciso II do art. 186, trata da circulação pela contramão de direção em vias sinalizadas e com sentido único de circulação, no caso, a placa de regulamentação é a indicadora de *sentido proibido* (placa R-3, do Anexo II).

A infração é classificada de gravíssima, o que se justifica diante do imenso risco que a conduta oferece. Nas vias de mão única, os espaços para desvios de emergência são reduzidos o que aumenta o risco de acidentes de trânsito.

A via pode ter mais de um fluxo de trânsito e, havendo placa indicando sentido único de circulação, o desrespeito caracteriza a infração em análise.

Apesar de ser infração gravíssima, ainda é uma das infrações de trânsito que comumente ocorrem nas cidades, as vezes por imprudência do motorista, para encurtar caminho, em estado de embriaguez ou inobservância da sinalização regulamentadora do local (placa R-3, sentido proibido). Esta infração está intimamente correlacionada as colisões frontais com inúmeras perdas de vidas ou lesões graves.

A placa R-3, sentido proibido, assinala ao condutor de veículo a proibição de que deve ser utilizada quando determinada via, a partir de certo ponto, não mais permite a circulação no sentido que vinha sendo mantida. É recomendável o seu uso, em ambos os lados da via com mais de uma faixa, que tem seu acesso impedido, a fim de realçar a proibição (Resolução Contran nº 599/1982).

A definição de contramão de direção, foi dada no inciso anterior.

A redação anterior deste preceito era por transitar em sentido oposto ao estabelecido, conforme dicção do art. 89, inciso XIV do antigo Código Nacional de Trânsito.

067

Art. 187. *Transitar em locais e horários não permitidos pela regulamentação estabelecida pela autoridade competente:*

I – *para todos os tipos de veículos:*

- **Amparo Legal** – *art. 187, I – CTB.*
- **Infração** – *Média.*
- **Número de pontos** – *4 (quatro).*
- **Penalidade** – *Multa.*
- **Valor da Multa** – *R$ 85,13 – Resolução Contran nº 136/2002.*
- **Medida Administrativa** – *Não há previsão.*
- **Código da Infração** – *574-6 – Denatran/Detran – Resolução Contran nº 66/1998 (Corresponde ao art. 187, I – CTB).*
- **Competência** – *Município – Resolução Contran nº 66/1998.*

II – *(Revogado)*

• *Inciso II revogado pela Lei nº 9.602, de 21.1.1998, trazia na sua redação original: "**especificamente para caminhões e ônibus:**".*

- **Infração** – *Grave.*
- **Penalidade** – *Multa.*
- **Código da Infração** – *575-4.*

Obs: *Em função da revogação feita pela Lei, este Código foi excluído pelo art. 2º da Resolução Contran nº 121/2001, DOU de 20.2.2001.*

Determinadas áreas da via pública podem sofrer restrições para o trânsito, a critério da autoridade competente e com jurisdição sobre a via. O preceito ora enfocado trata do trânsito de veículos (não necessariamente automotor) em locais e horários em que a sinalização no local advém com proibições e restrições, muitas vezes, apenas em determinados trechos da via caracterizados por intensa movimentação de pedestres (calçadões), eventos, ruas de lazer, horário comercial, etc.

A limitação para o trânsito de veículos também pode ser temporal, ao longo do dia ou determinados dias da semana.

Obs.: O art. 187, II, tinha a seguinte redação: *"Transitar em locais e horários não permitidos pela regulamentação estabelecida pela autoridade competente especificamente para caminhões e ônibus"*. Entretanto, este dispositivo foi revogado pelo art. 7º da Lei nº 9.602/1998 e Resolução Contran nº 121/2001.

Observação indispensável, é que o local deverá estar regularmente sinalizado com placas, R-9, R-10 ou R-13. Tratando-se de veículos de propulsão humana ou de tração animal, a sinalização obrigatória é a existência das placas R-11 ou R-12, não obstante, como o assunto não foi ainda regulamentado, não há como lavrar-se autuações contra estes veículos por força do disposto nos arts. 24, inciso XVII e 129 do CTB.

```
068
```

Art. 188. *Transitar ao lado de outro veículo, interrompendo ou perturbando o trânsito:*

- **Amparo Legal** – *art. 188 – CTB.*
- **Infração** – *Média.*
- **Número de pontos** – *4 (quatro).*
- **Penalidade** – *Multa.*
- **Valor da Multa** – *R$ 85,13 – Resolução Contran nº 136/2002.*
- **Medida Administrativa** – *Não há previsão.*
- **Código da Infração** – *576-2 – Denatran/Detran – Resolução Contran nº 66/1998 (Corresponde ao art. 188 – CTB).*
- **Competência** – *Município – Resolução Contran nº 66/1998.*

Esta infração visa dar segurança e a fluidez ao desmembra-se em duas situações distintas como observa-se pelos verbos **interromper** ou **perturbar.** Cada situação poderá ocorrer simultânea ou isoladamente.

As situações típicas que as caracterizam dá-se quando condutores em comemorações nas vias públicas emparelham seus veículos para conversarem ou mesmo para troca de ofensas entre si em decorrência de conflitos no trânsito, prejudicando a livre circulação de veículos. Outros exemplos podem ser citados: épocas carnavalescas, quando dois amigos se encontram ou nas estradas quando os veículos lentos tentam ultrapassar o da faixa da direita ocasionando obstrução do fluxo de trânsito. O exemplo mais comum é o da comemoração da vitória de um time de futebol quando os condutores transitam com seus conduzidos em fila dupla e passam a conversarem entre si, namoro com troca de telefones e endereços ocasião em que os veículos transitam lado a lado. A infração caracteriza-se ainda que a via seja provida de várias pistas.

Ainda que o objetivo do condutor nessas condições de trânsito paralelamente a outro conduzido seja o de ultrapassagem em local permitido, haverá esta infração de trânsito sempre que o tempo decorrido em razão da velocidade prejudicar a livre circulação dos demais veículos, ainda que não tenha a ultrapassagem sido identificada pelo veículo ultrapassado. Exemplo: veículo sem condições técnicas para ultrapassar outro que esteja na faixa da sua direita, ainda assim, inicia a manobra de ultrapassagem, entretanto não tem condições de completá-la. Verifica-se constantemente esta infração quando um caminhão de carga tenta a ultrapassagem de outro, entretanto, em razão da pouca diferença de velocidade entre ambos, posto que, a velocidade deles é praticamente idêntica, acabam bloqueando o trânsito dos demais veículos.

069

Art. 189. *Deixar de dar passagem aos veículos precedidos de batedores, de socorro de incêndio e salvamento, de polícia, de operação e fiscalização de trânsito e às ambulâncias, quando em serviço de urgência e devidamente identificados por dispositivos regulamentados de alarme sonoro e iluminação vermelha intermitentes:*

- **Amparo Legal** – *art. 189 CTB.*
- **Infração** – *Gravíssima.*
- **Número de pontos** – *7 (sete).*
- **Penalidade** – *Multa.*
- **Valor da Multa** – *R$ 191,54 – Resolução Contran nº 136/2002.*
- **Medida Administrativa** – *Não há previsão.*
- **Código da Infração** – *577-0 – Denatran/Detran – Resolução Contran nº 66/1998 (Corresponde ao art. 189 – CTB).*
- **Competência** – *Estado e Município – Resolução Contran nº 66/1998.*

Os veículos mencionados neste dispositivo, vale dizer, os precedidos de batedores, de socorro de incêndio e salvamento, da polícia, de operação de fiscalização de trânsito, ambulâncias – além de prioridade de trânsito, gozam de livre circulação, estacionamento e parada, quando em serviço de urgência e devidamente identificados por dispositivos regulamentares de alarme sonoro e iluminação vermelha intermitente. Nessas condições, quando os dispositivos acionados, indicando a proximidade dos veículo todos os condutores deverão deixar a passagem pela faixa da esquerda, indo para a direita da via e parando, se necessário os pedestre, ao ouvir o alarme sonoro deverão aguardar no passeio, só atravessando a via quando o veículo já tiver passado pelo local. Insta acentuar, que o uso de dispositivos de alarme sonoro e de iluminação vermelha intermitente só poderá ocorrer quando da efetiva prestação de serviço de urgência. A prioridade de passagem na via e no cruzamento deverá se dar com velocidade reduzida e com os cuidados de segurança, com observância das demais normas estabelecidas pelo Código. Os veículos precedidos de batedores terão prioridade de passagem, respeitadas as demais normas de circulação (art. 29, CTB).

Art. 190

As medidas acauteladoras nestas situações devem ser redobradas pelo condutor do veículo que tem a responsabilidade de dirigi-lo, principalmente ao avançar um cruzamento do qual não detenha a preferencial. O trânsito preferencial em virtude da urgência do serviço que prestam, não pode traduzir-se em liberdade irrestrita para ingressar em cruzamentos com sinal desfavorável de forma imprudente. O Código autoriza o ingresso, o avanço, mas com redobrada cautela, não significa autorização absoluta, mas relativa, quase sempre dependendo de outras circunstâncias, visando com isso, evitar acidentes, vale dizer, a condição do veículo (veículos precedidos de batedores, de socorro de incêndio e salvamento, de polícia e ambulâncias), não importa em preferência de passagem, incondicionada. A cautela há que ser necessária e indispensável.

Quanto a infração propriamente analisada, caracteriza-se na conduta do motorista que na direção de seu conduzido deixa de dar passagem aos veículos especiais face ao serviço que executam. Os condutores precisam conscientizar-se da relevância de dar passagem nessas condições, diante da gravidade da situação. Ainda hoje, é possível observar no trânsito que em situações como essa, há condutores que demonstram não saber o que fazer nessa situação, confundem-se ou permanecem impassíveis na direção de seu veículo.

| 070 |

Art. 190. *Seguir veículo em serviço de urgência, estando este com prioridade de passagem devidamente identificados por dispositivos regulamentares de alarme sonoro e iluminação vermelha intermitentes:*

- **Amparo Legal** – art. 190 – CTB.
- **Infração** – Grave.
- **Número de pontos** – 5 (cinco).
- **Penalidade** – Multa.
- **Valor da Multa** – R$ 127,69 – Resolução Contran nº 136/2002.
- **Medida Administrativa** – Não há previsão.
- **Código da Infração** – 578-9 – Denatran/Detran – Resolução Contran nº 66/1998 (Corresponde ao art. 190 – CTB).
- **Competência** – Município – Resolução Contran nº 66/1998.

O legislador inovou ao lançar no Código este dispositivo. Nos grandes centros é muito comum condutores que estão na direção de seu conduzido, muitas vezes, parado ou transitando lentamente pelo fluxo de trânsito congestionado, aproveitam-se da prioridade de passagem desses veículos (veículo em serviço de urgência) e passam a segui-los, uma vez que, com sua passagem abrir-se-á um corredor momentâneo no fluxo de trânsito.

071

Art. 191. *Forçar passagem entre veículos que, transitando em sentidos opostos, estejam na iminência de passar um pelo outro ao realizar operação de ultrapassagem:*

- **Amparo Legal** – *art. 191 – CTB.*
- **Infração** – *Gravíssima.*
- **Número de pontos** – *7 (sete).*
- **Penalidade** – *Multa.*
- **Valor da Multa** – *R$ 191,54 – Resolução Contran nº 136/2002.*
- **Medida Administrativa** – *Não há previsão.*
- **Código da Infração** – *579-7 – Denatran/Detran – Resolução Contran nº 66/1998 (Corresponde ao art. 191 – CTB).*
- **Competência** – *Município – Resolução Contran nº 66/1998.*

Forçar passagem, sob o enfoque desse dispositivo, somente ocorrerá nas vias de mão dupla de direção (Sentido duplo de direção), não separadas por canteiro divisor ou qualquer obstrução física. Não há necessidade para a caracterização da infração que o agente público de trânsito identifique os demais veículos e condutores envolvidos na situação fática. Basta a conduta perigosa e irresponsável reveladora da periculosidade da conduta. A situação ocorre quando em via de sentido duplo de direção, o condutor de veículo, na direção de seu conduzido, inicia ultrapassagem de um ou mais veículos que seguem a sua frente em condições desfavoráveis para a ultrapassagem, vez que, advém em sentido oposto outro(s) veículo(s), em sua mão de direção e fluxo de trânsito, entretanto, vê-se obrigado a derivar para a direita visando dar passagem ao veículo forçador, quando não raras vezes, a ultrapassagem nessas condições (forçando passagem), acaba em colisão frontal ou lateral. A infração é uma das mais graves em termos de perigo e deve ser combatida com rigor. O condutor do veículo forçador de passagem é açodado, irresponsável e imprudente e dá causa ao embate com o veículo que advém em sentido oposto em sua mão de direção.

O risco de acidente pode envolver não só o veículo forçador de passagem e o que advém em sentido oposto, como também o que está sendo ultrapassado. É manobra de alto risco.

A ultrapassagem é manobra de exclusiva responsabilidade de quem inicia, devendo somente ser executada com certeza absoluta de segurança.

A propósito, trazemos a dicção do Código em seu art. 29, X, "c": Todo condutor deverá, antes de efetuar uma ultrapassagem certificar-se que a faixa de trânsito que vai tomar esteja livre numa extensão suficiente para que sua manobra não ponha em perigo ou obstrua o trânsito que venha em sentido contrário.

ART. 192

O condutor não poderá ultrapassar veículo em vias com duplo sentido de direção e pista única, nos trechos em curvas e em aclives sem visibilidade suficiente, nas passagens de nível, nas pontes e viadutos e nas travessias de pedestres, exceto quando houver sinalização permitindo a ultrapassagem (art. 32, CTB). Nas interseções e suas prioridades, o condutor não poderá efetuar ultrapassagem (art. 33, CTB). O condutor que queira executar uma manobra, deverá certificar-se de que pode executá-la sem perigo para os demais usuários da via que o seguem, precedem ou vão cruzar com ele, considerando sua posição, sua direção e sua velocidade (art. 34 CTB).

072

Art. 192. Deixar de guardar distância de segurança lateral e frontal entre o seu veículo e os demais, bem como em relação ao bordo da pista, considerando-se, no momento, a velocidade, as condições climáticas do local da circulação e do veículo:

- **Amparo Legal** – art. 192 – CTB.
- **Infração** – Grave.
- **Número de pontos** – 5 (cinco).
- **Penalidade** – Multa.
- **Valor da Multa** – R$ 127,69 – Resolução Contran nº 136/2002.
- **Medida Administrativa** – Não há previsão.
- **Código da Infração** – 580-0 – Denatran/Detran – Resolução Contran nº 66/1998 (Corresponde ao art. 192 – CTB).
- **Competência** – Município – Resolução Contran nº 66/1998.

A justificativa desta tipificação é uma questão até mesmo de direção defensiva. Todos condutores tem conhecimento que o veículo apesar de acionado o sistema de freios, não para instantaneamente. Há um espaço de tempo em que o veículo em movimento percorre determinada distância e, em dias chuvosos, muito mais.

Efetivamente não há distância de segurança estabelecida por lei, apenas menciona-se que os condutores de veículos deve manter distância de segurança lateral e frontal entre o veículo que dirige e o que segue imediatamente a sua frente. Essa distância é diferenciada levando-se em conta a velocidade, condições da via, do veículo e do tempo (climáticas).

Não havendo adversidade do tempo, utiliza-se, para aferir a distância, a conhecida regra dos dois segundo, ou seja: observando-se o veículo que segue imediatamente à sua frente, deve-se marcar um ponto de referência na via pública (árvore, placa de sinalização ou outro objeto ou ponto fixo); quando o veículo atingir o ponto de referência, comece a pronunciar mentalmente: cinqüenta e um, cinqüenta e dois. Essas seis palavras têm duração de dois segundos. Se a parte frontal do veículo atingir o ponto marcado antes de se terminar essas palavras, conclui-se que não está sendo mantida a distância de segurança recomendável. Essa regra vale para veículos de até seis (6) metros de cumprimento. Para veículos acima de seis metros, até nove metros deve-se acrescentar "cinqüenta e três" na regra mencionada. De nove a (9) a doze (12) metros adiciona-se mais de dois números: cinqüenta e um, cinqüenta e dois, cinqüenta e três e cinqüenta e quatro.

A distância de segurança deve ser mantida pelo aspecto defensivo, até mesmo com os veículos parados no fluxo de trânsito, evitando-se assim possível engavetamento (vários veículos chocando-se sucessivamente contra a parte traseira do veículo parado imediatamente a sua frente, em decorrência do impacto que projeta para a sua frente); é o efeito dominó. Como medida preventiva, o condutor deve parar o veículo que dirige a uma distância que, sentado na posição do volante, possa observar os pneus do veículo que está parado a sua frente, tocando o solo.

Essa modalidade de acidente, (colisão traseira – choque – engavetamento) ocorre pela não observância da distância de segurança. As causa comuns, que somadas à distância de segurança, dá-se quando o veículo que segue a frente diminui a marcha ou para repentinamente, para dar prioridade de travessia na via pública a pedestres, principalmente crianças próximas a escolas ou áreas de recreação. Estas tem mais dificuldades de atravessar rapidamente uma via pública, demoram mais alguns segundos, comentário que também pode ser aplicado às pessoas idosas.

Outros fatores que levam os condutores a diminuírem a marcha do veículo advém, quando na via pública existam alguns obstáculos, como por exemplo: redutor de velocidade, canaleta de escoamento de águas pluviais, buraco na pista, trânsito tumultuado e congestionado, animais na pista, obstruções decorrentes de reparos na via, etc.

Esses são alguns motivos, que obrigam o condutor a manter a distância de segurança, a uma velocidade que lhe permita em qualquer emergência, evitar acidente com o veículo que o precede com o tempo hábil para frear, caso contrário, é imperiosa a constatação da infração sob comento.

A distância de segurança destina-se a oferecer ao condutor que segue atrás o tempo necessário para a autuação de reflexos na procura de conter o veículo sob sua responsabilidade em caso de eventual frenagem do veículo precedente, tornando-se acontecimento previsível a exigir do motorista posterior cautela que evite o acidente. É chamada *distância longitudinal de segurança*. Mas deve-se ainda observar em casos de ultrapassagem a *distância lateral de segurança*.

Os acidentes que provêm da não observância da distância de segurança envolvendo diversos veículos denominados *tamponamento* ou colisões em cadeia (engavetamento), com colisões e choques em série e (múltiplos, sucessivos), com o veículos que o precede na proporção das velocidades exercidas.

Indispensável a lição de Waldyr de Abreu (in *Direito Penal do Trânsito,* pp. 86-87): "Para a devida observância legal, nenhum motorista pode ser dispensado do conhecimento da distância de segurança, em qualquer condição em que esteja transitando. Há regras simples a este respeito. Nas melhores circunstâncias, por exemplo, guarde 5m de distância para cada 15 km da velocidade em que se vá. Se está a 60 km, mantenha 20m entre seu carro e o da frente. Se a velocidade se

ART. 192

aproxima a 80 km, mantenha 26m pelo menos. Outra regra ainda mais prudente é manter a distância percorrida pelo veículo em 2 segundos. Para a velocidade de 80 km, aproximadamente 45m, porque em um segundo percorre 22m. Um artifício para facilitar é o motorista, quando o carro da frente passe por algum ponto de referência, por exemplo um marco da estrada, dizer 1001, 1002. Se ao terminar de pronunciá-lo (leva dois segundos), já o seu carro tenha passado pelo marco é sinal de que está indo a distância muito curta e perigosa. A indagação da distância de segurança é fundamental na apuração da responsabilidade civil e penal dos condutores envolvidos em choques traseiros. Se algum veículo se choca contra a traseira do que vai adiante, pode-se concluir que não ia observando a distância de segurança".

O texto do artigo não delimita a distância a ser observada pelos condutores, nem máxima ou mínima, exigindo tão somente a observância da distância de segurança lateral e frontal entre o seu conduzido e os demais, bem como em relação ao bordo da pista (margem da pista podendo ser demarcada por linhas longitudinais de bordo que delineiam a parte da via destinada à circulação de veículos – Anexo I, CTB), considerando-se no momento a velocidade, as condições climáticas do local da circulação e do veículo.

Sobre o tema, Manoel Messias Barbosa,[106] manifestou-se: "Mantenha uma distância de segurança de pelo menos um comprimento de seu veículo para cada 15 km por hora de velocidade. Se você viaja a 45 km/h deixe uma distância igual a três vezes o comprimento do seu carro. Em estradas escorregadias, deve-se manter uma distância muito maior.".

Aureliano Pires Vasques,[107] tece os seguintes comentários ao artigo em análise: "O Código não fixa a distância frontal e lateral que o veículo deverá manter em metros. Deve-se observar as instruções do curso de direção defensiva do Senac, que estabelece a distância conforme a velocidade desenvolvida pelo veículo. Exemplo: Se o veículo estiver a 100 km/h, o condutor deverá manter uma distância de 55m do veículo que circula imediatamente a sua frente, isto é, transformar em 100 metros, dividir por 2, que é igual a 50m, multiplicar 50m por 10%, que é igual a 5m, somar 50 mais 5 que é igual a 55m. A 120Km/h a distância mínima será de 66m; a 80 km/h será de 44m, a 60 km/h será de 33m, etc. Essa distância representa os dois segundos que o condutor gasta para raciocinar, quando avista um obstáculo que surge repentinamente à sua frente, e imobilizar o veículo antes de embater (colidir, abalroar ou atropelar).".

O art. 29, inciso II do Código, reafirma que o condutor deverá guardar distância de segurança lateral e frontal entre o seu e os demais veículos, bem como em relação ao bordo da pista, considerando-se, no momento a velocidade e as condições do local, da circulação do veículo e as condições climáticas. Na verdade o inciso II do art. 29, repete o art. 192 do Código.

Quanto aos veículos lentos, quando em fila deverão manter distância suficiente entre si para permitir que veículos que os ultrapassem possam se intercalar na fila com segurança (parágrafo único do art. 30, CTB).

---

106. *A Imprudência nos Delitos do Automóvel: Considerações e Jurisprudência*, p. 74.
107. *Código de Trânsito Comentado e o Despachante, a Auto-Escola e os Órgãos de Trânsito*, p. 96.

Também deverá o condutor ao efetuar ultrapassagem afastar-se do usuário ou usuários aos quais ultrapassa, de forma que deixe livre uma distância lateral de segurança (art. 29, XI, b – CTB).

Não obstante, todo condutor de automotor deve guardar distância lateral de um metro e cinqüenta centímetros ao passar ou ultrapassar bicicleta, sob pena de cometimento da infração de trânsito preconizada no art. 201 do CTB, que é considerada infração média (R$ 85,13 – Resolução Contran nº 136/2002).

Distância de segurança é aquela que permite ao condutor frenar com êxito o seu conduzido, sem colidi-lo contra o que o precede na via pública, se este vier a parar bruscamente ou desviar-se de sua rota em razão de obstáculo à frente, devendo a distância de segurança ser lateral e frontal. No mínimo, o condutor que não guarda a devida distância de segurança entre o seu veículo e os demais, age com imprudência. O acidente pode ocorrer por uma conjugação de fatores, dentre os quais, desatenção, velocidade inadequada para o local, frenagem de veículo precedente, diminuição da marcha dos veículos que transitam no fluxo de trânsito, pista molhada, parada em obediência ao dispositivo luminoso (quando em mudança as fases do semáforo), pneus lisos, defeito no sistema de freios, etc.

073

Art. 193. *Transitar com o veículo em calçadas, passeios, passarelas, ciclovias, ciclofaixas, ilhas, refúgios, ajardinamentos, canteiros centrais e divisores de pista de rolamento, acostamentos, marcas de canalização, gramados e jardins públicos:*

- *Amparo Legal – art. 193 – CTB.*
- *Infração – Gravíssima.*
- *Número de pontos – 7 (sete).*
- *Penalidade – multa (três vezes).*
- *Valor de cada multa – R$ 191,54 – Resolução Contran nº 136/2002. Neste caso, R$ 191,54 x 3 = R$ 574,62. Trata-se de multa agravada com fator multiplicador de três vezes.*
- *Medida Administrativa – Não há previsão.*
- *Código da Infração – 581-9 – Denatran/Detran – Resolução Contran nº 66/1998 (Corresponde ao art. 193 – CTB).*
- *Competência – Município – Resolução Contran nº 66/1998.*

O dispositivo ora em análise veda o trânsito de veículo em diversos locais, isto é, em quatorze situações:

ART. 193

1. *Calçada*: Parte da via, normalmente segregada e em nível diferente, não destinada à circulação de veículos, reservada ao trânsito de pedestre e, quando possível, à implantação de mobiliário urbano, sinalização, vegetação e outros fins.

2. *Passeio*: Parte da calçada ou da pista de rolamento, neste último caso, separada por pintura ou elemento físico separador, livre de interferências, destinada à circulação exclusiva de pedestres e, excepcionalmente de ciclistas.

3. *Passarela*: Obra de arte destinada à transposição de vias, em desnível aéreo, e ao uso de pedestres.

4. *Ciclovia*: Pista própria destinada à circulação de ciclos, separada fisicamente do tráfego comum.

5. *Ciclofaixa*: Parte da pista de rolamento destinada à circulação exclusiva de ciclos, delimitada por sinalização específica.

6. *Ilha*: Obstáculo físico, colocado na pista de rolamento, destinado à ordenação dos fluxos de trânsito em uma interseção.

7. *Refúgio*: Parte da via, devidamente sinalizada e protegida, destinada ao uso de pedestres durante a travessia da mesma.

8. *Ajardinamento*: Ato ou efeito de ajardinar. Local transformado em jardim.

9. *Canteiro central e divisor de pista de rolamento*: Obstáculo físico construído como separador de duas pistas de rolamento, eventualmente substituído por marcas viárias (canteiro fictício).

10. *Acostamento*: Parte da via diferenciada da pista de rolamento destinada a parada ou estacionamento de veículos, em caso de emergência, e à circulação de pedestres e bicicletas quando não houver local apropriado para esse fim.

11. *Marcas de canalização*: Também chamadas de "zebrado ou sargento", orientam os fluxos de tráfego em uma via, direcionando a circulação de veículos pela marcação de áreas de pavimento não utilizáveis. Podem ser na cor branca quando direcionam fluxos de mesmo sentido e na cor amarela quando direcionam fluxos de sentidos opostos (Anexo II do CTB).

12. *Gramado*: Terreno coberto ou plantado de grama ou relva.

13. *Jardim público*: Terreno cultivado de plantas ornamentais.

O trânsito de veículos nos locais acima citados, além de danificarem parte da via pública, causam sérios riscos à segurança dos demais usuários da via pública, notadamente, os pedestres. Não obstante, o trânsito de veículo sobre passeios, calçadas e nos acostamentos, só poderá ocorrer para que se adentre ou se saia dos imóveis ou área especiais de estacionamento (art. 29, V, CTB). O art. 59 do CTB, abre exceção ao trânsito de bicicletas sobre os passeios, desde que autorizado e sinalizado pelo órgão com circunscrição sobre a via. Entretanto o art. 255 do CTB, tipifica como infração conduzir bicicleta em passeio onde não seja permitida a circulação desta.

074

Art. 194. *Transitar em marcha à ré, salvo na distância necessária a pequenas manobras e de forma a não causar ricos à segurança:*

- **Amparo Legal** – *art. 194 – CTB.*
- **Infração** – *Grave.*
- **Número de pontos** – *5 (cinco).*
- **Penalidade** – *Multa.*
- **Valor da Multa** – *R$ 127,69 – Resolução Contran nº 136/2002.*
- **Medida Administrativa** – *Não há previsão.*
- **Código da Infração** – *582-7 – Denatran/Detran – Resolução Contran nº 66/1998 (Corresponde ao art. 194 – CTB).*
- **Competência** – *Município – Resolução Contran nº 66/1998.*

A marcha ré, por ser manobra perigosa, em que escassa ou nula é a visibilidade à retaguarda só deve ser executada mediante cautelas especiais e somente quando necessária para estacionar o veículo junto ao meio-fio (guia da calçada), através de baliza para ingressar ou sair de garagem da residência ou estacionamento, neste caso, o condutor deverá adotar especial atenção com o pedestre que caminha pela calçada. É autorizativa a marcha à ré somente para *pequenas manobras,* como exemplo ainda, retroceder o veículo ante um obstáculo.

Deve ser coibida com rigor as perigosas marcha à ré nos cruzamentos por ter o condutor errado o caminho e ultrapassado o cruzamento que iria ingressar, ocasião em que ele inicia a manobra de marcha à ré para abreviar o caminho.

A marcha à ré trata-se de uma das manobras mais perigosas do trânsito e quando adotada o condutor deverá observar as cautelas excepcionais que a conduta exige. Tratando-se de veículos de carga a utilização e visibilidade tão somente dos espelhos retrovisores é insuficiente para ensejar segurança na manobra, havendo indispensável necessidade de pessoa a pé posicionada fora do veículo e em sua traseira, oriente o recuo (marcha à ré). Entendendo ainda como prejudicial à livre circulação no trânsito, passível de ocasionar acidentes a marcha à ré utilizada pelos condutores que na intenção de estacionar seu veículos após alguma dificuldade em encontrar local adequado e tendo já ultrapassado a vaga, enceta marcha à ré a despeito da distância existente entre o veículo que dirige e a vaga, podendo ocasionar acidentes ou no mínimo acarretar congestionamento na livre circulação do trânsito.

De outra parte, o dispositivo em questão, autoriza a marcha à ré de veículos automotores somente para distância necessária a pequenas manobras e de forma a não causar riscos à segurança, vale dizer, em distâncias absolutamente necessárias a esse tipo de manobra.

ART. 195

Ressaltam Geraldo de Faria Lemos Pinheiro e Dorival Ribeiro,[108] que os tribunais entendem que para a hipótese deve-se observar "uma diligência extraordinária, fazendo a manobra em marcha lenta e dando toques regulamentares".

O Regulamento do Código Nacional de Trânsito no seu art. 181, XIII, utiliza-se a expressão pequenas marchas; em seu art. 89, XIII, referia-se a pequenas manobras, o que já causava confusão, vez que, a palavra marcha não pode ser entendida como sinônimo de manobra. O Contran na decisão 37/72, manifestou-se no sentido de não ser conveniente definir a marcha à ré, por ser extremamente subjetivo seu conceito. O Código de Trânsito Brasileiro (Lei nº 9.503/1997), adotou a expressão pequenas manobras a exemplo do revogado Código Nacional de Trânsito (Lei nº 5.108/1966).

RETROCESSO DO VEÍCULO

O retrocesso do veículo não deve ser confundido com marcha à ré, não permitida. Ocorre quando o condutor pára o veículo em local com aclive e por estar o semáforo, por exemplo, desfavorável (vermelho) ou em obediência a placa alertadora de pare (R-1) e ao reencetar a marcha no veículo, não consegue mantê-lo imobilizado, acarretando o retrocesso, ocasionando na maioria das vezes acidente, o choque contra o veículo que também parado no fluxo de trânsito aguarda oportunidade para prosseguir na marcha; outras vezes, acaba até mesmo por atropelar pedestre que deixa de utilizar-se da faixa de pedestre ou de atravessar pela frente do veículo parado e optam em atravessar por trás. Nesse recuo do veículo acabam por fazer parte das estatísticas de pessoas envolvidas em acidentes de trânsito. O retrocesso ou deslocamento para trás do veículo, sem acionar a mudança, em decorrência do condutor ao reencetar a marcha do veículo se atrapalhar ao volante, é conduta que deve ser tipificada no art. 169 do CTB: *"Dirigir sem atenção ou cuidados indispensáveis a segurança"*.

075

Art. 195. *Desobedecer às ordens emanadas da autoridade competente de trânsito ou de seus agentes:*

- *Amparo Legal* – art. 195 – CTB.
- *Infração* – Grave.
- *Número de pontos* – 5 (cinco).
- *Penalidade* – Multa.
- *Valor da Multa* – R$ 127,69 – Resolução Contran nº 136/2002.
- *Medida Administrativa* – Não há previsão.

---

108. *Código Nacional de Trânsito Anotado*, p. 261.

ART. 195

- **Código da Infração** – 583-5 – Denatran/Detran – Resolução Contran nº 66/1998 (Corresponde ao art. 195 – CTB).
- **Competência** – Estado e Município – Resolução Contran nº 66/1998.

Autoridade competente de trânsito, é o dirigente máximo de órgão ou entidade executivo integrante do sistema nacional de trânsito ou pessoa por ele expressamente credenciada (Anexo I, CTB).

Agente da autoridade de trânsito, pessoa, civil ou policial militar, credenciado pela Autoridade de Trânsito para o exercício das atividades de fiscalização, operação, policiamento ostensivo de trânsito ou patrulhamento (Anexo I, CTB).

A ordem emanada deve ser legal e advinda da autoridade competente de trânsito ou de seus agentes, posto que, todo usuário da via pública na direção, de veículo automotor tem o dever de acatá-la, sob pena de violação ao preceito acima. Dependendo da conduta, o autor poderá incorrer em responsabilidade penal (desacato, desobediência e resistência), independentemente da responsabilidade administrativa. No caso, este deverá ser apresentado a autoridade policial (Delegado de Polícia), para providências de polícia judiciária de acordo com sua convicção. Havendo evasão do local logo após o condutor ter dirigido palavras ofensivas e desrespeitosas ao agente público de trânsito, mesmo assim, deverá levar o ocorrido ao conhecimento da Autoridade Policial (Delegado de Polícia), para registro de boletim de ocorrência contendo a identificação e características do veículo e do autor da ofensa para instauração de inquérito policial, visando localizar, identificar e responsabilizar o autor pela conduta ilícita. O agente público de trânsito, deverá acautelar-se, arrolando testemunhas presenciais do ocorrido.

De outra parte, a ordem de prevalência em relação a sinalização de trânsito, é de que as ordens do agente trânsito prevalecem sobre as normas de circulação e outros sinais de trânsito (art. 89, I e Anexo II, item 6 do CTB). Este é o fundamento legal.

Desobedecer é descumprir, desatender, não aceitar, não acatar a ordem. O art. 269, § 1º do Código, estabelece que a ordem, o consentimento, a fiscalização das medidas administrativas e coercitivas adotadas pelas autoridades de trânsito e seus agentes terão por objetivo prioritário a proteção à vida e a incolumidade física da pessoa.

Arnaldo Rizzardo[109] fundado nas *RT* 309/421 e 300/338, destaca: "A negativa em retirar um veículo de local não permitido, após advertência do policial, determina o crime de desobediência. Já as ofensas que alguém, irritado, profere ao policial, por autuação, importa em configurar-se o desacato, enquanto a oposição à revista ou inspeção no veículo, em seu interior, faz aparecer a resistência, comportando qualquer das condutas o competente processo criminal".

---

109. *Comentários ao Código de Trânsito Brasileiro*, p. 446.

076

> **Art. 196.** Deixar de indicar com antecedência, mediante gesto regulamentar de braço ou luz indicadora de direção do veículo, o início da marcha, a realização da manobra de parar o veículo, a mudança de direção ou de faixa de circulação:
> - **Amparo Legal** – art. 196 CTB.
> - **Infração** – Grave.
> - **Número de pontos** – 5 (cinco).
> - **Penalidade** – Multa.
> - **Valor da Multa** – R$ 127,69 – Resolução Contran nº 136/2002.
> - **Medida Administrativa** – Não há previsão.
> - **Código da Infração** – 584-3 – Denatran/Detran – Resolução Contran nº 66/1998 (Corresponde ao art. 196 – CTB).
> - **Competência** – Estado e Município – Resolução Contran nº 66/1998.

O dispositivo em análise trata das manobras do condutor na direção do automotor, as quais devem ser precedidas de sinalização, quer seja mediante *gesto regulamentar de braço ou por luz indicadora de direção do veículo*. O próprio artigo enumera as situações em que a indicação da manobra deve ser prévia, com espaço temporal antes de iniciar as condutas de início da marcha do veículo, realização da manobra para parar o veículo e mudança de direção ou de faixa de circulação por onde esteja circulando o conduzido. A omissão do condutor nessas situações e manobra de risco afeta a livre circulação dos veículos e a própria segurança do trânsito. O texto é disjuntivo, o condutor pode sinalizar com os braços ou com os dispositivos luminosos (seta), o importante é que não se omita de sua obrigação de sinalizar com antecedência a sua intenção de manobra e que não a indique de forma a apanhar de surpresa os demais condutores, principalmente o que advém logo atrás dele e no mesmo sentido de direção, vez que, sinalizar tardiamente, é o mesmo que omitir-se das cautelas indicativas de mudança de direção.

Gesto dos condutores, são os movimentos convencionais de braço, adotados exclusivamente pelos condutores, para orientar ou indicar que vão efetuar uma manobra de mudança de direção, redução brusca de velocidade ou parada (Anexo II, CTB).

Gesto regulamentar de braço, é conduta que vem lançada no Anexo II, letra "b" do Código, em desenho esquemático, devendo serem interpretadas da seguinte forma: estender o braço esquerdo para fora do veículo, indica conversão a esquerda. Estender o braço esquerdo para fora do veículo com o braço apontando para cima, por sobre o teto do veículo, indica conversão a direita. Estender o braço esquerdo para fora do veículo e movimentar sucessivamente o braço para cima e para baixo, indica diminuição da velocidade, ou ainda, intenção de parar o veículo.

Luz indicadora de direção do veículo, são as setas, também chamadas de dispositivos luminosos indicativos de mudança de direção ou indicadores luminosos de mudança de direção (dianteiro e traseiro). De registrar-se que são as setas consideradas como equipamento obrigatório do veículo, conforme se depreende dos arts. 105 e 319 do Código e Resolução Contran nº 14/1998.

O Código de Trânsito Brasileiro, estabelece ao condutor que queira executar uma manobra o dever de certificar-se de que pode executá-la sem perigo para os demais usuários da via que o seguem, precedem ou vão cruzar com ele, considerando sua posição, sua direção e sua velocidade (art. 34, CTB). Antes de iniciar qualquer manobra que implique um deslocamento lateral, o condutor deverá indicar seu propósito de forma clara e com a devida antecedência, por meio da luz indicadora de direção de seu veículo, ou fazendo gesto convencional de braço (art. 35, CTB).

Importa salientar que se o condutor for surpreendido pela fiscalização de trânsito, conduzindo veículo sem equipamento obrigatório ou estando este ineficiente ou inoperante, como é o caso dos indicadores luminosos de mudança de direção dianteiro e traseiro, haverá a violação do art. 230, inciso IX do Código de Trânsito Brasileiro, o que é considerado como infração grave, penalidade de multa de R$ 127,69 e medida administrativa de retenção do veículo para regularização.

077

Art. 197. *Deixar de deslocar, com antecedência, o veículo para a faixa mais à esquerda ou mais à direita, dentro da respectiva mão de direção, quando for manobrar para um desses lados:*

- **Amparo Legal** – art. 197 – CTB.
- **Infração** – Média.
- **Número de pontos** – 4 (quatro).
- **Penalidade** – Multa.
- **Valor da Multa** – R$ 85,13 – Resolução Contran nº 136/2002.
- **Medida Administrativa** – Não há previsão.
- **Código da Infração** – 585-1 – Denatran/Detran – Resolução Contran nº 66/1998 (Corresponde ao art. 197 – CTB).
- **Competência** – Município – Resolução Contran nº 66/1998.

Ao comentarmos o artigo anterior, observamos que as manobras à esquerda ou à direita, devem ser precedidas de cautelas especiais que o Código determinou como sendo de duas modalidades: gesto regulamentar de braço do condutor ou através da luz indicativa de mudança de direção. No artigo ora enfocado (art. 197), a infração é acometida ao condutor que, na direção de automotor deixa de deslocá-lo, com antecedência para a faixa mais à esquerda ou a direita, ao se manobrar

ART. 198

para um desses lados. Esta infração é típica de área urbana, não sendo aplicada na zona rural, vez que, os preceitos regulamentadores são outros, ou seja, o previsto são outros, ou seja, o previsto no art. 37, ao impor que nas vias providas de acostamento, a conversão à esquerda e a operação de retorno deverão ser feitas nos locais apropriados e, onde estes não existirem, o condutor deverá aguardar no acostamento, à direita, para cruzar a pista com segurança, podendo configurar a infração estatuída no art. 204 do CTB.

Nesta infração, o deslocamento do veículo deverá ser antecedente à manobra que se pretenda realizar, sob pena de constituir surpresa e perigo aos demais usuários da via, afetando a segurança viária. O deslocamento do veículo para a faixa mais à esquerda ou à direita desprovida de antecedência, acarreta congestionamento no fluxo de trânsito, obstruindo o trânsito dos demais veículos que o antecedem o que deve ser evitado. Caso o condutor desatento deixe passar a oportunidade de efetuar o deslocamento do veículo nas condições mencionadas, deve optar por retorno a frente em locais apropriados ou outra medida que possa executar com segurança e fluidez observando-se as características da via. A título de lembrança, as manobras de conversão à esquerda ou a direita, devem ser realizadas com maior cuidado e em condições de segurança totalmente favoráveis, por tratar-se de manobra excepcional e somente pode ser levada a efeito com extremo cuidado.

Também deve ser observado o teor do art. 35 do Código ao disciplinar que: "Antes de iniciar qualquer manobra que implique um deslocamento lateral, o condutor deverá indicar seu propósito de forma clara e com a devida antecedência, por meio de luz indicadora de direção de seu veículo, ou fazendo gesto convencional de braço". "Entende-se por deslocamento lateral a transposição de faixas, movimentos de conversão à direita, à esquerda e retornos" (parágrafo único do art. 35 CTB).

078

Art. 198. *Deixar de dar passagem pela esquerda, quando solicitado:*
- **Amparo Legal** – art. 198 – CTB.
- **Infração** – Média.
- **Número de pontos** – 4 (quatro).
- **Penalidade** – Multa.
- **Valor da Multa** – R$ 85,13 – Resolução Contran nº 136/2002.
- **Medida Administrativa** – Não há previsão.
- **Código da Infração** – 586-0 – Denatran/Detran – Resolução Contran nº 66/1998 (Corresponde ao art. 198 – CTB).
- **Competência** – Município – Resolução Contran nº 66/1998.

ART. 199

A ultrapassagem de outro veículo em movimento deverá ser feita pela esquerda, obedecida a sinalização regulamentar e as demais normas estabelecidas no Código de Trânsito, exceto quando o veículo a ser ultrapassado estiver sinalizando o propósito de entrar à esquerda (art. 29, IX, CTB).

O condutor de veículo automotor que está à frente, quando solicitado por outro usuário da via pública na direção do conduzido, tomadas as cautelas necessárias é obrigado a conceder passagem pela esquerda, sob pena de violar o disposto no art. 198 do Código. O pedido dá-se através do acionamento do dispositivo luminoso indicativo de mudança de direção (seta), acionado para a esquerda, ou outro sinal convencional, dentre os quais, sinal de luzes (farol) ou por um leve toque de buzina.

O Código proíbe a ultrapassagem pela direita conforme preconiza o art. 199, exceto se o veículo da frente estiver colocado na faixa apropriada e de sinal de que vai entrar à esquerda.

Esta infração do art. 198, em síntese, configura-se quando por qualquer meio o condutor do veículo que segue imediatamente atrás pede passagem, entretanto, mesmo percebendo a presença e o pedido, o condutor do veículo que transita à frente, que tem o dever de ceder passagem e até, se possível auxiliá-lo na manobra, não atende a solicitação.

De observar-se que se o veículo precedente não ceder passagem pela esquerda ainda que solicitado, essa conduta não autoriza a ultrapassagem pela direita, o que sem dúvida configura infração de trânsito, observadas as exceções (art. 199, CTB).

Não se pode deixar de observar que o art. 30 do Código determina que todo condutor, ao perceber que outro veículo que o segue tem o propósito de ultrapassá-lo, deverá, se estiver circulando pela faixa da esquerda, deslocar-se para a faixa da direita, sem acelerar a marcha. E estiver circulando pelas demais faixas, deve manter-se naquela na qual está circulando, sem acelerar a marcha. Quanto aos veículos mais lentos, quando em fila, deverão manter distância suficiente entre si para permitir que veículos que os ultrapassem possam se intercalar na fila com segurança.

A ultrapassagem pela esquerda é obrigatória a todos condutores de automotores, posto que, oferta campo maior de visibilidade e segurança.

079

Art. 199. *Ultrapassar pela direita, salvo quando o veículo da frente estiver colocado na faixa apropriada e der sinal de que vai entrar à esquerda:*

- **Amparo Legal** – art. 199 – CTB.
- **Infração** – Média.
- **Número de pontos** – 4 (quatro).
- **Penalidade** – Multa.
- **Valor da Multa** – R$ 85,13 – Resolução Contran nº 136/2002.

ART. 200

- **Medida Administrativa** – Não há previsão.
- **Código da Infração** – 587-8 – Denatran/Detran – Resolução Contran nº 66/1998 (Corresponde ao art. 199 – CTB).
- **Competência** – Município – Resolução Contran nº 66/1998.

A regra é que a ultrapassagem seja feita pela esquerda, uma vez que, nessa condição a segurança aos demais usuários da via é dilargada, entretanto, o Código admite exceção de ultrapassagem pela direita, vale dizer, dá-se quando o veículo da frente estiver na faixa própria e indicar gestualmente ou através do acionamento dos sinais indicativos de mudança de direção (seta) de que irá ingressar a esquerda.

Importante é a dicção do art. 29, IV do CTB, ao estabelecer que quando uma pista de rolamento comportar várias faixas de circulação no mesmo sentido, são as da direita destinadas ao deslocamento dos veículos mais lentos e de maior porte, quando não houver faixa especial a eles destinada, e as da esquerda, destinadas à ultrapassagem e ao deslocamento dos veículos de maior velocidade.

O inciso IX do art. 29 do CTB, impõe que a ultrapassagem de outro veículo em movimento deverá ser feita pela esquerda, obedecida a sinalização regulamentar e as demais normas estabelecidas no Código de trânsito, exceto quando o veículo a ser ultrapassado estiver sinalizando o propósito de entrar a esquerda.

A ultrapassagem pela direita é exceção a regra, e pode ocorrer nas hipóteses excepcionais dos arts. 199 e 200 do CTB. Importa que deve ser rigorosamente observada a sinalização regulamentar existente no local e as normas estabelecidas pelo Código.

A inobservância acarreta infração de trânsito no que couber. De outra parte, não se pode deixar de focalizar que a ultrapassagem pela direita, portanto, vedada na forma do Código mormente no item I do art. 202 (ultrapassar pelo acostamento). De acentuar que o Código não abre exceção para motocicletas e assemelhados a circularem ultrapassando os demais veículos que transitam a frente ou em faixa da esquerda (no caso de duas ou mais faixas de trânsito) vez que, o dispositivo em questão não abre a essa espécie de veículos. Isto quer dizer, prevalece no caso da manobra em ultrapassagem a regra de ser efetuada pela esquerda, comportando outra posição nos casos previstos no Código, isto é, segunda parte do art. 199 e parte final do art. 200 do CTB.

080

Art. 200. Ultrapassar pela direita veículo de transporte coletivo ou de escolares, parado para embarque ou desembarque de passageiros, salvo quando houver refúgio de segurança para o pedestre:

- **Amparo Legal** – art. 200 – CTB.

- **Infração** – Gravíssima.
- **Número de pontos** – 7 (sete).
- **Penalidade** – Multa.
- **Valor da Multa** – R$ 191,54 – Resolução Contran nº 136/2002.
- **Medida Administrativa** – Não há previsão.
- **Código da Infração** – 588-6 – Denatran/Detran – Resolução Contran nº 66/1998 (Corresponde ao art. 200 – CTB).
- **Competência** – Município – Resolução Contran nº 66/1998.

A preocupação do legislador neste artigo é de grande importância, face aos atropelamentos que ocorrem logo após o passageiro descer do ônibus (transporte coletivo) e tentar atravessar pela frente do coletivo. A verdade é que, o condutor de veículo deve prever que ao observar que um coletivo desembarca seus passageiros, é possível antever que algum passageiro possa ingressar no fluxo do trânsito pela frente do ônibus, quando o correto seria aguardar na calçada e após a saída deste, somente assim, com as cautelas necessárias atravessaria a via pública. O Código mais uma vez inovou, preservando a vida, e determinando ao condutor de veículo esta observância, por força do disposto no art. 31, ao estabelecer que o condutor que tenha o propósito de ultrapassar um veículo de transporte coletivo que esteja parado, efetuando embarque ou desembarque de passageiros, deverá reduzir a velocidade, dirigindo com atenção redobrada ou parar o veículo com vistas à segurança dos pedestres.

É de observar-se que de regra os veículos de transporte coletivo somente desembarcam seus passageiros pelo lado direito da via, não obstante, pode ocorrer que as condições da via somente possibilitem a parada na via onde tenha instalado pelo poder público baias ou refúgios para facilitar o trânsito no local, de verificar-se que o objetivo do Código é preservar a vida, e não os veículos, por isso, deve nessas condições o órgão com jurisdição sobre a via, redobrar as cautelas necessárias ao sinalizar determinado local. Conhecer as peculiaridades da via é fator de suma importância.

```
081
```

Art. 201. Deixar de guardar a distância lateral de um metro e cinqüenta centímetros ao passar ou ultrapassar bicicleta:
- **Amparo Legal** – art. 201 – CTB.
- **Infração** – Média.
- **Número de pontos** – 4 (quatro).
- **Penalidade** – Multa.
- **Valor da Multa** – R$ 85,13 – Resolução Contran nº 136/2002.

ART. 201

- **Medida Administrativa** – Não há previsão.
- **Código da Infração** – 589-4 – Denatran/Detran – Resolução Contran nº 66/1998 (Corresponde ao art. 201 – CTB).
- **Competência** – Município – Resolução Contran nº 66/1998.

A bicicleta é utilizada como transporte e lazer pelas pessoas, na sua maioria crianças e adolescentes, entretanto, é veículo extremamente frágil na questão segurança no trânsito, posto que, ocorrendo embate com qualquer outro veículo, o ciclista terá maior probabilidade de sofrer ofensas corporais ou mesmo perder a vida.

Observa-se constantemente no trânsito que alguns ciclistas desobedecem regras básicas de circulação a que também está obrigado a respeitar, como é o caso da contramão de direção, semáforo desfavorável e outras condutas que aumentam sensivelmente o risco de envolverem-se em acidente de trânsito. Isto não quer dizer que se tenha caráter absoluto em relação aos ciclistas, uma vez que, muitos condutores de veículos é quem dão causa ao acidente no confronto veículo x bicicleta.

O Código inovando mais uma vez, tipificou a conduta de quem na direção de veículo automotor deixa de guardar distância lateral de segurança de um metro e cinqüenta centímetros, ao passar ou ultrapassar bicicleta. A distância não é medida precisamente, não obstante, essa distância de segurança lateral deve ser avaliada de tal forma que ofereça condições de não ocorrer acidente de trânsito, posto que, havendo o acidente, é presunção legal que não se acatou a determinação do texto em comento. O acidente como é de conhecimento de todo condutor, pode decorrer não só do impacto entre o veículo e a bicicleta, mas também pelo impacto do deslocamento do ar provocado pela pressão do veículo de maior porte em movimento.

Não se pode deixar de trazer à colação o disposto no § 1º do art. 29 do Código, ao impor que os veículos de maior porte serão sempre responsáveis pela segurança dos menores, os motorizados pelos não motorizados e, juntos, pela incolumidade dos pedestres.

Importa destacar que a infração que ora comentamos prescinde de efetivo acidente de trânsito para ser aplicada, basta a desobediência do limite de distância lateral de segurança (um metro e cinqüenta centímetros), para sua aplicabilidade.

A norma estabelecida no inciso II do art. 29 do CTB é ajustada também ao presente artigo, ao afirmar que o condutor deverá guardar distância de segurança lateral e frontal entre o seu e os demais veículos. O art. 192 do CTB, versa também sobre a distância de segurança lateral frontal a ser observada pelos demais condutores de veículos automotores quando em circulação nas vias públicas, levando-se em consideração no momento, a velocidade, as condições climáticas do local e do veículo. O Código ainda obriga os condutores dos demais veículos a reduzir a velocidade do conduzido de forma compatível com a segurança do trânsito ao ultrapassar ciclista, sob pena de cometer a infração de trânsito estatuída no art. 220, inciso XIII do CTB.

Bicicleta, segundo o Anexo I do Código, é veículo de propulsão humana, dotado de duas rodas, não sendo similar à motocicleta, motoneta e ciclomotor.

Acentue-se, que o art. 58 do Código, estabelece que nas vias urbanas e nas rurais de pista dupla, a circulação de bicicletas deverá ocorrer, quando não houver ciclovia, ciclofaixa, ou acostamento, ou quando não for possível a utilização destes, nos bordos da pista de rolamento, no mesmo sentido de circulação regulamentado para a via, com preferência sobre os veículos automotores.

082

Art. 202. Ultrapassar outro veículo:
I – pelo acostamento:
- **Amparo Legal** – art. 202, inciso I – CTB.
- **Infração** – Grave.
- **Número de pontos** – 5 (cinco).
- **Penalidade** – Multa.
- **Valor da Multa** – R$ 127,69 – Resolução Contran nº 136/2002.
- **Código da Infração** – 590-8 – Denatran/Detran – Resolução Contran nº 66/1998 (Corresponde ao art. 202, I – CTB).
- **Competência** – Município – Resolução Contran nº 66/1998.

Acostamento, na definição do Código, Anexo I, é parte via diferenciada da pista de rolamento destinada à parada ou estacionamento de veículos, em caso de emergência, e à circulação de pedestres e bicicletas, quando não houver local apropriada para esse fim.

O engenheiro Adalberto Morais Natividade,[110] define acostamento como parte da rodovia contígua à pista de rolamento, destinada à parada de veículos em casos de emergência, bem como para o suporte lateral do pavimento.

As regras de ultrapassagem devem ser obedecidas rigorosamente conforme requisitos do inciso X do art. 29, vale dizer, observar pelos espelhos retrovisores se nenhum veículo que venha atrás haja começado uma manobra para ultrapassá-lo, se o veículo que o precede na mesma faixa de trânsito não haja indicado o propósito de ultrapassar um terceiro ou a faixa de trânsito que vai tomar esteja livre numa extensão suficiente para que sua manobra não ponha em perigo ou obstrua o trânsito que venha em sentido contrário, indicar com antecedência a manobra pretendida, acionando a luz indicadora de direção do veículo ou por meio de gesto convencional de braço, afastar-se do usuário ou usuários aos quais ultrapassa, de tal forma que deixe livre uma distância lateral de segurança, retomar, após a efetivação da manobra, a faixa de trânsito de origem, acionando a luz indicadora de direção do veículo ou fazendo gesto convencional de braço, adotando os cuidados necessários para não por em perigo ou obstruir o trânsito dos veículos que ultrapassou.

---
110. *Manual de Policiamento e Fiscalização de Trânsito*, p. 51.

Art. 202

Conforme já se disse ao comentarmos artigos anteriores, a regra é que a ultrapassagem seja executada pela esquerda, obedecida a sinalização regulamentar e demais normas estabelecidas no Código, conforme preconiza o art. 29, IX do CTB, admitindo como exceção se o veículo a ser ultrapassado estiver sinalizando o propósito de entrar à esquerda.

Do quanto exposto, verifica-se que a ultrapassagem de outro veículo pelo acostamento é expressamente vedada sob pena de incorrer no inciso I do 202 do Código. No caso de não ser mera ultrapassagem, mas de trânsito pelo acostamento, a infração cometida será a do art. 193 do CTB. Não se deve confundir a infração do art. 199 com a do inciso I do art. 202 do Código. No primeiro, trata-se de ultrapassagem pela direita sem atingir a acostamento; na segunda, a ultrapassagem é feita pelo acostamento. O acostamento somente deve ser utilizado por motivo de força maior, parada de embarque e desembarque de passageiros, entrada a esquerda ou operação retorno. A ultrapassagem pelo acostamento é proibida pelo Código por questões de segurança, pois acarreta prejuízo a circulação do trânsito, uma vez que o veículo que usa o acostamento para a ultrapassagem vai retomar ao fluxo de trânsito à frente. O piso do acostamento normalmente é irregular em relação a pavimentação asfáltica da pista da rodovia que por si só pode levar ao acidente por perda momentânea da direção do veículo quando da saída para ingresso no acostamento ou retorno ao fluxo de trânsito. Não bastasse isso, pode haver buracos no acostamento, afetando a qualidade da segurança dos demais usuários da via, inclusive desvia a atenção e traz preocupação a quem transita regularmente pela via.

De anotar-se que o art. 37 do Código estabelece que nas vias providas de acostamento, a conversão à esquerda e a operação de retorno deverão ser feitas nos locais apropriados e, onde estes não existirem, o condutor deverá aguardar no acostamento, à direita, para cruzar a pista com segurança.

| 083 |

Art. 202. *Ultrapassar outro veículo:*

II – *em interseções e passagens de nível:*

- **Amparo Legal** – art. 202, II CTB.
- **Infração** – Grave.
- **Número de pontos** – 5 (cinco).
- **Penalidade** – Multa.
- **Valor da Multa** – R$ 127,69 – Resolução Contran nº 136/2002.
- **Medida administrativa** – Não há previsão.
- **Código da Infração** – 591-6 – Denatran/Detran – Resolução Contran nº 66/1998 (Corresponde ao art. 202, II – CTB).
- **Competência** – Município – Resolução Contran nº 66/1998.

Interseções, na definição do Anexo I do Código, trata-se de todo cruzamento em nível, entroncamento ou bifurcação, incluindo as áreas formadas por tais cruzamentos, entroncamentos ou bifurcações. Passagem de nível é todo cruzamento de nível entre uma via e uma linha férrea ou trilho de bonde com pista própria.

O artigo ora focalizado veda a ultrapassagem de outro veículo em interseções e passagens de nível diante do risco que a manobra oferece, vez que, nesses locais não existem espaços para desvios emergenciais. A proibição é fundada em razões de segurança.

O art. 33 do CTB, reforça o art. 202 inciso II, ao preceituar que nas interseções e suas proximidades, o condutor não poderá efetuar ultrapassagem. Quanto a passagem de nível a ordem de não ultrapassagem de outros veículos é expressa no art. 32, entretanto, neste último caso, admite exceção quando houver sinalização permitindo a ultrapassagem.

O inciso XII do art. 29 do Código, preceitua: "os veículos que se deslocam sobre trilhos terão preferência de passagem sobre os demais, respeitadas as normas de circulação".

084

Art. 203. *Ultrapassar pela contramão outro veículo:*
I – *nas curvas, aclives e declives, sem visibilidade suficiente:*
- **Amparo Legal** – *art. 203, I – CTB.*
- **Infração** – *Gravíssima.*
- **Número de pontos** – *7 (sete).*
- **Penalidade** – *Multa.*
- **Valor da Multa** – *R$ 191,54 – Resolução Contran nº 136/2002.*
- **Medida Administrativa** – *Não há previsão.*
- **Código da Infração** – *592-4 – Denatran/Detran – Resolução Contran nº 66/1998 (Corresponde ao art. 203, I – CTB).*
- **Competência** – *Município – Resolução Contran nº 66/1998.*

A ultrapassagem exige do condutor cautelas especiais mesmo nos locais e condições permitidas pelo Código por envolver manobras de risco, devendo ser obedecidas, as regras dos arts. 29 e seguintes do Código.

No artigo comentado, o legislador proibiu a ultrapassagem de veículos pela contramão (ocupar faixa destinada aos veículos que transitam em sentido contrário nas vias de duplo sentido de direção – *Doutrina, Legislação e Jurisprudência de Trânsito*, Saraiva, 3ª ed., 1987, p. 291), nas curvas, aclives e declives, sem visibilidade suficientes, vez que, na ultrapassagem sob condições adversas de visibilidade é previsível o surgimento de outro veículo e portanto, temerária e imprudente mormente nas curvas, aclives e declives. Esta infração é característica de via de duplo sentido de direção com pista única (mão dupla simples). Se a via for provida apenas de sentido único de direção, não há como cometer a infração de ultrapassagem na contramão, entretanto, poderá o condutor incorrer na violação do disposto no inciso II do art. 186, que traz a seguinte dicção: "Transitar pela contramão de direção em vias com sinalização de regulamentação de sentido único de circulação".

Segundo o respeitado Arnaldo Rizzardo,[111] na sua obra de imensurável contribuição para o direito de trânsito esclarece que "contramão de direção corresponde à faixa destinada aos veículos que trafegam em sentido contrário ao da faixa na qual circula um veículo".

A infração configura-se independente da existência de sinalização regulamentar no local podendo ser lavrado o auto de infração e penalizado o infrator. Mas também não há impedimento do órgão com jurisdição sobre a via de sinalizar o local com placas de advertência ou regulamentação. Ocorrendo a conduta de ultrapassagem pela contramão de outro veículo nos locais mencionados (curvas, aclives e declives), sem visibilidade suficiente, a infração de trânsito completou-se, independente de efetivo risco a outro usuário da via. Basta a conduta. A inexistência de risco determinado, isto é, contra pessoa certa não exclui a infração, se tiver, é um plus a mais, podendo neste último caso o infrator ser conduzido a Unidade Policial Civil da área para providências de convicção da Autoridade Policial (Delegado de Polícia) na esfera penal.

O art. 32 do Código, também reforça a proibição de ultrapassagem de veículos em curvas e aclives sem visibilidade suficiente, exceto quando houver sinalização permitindo a ultrapassagem.

085

Art. 203. *Ultrapassar pela contramão outro veículo:*
II - *nas faixas de pedestres:*

- **Amparo Legal** – *art. 203, II – CTB.*
- **Infração** – *Gravíssima.*
- **Número de pontos** – *7 (sete).*
- **Penalidade** – *Multa.*
- **Valor da Multa** – *R$ 191,54 – Resolução Contran nº 136/2002.*
- **Medida Administrativa** – *Não há previsão.*
- **Código da Infração** – *593-2 – Denatran/Detran – Resolução Contran nº 66/1998 (Corresponde ao art. 203, II – CTB).*
- **Competência** – *Município – Resolução Contran nº 66/1998.*

---

111. *Comentários ao Código de Trânsito Brasileiro*, p. 450.

Nos artigos anteriores já comentamos da forma mais acentuada as características das manobras de ultrapassagem, mormente na contramão de direção. Neste dispositivo que foi desmembrado em decorrência de tratar-se de outro inciso do art. 203 (II) e ter outro Código de infração, o que facilita a localização pelo intérprete, não obstante, em linhas gerais, é a conduta do motorista que na direção do automotor ultrapassa pela contramão outro veículo nas faixas de pedestre. O Código visa a preservação da vida, e os pedestres que estiverem atravessando a via sobre as faixas delimitadas para esse fim terão prioridade de passagem... (art. 70, CTB). O órgão ou entidade com circunscrição sobre a via manterá, obrigatoriamente, as faixas e passagens de pedestres em boas condições de visibilidade, higiene, segurança e sinalização. É necessário que a via tenha duplo sentido de direção não obstruída por obstáculo físico delimitador.

086

Art. 203. Ultrapassar pela contramão outro veículo:
III – nas pontes, viadutos ou túneis:
- **Amparo Legal** – art. 203, III CTB.
- **Infração** – Gravíssima.
- **Número de pontos** – 7 (sete).
- **Penalidade** – Multa.
- **Valor da Multa** – R$ 191,54 – Resolução Contran nº 136/2002.
- **Medida Administrativa** – Não há previsão.
- **Código da Infração** – 594-0 – Denatran/Detran – Resolução Contran nº 66/1998 (Corresponde ao art. 203, III – CTB).
- **Competência** – Município – Resolução Contran nº 66/1998.

Conforme já se disse antes, a ultrapassagem pela contramão foi exaustivamente analisada quando dos comentários do inciso I do art. 203, motivo pelo qual remetemos o leitor a esse dispositivo.

Quanto ao disposto no inciso III do art. 203, que proíbe a ultrapassagem pela contramão de outro veículo nas pontes, viadutos ou túneis, dá-se em virtude do aumento do risco de acidentes nestes locais, que são desprovidos de acostamento ou refúgio, não havendo espaço para evitar o embate com o veículo que advém em sentido contrário e na sua mão de direção. Ponte, é obra de construção civil destinada a ligar margens opostas de uma superfície líquida qualquer. Viadutos, são obras de construção civil usada para transpor um obstáculo qualquer, que não um curso d'água, para uso de circulação viária.

Somente ocorrerá a violação deste dispositivo em pista única e mão dupla de direção. Se o local tiver duas pistas, mas separadas por obstrução física, não ocorrerá a infração. A infração apresenta três situações caracterizadoras (ultrapassar pela contramão nas pontes, viadutos ou túneis), a violação de qualquer delas sujeita-se o condutor a ser autuado pelo agente público de trânsito, entretanto, deve descriminá-la no campo de observação do auto de infração, possibilitando de imediato conhecer qual foi a conduta violadora da norma pelo condutor.

O art. 32 do Código, estabelece proibição de ultrapassagem de veículos nas pontes e viadutos, exceto quando houver sinalização permitindo a ultrapassagem.

087

Art. 203. *Ultrapassar pela contramão outro veículo:*

IV – *parado em fila junto a sinais luminosos, porteiras, cancelas, cruzamentos, ou qualquer outro impedimento à livre circulação:*

- **Amparo Legal** – *art. 203, IV – CTB.*
- **Infração** – *Gravíssima.*
- **Número de pontos** – *7 (sete).*
- **Penalidade** – *Multa.*
- **Valor da Multa** – *R$ 191,54 – Resolução Contran nº 136/2002.*
- **Código da Infração** – *595-9 – Denatran/Detran – Resolução Contran nº 66/1998 (Corresponde ao art. 203, IV – CTB).*
- **Competência** – *Município – Resolução Contran nº 66/1998.*

Ao analisarmos o inciso I do art. 203, já demos a definição de contramão de direção e que estas infrações (incisos I a V do art. 203), somente ocorrem em via de duplo sentido de direção não separado por obstrução física.

A conduta típica consiste em ultrapassar pela contramão outro veículo parado em fila junto a sinais luminosos, porteiras, cancelas, cruzamentos, ou qualquer outro impedimento à livre circulação.

Inegável que ao ultrapassar nessas circunstâncias há aumento gradativo do risco de acidente de trânsito, uma vez que, os veículos estão parados em fila, o veículo ultrapassante terá um percurso bem maior e demorado para transitar na contramão e não haverá espaço físico para seu retorno ao fluxo de trânsito de onde saiu em caso de surgir outro veículo que advém na sua mão de direção e em sentido contrário. A infração é de grande risco e se o condutor ultrapassante assume esse risco, age com manifesta imprudência devendo ser responsabilizado pela sua conduta, ainda que não haja perigo determinado, isto é, mesmo que não advenha em sentido contrário na sua correta mão de direção outro veículo. Basta a conduta para a figura administrativa exaurir-se e conforme a gravidade, flagranciada a situação o condutor deve ser apresentado a Autoridade Policial (Delegado de Polícia) para efeito de eventual responsabilidade na esfera penal. A infração ocorre mesmo que seja possível o emparelhamento dos três veículos considerando o ponto de ultrapassagem. Não há necessidade de placa regulamentar no local para a configuração da infração sob comento.

| 088 |

> **Art. 203.** *Ultrapassar pela contramão outro veículo:*
> **V –** *onde houver marcação viária longitudinal de divisão de fluxos opostos do tipo linha dupla contínua ou simples contínua amarela:*
> - **Amparo Legal** – *art. 203, V CTB.*
> - **Infração** – *Gravíssima.*
> - **Número de pontos** – *7 (sete).*
> - **Penalidade** – *Multa.*
> - **Valor da Multa** – *R$ 191,54 – Resolução Contran nº 136/2002.*
> - **Medida Administrativa** – *Não há previsão.*
> - **Código da Infração** – *596-7 Denatran/Detran – Resolução Contran nº 66/1998 (Corresponde ao art. 203, V – CTB).*
> - **Competência** – *Município – Resolução Contran nº 66/1998.*

A ultrapassagem já foi comentada exaustivamente nos incisos anteriores do art. 203. Quanto a situação fática e jurídica deste dispositivo a tipificação consistente em ultrapassar pela contramão outro veículo onde houver marcação viária longitudinal de divisão de fluxos opostos do tipo linha dupla contínua ou simples contínua amarela.

Nessa hipótese, a sinalização no local é indispensável sob pena de não configuração da infração de trânsito com essas características, o órgão ou entidade de trânsito com circunscrição sobre a via é responsável pela implantação da sinalização, respondendo pela sua falta, insuficiência ou incorreta colocação (art. 90, § 1º, CTB).

Não serão aplicadas as sanções previstas neste Código por inobservância à sinalização quando esta for insuficiente ou incorreta (art. 90, CTB).

Marcas longitudinais, é sinalização horizontal, separam e ordenam as correntes de tráfego, definindo a parte da pista destinada ao rolamento, a sua divisão em faixas, a divisão de fluxos opostos, as faixas de uso exclusivo de um tipo de veículo, as reversíveis, além de estabelecer as regras de ultrapassagem (Anexo II, CTB, item 2.2.1). Linhas de divisão de fluxo opostos, são lançadas na pavimentação asfáltica em cor amarela, dividindo-se em simples contínua, simples seccionada, dupla contínua, dupla contínua seccionada.

Há previsão ainda, de linhas de divisão de fluxos de mesmo sentido, cor branca, e linhas de bordo, na cor branca, exceto em vias de canteiro central muito estreito quando então são amarelas separando fluxos opostos. Linhas de continuidade, cor branca, quando dá continuidade às linhas brancas; cor amarela quando dá continuidade às linhas amarelas (Anexo II, CTB).

O sentido de contramão foi definido quando da análise do inciso I do art. 203. Em linguagem simples, a linha dupla contínua ou simples contínua amarela, atua como marco divisor da via pública, indicando a falta de espaço físico e de visibilidade o que prejudica a ultrapassagem com segurança, sendo que a simples é direcionado ao condutor que transita pelo lado direito e a dupla contínua para ambos os lados indicando proibida a ultrapassagem para os dois sentidos. Finalizando, havendo marcação viária longitudinal de divisão de fluxos opostos do tipo linha contínua ou simples contínua amarela, o condutor que pretende efetuar ultrapassagem do veículo que o precede, deve abster-se da manobra por imposição legal do Código, sob pena de caracterização da infração em comento.

| 089 |

Art. 204. *Deixar de parar o veículo no acostamento à direita, para aguardar a oportunidade de cruzar a pista ou entrar à esquerda, onde não houver local apropriado para operação de retorno:*

- **Amparo Legal** – art. 204 – CTB.
- **Infração** – Grave.
- **Número de pontos** – 5 (cinco).
- **Penalidade** – Multa.
- **Valor da Multa** – R$ 127,69 – Resolução Contran nº 136/2002.
- **Medida Administrativa** – Não há previsão.
- **Código da Infração** – 597-5 – Denatran/Detran – Resolução Contran nº 66/1998 (Corresponde ao art. 204 – CTB).
- **Competência** – Município – Resolução Contran nº 66/1998.

A operação retorno ou a conversão à esquerda, são manobras perigosas principalmente nas rodovias e não devem ser encetadas inopinadamente ou sem a prudência necessária, como a de sair para o acostamento à direita, parar o veículo, observar e só então, em condições favoráveis, deve ser empreendida a operação retorno ou a conversão à esquerda.

Esta infração caracteriza-se onde não houver local apropriado (Sinalizado) para as manobras mencionadas.

É dever de todo condutor de veículo, nas estradas onde não houver locais apropriado para a operação de retorno, ou para a entrada à esquerda, parar o veículo no acostamento à direita, onde aguardará oportunidade favorável para cruzar a pista.

ART. 204

Trata-se na figura típica de conversão à esquerda e de retorno nas vias rurais, ocasião em que, obrigatoriamente o condutor deve parar o veículo no acostamento à direita da via por onde transita e somente concluir o cruzamento da via ou entrar a esquerda havendo local adequado para a operação retorno. Esta infração é característica de áreas rurais, posto que na área urbana o procedimento para o retorno envolve outro procedimento, vale dizer, a operação retorno deverá ser feita nos locais para isso determinados, quer por meio de sinalização, quer pela inexistência de locais apropriados ou, ainda, em outros locais que ofereçam condições de segurança e fluidez, observadas as características da via, do veículo, das condições meteorológicas e da movimentação de pedestres e ciclistas (art. 39 CTB).

Entretanto de observar-se que a via pode ser provida ou não de acostamento o que irá refletir no procedimento a ser adotado pelo condutor que pretenda ingressar à esquerda em local não apropriado, devendo portanto, ser observado a regra do art. 37 do Código que preconiza que nas vias providas de acostamento, a conversão à esquerda e a operação de retorno deverão ser feitas nos locais apropriados e, onde estes não existirem, o condutor deverá aguardar no acostamento, à direita, para cruzar a pista com segurança. Não havendo acostamento o art. 38, II do Código estabelece que antes de entrar à direita ou à esquerda, em outra via ou lotes lindeiros o condutor deverá ao sair da via pelo lado esquerdo, aproximar-se o máximo possível de seu eixo ou da linha divisória da pista, quando houver, caso se trate de uma pista com circulação nos 2 (dois) sentidos, ou do bordo esquerdo, tratando-se de uma pista de um só sentido. Durante a manobra de mudança de direção, o condutor deve ceder passagem aos pedestres e ciclistas, aos veículos que transitem em sentido contrário pela pista da via da qual vai sair, respeitadas as normas de preferência de passagem.

O condutor que queira executar uma manobra não pode deixar de inobservar que, deverá certificar-se de que pode executá-la sem perigo para os demais usuários da via que o seguem, precedem ou vão cruzar com ele, considerando sua posição, sua direção e sua velocidade (art. 34, CTB). Antes de iniciar qualquer manobra o condutor deverá indicar seu propósito de forma clara e com a devida antecedência, por meio de luz indicadora de direção de seu veículo (seta) ou através de gesto convencional.

Quem pretende sair de uma rodovia pela esquerda, deve primeiramente parar no acostamento, pelo lado direito, aguardando a oportunidade para cruzar a pista e não bruscamente efetuar a manobra, dando margem a colisão com o veículo que lhe segue (TACrim-SP-AC – Rel. Lauro Malheiros, *RT* 391/343).

A conversão à esquerda é manobra que envolve riscos que exigem cautelas especiais para a sua realização. Assim, somente é de se admitir a efetivação da manobra quando inexista perigo de colisão com outros veículos, em especial com os que se aproximam na faixa da contramão de direção (TACrim SP-AC – Rel. Dínio Garcia, *JUTACrim* 38/147).

Quem se propõe a convergir para a esquerda com a intenção de ganhar outra estrada precisa, antes, levar seu veículo para a direita e aguardar o trânsito livre para encetar a perigosa manobra (TACrim-SP-AC – Rel. Camargo Sampaio, *JUTACrim* 69/490).

Em sede de acidente de trânsito, age com culpa o motorista que efetua manobra à esquerda para adentrar em estrada secundária sem parar no acostamento para observar o fluxo de veículos que vem atrás de seu conduzido, interceptando a trajetória de veículo que iria ultrapassá-lo, sendo irrelevante o fato de o acostamento estar prejudicado pela existência de capinzal (Ap. 719. 823, v.v. TACrim-SP, Rel. Fábio Araújo).

```
090
```

> **Art. 205.** Ultrapassar veículo em movimento que integre cortejo, préstito, desfile e formações militares, salvo com autorização da autoridade de trânsito ou de seus agentes:
> - **Amparo Legal** – art. 205 – CTB.
> - **Infração** – Leve.
> - **Número de pontos** – 3 (três).
> - **Penalidade** – Multa.
> - **Valor da Multa** – R$ 53,20 – Resolução Contran nº 136/2002.
> - **Medida Administrativa** – Não há previsão.
> - **Código da Infração** – 598-3 – Denatran/Detran – Resolução Contran nº 66/1998 (Corresponde ao art. 205 – CTB).
> - **Competência** – Município – Resolução Contran nº 66/1998.

O Código volta a preocupar-se novamente com a manobra de ultrapassagem, desta feita, a proibição é de ultrapassagem de veículo em movimento que integre cortejo, préstito, desfile e formações militares. A ultrapassagem é múltipla e não visada pelo Código, além de acarretar desrespeito principalmente no caso de cortejo. Tenho para mim que essa infração não se tipifica em vias de duplo sentido de direção com duas ou mais faixas de trânsito na mesma direção, posto que, em vias de duplo sentido com mão de direção contrária ao fluxo que se segue, o perigo é muito grande podendo acarretar outra infração de trânsito, isto é, conflita com o art. 203, IV e art. 211 do CTB.

De outra parte, os requisitos da ultrapassagem vem nos arts. 29 e seguintes do Código, em síntese, deve ser sempre executada pelo lado esquerdo, admitidas as exceções que o Código expressamente autoriza, a visibilidade deve ter foco amplo que ofereça segurança na ultrapassagem à frente, à trás e lateral, indicação pelo condutor através dos dispositivos luminosos (seta) ou gestos convencionais. Distância de segurança lateral e longitudinal. A ultrapassagem nas condições enumeradas do artigo em questão são verdadeiras causas de acidente. Não obstante o Código admite exceção, quando a manobra nas situações elencadas tiverem autorização da autoridade de trânsito e seus agentes. A guisa de lembrança, o inciso I do art. 89 do Código, impõe que a sinalização terá como ordem de prevalência as ordens do agente de trânsito sobre as normas de circulação e outros sinais.

091

Art. 206. Executar operação de retorno:
I – em locais proibidos pela sinalização:
- **Amparo Legal** – art. 206, I – CTB.
- **Infração** – Gravíssima.
- **Número de pontos** – 7 (sete).
- **Penalidade** – Multa.
- **Valor da Multa** – R$ 191,54 – Resolução Contran nº 136/2002.
- **Medida Administrativa** – Não há previsão.
- **Código da Infração** – 599-1 – Denatran/Detran – Resolução Contran nº 66/1998 (Corresponde ao art. 206, I – CTB).
- **Competência** – Município – Resolução Contran nº 66/1998.

Operação de retorno, nas vias urbanas, ainda que em locais permitidos é manobra prejudicial e perigosa e na maioria das vezes interrompe o fluxo de trânsito em ambos os sentidos, o que exige cautela por parte do condutor.

Nas vias urbanas, consoante art. 39 do CTB, a operação de retorno deverá ser feita nos locais para isso determinados, quer por meio de sinalização, quer pela existência de locais apropriados, ou ainda em locais que ofereçam condições de segurança e fluidez, observadas as características da via, do veículo, das condições meteorológicas e da movimentação de pedestres e ciclistas.

Para retornar, voltar, regressar com o veículo, o condutor deverá observar a sinalização existente no local ou as normas elencadas no Código.

No inciso I do art. 206, a operação retorno é proibida em decorrência da sinalização regulamentar instalada no local, no caso, a placa R-5 (proibido retornar), que tem o significado de avisar ao condutor de veículo a proibição de dar meia volta ou retornar. A placa R-5 (proibido retornar) é utilizada em via de duplo sentido de circulação, onde o movimento de retorno deve ser proibido, por trazer prejuízos à fluidez e/ou à segurança do trânsito. É utilizada também em interseções onde, pela sua concepção geométrica, não fique evidente a proibição de retorno e não se deseja que isso ocorra. Em casos de faixas múltiplas em um mesmo sentido, a placa R-5 deve ser instalada em ambos os lados da pista.

O agente de trânsito deverá consignar expressamente no campo de observações do auto de infração que o local está devidamente sinalizado com a placa R-5.

092

Art. 206. Executar operação de retorno:
II – nas curvas, aclives, declives, pontes, viadutos e túneis:

- **Amparo Legal** – art. 206, II – CTB.
- **Infração** – Gravíssima.
- **Número de pontos** – 7 (sete).
- **Penalidade** – Multa.
- **Valor da Multa** – R$ 191,54 – Resolução Contran nº 136/2002.
- **Medida Administrativa** – Não há previsão.
- **Código da Infração** – 600-9 – Denatran/Detran – Resolução Contran nº 66/1998 (Corresponde ao art. 206, II – CTB).
- **Competência** – Município – Resolução Contran nº 66/1998.

Por questão de segurança, vez que, afeta a visibilidade, o Código no inciso II do art. 206 veda a operação retorno nas curvas, aclives, declives, pontes, viadutos e túneis. Não há necessidade de sinalização regulamentar no local (placa R-5 – proibido retornar), basta que o condutor efetue a operação retorno nestes locais para a configuração da infração. Não se exige perigo determinado, para a conduta de operação retorno. Visa-se a proteção da integridade física que é exposta demasiadamente quando da operação retorno nestes locais é escassa ou nula a visibilidade e o próprio espaço físico. O Código trata da operação de retorno em seu art. 39.

A operação, nas vias urbanas, fora dos locais para isso determinados, é manobra prejudicial e perigosa, porque interrompe a corrente de trânsito nos dois sentidos. Assim, responde pelas conseqüências o condutor que propõe a efetuá-la em local inadequado e sem tomar as cautelas necessárias.[112]

093

Art. 206. Executar operação de retorno:

III – passando por cima de calçada, passeio, ilhas, ajardinamento ou canteiros de divisões de pista de rolamento, refúgios e faixas de pedestres e nas de veículos não motorizados:

- **Amparo Legal** – art. 206, III – CTB.
- **Infração** – Gravíssima.
- **Número de pontos** – 7 (sete).
- **Penalidade** – Multa.
- **Valor da Multa** – R$ 191,54 – Resolução Contran nº 136/2002.
- **Medida Administrativa** – Não há previsão.
- **Código da Infração** – 601-7 – Denatran/Detran – Resolução Contran nº 66/1998 (Corresponde ao art. 206, III – CTB).
- **Competência** – Município – Resolução Contran nº 66/1998.

---

112. Ap. 367.035, v.u., TACrim/SP, Rel. Jarbas Mazzoni.

Remetemos o leitor às observações que fizemos ao comentarmos o art. 206, inciso I do Código, quanto ao inciso III, ora analisado, a conduta típica é realizar operação de retorno passando por cima de calçada, passeio, ilhas, ajardinamento ou canteiros divisores de pista de rolamento, refúgios e faixas de pedestres e nas de veículos não motorizados. Nas situações elencadas, o condutor para concretizar a operação retorno, invade áreas espaços onde por questão de segurança, lhe são vedados o trânsito. São locais com outras destinações que não o trânsito de veículos, normalmente dos pedestres. Além de colocar com a conduta em risco a integridade pública coletiva, provoca danos ao patrimônio público. Para a configuração deste dispositivo; não há necessidade de placa R-5 (proibido retornar), basta que o condutor de veículo efetue retorno passando não obstante nestes locais. A infração poderá ser a prevista no art. 193 do CTB por cima dos locais indicados no inciso III do art. 206. O art. 39 do CTB, trata da operação retorno nas áreas urbanas.

094

> **Art. 206.** Executar operação de retorno:
> **IV –** nas interseções, entrando na contramão de direção da via transversal:
> - **Amparo Legal** – art. 206, IV – CTB.
> - **Infração** – Gravíssima.
> - **Número de pontos** – 7 (sete).
> - **Penalidade** – Multa.
> - **Valor da Multa** – R$ 191,54 – Resolução Contran nº 136/2002.
> - **Medida Administrativa** – Não há previsão.
> - **Código da Infração** – 602-5 – Denatran/Detran – Resolução Contran nº 66/1998 (Corresponde ao art. 206, IV – CTB).
> - **Competência** – Município – Resolução Contran nº 66/1998.

O inciso IV, do art. 206, proíbe a operação retorno nas interseções (todo cruzamento em nível, entroncamento ou bifurcação, incluindo as áreas formadas por tais cruzamentos, entroncamentos ou bifurcações – Anexo I), entrando na contramão de direção da via transversal. Novamente o Código visa a preservação da integridade física dos demais usuários da via pública, uma vez que, a conduta nestas condições viola normas gerais de segurança em detrimento da operação retorno. O veículo que vai retornar ingressa, ainda que em pequeno espaço da via, na contramão para poder completar a operação de retorno. Com isso, acaba por violar o dispositivo em comento. Contramão é ocupar faixa destinada aos veículos que transitam em sentido contrário. Não é necessário que o local esteja sinalizado com placa R-5, proibido retornar. O art. 39 do Código disciplina a operação retorno em área urbana.

095

> **Art. 206.** Executar operação de retorno:
> **V –** com prejuízo da livre circulação ou da segurança, ainda que em locais permitidos:
> - **Amparo Legal** – art. 206, V – CTB.
> - **Infração** – Gravíssima.
> - **Número de pontos** – 7 (sete).
> - **Penalidade** – Multa.
> - **Valor da Multa** – R$ 191,54 – Resolução Contran nº 136/2002.
> - **Medida Administrativa** – Não há previsão.
> - **Código da Infração** – 603-3 – Denatran/Detran – Resolução Contran nº 66/1998 (Corresponde ao art. 206, V – CTB).
> - **Competência** – Município – Resolução Contran nº 66/1998.

Esta infração é diferenciada dos demais incisos do art. 206 (I, II, III e IV), vez que, a operação retorno é permitida; entretanto, a conduta acaba acarretando prejuízo à livre circulação ou à segurança do trânsito. Isto é, a operação retorno acaba afetando a fluidez do trânsito, podendo dependendo do caso concreto, atingir a segurança dos demais usuários da via. Não obstante, o art. 39 do Código trata da operação retorno nas vias urbanas.

096

> **Art. 207.** Executar operação de conversão à direita ou à esquerda em locais proibidos pela sinalização:
> - **Amparo Legal** – art. 207 – CTB.
> - **Infração** – Grave.
> - **Número de pontos** – 5 (cinco).
> - **Penalidade** – Multa.
> - **Valor da Multa** – R$ 127,69 – Resolução Contran nº 136/2002.
> - **Medida Administrativa** – Não há previsão.
> - **Código da Infração** – 604-1 – Denatran/Detran – Resolução Contran nº 66/1998 (Corresponde ao art. 207 – CTB).
> - **Competência** – Município – Resolução Contran nº 66/1998.

Para a caracterização desta infração o local deve estar sinalizado com placas R-4a, proibido virar a esquerda ou R-4b, proibido virar a direita. Assinalam ao condutor de veículo a proibição de realizar a conversão indicada. Importa destacar que a infração de conversão à esquerda ou à direita, não se confunde com a manobra de retorno. Esta última pode até comportar as infrações de conversão proibida, entretanto o que diferencia para o caso de autuação é a sinalização existente no local. Se houver placa R-5, a infração cometida é de operação retorno em local proibido (art. 206, I). Na ausência desta, mas havendo as placas R-4a ou R-4b, a tipificação será a do art. 207 do CTB, ainda que após a conversão o condutor de veículo retorne. O Código considera também conversão o deslocamento lateral do veículo conforme parágrafo único do art. 35. Na elaboração do auto de infração há necessidade do agente público de trânsito configurar no campo das observações qual a sinalização existente no local. Exemplo: local sinalizado com placa R-4a – proibido virar a esquerda.

097

Art. 208. *Avançar o sinal vermelho do semáforo ou o de parada obrigatória:*

- **Amparo Legal** – *art. 208 – CTB.*
- **Infração** – *Gravíssima.*
- **Número de pontos** – *7 (sete).*
- **Penalidade** – *Multa.*
- **Valor da Multa** – *R$ 191,54 – Resolução Contran nº 136/2002.*
- **Medida Administrativa** – *Não há previsão.*
- **Código da Infração** – *605-0 – Denatran/Detran – Resolução Contran nº 66/1998 (Corresponde ao art. 208 – CTB).*
- **Competência** – *Município – Resolução Contran nº 66/1998.*

As situações caracterizadoras são quatro, consistindo a conduta típica em: *avançar sinal vermelho* (luz de controle de fluxo de veículos desfavorável – cor vermelha), *desobediência ao sinal de parada obrigatória* (placa R-1, parada obrigatória, ou inscrições no pavimento com a legenda "pare". A primeira é sinalização vertical (R-1) e a segunda é sinalização horizontal "pare" inscrito no solo), que assinala ao condutor que deve deter seu veículo antes de entrar ou cruzar a via. Também caracteriza a presente infração de trânsito a *desobediência de parada proveniente de sinais sonoros ou de apitos* (dois silvos breves que o agente público de trânsito emite) e que significam que o condutor deve parar seu conduzido para fiscalização ou outro fim. O agente público de trânsito pode utilizar-se de *gestos para indicar a ordem de parar o veículo* (Anexo II). O braço erguido expressa ordem de parada obrigatória para todos os veículos, entretanto, quando executadas em interseções, os veículos que já se encontrem nela não são obrigados a parar, não obstante,

ART. 208

mesmo assim, caso o agente público de trânsito direcione ao condutor que este deve parar, a ordem do mesmo prevalece e deve ser acatada. O braço apontado para a direita é determinação de parada para todos os veículos que venham de direções que cortem ortogonalmente a direção indicada pelo braço estendido, qualquer que seja o sentido de seu deslocamento. O braço apontado para a esquerda impõe a parada de todos os veículos que venham de direções que cortem ortogonalmente a direção indicada pelo braço estendido, qualquer que seja o sentido de seu deslocamento. A ordem de parada também é expressa através dos braços abertos em cruz, e deve ser obedecida por todos condutores de veículos que advenham de direções que cortem ortogonalmente a direção indicada pelos braços estendidos qualquer que seja o sentido de seu deslocamento.

As ordens emanadas por gestos pelos agentes de trânsito prevalecem sobre as regras de circulação e as normas definidas por outros sinais de trânsito (Anexo II e art. 89, I do Código). Os gestos efetuados pelo agente de trânsito são considerados sinais de trânsito (art. 87, VI, CTB).

Avançar o sinal vermelho, configura-se quando o condutor de veículo não obedece a indicação luminosa proveniente da sinalização semafórica (Semáforo) na cor vermelha (que indica a obrigatoriedade de parar). A sinalização semafórica de regulamentação tem a função de efetuar o controle de trânsito num cruzamento ou seção de via, através de indicações luminosas, alternando o direito de passagem dos vários fluxos de veículos e/ou pedestres. Têm como característica a composição de luzes de cores preestabelecidas, agrupadas num único conjunto, dispostas verticalmente ao lado da via ou suspensas sobre ela, podendo nestes casos serem fixada horizontalmente. A título de ilustração, porque demais conhecido dos condutores, trazemos a colação as cores das luzes do semáforo e sua determinação para o controle de fluxo de veículos: vermelha – indica obrigatoriedade de parar, amarela – indica "atenção", devendo o condutor parar o veículo, salvo se isto resultar em situação de perigo para os veículos que vêm atrás; verde – indica permissão de prosseguir na marcha, efetuando, o condutor, a operação indicada pelo sinal luminoso.

Os condutores de veículos ao depararem com situação semafórica desfavorável (luz vermelha), deverão deter seu conduzido antes da faixa de retenção, chamadas pelo Código de linhas de retenção (Anexo II); elas antecedem as faixas de travessia de pedestres, e ambas possuem a cor branca, isto quando existentes. A faixa de retenção também chamada linha de retenção indica a posição de parada, o local-limite em que deverão parar os veículos de modo a garantir a própria segurança do condutor e dos demais usuários da via, mormente os pedestres que estão utilizando-se da faixa para atravessar a via. A faixa de pedestre, incluindo a faixa de retenção são marcas transversais, portanto incluem-se na sinalização horizontal.

Mesmo que a indicação luminosa do semáforo lhe seja favorável nenhum condutor pode entrar em uma interseção se houver possibilidade de ser obrigado a imobilizar o veículo na área do cruzamento, obstruindo ou impedindo a passagem do trânsito transversal (art. 45 do CTB).

Situação que merece atenção dá-se quando o condutor de veículo já ultrapassou a faixa de retenção atingindo o cruzamento surge a luz amarela semafórica, neste caso, resultando situação de perigo para os veículos que vêm atrás, não deverá o condutor deter o veículo sob pena de ocasionar acidente ou bloqueio dos demais veículos que advém das vias que se cruzam. Esta situação não deverá ser objeto de autuação por parte do agente do trânsito, exceto se constatar *in loco* que o condutor poderia deter seu veículo sem ocasionar risco para outros condutores e aproveitou o sinal amarelo deliberadamente porque tinha pressa ou outro motivo qualquer e não por imposição da situação fática, neste caso, poderá ocorrer outra infração de trânsito e não a do art. 208 (semáforo vermelho). Não obstante, logo após ter atingido a faixa ou linha de retenção, acendeu-se a luz vermelha do semáforo, configurou-se a infração por avançar o sinal vermelho e deve ser autuado. Insta acentuar que a luz amarela nas condições de perigo anteriormente explicitada e não a luz vermelha, possibilita ao condutor de veículo que ingressar no cruzamento e passou a faixa ou linha de retenção e pedestre, finalizar, completar a travessia, mas não iniciá-la. A mudança da cor do semáforo é fato absolutamente previsível, cabendo ao condutor que se aproxima do cruzamento tomar as cautelas necessárias para, na eventualidade de mudança, parar o veículo com segurança em obediência a sinalização. A invasão, vale dizer, avançar o sinal vermelho caracteriza imprudência e infração de trânsito. O sinal amarelo é de advertência de mudança de sinal, e não de estímulo para a travessia, vez que, somente a luz verde significa trânsito livre, entretanto, ainda assim, havendo pedestre concluindo a travessia, este terá a prioridade sob pena do condutor ser autuado por violação do disposto no art. 214, inciso II, do Código, por deixar de dar preferência de passagem a pedestre e a veículo não motorizado que haja concluído a travessia, mesmo que ocorra o sinal verde para o veículo. O parágrafo único do art. 70, preconiza que nos locais em que houver sinalização semafórica de controle de passagem, será dada a preferência aos pedestres que não tenham concluído a travessia, mesmo em caso de mudança de semáforo liberando a passagem dos veículos. A regra é que advindo o sinal amarelo o condutor de veículo deve deter-se antes da faixa ou linha de retenção e apenas excepcionalmente, resultando risco para os demais condutores é que poderá completar a travessia, mas jamais iniciá-la ou aproveitá-la por outros motivos, pois são previsíveis as graves conseqüências que a conduta pode acarretar.

A Deliberação Contran nº 38, de 11 de julho de 2003, e a Resolução Contran nº 146/2003, revogaram a Resolução Contran nº 141/2002, e regulamentou os requisitos técnicos mínimos para a fiscalização, de avanço de sinal vermelho, determinando a Deliberação nº 38 no seu art. 6º que os instrumentos ou equipamentos hábeis para a comprovação dessa infração, devem obedecer à legislação metrológica em vigor. No mesmo sentido o art. 6º da Resolução Contran nº 146/2003, que impõe obediência a legislação em vigor.

A desobediência à placa alertadora de "PARE" (R-1), que significa parada obrigatória, e a inscrição no pavimento da legenda "pare", (Resolução Contran nº 666/1986, anexo, sub item 8.04.02), também constitui violação do disposto no art. 208. Ela assinala ao condutor que deve deter seu veículo antes de entrar ou cruzar a via, portanto o veículo deverá deter-se e não a simples, ineficiente e perigosa redução de velocidade do veículo.

Existem condutores que param nos cruzamentos em obediência a placa "PARE" e logo em seguida encetam marcha no veículo acessando o cruzamento, com isso, ocasionam acidentes, neste caso, razão ainda assim não lhes assistem, posto que a ordem de parada não foi integralmente satisfeita, além da imobilização do veículo é necessário que antes de se retomar a marcha, esta deve ser precedida de exame certificador da não aproximação de outro veículo pela via preferencial. A obediência a placa alertadora "pare" é imperativa.

O uso da placa R-1 (parada obrigatória) deve restringir-se as situações em que a parada do veículo for realmente necessária, sendo ineficiente e perigosa a simples redução de velocidade, isto é, em interseção entre via secundária e preferencial, interseção urbana sem controle por semáforo, passagem de nível (cruzamento rodoferroviário), nas interseções com distância de visibilidade restrita, além de outras situações conforme dispõe a Resolução Contran nº 599/1982 no Manual de Sinalização Vertical.

Nas rodovias, em caso de acidentes graves ou fiscalização no período noturno, é também utilizado como indicação de parada pelos agentes de trânsito o *agitar de uma luz vermelha,* cujo gesto significa "pare" para os usuários da via aos quais a luz é dirigida, conforme preconiza o art. 6º, item 3, letra "c" do Decreto nº 86.714/1981 – Convenção de Viena, isto é, Convenção Sobre Trânsito Viário, da qual o Brasil é país signatário, portanto com vigência e fazendo parte de nossa legislação.

Ao elaborar o auto de infração o agente de trânsito deverá atentar para a formalização, vale dizer, deverá aclarar no campo da observações qual foi a conduta violada, exemplo: avançou semáforo com luz vermelha, desobedeceu ordem de parada através de sinais sonoros ou apito, gestos indicativos de parada ou placa R-1 parada obrigatória.

098

Art. 209. *Transpor, sem autorização, bloqueio viário com ou sem sinalização ou dispositivos auxiliares, deixar de adentrar às áreas destinadas à pesagem de veículos ou evadir-se para não efetuar o pagamento do pedágio:*

- **Amparo Legal** – *art. 209 – CTB.*
- **Infração** – *Grave.*
- **Número de pontos** – *5 (cinco).*
- **Penalidade** – *Multa.*
- **Valor da Multa** – *R$ 127,69 – Resolução Contran nº 136/2002.*
- **Medida Administrativa** – *Não há previsão.*
- **Código da Infração** – *606-8 – Denatran/Detran – Resolução Contran nº 66/1998 (Corresponde ao art. 209 – CTB).*
- **Competência** – *Estado e Município – Resolução Contran nº 66/1998.*

A primeira parte do dispositivo trata da conduta do condutor de veículo que transpõe sem autorização bloqueio viário, e o que causa mais estranheza é que pode ser com ou sem sinalização ou dispositivos auxiliares. A característica é a desobediência, o não acatamento de submeter-se a parada para determinadas condutas. É a transposição do bloqueio viário que pode ter como finalidade, dentre outras, a fiscalização tributária ou inspeção sanitária, aguardar determinado elastério temporal em decorrência de obras, informações ou verificação da carga transportada. Não se trata de bloqueio policial, mas por outros agentes do poder público. Na prática entendo de difícil aplicabilidade não havendo sinalização específica indicando o motivo do bloqueio. Para melhor esclarecer, desatende-se, é conduta omissiva do condutor que não acata a determinação de parada de outros agentes do poder público que não os policiais.

A segunda conduta é deixar de adentrar às áreas destinadas à pesagem obrigatória do veículo. Neste caso, as áreas são devidamente sinalizadas, inclusive descriminam o tipo de veículo a submeter-se a pesagem. O art. 278 do Código preconiza que o condutor que se evadir da fiscalização, não submetendo o veículo a pesagem obrigatória nos pontos de pesagem, fixos ou móveis, será aplicada a penalidade prevista no art. 209, além da obrigação de retornar ao ponto de evasão para fim de pesagem obrigatória. Novamente a conduta do motorista é omissiva, podendo consubstanciar-se em evasão, entretanto, neste último caso, será obrigado o seu retorno, tão logo seja interceptado, ao ponto da evasão momento em que, o veículo será submetido a pesagem.

A parte final do art. 209, trata de evasão do condutor de veículo para não efetuar o pagamento de pedágio junto aos postos existentes na rodovia. Mesmo tratando-se de via privatizada é obrigatória a parada e pagamento do pedágio. Apesar da ausência de funcionário público em exercício no pedágio, é dever do condutor acatar a parada, uma vez que, por força de lei o funcionário da concessionária que ali estiver exerce atividade típica do órgão público. A evasão do local nas condições mencionadas, isto é, visando o não pagamento do pedágio constitui infração a ser tipificada no art. 209 do CTB, parte final.

099

Art. 210. *Transpor, sem autorização, bloqueio viário policial:*
- **Amparo Legal** – *art. 210 – CTB.*
- **Infração** – *Gravíssima.*
- **Número de pontos** – *7 (sete).*
- **Penalidade** – *Multa, apreensão do veículo e suspensão do direito de dirigir.*
- **Valor da Multa** – *R$ 191,54 – Resolução Contran nº 136/2002.*
- **Medida administrativa** – *Remoção do veículo e recolhimento do documento de habilitação (CNH ou PPD).* **Nota:** *Recolhimento do docu-*

ART. 210

> mento de habilitação é penalidade a ser aplicada exclusivamente pela autoridade de trânsito, observado os princípios da ampla defesa e contraditório nos termos do art. 5º, II, LV e LVII da CF, art. 265 do CTB e Deliberação nº 199 de 6.10.2000, do Cetran/SP, publicada no DOE nº 195 de 10.10.2000, p.4.
>
> - **Código da Infração** – 607-6 – Denatran/Detran – Resolução Contran nº 66/1998 (Corresponde ao art. 210 – CTB).
> - **Competência** – Estado e Município – Resolução Contran nº 66/1998.

A transposição dá-se em circunstâncias diversificadas. A conduta reveste-se de desobediência em atender a parada obrigatória no bloqueio viário policial. É o não acatamento de ordem legal emanada do agente ou da própria autoridade policial. O objetivo do bloqueio viário, advém de uma multiplicidade de situações, dentre as quais, a fiscalização rotineira de trânsito para verificação de documentos de porte obrigatório do condutor e do veículo, condições em que o veículo está transitando (equipamentos obrigatórios), além de outras finalidades revestidas de caráter policial (busca de pessoas e objetivos ilícitos, exemplo: veículos furtados ou roubados, pessoa procurada, etc.).

A conduta típica consiste na omissão do condutor de veículo em não atender a ordem de parada ou ao aproximar-se do bloqueio viário policial, visando subtrair-se a fiscalização imprime velocidade no conduzido evadindo-se do local. É a intenção deliberada de não ser interceptado no bloqueio viário policial.

A atitude do condutor desobediente, leva a presunção de que alguma ilegalidade sob os mais diversos aspectos está ocorrendo, notadamente a prática preexistente do crime, entretanto, essa percepção pode ser falsa, não se pode destacar a simples possibilidade de infração administrativa, como exemplo, o condutor que não está portando os documentos pessoais ou do veículo de porte obrigatório, veículo sem o licenciamento anual, isto é, com a documentação atrasada, e o mais comum: adolescente inabilitado na direção de automotor. Neste último caso, a cautela deve ser extrema, posto que, outras vezes, já se tem noticiado pela imprensa, que a medida utilizada pelo agente público visando evitar a fuga do condutor foi desproporcional ao motivo real de transposição do bloqueio policial, como é o caso de policiais que desfecham disparos de arma de fogo contra o evasor. É preciso muita serenidade nesses casos em decorrência do alto risco que uma conduta nestes termos pode acatar, inclusive a outros usuário da via pública. O tirocínio policial deve prevalecer. Não se quer dizer aqui que o agente público deve expor sua vida a extremos ou mantenha-se inerte, mas que aja com cautela e segurança.

O respeitado Waldyr de Abreu,[113] ao comentar o art. 210 do CTB, reitera sua advertência já manifestada em obra sua *Direção Defensiva Integral*, 2ª ed., Rio de Janeiro, 1989, p. 80: "o melhor entendimento é que só comandos em operações especiais podem parar carros para a simples fiscalização de documentos, ou equipamentos não manifestamente irregulares. Um policial de trânsito individualmente

---

113. *Código de Trânsito Brasileiro*, pp. 53-54.

ou em patrulha nunca deve tomar esta iniciativa, sem uma fundada razão para desconfiar, salvo com autorização ou determinação superior. Mas sempre a fluidez do trânsito e o bom relacionamento com o público recomendam que dela não se exagere. Vários especialistas policiais fazem esta observação e R. Mungoly ainda acrescenta ser de mau gosto realizar a fiscalização de veículos nos postos de pedágio. Porém evidentemente será cabível em qualquer ocasião, sempre que exista fundada suspeita de anormalidade. Para fiscalização mais ampla, são lugares propícios os próximos às barreiras, no início das estradas e nas imediações dos postos da polícia rodoviária, com a possível concentração de recursos".

Necessário que lembremos o leitor das disposições contidas no parágrafo único do art. 278 do Código de Trânsito que estabelece no caso de fuga do condutor à ação policial, aplicando-se, além das penalidades em que incorre as estabelecidas no art. 210.

O agente público não pode desconsiderar que a intercepção de veículo com suspeição de furto ou roubo é problema difícil e complexo, exigindo cautelas especiais e observância de regras básicas em respeito a sua própria vida e de terceiros. A interceptação nessas condições, deve ser empreendida havendo superioridade de pessoas e recursos materiais, sob pena de frustrar-se a ação policial.

100

Art. 211. *Ultrapassar veículos em fila, parados em razão de sinal luminoso, cancela, bloqueio viário parcial ou qualquer outro obstáculo, com exceção dos veículos não motorizados:*

- **Amparo Legal** – *art. 211 – CTB.*
- **Infração** – *Grave.*
- **Número de pontos** – *5 (cinco).*
- **Penalidade** – *Multa.*
- **Valor da Multa** – *R$ 127,69 – Resolução Contran nº 136/2002.*
- **Medida Administrativa** – *Não há previsão.*
- **Código da Infração** – *608-4 – Denatran/Detran – Resolução Contran nº 66/1998 (Corresponde ao art. 211 – CTB).*
- **Competência** – *Estado e Município – Resolução Contran nº 66/1998.*

O dispositivo tem certa semelhança com o conteúdo do inciso IV do art. 203 do Código (ultrapassar pela contramão outro veículo parado em fila junto a sinais luminosos, porteiras, cancelas, cruzamentos ou qualquer outro impedimento a livre circulação). A infração de trânsito prevista no art. 211 do CTB, com aquela não se confunde apesar da dicção assemelhada, posto que, nesta última não há o aditício da contramão de direção, mas tão somente a ultrapassagem de veículos parados em fila na mesma faixa (pista) de rolamento diante de sinal luminoso (semáforo), cancela (armação metálica ou de maneira controlada por meios eletrônicos ou manualmente que abre e fecha ao trânsito a passagem de nível), bloqueio viário parcial ou qualquer outro obstáculo, com exceção de veículos não motorizados (bicicleta, carroça, charrete, carro de mão, tração animal, etc.).

O objetivo do artigo mencionado é evitar as ultrapassagens múltiplas inexistindo espaço livre a frente. É comum observarmos veículos que efetuam a ultrapassagem nestas condições e forçam o retorno a fila de veículos, ingressando à frente daqueles que já estavam mais adiantados. Importa destacar que se a largura da rua permitir, nada impede a ultrapassagem e chegando no ponto de parada, nova fila de veículos será formada sem prejuízo da paralela. O que o Código veda é a ultrapassagem em qualquer das circunstancias indicadas, ainda que não se tenha que transitar na contramão direcional a operação é considerada manobra de risco.

A expressão qualquer outro obstáculo abrange toda situação não expressamente mencionado no tipo e que obriga a parada de veículos em fila, ex: acidente de trânsito, queda de barragens, realização de obras para reparos da via, etc.

101

Art. 212. *Deixar de parar o veículo antes de transpor linha férrea:*
- **Amparo Legal** – *art. 212 – CTB.*
- **Infração** – *Gravíssima.*
- **Número de pontos** – *7 (sete).*
- **Penalidade** – *Multa.*
- **Valor da Multa** – *R$ 191,54 – Resolução Contran nº 136/2002.*
- **Medida Administrativa** – *Não há previsão.*
- **Código da Infração** – *609-2 – Denatran/Detran – Resolução Contran nº 66/1998 (Corresponde ao art. 212 – CTB).*
- **Competência** – *Município – Resolução Contran nº 66/1998.*

O texto do artigo é claro. O condutor deve parar o veículo que dirige antes da transposição da linha férrea, porque os veículos que se deslocam sobre trilhos terão preferência de passagem sobre os demais (art. 29, XII, CTB). Não basta a redução da velocidade, a imposição pelo Código é de parada, somente então, com segurança se efetua a transposição dos trilhos.

Os acidentes nestes locais na maioria da vezes produzem vítimas fatais ou ferimentos gravíssimos com seqüelas irreversíveis. Nas passagens férreas de nível a atenção deve ser redobrada e o local sempre vem sinalizado com antecedência, como a Cruz de Santo André (placa A-41 – Resolução nº 500/1982). Ela adverte o condutor do veículo da existência, no local, de um cruzamento com linha férrea em nível, deve ser utilizada como reforço à placa de passagem de nível sem barreira

(A-39) ou à placa de passagem de nível com barreira (A-40). A Cruz de Santo André deve ser colocada o mais próximo possível da linha que limita a faixa de domínio de estrada de ferro. Não houvesse essa infração específica do art. 212, a conduta do motorista nestas circunstâncias seria tipificada no art. 208.

RESPONSABILIDADE CIVIL DAS ESTRADAS DE FERRO

Em se tratando de responsabilidade civil das estradas de ferro, tem como fonte o Decreto nº 2.681, de 7 de dezembro de 1912, estabelecendo o art. 17 de referida legislação:

"Art. 17. As estradas de ferro responderão pelos desastres que nas suas linhas sucedem aos viajantes e de que resulte a morte, ferimento ou lesão corpórea. A culpa será sempre presumida, só se admitido em contrário algumas das seguintes provas:

I – caso fortuito ou força maior;

II – culpa do viajante, não concorrendo culpa da estrada."

Só se eximirá o transportador no dever de indenizar, provando-se a existência de caso fortuito, força maior ou culpa exclusiva da vítima no evento, cabendo-lhe o ônus de tal prova, eis que a culpa do transportador é presumida.[114]

102

Art. 213. *Deixar de parar o veículo sempre que a respectiva marcha for interceptada:*

I – *por agrupamento de pessoas, como préstitos, passeatas, desfiles e outros:*

- **Amparo Legal** – art. 213, inciso I – CTB.
- **Infração** – Gravíssima.
- **Número de pontos** – 7 (sete).
- **Penalidade** – Multa.
- **Valor da Multa** – R$ 191,54 – Resolução Contran nº 136/2002.
- **Medida Administrativa** – Não há previsão.
- **Código da Infração** – 610-6 – Denatran/Detran – Resolução Contran nº 66/1998 (Corresponde ao art. 213, I – CTB).
- **Competência** – Município – Resolução Contran nº 66/1998.

---

114. AC. 3ª turma do STJ, no Resp. 19.092-0-PR, Rel.Min. Cláudio Santos, *DJU* de 28.9.1992.

ART. 213

Todo condutor de veículo deve acautelar-se ao avistar agrupamento de pessoas em via pública, agindo com prudência, parando o veículo conforme dispõe o inciso I do art. 213, mormente tratando-se de préstitos (agrupamento de numerosas pessoas em marcha, cortejo, procissão), passeatas (caminhada, marcha coletivo para reivindicação ou protesto cívico ou de uma classe), desfile (marchar em fila, marchar sucessivamente, passarem uns pelos outros) e outros (greve, manifestações, comemoração de futebol, carnaval), ainda que estejam parados ou caminhando. Estas pessoas estão na condição de pedestres e objetivo do Código é preservar a vida. Importa esclarecer que trata-se de infração de trânsito tipificada com condutas múltiplas, entretanto, é verificável a semelhança entre elas, posto que, sempre será composta por agrupamento de pessoas. O agente de trânsito ao lavrar a autuação deverá consignar no campo das observações do auto de infração qual a conduta violada de modo a possibilitar a identificação fática ocorrida no local. Isto é, individualizar a conduta do condutor de veículo nestas circunstâncias.

De outra parte, face a condição dos pedestres serem, mais vulneráveis no trânsito, o § 2º do art. 29 do Código impõe como dever aos condutores de veículos a responsabilidade pela segurança e incolumidade destes.

| 103 |

Art. 213. *Deixar de parar o veículo sempre que a respectiva marcha for interceptada:*

II – *por agrupamento de veículos, como cortejos, formações militares e outros:*

- **Amparo Legal** – art. 213, II – CTB.
- **Infração** – Grave.
- **Número de pontos** – 5 (cinco).
- **Penalidade** – Multa.
- **Valor da Multa** – R$ 127,69 – Resolução Contran nº 136/2002.
- **Medida Administrativa** – Não há previsão.
- **Código da Infração** – 611-4 – Denatran/Detran – Resolução nº 6/1998 Contran (Corresponde ao art. 213, II – CTB).
- **Competência** – Município – Resolução Contran nº 66/1998.

No inciso II do art. 213, a obediência de parada do veículo pelo condutor advém da interceptação (interromper seu curso, deter ou impedir passagem) por agrupamento de veículos, como cortejos (séquito, procissão, desfile), formações militares e outros. Neste inciso o agrupamento é de veículos, no inciso I do 213, o agrupamento é de pessoas. Citamos como exemplo de, e outros, a carreata (deslocamento em fila na via de veículos automotores em sinal de regozijo, de reivindicação, de protesto cívico ou de uma classe).

| 104 |

> **Art. 214.** Deixar de dar preferência de passagem a pedestre e a veículo não motorizado:
> **I –** que se encontre na faixa e ele destinada:
> - **Amparo Legal** – art. 214, I – CTB.
> - **Infração** – Gravíssima.
> - **Número de pontos** – 7 (sete).
> - **Penalidade** – Multa.
> - **Valor da Multa** – R$ 191,54 – Resolução Contran nº 136/2002.
> - **Medida Administrativa** – Não há previsão.
> - **Código da Infração** – 612-2 – Denatran/Detran – Resolução Contran nº 66/1998 (Corresponde ao art. 214, I – CTB).
> - **Competência** – Município – Resolução Contran nº 66/1998.

A conduta típica do dispositivo apresenta duas situações consistentes em infração de trânsito. A primeira o condutor de veículo deixa de dar preferência de passagem a pedestre que se encontre na faixa a ele destinada e a segunda, a veículo não motorizado que também esteja em faixa própria. Basta que haja no local a faixa de travessia de pedestre, para que este tenha a preferência de passagem, havendo ou não sinalização luminosa no local. É necessário apenas a sinalização horizontal. No caso de um embate entre pedestre e veículo, sem dúvida é o primeiro que perecerá, com ferimentos, seqüelas ou morte decorrente do atropelamento. A vida deve ser preservada. As maiores vítimas de atropelamento são as crianças e pessoas idosos e, quase sempre o fato ocorre próximo às suas residências ou a caminho das escolas. O condutor deve acautelar-se sobremaneira ao observar uma bola que repentinamente é lançada na via pública, posto que notório que atrás de uma bola sempre vem uma criança.

Importa destacar, mais como direção defensiva, que o condutor deve aprender a observar através dos vidros laterais dos veículos estacionados, vez que, diante da pequena estatura das crianças estas podem ingressar na via pública, passando entre veículos estacionados o que pode culminar em atropelamento.

O pedestre e o condutor de veículo, na maioria das vezes, comportam-se como se estivessem em guerra. Um ou outro algumas ocasiões apresenta defeito no comportamento, sendo deseducado e imprudente, não obstante, tratando-se do pedestre isto não pode traduzir-se numa autorização para atropelá-lo.

O condutor por sua vez, esquece que também é pedestre, e alguns sofrem deformações de comportamento quando assumem a direção de automotor, como exemplo, aqueles que diante do semáforo desfavorável param sobre a faixa de pedestre como se fosse a coisa mais natural do mundo, outros desobedecem a faixa (linha) de retenção, passam sinal vermelho ou, quando aguardando a liberação do sinal para prosseguir a marcha aceleram o veículo indo para frente e para trás numa demonstração inequívoca de pressa, falta de educação para com o trânsito além de imprudente e negligente.

Os pais devem fazer o percurso que seus filhos efetuam de casa à escola, para conhecerem os pontos vulneráveis ou áreas de risco da via pública, além de verificarem se eles estão fazendo a caminhada e travessia nos locais apropriados e com segurança.

Nos dias de chuva, o cuidado deve ser redobrado. Pedestres estão apressados e os veículos não param imediatamente ao ser acionado os sistemas de frenagem.

Novamente alertamos para a redação do § 2º do art. 29 do CTB, que determina aos condutores de veículos a responsabilidade pela segurança e incolumidade física dos pedestres.

De outra parte, não menos importante é o preconizado no art. 69 do Código que estabelece algumas precauções de segurança a serem adotadas pelos pedestres.

Importante regra é a prevista no art. 70 do CTB, ao estabelecer que os pedestres que estiverem atravessando a via sobre as faixas delimitadas para esse fim terão prioridade de passagem, exceto nos locais com sinalização semafórica, onde as regras a serem respeitadas são as previstas no Código.

O art. 71, eleva a caráter de dever, a responsabilidade dos órgãos ou entidades com circunscrição sobre a via para que mantenha obrigatoriamente as faixas e passagens de pedestres em boas condições de visibilidade, higiene, segurança e sinalização. Não menos importante é a regra prevista no art. 68 e seus parágrafos que trata dos pedestres e condutores de veículos não motorizados. Quanto ao art. 58, baliza o comportamento da circulação das bicicletas, posto que esta, assim como os veículos de tração humana (carrinhos de mão), os animais (conduzidos pelo homem, os de tração animal (charrete, carroça), é considerada como veículos não motorizados.

O art. 254 do CTB, disciplina inúmeras proibições ao pedestre impondo penalidade de multa, em 50% do valor de infração de natureza leve, embora ainda não seja aplicada no país.

105

Art. 214. *Deixar de dar preferência de passagem a pedestre e a veículo não motorizado:*

II – *que não haja concluído a travessia mesmo que ocorra sinal verde para o veículo:*

- **Amparo Legal** – art. 214, II – CTB.
- **Infração** – Gravíssima.
- **Número de pontos** – 7 (sete).
- **Penalidade** – Multa.

- **Valor da Multa** – R$ 191,54 – Resolução Contran nº 66/1998.
- **Medida Administrativa** – Não há previsão.
- **Código da Infração** – 613-0 – Denatran/Detran – Resolução Contran nº 66/1998 (Corresponde ao art. 214, II – CTB).
- **Competência** – Município – Resolução Contran nº 66/1998.

A regra neste dispositivo continua a ser de desobediência de preferência de passagem tanto a pedestre como a veículo não motorizado (bicicleta, carro de mão, charrete, carroça), que ainda não hajam concluído a travessia mesmo que ocorra sinal verde para o veículo. Não se deve desprezar as cautelas necessárias e recomendáveis pela prudência comum, ainda que ocorra a liberação do dispositivo luminoso para o veículo (sinal verde). Ainda assim, o pedestre e o veículo não motorizado gozam de absoluta e irrestrita preferência. O condutor de veículo automotor deve agir com prudência e aguardar a conclusão de passagem pelo pedestre e veículo não motorizado. A abertura do sinal verde não é direito absoluto de reinicio da marcha do veículo, não pode e não deve significar autorização para colocar a integridade física dos pedestres em perigo, muito menos para atropelamentos, motivo que o Código neste dispositivo ampara sua conduta de finalizar a travessia, ainda que o semáforo seja favorável ao condutor de veículo, de outra forma, a conduta é no mínimo temerária e imprudente.

Novamente chamamos a atenção do leitor para o disposto nos arts. 29, § 2º, 69, 70 e 254 do Código.

Imperioso destacar, o pedestre quando está finalizando a travessia da via e advém algum veículo automotor que não percebeu, é sabido e ressabido que ele poderá ter atitudes inesperadas, assustando-se, pode imobilizar-se na via ou retornar quando se espera que prossiga e conclua a travessia.

Arnaldo Rizzardo,[115] menciona um arresto publicado na Revista Forense 84/482: "sinal aberto não é franquia para atropelar".

106

Art. 214. Deixar de dar preferência de passagem a pedestre e a veículo não motorizado:

III – portadores de deficiência física, crianças, idosos e gestantes:

- **Amparo Legal** – art. 214, III – CTB.
- **Infração** – Gravíssima.
- **Número de pontos** – 7 (sete).
- **Penalidade** – Multa.

---

115. *Comentários ao Código de Trânsito Brasileiro*, p. 458.

ART. 214

- **Valor da Multa** – R$ 191,54 – Resolução Contran nº 136/2002.
- **Medida Administrativa** – Não há previsão.
- **Código da Infração** – 614-9 – Denatran/Detran – Resolução Contran nº 66/1998 (Corresponde ao art. 214, III – CTB).
- **Competência** – Município – Resolução Contran nº 66/1998.

A preferência de passagem à pedestre portador de deficiência física, crianças, idosos e gestantes, é regra especial em relação as outras destinadas a proteção dos pedestres. São pessoas com capacidade física reduzida, para atravessarem a via pública no tempo normal que é acometido as pessoas sem essas características. O deficiente tem dificuldade de andar rápido, as crianças não avaliam corretamente o perigo, os cegos de enxergar e andar e as gestantes devem ter redobrada cautela em caminhar em decorrência da gravidez. O legislador preocupou-se em tipificar a desobediência do condutor nessas condições em um inciso próprio, específico, mais uma vez visando a preservação da vida humana, aliás, não é outra o mandamento dos §§ 2º e 3º dos arts. 1º e 269, § 1º do CTB.

A título de observação, não se deve desconhecer que o pedestre sempre terá a preferência de passagem, independentemente de efetuar a travessia na faixa de pedestre ou não, com sinal favorável ou adverso, seja ou não deficiente físico, criança, idoso ou gestante. O Código preserva a vida em qualquer circunstância, portanto, este inciso é um plus a mais em relação a outros dispositivos relacionados aos pedestres.

107

Art. 214. Deixar de dar preferência de passagem a pedestre e a veículo não motorizado:

IV – quando houver iniciado a travessia mesmo que não haja sinalização a ele destinada:

- **Amparo Legal** – art. 214, IV – CTB.
- **Infração** – Grave.
- **Número de pontos** – 5 (cinco).
- **Penalidade** – Multa.
- **Valor da Multa** – R$ 127,69 – Resolução Contran nº 136/2002.
- **Medida Administrativa** – Não há previsão.
- **Código da Infração** – 615-7 – Denatran/Detran – Resolução Contran nº 66/1998 (Corresponde ao art. 214, IV – CTB).
- **Competência** – Município – Resolução Contran nº 66/1998.

Iniciada a travessia com cautelas necessárias o pedestre tem o direito de concluí-la com segurança, mesmo que não haja sinalização a ele destinada. A regra aplica-se também a veículo não motorizado (bicicletas, carro-de-mão, carroça, charrete, etc). Visa-se proteger a integridade física do pedestre ou daquele que está conduzindo veículo não motorizado. O condutor deve redobrar atenção, quando avistar pedestre finalizando a travessia da via pública, tem a responsabilidade de evitar o atropelamento (art. 29, § 2º, CTB), posto que, ao contrário, age imprudentemente podendo com a conduta conforme o caso, responder administrativamente, civilmente e penalmente. As cautelas que são imputadas aos pedestres são aquelas estatuídas nos arts. 69, 70 e 254 do CTB.

108

Art. 214. *Deixar de dar preferência de passagem a pedestre e a veículo não motorizado:*

V – *que esteja atravessando a via transversal para onde se dirige o veículo:*

- **Amparo Legal** – art. 214, V – CTB.
- **Infração** – Grave.
- **Número de pontos** – 5 (cinco).
- **Penalidade** – Multa.
- **Valor da Multa** – R$ 127,69 – Resolução Contran nº 136/2002.
- **Medida Administrativa** – Não há previsão.
- **Código da Infração** – 616-5 – Denatran/Detran – Resolução Contran nº 66/1998 (Corresponde ao art. 214, V – CTB).
- **Competência** – Município. Resolução Contran nº 66/1998.

Este caso também versa sobre regra de preferência de passagem a pedestre e a veículo não motorizado, entretanto, desde que esteja atravessando a via transversal para onde vai ingressar o veículo por onde o pedestre está atravessando. Deverá o condutor observar os arts. 34 e 35 do CTB. Também destaco ao leitor a observância dos arts. 29, § 2º, 69, 70 e 254 do Código em relação pedestre.

109

Art. 215. *Deixar de dar preferência de passagem:*

I – *em interseção não sinalizada:*

a) *a veículo que estiver circulando por rodovia ou rotatória;*

b) *a veículo que vier da direita:*

- **Amparo Legal** – art. 215 I, "a" e "b" – CTB.
- **Infração** – Grave.
- **Número de pontos** – 5 (cinco).
- **Penalidade** – Multa.
- **Valor da Multa** – R$ 127,69 – Resolução Contran nº 136/2002.
- **Medida Administrativa** – Não há previsão.
- **Código da Infração** – 617-3 – Denatran/Detran – Resolução Contran nº 66/1998 (Corresponde ao art. 215 I, "a" e "b" – CTB).
- **Competência** – Município – Resolução Contran nº 66/1998.

O dispositivo comporta em sua primeira parte três situações caracterizadoras de infrações de trânsito, isto é, aplica-se ao condutor que deixa de dar preferência de passagem em interseção (todo cruzamento em nível, entroncamento ou bifurcação, incluindo as áreas formadas por tais cruzamentos, entroncamentos ou bifurcações) não sinalizada a veículo que estiver circulando por rodovia (via rural pavimentada) ou rotatória, ou ainda a veículo que vier da direita.

O Código de Trânsito destaca algumas regras que dão suporte ao art. 215, são observadas no art. 29 inciso III: Quando veículos, transitando por fluxos que se cruzem, se aproximarem de local não sinalizado, terá preferência de passagem:

a) no caso de apenas um fluxo ser proveniente de rodovia, aquele que estiver circulando por ela;

b) no caso de rotatória, aquele que estiver circulando por ela;

c) nos demais casos, o que vier pela direita do condutor.

PREFERÊNCIA DE MOVIMENTO NAS RODOVIAS

As rodovias são vias preferências em relação as demais vias, posto que as rodovias são destinadas a trânsito mais rápido, velozes, conforme verifica-se pela redação do art. 61, § 1º, inciso II, letra "a" do CTB. Suas características e destinação a elevam a via preferencial em relação as outras (art. 29, III, a).

PREFERÊNCIA DE MOVIMENTO NAS ROTATÓRIAS

Nas rotatórias, havendo ausência de sinalização, a preferência será do veículo que estiver circulando por ela (art. 29, III, b, CTB). Waldir de Abreu,[116] preleciona: "As rotatórias merecem também tratamento diferenciado, porque os veículos, estando nelas, não entram em atrito com os veículos em sentido oposto. Todos se deslocam na mesma direção, oposta à do movimento dos ponteiros do relógio, e, para ingressarem na rotatória devem dar preferência aos que já se encontram".

---

116. *Código de Trânsito Brasileiro*, p. 57.

ART. 215

PREFERÊNCIA DO VEÍCULO QUE VEM DA DIREITA EM LOCAL NÃO SINALIZADO

Não há que se ter dúvidas, em local não sinalizado a preferência de passagem é sempre do veículo que provém da direita, caracterizando manifesta imprudência a inobservância desta regra de prioridade, posto que, fundado no art. 29, inciso III, letra c do Código de Trânsito Brasileiro, na jurisprudência e melhor doutrina como é o caso de Waldir de Abreu,[117] Arnaldo Rizzardo,[118] e Aureliano Pires Vasques.[119-120]

CRUZAMENTO NÃO SINALIZADO E A TEORIA DO EIXO MÉDIO OU CHAMADA AINDA DE TEORIA DO EIXO MEDIANO

A teoria do eixo médio ou mediano consistia em reconhecer o direito de passagem em cruzamento não sinalizado ao veículo que atingisse primeiro o eixo central. Em síntese, quem chega antes, passa antes. Referida teoria encontra-se totalmente superada pelos nossos tribunais não cabendo mais invocá-la por falta de amparo legal, e podemos afirmar com segurança absoluta que a teoria do eixo médio é um verdadeiro incentivo a imprudência estimulando o excesso de velocidade entre os condutores e causa de graves acidentes. A regra que prevalece é que o direito de preferência em local não sinalizado é sempre do veículo que vier da direita.[121]

TRÂNSITO – TEORIA DO "EIXO MÉDIO"

Indispensável transcrevermos o posicionamento sobre o assunto do respeitado Hugo Nigro Mazzili:[122] "Vez ou outra, deparamo-nos com processos por crimes de trânsito, no qual o agente provoca um acidente por violação da preferência de passagem do condutor de outro veículo. E, para justificar-se, o agente procura justificar-se dizendo que fora colhido pelo outro veículo depois que tinha cruzado o eixo médio do cruzamento, ou seja, depois que já tinha transposto mais da metade do cruzamento. Com efeito, a preferência de passagem não é um prêmio ao motorista que por primeiro chegue ao eixo central da rua. A preferência de passagem é estabelecida *a priori* seja pela lei, em abstrato, seja pela autoridade administrativa, naquele cruzamento em concreto, justamente para evitar acidentes e obviar a eventual competição irresponsável de velocidades: comete-se ônus e a responsa-

---

117. *Op. cit.*, p. 215-216.
118. *Comentários ao Código de Trânsito Brasileiro*, p. 552-553.
119. *Código de Trânsito Comentado*, p. 101
120. Em tema de jurisprudência, anotamos: JUTACRIM 71/258, 79/271, 78/325, 51/411, 55/410, 1/33, XIII/183, XIII/308, 25/263, 61/343, 62/295, 66/323, 97/227, *RT* 524/385.
121. Observar JUTACRIM 15/376, 17/184, 19/190, 19/199, 28/316, 30/329, 32/260, 33/258, 33/310, 34/375, 35/221, 36/281, 38/151, 39/157, 39/158, 42/166, 43/336, 40/251, 43/364, 43/263, 55/214, 69/425, 54/412, 60/334, 62/336, 64/213, 67/320, 68/250, 69/357, 51/411, 71/258.
122. *Questões Criminais Controvertidas*, pp. 797-798.

bilidade da escolha do momento adequado para transpor de forma segura o cruzamento ao motorista que trafegue pela via secundária. Assim, este só deve dispor-se a transpor a preferencial quando se certificar de que sua manobra é totalmente segura e pode ser empreendida sem provocar riscos, independentemente da freada ou do desvio dos carros que trafeguem pela via preferencial.

A chamada *teoria do eixo meridiano da pista* está totalmente desacreditada, pois, se quem primeiro atingisse o meio do cruzamento alcançasse um *bill* de idenidade, estaria sendo estimulada a irresponsabilidade, com a derrogação de todas as regras de trânsito e de prudência. Quem corresse mais, quem, por mais temerário que fosse, cortasse uma corrente de trânsito (uma avenida, até mesmo uma rodovia), mas chegasse primeiro ao meio da pista, estaria forrado de culpa... Quem acelerasse mais, e, nessas circunstâncias de temerário campeonato, quem fosse o mais imprudente, certamente seria beneficiado (verberando a chamada teoria do eixo médio, *v. JTACrim* 81:268, 72:370*, etc)*.

Não é isso o que pretende a lei. Exige o cuidado especial do motorista que, pretendendo cruzar uma via preferencial, há de parar, ver se vem alguém pela preferencial, calcular a velocidade dos veículos da preferencial, avaliar o tempo e a distância que seu próprio veículo terá de percorrer em sua manobra, e somente encetar a travessia quando o julgamento de todas essas condições demonstre com segurança que pode empreender a manobra".[123]

DA PREFERÊNCIA PSICOLÓGICA OU PREFERÊNCIA DE FATO

A chamada *preferência psicológica* (via mais larga e maior volume de trânsito, via de pista dupla *x* pista simples, pista larga *x* pista estreita, descontinuidade geométrica, valetas), em interseção viária não sinalizada é incompatível com o preconizado no art. 29, inciso III, "c", do Código de Trânsito Brasileiro, portanto deve ser repudiada com veemência em casos de acidente de trânsito em vias desprovidas de indicação de placa alertadora de preferência.[124]

Indispensável a respeito do assunto transcrevemos a lição de Geraldo de Faria Lemos Pinheiro e Dorival Ribeiro:[125]

"Entre as situações mais freqüentes em que é comum surgir a confusão entre a preferência real e a psicológica, temos:

a) vias de pista única cruzando com vias de pista dupla: o condutor que trafega por uma via de pistas separadas por canteiro central tem a impressão de estar trafegando por uma via preferencial em relação às que cruzam que não apresentam essa característica;

b) vias muito largas cruzando com vias estreitas: vias que comportam várias faixas de trânsito geram no condutor uma sensação de preferência em relação aos veículos que se aproximam por vias estreitas;

---

123. No mesmo sentido: *RT* 405/317, 420/256, 477/372, 478/338, 519/402, 541/398, 687/315.
124. TACrim-SP-AC, Rel. Haroldo Luz, *RTJE* 83/176.
125. *Doutrina, Legislação e Jurisprudência do Trânsito*, p. 84.

c) vias com volume intenso de tráfego cruzando com vias com baixo volume: a elevada intensidade do tráfego da via como nos casos de "corredores de trânsito" sugere que a via seja preferencial para o condutor que cruza com via de baixa intensidade;

d) vias iluminadas com vias desprovidas de iluminação pública: a iluminação pública gera no motorista uma idéia de continuidade geométrica fazendo com que o condutor se sinta trafegando numa via preferencial;

e) vias com descontinuidade geométrica: É o caso por exemplo das interseções em T, em que o motorista tem a impressão de que tem preferência o veículo que trafega pela via que tem continuidade;

f) valetas: A colocação de valetas para escoamento de águas pluviais junto às interseções acaba sugerindo também uma preferência para a via desprovida desse dispositivo;

g) vias com inclinação elevada com vias em nível: o motorista ao trafegar em via com rampas acentuadas pensa que dispõe de preferência de passagem ao cruzar com vias de características planas;

h) vias com velocidade elevada com vias de baixa velocidade: os motoristas que circulam pelas vias de maior velocidade têm a impressão de que tem preferência sobre os que se aproximam por vias de trânsito mais lento."

Acentua ainda os autores anteriormente citados: "evidentemente, quando a preferencial psicológica coincide com a preferencial definida pela regra da mão da direita, não há motivos para preocupação. Os técnicos dos órgãos de trânsito devem estar atentos para o reconhecimento das situações em que um movimento inseguro ou indesejável pareça ser preferencial pela regra psicológica. Nessas circunstâncias, devem ser consideradas todas as possibilidades para transmitir aos condutores a definição correta de preferência, já que a interpretação dos condutores não deveria nunca ser diferente da dos técnicos do órgão de trânsito. O caso mais complicado acontece quando a preferencial definida pela regra da mão direita coincide com a psicológica, mas não correspondem aos movimentos desejáveis para melhor uso da via e segurança de trânsito. Como já dissemos, será necessário recorrer à sinalização do local para inverter a regra de preferência, mas o risco de desobediência à nova regra estabelecida será maior exatamente por causa da interferência da preferência psicológica. O assunto é extenso e fascinante, justificando por si só, outro estudo[126]".

Importa destacar, que a invocação da preferência psicológica não desonera a responsabilidade do condutor que deixou de observar em cruzamento não sinalizado a preferência de passagem do veículo que advém da direita. A preferência psicológica não deve ser aceita, vez que, conflita com norma expressa do Código de Trânsito Brasileiro, prevista no art. 29, III, "c". Nesse sentido: Nos cruzamentos de vias públicas em que não houver sinalização, a "preferência legal", consubstanciada na regra da mão da direita, define a prioridade de passagem de veículos, prevalecendo sobre a preferência psicológica" ou "preferência de fato".[127]

---

126. *Doutrina, Legislação e Jurisprudência do Trânsito*, p. 84.
127. Ap. 503.313, v.u, TACrim/SP, Rel. Haroldo Luz.

ART. 215

PREFERENCIAL POR HÁBITO, COSTUME OU CONSENSO DA POPULAÇÃO LOCAL

Inexistem preferenciais por hábito, costume ou consenso da população local, caso contrário, os condutores de outras localidade não saberiam como proceder, devendo prevalecer as determinações do Código de Trânsito Brasileiro, e são expressas, primeiro o local sinalizado (placa pare, dê a preferência, semáforo, etc.), depois, a regra da mão da direita (art. 29, III, *a, b, c*).

| 110 |

Art. 215. *Deixar de dar preferência de passagem:*
II – *nas interseções de sinalização de regulamentação de Dê a Preferência:*

- **Amparo Legal** – art. 215, II – CTB.
- **Infração** – Grave.
- **Número de pontos** – 5 (cinco).
- **Penalidade** – Multa.
- **Valor da Multa** – R$ 127,69 – Resolução Contran nº 136/2002.
- **Medida Administrativa** – Não há previsão.
- **Código da Infração** – 618-1 – Denatran/Detran – Resolução Contran nº 66/1998 (Corresponde ao art. 215, II – CTB).
- **Competência** – Município – Resolução Contran nº 66/1998.

A preferência de passagem pode ser ainda regulamentada pela colocação de placa R-2 (Dê a Preferência), que assinala ao condutor a obrigatoriedade de dar preferência de passagem ao veículo que circula na via em que vai entrar ou cruzar, devendo para tanto reduzir a velocidade ou parar seu veículo se necessário.

A placa, *"Dê a Preferência"* (R-2) é utilizada para controlar o fluxo que vai entrar em uma preferencial, quando o uso da placa de *parada obrigatória* (R-1) for considerado demasiado restrito. Essa placa pode ser utilizada, também, no controle do fluxo em interseção em rótula. Deve ser utilizada nos acessos das vias secundárias às principais, quando, apesar de se garantir o fluxo interrupto dos veículos da via principal, as condições de visibilidade permitem uma velocidade segura de aproximação na via secundária maior que 15 km/h. Nas interseções de uma via secundária com uma via preferencial de duas pistas, a placa *"Dê a Preferência"* (R-2) deve ser colocada antes do cruzamento da primeira pista e repetida na entrada da segunda pista, se o canteiro central tiver mais do que 10m de largura. Seu uso pode ser indicado, também, em interseções com canalização que não disponham de faixa de aceleração e em interseções onde tenha sido constatada deficiência de operação. Para reforço da sua mensagem, recomenda-se o uso da placa R-2, com a inscrição da legenda "Dê a Preferência".[128]

A distinção que se faz aos locais, sinalizados com placa R-2 (Dê a Preferência) e R-1 (Parada Obrigatória), é que no primeiro (R-2), dependendo das circunstâncias, o condutor para ingressar ou cruzar uma via preferencial em relação a que transita, poderá reduzir a velocidade do veículo, e havendo segurança, cruzar ou adentrar a via preferencial, adotando medidas cautelares, isto é, cedendo o direito de passagem ao veículo que circula na via que vai entrar, podendo, apenas diminuir a velocidade do conduzido; não há a obrigatoriedade de parada, exceto se a situação exigir. No segundo caso (R-1), não há essa faculdade, o veículo deve parar e somente acessar a via que vai entrar ou cruzar após certificar-se que não vai obstar o direito de passagem do outro veículo. Entendo ainda que em locais desprovidos de sinalização, a regra é o direito de passagem ser cometido ao veículo que provém da direita, sob pena de violação do disposto no art. 215, I, "b", c/c art. 29, III, "c" do CTB, devendo o condutor que advém da esquerda parar seu conduzido, e não apenas diminuir a velocidade, somente após certificar-se de que pode prosseguir na marcha com segurança é que acessará o cruzamento ou a via em que vai entrar.

Importa acentuar que o agente público de trânsito somente poderá elaborar o auto de infração de trânsito caso o local esteja devidamente sinalizado com placa R-2 (Dê a Preferência), devendo ainda consignar no AIT: "Local sinalizado com placa R-2". Não obstante, na ausência de placas regulamentadoras poderá o condutor incorrer em outra infração do Código. Não se pode deixar ao largo a oportunidade de mencionarmos novamente o art. 90 do CTB, que preconiza não caber autuações de trânsito quando a sinalização do local estiver insuficiente ou sua colocação estiver incorreta.

111

Art. 216. *Entrar ou sair de áreas lindeiras sem estar adequadamente posicionado para ingresso na via e sem as preocupações com a segurança de pedestres e de outros veículos:*

- *Amparo Legal* – art. 216 – CTB.
- *Infração* – Média.
- *Número de pontos* – 4 (quatro).
- *Penalidade* – Multa.
- *Valor da Multa* – R$ 85,13 – Resolução Contran nº 136/2002.
- *Medida Administrativa* – Não há previsão.
- *Código da Infração* – 619-0 – Denatran/Detran – Resolução Contran nº 66/1998 (Corresponde ao art. 216 – CTB).
- *Competência* – Município – Resolução Contran nº 66/1998.

---

128. Resolução Contran nº 599/1982.

ART. 217

Ingressar ou sair de áreas lindeiras exige do condutor maior cautela, posto que, deve estar adequadamente posicionado, o que ofertará maior segurança e visibilidade para completar a empreitada desejada. Áreas ou lotes lindeiros, são aqueles situados ao longo das vias urbanas ou rurais e que com elas se limitam. Em outras palavras, é a entrada ou saída de lotes, garagens, estacionamentos, entradas e saídas de postos de gasolina, oficinas, nas vias urbanas ou de ingresso ou saída de sítios, fazendas, chácaras, casa de campo, nas áreas rurais, que faz limite ou acesso direto com a via. O artigo demonstra ainda a preocupação do legislador mais uma vez com os pedestre e demais veículos, devendo ser observado o teor do art. 36 do Código: "o condutor que for ingressar numa via, procedente de um lote lindeiro a essa via, deverá dar preferência aos veículos e pedestres que por ela estejam transitando". O art. 38 do CTB, também preceitua outros cuidados ao condutor que pretende ingressar em lotes lindeiros. Devendo ainda observar-se o conteúdo dos arts. 29, § 1º e 36 do Código.

O Código com essa tipificação visa evitar manobras arriscadas e que coloquem em risco a vida de pedestres e demais condutores de veículos, uma vez que essas condutas interferem diretamente no fluxo de trânsito. O condutor que vai empreendê-las assume o risco e a responsabilidade de efetivá-las com segurança e dentro da observância das imposições legais. Não se trata de proibição na realização dessas manobras de ingressar ou sair de áreas lindeiras, mas de precauções que o legislador determinou fossem observados visando proteger a vida.

As entradas e saídas de postos de gasolina, oficinas, estacionamentos e/ou garagens de uso coletivo, deverão estar sinalizados de acordo com a Resolução Contran nº 38/1998. O marco inicial para essa exigência deu-se em 20.8.1998.

112

Art. 217. *Entrar ou sair de fila de veículos estacionamentos sem dar preferência de passagem a pedestres e a outros veículos:*

- **Amparo Legal** – art. 217 – CTB.
- **Infração** – Média.
- **Número de pontos** – 4 (quatro).
- **Penalidade** – Multa.
- **Valor da Multa** – R$ 85,13 – Resolução Contran nº 136/2002.
- **Medida Administrativa** – Não há previsão.
- **Código da Infração** – 620-3 – Denatran/Detran – Resolução Contran nº 66/1998 (Corresponde ao art. 217 – CTB).
- **Competência** – Município – Resolução Contran nº 66/1998.

A primeira observação que a propósito se impõe, é que essa infração tem como conduta típica quando o condutor de veículo vai estacionar o conduzido junto a guia da calçada (meio-fio) no espaço existente entre os veículos já estacionados ou está saindo do estacionamento dos veículos enfileirados e estacionados no local para ingressar no fluxo de trânsito sem dar preferência de passagem a pedestres e a outros veículos. Estas providências de caráter absolutamente acauteladoras visam evitar atropelamentos e acidentes com outros veículos que transitando pela corrente de trânsito, têm a prioridade de passagem em relação aos demais veículos estacionados.

Inobstante o preconizado, no que tange ao estacionamento ao longo das vias (meio-fio) há necessidade de temperar a interpretação do texto, vez que, na prática, onde o estacionamento é permitido, principalmente em vias mais estreitas e de intenso fluxo de trânsito a manobra para ingresso ou mesmo para retirada do veículo quase sempre acarretará transtornos aos demais usuários da via. O agente público de trânsito deverá para a elaboração desta autuação agir sempre nos casos em que a conduta do motorista excede a tolerância média, isto é, não havia necessidade do condutor que está saindo ou ingressando na vaga de estacionamento extremar a manobra; como exemplo, a manobra ocupou toda a via e não era necessário ou ainda, podia aguardar momento mais favorável, entretanto, optou pela ação quando era possível não acarretar prejuízo ao fluxo de trânsito. Não se pode deslembrar que em caso de acidente com o veículo que está em movimento pelo fluxo de trânsito, a preferência de passagem será sempre deste e não do veículo que está deixando o estacionamento. Dentro deste contexto, remetemos o leitor aos arts. 29, § 2º, 34 e 35 do Código.

| 113 |

Art. 218. *Transitar em velocidade superior à máxima permitida para o local, medida por instrumento ou equipamento hábil:*

I – *em rodovias, vias de trânsito rápido e vias arteriais:*

a) *quando a velocidade for superior a máxima em até vinte por cento:*

- **Amparo Legal** – art. 218, I, "a" – CTB.
- **Infração** – Grave.
- **Número de pontos** – 5 (cinco).
- **Penalidade** – Multa.
- **Valor da Multa** – R$ 191,54 – Resolução Contran nº 136/2002.
- **Medida Administrativa** – Não há previsão.
- **Código da Infração** – 621-1 – Denatran/Detran – Resolução Contran nº 66/1998 (Corresponde ao art. 218, I, a – CTB.
- **Competência** – Município – Resolução Contran nº 66/1998.

ART. 218

Dentre as infrações de trânsito, o excesso de velocidade é fator de imprudência e causa de acidentes gravíssimos, resultando na maioria das vezes, em vítimas fatais ou com seqüelas irreversíveis, advindos da não observância de placas limitativas de velocidade para a via pela qual trafega.

A infração de trânsito prevista neste artigo somente pode ser elaborada pelo agente público de trânsito se a velocidade do conduzido for aferida por instrumento ou equipamento hábil (radar ou cronômetro) mecânico, fotográfico, elétrico ou eletrônico, por imposição legal do art. 280, inciso V do CTB cujo dispositivo preconiza em ocorrendo infração, lavrar-se à auto de infração, do qual constatará identificação do órgão ou entidade e da autoridade ou agente autuador *ou equipamento que comprovar a infração* consignando a velocidade permitida para o local, qual a placa de sinalização existente no local e a velocidade aferida, além do nº do radar ou cronômetro. Também disciplina o assunto a Deliberação Contran nº 38, de 11 de julho de 2003 e a Resolção Contran nº 146, de 27 de agosto de 2003 que revogam a Resolução Contran nº 141/2002, *in verbis*:

RESOLUÇÃO CONTRAN Nº 146, DE 27 DE AGOSTO DE 2003

Dispõe sobre requisitos técnicos mínimos para a fiscalização da velocidade de veículos automotores, reboques e semi-reboques, conforme o Código de Trânsito Brasileiro.

O Conselho Nacional de Trânsito, usando da competência que lhe confere o inciso I, do art. 12 da Lei nº 9.503, de 23 de setembro de 1997, que instituiu o Código de Trânsito Brasileiro – CTB, e à vista do disposto no Decreto nº 4.711, de 29 de maio de 2003, que Dispõe sobre a coordenação do Sistema Nacional de Trânsito – SNT, e

Considerando a necessidade de melhoria da circulação e educação do trânsito e da segurança dos usuários da via;

Considerando a disposição do § 2º do art. 280 do CTB que determina a necessidade do Contran regulamentar previamente a utilização de instrumento ou equipamento hábil para o registro de infração;

Considerando a necessidade de definir o instrumento ou equipamento hábil para medição de velocidade de veículos automotores, reboques e semi-reboques;

Considerando a urgência em padronizar os procedimentos referentes à fiscalização eletrônica de velocidade;

Considerando a necessidade de definir os requisitos básicos para atender às especificações técnicas para medição de velocidade de veículos automotores, reboques e semi-reboques;

Considerando uniformizar a utilização dos medidores de velocidade em todo o território nacional;

Considerando a necessidade de não haver interrupção da fiscalização por instrumento ou equipamento hábil de avanço de sinal vermelho e de parada de veículo sobre a faixa de pedestres na mudança de sinal luminoso de veículos automotores, reboques e semi-reboques, sob pena de um aumento significativo da ocorrência de elevação dos atuais números de mortos e feridos em acidentes de trânsito;

Resolve:

Referendar a Deliberação n° 37, publicada no *Diário Oficial da União* em 22 de abril de 2003, do Presidente do Conselho Nacional de Trânsito – Contran;

Referendar a Deliberação n° 38, publicada no *Diário Oficial da União* de 14 de julho de 2003, do Presidente do Conselho Nacional de Trânsito – Contran, que passa a vigorar com a seguinte redação:

DELIBERAÇÃO CONTRAN N° 38, DE 11 DE JULHO DE 2003[129]

Dispõe sobre requisitos técnicos mínimos para a fiscalização da velocidade, de avanço de sinal vermelho e da parada sobre a faixa de pedestres de veículos automotores, reboques e semi-reboques, conforme o Código de Trânsito Brasileiro.

O Presidente do Conselho Nacional de Trânsito – Contran, *ad referendum* do Conselho Nacional de Trânsito, usando da competência que lhe confere o inciso I, do art. 12 da Lei n° 9.503, de 23 de setembro de 1997, que instituiu o Código de Trânsito Brasileiro – CTB, c/c o inciso IX, do art. 6°, do Regimento Interno do Conselho Nacional de Trânsito, e à vista do disposto no art. 2° do Decreto n° 4.711, de 29 de maio de 2003, que Dispõe sobre a coordenação do Sistema Nacional de Trânsito – SNT, e

Considerando a proximidade do término do prazo concedido pela Deliberação n° 37, de 16 de abril de 2003, deste Conselho Nacional de Trânsito – Contran, para cumprimento das disposições constantes da Resolução n° 141, de 3 de outubro de 2002;

Considerando não haver sido realizada a reunião do Conselho Nacional de Trânsito – Contran, em face da inexistência de nomeação de seus conselheiros;

Considerando a recomendação do Fórum Consultivo do Sistema Nacional de Trânsito – SNT, realizada em sua IV Reunião ocorrida em 08 e 09 de julho de 2003;

Considerando a necessidade de melhoria da circulação e educação do trânsito e da segurança dos usuários da via;

Considerando a disposição do § 2° do art. 280 do CTB que determina a necessidade do Contran regulamentar previamente a utilização de instrumento ou equipamento hábil para o registro de infração;

Considerando a necessidade de definir o instrumento ou equipamento hábil para medição de velocidade de veículos automotores, reboques e semi-reboques;

---

129. Publicada no *DOU* de 14.7.2003.

ART. 218

Considerando a urgência em padronizar os procedimentos referentes à fiscalização eletrônica de velocidade;

Considerando a necessidade de definir os requisitos básicos para atender às especificações técnicas para medição de velocidade de veículos automotores, reboques e semi-reboques;

Considerando uniformizar a utilização dos medidores de velocidade em todo o território nacional;

Considerando a necessidade de não haver interrupção da fiscalização por instrumento ou equipamento hábil de avanço de sinal vermelho e de parada de veículo sobre a faixa de pedestres na mudança de sinal luminoso de veículos automotores, reboques e semi-reboques, sob pena de um aumento significativo da ocorrência de elevação dos atuais números de mortos e feridos em acidentes de trânsito,

Resolve:

Art. 1º. A medição de velocidade deve ser efetuada por meio de instrumento ou equipamento que registre ou indique a velocidade medida, com ou sem dispositivo registrador de imagem dos seguintes tipos:

I – fixo: medidor de velocidade instalado em local definido e em caráter permanente;

II – estático: medidor de velocidade instalado em veículo parado ou em suporte apropriado;

III – móvel: medidor de velocidade instalado em veículo em movimento, procedendo a medição ao longo da via;

IV – portátil: medidor de velocidade direcionado manualmente para o veículo alvo.

§ 1º. O Medidor de Velocidade é o instrumento ou equipamento destinado à medição de velocidade de veículos automotores, reboques e semi-reboques.

§ 2º. O instrumento ou equipamento medidor de velocidade dotado de dispositivo registrador de imagem deve permitir a identificação do veículo e, no mínimo:

I – registrar:

a) placa do veículo;

b) velocidade medida do veículo em km/h;

c) data e hora da infração;

II – conter:

a) velocidade regulamentada para o local da via em km/h;

b) local da infração identificado de forma descritiva ou codificado;

c) identificação do instrumento ou equipamento utilizado, mediante numeração estabelecida pelo órgão ou entidade de trânsito com circunscrição sobre a via.

§ 3º. A autoridade de trânsito deve dar publicidade à relação de códigos de que trata a alínea "b" e à numeração de que trata a alínea "c", ambas do inciso II do parágrafo anterior.

Art. 2º. O instrumento ou equipamento medidor de velocidade de veículos deve observar os seguintes requisitos:

I – ter seu modelo aprovado pelo Instituto Nacional de Metrologia, Normalização e Qualidade Industrial – INMETRO, atendendo a legislação metrológica em vigor e aos requisitos estabelecidos nesta Deliberação;

II – ser aprovado na verificação metrológica realizada pelo INMETRO ou por entidade por ele delegada;

III – ser verificado pelo INMETRO ou entidade por ele delegada, obrigatoriamente com periodicidade máxima de 12 (doze) meses e, eventualmente, conforme determina a legislação metrológica em vigência.

Art. 3º. Cabe à autoridade de trânsito com circunscrição sobre a via determinar a localização, a instalação e a operação dos instrumentos ou equipamentos medidores de velocidade.

§ 1º. Não é obrigatória a presença da autoridade ou do agente da autoridade de trânsito, no local da infração, quando utilizado o medidor de velocidade fixo ou estático com dispositivo registrador de imagem que atenda aos termos do § 2º do art. 1º desta Deliberação.

§ 2º. A utilização de instrumentos ou equipamentos medidores de velocidade em trechos da via com velocidades inferiores às regulamentadas no trecho anterior, deve ser precedida de estudos técnicos, nos termos do modelo constante do Anexo I desta Deliberação.

§ 3º. Os estudos referidos nos § 2º devem ser encaminhados aos Conselhos Estaduais e do Distrito Federal de Trânsito, às Juntas Administrativas de Infrações de Trânsito – JARI do respectivo órgão ou entidade e devem estar disponíveis ao público na sede do órgão ou entidade de trânsito com circunscrição sobre a via, devendo ser revistos toda vez que ocorrerem alterações nas sua variáveis.

Art. 4º. A notificação da autuação/penalidade deve conter, além do disposto no CTB e na legislação complementar, a velocidade medida pelo instrumento ou equipamento medidor de velocidade, a velocidade considerada para efeito da aplicação da penalidade e a velocidade regulamentada para a via, todas expressas em km/h.

§ 1º. A velocidade considerada para efeito de aplicação de penalidade é a diferença entre a velocidade medida e o valor correspondente ao seu erro máximo admitido, todos expressos em km/h.

§ 2º. O erro máximo admitido deve respeitar a legislação metrológica em vigor.

§ 3º. Fica estabelecida a tabela de valores referenciais de velocidade constante do Anexo II desta Deliberação, para fins de autuação/penalidade por infração ao art. 218 do CTB.

Art. 5º. A fiscalização de velocidade deve ocorrer em vias com sinalização de regulamentação de velocidade máxima permitida (placa R-19), observados os critérios da engenharia de tráfego, de forma a garantir a segurança viária e informar aos condutores dos veículos a velocidade máxima permitida para o local.

§ 1º. A fiscalização de velocidade com medidor do tipo móvel só pode ocorrer em vias rurais e vias urbanas de trânsito rápido sinalizadas com a placa de regulamentação R-19, conforme legislação em vigor e onde não ocorra variação de velocidade em trechos menores que 5 (cinco) km.

§ 2º. Para a fiscalização de velocidade com medidor do tipo fixo, estático ou portátil deve ser observada, entre a placa de regulamentação de velocidade máxima permitida e o medidor, uma distância compreendida no intervalo estabelecido na tabela constante do Anexo III desta Deliberação, facultada a repetição da mesma a distâncias menores.

§ 3º. Para a fiscalização de velocidade em vias em que ocorra o acesso de veículos por outra via ou pista que impossibilite no trecho compreendido entre o acesso e o medidor, o cumprimento do disposto no § 2º, deve ser acrescida nesse trecho uma placa R-19.

§ 4º. Não é obrigatória a utilização de sinalização vertical de indicação educativa prevista no Anexo II do CTB.

Art. 6º. Os instrumentos ou equipamentos hábeis para a comprovação de infração de avanço de sinal vermelho e de parada de veículo sobre a faixa de pedestres na mudança de sinal luminoso devem obedecer à legislação metrológica em vigor.

Parágrafo único. Não é obrigatória a utilização de sinalização vertical de indicação educativa prevista no Anexo II do CTB.

Art. 7º. Ficam convalidadas todas as penalidades impostas por infrações detectadas por instrumentos ou equipamentos, aplicadas até a entrada em vigor desta Deliberação.

Art. 8º. A adequação da sinalização ao disposto no §2º do artigo 5º tem prazo de 90 (noventa) dias contados a partir da publicação desta Deliberação.

Art. 9º. Os órgãos e entidades de trânsito com circunscrição sobre a via têm prazo de 180 (cento e oitenta) dias a partir da data de publicação desta Deliberação para elaborar e disponibilizar os estudos técnicos previstos no Anexo I, para os instrumentos ou equipamentos medidores de velocidade anteriormente instalados.

Art. 10. Fica revogada a Resolução nº 141/2002.

Art. 11. Esta Deliberação entra em vigor na data de sua publicação.

Ailton Brasiliense Pires - Presidente do Contran

ANEXO I - DELIBERAÇÃO Nº 30/2003
Estudo Técnico
Instalação de instrumentos ou equipamentos medidores de velocidade em trechos de vias com redução de velocidade (referido no § 2º do art. 3º)

IDENTIFICAÇÃO DO ÓRGÃO: _____

Controle Eletrônico de Velocidade

Equipamento n°_____ Marca: _____

A) Localização
- Local de instalação:
- Sentido do fluxo fiscalizado
- Faixa(s) de trânsito (circulação) fiscalizadas (numeração da esquerda para direita)

B) Equipamento
- Identificação:
- Data de instalação: ____/_____/_____
- Data de início da operação: ____/_____/_____
- Data da última aferição: ____/_____/_____
  INMETRO Laudo n° _____
- Tipo: ☐ Fixo ☐ Estático ☐ Móvel ☐ Portátil

C) Características físicas do trecho da via
- Classificação viária (art. 60 do CTB): _____
- N° de pistas: _____
- N° de faixas de trânsito (circulação) por sentido: ____
- ☐ Aclive ☐ Declive
- Presença de curva: ☐ Sim ☐ Não

D) Características operacionais do trecho da via por sentido
- Fluxo veicular classificado na seção fiscalizada (VDM): _____
- Velocidade:
  o Velocidade antes do início da fiscalização (km/h) _____
  o Velocidade Regulamentada: _____. Data: ___/____/___
  o Velocidade Operacional (Praticada – 85 percentil) _____ Período
- Velocidade Operacional Monitorada (após fiscalização) (km/h) _____
  o Velocidade Regulamentada: _____ Data: ___/____/_____
  o Velocidade: _____ Data: ___/___/_____
  o Velocidade: _____ Data: ___/___/_____
  o Velocidade: _____ Data: ___/___/_____
- Movimentação de pedestres no trecho da via: _____
  ☐ Ao longo da via ☐ Transversal à via

E) N° de acidentes no trecho da via
- Antes do início de operação do equipamento: _____
- Após início de operação do equipamento: _____

F) Potencial de risco no trecho da via
- Histórico descritivo das medidas de engenharia adotadas antes da instalação do equipamento

- Descrição dos fatores de risco:

- Outras informações julgadas necessárias:

G) Projeto ou croqui do local
(Deve conter indicação do posicionamento do equipamento e da sinalização)
Relatório elaborado por:. _____ Data: ___/___/___

H) Responsável técnico do órgão de trânsito perante o CREA
- Nome: _____
- CREA n°: _____
- Assinatura: _____
- Data _____/_____/_____

ANEXO II - DELIBERAÇÃO N° 38/2003
(referido no § 3° do art. 4°)

Velocidade da via expressa em km/h	Art. 218. Transitar em velocidade superior à máxima permitida para o local, medida por instrumento ou equipamento hábil: I – em rodovias, vias de trânsito rápido e vias arteriais: b) quando a velocidade for superior à máxima em até vinte por cento:	Art. 218. Transitar em velocidade superior à máxima permitida para o local, medida por instrumento ou equipamento hábil: I – em rodovias, vias de trânsito rápido e vias arteriais: b) quando a velocidade for superior à máxima em mais de vinte por cento:
30	Autuação para velocidade aferida maior que 37 km/h e menor ou igual a 43 km/h	Autuação para velocidade aferida maior que 43 km/h
40	Autuação para velocidade aferida maior que 47 km/h e menor ou igual a 55 km/h	Autuação para velocidade aferida maior que 55 km/h
50	Autuação para velocidade aferida maior que 57 km/h e menor ou igual a 67 km/h	Autuação para velocidade aferida maior que 67 km/h

60	Autuação para velocidade aferida maior que 67 km/h e menor ou igual a 79 km/h	Autuação para velocidade aferida maior que 79 km/h
70	Autuação para velocidade aferida maior que 77 km/h e menor ou igual a 91 km/h	Autuação para velocidade aferida maior que 91 km/h
80	Autuação para velocidade aferida maior que 87 km/h e menor ou igual a 104 km/h	Autuação para velocidade aferida maior que 104 km/h
90	Autuação para velocidade aferida maior que 97 km/h e menor ou igual a 116 km/h	Autuação para velocidade aferida maior que 116 km/h
100	Autuação para velocidade aferida maior que 107 km/h e menor ou igual a 129 km/h	Autuação para velocidade aferida maior que 129 km/h
110	Autuação para velocidade aferida maior que 119 km/h e menor ou igual a 142 km/h	Autuação para velocidade aferida maior que 142 km/h
120	Autuação para velocidade aferida maior que 130 km/h e menor ou igual a 155 km/h	Autuação para velocidade aferida maior que 155 km/h

Velocidade da via expressa em km/h	**Art. 218.** Transitar em velocidade superior à máxima permitida para o local, medida por instrumento ou equipamento hábil: II – demais vias : b) quando a velocidade for superior à máxima em até cinqüenta por cento:	**Art. 218.** Transitar em velocidade superior à máxima permitida para o local, medida por instrumento ou equipamento hábil: II – demais vias b) quando a velocidade for superior à máxima em mais de cinqüenta por cento:
30	Autuação para velocidade aferida maior que 37 km/h e menor ou igual a 52 km/h	Autuação para velocidade aferida maior que 52 km/h
40	Autuação para velocidade aferida maior que 47 km/h e menor ou igual a 67 km/h	Autuação para velocidade aferida maior que 67 km/h
50	Autuação para velocidade aferida maior que 57 km/h e menor ou igual a 82 km/h	Autuação para velocidade aferida maior que 82 km/h

60	Autuação para velocidade aferida maior que 67 km/h e menor ou igual a 97 km/h	Autuação para velocidade aferida maior que 97 km/h
70	Autuação para velocidade aferida maior que 77 km/h e menor ou igual a 113 km/h	Autuação para velocidade aferida maior que 113 km/h
80	Autuação para velocidade aferida maior que 87 km/h e menor ou igual a 130 km/h	Autuação para velocidade aferida maior que 130 km/h

ANEXO III - DELIBERAÇÃO Nº 38/2003
(Tabela de Intervalo de Distância, referida no § 2º do art. 5º)

Velocidade Regulamentada (km/h)	Intervalo de Distância (metros)	
	Via Urbana	Via Rural
$V \geq 80$	400 a 500	1000 a 2000
$V < 80$	100 a 300	300 a 1000

COMUNICADO CENTRAN Nº 2, DE 21 DE SETEMBRO DE 2001[130]

Para conhecimento dos órgãos e entidades de trânsito e interessados, informamos abaixo a aplicação da Portaria INMETRO nº 115, para os equipamentos medidores de velocidade, em parecer da lavra da Conselheira Dulce Lutfalla e revisão do Conselheiro Danilo Rosin.

APLICAÇÃO DE PENALIDADE
POR INFRAÇÃO DE EXCESSO DE VELOCIDADE

O equipamento medidor de velocidade necessita ter seu modelo aprovado pelo INMETRO, o que ocorre quando atendida a legislação metrológica em vigor.

Atualmente, a Portaria nº 115 do INMETRO é que estabelece as normas a serem seguidas na fabricação ou importação dos medidores de velocidade.

Para efeito de aplicação de penalidade, é importante entender o que significa "erro máximo admissível" e o que determina a portaria em relação a ele.

O erro máximo admissível varia de medidor para medidor e no Brasil é determinado pelo INMETRO. Assim, uma balança para pesar alimentos, outra para pe-

---
130. *DOE* nº 184, de 28.9.2001.

sar a carga bruta total de um veículo e um medidor de velocidade tem "erros máximos admissíveis" diferentes.

Isto significa que o equipamento, mesmo aferido, pode apresentar medidas maiores ou menores que as reais. Normalmente as medidas obtidas em laboratório aproximam-se mais das reais do que as obtidas em campo, portanto, os erros máximos admissíveis para laboratório são inferiores àqueles admissíveis em campo.

Para efeito de aplicação de penalidade de infração de excesso de velocidade, o erro máximo admissível utilizado, obviamente, é o de campo. A Portaria 115 do INMETRO determina, para campo, os seguintes erros máximos admissíveis:

1) 7 km/h para velocidades até 100 km/h;

2) 7% da velocidade medida para velocidades acima de 100 km/h.

Portanto, se um veículo tem sua velocidade medida em 68 km/h por um equipamento aferido, deve-se considerar:

1) equipamento medindo a maior: 68 + 7 = 75 km/h;

2) equipamento medindo a menor: 68 – 7 = 61 km/h;

Isto é, ao medir a velocidade de um veículo em campo em 68 km/h, pode-se afirmar que a velocidade real tanto pode ser 61km/h quanto 75km/h.

Para as velocidades medidas acima de 100 km/h, o raciocínio é semelhante, mas não igual, já que o erro máximo admissível deixa de ser de 7km/h e passa a ser de 7% da velocidade medida. Portanto, para cada velocidade medida haverá um erro máximo admissível diferente.

Portanto, se um veículo tem sua velocidade medida em 125 km/h por um equipamento aferido e que 7% de 125 é 8,75 km/h, deve-se considerar:

1) equipamento medindo a maior: **125 + 8,75 = 133,75 km/h**;

2) equipamento medindo a menor: **125 – 8,75 = 116,25 km/h**.

Isto é, ao medir a velocidade de um veículo em campo em **125 km/h**, pode-se afirmar que a velocidade real tanto pode ser **116,25** km/h quanto **133,75** km/h.

Medida a velocidade, a aplicação da penalidade deve se dar como estabelece o CTB:

> Art. 218. Transitar em velocidade superior à máxima permitida para o local, medida por instrumento ou equipamento hábil:
>
> I – em rodovias, vias de trânsito rápido e vias arteriais:
>
> a) quando a velocidade for superior à máxima em até vinte por cento:
>
> Infração – grave;
>
> Penalidade – multa;
>
> b) quando a velocidade for superior à máxima em mais de vinte por cento:
>
> Infração – gravíssima;
>
> Penalidade – multa (três vezes) e suspensão do direito de dirigir;

II – demais vias:

a) quando a velocidade for superior à máxima em até cinqüenta por cento:

Infração – grave;

Penalidade – multa;

b) quando a velocidade for superior à máxima em mais de 50% (cinqüenta por cento):

Infração – gravíssima;

Penalidade – multa (três vezes) e suspensão do direito de dirigir;

Medida administrativa – recolhimento do documento de habilitação.

Ao aplicar a penalidade, a autoridade de trânsito deve considerar o erro máximo admissível sempre a favor do condutor.

Isto é, medida a velocidade de 68 km/h, mesmo que se possa supor que o veículo deslocava-se a 75 km/h, caso o equipamento esteja medindo a menor, deve ser considerada a velocidade de 61 km/h, supondo, sempre, que o equipamento esteja medindo a maior.

Da mesma forma, medida a velocidade de 125 km/h, a velocidade a ser considerada é de 116,25 km/h, mesmo que se possa supor que o veículo deslocava-se a 133,75 km/h, caso em que o equipamento esteja medindo a menor.

Isto porque não pode haver sombra de dúvida quanto ao real cometimento da infração.

Este raciocínio deve ser aplicado para qualquer velocidade medida, quer a penalidade a ser aplicada seja grave ou gravíssima agravada três vezes.

Para exemplificar a forma correta de aplicar a penalidade, pode-se utilizar os exemplos de velocidade já apresentados, agregando a velocidade regulamentada para o local e o tipo de via:

1. Via arterial:
   — velocidade regulamentada: 60 km/h;
   — velocidade medida: 68 km/h;
   — velocidade considerada para aplicação: 61 km/h (lembrando sempre que poderia ser 75 km/h);
   — 61 é maior que 60, portanto está caracterizada a infração;
   — 61 é menor que 72 = 60 + 12 (20% de 60);
   — portanto a infração é GRAVE.

2. Via arterial:
   — velocidade regulamentada: 50 km/h;
   — velocidade medida: 68 km/h;
   — velocidade considerada para aplicação: 61 km/h (lembrando sempre que poderia ser 75 km/h);
   — 61 é maior que 50, portanto está caracterizada a infração;

— 61 é maior que 60 = 50 + 10 (20% de 50);

— portanto a infração é GRAVÍSSIMA.

3. Via local:

- velocidade regulamentada: 40 km/h;
- velocidade medida: 68 km/h;
- velocidade considerada para aplicação: 61 km/h (lembrando sempre que poderia ser de até 75 km/h);
- 61 é maior que 40, portanto está caracterizada a infração;
- 61 é maior que 60 = 40 + 20 (50% de 40);
- portanto a infração é GRAVÍSSIMA (3X).

4. Via coletora:

- velocidade regulamentada: 60 km/h;
- velocidade medida: 68 km/h;
- velocidade considerada para aplicação: 61 km/h (lembrando sempre que poderia ser 75 km/h);
- 61 é maior que 60, portanto está caracterizada a infração;
- 61 é menor que 60 = 90 + 30 (50% de 60);
- portanto a infração é GRAVE.

5. Rodovia:

- velocidade regulamentada: 100 km/h;
- velocidade medida: 125 km/h;
- velocidade considerada para aplicação: 116,25 km/h (lembrando sempre que a velocidade real pode ser de até 133,75 km/h);
- 116,25 é maior que 100, portanto está caracterizada a infração;
- 116,25 é menor que 120 = 100 + 20 (20% de 100);
- portanto a infração é GRAVE.

6. Rodovia:

- velocidade regulamentada: 80 km/h;
- velocidade medida: 125 km/h;
- velocidade considerada para aplicação: 116,25 km/h (lembrando sempre que a velocidade real pode ser de até 133,75 km/h);
- 116,25 é maior que 80, portanto está caracterizada a infração;
- 116,25 é maior que 96 = 80 + 16 (20% de 90);
- portanto a infração é GRAVÍSSIMA(3X).

Em anexo, tabelas para a aplicação de penalidade para as velocidades mais comuns para todos os tipos de vias.

ANEXO - TABELA DE VELOCIDADES PARA APLICAÇÃO DE PENALIDADES

I – RODOVIAS, VIAS DE TRÂNSITO RÁPIDO E ARTERIAIS

1 – CÁLCULO DOS INTERVALOS

VR	FAIXA ATÉ 20% (GRAVE) A PARTIR DE		FAIXA MAIS DE 20% (3x GRAVÍSSIMA) A PARTIR DE	
50	50 + 7 = 57	> ou = 58	50 + 10 = 60 + 7 = 67	> ou = 68
60	60 + 7 = 67	> ou = 68	60 + 12 = 72 + 7 = 79	> ou = 80
70	70 + 7 = 77	> ou = 78	70 + 14 = 84 + 7 = 91	> ou = 92
80	80 + 7 = 87	> ou = 88	80 + 16 = 96 + 7 = 103 > 100 = > 7%	> ou = 105
90	90 + 7 = 97	> ou = 98	90 + 18 = 108 > 100 = > 7%	> ou = 118
100	100 + 7 = 107 >100 = > 7%	> ou = 109	100 + 20 = 120 > 100 = > 7%	> ou = 131
110	110>100 = > 7%	> ou = 120	100 + 22 = 132 > 100 = > 7%	> ou = 144
120	120>100 = > 7%	> ou = 131	120 + 24 = 144 > 100 = > 7%	> ou = 156

VR = VELOCIDADE REGULAMENTADA

2 – TABELA FINAL

VELOCIDADE REGULAMENTADA	FAIXA ATÉ 20% (GRAVE)	FAIXA MAIS DE 20% (3x GRAVÍSSIMA)
50	58 a 67	> ou = 68
60	68 a 79	> ou = 80
70	78 a 91	> ou = 92
80	88 a 104	> ou = 105
90	98 a 117	> ou = 118
100	109 a 130	> ou = 131
110	120 a 143	> ou = 144
120	131 a 155	> ou = 156

II – TABELA PARA AS DEMAIS VIAS

1 – CÁLCULO DOS INTERVALOS

VR	FAIXA ATÉ 20% (GRAVE) A PARTIR DE		FAIXA MAIS DE 20% (3x GRAVÍSSIMA) A PARTIR DE	
30	30 + 7 = 37	> ou = 38	30 + 15 = 45 + 7 = 52	> ou = 53
40	40 + 7 = 47	> ou = 48	40 + 20 = 60 + 7 = 67	> ou = 68
50	50 + 7 = 57	> ou = 58	50 + 25 = 75 + 7 = 82	> ou = 83
60	60 + 7 = 67	> ou = 68	60 + 30 = 90 + 7 = 97	> ou = 98
70	70 + 7 = 77	> ou = 78	70 + 35 = 105 >100 = > 7%	> ou = 114
80	80 + 7 = 87	> ou = 88	80 + 40 = 120 >100 = > 7%	> ou = 131

2 – TABELA FINAL		
VELOCIDADE REGULAMENTADA	FAIXA ATÉ 50% (GRAVE)	FAIXA MAIS DE 50% (3X GRAVÍSSIMA)
30	38 a 52	> ou = 53
40	48 a 67	> ou = 68
50	58 a 82	> ou = 83
60	68 a 97	> ou = 98
70	78 a 113	> ou = 114
80	88 a 130	> ou = 131

III – EXEMPLOS DE CÁLCULO

1 – RODOVIAS, VIAS DE TRÂNSITO RÁPIDO E ARTERIAIS			
VELOCIDADE REGULA- MENTADA	VELOCIDADE MEDIDA	VELOCIDADE PARA APLICAÇÃO DA PENALIDADE	PENALIDADE A SER IMPOSTA
50	61	61 – 7 = **54** < **60** = 50 + 10	GRAVE
60	82	82 – 7 = **75** > **72** = 60 + 12	3X GRAVÍSSIMA
70	85	85 – 7 = **78** < **84** = 70 + 14	GRAVE
80	110	110 – 7,7 = **102,3** > **96** = 80 + 16	3X GRAVÍSSIMA
90	95	95 – 7 = **88** < **90**	NENHUMA
100	140	140 – 9,8 = **130,2** > **120** = 100 + 20	3X GRAVÍSSIMA
110	140	140 – 9,8 = **130,2** < **132** = 110 + 22	GRAVE
120	160	160 – 11,2 = **148,80** > **144** = 120 + 24	3X GRAVÍSSIMA

2 – OUTRAS VIAS			
VELOCIDADE REGULA- MENTADA	VELOCIDADE MEDIDA	VELOCIDADE PARA APLICAÇÃO DA PENALIDADE	PENALIDADE A SER IMPOSTA
30	45	45 – 7 = **38** < **45** = 30 + 15	GRAVE
30	55	55 – 7 = **48** > **45** = 30 + 15	3X GRAVÍSSIMA
40	45	45 – 7 = **38** < **40**	NENHUMA
40	70	70 – 7 = **63** > **60** = 40 + 20	3X GRAVÍSSIMA
50	65	65 – 7 = **58** < **75** = 50 + 25	GRAVE
50	85	85 – 7 = **78** > **75** = 50 + 25	3X GRAVÍSSIMA
60	75	75 – 7 = **68** < **90** = 60 + 30	GRAVE
60	100	100 – 7 = **93** > **90** = 60 + 30	3X GRAVÍSSIMA

ART. 218

RADAR

Radar é um equipamento utilizado pela administração pública de trânsito, vale dizer pela fiscalização de trânsito e tem por finalidade aferir a velocidade desenvolvida por um veículo em determinado ponto de via pública. Trata-se de um dos recursos mais eficiente utilizado no combate ao abuso de velocidade por parte dos condutores de veículos. São instalados em locais predeterminados ao longo da via.

Importante o comentário de Waldyr de Abreu:[131] "Mesmo nos EUA, os procedimentos mais sofisticados de repressão aos abusos de velocidade não se generalizam como seria o ideal. Usual ainda é o uso do radar simples. A credibilidade desse impões, além do uso acentuadamente criterioso, exigências mais atentas da precisão do aparelho".

O assunto velocidade abusiva é complexo, podendo ser esquadrinhado diversos aspectos, tendo nos chamado a atenção o publicado no *Jornal de Abramet*, nºs 17/18/19, maio, dezembro de 1996, p. 5: "levando em conta que o fator humano é responsável por 80% dos acidentes de trânsito, a psicóloga Márcia Oliveira de Menezes Pinto, diretora científica das *APSITRAN* de Campinas, elaborou um trabalho onde revela ser o *radar* nas estradas um fator controlador do comportamento de risco dos motoristas de trânsito. Segundo pesquisas levantadas pela autora, o radar tem se demonstrado um auxiliar importante na alteração do comportamento de motoristas que dirigem em velocidade superiores aos limites legais, um dos principais fatores causais de acidentes de trânsito".

É importante frisar que referido equipamento (radar) assim como outros, deverão estar aferidos pelo INMETRO ou por entidade credenciada pelo Órgão Máximo Executivo de Trânsito da União. De outra parte, é nulo o auto de infração lavrado por excesso de velocidade que não seja estribado por equipamento que comprove a infração e autorizado o seu uso pelo Contran, por força do disposto no art. 166, IV do Novo Código Civil.

BINÓCULO OU CRONÔMETRO

Binóculo ou Cronômetro são equipamentos que funcionam em conjunto e são operados por apenas um agente fiscalizador de trânsito, que permanece em um ponto de observação ao longo da via. Exemplo: um determinado veículo é observado pelo agente fiscalizador através do binóculo, quando este veículo passa pelo ponto A, o cronômetro é acionado e no momento em que o veículo passa pelo ponto B, o agente fiscalizador para o cronômetro. Em seguida, calcula a distância percorrida de A até B obtendo a velocidade que o veículo estava naquele momento.

BARREIRA ELETRÔNICA

Barreira eletrônica é a estação ou conjunto de estações com a finalidade de exercer o controle e a fiscalização de trânsito em vias públicas, por meio de equipa-

---

131. *Código de Trânsito Brasileiro*, pp. 190-191.

mentos mecânico, elétricos e eletrônicos (art. 1º Resolução Contran nº 795/1995, revogada pela Resolução Contran nº 141/2002).

Com o advento do Código de Trânsito (Lei nº 9.503/1997), a utilização de ondulações transversais (lombadas) e de sonorizadores como redutores de velocidade tiveram restrição acentuada pelo novo Código no art. 94, parágrafo único que tem a seguinte dicção: *"É proibida a utilização das ondulações transversais e de sonorizadores como redutores de velocidade salvo em casos especiais definidas pelo órgão ou entidade competente, nos padrões e critérios estabelecidos pelo Contran."*. O art. 334 do Código, afirma que as ondulações transversais existentes deverão ser homologados pelo órgão ou entidade competente no prazo de um ano, a partir da publicação do CTB, devendo ser retiradas em caso contrário. A Resolução Contran nº 39/1998, estabelece os padrões e critérios para a instalação de ondulações transversais e sonorizadores nas vias públicas disciplinados pelo parágrafo único do art. 94 do CTB.

Segundo Márcio Tassinari Stupf e Maria Alice Prudêncio Jacques, através do importante trabalho nominado *Avaliação do Comportamento da Velocidade em Vias Urbanas Controladas Através de Barreiras Eletrônicas,* publicado na *Brasiltran 98* – publicação dos trabalhos técnicos selecionados – Congresso Brasileiro de trânsito, impactos da utilização do novo Código pela sociedade, 20, 21 e 22 de outubro/1998, Brasília/DF, "O controle de velocidade tem merecido, nos últimos tempos atenção especial por parte dos órgãos gerenciadores de tráfego. Tal fato deve-se a relação direta existente entre o excesso de velocidade e os acidentes de trânsito, comprovada através de dados estatísticos. Nos Estados Unidos, por exemplo, a violação dos limites de velocidade foi considerada como principal fator responsável por 20% de todos os acidentes fatais na Califórnia, no ano de 1994 (Homburguer ET AL., 1996) o desrespeito à legislação de trânsito tem se tornado um desafio a ser enfrentado, e não apenas no Brasil. Estudos têm mostrado que a influência dos limites de velocidade sobre a velocidade real desenvolvida pelos veículos é mínima (Pitcher, 1989). Os principais motivos apontados para o desrespeito aos limites determinados, segundo uma pesquisa realizada na Holanda, em 1995, com usuários de veículos particulares e de transporte coletivo, foram o ganho de tempo e o fato do excesso de velocidade ocorrer de forma inconsciente (Rienstra e Rietueld, 1996). Além desses aspectos ainda há que considerar-se o fato da existência de veículos potentes e vias com características geométricas que induzem às altas velocidades. Desta forma, a possibilidade da velocidade ótima em termos de segurança ser ultrapassada é muito grande, resultando no quadro atual. Como exemplo deste quadro, pode-se citar o caso da cidade de Brasília, onde em 1997, 60% das multas aplicadas por mês pelo Detran foram relativas apenas ao excesso de velocidade e avanço de sinal (Correio Brasiliense, 1997). A redução do número de acidentes, bem como de suas severidades, é o principal objetivo do controle de velocidade, nesse sentido, os órgãos de fiscalização e gerenciamento de tráfego tem se empenhado na busca de alternativas a serem implementadas, em conjunto com a legislação, com o objetivo de realizar um controle mais efetivo sobre a velocidade veicular. O avanço tecnológico tem auxiliado as autoridades de trânsito das principais cidades brasileiras nesta tarefa, principalmente através de surgimento de dispositivos eletrônicos de controle. Dentre estes encontra-se a barreira eletrônica com informador de velocidade, já ampla-

ART. 218

mente difundida no país como um dispositivo eficaz no controle pontual da velocidade, estando em operação em diversas cidades e também em algumas rodovias. Os autores esclarecem que este dispositivo foi desenvolvido no Brasil, em 1992, e implantado inicialmente na cidade de Curitiba. Seu surgimento deu-se a partir de estudos sobre os prejuízos causados pelas ondulações transversais, realizados pelo IPPUC – Instituto Pesquisa e Planejamento Urbano de Curitiba, a partir de 1990 (IPPUC, 1994), embora concebida para exercer o controle de velocidade em um determinado ponto da via, de forma análoga à ondulação transversal, a barreira eletrônica com informador de velocidade apresenta a vantagem de não constituir-se em uma barreira física a ser transposta pelos veículos. É composta por um sensor, implantado junto ao pavimento, por um processador eletrônico e por uma estrutura metálica de seção retangular, forma de torre ou pórtico, onde estão localizados todos os demais componentes do conjunto, tais como o display, o alarme visual e sonoro e a câmera de vídeo (IPPUC, 1996). O equipamento opera a partir da detecção de cada veículo pelo sensor, que envia os sinais captados ao processador eletrônico. O processador determina velocidade desenvolvida pelo veículo e emite sinais sonoros e luminosos, de acordo com a situação verificada quando comparada a velocidade detectada com a velocidade imposta pela barreira, ao mesmo tempo em que a velocidade detectada é informada através do display. Ocorrendo excesso de velocidade em relação ao limite imposto pela barreira no local, o motorista é informado através do acionamento de um sinal sonoro e outro luminoso, ocorrendo também o registro por imagem da frente do veículo caso a velocidade ultrapasse um segundo limite, mais elevado. A imagem permite que o ato de infração seja transformado em notificação pelo órgão de trânsito com jurisdição sobre a via. Segundo seu principal fabricante no Brasil, a barreira eletrônica com informador de velocidade é classificada em diferentes tipos, de acordo com sua estrutura e implantação na via (Perkons, 1996). Finaliza: "Em relação ao Código de Trânsito Brasileiro, pode-se afirmar que a barreira eletrônica com informador de velocidade atua com dispositivo perfeitamente integrado com esta legislação, uma vez que, em função de seu comprovado efeito redutor na velocidade, auxilia na prevenção de acidentes de trânsito, bem como opera exercendo efeito educativo e também punitivo, aos motoristas".

Comentando o art. 89, XVI do CNT, que tem correlação direta com o art. 218, I, a, do CTB (Lei nº 9.503/1997), Geraldo de Faria Lemos Pinheiro e Dorival Ribeiro,[132] esclarecem: "Esse preceito é usado para as infrações conhecidas como excesso de velocidade, e é bom salientar que o excesso de velocidade é aquele que suplanta a regulamentação feita por meio de placas ou na falta destas pelos limites fixados no regulamento. É conveniente, pois, que o condutor esteja atento as sinalização local, porque os limites estabelecidos pela autoridade de trânsito podem variar em distâncias até relativamente curtas. Como elementos de segurança para a perfeição do auto de infração deve o agente sempre indicar a existência de sinalização, o limite consignado e a forma de aferição da velocidade. Na falta de sinalização, deve ser indicada a classificação da via.".

---

132. *Doutrina, Legislação e Jurisprudência do Trânsito*, p. 242.

DA VELOCIDADE MÁXIMA PERMITIDA

A velocidade máxima permitida para a via será indicada por meio de sinalização obedecidas suas características técnicas e as condições de trânsito (art. 61). Ao regular a velocidade, o condutor deverá observar constantemente as condições físicas da via, do veículo e da carga, as condições metereológicas e a intensidade do trânsito, obedecendo aos limites máximos de velocidade estabelecidos para a via (art. 43).

Inexistindo sinalização regulamentadora, a velocidade máxima será de (art. 61, § 1º):

Art. 61. A velocidade máxima permitida para a via será indicada por meio de sinalização, obedecidas suas características técnicas e as condições de trânsito.

§ 1º. Onde não existir sinalização regulamentadora a velocidade máxima será de:

I - nas vias urbanas:

a) 80 km/h (oitenta quilômetros por hora), nas vias de trânsito rápido;

b) 60 km/h (sessenta quilômetros por hora), nas vias arteriais;

c) 40 km/h (quarenta quilômetros por hora), nas vias coletoras;

d) 30 km/h (trinta quilômetros por hora), nas vias locais;

II - nas vias rurais:

a) nas rodovias:

1. 110 km/h (cento e dez quilômetros por hora) para automóveis e camionetas;

2. 90 km/h (noventa quilômetros por hora) para ônibus e microônibus;

3. 80 km/h (oitenta quilômetros por hora) para os demais veículos;

b) nas estradas, 60 km/h (sessenta quilômetros por hora).

E, o § 2º do art. 61 dispõe:

§ 2º. O órgão ou entidade de trânsito ou rodoviário com circunscrição sobre a via poderá regulamentar, através de sinalização, velocidades superiores ou inferiores àquelas estabelecidas no parágrafo anterior.

Demais disso, não serão aplicadas as sanções prevista no Código por inobservância à sinalização quando esta for insuficiente ou incorreta (art. 90). O órgão ou entidade de trânsito com circunscrição sobre a via é responsável pela implantação da sinalização, respondendo pela sua falta, insuficiência ou incorreta colocação (art. 90, § 1º). O trânsito, em condições seguras, é um direito de todos e dever dos órgãos e entidade componentes do sistema nacional de trânsito, a estes cabendo, no âmbito das respectivas competências, adotar as medidas destinadas a assegurar esse direito (§ 2º do art. 1º).

Importa destacar, que a velocidade mínima não poderá ser inferior à metade da velocidade máxima estabelecida, respeitadas as condições operacionais da via (art. 62, CTB).

ART. 218

DA VELOCIDADE MÁXIMA PERMITIDA EM LOCAIS NÃO SINALIZADOS

Inexistindo a sinalização regulamentadora de velocidade no local, a velocidade máxima, será de (art. 61 § 1º CTB):

I – Nas vias urbanas

Vias urbanas segundo o Anexo I do CTB, são ruas, avenidas, vielas, ou caminhos e similares abertos à circulação pública, situados na área urbana, caracterizados principalmente por possuírem imóveis edificados ao longo de sua extensão, e a velocidade será de:

— **80 km/h, nas vias de trânsito rápido** (aquela caracterizada por acessos especiais com trânsito livre, sem interseções em nível, sem acessibilidade direta aos lotes lindeiros e sem travessia de pedestres em nível – Anexo I, CTB).

— **60 km/h, nas vias arteriais** (aquela caracterizada por interseções em nível, geralmente controlada por semáforo, com acessibilidade aos lotes lindeiros e às vias secundárias e locais, possibilitando o trânsito entre as regiões da cidade – Anexo I CTB).

— **40 km/h, nas vias coletoras** (aquela destinada a coletar e distribuir o trânsito que tenha necessidade de entrar ou sair das vias de trânsito rápido ou arteriais, possibilitando o trânsito dentro das regiões da cidade – Anexo I CTB).

— **30 km/h, nas vias locais** (aquela caracterizada por interseções em nível não semaforizadas, destinada apenas ao acesso local ou a áreas restritas – Anexo I CTB).

II – Nas Rodovias

— **110 km/h**, para automóveis e camionetas.

— **90 km/h**, para ônibus e microônibus.

— **80 km/h**, para os demais veículos (caminhões, motocicletas, etc.).

III – Nas estradas

— **60 km/h**, para qualquer veículo.

In casu, configurará a infração quando o condutor transitando em velocidade superior a máxima permitida para o local em até vinte por cento da permitida (máxima) nas rodovias (110 km/h para automóveis e camionetas, 90 km/h para ônibus e microônibus e 80 km/h para os demais veículos), nas vias de trânsito rápido (80 km/h) e vias arteriais (60 km/h). Isto quer dizer: na rodovia Marechal Rondon a velocidade permitida é 110 km na maioria dos trechos da via, se você for surpreendido com o veículo animado em velocidade acima do limite (110 km/h), e até o teto máximo de vinte por cento, vale dizer 134 km/h, caberá a infração em comento. A mesma regra vale para vias de trânsito rápido, cuja máxima é 80 km/h, atingindo até vinte por cento desta (86 km/h), caracteriza a infração lembrando que para via arterial a máxima permitida é 60 km/h, vinte por cento acima dela é 72 km/h. Nos casos mencionados, se a máxima for em até vinte por cento da permitida, ocorre a violação do disposto no art. 218, I, "a", CTB. Ocorrendo o extrapolamento da velocidade acima de vinte por cento da permitida, a infração passa a ser a prevista no art. 218, I, b do CTB.

APARELHOS DETECTORES DO RADAR (ANTI-RADAR)

Anota, Waldyr de Abreu,[133] que: "motoristas há, em geral os mais freqüentes infratores da velocidade, que buscam o recurso de aparelhos detectores do radar, vulgarmente chamados anti-radares. Na realidade, um receptador da onda emitida pelo radar ligado, denunciado por um ruído. A habilidade policial, ligando e desligando rapidamente o radar, em rápida focalização do veículo implicado, como no uso de uma espingarda, pode frustrar a ação do anti-radar". O autor menciona ainda que nos países como a França, pune com prisão e multa quem "tiver em sua posse, utilizar, adaptar ou transportar a qualquer título aparelho, dispositivo ou produto destinado, seja para revelar a presença, seja para perturbar o funcionamento de instrumentos que sirvam a constatação de infrações". O consagrado autor prossegue: "Na Suíça desde 1979 tornou-se ilegal a fabricação e importação, além do uso ou transporte, de qualquer aparelho que reduza a eficiência de radares de controle de velocidade. Há assinaláveis diversidade de critério ilegal nos EUA (...) O empenho de reprimir os anti-radares tem levado algumas unidades federativas americanas ao emprego de aparelhos de aparelhos que podem detectar anti-radares, o que já ocorre em vários locais de Nova Iorque".[134]

DISPOSITIVO ANTI-RADAR – LEGISLAÇÃO BRASILEIRA

Os aparelhos detectores do radar (anti-radares), são proibidos pela legislação brasileira, impondo ao condutor que estiver conduzindo o veículo com dispositivo anti-radar, a penalidade estatuída no art. 230, III do CTB, caracterizando-se infração gravíssima penalidade de multa e apreensão do veículo e como medida administrativa a remoção do veículo. Veja-se Resolução Contran nº 146, de 27 de agosto de 2003, anteriormente transcrita.

| 114 |

Art. 218. *Transitar em velocidade superior à máxima permitida para o local, medida por instrumento ou equipamento hábil:*

I – *em rodovias, vias de trânsito rápido e vias arteriais:*

b) *quando a velocidade for superior à máxima em mais de vinte por cento:*

- **Amparo Legal** – *218, inciso I, alínea "b" – CTB.*
- **Infração** – *Gravíssima.*

---

133. *Código de Trânsito Brasileiro*, p. 191.
134. *Op. cit.*, p. 192.

ART. 218

- **Número de pontos** – 7 (sete).
- **Penalidade** – multa (três vezes) e suspensão do direito de dirigir. **Nota:** Esta última penalidade deverá ser providência da autoridade de trânsito em processo administrativo, assegurando ao condutor ampla defesa nos termos do art. 5º, II, LV e LVII da Constituição Federal e art. 265 do CTB e Deliberação do Cetran nº 199 de 6.10.2000, publicada no DOE nº 195 de 10.10.2000, p. 4.
- **Valor de cada multa** – R$ 191,54 – Resolução Contran nº 136/2002. Neste caso, R$ 191,54 x 3 = R$ 574,62. Trata-se de multa agravada com fator multiplicador de três vezes.
- **Código da Infração** – 622-0 – Denatran/Detran – Resolução Contran nº 66/1998 (Corresponde ao art. 218, I, b – CTB).
- **Competência** – Município – Resolução Contran nº 66/1998.

A conduta típica neste dispositivo é clara, caracterizando-se a infração quando o condutor for surpreendido na direção de veículo automotor em velocidade superior a máxima em mais de vinte por cento em rodovias, vias de trânsito rápido e vias arteriais. Não obstante, a velocidade do conduzido deve ser medida por instrumento ou equipamento hábil. Trata-se de infração gravíssima e a multa é agravada com fator multiplicador de três vezes. As observações ao artigo, inciso e letra anterior, aplica-se quase que totalmente ao tipo em comento, assim como as Resoluções Contran nºs 820/1996 e 146/2003. Estranhamente este inciso e letra não prevêem a penalidade de apreensão do veículo ou a medida administrativa de sua remoção ao depósito de veículos apreendidos ou ainda, o recolhimento da Carteira Nacional de Habilitação ou da Permissão para Dirigir. Provavelmente por equívoco do legislador, não obstante, dependendo da conduta perigosa, a autoridade de trânsito poderá promover o recolhimento do documento que autoriza dirigir após decisão fundamentada (art. 265 CTB), sendo outorgado o direito de ampla defesa ao condutor nos termos do art. 5º, LV da Constituição Federal, podendo ser aplicada ao final a suspensão do direito de dirigir nos termos do art. 261. De observar-se que as penalidades previstas no Código, não elide as punições originárias de ilícitos penais decorrente de crimes de trânsito, conforme disposições de lei (art. 256, § 1º). O legislador graduou as infrações de excesso de velocidade considerando-se a potencialidade do risco de gravidade que cada uma oferece. Importa lembrar que conforme dicção do art. 61 do CTB, a velocidade máxima permitida para a via será sempre indicada por meio de sinalização, obedecida as características técnicas e as condições de trânsito. Não obstante, havendo inexistência de sinalização regulamentadora de velocidade máxima, ainda assim o infrator poderá ser autuado por força do que impõe o parágrafo único do art. 61:

1. Nas vias urbanas:

— 80 km/h, nas vias de trânsito rápido.

— 60 km/h, nas vias arteriais.

— 40 km/h, nas vias coletoras.

— 30/h, nas vias locais.

2. Nas rodovias:

— 110 km/h, para automóveis e microônibus.

— 90 km/h, para ônibus e microônibus.

— 80 km/h, para os demais veículos.

3. Nas estradas:

— 60 km/h, para qualquer veículo.

De outra parte, importa destacar que a infração prevista neste art. 218, I, "b" (mais de 20%), é aplicável apenas nas rodovias (via rural pavimentada), nas de trânsito rápido (aquela caracterizada por acessos especiais com trânsito livre, sem interseções em nível, sem acessibilidade direta dos lotes lindeiros e sem travessia de pedestres em nível) e vias arteriais (aquela caracterizada por interseções em nível, geralmente controlada por semáforo, com acessibilidade aos lotes lindeiros e as vias secundárias e locais, possibilitando o trânsito entre as regiões da cidade). Estão de fora deste inciso e letra do art. 218, as vias locais e coletora, mas possuem tipificação própria no inciso II, letras "a" e "b" do art. 218.

Ao regular a velocidade, o condutor deverá observar constantemente as condições físicas da via, do veículo e da carga, as condições meteorológicas e a intensidade do trânsito, obedecendo aos limites máximos estabelecidos para a via (art. 43 CTB).

115

Art. 218. *Transitar em velocidade superior à máxima permitida para o local, medida por instrumento ou equipamento hábil:*

II – *demais vias:*

a) *quando a velocidade for superior à máxima em até 50% (cinqüenta por cento):*

- **Amparo Legal** – *art. 218, inciso II, alínea "a" – CTB.*
- **Infração** – *Grave.*
- **Número de pontos** – *5 (cinco).*
- **Penalidade** – *Multa.*
- **Valor da Multa** – *R$ 127,69 – Resolução Contran nº 136/2002.*
- **Medida Administrativa** – *Não há previsão.*
- **Código da Infração** – *623-8 – Denatran/Detran – Resolução Contran nº 66/1998 (Corresponde ao art. 218, II, "a" – CTB).*
- **Competência** – *Município – Resolução Contran nº 66/1998.*

Apenas para recordar, estradas, são vias rurais não pavimentadas. *Vias de trânsito rápido* é aquela caracterizada por acessos especiais com trânsito livre,

ART. 218

sem interseções em nível, sem acessibilidade direta aos lotes lindeiros e sem travessia de pedestres em nível, geralmente controlada por semáforo, com acessibilidade aos lotes lindeiros e às vias secundárias e locais, possibilitando o trânsito entre as regiões da cidade.

Entretanto o tipo administrativo refere-se a demais vias, vale dizer, excluídas as rodovias, vias de trânsito rápido e vias arteriais, isto quer dizer que trata-se das *estradas* (vias rurais não pavimentadas), *vias coletoras* (aquelas destinada a coletar e distribuir o trânsito que tenha necessidade de entrar ou sair das vias de trânsito rápido ou *arteriais,* possibilitando o trânsito entre as regiões da cidade) e *via local* (aquela caracterizada por intersecções em nível não semaforizadas destinada apenas ao acesso local ou a áreas restritas). Nestes casos, o condutor surpreendido dirigindo veículo automotor com velocidade superior à máxima em até 50%, cometerá infração de trânsito de natureza grave e caberá a penalidade de multa, violando assim o art. 218, inciso II, "a", do CTB.

As classificações das vias urbanas e rurais, de acordo com sua utilização vem expressamente consignadas no art. 60 do Código de Trânsito Brasileiro. Vias urbanas: vias de trânsito rápido, via arterial, via coletora e via local. Vias rurais: rodovias e estradas.

| 116 |

Art. 218. *Transitar em velocidade superior à máxima permitida para o local, medida por instrumento ou equipamento hábil:*

II – *demais vias:*

b) *quando a velocidade for superior à máxima em mais de 50% (cinqüenta por cento):*

- **Amparo Legal** – art. 218, II, "b" – CTB.
- **Infração** – Gravíssima.
- **Número de pontos** – 7 (sete).
- **Penalidade** – Multa (três vezes) e suspensão do direito de dirigir. **Nota:** A suspensão do direito de dirigir, deverá ser ato da autoridade de trânsito em processo administrativo, assegurado ao condutor o direito a ampla defesa em observância aos postulados constitucionais previstos nos art. 5º incisos II, LV e LVII, além do art. 265 do CTB, e Deliberação Contran nº 199 de 6.10.2000, publicada no DOE nº 195 de 10.10.2000, p. 4.
- **Valor de cada Multa** – R$ 191,54 – Resolução Contran nº 136/2002 Neste caso, R$ 191,54 x 3 = R$ 574,62. Trata-se de multa agravada com fator multiplicador de três vezes.
- **Medida Administrativa** – Recolhimento do documento de habilitação (CNH ou PPD). **Nota:** Ato da autoridade de trânsito mediante regular processo administrativo.

- **Código da Infração** – 624-6 Denatran/Detran – Resolução Contran nº 66/1998 (Corresponde ao art. 218, II, "b" – CTB).
- **Competência** – Município – Resolução Contran nº 66/1998.

Considerando-se os esclarecimentos na alínea anterior (art. 218, II, "a"), quando o condutor for surpreendido conduzindo o veículo em velocidade superior à máxima em mais de 50%, nas vias rurais não pavimentadas (estradas) ou nas vias urbanas denominadas coletoras ou local, estará caracterizada a infração preconizada no art. 218, II, "b" do CTB. Trata-se de infração de natureza gravíssima, penalidade de multa agravada por fator multiplicador de três vezes, suspensão do direito de dirigir e como medida administrativa o recolhimento do documento de habilitação. Importa destacar que a suspensão do direito de dirigir ou o recolhimento do documento de habilitação neste caso, deverá ser precedido de ampla defesa pela autoridade de trânsito. O agente público de trânsito apenas deverá registrar a conduta violada no auto de infração de trânsito, isto é, formalizar a autuação. Demais providências caberão a autoridade de trânsito.

117

Art. 219. Transitar com veículo em velocidade inferior à metade da velocidade máxima estabelecida para a via, retardando ou obstruindo o trânsito, a menos que as condições de tráfego e meteorológicas não permitam, salvo se estiver na faixa da direita:

- **Amparo Legal** – art. 219 – CTB.
- **Infração** – Média.
- **Número de pontos** – 4 (quatro).
- **Penalidade** – Multa.
- **Valor da Multa** – R$ 85,13 – Resolução Contran nº 136/2002.
- **Código da Infração** – 625-4 – Denatran/Detran – Resolução Contran nº 66/1998 (Corresponde ao art. 219 – CTB).
- **Competência** – Município – Resolução Contran nº 66/1998.

O preceito em questão sofre severas críticas por pare da doutrina em relação a má redação do texto, imprecisão técnica, falta de clareza e objetividade, alguns, questionam ainda sua aplicabilidade, afirmando que o texto merece retificação.

O novel diploma de trânsito estabeleceu os limites máximos de velocidade gradativos, conforme maior a velocidade desencadeada no veículo, mais rigorosa é a punição. Por outro lado, também restringiu a velocidade mínima visando assegurar a segurança e a fluidez no trânsito.

A lentidão do trânsito quando não causado por congestionamento atípicos, nem decorrentes da imposição da autoridade de trânsito ou seus agentes, mas provocados por atitudes individuais dos próprios condutores deve ser combatida com rigor, responsabilizando-os, uma vez, que não é possível prejudicar a coletividade em detrimento de poucos.

Geraldo de Faria Lemos Pinheiro e Dorival Ribeiro,[135] lembra que "o chamado excesso de vagarosidade também não é permitido nas estradas como regra geral, e nas vias de trânsito rápido ou preferenciais da zona urbana. A velocidade deve sempre ser circunstanciada, isto é, aquela que revela a sintonia entre a aceleração dada ao veículo e as circunstâncias próprias do local. A velocidade circunstanciada decorre de uma relação de adequação e compatibilidade entre a desenvolvida e a segurança exigida, aliada a outros fatores e ao equacionamento da tríplice correlação: limites do local, limites do veículo, limites do condutor. De outra parte, a velocidade inferior, reduzida na linguagem anterior do Código pode causar acidentes, além de retardar e obstruir o fluxo de trânsito, estimulando a ultrapassagem, indevida e com risco a segurança do trânsito.

Não se pode deixar de mencionar o inciso I do art. 43 do Código, que impõe ao condutor o dever de não obstruir a marcha normal dos demais veículos em circulação sem causa justificada, transitando a uma velocidade anormalmente reduzida.

Faz-se apropriado, aludir-nos o preceito que dá fundamento ao art. 219 do CTB, isto é, o teor do art. 62 do Código, estabelece que a velocidade mínima não poderá ser inferior à metade da velocidade máxima estabelecida, respeitadas as condições operacionais de trânsito e da via.

Ao regular a velocidade, o condutor deverá observar constantemente as condições físicas da via, do veículo e da carga, as condições meteorológicas e a intensidade do trânsito, obedecendo aos limites máximos estabelecidos para a via, valendo também para a velocidade inferior.

Como se pode observar, entendemos que o artigo em comento, apesar da redação confusa, indica duas exceções ao cometimento da infração que podem ser observadas nas expressões: *"A menos que as condições de tráfego e meteorológicas não o permitam", "salvo se estiver na faixa da direita".*

Com a redação nesse sentido, abriu-se demais o tipo incriminador, o que impossibilita uma aplicação clara e precisa nas situações de velocidade inferior, o tipo possui duas brechas, duas sendas, duas exceções, possibilitam demasiadamente a defesa do condutor ao qual for imposta a infração estatuída no art. 219 do CTB. Necessário os reparos na redação do artigo.

| 118 |

Art. 220. Deixar de reduzir a velocidade do veículo de forma compatível com a segurança do trânsito:

I – quando se aproximar de passeatas, aglomerações, cortejos, préstitos e desfiles:

- **Amparo Legal** – art. 220, I (Adm.) CTB e art. 331 (Penal) CTB.

---

135. *Doutrina, Legislação e Jurisprudência do Trânsito*, p. 242.

ART. 220

- **Infração** – Gravíssima.
- **Número de pontos** – 7 (sete).
- **Penalidade** – Multa.
- **Valor da Multa** – R$ 191,54 – Resolução Contran nº 136/2002.
- **Medida Administrativa** – Não há previsão.
- **Código da Infração** – 626-2 – Denatran/Detran – Resolução Contran nº 66/1998 (Corresponde ao art. 220, I – CTB).
- **Competência** – Município – Resolução Contran nº 66/1998.

A velocidade incompatível, inadequada, não é medida em quilômetros, mas aquela desenvolvida de acordo com as circunstâncias do momento. Se o condutor imprime incondizentemente no local velocidade no veículo, ainda que o faça dentro dos limites estabelecidos pelo órgão de trânsito com responsabilidade sobre a via, não está autorizado a causar acidentes, devendo ter em vista se as condições peculiares do momento o impedem de transitar com a velocidade estabelecida para aquela via, caso contrário, age com imprudência, visto que a velocidade incompatível, inadequada com o local, importa em velocidade excessiva, uma vez que esta (velocidade excessiva) não é somente aquela superior ao permitido pela sinalização imposta pela autoridade de trânsito administrativa, senão também aquela que o condutor imprime ao veículos quando as circunstâncias e o local não a comportam. Assim, deve o motorista sempre manter-se em velocidade tal que, ante uma dada situação que seja possível ver ou prever lhe permita dirigir ou parar o veículo de forma a evitar um acidente.

A título de ilustração podemos classificar a velocidade sob quatro aspectos: *velocidade máxima permitida para a via indicada por meio de sinalização (art. 61) velocidade máxima com ausência de sinalização regulamentadora (§ 1º do art. 61), velocidade mínima não inferior a metade da velocidade máxima estabelecida* (art. 62), e por fim, *velocidade compatível com a segurança do local.* A esta última é que o art. 220, I do CTB, está referindo-se, entretanto, ela será infração de trânsito quando o condutor na direção do automotor não reduzir a velocidade de forma compatível com a segurança do trânsito ao aproximar-se de *passeatas, aglomerações, cortejos, préstitos e desfiles,* ainda que o local seja sinalizado com placa indicativa de velocidade.

A convenção de Viena estabelece em seu art. 13, nº 1 que ao regular a velocidade de seu veículo, deverá o condutor ter constantemente em conta as circunstâncias, em especial a disposição do terreno, o estado da via, o estado e carga de seu veículo, as condições atmosféricas e a intensidade do trânsito, de tal forma que possa deter seu veículo dentro dos limites de seu campo de visibilidade, como também diante de qualquer obstáculo previsível. Referido dispositivo mantém correspondência com a dicção do art. 43 do CTB.

Entrementes, necessário frisar que a aplicação da penalidade administrativa não elide as punições originárias de ilícitos penais decorrentes de crimes de trânsito (art. 256, § 1º), devendo o condutor ser apresentado a Unidade Policial Civil da área, à autoridade policial, para apuração de eventual violação ao art. 311 do

ART. 220

Código de Trânsito Brasileiro, neste caso, responsabilidade penal, ou ainda conforme o caso, não amoldando-se a conduta típica do art. 311 do CTB, poderá subsistir eventualmente, o art. 34 da LCP.

119

> **Art. 220.** *Deixar de reduzir a velocidade do veículo de forma compatível com a segurança do trânsito:*
>
> **II –** *nos locais onde o trânsito esteja sendo controlado pelo agente da autoridade de trânsito, mediante sinais sonoros ou gestos:*
>
> - **Amparo Legal** – *art. 220, II – CTB.*
> - **Infração** – *Grave.*
> - **Número de pontos** – *5 (cinco).*
> - **Penalidade** – *Multa.*
> - **Valor da Multa** – *R$ 127,69 – Resolução Contran nº 136/2002.*
> - **Medida Administrativa** – *Não há previsão.*
> - **Código da Infração** – *627-0 – Denatran/Detran – Resolução Contran nº 66/1998 (Corresponde ao art. 220, II – CTB).*
> - **Competência** – *Município – Resolução Contran nº 66/1998.*

Os comentários que fizemos ao inciso anterior em relação a velocidade compatível com a segurança do trânsito, aplica-se integralmente ao dispositivo ora em comento, neste caso, o objetivo do tipo é direcionado a obediência, respeito e segurança ao agente ou à autoridade de trânsito que ordena, controla e executa o trânsito mediante atos, gestos e sons.

À guisa de esclarecimento oportuno, relembrar, que as ordens do agente de trânsito prevalece sobre as normas de circulação e as normas definidas por outros sinais de trânsito (art. 89, I e Anexo II, 6A e 7).

Sons por apito, são sinais sonoros, emitidos exclusivamente pelos agentes da autoridade de trânsito nas vias, para orientar ou indicar o direito de passagem dos veículos ou pedestres sobrepondo-se ou completando sinalização existente no local ou norma estabelecida no Código.

Assim, o condutor de veículo, ao aproximar-se de local onde o trânsito por qualquer motivo (acidente, semáforo defeituoso, falta de energia, congestionamento, fiscalização, travessia de pedestres, obstrução de parte da via, veículos quebrados ou estacionados irregularmente atrapalhando o trânsito, prestando socorro, etc.), enseja sendo controlado pelo agente da autoridade de trânsito (pessoa civil ou militar, credenciada pela autoridade de trânsito para o exercício das atividades de fiscalização, policiamento ostensivo de trânsito ou patrulhamento), deve reduzir a velocidade do veículo de forma compatível com a segurança do trânsito, sob pena de ser autuado. Não se pode ainda, desconhecer o comando do § 1º do art.

269 do CTB, ao dispor que a ordem, o consentimento, a fiscalização, as medidas administrativas e coercitivas adotadas pelas autoridades de trânsito e seus agentes terão por objetivo prioritário a proteção à vida e a incolumidade física da pessoa.

Vale lembrar ainda, o dispositivo de reserva previsto no art. 169, que penaliza o condutor que dirigir veículo automotor sem atenção ou sem os cuidados indispensáveis a segurança, coadunando-se com o fundamento do art. 28. Excluído o art. 220, pode subsistir conforme a situação fática o art. 169.

120

Art. 220. *Deixar de reduzir a velocidade do veículo de forma compatível com a segurança do trânsito:*

III – *ao aproximar-se da guia da calçada (meio-fio) ou acostamento:*

- **Amparo Legal** – art. 220, III – CTB.
- **Infração** – Grave.
- **Número de pontos** – 5 (cinco).
- **Penalidade** – Multa.
- **Valor da Multa** – R$ 127,69 – Resolução Contran nº 136/2002.
- **Medida Administrativa** – Não há previsão.
- **Código da Infração** – 628-9 – Denatran/Detran – Resolução Contran nº 66/1998 (Corresponde ao art. 220, III – CTB).
- **Competência** – Município.

O intérprete deve observar os comentários que fizemos aos incisos I e II do art. 220, os quais, no que tangem a velocidade compatível, aplicam-se ao inciso III.

A velocidade deve ser reduzida pelo condutor de veículo de forma compatível com a segurança do trânsito ao aproximar-se da guia da calçada (meio-fio), caso contrário poderá perder o controle direcional do conduzido vindo conseqüentemente a subir na calçada e atropelar pedestres que estejam parados ou caminhando pela calçada ou ainda, a parada brusca, repentina em veículo animado com velocidade incompatível pode ocasionar acidente com o veículo que o seguem imediatamente. O art. 43, inciso II, estabelece ao condutor que sempre ao diminuir a velocidade de seu veículo deverá antes certificar-se de que pode fazê-lo sem risco nem inconveniente para os outros condutores, a não ser que haja perigo eminente. Deve, indicar de forma clara, com antecedência necessária e a sinalização devida, a manobra de redução de velocidade. O art. 42, impõe que o condutor não deverá frear bruscamente seu veículo, salvo por razões de segurança.

O tipo aplica-se também ao aproximar-se de acostamento. (Parte da via diferenciada da pista de rolamento destinada, à parada ou estacionamento de veículos, em caso de emergência, e à circulação de pedestres e bicicletas, quando não houver local apropriado para esse fim).

121

> **Art. 220.** Deixar de reduzir a velocidade do veículo de forma compatível com a segurança do trânsito:
> **IV –** ao aproximar-se de ou passar por interseção não sinalizada:
> - **Amparo Legal** – art. 220, IV – CTB.
> - **Infração** – Grave.
> - **Número de pontos** – 5 (cinco).
> - **Penalidade** – Multa.
> - **Valor da Multa** – R$ 127,69 – Resolução Contran nº 136/2002.
> - **Medida Administrativa** – Não há previsão.
> - **Código da Infração** – 629-7 – Denatran/Detran – Resolução Contran nº 66/1998 (Corresponde ao art. 220, IV – CTB).
> - **Competência** – Município – Resolução Contran nº 66/1998.

Sobre velocidade compatível, verificar o inciso I do art. 220. O inciso IV do art. 220, pune a conduta do motorista que não reduz a velocidade do veículo de forma compatível com a segurança do trânsito ao aproximar-se de ou passar por interseção não sinalizada.

Interseção, é todo cruzamento em nível, entroncamento ou bifurcação ou bifurcações (Anexo I).

Em síntese, deve-se lembrar que o art. 29, inciso III, letra "c", impõe que quando veículos, transitando por fluxos que se cruzem, se aproximarem de local não sinalizado, terá preferência de passagem aquele que vier pela direita do condutor. Nas interseções e suas proximidades, o condutor não poderá efetuar ultrapassagem (art. 33) ao aproximar-se de qualquer tipo de cruzamento, o condutor do veículo deve demonstrar prudência especial, transitando em velocidade moderada, de forma que possa deter seu veículo com segurança para dar passagem a pedestre e a veículos que tenham o direito de preferência (art. 44). Aplica-se ainda o art. 43 do CTB.

122

> **Art. 220.** Deixar de reduzir a velocidade do veículo de forma compatível com a segurança do trânsito:
> **V –** nas vias rurais cuja faixa de domínio não esteja cercada:
> - **Amparo Legal** – art. 220, V – CTB.
> - **Infração** – Grave.

- **Número de pontos** – 5 (cinco).
- **Penalidade** – Multa.
- **Valor da Multa** – R$ 127,69 – Resolução Contran nº 136/2002.
- **Medida Administrativa** – Não há previsão.
- **Código da Infração** – 630-0 – Denatran/Detran – Resolução Contran nº 66/1998 (Corresponde ao art. 220, V – CTB).
- **Competência** – Município – Resolução Contran nº 66/1998.

Sobre velocidade compatível já discorremos quando dos comentários do inciso I do art. 220 do CTB, para onde remetemos o leitor, não obstante, a infração do inciso V, dá-se quando o condutor não reduz a velocidade do veículo de forma compatível com a segurança do trânsito nas vias rurais (estradas ou rodovias, a primeira desprovida de pavimentação e segunda pavimentada), cuja faixa de domínio (superfície lindeira às vias rurais, e limitada por lei específica e sob responsabilidade do órgão ou entidade de trânsito competente com circunscrição sobre a via) não esteja cercada. O preceito em questão é acautelador, uma vez que podem surgir animais na via e caso a velocidade do veículo esteja incompatível com o local, ainda que se acione os sistemas de freios, a probabilidade de acidente é grande. Aplica-se ao dispositivo, do inciso V do art. 220, a combinação do art. 43 do Código.

Em outro exemplar do *Shell Responde*[136] "apresenta sugestões úteis e práticas ao condutor de veículo que deparar com animais na pista. No item 1: Com animais de grande porte, reduza a velocidade e nunca buzine. Ultrapasse por trás os animais atravessados na pista. E lembre-se que bois e vacas não recuam, diferente dos cavalos, que podem ter reações inesperadas. Atenção: à noite, os faróis podem ofuscar a vista desses animais, tornando seu comportamento imprevisível. E quando deparar com uma boiada, faça a ultrapassagem em primeira marcha, fechando os vidros para sua maior proteção. No item 2: Com animais de pequeno porte, a tendência natural é frear ou desviar deles bruscamente, principalmente quando se está trafegando em velocidade alta. Antes de qualquer manobra, veja pelo retrovisor se vem algum carro atrás. Um movimento inesperado pode provocar um acidente.

123

Art. 220. Deixar de reduzir a velocidade do veículo de forma compatível com a segurança do trânsito:

VI – nos trechos em curva de pequeno raio:

- **Amparo Legal** – art. 220, VI – CTB.

---

136. *Situações inesperadas: O que fazer? Soluções para contornar situações inesperadas ao volante*, nº 2.

ART. 220

> - **Infração** – Grave.
> - **Número de pontos** – 5 (cinco).
> - **Penalidade** – Multa.
> - **Valor da Multa** – R$ 127,69 – Resolução Contran nº 136/2002.
> - **Medida Administrativa** – Não há previsão.
> - **Código da Infração** – 631-9 – Denatran/Detran – Resolução Contran nº 66/1998 (Corresponde ao art. 220, VI – CTB).
> - **Competência** – Município – Resolução nº 66/1998.

Esta infração pode ocorrer nas vias urbanas ou rurais. Tratando-se de via rural, a sinalização do local será feita através das placas de advertência A-1a (curva acentuada à esquerda) ou A-1b (curva acentuada à direita). Nas vias urbanas as placas de regulamentação previstas são R-25a (vire à esquerda) ou R-25b (vire à direita).

As placas de advertência acima mencionadas tem como significado advertir o condutor do veículo da existência, adiante, de curva acentuada à esquerda ou à direita. Deve ser utilizada sempre que existir curva acentuada adiante que possa comprometer a segurança do condutor do veículo. Seu uso é mais generalizado em rodovias rurais pavimentadas ou vias de trânsito rápido e vias preferenciais em regiões pouco urbanizadas, onde as velocidades prevalecentes antes da placa acarretam operação perigosa na curva.

Nas áreas urbanas, deixar de reduzir velocidade do veículo de forma compatível com a segurança do trânsito nos trechos em curvas de pequeno raio, tem sido causa de inúmeros acidentes, muitas vezes, com perda do controle direcional do veículo, conseqüentemente, capotando o veículo, colidindo com outros veículos e atropelando pedestres que caminham pela calçada.

Destacamos a seguinte decisão: curvas – velocidade incompatível: "Ao se aproximar de uma curva deve o motorista reduzir a velocidade de tal sorte que, ao iniciá-la, esteja o veículo sob controle e em condições de vencê-la sem qualquer risco".[137]

Na publicação *Shell Responde*,[138] tem a seguinte explicação: "muitas vezes alguns motoristas freiam para reduzir a velocidade durante uma curva. E não poucas vezes perdem o controle do carro, sofrendo acidentes ou levando um sério susto. Um dos segredos do dirigir com segurança é saber fazer uma curva corretamente, a começar pela posição das mãos ao volante. Porque numa curva entra em ação a força centrífuga que impulsiona o veículo na direção oposta. Tome estes cuidados: *1º)* Calcule antes a velocidade com que você poderá fazer a curva com segurança. Respeite o aviso de velocidade máxima que lhe oferece sempre uma margem segura para fazer a curva com tranqüilidade. Lembre-se que quanto mais fechada a curva mais você deverá diminuir a velocidade. *2º)* Freie sempre antes de entrar na curva. Logicamente também, nunca entre com excesso de ve-

---

137. Cf. AP. 226.047, v.u., TACrim-SP, Rel. Nogueira Camargo.
138. *Como posso aumentar minha segurança? Cuidados simples contra acidentes, roubos e assaltos no carro*, nº 11.

locidade que poderá levá-lo a dar uma freada brusca e perigosíssima. Ao frear na curva seu carro perde a aderência ao solo, exatamente quando a força centrífuga tende a jogá-lo para fora. *3º)* Leve em conta que você deverá fazer a curva pisando levemente no acelerador. A aceleração do motor aumenta a aderência. No caso de curva fechada e em descida é aconselhável trocar a marcha por outra mais reduzida (terceira ou Segunda), de forma a você poder continuar acelerando".

Ranvier Feitosa Aragão,[139] ao tratar das *velocidades de segurança,* adverte: "De todo o expedido, em síntese, o veículo se equilibrará dinamicamente e percorrerá a curva enquanto a força centrífuga for menor do que o atrito. Pela definição matemática, verifica-se que a força centrífuga cresce exponencialmente com a velocidade; quanto maior for a velocidade maior será a força centrífuga, conseqüentemente aumentando o risco do veículo derrapar tangencialmente para fora da curva. Ocorre que a força centrífuga não cresce infinitamente. Quando essa for superada pela força centrífuga, fatalmente o veículo abandonará a trajetória curva que pretendia desenvolver. Isto posto, para o veículo percorrer uma curva é necessário que seja convenientemente inscrito, através da adequada operação do sistema de direção, bem assim, que sua velocidade esteja inserida em certos limites, superados os quais, conforme assinalado, sobrevêm o deslizamento, o tombamento ou o capotamento. Essas velocidades, chamadas de velocidades limites ou velocidades críticas, são perfeitamente definidas para situação específicas, adiante elencadas, representando a maior velocidade com que o veículo pode percorrer a curva sem derrapar. Superado esse limite, sobrevêm o efeito da força centrífuga, perde-se o controle direcional, tendendo o veículo a prosseguir pela tangente do arco de circunferência da curva".

Insta acentuar, que as imposições do art. 43 do CTB, aplicam-se na situação em análise, no que couber, além das argumentações relacionadas ao inciso I do art. 220, no que relaciona-se com velocidade compatível com a segurança.

| 124 |

Art. 220. *Deixar de reduzir a velocidade do veículo de forma compatível com a segurança do trânsito:*

VII – *ao aproximar-se de locais sinalizados com advertência de obras ou trabalhadores na pista:*

- **Amparo Legal** – *art. 220, VII – CTB.*
- **Infração** – *Grave.*
- **Número de pontos** – *5 (cinco).*
- **Penalidade** – *Multa.*
- **Valor da Multa** – *R$ 127,69 – Resolução Contran nº 136/2002.*
- **Medida Administrativa** – *Não há previsão.*

---

139. *Acidentes de Trânsito: Aspectos Técnicos e Jurídicos,* p. 128.

ART. 220

- **Código da Infração** – 632-7 – Denatran/Detran – Resolução Contran nº 66/1998 (Corresponde ao art. 220, VII – CTB).
- **Competência** – Município – Resolução Contran nº 66/1998.

Velocidade imoderada, inadequada ou excessiva que evidencia imprudência, não é aquela que ultrapassa o máximo permitido na legislação ou sinalização, mas aquela que revela inegável perigo, em face das condições do local, visibilidade, tráfego e demais circunstâncias objetivas.

Quando houver na via pública sinalização de trânsito indicativa de obras ou trabalhadores na pista, o condutor tem o dever de reduzir a velocidade do veículo de forma compatível com a segurança do trânsito, considerando-se, que nessas condições as cautelas devem ser redobradas a fim de evitar eventos lesivos decorrentes do estreitamento da via, trânsito das máquinas e pessoas ou ainda advindo da própria morosidade que sofreu o fluxo de trânsito no local.

O trecho da via que antecede obras ou trabalhadores deve ser precedida de sinalização de advertência, através de placas ou outros meios admitidos na legislação, mormente no Anexo II da Lei nº 9.503/1997 (CTB) e Resolução Contran nº 561/1980. *Placa de obras,* são idênticas às de sinalização vertical de advertência, inclusive as especiais e de informações complementares. O que diferencia as placas de obra é a substituição do fundo amarelo pelo fundo laranja amarelado. As placas de obra tem uso temporário, vinculado sempre às obras no viário.

As placas de advertência de obra (fundo laranja amarelado), podem ser citadas como exemplos: A-24 (obras), A-21 a (estreitamento da pista ao centro), A-45 (rua sem saída), A-25 (mão dupla adiante), A-21b (estreitamento de pista à esquerda), etc.

Placas especiais de advertência de obra (fundo laranja amarelado), são: desvio à direita a 100m, máquinas na pista a 100m, desvio, pista fechada a 100m, cuidado obras na transversal, etc.

Importa destacar que o parágrafo único do art. 88 do Código, estabelece que nas vias ou trechos de vias em obras deverá ser afixada sinalização específica e adequada. O Código de Trânsito Brasileiro nos arts. 91 *usque* 95, trata da engenharia de tráfego, acentuando-se sobre obras o art. 95 e incisos.

Aplica-se ainda na situação comentada, as normas de circulação e conduta prevista no art. 43 e incisos do Código e Resolução Contran nº 67/1998, parágrafo único que dispões *para efeito do art. 1º da citada resolução* os canteiros de obras na construção civil não são considerados como via pública. Chamo a atenção, somente para efeito do art. 1º da Resolução nº 67/1998 Contran.

| 125 |

| **Art. 220.** Deixar de reduzir a velocidade do veículo de forma compatível com a segurança do trânsito: |
| **VIII –** *sob chuva, neblina, cerração ou ventos fortes:* |

- **Amparo Legal** – art. 220, VIII – CTB.
- **Infração** – Grave.
- **Número de pontos** – 5 (cinco).
- **Penalidade** – Multa.
- **Valor da Multa** – R$ 127,69 – Resolução nº 13/02 Contran.
- **Medida Administrativa** – Não há previsão.
- **Código da Infração** – 633-5 – Denatran/Detran – Resolução Contran nº 66/1998 (Corresponde ao art. 220, VIII – CTB).
- **Competência** – Município – Resolução Contran nº 66/1998.

A velocidade do veículo também deve ser reduzida de forma compatível com a segurança do trânsito sob chuva, neblina, cerração ou ventos fortes. Nestas circunstâncias o condutor têm sua visibilidade altamente prejudicada podendo envolver-se em acidente de trânsito por imprudência. São situações adversas e por si só exigem maior atenção e cuidado por parte do condutor de veículo.

Nas situações elencadas, tem incidência a observância contida no art. 43 do CTB.

Dirigir sob essas circunstâncias, podem levar a acidentes múltiplos, com diversas vítimas e acentuada gravidade, e é por esse motivo que o legislador preocupou-se em impor aos condutores o dever de reduzirem a velocidade do veículo. Haverá momento em que a parada em local seguro é a medida mais indicada para o momento, entretanto, havendo opção, não se deve parar nos acostamentos, mas em locais que ofereçam segurança. Exemplo: posto de gasolina.

126

Art. 220. Deixar de reduzir a velocidade do veículo de forma compatível com a segurança do trânsito:

IX – quando houver má visibilidade:

- **Amparo Legal** – art. 220, IX – CTB.
- **Infração** – Grave.
- **Número de pontos** – 5 (cinco).
- **Penalidade** – Multa.
- **Valor da Multa** – R$ 127,69 – Resolução Contran nº 136/2002.
- **Medida Administrativa** – Não há previsão.
- **Código da Infração** – 634-3 – Denatran/Detran – Resolução Contran nº 66/1998 (Corresponde ao art. 220, IX – CTB).
- **Competência** – Município – Resolução Contran nº 66/1998.

INFRAÇÕES DE TRÂNSITO COMENTADAS

ART. 220

A redução da velocidade do veículo torna-se obrigatória para a segurança do trânsito quando houver má visibilidade, e esta pode advir de diversas situações, tais como, poeira, fumaça, sol, neblina, cerração, nevoeiro, chuva, locais com insuficiência de iluminação, etc.

O art. 43 do Código de Trânsito, deve ser observado, pois, tem imposição sobre as situações mencionadas.

127

Art. 220. *Deixar de reduzir a velocidade do veículo de forma compatível com a segurança do trânsito:*
X – *quando o pavimento se apresentar escorregadio, defeituoso ou avariado:*
- **Amparo Legal** – art. 220, X – CTB.
- **Infração** – Grave.
- **Número de pontos** – 5 (cinco).
- **Penalidade** – Multa.
- **Valor da Multa** – R$ 127,69 – Resolução Contran nº 136/2002.
- **Medida Administrativa** – Não há previsão.
- **Código da Infração** – 635-1 – Denatran/Detran – Resolução Contran nº 66/1998 (Corresponde ao art. 220, X – CTB).
- **Competência** – Município – Resolução Contran nº 66/1998.

Apresentando-se a pavimentação escorregadia, defeituosa ou avariada, independente da sinalização do local, o condutor tem o dever de reduzir a velocidade do veículo, amoldando-a às características do local. Os fatores adversos citados podem levar a perda do controle direcional do conduzido e conseqüentemente acidentes. O art. 43 do Código de Trânsito dispõe sobre regras a serem observadas e com incidência no preceito comentado.

128

Art. 220. *Deixar de reduzir a velocidade do veículo de forma compatível com a segurança do trânsito:*
XI – *à aproximação de animais na pista:*
- **Amparo Legal** – art. 220, XI – CTB.
- **Infração** – Grave.

- **Número de pontos** – 5 (cinco).
- **Penalidade** – Multa.
- **Valor da Multa** – R$ 127,69 – Resolução Contran nº 136/2002.
- **Medida Administrativa** – Não há previsão.
- **Código da Infração** – 636-0 – Denatran/Detran – Resolução Contran nº 66/1998 (Corresponde ao art. 220, XI – CTB).
- **Competência** – Município – Resolução Contran nº 66/1998.

Este inciso impõe ao condutor a obrigatoriedade de reduzir de forma compatível com a segurança do trânsito a velocidade do veículo ao aproximar-se de animais na pista, uma vez que poderá ocorrer acidente. Ocorrendo o acidente, deverá ser registrado boletim de ocorrência com eventual responsabilidade penal, civil e administrativa (esta última imposta pelo órgão com jurisdição sobre a via, DER, prefeitura) para o proprietário do animal. Ausente o acidente, o condutor deve acionar o órgão responsável pela via para o recolhimento do animal, evitando-se com isso futuro acidente de trânsito. O art. 43 do Código tem correspondência com esse dispositivo.

Como medida administrativa, o Código estabelece no inciso X do art. 269, o recolhimento de animais que se encontrem soltos nas vias e na faixa de domínio das vias de circulação, restituindo-os aos seus proprietários, após o pagamento de multas e encargos devidos. Aos animais recolhidos, aplica-se o disposto nos arts. 271 e 328, no que couber (§ 4º do art. 269). Importa lembrar, que o art. 31 da Lei de Contravenções Penais, tipifica a conduta daquele que deixa cavalos ou bois soltos, ou ainda que presos consigam soltar-se, próximos a estradas de rodagem, e por isso acabam sendo motivo do acidente na via, quando nela ingressam.

129

Art. 220. Deixar de reduzir a velocidade do veículo de forma compatível com a segurança do trânsito:

XII – em declive:

- **Amparo Legal** – art. 220, XII – CTB.
- **Infração** – Grave.
- **Número de pontos** – 5 (cinco).
- **Penalidade** – Multa.
- **Valor da Multa** – R$ 127,69 – Resolução Contran nº 136/2002.
- **Medida Administrativa** – Não há previsão.
- **Código da Infração** – 637-8 – Denatran/Detran – Resolução Contran nº 66/1998 (Corresponde ao art. 220, XII – CTB).
- **Competência** – Município – Resolução Contran nº 66/1998.

Ao transitar com o veículo em declive (descida), a velocidade deve ser reduzida, por questão de segurança no trânsito e por força do risco de acidente que oferece, principalmente veículos de grande porte. Não se pode deslembrar o conteúdo do art. 43 do CTB.

O inciso IX do art. 231 do CTB, estabelece infração de natureza média, penalidade de multa e como medida administrativa a retenção do veículo, transitar com o veículo desligado ou desengrenado em declive. É a conhecida "banguela", causa de inúmeros acidentes de trânsito.

Não obstante as infrações do art. 220 inciso XII e do art. 231 inciso IX configurarem violação a legislação do trânsito, não se confundem entre si. A primeira trata de não redução de velocidade do veículo com a segurança do trânsito ao transitar em declive. A segunda, o condutor transitava com o veículo desligado ou desengrenado (banguela). No caso, cometendo ambas as infrações, haverá concurso de infrações nos termos do art. 266 do CTB, sendo aplicadas cumulativamente.

130

Art. 220. *Deixar de reduzir a velocidade do veículo de forma compatível com a segurança do trânsito:*

XIII – *ao ultrapassar ciclista:*

- **Amparo Legal** – *art. 220, XIII – CTB.*
- **Infração** – *Grave.*
- **Número de pontos** – *5 (cinco).*
- **Penalidade** – *Multa.*
- **Valor da Multa** – *R$ 127,69 – Resolução Contran nº 136/2002.*
- **Medida Administração** – *Não há previsão.*
- **Código da Infração** – *638-6 – Denatran/Detran – Resolução Contran nº 66/1998 (Corresponde ao art. 220, XIII – CTB).*
- **Competência** – *Município – Resolução Contran nº 66/1998.*

A redução de velocidade do veículo de forma compatível com a segurança do trânsito é obrigatória ao ultrapassar ciclista.

O art. 201 do CTB, estabelece que o condutor deve guardar distância lateral mínima de 1,50m (um metro e cinqüenta centímetros) ao passar ou ultrapassar bicicleta.

Bicicleta, é segundo o Anexo II do CTB, veículo de propulsão humana, dotado de duas rodas, não sendo, para efeito do Código, similar à motocicleta e ciclomotor.

Nas vias urbanas e nas rurais de pista dupla, a circulação de bicicletas deverá ocorrer, quando não houver ciclovia, ciclofaixa ou acostamento, ou quando não for possível a utilização destes, nos bordos da pista de rolamento, no mesmo sentido de circulação regulamentado para a via, com preferência sobre os veículos automotores.

A intenção do legislador foi dar maior proteção aos ciclistas ao estabelecer a distância lateral de ultrapassagem (1,50m), considerando que muitos deles desprezam ou desconhecem a sinalização e regras básicas de trânsito colocando em risco a própria vida. Há intervenção acentuada do Estado-Administração na vida das pessoas visando preservar a integridade física.

Necessário esclarecer que as infrações de trânsito previstas nos arts. 220 inciso XIII e a do 201 não se confundem, podendo ser aplicadas cumulativamente quando o infrator as cometer simultaneamente por força do que dispõe o art. 266 do CTB. Deve também ser observado o conteúdo do art. 43 do Código.

| 131 |

Art. 220. *Deixar de reduzir a velocidade do veículo de forma compatível com a segurança do trânsito:*

XIV – *nas proximidades de escolas, hospitais, estações de embarque e desembarque de passageiros ou onde haja intensa movimentação de pedestres:*

- **Amparo Legal** – *art. 220, XIV – CTB (Adm.) e art. 311, CTB, ou art. 34, LCP.*
- **Infração** – *Gravíssima.*
- **Número de pontos** – *7 (sete).*
- **Penalidade** – *Multa.*
- **Valor da Multa** – *R$ 127,69 – Resolução Contran nº 136/2002.*
- **Medida Administrativa** – *Não há previsão.*
- **Código da Infração** – *639-4 – Denatran/Detran – Resolução Contran nº 66/1998 (Corresponde ao art. 220, XIV – CTB).*
- **Competência** – *Município – Resolução Contran nº 66/1998.*

Nas proximidades de escolas, hospitais, estações de embarque e desembarque de passageiros ou onde haja movimentação de pedestres o condutor deve reduzir a velocidade do veículo de forma compatível com a segurança do trânsito. O art. 43 do CTB, também deve ser observado pelo condutor e aplicado quando necessário. Da mesma forma o art. 13, nº 1 da Convenção de Viena.

Quando o condutor transitar com o veículo diante de escola em velocidade incompatível, não há necessidade para a configuração da infração que efetivamente esteja entrando ou saindo alunos, professores e funcionários. Basta a conduta de não reduzir a velocidade do veículo de forma a amoldar-se a situação do local, isto é, diante de escola. É a velocidade circunstanciada, de segurança, objetivando a incolumidade pública imposta pelo Código.

A conduta típica consiste em dirigir veículo em velocidade incompatível com a segurança alheia nos locais indicados (proximidades de escolas, hospitais, estações de embarque e desembarque de passageiros ou onde haja intensa movimentação de pedestres).

O condutor surpreendido no cometimento destas infrações independente da sanção administrativa prevista no inciso XIV do art. 220 do CTB, deve ser conduzido a presença da Autoridade Policial, no caso, o Delegado de Polícia, para providências de Polícia Judiciária, e conforme a conduta típica, gerando perigo de dano haverá o crime previsto no art. 311 do CTB. Ausente o perigo de dano, e não sendo os locais previstos do art. 311 do CTB, subsiste o art. 34 da LCP.

A aplicação da penalidades administrativas previstas no CTB, não elide as punições originárias de ilícitos penais decorrentes de crimes de trânsito, conforme disposições de lei (§ 1º do art. 256 do CTB).

A sanção administrativa preconizada no inciso XIV do art. 220 do Código não exclui o crime previsto no art. 311 do CTB.[140]

132

Art. 221. *Portar no veículo placas de identificação em desacordo com as especificações e modelos estabelecidos pelo Contran:*

- **Amparo Legal** – art. 221 – CTB.
- **Infração** – Média.
- **Número de pontos** – 4 (quatro).
- **Penalidade** – Multa.
- **Valor da Multa** – R$ 85,13 – Resolução Contran nº 136/2002.
- **Medida administrativa** – Retenção do veículo para regularização e apreensão das placas irregulares.
- **Código da Infração** – 640-8 – Denatran/Detran – Resolução Contran nº 66/1998 (Corresponde ao art. 221 – CTB).
- **Competência** – Estado – Resolução Contran nº 66/1998.

A infração de trânsito prevista no art. 221, ora em análise, não se confunde com as previstas nos incisos I, IV e VI do art. 230 do CTB, posto que, a do art. 221, leva-nos a interpretação de infração de trânsito de menos gravidade (infração média), em relação as preconizadas nos incisos I, IV e VI do art. 230 que é infração gravíssima. Não estou levando em conta apenas a classificação prevista no art. 258 do Código, mas a própria conduta do agente sendo que no art. 221, a desobediência à legislação se traduz na não observância das dimensões, cor,

---

140. No mesmo sentido: RT 591/390 e RT 648/310.

modelo, consistência e numeração. Há um padrão a ser seguido e observado na confecção das placas identificadoras dos veículos e de acordo com a demarcação prevista na Resolução Contran nº 45/1998 e art. 115 do CTB, além de outras resoluções que disciplinam as placas especiais. Esta infração é caracterizada quando o condutor porta no veículo placas de identificação em desacordo, em desconformidade com as especificações e modelos exigidos na legislação. Autores como Waldyr de Abreu,[141] entende que esta infração de trânsito "expressa em geral, exibicionismo ou a mais ampla mediocridade de seus agentes".

AUSÊNCIA DE TARJETA NAS PLACAS DE IDENTIFICAÇÃO DO VEÍCULO – REVISÃO

O Cetran/SP,[142] emitiu o seguinte Parecer sobre o assunto: "Em análise documento oriundo do Comando de Policiamento Rodoviário, o qual solicita Reexame de Parecer emitido por este Relator e aprovado pelo Plenário sobre a aplicação do art. 230, inciso I do CTB, nos casos em que a fiscalização de trânsito constata que a placa do veículo se apresenta sem a **Tarjeta de Identificação do Município e da Unidade da Federação.**

Reexaminando-se as prescrições para o caso, é de se concluir pela procedência das observações, à vista do que deve ser refeita a concessão na Ata da 18ª Sessão Extraordinária do Cetran,[143] **para definir pela Aplicação do art. 221 do CTB, nos casos da falta da tarjeta de identificação do Município e Unidade da Federação sobre as placas identificadoras do veículo.**

O parágrafo único do art. 221, que será analisado no tópico seguinte, estabelece que incide na mesma penalidade aquele que confecciona, distribui ou coloca, em veículo próprio ou de terceiros, placas de identificação não autorizadas pela regulamentação.

Um dos itens do sistema de identificação mais importante dos veículos, sem dúvida, trata-se das placas de identificação externas necessárias a propriedade e fiscalização pelos órgãos públicos, tendo o Contran regulado seu uso através da Resolução nº 45/1998, estabelecendo no seu art. 1º que após registrado no órgão de trânsito, cada veículo será identificado por placas dianteira e traseira, afixadas em parte integrante do mesmo, contendo caracteres alfanuméricos individualizados sendo o primeiro grupo composto por 3 caracteres, resultante do arranjo, com repetição, de 26 letras, tomadas três a três, e o segundo composto por 4 caracteres, resultante do arranjo, com repetição, de 10 algarismos, tomados quatro a quatro.

Além dos caracteres previstos anteriormente, as placas dianteira e traseira deverão conter, gravados em tarjetas removíveis a elas afixadas, a sigla identificadora da unidade da federação e o nome do município de registro do veículo, exceção feita às placas dos veículos oficiais (§ 1º do art. 1º da Resolução Contran nº 45/1998).

---

141. *Código de Trânsito Brasileiro*, p. 65.
142. Publicado no *DOE* de 21.11.1998.
143. Publicada no *DOE* de 9.5.1998.

ART. 221

As placas dos veículos oficiais, deverão conter gravados nas tarjetas ou, em espaço correspondente, na própria placa, os seguintes caracteres:

I – veículos oficiais da União: Brasil;

II – veículos oficiais das unidades da federação: nome da unidade da federação;

III – veículos oficiais dos municípios: sigla da unidade da federação e o nome do município;

A placa traseira será obrigatoriamente lacrada à estrutura do veículo, juntamente com a tarjeta, com ressalva aos veículos oficiais. Os caracteres das placas de identificação serão gravados em alto relevo.

As dimensões, cores e demais características das placas obedecerão as especificações constantes no Anexo II da Resolução Contran nº 45/1998, sendo toleradas variações de até 10% nas dimensões das placas e características alfanuméricos das mesmas.

Os veículos automotores cujo receptáculo próprio das placas seja inferior ao mínimo estabelecido na Resolução Contran nº 45/1998, ficam autorizados, após verificação da excepcionalidade pelo órgão executivo de trânsito dos Estados ou do Distrito Federal, a utilizar a placa adequada, conforme figura 2 da mencionada Resolução em seu Anexo I.

Para a substituição das placas dos veículos, os órgãos executivo de trânsito dos Estados ou do Distrito Federal, deverão proceder a vistoria dos mesmos para verificação de suas condições de segurança, autenticidade de identificação, legitimidade de propriedade e atualização dos dados cadastrais.

Importa destacar que a Resolução Contran nº 45/1998, estabelece o sistema de placas de identificação de veículos, disciplinado pelos arts. 115 e 221 do CTB, e sua observância, o não cumprimento, implicará na aplicação da penalidade prevista no art. 221 do Código de trânsito brasileiro.

CATEGORIA DO VEÍCULO	COR – PLACA E TARJETA	
	FUNDO	CARACTERES
Particular	Cinza	Preto
Aluguel	Vermelho	Branco
Experiência	Verde	Branco
Aprendizagem	Branco	Vermelho
Fabricante	Azul	Branco

Os veículo após identificados deverão ter suas placas lacradas à estrutura, com lacres de uso exclusivo, em material sintético virgem (polietileno) ou metálico (Chumbo). Estes deverão possuir características de inviolabilidade e identificado o organismo de trânsito (UF) em sua face externa, permitindo a passagem do arame por seu interior.

O Código de Trânsito Brasileiro, impõe no seu art. 115, que o veículo será identificado externamente por meio de placas dianteiras e traseira, sendo esta lacrada em sua estrutura, obedecidas as especificações e modelos estabelecidos pelo

Contran conforme Resolução nº 45/1998. Não se aplicando o disposto no art. 115 do CTB, aos veículos de uso bélico.

Os veículos de duas ou três rodas são dispensadas da placa dianteira (§ 6º do art. 115, CTB). Também os biciclos e similares motorizados, serão identificados apenas por placa traseira lacrada à sua estrutura.

Os caracteres das placas serão individualizados para cada veículo e o acompanharão até a baixa do registro, sendo vedado seu aproveitamento. As placas com as cores verde e amarela da bandeira nacional serão usadas somente pelos veículos de representação pessoal do Presidente e do Vice-Presidente da República, dos Presidentes do Senado Federal e da Câmara dos Deputados, do Presidente e dos Ministros do STF, dos Ministros de Estado, do Advogado-Geral da União e do Procurador-Geral da República (§ 1º e § 2º art. 115, CTB).

Os veículos de representação dos presidentes dos Tribunais Federais, dos Governadores, Prefeitos, Secretários Estaduais e Municipais, dos Presidentes das Assembléias Legislativas, das Câmaras Municipais, dos Presidentes do Tribunais Estaduais, e do Distrito Federal, e do respectivo Chefe do Ministério Público e ainda dos Oficiais Generais das Forças Armadas terão placas especiais, de acordo com os modelos estabelecidos pelo Contran nas Resoluções nºs 32/1998, 88/1999 e 94/1999, que estabelecem modelos de placas para veículos de representação (§ 3º do art. 115 do CTB).

Os aparelhos automotores destinados a puxar ou arrastar maquinaria de qualquer natureza ou a executar trabalhos agrícolas e de construção ou de pavimentação são sujeitos, desde que lhes seja facultado transitar nas vias, ao registro e licenciamento da repartição competente, devendo receber numeração especial (§ 4º art. 115 CTB).

O Contran através de outras resoluções disciplina o uso de placas especiais:

I – Resolução nº 437/1970 – placas de representação, para Autoridades Executivas e dos Poderes dos Estados.

II – Resolução nº 493/1975 – placas de experiência, utilizada pelos estabelecimentos onde se executam reformas, recuperação, compra, venda, montagem ou desmontagem de veículos.

III – Resolução nº 513/1977 c/c Resolução nº 653/1985 – placas de bronze para Ministérios Civis, Órgãos Autônomos e Autarquias Federais.

IV – Resolução nº 523/1977 – placas reservadas ao Ministério das Relações exteriores, com o dístico "Cerimonial".

V – Resolução nº 529/1978 – placas previstas para as autarquias, com fundo de cor amarela, classificados os veículos na categoria particular.

VI – Resolução nº 741/1978 – placas previstas para os Organismos Internacionais.

VII – Resolução nº 756/1991 – dispõe sobre as cores das placas de identificação de veículos pertencentes a Entidades Públicas estabelecendo que o fundo será branco e os caracteres serão na cor preta.

A título de lembrança, destacamos ainda as seguintes Resoluções do Contran:

— nº 783/1994 – disciplina a aplicação de segunda placa traseira de identificação nos veículos dotados de dispositivo de engate para reboque;

— nº 793/1994 – dispõe sobre o uso de placa de fabricante;

— nº 835/1997 – estabelece placa de identificação e define procedimento para o registro, emplacamento e licenciamento de veículos automotores pertencentes às Missões Diplomáticas, as Repartições Consulares de Carreira, aos Organismos Internacionais, aos funcionários Estrangeiros Administrativos de Carreira e aos Peritos Estrangeiros de Cooperação Internacional;

— nº 836/1997 – dispõe sobre a gravação, em caráter opcional, dos caracteres alfanuméricos da placa de identificação, nos vidros do veículo;

— nº 32/1998 – estabelece modelos de placas para veículos de Representação, de acordo com o art. 115, § 3º, do Código de Trânsito Brasileiro,

— nº 56/1998 – disciplina a identificação e emplacamento dos veículos de coleção, conforme dispões o art. 97 do CTB;

— nº 60/1998 – dispõe sobre a permissão de utilização de controle eletrônico para o registro do movimento de entrada e saída e uso de placas de experiência pelos estabelecimentos constantes no art. 330 do CTB;

— nº 88/1999 – estabelece modelo de placa para veículos de Representação e dá outras providências;

— nº 94/1999 – estabelece modelo de placa para veículos de representação.

133

Art. 221. *Portar no veículo placas de identificação em desacordo com as especificações e modelos estabelecidos pelo Contran.*

Parágrafo único. *Incide na mesma penalidade aquele que confecciona, distribui ou coloca, em veículo próprio ou de terceiros, placas de identificação não autorizadas pela regulamentação:*

- **Amparo Legal** – art. 221, parágrafo único – CTB.
- **Infração** – Média.
- **Número de pontos** – 4 (quatro).
- **Penalidade** – Multa.
- **Valor da Multa** – R$ 85,13 – Resolução Contran nº 136/2002.
- **Medida administrativa** – Retenção do veículo para regularização e apreensão das placas irregulares.
- **Código da Infração** – 641-6 – Denatran/Detran – Resolução Contran nº 66/1998 (Corresponde ao art. 221, parágrafo único – CTB).
- **Competência** – Estado – Resolução Contran nº 66/1998.

Os comentários que fizemos no tópico anterior, tem aplicação integralmente ao dispositivo do parágrafo único do art. 221, entretanto, atingindo agora, além dos condutores/proprietários, aqueles que confeccionam, distribuem ou colocam, em veículo próprio ou de terceiros, placas de identificação não autorizadas pela regulamentação. Entendo que aqui, independente da responsabilidade penal, inserem-se também as placas falsificadas ou com ausência de legibilidade e visibilidade previstas nos incisos I e VI do art. 230 do CTB. No caso de placas falsificadas, adulteradas, o investigado deverá ser apresentado a autoridade policial, no caso, o delegado de polícia, com circunscrição sobre a via para providências próprias de polícia judiciária, sem prejuízo da ação administrativa nos termos do § 1º do art. 256 do Código de trânsito brasileiro.

Não obstante, o parágrafo único do art. 221 do CTB, referir-se a expressão penalidade, adotamos posição que aplica-se inclusive a medida administrativa de retenção do veículo para regularização e apreensão das placas irregulares, caso contrário, a imposição apenas de multa, não atingiria o propósito do legislador que é a segurança do trânsito. A redação do parágrafo único poderia ter sido melhor elaborada, o que evitaria posições em sentido contrário de renomados doutrinadores.

134

Art. 222. *Deixar de manter ligado, nas situações de atendimento de emergência, o sistema de iluminação vermelha intermitente dos veículos de polícia, de socorro de incêndio e salvamento, de fiscalização de trânsito e das ambulâncias, ainda que paradas:*

- **Amparo Legal** – art. 222 – CTB.
- **Infração** – Média.
- **Número de pontos** – 4 (quatro).
- **Penalidade** – Multa.
- **Valor da Multa** – R$ 85,13 – Resolução Contran nº 136/2002.
- **Código da Infração** – 642-4 – Denatran/Detran – Resolução Contran nº 66/1998 (Corresponde ao art. 222 – CTB).
- **Competência** – Município – Resolução Contran nº 66/1998.

O dispositivo em comento, impõe aos veículos destinados a prestação de serviços de emergência (urgência), isto é, aos de polícia, socorro de incêndio e salvamento, fiscalização de trânsito e as ambulâncias, enquanto na prestação dos serviços, ainda que parados mas em atividade, a obrigatoriedade de se manter ligado o sistema de iluminação vermelha intermitente. Essa determinação para fins de tipificação na presente infração, não se insere o sistema sonoro.

Referidos veículos, além de prioridade de trânsito, gozam de livre circulação, estacionamento e parada quando em serviço de urgência e devidamente identificados por dispositivos regulamentares de alarma sonoro e iluminação vermelha intermitente (art. 29, VII, CTB).

A iluminação vermelha é de uso exclusivo e obrigatório dos mencionados veículos de emergência. Entretanto, por força da Resolução Contran nº 679/1987 que dispõe sobre o uso de luzes intermitentes rotativas, em seu art. 2º, os veículos prestadores de serviços de utilidade pública estão autorizados a instalar dispositivo luminoso de cor amarelo-âmbar sobre o teto dos veículos.

Veículos prestadores de serviço de utilidade pública são: os destinados à manutenção e reparo de redes de energia elétrica, de água e esgotos, de gás combustível canalizado, de telecomunicações e de comunicações telefônicas; os que se destinam à conservação, manutenção e sinalização viária, quando a serviço de órgão executivo de trânsito, os destinados ao socorro mecânico de emergência nas vias a circulação pública, os veículos especiais ao transporte de valores, os veículos destinados ao serviço de escolta, quando registrados em órgão rodoviário para tal finalidade. A instalação do dispositivo luminoso intermitente ou rotativo de cor amarelo-âmbar nesses veículos dependerá de prévia autorização do Departamento Estadual de Trânsito – Detran. A não observância, pode ensejar a violação do dispositivo nos arts. 229 ou 230, XIII. Durante o deslocamento dos veículos prestadores de utilidade pública é proibido o acionamento ou energização do dispositivo luminoso, entretanto, há exceção no caso dos veículos destinados a escolta quando registrados em órgão rodoviário para tal finalidade. Esses veículos de prestação de serviços de utilidade pública, apesar de gozarem de livre parada e estacionamento independentemente de proibições ou restrições estabelecidas na legislação de trânsito ou através de sinalização regulamentar quando se encontrarem em efetiva operação de prestação de serviço no local (art. 29, VIII, CTB), não tem prioridade de passagem ou o direito de desrespeitarem a sinalização quando em circulação. Também é proibido a instalação de alarme sonoro a teor dos permitidos aos veículos de prestação de serviços de urgência.[144]

Todo condutor de veículo automotor ao perceber a aproximação dos veículos de urgência, com os dispositivos acionados, deverão deixar livre a passagem pela faixa da esquerda, indo para a direita da via e parando, se necessário. Os pedestres, ao ouvir o alarme sonoro deverão aguardar no passeio, só atravessando a via quando o veículo já tiver passado pelo local. O uso de dispositivos de alarme sonoro e de iluminação vermelha intermitente só poderá ocorrer quando da efetiva prestação de serviços de urgência.

Imperioso ressaltar, que nos termos do art. 46 do Código, sempre que for necessária a imobilização temporária de um veículo no leito viário, em situação de emergência, deverá ser providenciada a imediata sinalização de advertência, na forma estabelecida pelo Contran na Resolução nº 36/1998.

Feitas as distinções entre veículos destinados a prestação de serviços de urgência (art. 29, VII, CTB) e veículos prestadores de serviços de utilidade pública (art. 29, VIII e Resolução nº 679/1989), essa característica não desobriga os condutores de tomarem cautelas de segurança quando transitando pelas vias públi-

---

144. Cf. Resolução Contran nº 679/1987.

cas, não importando em preferência de trânsito incondicionada em relação aos demais veículos.

O Detran/SP, normatizou as providências relacionados aos veículos de utilidade pública publicando no *DOE* de 31.8.2002 a:

"PORTARIA DETRAN Nº 1.192, DE 30 DE AGOSTO DE 2002

Dispõe sobre o uso de luzes intermitentes rotativas sobre o teto dos veículos prestadores de serviços de utilidade pública.

O Delegado de Polícia Diretor.

Considerando o disposto nos incisos VII e VIII do art. 29 do Código de Trânsito Brasileiro;

Considerando as disposições contidas na Resolução Contran nº 679/1987;

Considerando as inovações introduzidas pelo Código de Trânsito Brasileiro, impondo multiplicidade de condutas visando a implantação do trânsito em condições seguras;

Considerando as atribuições conferidas a este órgão executivo estadual de trânsito, consoante os termos dos incisos III e V do art. 22 do Código de Trânsito Brasileiro;

Considerando, por derradeiro, a necessidade do estabelecimento de rotina operacional específica para o cumprimento das injunções contidas nas legislações epigrafadas, assim como adequar situações peculiares envolvendo o tráfego de veículos que exerçam serviços de utilidade pública,

Resolve:

Art. 1º. O uso de dispositivo luminoso intermitente ou rotativo, de cor amarelo âmbar, sobre o teto dos veículos prestadores de serviços de utilidade pública, será regido pelas disposições contidas nesta Portaria.

Art. 2º. São considerados veículos prestadores de serviços de utilidade pública, desde que devidamente comprovado, os empregados na(o):

I – manutenção e reparo de redes de energia elétrica, de água e esgotos, de gás combustível canalizado, de telecomunicações e de comunicações telefônicas;

II – conservação, manutenção e sinalização viária, quando a serviço do órgão executivo de trânsito;

III – socorro mecânico de emergência nas vias abertas à circulação pública;

IV – transporte de valores e serviços de vigilância;

V – serviço de escolta; e

VI – cortejo fúnebre e remoção de cadáveres.

Parágrafo único. O disposto no *caput* deste artigo aplica-se às hipóteses de terceirização dos serviços, desde que o interessado comprove o vínculo contratual e a efetiva destinação do veículo.

Art. 3º. Para a utilização do dispositivo luminoso intermitente ou rotativo instalado sobre o teto, o veículo deverá estar regularmente autorizado pelo órgão executivo estadual de trânsito.

§ 1º. As autorizações serão conferidas pelos Diretores da Divisão de Registro e Licenciamento da Capital e das Circunscrições Regionais e Seções de Trânsito, em face do local de funcionamento da sede da pessoa jurídica requerente ou, tratando-se de pessoa física, do local de seu domicílio ou residência, mediante a apresentação dos seguintes documentos:

I – requerimento contendo exposição do pedido;

II – cópia do C.N.P.J. ou do C.P.F.;

III – cópia do contrato social;

IV – comprovante de residência ou domicílio, na hipótese de o requerente ser pessoa física;

V – cópia do Certificado de Registro e Licenciamento – CRLV; e

VI – prova da destinação do veículo, demonstrando o seu enquadramento em uma das hipóteses contidas no art. 2º desta Portaria.

§ 2º. O veículo utilizado no serviço de escolta deverá comprovar o efetivo registro em órgão rodoviário para tal finalidade.

§ 3º. Para o veículo utilizado no transporte de valores e serviços de vigilância, a interessada deverá comprovar o seu registro junto ao Departamento da Polícia Federal, consoante o disposto no art. 20 da Lei Federal nº 7.102, de 20 de junho de 1983.

§ 4º. O pedido de autorização poderá abranger um ou mais veículos utilizados na prestação do serviço de utilidade pública, desde que atendidos individualmente os requisitos atinentes à instalação do dispositivo luminoso intermitente ou rotativo.

§ 5º. A autoridade de trânsito competente manterá cadastro das autorizações conferidas, ordenando os requerimentos e demais documentos especificados nesta Portaria, inclusive para fins de controle da renovação periódica da autorização expedida.

Art. 4º. Autorizada a instalação do dispositivo, o requerente providenciará sua instalação e o apresentará para a realização de vistoria perante a unidade de trânsito, juntando na oportunidade os seguintes documentos:

I – fotografia do veículo, demonstrando a correta instalação do dispositivo luminoso intermitente ou rotativo; e

II – comprovante do pagamento da taxa de vistoria, por veículo, no valor de 2,750 UFESP, consoante o disposto no item 11.2 da Tabela "C" – Serviços de Trânsito da Lei Estadual nº 7.645, de 23 de dezembro de 1991, com suas posteriores alterações.

§ 1º. Para a obtenção da autorização, nos termos do disposto no *caput* deste artigo, o veículo deverá ser submetido e aprovado em vistoria, tendo por objetivo verificar:

a) autenticidade da identificação do veículo e de sua documentação;

b) legitimidade da propriedade e/ou vínculo com o serviço de utilidade pública;

c) existência dos equipamentos obrigatórios previstos na legislação de trânsito, assim como o atendimento das especificações técnicas e perfeitas condições de funcionamento; e

d) se as características originais do veículo e de seus agregados não foram modificados, e se constatada alguma alteração, esta tenha sido autorizada e regularizada perante a unidade de trânsito.

§ 2º. Aprovado na vistoria, mediante o integral atendimento do disposto no parágrafo anterior, o interessado deverá apresentar o original do Certificado de Registro e Licenciamento de Veículo – CRLV, para fins de anotação da autorização no verso do documento, nos seguintes termos:

"*Autorizado o uso de dispositivo luminoso intermitente ou rotativo, de cor amarelo âmbar, sobre o teto do veículo*".

Data: ..../..................../..............

....

(identificação da autoridade de trânsito)".

§ 3º. Os dados constantes no parágrafo anterior poderão ser realizados através de processo mecanográfico, etiqueta adesiva ou carimbo.

Art. 5º. A autorização será renovada anualmente, conferida após a expedição do Certificado de Registro e Licenciamento de Veículo – CRLV, mediante prévia realização e aprovação em vistoria, visando o atendimento do disposto no § 1º do artigo anterior.

§ 1º. O laudo de vistoria será arquivado no expediente originário.

§ 2º. O interessado deverá comprovar, por ocasião da renovação da autorização, a continuidade da destinação do veículo para fins de enquadramento em uma das hipóteses contidas no art. 2º desta Portaria.

§ 3º. A vistoria prevista neste artigo importará no prévio pagamento da taxa de vistoria, por veículo.

Art. 6º. O disposto nesta Portaria não desonerará o interessado do cumprimento de eventuais exigências estabelecidas pelos demais órgãos de trânsito, em qualquer uma de suas esferas de competências, por ocasião da circulação e fiscalização dos veículos nas vias públicas.

Art. 7º. Fica proibida a instalação de dispositivo de alarme sonoro nos veículos prestadores de serviço de utilidade pública, assim como a utilização de cor diversa para o dispositivo luminoso intermitente ou rotativo.

Art. 8º. Os veículos gozarão de livre parada e estacionamento, independentemente de proibições ou restrições estabelecidas na legislação de trânsito ou através de sinalização regulamentar, quando se encontrarem:

I – em efetiva operação no local de prestação dos serviços a que se destinam; e

II – devidamente identificados pela energização ou acionamento do dispositivo luminoso.

Parágrafo único. Fica proibido o acionamento ou energização do dispositivo luminoso durante o deslocamento do veículo, ressalvados aqueles enquadrados nos incisos V e VI do art. 2º desta Portaria.

Art. 9º. A inobservância do disposto nesta Portaria importará na aplicação das penalidades constantes do Código de Trânsito Brasileiro.

Art. 10. Fica estabelecido o prazo de 120 dias para que os veículos em circulação, portadores de dispositivos luminosos intermitentes ou rotativos, atendam às disposições contidas nesta Portaria, independentemente das eventuais autorizações conferidas por quaisquer autoridades de trânsito vinculadas a este órgão executivo estadual de trânsito.

Art. 11. Esta Portaria entrará em vigor na data de sua publicação, revogando-se todas as disposições em contrário."

135

Art. 223. Transitar com farol desregulado ou com o facho de luz alto de forma a perturbar a visão do outro condutor:

- **Amparo Legal** – art. 223 – CTB.
- **Infração** – Grave.
- **Número de pontos** – 5 (cinco).
- **Penalidade** – Multa.
- **Valor da Multa** – R$ 127,69 – Resolução Contran nº 136/2002.
- **Medida administrativa** – Retenção do veículo para regularização.
- **Código da Infração** – 643-2 – Denatran/Detran – Resolução Contran nº 66/1998 (Corresponde ao art. 223 – CTB).
- **Competência** – Estado – Resolução Contran nº 66/1998.

Esta infração pode dar-se de duas formas. A primeira quando um ou ambos os faróis estão desregulados. A regulagem dos faróis é obrigatória, sob pena de incidência no art. 223, primeira parte. Trata-se de medida indispensável na manutenção do veículo. Os faróis regulados permite ao condutor de veículo enxergar bem, aproveitando o máximo da área atingida pelo facho de luz, aumentando a segurança no trânsito.

Na edição *Shell Responde* nº 24, "Visibilidade, a importância de ser visto no trânsito", é destacado que a desregulagem ofusca a visão dos motoristas em sentido contrário. Com trânsito intenso, os instantes de ofuscamento multiplicam-se por carros e mais carros que passam com faróis desregulados, somando um intervalo grande de tempo em que a visibilidade fica prejudicada. Os faróis são regulados de modo a concentrar o máximo de luz à direita do eixo central do veículo e a menor intensidade de luz possível à esquerda, para diminuir o efeito do ofuscamento.

A segunda parte do dispositivo em comento, refere-se ao uso de luz alta (luz de estrada, destinada a iluminar a via até uma grande distância a frente do veículo) de forma a perturbar a visão de outro condutor que advenha de sentido oposto ou transitando logo atrás, atingindo o facho de luz o espelho retrovisor ocasionando dessa forma ofuscamento no condutor que segue imediatamente a frente. Não há necessidade para configuração da infração prevista no art. 223 do CTB, que a via seja provida ou não de iluminação pública, assim como também não há necessidade de identificar o outro condutor que teve a visão perturbada pelo facho de luz alta ou com farol desregulado, havendo a conduta em relação outros condutores, isto é, atingindo outro condutor. Um dos grandes responsáveis pelos acidentes de trânsito é o ofuscamento e pode levar à guerra dos faróis, uma ação extremamente nociva no trânsito. O Código de Trânsito Brasileiro em seu art. 40, disciplina que o uso de luzes em veículo deve obedecer as suas determinações, dentre as quais, o condutor manterá acesos os faróis do veículo, utilizando luz baixa durante a noite e durante o dia nos túneis providos de iluminação pública. Nas vias não iluminadas o condutor deve usar luz alta, exceto ao cruzar com outro veículo ou ao segui-lo.

A troca de luz baixa e alta, de forma intermitente e por curto período de tempo, com o objetivo de advertir outros motoristas, só poderá ser utilizada para indicar a intenção de ultrapassar o veículo que segue à frente ou para indicar a existência de risco à segurança para os veículos que circulam no sentido contrário.

Os veículos de transporte coletivo regular de passageiros, quando circularem em faixas próprias a eles destinadas, e os ciclos motorizados deverão utilizar-se de farol de luz baixa durante o dia e a noite.

Importa ainda destacar, a Resolução Contran nº 18/1998, que recomenda o uso, nas rodovias, de farol baixo aceso durante o dia como medida preventiva, fundado em que, as cores e as formas dos veículos modernos contribuem para mascará-los no meio ambiente, dificultando a sua visualização a uma distância efetivamente segura para qualquer ação preventiva, mesmo em condições de boa luminosidade.

Não se pode deixar de mencionar que a Resolução Contran nº 680/1987, estabelece requisitos referentes aos sistemas de iluminação e de sinalização de veículos.

O intérprete, deve lembrar-se ainda do teor do art. 251, inciso II, "a" do CTB, ao alertar que, utilizar as luzes do veículo baixa e alta de forma intermitente não configura infração de trânsito se for em curtos intervalos, quando for conveniente advertir a outro condutor que se tem o propósito de ultrapassá-lo.

Geraldo de Faria Lemos Pinheiro e Dorival Ribeiro,[145] citando José Nava,[146] Visão Noturna e Resistência ao Ofuscamento, destacam: "Quando os olhos são atingidos por fortes impressões luminosos (fulgurações, revérberos, luzes de fa-

---

145. *Doutrina, Legislação e Jurisprudência do Trânsito*, pp. 252-253.
146. *Psicologia Prática, Visão e Audição*, p. 69.

róis, focos luminosos, etc.), a vista sofre um choque luminoso, cujo fato marcante é a decomposição da púrpura retiniana e destruição de sua vitamina A. O resultado imediato é o ofuscamento ou deslumbramento, durante o qual há incapacidade visual completa (cegueira transitória)".

A regulagem dos faróis deve ser efetuada através de equipamentos apropriados, entretanto, a desregulagem dos faróis pode ser observada olhando de frente o veículo e a distância ou através dos espelhos retrovisores.

Da perturbação visual advinda de faróis altos, provocado por veículo que trafega em sentido contrário decorre o deslumbramento ou ofuscamento (Em conseqüência de sobrecarga do órgão da visão por um excesso de luz), sendo portanto, causadores de graves acidentes de trânsito.

MOTORISTA HEMERALÓPICO

O condutor de veículo hemeralópico, isto é, aquele que não enxerga à noite, contra foco de luz contrário, responde pela causa do acidente, subsistindo sua responsabilidade, não o isentando alegar ofuscamento.[147]

OFUSCAMENTO POR LUZ ALTA DE VEÍCULO EM SENTIDO CONTRÁRIO

Em sede de homicídio culposo causado por acidente de trânsito, o ofuscamento por luz alta de veículo que trafega em sentido contrário não é causa excludente de culpabilidade, mas sim fato corriqueiro e previsível.[148]

136

Art. 224. *Fazer uso do facho de luz alta dos faróis em vias providas de iluminação pública:*

- **Amparo Legal** – art. 224 – CTB.
- **Infração** – Leve.
- **Número de pontos** – 3 (três).
- **Penalidade** – Multa.
- **Valor da Multa** – R$ 53,20 – Resolução Contran nº 136/2002.
- **Medida Administrativa** – Não há previsão.
- **Código da Infração** – 644-0 – Denatran/Detran – Resolução Contran nº 66/1998 (Corresponde ao art. 224 – CTB).
- **Competência** – Município – Resolução Contran nº 66/1998.

---

147. Nesse sentido observar: TACrim-SP-AC Rel. Geraldo Gomes – *JUTACRIM* 51/350.
148. TACrim-SP – AC – Rel. Silveira Lima – Rolo Flash 1.062/149 – j. em 19.9.1996, no mesmo sentido: *RT* 404/290, 681/390, 608/392, 529/386, 534/414.

A diferença entre o disposto no art. 224 e o art. 223 do CTB, reside em que o primeiro ocorre obrigatoriamente quando o condutor de veículo usa facho de luz alta dos faróis em vias providas de iluminação pública. É o uso que não está condicionado a atingir terceiros, basta que a via seja provida de iluminação pública. Quanto ao art. 223, independe que a via tenha iluminação pública, entretanto, deve o facho de luz alta ou desregulada provocar efeitos nocivos em terceiros. Nas vias providas de iluminação pública, basta o uso da luz baixa (luzes de cruzamento) que somada a já existente oferece luminosidade suficiente e com segurança.

O farol alto (luz de estrada) pode ser utilizado em vias rurais ou urbanas desprovidas de iluminação pública, entretanto, não deve ser utilizada quando o condutor estiver cruzando com outro veículo ou seguindo atrás, vez que, perturbando a visão de outro condutor, viola o disposto no art. 223 do CTB.

O intérprete deve observar as disposições contidas nos arts. 40 e seguintes do Código. Não os lançamos aqui, para não sermos repetitivos, assim como as Resoluções do Contran nºs 680/1987, 692/1998 e 18/1998.

Os faróis de logo alcance (milha), não devem ser acionados em vias públicas providas de iluminação por força do disposto na Resolução Contran nº 680/1987, Anexo IV, II.11.3.1, b, sob pena de violação ao disposto no art. 224.

137

Art. 225. *Deixar de sinalizar a via, de forma a prevenir os demais condutores e, à noite, não manter acesas as luzes externas ou omitir-se quanto a providências necessárias para tornar visível o local, quando:*

I – *tiver de remover o veículo da pista de rolamento ou permanecer no acostamento:*

- *Amparo Legal* – art. 225, I – CTB.
- *Infração* – Grave.
- *Número de pontos* – 5 (cinco).
- *Penalidade* – Multa.
- *Valor da Multa* – R$ 127,69 – Resolução Contran nº 136/2002.
- *Medida Administrativa* – Não há previsão.
- *Código da Infração* – 645-9 – Denatran/Detran – Resolução Contran nº 66/1998 (Corresponde ao art. 225, I CTB.
- *Competência* – Município – Resolução Contran nº 66/1998.

O condutor de veículo está obrigado nos casos de remoção do veículo da pista de rolamento ou quando permanecer no acostamento com o conduzido, a adotar

ART. 225

medidas que tornam o local visível, uma vez que a parada demorada nestas circunstâncias podem ocasionar acidentes ou dificultar o trânsito dos demais usuários da via. A obrigação de sinalizar a via dá-se durante o dia ou a noite, não há distinção.

A sinalização do local nas hipóteses destacadas (tiver de remover o veículo da pista de rolamento ou permanecer no acostamento) é uma imposição do Código de Trânsito Brasileiro, não bastando o uso apenas do triângulo refletor ou luminoso ou cone com área triangular; há necessidade de maior cautela, sob pena de responsabilidade por omissão. A Resolução Contran nº 827/1996, continua em vigor fundado no parágrafo único do art. 34 do antigo Código Nacional de Trânsito. A referida Resolução regulamenta o dispositivo de sinalização refletora de emergência e todos os fabricantes do equipamento devem observar os requisitos da mencionada Resolução para a fabricação e distribuição no mercado. Há que observar-se ainda as Resoluções Contran nºs 14/1998 e 36/1998.

A via deve ser obrigatoriamente sinalizada nos casos mencionados no tipo, visando prevenir os demais condutores, entretanto, à noite (período do dia compreendido entre o pôr-do-sol e o nascer do sol – Anexo I do CTB), o condutor deve manter acesas as luzes externas do veículo. Uma das formas a tornar visível o local principalmente no período noturno é o acionamento do pisca-alerta (luz intermitente do veículo, utilizada em caráter de advertência, destinada a indicar aos demais usuários da via que o veículo está imobilizado ou em situação de emergência – CTB, Anexo I) independente do pisca-alerta, demais luzes do veículo devem ser mantidas acesas.

O art. 225 em questão, tem como objetivo prevenir os demais condutores de eventual situação anormal na via pública, é a prevenção.

A Resolução Contran nº 36/1998, estabelece a forma de sinalização de advertência para os veículos que, em situação de emergência, estiverem imobilizados no leito viário, conforme o art. 46 do Código de Trânsito Brasileiro. O condutor deverá acionar de imediato as luzes de advertência (pisca-alerta), providenciando a colocação do triângulo de sinalização ou equipamento similar à distância mínima de 30 metros da parte traseira do veículo. O equipamento de sinalização de emergência deverá ser instalado perpendicularmente ao eixo da via, e em condição de boa visibilidade.

As condutas omissivas são três: *1)* durante o dia o condutor não sinalizar a via; *2)* à noite, não manter acessa as luzes do veículo; *3)* de dia ou à noite não tomar providências necessárias para prevenir os demais condutores da via. São providências acauteladoras e de cunho obrigatório, a ação preventiva deve ser adequada e oportuna, quando tiver de remover o veículo da pista de rolamento ou permanecer no acostamento. As providências tendem a ser cumulativas.

Acostamento, é parte da via diferenciada da pista de rolamento destinada à parada ou estacionamento de veículos, em caso de emergência, e à circulação de pedestre e bicicletas, quando não houver local apropriado para esse fim (Anexo I, CTB).

O objetivo do Código é que o condutor do veículo avariado ou em emergência, transmita de forma a evitar acidentes aos demais usuários da via a situação excepcional, independentemente da obrigatoriedade prevista no art. 29 do CTB, uma vez que, manobras bruscas, repentinas, instantâneas e reflexas, podem evitar o embate com o veículo em avaria ou em emergência, entretanto, o condutor apanhado de surpresa poderá perder o controle direcional do seu conduzido, saindo fora da pista de rolamento e culminar em capotamento ou envolver-se em acidente com um terceiro veículo.

O Código em seu art. 46, estabelece que sempre que for necessária a imobilização temporária de um veículo no leito viário, e situação de emergência, deverá ser providenciada a imediata sinalização de advertência, na forma estabelecida pelo Contran. No caso, o previsto na Resolução nº 36/1998. O interprete deve verificar ainda os arts. 26, 45, V, 94, 95 e 251, "b" e "c" do Código de Trânsito Brasileiro.

A Lei de Contravenções Penais em seu art. 36, é aplicada àquele que deixar de colocar na via pública sinal ou obstáculo determinado em lei ou pela autoridade e destinado a evitar perigo a transeuntes.

138

Art. 225. *Deixar de sinalizar a via, de forma a prevenir os demais condutores e, à noite, não manter acesas as luzes externas ou omitir-se a providências necessárias para tornar visível o local, quando:*

II – *a carga for derramada sobre a via e não puder ser retirada imediatamente:*

- **Amparo Legal** – art. 225, II – CTB.
- **Infração** – Grave.
- **Número de pontos** – 5 (cinco).
- **Penalidade** – Multa.
- **Valor da Multa** – R$ 127,69 – Resolução Contran nº 136/2002.
- **Medida Administrativa** – Não há previsão.
- **Código da Infração** – 646-7 – Denatran/Detran – Resolução Contran nº 66/1998 (Corresponde ao art. 225, II – CTB).
- **Competência** – Município – Resolução Contran nº 66/1998.

As observações efetuadas anteriormente quando da interpretação do inciso I do art. 225, aplicam-se integralmente ao inciso II do mesmo artigo, entretanto, a situação agora é que a carga transportada foi derramada sobre a via e não pode ser retirada imediatamente. Neste caso, o condutor deve prevenir os demais condutores da via da situação de risco, da imprevisibilidade, de acidente.

A sinalização, além das previstas na legislação, podem e devem ser as convencionais, como exemplo: galhos de arbustos e vegetação colocados no bordo da pista com antecedência da via da imprevisão e outros meios que atendam a necessidade momentânea e não ofereça ou aumente os riscos de segurança, vez que, o objetivo é evitar outro acidente. As medidas acauteladoras, são inafastáveis. Imperioso a lembrança de que após o restabelecimento da situação, o condutor deve recolher os objetos que utilizou-se como sinalização suplementar ou temporária da via sob pena de incidir no art. 226, do CTB.

| 139 |

Art. 226. *Deixar de retirar todo e qualquer objeto que tenha sido utilizado para sinalização temporária da via:*

- **Amparo Legal** – *art. 226 – CTB.*
- **Infração** – *Média.*
- **Número de pontos** – *4 (quatro).*
- **Penalidade** – *Multa.*
- **Valor da Multa** – *R$ 85,13 – Resolução Contran nº 136/2002.*
- **Medida Administrativa** – *Não há previsão.*
- **Código da Infração** – *647-5 – Denatran/Detran – Resolução Contran nº 66/1998 (Corresponde ao art. 226 – CTB).*
- **Competência** – *Município – Resolução Contran nº 66/1998.*

Da mesma forma que o Código obriga o condutor de veículo com avaria ou em situação de emergência a sinalizar o local como medida acauteladora, também obriga o condutor a retirar todo e qualquer objeto que tenha sido utilizado para a sinalização temporária da via. Na realidade este artigo poderia ter sido inserido no artigo anterior como um dos seus incisos, por tratar-se de complementação, desdobramento do art. 225, ao qual está intimamente relacionado.

A sinalização que deve ser retirada da via imediatamente após sua desobstrução é tanto aquela regulamentar (triângulo), como os recursos complementares improvisados (galhos de árvores, arbustos). O condutor do veículo avariado ou em emergência é o responsável pela providência de retirada da sinalização colocada na via, sob pena de ser autuado. É questão de resguardar a segurança no trânsito. Este dispositivo legal tem como fundamento não só evitar novos acidentes, como também manter a credibilidade da sinalização, principalmente a convencional (galhos de árvores, arbustos, etc.). Comumente colocadas ao longo da via nas situações elencadas. Importa destacar que o inciso II do art. 26 do Código, no capítulo das normas gerais de circulação e conduta determina que os usuários das vias terrestres deve abster-se de obstruir o trânsito ou torná-lo perigoso, atirando, depositando ou abandonado na via objetos ou substâncias, ou nela criando qualquer outro obstáculo.

| 140 |

> **Art. 227.** Usar buzina:
> **I –** em situação que não a de simples toque breve como advertência ao pedestre ou a condutores de outros veículos:
> - **Amparo Legal** – art. 227, I – CTB.
> - **Infração** – Leve.
> - **Número de pontos** – 3 (três).
> - **Penalidade** – Multa.
> - **Valor da Multa** – R$ 53,20 – Resolução Contran nº 136/2002.
> - **Medida Administrativa** – Não há previsão.
> - **Código da Infração** – 648-3 – Denatran/Detran – Resolução Contran nº 66/1998 (Corresponde ao art. 227, I – CTB).
> - **Competência** – Município – Resolução Contran nº 66/1998.

Importa destacar o art. 41 do Código de Trânsito Brasileiro, cuja dicção impõe que o condutor de veículo só poderá fazer uso de buzina, desde que em toque breve, para fazer as advertências necessárias a fim de evitar acidentes e fora das áreas urbanas, quando for conveniente advertir a um condutor que se tem o propósito de ultrapassá-lo.

A *Convenção sobre trânsito viário* (Convenção de Viena), Decreto nº 86.714, de 10 de dezembro de 1981, em vigor desde a data de sua publicação (*DOU* de 14.12.1982) no capítulo III, outras disposições, estabelece no item, sinais acústicos, 2, no nº 48: "Todo veículo automotor deverá estar provido de, pelo menos, um aparato para produzir sinais acústicos de suficiente intensidade. O som emitido pelo aparato deverá ser contínuo, uniforme e não estridente. Os veículo prioritários e os veículos de serviço público para transporte de pessoas poderão levar aparatos suplementares para produzir sinais acústicos a estas exigências.".

A Resolução Contran nº 35/1998, estabelece método de ensaio para medição de pressão sonora por buzina ou equipamento similar a que se referem os arts. 103 e 227, V, do Código de Trânsito Brasileiro e o art. 1º da Resolução Contran nº 14/1998. Esta última, estabelece os equipamentos obrigatórios para os veículos, impondo que todos veículos deverão estar dotados de buzina para circular nas vias públicas (Resolução nº 14/1998, art. 1º inciso I, item 16), além de que deverão ser constatados pela fiscalização e suas condições de funcionamento. A Resolução Contran nº 37/1998, fixou normas de utilização de alarmes sonoros e outros acessórios de segurança contra furto ou roubo para os veículos automotores. Quanto ao nível máximo de ruído, o alarme sonoro deve atender ao disciplinado na Resolução Contran nº 35/1998. Os alarmes sonoros que visem dificultar o roubo e o furto, foi reconhecido como acessório (art. 1º da Resolução nº 37/1998).

Interpretando o inciso I do art. 227, é de clareza de ofuscar os olhos que o condutor de veículo somente poderá acionar a buzina com um simples toque para advertir o pedestre, entretanto, caso ele estiver atravessando a via (sobre faixa de pedestre ou não), o condutor não poderá buzinar para apressá-lo a concluir a travessia. A advertência do leve toque de buzina cinge-se ao pedestre que esteja distraído, parado ou brincando na pista de rolamento. No segundo item, o Código visa alertar demais condutores de veículos, advertindo-os de alguma manobra a ser feita e que poderá apanhá-lo desprevenido ou de que tem o propósito de ultrapassá-lo pela esquerda conforme dispõe o art. 198 do Código.

De outro lado, há o aspecto da infração penal, vale dizer, dependendo da insistência, prolongamento, o motivo do acionamento da buzina, esta conduta poderá traduzir-se ao menos em tese na violação do art. 42 da Lei das Contravenções Penais na modalidade de Abusar de Instrumentos Sonoros ou Sinais Acústicos. Essa é a conduta típica.[149]

Por final, não se pode esquecer da placa de regulamentação R-20: Proibido Acionar Buzina ou Sinal Sonoro (Resolução Contran nº 599/1982), que assinala ao condutor do veículo que é proibido acionar a buzina ou qualquer outro tipo de sinal sonoro, no local regulamentado. Referida sinalização, deve ser usada em locais onde o uso do solo exija nível de ruído especialmente baixo.

O uso de buzina de forma imoderada, além de agredir ao meio ambiente (poluição sonora), provoca irritação aos demais usuários da via, revela em determinados casos ausência de educação e agressividade do condutor, podendo levar a violência no trânsito.

Também há que se observar a título de conhecimento, que a Resolução Contran nº 84/1998, que estabelece normas referente à Inspeção Técnica de Veículos – ITV, de acordo com o art. 104 do CTB, que tem por objetivo inspecionar e atestar as reais condições dos itens de segurança da frota de circulação, dentre os outros itens, abrangerá os equipamentos obrigatórios, e a buzina integra o rol extensivo de equipamentos obrigatórios. Não obstante, a Resolução nº 84/1998 foi publicada no *DOU* de 20.11.1998 e retificada em 23.11.1998, sendo que a Resolução Contran nº 107/1999 publicada no *DOU* de 6.1.2000, suspendeu a vigência da Resolução nº 84/1998.[150]

| 141 |

Art. 227. *Usar buzina:*

II – *prolongada e sucessivamente a qualquer pretexto:*

- **Amparo Legal** – art. 227, II – CTB.
- **Infração** – Leve.
- **Número de pontos** – 3 (três).
- **Penalidade** – Multa.

---

149. Ver *RT* 540/308, 185/660 e 383/270.
150. Sobre o assunto, há também disposições na Resolução Conama nº 252/1999.

- **Valor da Multa** – R$ 53,20 – Resolução Contran nº 136/2002.
- **Medida Administrativa** – Não há previsão.
- **Código da Infração** – 649-1 – Denatran/Detran – Resolução Contran nº 66/1998 (Corresponde ao art. 227, II – CTB).
- **Competência** – Município – Resolução Contran nº 66/1998.

O tipo em questão, pode configurar-se em diversas situações, dentre as quais, usar buzina prolongada e sucessivamente a pretexto de, comemoração (casamento, batizado, copa do mundo, vitória do time preferido, inauguração de alguma empresa ou estabelecimento comercial, etc.), propaganda, protesto (Exemplo: trânsito congestionado ou parado, em razão de agente público de trânsito com seu gesto de coordenação do trânsito naquele momento tornado desfavorável o prosseguimento da marcha aos condutores que estão no fluxo de trânsito adverso, não importando o limite temporal), usar buzina para chamar a atenção de produtos que esteja vendendo ou para angariar passageiros para o porteiro do prédio abrir a garagem.

Importa destacar, que as observações anteriores, em quase sua totalidade aplicam-se a este inciso, entre elas as disposições do art. 41 do CTB, Resoluções Contran nºs 35/1998 e 84/1998, além da Resolução Conama nº 252/1999.

No aspecto penal, o art. 42 inciso III, da Lei de Contravenções Penais, poderá conforme o caso concreto, amoldar-se, dependendo das provas periciais e testemunhais. Na ausência da primeira, não se poderá esquecer-se do art. 167 do Código de Processo Penal, que trata da relevância da prova penal.

A Resolução Contran nº 14/1998, estabelece que a buzina é equipamento obrigatório de veículo automotor.

Entendemos que não há necessidade de qualquer aparelho para medir o uso sistemático da buzina. A infração configura-se com o uso prolongado e sucessivo da buzina e sendo flagrado pelo agente público de trânsito, a autuação deverá ser lavrada.

| 142 |

Art. 227. Usar buzina:

III – entre as vinte e duas e as seis horas:

- **Amparo Legal** – art. 227, III – CTB.
- **Infração** – Leve.
- **Número de pontos** – 3 (três).
- **Penalidade** – Multa.
- **Valor da Multa** – R$ 53,20 – Resolução Contran nº 136/2002.
- **Medida Administrativa** – Não há previsão.

- **Código da Infração** – 650-5 – Denatran/Detran – Resolução Contran nº 66/1998 (Corresponde ao art. 227, III – CTB).
- **Competência** – Município – Resolução Contran nº 66/1998.

Neste dispositivo, é proibido o uso da buzina entre as vinte e duas e as seis horas, posto tratar-se do período de repouso da população. A exceção somente será aceita por motivo de força maior nos casos devidamente comprovados. Aplicam-se também o disposto no art. 41 do CTB, e Resoluções Contran nºs 14/1998, 35/1998, 84/1998 e Resolução Conama nº 252/1999, § 3º, independente de eventual violação ao disposto no art. 42 da Lei das Contravenções Penais.

| 143 |

Art. 227. Usar buzina:
IV – em locais e horários proibidos pela sinalização:
- **Amparo Legal** – art. 227, IV – CTB.
- **Infração** – Leve.
- **Número de pontos** – 3 (três).
- **Penalidade** – Multa.
- **Valor da multa** – R$ 53,20 – Resolução Contran nº 136/2002.
- **Medida Administrativa** – Não há previsão.
- **Código da Infração** – 651-3 – Denatran/Detran – Resolução Contran nº 66/1998 (Corresponde ao art 227, IV – CTB).
- **Competência** – Município – Resolução Contran nº 66/1998.

Esta infração pressupõe que o local esteja sinalizado proibindo o uso de buzina, no caso, com a placa R-20: proibido acionar buzina ou sinal sonoro. Referida placa assinala ao condutor do veículo que é proibido acionar buzina ou qualquer outro tipo de sinal sonoro, no local regulamentado. É comum o uso desta sinalização impeditiva do uso de buzina frente a hospitais, escolas, etc.

Por princípios de utilização deve ser instalada em locais onde o caso do solo exija nível de ruído especialmente baixo, devendo ser colocada o mais próximo possível do local da proibição e pode ser precedida de sinalização que advirta aos condutores da existência de uma área de silêncio adiante. O art. 41 do CTB impõe que o condutor de veículo só poderá fazer uso de buzina, desde que em toque breve, para fazer as advertências necessárias a fim de evitar acidentes e fora das áreas urbanas, quando for conveniente advertir a um condutor que se tem o propósito de ultrapassá-lo.

A buzina é um equipamento obrigatório conforme dispõe a Resolução Contran nº 14/1998. Por outro lado, a Resolução Contran nº 35/1998, estabeleceu os métodos de ensaio para medição de pressão sonora por buzina ou equipamento similar. Quanto a Resolução Contran nº 37/1998, reconheceu os alarmes sonoros dos veículos como acessórios, impondo restrições. Não se pode deixar de lembrar que o art. 42, inciso III da Lei das Contravenções Penais, pode tipificar a conduta daquele que aciona a buzina do automotor, perturbando o sossego alheio.

144

Art. 227. Usar buzina:

V – em desacordo com os padrões e freqüências estabelecidas pelo Contran:

- **Amparo Legal** – art. 227, V – CTB.
- **Infração** – Leve.
- **Número de pontos** – 3 (três).
- **Penalidade** – Multa.
- **Valor da Multa** – R$ 53,20 – Resolução Contran nº 136/2002.
- **Código da Infração** – 652-1 – Denatran/Detran – Resolução Contran nº 66/1998 (Corresponde ao art. 227, V – CTB).
- **Competência** – Município – Resolução Contran nº 66/1998.

O preceito analisado, trata das buzinas não autorizadas, em desacordo com os padrões e freqüências estabelecidas pelo Contran. Não obstante, não se confunde com o art. 229 do CTB, não sendo alarmes ou aparelhos que produzam sons e ruídos que perturbem o sossego público. O inciso V do art. 227, é também buzina, mas esta produz sons em desacordo com os padrões e freqüências ditados pelo Contran. Poderá ainda ocorrer o concurso de infrações na forma preconizada pelo art. 226 do Código, vale dizer, sem prejuízo da infração prevista no inciso V do art. 227; conforme o caso, poderá caracterizar-se a infração de trânsito do art. 230, X do CTB, independentemente da responsabilidade penal prevista no art. 42 da Lei da Contravenções Penais.

Todos os veículos automotores, nacionais ou importados produzidos a partir de 1º.1.1999, deverão obedecer nas vias urbanas, o nível máximo permissível de pressão sonora emitida por buzina ou equipamento similar, de 104 decibéis – dB(A). Quanto aos veículos automotores, nacionais e importados produzidos a partir de 1º.1.2002, deverão obedecer o nível mínimo permissível de pressão sonora emitida por buzina ou equipamento similar, de 93 decibéis – dB(A), com exceção dos veículos de competição automobilística, reboques, semi-reboques, máquinas de tração agrícola, máquinas industriais de trabalho e tratores (arts. 1º, 2º e 3º da Resolução Contran nº 35/1998).

A buzina ou equipamento similar, não poderá produzir sons contínuos ou intermitentes assemelhados aos utilizados, privativamente, por veículos de socorro

ART. 228

de incêndio e salvamento, de polícia, de operação e fiscalização de trânsito e ambulância (art. 4º da Resolução Contran nº 35/1998 e art. 29, III do CTB).

Aplicam-se ainda no que couber as disposições previstas no art. 41 do CTB, Resoluções Contran nºs 14/1998, 35/1998 e 84/1998, Resolução Conama nº 252/1999.

145

Art. 228. Usar no veículo equipamento com som em volume ou freqüência que não sejam autorizados pelo Contran:

- **Amparo Legal** – art. 228 – CTB.
- **Infração** – Grave.
- **Número de pontos** – 5 (cinco).
- **Penalidade** – Multa.
- **Valor da Multa** – R$ 127,69 – Resolução Contran nº 136/2002.
- **Medida administrativa** – Retenção do veículo para regularização.
- **Código da Infração** – 653-0 – Denatran/Detran – Resolução Contran nº 66/1998 (Corresponde ao art. 228 do – CTB).
- **Competência** – Município – Resolução Contran nº 66/1998.

Este dispositivo é aplicado quando utiliza-se no veículo equipamento com som em volume ou freqüência que não sejam autorizados pelo Contran. Em linhas gerais, trata-se dos acessórios de som, alto falantes, caixas acústicas, instalados nos veículos para os mais diversos fins, exemplo: chamar a atenção para a venda de produtos, propaganda ou publicidade ou comercial, avisos de promoções culturais/ mensagens ou outras atividades, utilização de rádio ou toca-fitas instalado no veículo com alta potência (jovens estacionam os veículos em determinados locais, abrem o porta malas dos veículos e acionam o aparelho de som em volume extremamente excessivo). Trata-se sem dúvida de agressão ao meio ambiente através da poluição sonora. O Contran deve regulamentar o assunto. De outra parte, independente da esfera administrativa, poderá o condutor incorrer na eventual prática de contravenção penal prevista no art. 42 do Decreto-Lei nº 3.688/1941.

O Cetran/SP, nº 192,[151] manifestou-se sobre o assunto: questiona sobre procedimentos para autuar veículo por usar equipamento com volume (freqüência não autorizado pelo Contran, com base no art. 228 do CTB. A consulta foi efetuada através do ofício nº 016/2002, tendo como interessado o Presidente da JARI de Pirangi. O Excelentíssimo Conselheiro do Cetran/SP, José Guersi, apresentou o seguinte parecer que foi aprovado à unanimidade de votos. Transcrição: "Em exame documento onde a JARI de Pirangi consulta sobre a aplicação do art. 228 do

---

151. Publicado no DOE 8.10.2002, p. 5.

CTB. Respondendo: A aplicação do art. 228 depende de regulamentação a ser expendida pelo Contran, coisa que ainda não ocorreu até hoje. Assim, o art. 228 do CTB é inaplicável até os dias de hoje. É o que cabia esclarecer no ponto de vista deste relator.".

146

Art. 229. Usar indevidamente no veículo aparelho de alarme ou que produza sons e ruído que perturbem o sossego público, em desacordo com normas fixadas pelo Contran:

- **Amparo Legal** – art. 229 – CTB.
- **Infração** – Média.
- **Número de pontos** – 4 (quatro).
- **Penalidade** – Multa e apreensão do veículo.
- **Valor da Multa** – R$ 85,13 – Resolução Contran nº 136/2002.
- **Medida administrativa-** Remoção do veículo.
- **Código da infração** – 654-8 – Denatran/Detran – Resolução Contran nº 66/1998 (Corresponde ao art. 229 – CTB).
- **Competência** – Município – Resolução Contran nº 66/1998.

A Resolução Contran nº 37/1998, reconheceu o aparelho de alarme como acessório do sistema de segurança dos veículos automotores, pelo uso de bloqueio elétrico ou mecânico, ou através de dispositivo sonoro, visando dificultar o seu roubo ou furto. Entretanto, o sistema de segurança não poderá comprometer no todo ou em parte o desempenho operacional e a segurança do veículo.

O dispositivo sonoro de alarme não poderá produzir sons contínuos ou intermitentes assemelhados aos utilizados privativamente pelo veículos de socorro de incêndio e salvamento, de polícia, de operação e fiscalização de trânsito e ambulância (art. 2º, inciso I da Resolução nº 37/1998, Resolução nº 679/1987 e art. 29, VII do CTB). Também não poderá emitir sons contínuos ou intermitentes de advertência por um período superior a 1 (um) minuto, para os veículos fabricados a partir de 1º.1.1999 (art. 3º da Resolução Contran nº 37/1998). Quanto ao nível máximo de ruído, o alarme sonoro deve atender ao disciplinado na Resolução Contran nº 35/1998, isto é, não poderá ultrapassar a 104 decibéis – dB(A).

O preceito visa dentre outros objetivos, coibir a ação de determinados condutores que instalando indevidamente aparelho de alarme produza sons perturbadores do sossego público, o que restando provado, sujeitará o condutor a incidência do art. 42 da Lei das Contravenções Penais. Outros condutores, visando levar vantagem no fluxo de trânsito, aciona intencionalmente dispositivo sonoro instalado em seu veículo, com sons, semelhante a uma ambulância ou veículo de polícia e ao ouvir o som, demais condutores deixam livre a passagem ao veículo com o dispositivo acionado, causando com isso, descrédito no uso do aviso de situação de emergência, o que sem dúvida afetaria a segurança no trânsito.

O artigo em análise possui duas partes: a primeira, trata do uso indevido de aparelho de alarme; e a segunda, dos aparelhos de alarme que produzam sons e ruídos que perturbem o sossego público.[152]

147

> **Art. 230.** Conduzir o veículo:
> **I –** com lacre, a inscrição do chassi, o selo, a placa ou qualquer outro elemento de identificação do veículo violado ou falsificado:
> - **Amparo Legal** – art. 230, I – CTB e art. 311 CP.
> - **Infração** – Gravíssima.
> - **Número de pontos** – 7 (sete).
> - **Penalidade** – Multa e apreensão do veículo.
> - **Valor da Multa** – R$ 191,54 – Resolução Contran nº 136/2002.
> - **Medida Administrativa** – Remoção de veículo e recolhimento do CRLV (art. 262, § 1º do CTB).
> - **Código da Infração** – 655-6 Denatran/Detran – Resolução Contran nº 66/1998 (Corresponde ao art. 230, I – CTB).
> - **Competência** – Estado – Resolução Contran nº 66/1998.

Este é um dos artigos (230) com maior número de desdobramentos em incisos (22), todos de acentuada relevância para a segurança da identificação dos veículos, referindo-se aos veículos propriamente dito, equipamentos, acessórios e condução do veículo.

As infrações de trânsito dos incisos I ao VI, foram qualificadas pelo legislador como gravíssimas, incidindo a penalidade de multa e a medida administrativa de remoção do veículo. As previstas nos incisos VII ao XIX, foram tipificadas de infrações de natureza grave, com previsão de penalidade de multa e medida administrativa de retenção do veículo para regularização. O inciso XX é considerada infração grave, além de penalidade de multa e apreensão do veículo. Por final, os incisos XXI e XXII a infração de trânsito é mais branda, com previsão de infração de natureza média, punida com multa.

O inciso I do art. 230, trata da violação ou falsificação dos elementos identificadores do veículo. São os elementos que visam individualizar com segurança aquele veículo perante os órgãos de trânsito e a sociedade, assegurando a proprieda-

---

152. Legislação sobre o assunto: Resoluções Contran nºs 679/1987, 35/1998 e 37/1998; Decisão Contran nº 8/1993 e Pareceres Contran nºs 64/1989, 68/1993 e art. 29, VII do CTB.

de. É a autenticidade do veículo. A violação pode ser intencional, dolosa, pela desídia, negligência, imprudência, deterioração do elemento que assegura a identificação, utilizada para assegurar a impunidade quando do cometimento de infrações penais ou visando subtrair-se ao ato administrativo punitivo pela violação de normas de trânsito.

Na dicção do inciso I em comento, havendo adulteração ou violação na identificação do veículo voltada para o **lacre da placa, inscrição do chassi,** o **selo,** a **placa** ou **qualquer outro elemento de identificação,** constituirá objeto desta infração, sem prejuízo da esfera penal.

Importa destacar, que as autoridades policiais e de trânsito, além de seus agentes, deverão quando constatarem infrações desta natureza, observarem o rol extensivo de situações, dentre as quais: rompimento do lacre da placa por ação de ferrugem, por desídia do proprietário/condutor/possuidor, para corte deliberado para serviços em funilaria sem retirada ou substituições das placas identificadoras do veículo, rompimento do lacre ocasionado por acidentes de trânsito (colisão traseira), por omissão do órgão de trânsito (sem documento que justifique, entretanto com as placas fixadas à estrutura do veículo), rompimento do lacre para furto/roubo do veículo (neste caso sempre é colocada placa de outro veículo no veículo objeto do delito (neste caso, o proprietário/condutor/possuidor deverá ter o registro da ação delituosa).

De acentuar-se mais uma vez, os ensinamentos de Arnaldo Rizzardo:[153] *"Esclarece-se que o lacre corresponde ao mecanismo que impede a retirada da placa sem o rompimento. Constitui-se de um arame convenientemente colocado e tornado invulnerável por uma chumbada comprimida por instrumento próprio que os Detran's possuem. Por este sistema, unicamente pelo rompimento e pela violência é possível a remoção da placa".*

Indispensável a transcrição dos mais respeitados especialistas em legislação de trânsito no Brasil, Geraldo de Faria Lemos Pinheiro e Dorival Ribeiro:[154] "O item I refere-se ao ato de violação ou fiscalização dos elementos de identificação do veículo. O vocábulo violar está usando no sentido de transgredir (violar a lei), significando que um ato humano ou da natureza modificou aquilo que era determinado pela lei. A violação tanto pode ocorrer por um ato doloso como pela deterioração do material que assegura a identificação. O item I tem semelhança com o art. 89, XXXVII, do Código Nacional de Trânsito revogado, mas que está mais claro, referindo-se a lacre e a selo. O lacre, como tínhamos explicado em obras anteriores[155] é o elemento de chumbo ou outro material onde são moldadas as insígnias da repartição de trânsito competente. Porque o lacre é usado como elemento final da colocação da placa de identificação traseira originou-se a expressão lacração, adotada pelas repartições. Esta lacração propicia a inviolabilidade da identificação pela placa, e como o lacre é colocado entre fios de arame, que se prendem na placa e na carroceria, pode suceder que pela ação do tempo (ferrugem) ou por abalroamentos haja a destruição dos elementos. Em tais casos ocorre tão só a desídia do proprietário que não se socorre do órgão de trânsito para reparar o defeito.

---

153. *Comentários ao Código de Trânsito Brasileiro,* p. 481.
154. *Código de Trânsito Brasileiro Interpretado,* pp. 373-374.
155. *Doutrina, Legislação e Jurisprudência do Trânsito e Código Nacional de Trânsito Anotado.*

ART. 230

O que a lei erige como infração é o ato doloso de violação para colocar placa com a série alfanumérica modificada, ou com placa de igual série, para clonar o veículo. O selo será um elemento de identificação, com substância adesiva, para ser exibido no vidro do veículo, como determinava a Resolução nº 825/1996, para controle do licenciamento anual e que foi revogada pela Resolução nº 3/1998. Novo selo, de comprovação do exame de inspeção veicular, ficou instituído pela Resolução nº 22/1998, mas aguarda a regulamentação da inspeção, para que seja definida a sua forma e o local de colocação (art. 1º)".

Ainda sobre o disposto no inciso I do art. 230, não poderíamos deixar passar ao largo o entendimento de nosso amigo e renomado autor Aureliano Pires Vasques[156] que revela: "Lacre violado ocorre quando o proprietário corta o arame da placa e depois remenda-o, enquanto o falsificado ocorre quando o condutor amarra um arame comum fora do padrão oficial. O chassi é violado quando uma letra ou número de sua série é alterado, enquanto a falsificação ocorre pela inutilização da sua série e feita uma outra pelo próprio proprietário fora do padrão oficial do fabricante. Viola-se o selo (chumbo do arame que lacre a placa) quando é feito um corte para tirá-lo do arame sem inutilizar a marca do fabricante da placa e, depois, utiliza-o para lacrar a placa de outro veículo, enquanto a falsidade ocorre ao lacrar a placa do veículo com chumbo de padrão diferente e sem a marca do fabricante da placa; a placa é violada quando alguém transforma uma letra ou número em outro. Exemplo: a letra "F" em "P", a "C" em "G", a "I" em "L", etc., e o número "3"em "8", o "5"em "6", etc. A falsificação da placa dar-se-á quando o proprietário fabrica uma placa fora das dimensões, cor, letra, número, material, etc., isto é, fora do padrões oficial.".

O entendimento de Gilberto Antonio Faria Dias, Manual Faria de Trânsito,[157] é relevante: "Este dispositivo se aplica, p. ex., ao veículo surpreendido com algum caráter do grupo alfanumérico, das placas de identificação, propositadamente raspado e/ou adulterado por meio de fita adesiva e/ou pintura, com o intuito de ser confundido com outro, ou, até mesmo, com placas "frias". Sobre número de identificação veicular (VIN) de Resolução Contran nº 24/1998, a qual estabelece, em seu art. 1º, o seguinte: "Os veículos produzidos ou importados a partir de 1º de janeiro de 1999, para obterem registro e licenciamento, deverão estar identificados na forma desta Resolução". Pergunto: E os veículos produzidos antes dessa data, surpreendidos sem etiquetas autocolantes (ETA) ou sem a plaqueta de identificação, ou ainda sem a gravação VIS vide (número seqüencial de produção) nos vidros, não serão autuados? Entendemos que não, uma vez que a Resolução que tratava do assunto (659/1985), foi revogada pelo art. 8º da Resolução Contran nº 24/1998, além do que, o Contran não estabeleceu nenhuma penalidade, pela falta desses elementos (não observou o disposto no parágrafo único, do art. 161 do CTB). Portanto, pelo menos por enquanto, entendemos que não se deva lavrar qualquer autuação, por esses motivos, com base na parte final do dispositivo "... ou qualquer outro elemento de identificação do veículo, violado ou falsificado".[158]

---

156. *Op. cit.*, p. 106.
157. *Op. cit.*, p. 23.
158. Portaria Denatran nº 17/2000.

ASPECTO PENAL

Relevante destacar, que o agente público de trânsito ao deparar-se com as ocorrências dessa natureza, deverá apresentar o investigado e o veículo eventualmente com os sinais identificadores violado ou adulterado a Unidade Policial Civil com circunscrição sobre a área, para avaliação e providências da Autoridade Policial Judiciária, sem prejuízo das medidas administrativas na Lei nº 9.503/1997.

Na esfera penal, importa lembrar o disposto no art. 311 do Código Penal, com as modificações introduzidas pela Lei nº 9.426, de 26 de dezembro de 1996, tratando da adulteração de sinal identificador de veículo automotor:

"Art. 311. Adulterar ou remarcar número de chassi ou qualquer sinal identificador de veículo automotor, do seu componente ou equipamento:

Pena – reclusão, de 3 (três) a 6 (seis) anos, e multa."

Guilherme de Souza Nucci,[159] ao comentar o art. 311 do CP, efetuando análise do tipo, acentua: "Adulterar quer dizer falsificar ou mudar; remarcar significa tornar a marcar. O objeto é o número de chassi ou outro sinal identificador de veículo, de seu componente ou equipamento". E esclarece: "número de chassi é o sinal identificador da estrutura sobre a qual se monta a carroceria de veículo motorizado. Sinal identificador é qualquer marca colocada no veículo para individualizá-lo, como a numeração correspondente àquela que consta no chassi estampada nos vidros do automóvel. Componente é a parte que entra na composição de alguma coisa; equipamento é qualquer apetrecho que abastece algo. No caso do dispositivo penal, ambos referem-se a veículo automotor. Objeto material é o número de chassi ou outro sinal identificador, componente ou equipamento de veículo. O objeto jurídico é a fé pública, voltando-se o interesse do Estado à proteção da propriedade e da segurança no registro de automóveis".

Não se pode descurar que o tipo em questão (art. 311 do CP), tem como elemento subjetivo do tipo o dolo, não existindo a forma culposa (esfera penal), nem se exige elemento subjetivo do tipo específico.

Damásio E. de Jesus,[160] ao tratar das condutas típicas do art. 311 do CP., destaca: "Adulterar ou remarcar sinais identificadores de veículo automotor, equipamento ou componentes. Exemplo: Número de chassi".

Júlio Fabbrini Mirabete,[161] ao comentar o tipo objetivo, acentuou: *"A conduta típica é a adulterar, ou seja, mudar, alterar, modificar, contrafazer, falsificar, deformar, deturpar, ou remarcar, marcar de novo o número ou o sinal identificador do veículo de seu componente, pouco importando o processo utilizado. Objeto material é o veículo automotor, ou seja, o que se move mecanicamente, especialmente a motor de explosão, para transporte de pessoas ou carga (automóveis, utilitários, caminhões, ônibus, motocicletas, etc.). A conduta pode incidir não só sobre o número do chassi do veículo como qualquer sinal identificador (números, marcas, placas, logotipos, etc.) de qualquer componente ou equipamento (motor, vidros, peças, etc.)".*

---

159. *Código Penal Comentado*, pp. 779-780.
160. *Código Penal Anotado*, p. 878.
161. *Código Penal Interpretado*, pp. 1682-1683.

Por final, não se pode deixar de transcrever a lição de Celso Delmanto, Roberto Delmanto e Roberto Delmanto Junior:[162] "A conduta punida é adulterar (falsificar, contrafazer) ou remarcar (marcar de novo) número de chassi ou qualquer sinal identificador de veículo automotor (carro, motocicleta, ônibus, caminhão, etc.), de seu componente (portas, motor, vidros, etc.) ou equipamento (tudo aquilo que serve para equipar, prover). Obviamente, o sinal ou número resultante da adulteração ou remarcação há de ser diverso do número original".

148

> **Art. 230.** Conduzir o veículo:
>
> **II –** transportando passageiros em compartimento de carga, salvo por motivo de força maior, com permissão da autoridade competente e na forma estabelecida pelo Contran:
>
> - **Amparo Legal** – art. 230, II, CTB e art. 132, parágrafo único do CP.
> - **Infração** – Gravíssima.
> - **Número de pontos** – 7 (sete).
> - **Penalidade** – Multa e apreensão do veículo.
> - **Valor da Multa** – R$ 191,54 – Resolução Contran nº 136/2002.
> - **Medida Administrativa** – Remoção de veículo.
> - **Código da Infração** – 656-4 – Denatran/Detran – Resolução Contran nº 66/1998 (Corresponde ao art. 230, II – CTB).
> - **Competência** – Município – Resolução Contran nº 66/1998.

O art. 107 do Código de Trânsito Brasileiro, estabelece um rol de requisitos para veículos destinados ao transporte de passageiros (veículos de aluguel, exemplo: táxi), individual ou coletivo, devendo os veículos dessa categoria (transporte de pessoas) satisfazer além das exigências previstas no Código, às condições técnicas e aos requisitos de segurança, higiene e conforto estabelecidos pelo poder competente para autorizar, permitir ou conceder a exploração dessa atividade. Os veículos de carga, não tem condições de, a primeira visada, atender esses ditames. O aspecto que sobressai nesta imposição, interessando a União, Estados, e Municípios é a segurança, a vida das pessoas.

Não obstante a dicção do art. 230, II e art. 107 da Lei nº 9.503/1997 (CTB), deve-se anotar as exceções previstas no art. 108 do Código, acentuando que onde não houver linha regular de ônibus, a autoridade com Circunscrição sobre a via poderá autorizar, a título precário, o transporte de passageiros em veículo de carga ou misto, desde que obedecidas as condições de segurança estabelecidas no Código e pelo Contran (Resolução nº 82/1998). Entretanto, concedida a autorização esta não poderá exceder a doze meses, prazo a partir do qual a autoridade

---

162. *Código Penal Comentado*, p. 527.

pública responsável deverá implantar o serviço regular de transporte coletivo de passageiros, em conformidade com a legislação pertinente e com os dispositivos previstos na Lei nº 9.503/1997 (parágrafo único do art. 108, acrescido pelo art. 1º da Lei nº 9.602/1998).

Analisando o inciso II do art. 230, observa-se que o legislador vedou o transporte de passageiros em compartimento de carga, e não em veículos de carga extraindo-se logicamente na interpretação do texto que o transporte de passageiros na cabine ou compartimento especial (veículos de carga modificado, com autorização do órgão de trânsito, havendo local para o transporte de passageiros e compartimento para o transporte de carga exemplo: ferramentas), exclui a infração de trânsito. O que não é permitido, é o transporte de passageiros em compartimentos destinado a carga.

A infração ora em comento, dá-se quando o condutor de veículo, na sua direção é surpreendido transportando pessoas (passageiros) em compartimento de carga, sem autorização da autoridade competente ou motivo de força maior, exemplo: transportar pessoas na carroceria de camionetes, de caminhões, de basculantes, em caçambas, porta-malas, comumente observado no transporte de trabalhadores rurais (bóias-frias), jogadores de futebol, romarias, trabalhadores de empresas, de prefeituras, etc.

Atualmente a Resolução Contran nº 82/1998, dispõe sobre a autorização, a título precário, para o transporte de passageiros em veículos de carga, revogando a Resolução Contran nº 683/1987. É indispensável sua observação:

O transporte de passageiros em veículos de carga, remunerado ou não poderá ser autorizado eventualmente e a título precário, desde atendam aos requisitos estabelecidos na Resolução Contran nº 82/1998. Referido transporte só poderá ser autorizado entre localidades de origem e destino que estiverem situadas em um mesmo município, municípios limítrofes, município de um mesmo estado, quando não forem suficiente para suprir as necessidades das comunidades mencionadas.

A autorização de transporte será concedida para uma ou mais viagens, desde que não ultrapasse a validade do Certificado de Validade de Registro e Licenciamento do Veículo – CRLV.

O transporte de passageiros nessas condições (art. 2º da Resolução nº 82/1998), sofrerá exceção, isto é, a concessão de autorização de trânsito entre localidades de origem e destino fora dos limites de jurisdição do município, nos seguinte casos:

I – migrações internas, desde que o veículo seja de propriedade dos migrantes;

II – migrações internas decorrente de assentamento agrícolas de responsabilidade do governo;

III – viagens por motivos religiosos, quando não houver condições de atendimento por transporte de ônibus;

IV – transporte de pessoas vinculadas a obras e/ou empreendimentos agro-industriais, enquanto durar a execução dessas obras ou empreendimentos;

V – atendimento das necessidades de execução, manutenção ou conservação de serviços oficiais de utilidade pública.

Nos casos I, II e III, a autorização será concedida para cada viagem, e, nos casos IV e V, será concedida por período de tempo a ser estabelecido pela autoridade competente, não podendo ultrapassar o prazo de um ano.

São condições mínimas para concessão de autorização que os veículos estejam adaptados com:

I – bancos com encosto, fixados na estrutura da carroceria;

II – carroceria, com guardas altas em todo o seu perímetro, em material de boa qualidade e resistência estrutural;

III – cobertura com estrutura em material de resistência adequada.

Nota: Os veículos adaptados somente poderão ser utilizados após vistoria da autoridade competente para conceder a autorização.

Satisfeitos os requisitos acima enumerados, a autoridade competente estabelecerá no documento de autorização as condições de higiene e segurança, definindo os seguintes elementos técnicos:

I – número de passageiros (lotação) a ser transportado;

II – local de origem e de destino do transporte;

III – itinerário a ser percorrido;

IV – prazo de validade da autorização.

O número de pessoas admitidas no transporte será calculado na base 35 dm^2 (trinta e cinco decímetros quadrados) do espaço útil da carroceria por pessoa, incluindo-se o encarregado da cobrança de passagem e atendimento aos passageiros. Para o transporte de passageiros em veículos de carga não poderão ser utilizados os denominados "basculantes" e os "boiadeiros". As autoridades com circunscrição sobre as vias a serem utilizadas no percurso pretendido são competentes para autorizar, permitir e fiscalizar esse transporte, por meio de seus órgãos próprios. Pela inobservância ao disposto na Resolução Contran nº 82/1998, fica o proprietário, ou o condutor do veículo, conforme o caso sujeito às penalidades aplicáveis simultânea ou cumulativamente, e independentemente das demais infrações previstas na legislação de trânsito. A Resolução Contran nº 82/1998, passou a vigorar após sua publicação no *Diário Oficial* em 20.11.1998. A Resolução Contran nº 683/1987, que disciplinava o assunto anteriormente, foi expressamente revogada.

ASPECTO PENAL – CRIME QUALIFICADO POR TRANSPORTE IRREGULAR

O presente dispositivo comporta ainda responsabilidade na esfera penal, prevista no art. 132 do Código Penal, mormente pela imposição de seu parágrafo único:

*"**Art. 132.** Expor a vida ou a saúde de outrem a perigo direto e iminente:*

***Pena** – detenção, de 3 (três) meses a 1 (um) ano, se o fato não constitui mais grave.*

***Parágrafo único.** A pena é aumentada de 1/6 (um sexto) a 1/3 (u terço) se a exposição da vida ou da saúde de outrem a perigo decorre do transporte de* *pessoas para a prestação de serviços em estabelecimentos de qualquer natureza, em desacordo com as normas legais."*

O acima transcrito parágrafo único do art. 132 do CP, é causa de aumento de pena. Na lição do ilustre Guilherme de Souza Nucci:[163] "trata-se de figura acrescentada em 29 de dezembro de 1998, pela Lei nº 9.777, que tem por fim específico punir, mais severamente os proprietários de veículos que promover o transporte de trabalhadores sem lhes garantir a necessária segurança. É um delito de trânsito, embora situado no Código Penal. Por isso, além de poder configurar-se em via pública – algo típico dos crimes de trânsito – pode também ocorrer em propriedades privadas. Ataca-se frontalmente o transporte clandestino de bóias-frias, maiores vítimas dessa espécie de crime de perigo (o que não afasta a possibilidade de se atingir qualquer outro trabalhador). Se uma vítima correr perigo já é suficiente para o preenchimento do tipo penal".

A respeito do assunto, a posição de Damásio E. de Jesus:[164] "A Lei nº 9.777, de 29 de Dezembro de 1998, acrescentou um parágrafo único ao art. 132, determinando o aumento de pena de um sexto a um terço se a exposição da vida ou da saúde de outrem a perigo decorre do transporte de pessoas para a prestação de serviços em estabelecimentos de qualquer natureza, em desacordo com as normas legais. Na verdade, criou-se uma figura típica relacionada com a segurança viária. A norma visa coibir o transporte, na maioria da vezes de trabalhadores chamados "bóias-frias", em veículos motorizados (caminhões, ônibus, carretas, etc.), sem as cautelas devidas. A exposição a perigo de dano de um só trabalhador já constitui o delito. O transporte pode ser realizado para empresas ou propriedades de qualquer natureza: sítios, fazendas, indústrias, fábricas, lojas, estabelecimentos comerciais e de recreação, etc. A empresa pode ser civil ou comercial, pública ou privada. A prestação de serviço alcança qualquer atividade: lavouras (Cana-de-açúcar, soja, café, cacau, etc.), industrias, fábricas de carvão, madeireiras, borracha, desmontamento, construções, saneamento, conservação de estradas, etc. Autoria: autor principal, visado pela lei, é o responsável pelo transporte, geralmente denominado "gato". Pode também ser autor, observados os princípios e requisitos da "teoria do domínio do fato", que passamos a adotar, o responsável pelo estabelecimento ou propriedade, aparecendo o motorista do veículo como co-autor. E há a possibilidade de existir terceiro partícipe (exemplo: fiscal do transporte). O tipo agravado contém uma circunstância normativa: é necessário que o transporte se efetue em desacordo "com as normas legais". Estas encontram-se no Código de Trânsito e Legislação Complementar (Vide art. 108 do CTB)".

Júlio Fabbrini Mirabete,[165] destaca sobre o crime qualificado por transporte irregular: "criou a Lei nº 9.777, de 29.12.1998 uma causa de aumento de um sexto a um terço da pena para o crime previsto no art. 132 do CP, que incide quando o crime decorre do transporte de pessoas para a prestação de serviços em estabelecimentos de qualquer natureza, em desacordo com as normas legais. Evidentemente, teve o legislador em vista, principalmente, o transporte de trabalhadores rurais (bóias-frias), que são submetidos ao translado para fazendas em caminhões

---

163. *Código Penal Comentado*, p. 419.
164. *Código Penal Anotado*, p. 421.
165. *Código Interpretado*, pp. 744-745.

e outros veículos sem os cuidados indispensáveis para evitar acidentes. As normas legais a serem obedecidas são não só referentes à circulação de qualquer veículo, como as destinadas à sua segurança, especificadas nos arts. 26 a 67 e 96 a 113 do Código de trânsito Brasileiro e na Legislação Complementar. Resulta claro do parágrafo único do art. 132 que para a incriminação penal não basta a desobediência a tais normas, sujeita as sanções administrativas, exigindo-se a ocorrência do perigo concreto para a vida ou a saúde de outrem, fato que caracteriza o referido crime".

TRANSPORTE DE TRABALHADOR RURAL

PORTARIA SUP/DER Nº 33, DE 21 DE MAIO DE 2003[166]

Dispõe sobre o transporte de trabalhadores rurais por ônibus através das rodovias estaduais.

O Superintendente do Departamento de Estradas de Rodagem do Estado de São Paulo, de conformidade com o disposto no inciso VI do art. 18 do Regulamento Básico do DER, aprovado pelo Decreto nº 26.673, de 28.1.1987, bem como do art. 21 da Lei nº 9.503, de 23.9.1997, que instituiu o Código de Trânsito Brasileiro, resolve:

Capítulo I – Da Autorização

Art. 1º. O transporte coletivo de trabalhadores rurais entre suas residências e os locais de trabalho poderá ser efetuado por ônibus ou microônibus, classificados em quaisquer categorias, devidamente registrados, licenciados, vistoriados e que atendam os requisitos estabelecidos nesta portaria.

Parágrafo único. O disposto nesta portaria aplica-se aos veículos de que cuida a Resolução nº 082/1998, do Conselho Nacional de Trânsito – Contran – desde que naquelas condições licenciados.

Art. 2º. Os veículos a que se refere o art. 1º não poderão executar serviços de transporte coletivo intermunicipal, regulares e públicos, bem como os de fretamento, de conformidade com a legislação pertinente e deverão:

I – dispor de compartimento fechado e adequado à condução de ferramentas e utensílios de qualquer natureza;

II – ter inscrito, a meia altura das laterais e traseira das suas carrocerias, a expressão "RURAIS", com altura 300 milímetros; e

III – portar o documento hábil de Autorização.

Art. 3º. É proibido o transporte de passageiros em pé, bem como vedado o transporte de ferramentas agrícolas dentro do espaço reservado aos trabalhadores.

---

166. Publicado no *DOE*, de 22.5.2003.

Art. 4º. O transporte de trabalhadores de que trata esta portaria, em todas as rodovias estaduais inclusive as concedidas, deverá ser previamente autorizado pelo Departamento de Estradas de Rodagem, devendo constar do Documento de Autorização:

I – o número de trabalhadores (lotação) a serem transportados;

II – o local de origem e destino do transporte;

III – o itinerário a ser percorrido;

IV – os horários a serem observados em ambos os sentidos; e

V – o prazo de validade da Autorização.

Art. 5º. Os proprietários dos veículos de que cuida esta portaria, interessados na obtenção de autorização para transporte de trabalhadores rurais, deverão dirigir requerimento ao DER, a ser protocolado na Divisão Regional ou quaisquer de suas Residências de Conservação, de acordo com o modelo constante do **Anexo I**, devidamente instruído com as seguintes informações e documentos:

a) descrição seqüencial das vias a serem utilizadas;

b) cópia do Certificado de Registro e Licenciamento do Veículo;

c) Termo de Vistoria do veículo, de conformidade com o Capítulo III desta Portaria;

d) cópia da Anotação de Responsabilidade Técnica – ART – do responsável pela vistoria realizada;

e) cópia da apólice de seguro veicular com cobertura de danos a terceiros e aos passageiros transportados; e

f) cópia de credenciamento expedido por Divisão Regional diversa, se for o caso.

Art. 6º. Para os fins a que se destina esta portaria fica delegada competência aos Diretores das Divisões Regionais para decidir sobre o requerido, em nome do Superintendente.

Art. 7º. A decisão será comunicada ao interessado e, em caso de autorização, será expedido documento de conformidade com o **Anexo II**.

§ 1º. A validade da autorização não poderá ultrapassar a data de vencimento, a que primeiro ocorrer, do licenciamento anual do veículo ou do seguro previsto na letra "e" do art. 5º.

§ 2º. A autorização de que trata esta portaria será concedida a título precário, podendo ser revogada a critério do DER, sempre que constatadas irregularidades no veículo ou cometidas pelos seus condutores ou proprietários.

Art. 8º. As autorizações poderão ser tempestivamente renovadas, a requerimento dos interessados, cumprido o disposto no art. 5º, bem como promovida a juntada da autorização anterior.

Art. 9º. Quando o itinerário a ser percorrido envolver mais de uma Divisão Regional do DER a competência para autorização será da Divisão Regional de origem do transporte.

Art. 10. A Autorização objeto desta portaria não exime o autorizado da responsabilidade pelos danos que vier a causar à rodovia e seus dispositivos, bem como a terceiros.

Capítulo II – Do Credenciamento para Fins de Vistoria de Veículos

Art. 11. Desde que credenciados pelo DER, a vistoria de que trata a letra "c" do art. 5º poderá ser efetuada:

I – por engenheiro mecânico ou tecnólogo mecânico, desde que devidamente registrado no CREA – Conselho Regional de Engenharia e Arquitetura; e

II – por oficina de concessionária devidamente autorizada por montadora da indústria automobilística.

Art. 12. O credenciamento previsto no art. 11 far-se-á sem exclusividade, no âmbito das Divisões Regionais e a requerimento de quaisquer interessados, conforme modelo constante do **Anexo III**.

Art. 13. Compete ao Diretor da Divisão Regional respectiva compor Comissão integrada por, no mínimo, três engenheiros, preferencialmente da área de equipamentos e patrimônio, para fins de análise, aprovação, controle e acompanhamento dos credenciamentos pleiteados e os concedidos.

Art. 14. Elaborado pela Comissão citada no art. 13, compete ao Diretor da Divisão Regional correspondente expedir o necessário Termo de Credenciamento, de conformidade com o **Anexo IV**, pelo prazo máximo de 2 (dois) anos, a ser publicado mediante extrato no *Diário Oficial do Estado*.

Art. 15. A Comissão citada no artigo anterior deverá disponibilizar aos interessados em obter autorização para transporte de trabalhadores a relação de profissionais e empresas credenciados pela Divisão Regional para fins de execução da necessária vistoria.

Capítulo III – Da Vistoria

Art. 16. A vistoria dos veículos será efetuada de acordo com as instruções constantes do **Anexo V** objetivando a segurança e conforto dos passageiros, tripulação, bem como de terceiros.

Art. 17. Deverá ser expedido, sem emendas ou rasuras, o Termo de Vistoria, em duas vias e de conformidade com **Anexo VI**.

Art. 18. O Termo de Vistoria terá a validade máxima de um ano, não podendo ultrapassar a data de vencimento do licenciamento anual do veículo ou da data de validade do seguro exigido para o mesmo, a que primeiro ocorrer.

§ 1º. A primeira via do Termo prestar-se-á à instrução do pedido de autorização devendo a segunda via ser afixada em local visível, no interiordo veículo.

§ 2º. Nenhum veículo de que cuida esta portaria poderá operar sem o competente Termo de Vistoria, além do documento hábil de Autorização citado no item III do Art. 2º.

Capítulo IV – Da Fiscalização e Disposições Finais

Art. 19. A fiscalização decorrente desta portaria será efetuada pelos Policiais Militares integrantes dos Batalhões de Policiamento Rodoviário e suas Unidades

Art. 20. Para o assunto de que cuida esta portaria não mais se aplica o disposto nas Portarias SUP/DER nº 036, de 16.8.1985 e nº 034, de 27.5.1993 bem como suas alterações procedidas pelas Portarias SUP/DER nº 040, de 3.6.1993, nº 048, de 2.7.1993, nº 098, de 1º.9.1997 e nº 124, de 10.12.2001.

Art. 21. Esta Portaria entrará em vigor na data de sua publicação, mantidas as revogações das Portarias SUP/DER nº 080, de 5.10.1994 e nº 095, de 20.12.1994, bem como ficando revogada a Portaria SUP/DER nº 017, de 9.4.2003 (referente ao Autos nº 228.939/DER/2000).

Anexo I – Modelo de Requerimento para Autorização

SENHOR SUPERINTENDENTE DO DEPARTAMENTO DE ESTRADAS DE RODAGEM

Pelo presente requeiro a Autorização para o transporte de trabalhadores rurais, regulamentado pela Portaria SUP/DER nº 033, de 21.5.2003 utilizando o veículo abaixo citado.

Interessado

NOME: _____

QUALIFICAÇÃO: _____

R.G.: _____ CPF: _____

ENDEREÇO: _____

CIDADE: _____ CEP: _____

Veículo

MARCA: _____ MODELO: _____

ANO DE FABRICAÇÃO: _____ PLACA: _____

LOTAÇÃO: _____ CRLV: _____

Itinerários

LOCAL DE ORÍGEM: _____

LOCAL DE DESTINO: _____

DETALHAR ITINERÁRIO DE IDA: _____

DETALHAR ITINERÁRIO DE VOLTA: _____

HORÁRIO DE SAÍDA: _____

HORÁRIO DE CHEGADA: _____

Informo conhecer e cumprir o disposto na Portaria SUP/DER nº 033, de 21.5.2003, bem como anexo o Termo de Vistoria do veículo e cópia dos seguintes documentos: R.G., CPF e CRLV.

LOCAL E DATA _____

ASSINATURA _____

Anexo II – Modelo de Autorização

AUTORIZAÇÃO

DRn/-_____

O veículo MARCA _____
MODELO _____ ANO DE FABRICAÇÃO _____
PLACA _____ acha-se autorizado a trafegar através da(s) rodovia(s) SP_____ promovendo o transporte de trabalhadores rurais, condicionando-se:
PROPRIETÁRIO: _____
LOTAÇÃO: _____
LOCAL DE ORIGEM: _____
LOCAL DE DESTINO: _____
ITINERÁRIO: _____
HORÁRIO DE SAÍDA: _____
HORÁRIO DE CHEGADA: _____

Este documento é de porte obrigatório e terá validade até ____/____/____ e desde que não contenha rasuras, emendas ou danificação, ainda que parcialmente.

LOCAL E DATA _____
ENGENHEIRO _____
DIRETOR DA DR _____

Anexo III – Modelo de Requerimento para Credenciamento

SENHOR SUPERINTENDENTE DO DEPARTAMENTO DE ESTRADAS DE RODAGEM

Pelo presente requeiro o credenciamento para promover vistoria em veículos objeto da Portaria SUP/DER nº 033, de 21.5.2003 prestando os seguintes esclarecimentos:

Interessado

NOME: _____
QUALIFICAÇÃO: _____
R.G.: _____ CPF: _____
REGISTRO CREA Nº: _____ CNPJ: _____
INSCRIÇÃO MUNICIPAL: _____
ENDEREÇO: _____
CIDADE: _____ CEP: _____
NOME DA MONTADORA CREDENCIANTE: _____

Informo conhecer e cumprir o disposto na Portaria SUP/DER nº 033, de 21.5.2003, bem como anexo cópia dos seguintes documentos: R.G., CPF, CNPJ, registro do CREA e credenciamento de montadora, se for o caso.

LOCAL E DATA _____
ASSINATURA _____

Anexo IV – Modelo de Termo de Credenciamento

TERMO DE CREDENCIAMENTO

DRn/-_____

NOME E/OU CONCESSIONÁRIA, R.G. ou CNPJ estabelecido(a) à (endereço) acha-se CREDENCIADO(A) até a data de ___/___/_____ para promover vistoria de veículos para transporte de trabalhadores rurais ao longo das rodovias estaduais, nos termos da Portaria SUP/DER nº 033, de 21.5.2003.

LOCAL E DATA _____

ENGENHEIRO _____

DIRETOR DA DR _____

Anexo V
Instruções para fins de vistoria de veículos referentes à Portaria SUP/DER nº 033/2003

Execução da Vistoria

1. Sistema Mecânico e Elétrico:

1.1. Direção: Inspeção do sistema de direção, terminais, setor, embuchamento e outros, devendo ser garantida em todas as condições de operação em trânsito urbano e rodoviário, atendendo com segurança as solicitações normais e as decorrentes de sobrecargas, devidas à operação do veículo;

1.2. Freios: inspeção geral do sistema de freios de serviço e de estacionamento, os quais deverão estar sempre em condições de atender sua capacidade máxima de frenagem, mantendo o veículo estável direcionalmente sob quaisquer condições de carga, e com ampla capacidade de recuperação em frenagens sucessivas e/ou prolongadas;

1.3. Suspensão: inspeção geral do sistema de suspensão, devendo operar com o mínimo tempo de resposta na ocorrência de sobrecargas, garantindo total segurança aos passageiros, com reduzida tendência ao tombamento do veículo nas curvas e não permitir contato entre os pneus e as caixas de rodas em qualquer condição de operação;

1.4. Motor: inspeção geral de funcionamento, limpeza e vazamento;

1.5. Bomba Injetora: inspeção geral de sua regulagem, voltada ao controle dos índices de fumaça;

1.6. Transmissão: inspeção do sistema e vazamentos do câmbio, embreagem, cardã, diferencial e carcaça;

1.7. Sistema Elétrico: verificação de funcionamento do pisca-pisca (dianteiro e traseiro), luz de freio, lanterna (dianteira e traseira), farol, (alto e baixo), iluminação interna, partida, bateria, gerador, arranque, chicote, iluminação da placa do veículo e outros;

1.8. Painel e Comandos: verificação de funcionamento do velocímetro, odômetro, tacógrafo, pressão do óleo, indicador de direção (pisca-pisca), pisca alerta, temperatura do motor, bateria, buzina, limpador de pára-brisa, comandos de abrir e fechar porta(s), comandos da iluminação interna e outros;

1.9. Inspeção dos Pneus: inspeção geral do estado dos pneus, rodas e protetores;

2. Carroceria:

2.1. Parte Externa: prefixo, letreiro (nome da empresa), identificações exigidas pelo DER, dispositivo de letreiro, pintura, revestimento, espelho retrovisor, bagageiros e outros;

2.2. Parte Interna: porta(s) de serviço ou saída(s) de emergência, instruções de uso das saídas de emergência, assentos e/ou poltronas, (mecanismos de inclinação e estofamento), espaçamento entre poltronas, corredor (piso), degraus, sinal de parada, nível de ruído, janelas (mecanismo, vedação e vibrações), vidros, proteção de sol do motorista, cortinas, porta-pacotes e higiene.

3. Comunicação Visual Interna:

3.1. Identificação: do motorista, da empresa (nome e endereço), do endereço e telefone para reclamações (da empresa e do DER), do aviso "É PROIBIDO FUMAR", do veículo (documento do veículo), da tara e lotação e do Termo de Vistoria em local adequado, visível e de fácil acesso e consulta;

4. Equipamentos de Segurança: extintor de incêndio, triângulo refletivo, ferramentas de emergência, roda sobressalente, chave de roda e macaco.

5. Outras de Caráter Geral: as exigidas pelo CTB – Código de Trânsito Brasileiro – em especial as referentes à segurança, bem como as que o exercício profissional assim o recomendar.

| 149 |

Art. 230. *Conduzir o veículo:*
III – *com dispositivo anti-radar:*
- **Amparo Legal** – *art. 230, III – CTB.*
- **Infração** – *Gravíssima.*
- **Número de pontos** – *7 (sete).*
- **Penalidade** – *Multa e apreensão do veículo.*
- **Valor da Multa** – *R$ 191,54 – Resolução Contran nº 136/2002.*
- **Medida Administrativa-** *Remoção de veículo.*

ART. 230

- **Código da Infração** – 657-2 – Denatran/Detran – Resolução Contran nº 66/1998 (Corresponde ao art. 230, III – CTB).
- **Competência** – Estado – Resolução Contran nº 66/1998.

O assunto era disciplinado anteriormente pela Resolução Contran nº 528/1977, que proibiu o uso em veículos automotores de aparelho capaz de detectar os efeitos de radar, inclusive o denominado "*driver alert*" ou similar. O legislador considerava que referido aparelho era danoso à economia de combustível e impeditivo à observância do limite de velocidade recomendado, vale dizer, afetava a segurança do trânsito.

Radar – É um equipamento utilizado pela fiscalização de trânsito que tem por finalidade aferir a velocidade desenvolvida por um veículo em determinado ponto da via. É instrumento hábil para detectar o abuso de velocidade por parte dos condutores de veículos. São instalados em locais de grande incidência de velocidade, com isso visa responsabilizar o condutor infrator através da autuação por infração a legislação de trânsito, conscientizá-lo e ao mesmo tempo evitar acidentes.

O dispositivo anti-radar tem a função de detectar o uso de radar na via pública e com isso, alertar o condutor/infrator que vai adotar postura compatível com o limite de velocidade estabelecida para o local, evitando-se com isso, a autuação por excesso de velocidade.

Indispensável sobre o assunto a opinião de Waldyr de Abreu:[167] "o item III pune o condutor de veículo em circulação, com dispositivo anti-radar. Não precisa ser surpreendido ligado. Basta estar apto a tanto". Afirma ainda: "Estudos realizados revelaram que os motoristas usuários de anti-radares são em regra mais perigosos e propensos a acidentes". Na mesma obra, na página 191, acentua: "motoristas há, em geral os mais freqüentes infratores da velocidade, que buscam o recurso de aparelhos detectores do radar, vulgarmente chamados anti-radares. Na realidade, um receptor da onda emitida pelo radar ligado, denunciado por um ruído. A habilidade policial, ligando e desligando rapidamente o radar, em rápida focalização do veículo implicado, como no uso de uma espingarda, pode frustrar a ação do anti-radar. Há outras práticas no mesmo sentido, mas o melhor é o aparelho a laser. Seu feixe de irradiação não abre, como o do radar".

A nosso ver, o Código de Trânsito Brasileiro, quando tratou dos Crimes de Trânsito, poderia ter inserido um dispositivo penal punido quem fosse surpreendido utilizando, na posse, adaptando, transportando a qualquer título aparelho dispositivo ou produto a revelar a presença ou interferir no funcionamento de instrumentos que sirvam a constatação de infrações de trânsito, exemplo: dispositivo anti-radar ou produtos químicos ou objetos para prejudicarem a nitidez da foto do veículo infrator, independentemente da responsabilidade administrativa.

O Cetran/SP, manifestou-se no *DOE* nº 174:[168] "O condutor que é surpreendido portando dispositivo anti-radar sem a comprovada utilização deve ser autuado com base no art. 230, inciso III do CTB".

---

167. *Código de Trânsito Brasileiro*, p. 73.
168. Publicado em 12.9.1998, p. 6.

150

> **Art. 230.** Conduzir o veículo:
> **IV –** sem qualquer uma das placas de identificação:
> - **Amparo Legal** – art. 230, IV – CTB.
> - **Infração** – Gravíssima.
> - **Número de pontos** – 7 (sete).
> - **Penalidade** – Multa e apreensão do veículo.
> - **Valor da Multa** – R$ 191,54 – Resolução Contran nº 136/2002.
> - **Medida Administrativa-** Remoção de veículo.
> - **Código da Infração** – 658-0 – Denatran/Detran – Resolução Contran nº 66/1998 (Corresponde ao art. 230, IV – CTB).
> - **Competência** – Estado – Resolução Contran nº 66/1998.

A infração caracteriza-se com a ausência sem justificação pelo órgão de trânsito de qualquer uma das placas do veículo, vale dizer, placa dianteira, traseira ou ambas. Entretanto, havendo o chamado selo de pára-brisa (documento emitido pelos órgãos de trânsito sem placas por razões justificadas pelo proprietário/condutor de veículo junto a administração pública), não haverá a presente infração de trânsito.

As placas do veículo é um dos itens mais importante, pois trata-se da individualização externa do veículo aliado a outros sinais identificadores (exemplo: número do chassi estampada nos vidros do veículo) e ao próprio número do chassi (sinal identificador da estrutura sobre a qual se monta a carroceria do veículo motorizado). Com isso, é possível a sua identificação.

O inciso IV do art. 230, tem correspondência com o art. 115 do Código, determinando este último que o veículo será identificado externamente por meio de placas dianteira e traseira, sendo esta lacrada em sua estrutura, obedecendo as especificações e modelos estabelecidos pelo Contran na Resolução nº 45/1998. Os veículos de duas ou três rodas (exemplo: motocicletas, triciclos) são dispensados da placa dianteira. O dispositivo no art. 115 do CTB, não aplica-se aos veículos de uso bélico.

Os caracteres das placas serão individualizadores para cada veículo e o acompanharão até a baixa do registro, sendo vedado seu reaproveitamento (§ 1º do art. 115).

A Resolução nº 45/1998 do Contran, estabelece o sistema de placas de identificação de veículos, disciplinado pelos arts. 115 e 221 do Código.

O trânsito de veículos novos, sem placas antes do registro e licenciamento, é permitido durante os 5 (cinco) dias seguintes à expedição da nota fiscal ou documento alfandegário correspondente, nos termos do inciso I, do art. 4º da Resolução Contran nº 4/1998, alterado pelo art. 3º da Resolução Contran nº 20/1998.

Após os 5 (cinco) dias, o veículo deverá portar a "autorização especial", com validade de 15 dias, prorrogável por igual período (art. 1º, § 2º da Resolução Contran nº 4/1998). Na ausência da "autorização especial", o condutor estará sujeito a infração prevista no art. 230, V do Código, por força do disposto no art. 5º da Resolução Contran nº 4/1998. A Resolução Contran nº 612/1983, que disciplinava o assunto foi revogada expressamente pelo art. 6º da Resolução Contran nº 4/1998.

A grande distinção que se deve fazer entre o art. 230, inciso IV e inciso V, é que no primeiro caso, o veículo foi registrado/licenciado e está licenciado e por qualquer motivo esta transitando sem qualquer das placas ou de ambas, sem motivo justificado perante o órgão de trânsito (exemplo: sem placas e sem o selo de pára-brisa, ou selo de pára-brisa vencido, mas o veículo foi e está licenciado).

No segundo caso, art. 230, V, o veículo está sem registro e licenciamento com o licenciamento anual vencido, ou sem autorização especial após o decurso de 5 (cinco) dias (art. 5º da Resolução Contran nº 4/1998).

LAVRATURA DA AUTUAÇÃO DO VEÍCULO NOVO OU USADO QUE NÃO OSTENTA A PLACA DE IDENTIFICAÇÃO

Através do Comunicado nº 51, de 2.9.2002,[169] o Detran/SP, informou que a PRODESP inseriu na tela de cadastramento dos Autos de Infração, o campo para digitar o numeral do chassi do veículo infrator, a fim de possibilitar a lavratura da autuação do veículo novo ou usado que não ostenta a placa de identificação, devendo o funcionário responsável pelo processamento dos A.I.s lavrados pelo número do chassi proceder conforme exemplo abaixo:

a) digitando o número de chassi constante no A.I., o sistema irá fornecer o número da placa que se encontra cadastrada no sistema;

b) estando a placa cadastrada no banco de dados de veículos, o funcionário deverá completar o A.I. colocando o número da placa e município correspondente, para incluir o A.I., no banco de dados de multas;

c) esclarecemos que, se o nº do chassi não estiver no cadastro de veículos, não há como inserir a multa no sistema.

| 151 |

Art. 230. *Conduzir o veículo:*
V – *que não esteja registrado e devidamente licenciado:*
- *Amparo Legal* – *art. 230, V – CTB.*
- *Infração* – *Gravíssima.*
- *Número de pontos* – *7 (sete).*

169. Publicado no *DOE* nº 169, de 5.9.2002, p. 7.

ART. 230

- **Penalidade** – Multa e apreensão do veículo.
- **Valor da Multa** – R$ 191,54 – Resolução Contran nº 136/2002.
- **Medida Administrativa-** Remoção de veículo.
- **Código da Infração** – 659-9 – Denatran/Detran – Resolução Contran nº 66/1998 (Corresponde ao art. 230, V – CTB).
- **Competência** – Estado – Resolução Contran nº 66/1998.

O presente inciso está adstrito aos arts. 120, 123 e 130 do Código. O primeiro trata da obrigatoriedade do registro do veículo automotor perante o órgão executivo de trânsito do município de domicílio ou residência do proprietário. Haverá, entretanto, expedição de novo certificado de registro de veículo quando: for transferida a propriedade, o proprietário mudar o município de domicílio ou residência, for alterada qualquer característica do veículo ou houver mudança de categoria.

No caso de transferência de propriedade, o prazo para o proprietário adotar as providências necessárias à efetivação da expedição do novo certificado de registro de veículo (CRV) é de trinta dias, nos demais casos, as providências deverão ser imediatas.

Havendo transferência de domicílio ou residência no mesmo município, o proprietário comunicará o novo endereço num prazo de trinta dias e aguardará o novo licenciamento para alterar o certificado de licenciamento anual (CRLV); veículo automotor não registrado é aquele que não foi emitido pelo órgão executivo de trânsito o CRV – Certificado de registro de veículo, este fato ocorre mais com veículos novos (0 km).

Há que se considerar que o veículo nunca poderá estar licenciado senão estiver registrado, mas poderá ser registrado sem estar licenciado para o exercício anual. Também poderá ocorrer a hipótese de o veículo estar sem registro e conseqüentemente sem licenciamento.

Licenciamento de veículo é um procedimento anual, devendo para tanto serem observadas as imposições dos arts. 130 e 134 do Código. O Certificado de registro e licenciamento de veículo (CRLV), é vinculado ao Certificado de Registro do Veículo (CRV) e será emitido após a comprovação dos pagamentos de débitos relativos a tributos, encargos, e multas de trânsito e ambientais, vinculados ao veículo, independentemente da responsabilidade pelas infrações cometidas. No caso de transferência de residência ou domicílio, é válido, durante o exercício, o licenciamento de origem.

No caso de transferência da propriedade, o proprietário antigo deverá encaminhar ao órgão executivo de trânsito do Estado dentro de um prazo de trinta dias, cópia autenticada do comprovante de transferência de propriedade, devidamente datado, sob pena de ter que se responsabilizar solidariamente pelas penalidades impostas e suas reincidências até a data da comunicação (art. 134).

Portanto, nos termos do inciso V do art. 230 do Código, constitui infração de trânsito: **Conduzir veículo sem estar registrado e licenciado perante o órgão de trânsito. Exemplo:** adquiriu veículo 0 km, entretanto não o registrou/licenciou junto ao órgão de trânsito. Neste caso, a infração será a do inciso V do art. 230.

ART. 230

EXCEÇÕES PARA CONDUZIR VEÍCULO SEM ESTAR REGISTRADO E LICENCIADO

A situação comporta as exceções previstas na Resolução nº 04/1998 do Contran, art. 4º:

"Antes do Registro e licenciamento, o veículo novo, nacional ou importado que portar a nota fiscal de compra e venda ou documento alfandegário poderá transitar:

I – do pátio da fábrica; da indústria encarroçadora ou concessionária; do posto alfandegário, ao órgão de trânsito do município de destino, nos cinco dias seguintes a expedição da nota fiscal ou documento alfandegário correspondente. (Redação alterada pelo art. 3º da Resolução Contran nº 20/1998).

Nota: A Portaria nº 7, de 23.1.2001, determinou que para fins de cumprimento da Resolução nº 4/1998 Contran, com a alteração art. 3º da Resolução nº 20/1998 Contran, quando a compra for realizada diretamente pelo comprador por meio eletrônico, o prazo de 5 (cinco) dias consecutivos contar-se-á da data de efetiva entrega do veículo ao proprietário.

II – do pátio da fábrica, da indústria encarroçadora ou concessionária, ao local onde vai ser embarcado como carga, por qualquer meio de transporte;

III – do local de descarga as concessionárias ou indústrias encarroçadora;

IV – de um a outro estabelecimento da mesma montadora encarroçadora ou concessionária ou pessoa jurídica interligada."

Importa destacar que a não observância no acima enunciado, caracteriza a infração de trânsito prevista no inciso V do art. 230 do Código. De outro lado, a Resolução Contran nº 4/1998 Contran (art. 6º revogou expressamente a Resolução Contran nº 612/1983, que disciplinava anteriormente o assunto.

COMO ELABORAR A AUTUAÇÃO NO VEÍCULO QUE NÃO ESTEJA REGISTRADO/LICENCIADO PERANTE OS ÓRGÃOS DE TRÂNSITO UMA VEZ QUE NÃO POSSUI PLACAS

Não estando o veículo registrado/licenciado, não foram designadas placas para individualizá-lo, neste caso, como elaborar a autuação? Entendemos que o condutor/infrator não pode permanecer impune, e a autuação deve ser elaborada com base no número do chassi. O agente público de trânsito usará o campo de observações do auto de infrações e não o campo correspondente ao lançamento do numeral e letras das placas, os demais procedimentos serão os de rotina.

Efetuado o Auto de Infração apenas com o número do chassi, o funcionário responsável pelo processamento dos Autos de Infrações que atua junto ao Detran/SP, Ciretrans Estaduais, deverá aplicar nos casos em comento o Comunicado Detran/SP nº 51, de 2.9.2002,[170] informativo de que a PRODESP inseriu na tela de

---

170. Publicado no *DOE* nº 169, de 5.9.2002, p. 7.

cadastramento dos Autos de Infração, o campo para digitar o numeral do chassi do veículo infrator, a fim de possibilitar a lavratura da autuação do veículo novo ou usado que não ostenta a placa de identificação, devendo o funcionário responsável pelo processamento dos Autos de Infrações lavrados pelo número do chassi proceder conforme exemplo abaixo:

a) digitando o número do chassi constante no Auto de Infração o sistema irá fornecer o número da placa que se encontra cadastrada no sistema;

b) estando a placa cadastrada no banco de dados de veículos, o funcionário deverá completar o Auto de Infração colocando o número da placa e município correspondente, para incluir o Auto de Infração, no banco de dados das multas;

c) esclarecemos que, se o número do chassi não estiver no cadastro de veículos, não há como inserir a multa no sistema.

VEÍCULO NOVO SEM REGISTRO/LICENCIAMENTO E COM AUSÊNCIA DE AUTORIZAÇÃO ESPECIAL

Como já vimos, o trânsito de veículos novos, sem placas, antes do registro e licenciamento é permitido durante os cinco dias seguintes a expedição da nota fiscal ou documento alfandegário correspondente, nos termos do inciso I, do art. 4º, da Resolução Contran 04/1998, alterado pelo art. 3º, da Resolução Contran nº 20/1998, que, após os cinco dias, o veículo deverá portar *"autorização especial"*, com validade de quinze dias, prorrogável por igual período (art. 1º, § 2º da Resolução Contran nº 4/1998, e na ausência da mencionada autorização especial, o condutor/infrator será autuado com base no art. 230, V do CTB, por força do preconizado no art. 5º da Resolução Contran nº 4/1998.

CONDUZIR VEÍCULO SEM O LICENCIAMENTO PARA O ANO EM CURSO, DE ACORDO COM O ALGARISMO FINAL DA PLACA – EXERCÍCIO VENCIDO

O Conselho Nacional de Trânsito – Contran, através da Resolução nº 110/2000,[171] fixou o calendário para renovação do licenciamento anual de veículos e revogou a Resolução Contran nº 95/1999. O Contran estabeleceu que os Órgãos Executivos de Trânsito dos Estados e do Distrito Federal, estabelecerão prazos para a renovação do licenciamento anual dos veículos registrados sob sua Circunscrição, de acordo com o algarismo final de identificação, entretanto tanto os Estados e Distrito Federal, deverão respeitar os limites fixados na tabela abaixo, isto é, não podem ultrapassar os limites da tabela:

---

171. Publicada no *DOU* de 10.3.2000.

TABELA DO CONTRAN	
ALGARISMO FINAL DA PLACA	PRAZO FINAL PARA RENOVAÇÃO
1 e 2	até setembro
3, 4 e 5	até outubro
6, 7 e 8	até novembro
9 e 0	até dezembro
Deve ser obedecida pelos Estados e Distrito Federal, isto é, podem elaborar seu próprio calendário, mas não podem exceder os limites fixados nesta tabela.	

Estabelece ainda a Resolução Contran nº 110/2000,[172] em seu art. 2º que as autoridades, órgãos, instituições e agentes fiscalizadores de trânsito e rodoviário em todo território nacional, para efeito de autuação e aplicação de penalidades, quando o veículo se encontrar fora da Unidade da Federação em que estiver registrado, deverão adotar os prazos previstos na Resolução Contran nº 110/2000 que revogou expressamente a Resolução Contran nº 95/1999.

"PORTARIA DETRAN Nº 1.700, DE 9.12.2002[173]

Calendário para o licenciamento de veículo no exercício de 2003 no Estado de São Paulo.

O Delegado de Polícia Diretor.

Considerando o que dispõem os arts. 130 e 131 do Código de Trânsito Brasileiro;

Considerando os critérios de escalonamento para o licenciamento de veículos, conforme preconizado na Resolução Contran nº 110/00;

Considerando a necessidade de otimização dos serviços realizados pelo Departamento Estadual de Trânsito – Detran/SP, propiciando aos proprietários de veículos maior comodidade no trato de seus interesses particulares;

Considerando as regras estabelecidas pelo Sistema de Autenticação Digital, implantado através da Portaria CAT/Detran nº 001/2000, com suas posteriores alterações;

Considerando formal solicitação da Superintendência do Poupatempo, órgão diretamente ligado à Secretaria do Governo e Gestão Estratégica, pleiteando expansão da regra do Sistema de Licenciamento Antecipado para os demais meses correspondentes ao exercício 2003;

Considerando, por derradeiro, a metodologia proposta pela Coordenação da Administração Tributária da Secretaria de Estado dos Negócios da Fazenda, vinculando o sistema de licenciamento eletrônico antecipado ao pagamento do IPVA 2003, resolve:

---

172. Publicada no *DOU* de 10.3.2000.
173. Publicada no *DOE* de 10.12.2002, p. 12.

Capítulo I – Do Licenciamento Realizado nas Unidades de Trânsito

Art. 1º. A renovação do licenciamento anual dos veículos registrados no âmbito do Departamento Estadual de Trânsito, tendo por abrangência o exercício 2003, será realizada a partir de 1º de abril de 2003, respeitadas as regras do licenciamento eletrônico antecipado e atendidos os limites máximos fixados na tabela abaixo consignada, distribuídos de acordo com o algarismo final da placa:

I – Licenciamento para veículo automotor, reboque e semi-reboque, exceto o definido no item II:

Final da placa	Prazo final para Renovação.
1	até Abril
2	até Maio
3	até Junho
4	até Julho
5 e 6	até Agosto
7	até Setembro
8	até Outubro
9	até Novembro
0	até Dezembro

II – Licenciamento para veículo de carga – categoria "caminhão":

Final da placa	Prazo final para Renovação
1 e 2	até Setembro
3, 4 e 5	até Outubro
6, 7 e 8	até Novembro
9 e 0 até	Dezembro

§ 1º. Para os veículos classificados na categoria "caminhão", na hipótese de o proprietário realizar o pagamento do IPVA em cota única, fica facultada a renovação do licenciamento anual até os prazos limites especificados no inciso I deste artigo.

§ 2º. O licenciamento deverá ser realizado até o último dia útil do mês correspondente ao algarismo final da placa de identificação.

Art. 2º. Para o licenciamento do veículo serão exigidos:

I – apresentação do original ou cópia não autenticada do Certificado de Registro e Licenciamento do Veículo (CRLV); e

II – comprovante do pagamento bancário efetuado através do Sistema de "Autenticação Digital", contendo obrigatoriamente, além da taxa de serviço de trânsito, quitação dos débitos relativos a tributos, DPVAT – Seguro Obrigatório e multas de trânsito e ambientais, porventura pendentes no cadastro do veículo.

§ 1º. O comprovante de pagamento, obrigatoriamente realizado através do Sistema de "Autenticação Digital", dispensará a apresentação de quaisquer outros documentos ou comprovantes inerentes a exercícios anteriores, exceto o definido no inciso I deste artigo.

§ 2º. O licenciamento realizado por determinação judicial deverá obedecer aos critérios e regras contidos na Portaria Detran nº 824, de 1º de agosto de 2000, bem como o escalonamento previsto no art. 1º desta Portaria.

Art. 3º. A renovação do licenciamento anual poderá ser realizada em qualquer unidade de trânsito, inclusive nos Postos de Licenciamento da Divisão de Registro e Licenciamento da Capital e nas Unidades de Atendimento instaladas no POUPATEMPO, independentemente do local de registro do veículo.

§ 1º. Na Capital, o Certificado de Registro e Licenciamento – CRLV será assinado por funcionário autorizado pelo Diretor do Departamento Estadual de Trânsito, com integral validade para fins de circulação em todo o território nacional.

§ 2º. A renovação do licenciamento anual, na hipótese de o pedido ser solicitado em unidade diversa do local de registro do veículo, não poderá ser realizado nas seguintes circunstâncias:

I – existência de restrições judiciais ou bloqueios administrativos;

II – registro no antigo sistema de identificação de 2 (duas) letras e 4 (quatro) algarismos;

III – alteração de características do veículo;

IV – mudança de categoria;

V – inserção ou retirada de gravames ou restrições à venda; e

VI – emissão, a que título for, da segunda via do Certificado de Registro de Veículo – CRV e do Certificado de Registro e Licenciamento.

§ 3º. Nas situações descritas no parágrafo anterior, o processo de emissão do documento deverá ser requerido e realizado perante a unidade de trânsito do local de registro do veículo.

§ 4º. O proprietário que residir em município diverso do constante no cadastro, para fins de alteração de endereço, deverá cumprir integralmente as regras concernentes ao processo de transferência perante a Circunscrição Regional ou Seção de Trânsito de sua atual residência ou domicílio, nos termos do estabelecido nos arts. 123 e 124 do Código de Trânsito Brasileiro.

Art. 4º. Por ocasião do licenciamento, na hipótese de o endereço do proprietário do veículo estar desatualizado, obrigatoriamente deverá o interessado providenciar sua regularização perante a unidade de trânsito do local de registro do veículo.

§ 1º. O pedido deverá ser realizado através do preenchimento de requerimento assinado pelo proprietário do veículo, dispensado o reconhecimento de firma, devendo ser juntada cópia não autenticada do comprovante da atual residência, além dos demais documentos exigidos para a efetivação do licenciamento, com posterior arquivo na unidade de trânsito do local de registro do veículo.

§ 2º. As Seções de Trânsito não informatizadas receberão os requerimentos e os encaminharão às unidades informatizadas, abrangentes de suas áreas de atuação, para as respectivas alterações cadastrais e emissão do documento.

§ 3º. Os Postos de Licenciamento da Divisão de Registro e Licenciamento da Capital, para os veículos registrados no município de São Paulo, e as Unidades de Atendimento instaladas no POUPATEMPO, independentemente do local de registro do veículo, poderão providenciar a regularização do endereço do proprietário do veículo.

§ 4º. A alteração do endereço não implicará na emissão de novo Certificado de Registro de Veículo – CRV.

§ 5º. Independentemente das regras contidas neste artigo, a qualquer tempo poderá ser atualizado o endereço residencial junto ao Detran, inclusive para fins de utilização do Sistema de Licenciamento Eletrônico – SLE, com postagem via SEDEX através dos Correios.

§ 6º. Na hipótese de mudança de município deverão ser atendidas, obrigatória e integralmente, as regras específicas estabelecidas em rotina distinta desta Portaria, em direto cumprimento ao disposto no inciso II do art. 123 do Código de Trânsito Brasileiro.

Capítulo II – Do Sistema de Licenciamento Eletrônico – SLE

Seção I – Das Disposições Gerais

Art. 5º. O proprietário de veículo, obedecidos o cronograma de escalonamento, as regras de pagamento dos débitos e as restrições impeditivas ao licenciamento elencados nesta Portaria, poderá optar pelo Sistema de Licenciamento Eletrônico – SLE, disponível nas instituições bancárias conveniadas, independentemente do interessado ser cliente ou não, devendo ainda atender as seguintes regras ordenativas:

I – comparecer a uma instituição bancária conveniada ou utilizar os recursos de Internet ou auto-atendimento, quitando todos os débitos previamente relacionados e constantes dos respectivos bancos de dados, inclusive taxa de serviço de trânsito e despesas de processamento/postagem;

II – possuir endereço residencial idêntico ao constante no cadastro do Detran; e

III – não registrar restrições judiciais ou administrativas (bloqueios judiciais, registros de furto, roubo, etc).

Art. 6º. As informações eletrônicas serão enviadas ao Departamento Estadual de Trânsito – Detran/SP, o qual emitirá o documento e o remeterá à residência do interessado, por intermédio dos Correios – via SEDEX.

§ 1º. O interessado não precisará comparecer ao Departamento Estadual de Trânsito – Detran/SP, permanecendo na posse do documento de licenciamento do exercício anterior e do comprovante de pagamento gerado pela utilização do sistema.

§ 2º. O Certificado de Licenciamento Anual – C.R.L.V., independentemente do local de registro do veículo, será chancelado pela Divisão de Registros e Licenciamentos da Sede do Departamento Estadual de Trânsito – Detran/SP, tendo integral validade para fins de circulação em todo o território nacional.

§ 3º. O Certificado de Registro e Licenciamento Anual não será expedido se surgirem restrições judiciais ou bloqueios administrativos durante o processo de tramitação das informações e emissão do documento.

Art. 7º. O Certificado de Licenciamento anterior terá validade até o último dia do mês de licenciamento, não podendo ser prorrogada sua validade durante o período necessário ao recebimento do novo documento pelo correio, sujeitando-se o infrator à aplicação das penalidades previstas no Código de Trânsito Brasileiro.

Parágrafo único. O comprovante de pagamento bancário não servirá como documento de circulação, devendo obrigatoriamente a instituição bancária inserir a referida observação.

Art. 8º. O Certificado de Licenciamento Anual – CRLV, devolvido por incorreção do endereçamento postal ou por mudança de domicílio ou residência de seu destinatário, ficará à disposição do interessado na unidade de trânsito de registro do veículo, independentemente da circunstância de haver sido processado ou emitido pela Divisão de Registros e Licenciamentos da Sede do Departamento Estadual de Trânsito – Detran/SP.

§ 1º. Com o comparecimento do interessado ou de procurador devidamente constituído, deverá a autoridade de trânsito entregar o documento, após verificar a regularidade do endereço de residência ou domicílio e determinar eventuais correções no banco de dados, cuja providência não implicará na emissão de novo Certificado de Licenciamento Anual – CRLV.

§ 2º. Na hipótese de o proprietário do veículo estar residindo em outro município, nos termos do art. 123, II, do Código de Trânsito Brasileiro, o documento não poderá ser entregue, devendo ser exigido o integral cumprimento das regras concernentes ao processo de transferência de localidade.

§ 3º. Nos casos de não emissão do Certificado de Licenciamento Anual – CRLV por restrição judicial ou administrativa, inserida após a realização da transação bancária, o interessado deverá comparecer à unidade de trânsito de registro do veículo para as providências pertinentes.

Seção II – Do Licenciamento Eletrônico Antecipado

Art. 9º. O proprietário de veículo poderá, independentemente do algarismo final da placa, optar pela antecipação do licenciamento referente ao exercício 2003, obedecidas as seguintes regras:

I – utilização exclusiva do Sistema de Licenciamento Eletrônico até o dia 21 de março de 2003, com postagem através dos Correios – via SEDEX;

II – pagamento à vista ou após quitação das 03 (três) parcelas do IPVA, através do Sistema de Licenciamento Eletrônico, de acordo com as regras e prazos estabelecidos pela Secretaria de Estado dos Negócios da Fazenda; e

III – pagamento de todos os débitos incidentes, inclusive DPVAT, taxa de serviço e despesas de processamento/postagem.

§ 1º. Os débitos constantes no "aviso de vencimento", encaminhado pela Secretaria de Estado dos Negócios da Fazenda, quando da utilização do Sistema de

Licenciamento Eletrônico Antecipado, poderão sofrer alterações devido à inserção ou exclusão de débitos de multas, tributos e outros encargos.

§ 2º. O licenciamento eletrônico antecipado não se aplica para as hipóteses de licenciamento decorrentes de ações judiciais, devendo o interessado obedecer as regras atinentes ao calendário escalonado, conforme previsão contida no art. 1º desta Portaria.

§ 3º. Aplica-se ao licenciamento antecipado todas as demais regras estabelecidas para o Sistema de Licenciamento Eletrônico – SLE.

Art. 10. Ficam inalteradas as regras constantes nas Portarias Detran nºs 330, de 2 de março de 2001, e 343, de 22 de março de 2002, as quais estabelecem regras e condições para o funcionamento do Sistema de Licenciamento de Veículos perante as Unidades do Detran/SP instaladas nos Postos do Poupatempo, naquilo em que não conflitar com esta Portaria.

Art. 11. Esta Portaria entrará em vigor a partir 1º de janeiro de 2003, revogando-se todas as disposições em contrário."

Portanto, o veículo conduzido no Estado de São Paulo com o exercício anual (Portaria Detran/SP nº 1.700/2002) vencido, será autuado por violação ao disposto no inciso V do art. 230 do CTB, cabendo ainda o recolhimento do certificado de licenciamento anual (CRLV), mediante recibo (comprovante de recolhimento ou o recibo de apreensão de documento), nos termos do art. 274 inciso II do CTB c/c Portaria Detran nº 974/1999.

CONDUZIR VEÍCULO PORTANDO EXCLUSIVAMENTE O DOCUMENTO INTITULADO AUTO DE DEPÓSITO – NÃO AUTORIZA A CIRCULAÇÃO

A Decisão nº 4, de 29.8.1995,[174] do Contran, considerou que o único documento de porte obrigatório pela legislação de trânsito para qualificar o veiculo à circulação é o certificado de registro e licenciamento de veículo (CRLV), com o aditício de não existir amparo na legislação para autorizar a circulação de veículos com o documento intitulado AUTO DE DEPÓSITO, e especialmente o que consta no Processo nº 308/1993, decidiu que o documento auto de depósito, não autoriza a circulação de veículos nas vias terrestres.

O veículo encontrado em circulação com o auto de depósito, deverá ser apreendido e recolhido até a regularização, uma vez que não se encontra devidamente licenciado na forma dos arts. 57 a 59 do CNT e demais disposições normativas aplicáveis.

A circulação do veículo exclusivamente com auto de depósito, torna o condutor responsável pela infração do art. 89, XXL do antigo CNT (atual art. 230, V do CTB).

---

174. A Decisão nº 4, de 29.8.1995 do Contran, foi publicada no *Diário Oficial* e entrou em vigor no dia 8.9.1995 e republicada no *Diário Oficial do Estado* de 14.9.1995 de nº 176, por força da Instrução Normativa nº 17/1995.

O depositário de veículo sobre o qual recaia pendência judicial, em existindo ordem judicial que autorize a circular com o bem, deverá a emissão de CRLV, ao órgão de trânsito; nessa hipótese, os órgãos de trânsito mencionarão expressamente no CRLV, o ato judicial que autorizou a emissão.

CONDUZIR VEÍCULO SEM A 2ª (SEGUNDA) PLACA TRASEIRA, QUANDO O DISPOSITIVO DE ENGATE ESTIVER ENCOBRINDO TOTAL OU PARCIALMENTE A PLACA TRASEIRA – RESOLUÇÃO CONTRAN Nº 783/1994, EM VIGOR A PARTIR DE 1º.1.1995[175]

Considerando que a aplicação dispositivo de engate para reboques provoca em alguns modelos de veículos, o encobrimento da placa traseira de identificação, tornando impraticável o cumprimento do dispositivo no art. 83, inciso XX, do antigo Código Nacional de trânsito, o Contran resolveu:

"Será obrigatório o uso de Segunda placa traseira de identificação nos veículos em que a aplicação do dispositivo de engate para reboques resultar no encobrimento, total ou parcial, da placa traseira localizada no centro geométrico do veículo.

Não será exigida a segunda placa traseira para os veículos em que a aplicação do dispositivo de engate de reboques não cause prejuízo para visibilidade da placa de identificação traseira.

O cumprimento do dispositivo nesta Resolução (783/1994 – Contran), não se aplica aos veículos em circulação internacional temporária, admitidos regularmente no Brasil.

A segunda placa de identificação será aposta em local visível, do lado direito da traseira do veículo, podendo ser instalada no pára-choques ou na carroceria, admitida a utilização de suportes adaptadores.

A segunda placa de identificação será lacrada na parte estrutural do veículo em que estiver instalada (pára-choque ou carroceria)."

A exigência da segunda placa traseira de identificação nos veículos quando o dispositivo de engate estiver encobrindo, total ou parcialmente a placa traseira, passou a vigorar em 1º.1.1995, publicação feita no DOU de 21.7.1994.

O descumprimento do dispositivo na Resolução Contran nº 783/1994, sujeita o proprietário do veículo à multa prevista no art. 181, XXX, L, do antigo RCNT, atual art. 230, V do CTB, posto que esta Resolução Contran (nº 783/1994), não foi revogada pela na legislação de Trânsito, continuando em vigor.

O Cetran/SP, ao responder consulta sobre os problemas de legibilidade da placa traseira de veículos, no que se refere ao engate para reboque emitiu que o assunto em questão está amplamente regulamentado pela Resolução Contran nº 783/1994, assim, quando o proprietário do veículo decidir colocar engate para reboque deve observar se a colocação desse equipamento pode ou não prejudicar a visibilidade e legalidade da placa traseira. Em caso positivo, deverá procurar e solicitar a colocação da segunda placa traseira, conforme determina a citada reso-

---

175. Publicado no DOU de 21.7.1994.

lução. É oportuno lembrar que essa placa deverá estar lacrada à parte estrutural do veículo, procedimento esse que somente poderá ser praticado pelo Detran. Portanto, não basta que o proprietário simplesmente providencie uma segunda placa e a coloque de qualquer forma em seu veículo. Conclui-se, portanto, que todo proprietário de veículo que pretenda colocar um engate para reboque e que este venha a prejudicar a legalidade da placa traseira, deverá observar as regras estabelecidas pela Resolução Contran nº 783/1994. Caso contrário estará sujeito às penalidades previstas no art. 230, VI do Código de Trânsito Brasileiro.[176]

Não obstante o Cetran/SP, ter entendimento que a tipificação é a prevista no caso ao art. 230, VI, do CTB, esta interpretação vale para quando o dispositivo de engate estiver encobrindo total ou parcialmente a placa traseira, entretanto conduzir veículo sem a 2ª (segunda) placa traseira nas condições citadas, a autuação deverá ser a prevista por falta de licenciamento, conforme dicção do art. 4º da Resolução 783/1994 – Contran, que não está revogada.

O VEÍCULO SEM LICENCIAMENTO ANUAL E O RECOLHIMENTO DO CERTIFICADO DE REGISTRO E LICENCIAMENTO DO VEÍCULO (CRLV) – FUNDAMENTAÇÃO LEGAL

O condutor de veículo que estiver conduzindo com falta de licenciamento, além da autuação por força ao dispositivo no art. 230, inciso V do CTB (conduzir veículo que não esteja devidamente licenciado), terá ainda, o certificado de licenciamento anual (CRLV) recolhido pelo agente fiscalizador de trânsito com fundamento no art. 274 inciso II do CTB combinado com a Portaria Detran/SP nº 974/1999, devendo para isso, emitir obrigatoriamente recibo (comprovante de recolhimento (CR) ou o recibo de apreensão de documento (RAD).

O Detran através da Portaria nº 974/1999[177] estabeleceu procedimento administrativo específico para a expedição de novo certificado de registro e licenciamento, na hipótese de recolhimento do antigo documento de circulação.

"PORTARIA DETRAN/SP Nº 974, DE 26 DE AGOSTO DE 1999[178]

Estabelece procedimento administrativo específico para a expedição de novo Certificado de Registro e Licenciamento, na hipótese de recolhimento do antigo documento de circulação. Modificada pela Portaria Detran/SP nº 1.279 de 9 de setembro de 2003,[179] que altera nomenclaturas de expressões técnicas contidas na Portaria Detran nº 974, de 1999, a qual estabelece procedimento administrativo específico para a expedição de novo certificado de registro e licenciamento – CRLV, na hipótese de recolhimento do antigo documento de circulação.

---

176. Publicado no *DOE* nº 199, de 17.10.2000, p. 6.
177. Publicada no *DOE* nº 165, de 31.8.1999.
178. Publicada no *DOE* de 31.8.1999.
179. Publicada no *DOE* de 11.9.2003.

ART. 230

O Delegado de Polícia Diretor do Departamento Estadual de Trânsito,

Considerando o que dispõem os arts. 262, § 1°, 270 e 274, inciso II, todos do Código de Trânsito Brasileiro e as manifestações contidas no Protocolado Detran n° 20083-2/98, inclusive da Divisão de Controle do Interior; e

Considerando a necessidade de otimização dos serviços, melhoria na qualidade dos serviços executados e celeridade na execução das atividades administrativas do trânsito, resolve:

Art. 1°. O Comprovante de Recolhimento ou o Auto de Recolhimento de Documento, na hipótese de recolhimento do Certificado de Registro e Licenciamento de Veículo, poderá ser utilizado como documento comprobatório para a expedição de um novo Certificado de Licenciamento, independentemente do trâmite e prazo administrativo estabelecido para o encaminhamento daquele documento à unidade circunscricional de registro do veículo.

• *Redação dada pelo artigo 1° da Portaria Detran n° 1.279, de 9.9.2003.*

§ 1°. No comprovante de recolhimento ou no auto de recolhimento de documento deverão constar, obrigatória e necessariamente, os motivos determinantes, o dispositivo violado e a destinação do documento

• *Redação dada pelo artigo 1° da Portaria Detran n° 1.279, de 9.9.2003.*

§ 2°. A faculdade prevista no *caput* deste artigo somente ocorrerá nos casos de falta de licenciamento, transferência e alterações cadastrais pessoais, vedada a utilização daqueles documentos para as hipóteses de mau estado de conservação, falta de equipamentos obrigatórios e demais situações que demandem a realização de vistoria, inclusive alteração de características.

Art. 2°. Recolhido o documento, deverá o agente da autoridade de trânsito encaminhá-lo à unidade circunscricional do local da atuação, independentemente do município de registro do veículo, para fins de anotação e bloqueio do cadastro.

• *Redação dada pelo artigo 1° da Portaria Detran n° 1.279, de 9.9.2003.*

§ 1°. Competirá à autoridade de trânsito do local da autuação encaminhar o Certificado de Registro e Licenciamento para o local de sua expedição no prazo máximo de 10 (dez) dias, contados de seu recebimento.

§ 2°. Sanadas as irregularidades e realizada vistoria específica no veículo, a autoridade de trânsito do local de registro do veículo ou do recolhimento poderá efetuar o desbloqueio do documento.

• *Redação dada pelo artigo 1° da Portaria Detran n° 1.279, de 9.9.2003.*

Art. 3°. Na hipótese de alteração de características; consoante determinação contida na Resolução Contran n° 25/98, a autoridade de trânsito deverá proceder ao desbloqueio do documento mediante a apresentação do Certificado de Segurança Veicular – CSV, emitido por empresa credenciada pelo INMETRO.

Art. 4°. Serão exigidos, a depender de cada situação específica, todos os demais documentos constantes na rotina operacional estabelecida pelo Departamento Estadual de Trânsito.

Art. 5º. Esta Portaria entrará vigor na data de sua publicação, revogando-se as disposições em contrário."

Nota: A Portaria Detran nº 1.279, de 9.9.2003, determinou em seu art. 2º: *"Para conhecimento dos órgãos executivos de trânsito, consoante requerido pelo órgão autuador rodoviário estadual, integra esta Portaria anexo contendo modelo do auto de recolhimento de documento."*. Em seu art. 3º, estabeleceu: *"Ficam inalteradas as demais disposições contidas na Portaria Detran nº 974, de 1999."*. O art. 4º da referida portaria, determina que entrou em vigor na data de sua publicação, isto é, em 11 de setembro de 2003, *DOE* 172/2003. As alterações produzidas por essa Portaria (nº 1.279/2003), na Portaria Detran nº 974/1999, considerou a motivação ofertada pela polícia Militar Rodoviária do Estado de São Paulo, a teor do contido no Protocolo Detran nº 92512-8/2003, tendo por fulcro adaptar nomenclaturas de expressões técnicas contidas na Portaria Detran nº 974, de 1999, especificamente para a aplicação da medida administrativa de recolhimento do certificado de registro e licenciamento.

DISTINÇÃO ENTRE INFRAÇÃO DE TRÂNSITO POR CONDUZIR VEÍCULO AUTOMOTOR QUE NÃO ESTEJA REGISTRADO E DEVIDAMENTE LICENCIADO, E A INFRAÇÃO DE CONDUZIR O VEÍCULO SEM OS DOCUMENTOS DE PORTE OBRIGATÓRIO REFERIDOS NO CÓDIGO

O agente fiscalizador de trânsito, deverá atentar para a distinção entre a infração de trânsito por conduzir veículo automotor que não esteja registrado e devidamente licenciado preconizada no art. 230, do Código e a infração prevista no art. 232, que trata da situação de conduzir o veículo sem os documentos deporte obrigatório referidos no Código de Trânsito Brasileiro (art. 133 e Resolução Contran nº 13/1998).

No primeiro caso (art. 230, V), o veículo não foi licenciado para o exercício anual, podendo ainda estar sem o licenciamento a um ou vários anos. No segundo caso (art. 232), o veículo fiscalizado está licenciado e com a documentação em ordem, entretanto, o condutor não está portando os documentos exigidos pelo Código. Quando o agente fiscalizador de trânsito tiver dúvida sobre o correto enquadramento por desconhecer a situação do veículo, antes da lavratura do AIT deverá efetuar pesquisa junto ao órgão de trânsito com acesso aos terminais de dados de veículos para certificar se está diante de um veículo sem licenciamento ou seu condutor não esteja portando o documento obrigatório comprovante de licenciamento (CRLV).

No caso de conduzir veículo sem licenciamento, deverá ser lançado no campo da observação do AIT o número do CRLV (Certificado de Registro e Licenciamento) vencido e o exercício, e ainda o seu recolhimento nos termos do art. 274 inciso II do Código, combinado com a Portaria Detran nº 974/1999, mediante entrega de recibo (CR – Comprovante de Recolhimento, RAD – Recibo de Apreensão de Documento) ao condutor.

De outra parte, tratando-se apenas de conduzir veículo sem o documento de porte obrigatório, ainda que o agente fiscalizador de trânsito autorize o condutor a providenciá-lo, ainda assim, poderá a conduta ser objeto de autuação, para tanto, sempre deverá constar no campo das observações do auto de infração, qual o documento que o condutor não portava por ocasião do ato de fiscalização (Exemplo: CRLV, CNH, PPD).

O art. 133 do Código de Trânsito Brasileiro, estabelece que é obrigatório o porte do certificado de licenciamento anual do veículo (CRLV). Referido artigo foi complementado pela Resolução Contran nº 13/1998, que são documentos de porte obrigatório do condutor do veículo:

I – autorização, Permissão para Dirigir ou carteira nacional de habilitação, válidos exclusivamente no original.

II – Certificado de Registro e Licenciamento Anual – CRLV, no original ou cópia autenticada pela repartição de trânsito que o expediu.

III – comprovante do pagamento atualizado do imposto sobre propriedade de veículos automotores – IPVA, conforme normas estaduais, inclusive do distrito federal.

IV – comprovante de pagamento do seguro obrigatório de danos pessoais causados por veículos automotores de vias terrestres – DPVAT, no original, ou cópia autenticada.

Importa destacar que o condutor surpreendido conduzindo veículo automotor sem um desses documentos acima elencados, fica sujeito as penalidades do art. 232 do Código por força do disposto no art. 2º da Resolução Contran nº 13/1998 (*DOU* de 12.2.1998).

CERTIFICADO DE REGISTRO E LICENCIAMENTO DE VEÍCULO – CRLV, É O DOCUMENTO DE PORTE OBRIGATÓRIO EM ORIGINAL OU CÓPIA AUTENTICADA PELA REPARTIÇÃO DE TRÂNSITO QUE O EXPEDIU

O certificado de registro e licenciamento de veículo (CRLV), previsto na Resolução Contran nº 61/1998, conforme modelo anexo a Resolução Contran nº 16/1998, é o certificado de licenciamento anual de que trata o Código de Trânsito Brasileiro e por força do disposto no art. 9 º da Resolução Contran nº 664/1986 (não revogada) será expedido e renovado anualmente e se constitui no único documento de porte obrigatório relativo ao veículo. Para efeito de fiscalização, pode ser apresentado no original ou cópia reprográfica autenticada pela repartição de trânsito que o expediu (art.1º inciso II da Resolução Contran nº 13/1998).

152

Art. 230. Conduzir o veículo:

VI – com qualquer uma das placas de identificação sem condições de legibilidade e visibilidade:

• **Amparo Legal** – art. 230, VI – CTB.

ART. 230

- **Infração** – Gravíssima.
- **Número de pontos** – 7 (sete).
- **Penalidade** – Multa e apreensão do veículo.
- **Valor da Multa** – R$ 191,54 – Resolução Contran nº 136/2002.
- **Medida Administrativa** – Remoção do veículo.
- **Código da Infração** – 660-2 – Denatran/Detran – Resolução Contran nº 66/1998 (Corresponde ao art. 230, VI – CTB).
- **Competência** – Estado – Resolução Contran nº 66/1998.

A placas dos veículos como já dissemos anteriormente é um dos itens mais importante, uma vez que, individualiza o veículo e o diferencia dos demais. A presente tipificação aplica-se quando o condutor for surpreendido dirigindo veículo automotor com qualquer uma das placas de identificação, isto é, dianteira, traseira ou ambas, sem condições de legibilidade (que se pode ler) e visibilidade (que se pode ver). A manutenção deve ser constante e em determinados casos deve haver a substituição; nesse último caso, com autorização do órgão de trânsito, principalmente pelo motivo de que a placa deve ser lacrada a estrutura do veículo.

Os exemplos que citamos caracterizam a presente infração de trânsito no caso de legibilidade são: placas com as letras e números apagados, sujas de barro, cores da pintura apagadas, desgastadas ou descoradas (algum produto pode descorá-las), a placa estiver enferrujada, podendo ainda decorrente de colisões afetar a placa conseqüentemente os dígitos, prejudicando sua visibilidade. Ocorrerá a infração por falta de visibilidade da placa quando esta estiver dobrada, entortada (muito comum em motocicletas similares), ou quando se colocar algum objeto que dificulte a visibilidade, como é o caso de "fitinhas" (fitilhos) de devoção aos santos, (pedaço de pano por motivo religioso, político, talismãs, etc.), adesivos com símbolos, propaganda, com objetivo de enganar a fiscalização dificultando a leitura ou fotografia, em síntese, tudo que possa afetar a visibilidade e legibilidade da placa do veículo. Haviam condutores que efetuavam uma ligação com barbante ou arame para baixarem a placa traseira do veículo logo após o cometimento de infrações de trânsito ou infrações penais; quando tivessem certeza da impunidade puxavam o dispositivo e a placa retornava na posição original.

VEÍCULOS QUE PORTAM PLACAS DE IDENTIFICAÇÃO COM PELÍCULAS TRANSPARENTE OU SUPERFÍCIE DE VERNIZ APLICADAS SOBRE AS MESMAS

O Conselho Estadual de Trânsito do Estado de São Paulo, no Diário Oficial do Estado de nº 24,[180] respondeu a consulta sobre qual o enquadramento a ser aplicado nos veículos que portam placas de identificação com películas transparentes ou superfície de verniz aplicadas sobre as mesmas, parecer que foi aprovado a unanimidade. Transcrição:

---
180. Publicado no dia 6.2.2001, p. 6.

ART. 230

"Em exame documento do Sr. Comandante do Policiamento Rodoviário do Estado de São Paulo, no qual ele levanta um dúvida decorrente de um parecer que este Conselho emitiu, sobre a ilegibilidade de placas de veículo em razão do uso de artifícios, tais como a aposição de molduras refletivas ou películas refletivas sobre as mesmas, o que dificultaria ou impediria a leitura das placas do veículo pelos equipamentos automáticos de fiscalização de infrações. No parecer mencionado pelo consulente, este Conselho concluiu que a aposição de molduras ou películas refletivas nas placas do veículo, para dificultar a leitura das mesmas nas infrações detectadas por equipamentos automáticos, estaria tipificada no item VI do art. 230 do CTB. O Denatran, através do Ofício Circular nº 50/2000, define que a prática acima mencionada configura infração tipificada no item III do art. 230 do CTB. É a dúvida do consulente: qual enquadramento adotar? Em qual enquadramento ficaria melhor tipificada a infração? Este relator confirma o ponto de vista já definido por este Conselho, senão vejamos: se os elaboradores do CTB e, depois, os legisladores, tivessem consultado alguns dos principais dicionários da Língua Portuguesa, não teriam empregado a palavra dispositivo anti-radar no item III do art. 230, teriam usado outro termo, tal como engenho, aparelho ou artefato anti-radar, já que o termo dispositivo, segundo os dicionaristar, significa regra, prescrição, que contém disposição. De qualquer modo as pessoas ligadas às coisas do trânsito quando lêem ou ouvem a palavra "dispositivo anti-radar" logo a associam ao pequeno aparelho adquirido no Paraguai por muitos condutores de veículos, o qual, colocado sobre o painel do veículo, acusa, através de um sistema de alarme, que adiante existe um equipamento denominado radar, usado pela fiscalização. Esse aparelho é de uso bem antigo até. Pois bem, nos últimos anos, surgiram práticas, adotadas por condutores marotos, para não usar do polimento das placas dos veículos ou a aplicação de molduras refletivas orlando as placas, todas com o fito de dificultar ou impedir a leitura das placas do veículo por equipamentos automáticos de detecção de infrações. Quer dizer, não são artefatos, são artifícios. Assim, a conclusão é que o enquadramento no item III do art. 230 deve ser usado somente nos casos em que o condutor for flagrado portando o artefato, ou "dispositivo" anti-radar propriamente dito. Nos casos de: uso de molduras refletivas, películas refletivas, verniz refletor, fitinhas do Senhor do Bonfim, engates que encobrem parte da placa traseira, polimento das placas, alteração da pintura das placas, principalmente dos caracteres alfanuméricos, ou outros artifícios que tirem as condições da legibilidade e visibilidade, quer seja pelo agente ou por equipamento autônomo automático, os veículos devem ser enquadrados no item VI do art. 230 do CTB. É o parecer.".

CONDUZIR VEÍCULO COM A PLACA TRASEIRA ESCONDIDA NO PORTA-MALAS DO VEÍCULO OU SOB O ASSENTO DO CONDUTOR NO CASO DE MOTOCICLISTAS E SIMILARES, MESMO QUE ESTEJAM LACRADAS À ESTRUTURA DO VEÍCULO

No caso acima mencionado, entendemos que a tipificação correta da infração será a prevista no art. 230, IV: *"conduzir o veículo sem qualquer uma das placas de identificação"*.

ART. 230

CONDUZIR VEÍCULO COM DISPOSITIVO DE ENGATE PARA REBOQUES, ENCOBRINDO A PLACA TRASEIRA

Ocorrendo situação desta natureza, entendemos que a correta tipificação será a prevista no art. 230, V: "*conduzir o veículo que não esteja registrado e devidamente licenciada*". Fundamos nossa posição na Resolução Contran nº 783/1994, que não foi revogada pela nova legislação.

MODIFICAÇÃO DA SÉRIE ALFANUMÉRICA DA PLACA DO VEÍCULO COM APLICAÇÕES DE FITAS ADESIVAS

Situações desta natureza a nosso ver, decorre de má-fé, dolo do proprietário ou do usuário dos veículos, caracterizando-se a infração prevista no art. 230 inciso I do CTB, sem prejuízo da responsabilidade penal, motivo pela qual, o veículo e condutor deve ser conduzido a Unidade Policial Civil para apreciação da conduta fática e jurídica pela Autoridade Policial.

| 153 |

Art. 230. *Conduzir o veículo:*
VII – *com a cor ou característica alterada:*

- **Amparo Legal** – art. 230, VIII – CTB.
- **Infração** – Grave.
- **Número de pontos** – 5 (cinco).
- **Penalidade** – Multa.
- **Valor da Multa** – R$ 127,69 – Resolução Contran nº 136/2002.
- **Medida Administrativa** – Retenção do veículo para regularização.
- **Código da Infração** – 661-0 – Denatran/Detran – Resolução Contran nº 66/1998 (Corresponde ao art. 230, VIII – CTB).
- **Competência** – Estado – Resolução Contran nº 66/1998.

As características dos veículos que o individualizam, distinguindo-o dos demais, evidenciado seu caráter, identificando-o com segurança, assim como a cor que também a integram. As características dos veículos vem discriminados no § 1º da Resolução Contran nº 25/1998 (anterior art. 109 do RCNT – Decreto nº 62.127/1968).

Importa destacar, que essas características e cor podem sofrer modificações, sendo indispensável que o interessado requeira autorização junto a autoridade de trânsito nos termos da Resolução Contran nº 25/1998,[181] art. 1º inciso VI, combinado com o parágrafo único do art. 2º da mesma resolução, uma vez que, a con-

---

181. Publicada no *DOE* de 22.5.1998.

duta impõe a emissão de novo registro, não sendo neste caso, necessário o Certificado de Segurança Veicular.

Caracteriza-se a presente infração quando o veículo automotor estiver com as rodas diferentes das originais, ultrapassando os limites externos dos pára-lamas; ampliação da largura original dos pára-lamas; alteração do diâmetro externo do sistema de rodagem (conjunto pneu e roda); com alteração da suspensão original; com tanque complementar de combustível; ou com modificação a transformação da estrutura original ou mudança de combustível sem o devido registro junto ao órgão competente.

De outra parte, em determinados casos, se a alteração das características dos veículos atingir componentes de segurança e estruturais do veículo, será exigido para as modificações o **Certificado de Segurança Veicular – CSV**, expedido por entidade credenciada pela **INMETRO** – Instituto Nacional de Metrologia, Normalização e Qualificação.

O art. 123 do Código estabelece que será obrigatória a expedição de novo certificado de registro de veículo, quando foi alterada qualquer característica do veículo.

No caso de transferência de propriedade, o prazo para o proprietário adotar as providências necessárias a efetivação da expedição do novo certificado de registro de veículo é de trinta dias, sendo que nos demais casos as providências deverão ser imediatas (art. 123, III e § 1º). Deixando de efetuar o registro do veículo no prazo mencionado (trinta dias) junto ao órgão executivo de trânsito, haverá a infração prevista no art. 233 do CTB.

A Resolução Contran nº 25/1998, dispõe sobre as modificações dos veículos, além das providências dos arts. 98 e 106 do Código de Trânsito Brasileiro, podendo, segundo a Resolução serem realizadas as seguintes modificações (características):

I – espécies;

II – tipo;

III – carroceria ou monobloco;

IV – combustível;

V – modelo, versão;

VI – cor;

VII – capacidade/potência/cilindrada;

VIII – eixo suplementar;

IX – estrutura; e

X – sistema de segurança.

DA MUDANÇA DA COR DO VEÍCULO

De observar-se, que quanto ao item VI (cor), nos termos do parágrafo único do art. 2º da Resolução Contran nº 25/1998, dependerá somente da autorização ao órgão executivo de trânsito dos Estados e do Distrito Federal, devendo obrigatoriamente ser emitido novo certificado de registro e licenciamento de veículo (CRLV).

ART. 230

DAS MODIFICAÇÕES DA SUSPENSÃO E DO CHASSI NÃO PERMITIDAS

Não serão permitidas modificações da suspensão e do chassi do veículo classificado como misto ou automóvel (art. 7º Resolução Contran nº 25/1998).

SUBSTITUIÇÃO DO MOTOR POR OUTRO COM AS MESMAS ESPECIFICAÇÕES TÉCNICAS

A simples substituição do motor do veículo, por outro com as mesmas especificações técnicas, não é, considerado alteração das características. Ocorrendo a substituição (mesmas especificações técnicas), o proprietário do veículo deverá enviar cópia da nota fiscal de compra do motor ao órgão de trânsito que expediu o CRV, no prazo de 30 (trinta) dias contados da data de sua substituição, nos termos da portaria Denatran nº 3/1999,[182] que dispõe sobre os procedimentos relativos a substituição de motor de veículo, com as mesmas especificações. A autoridade de trânsito antes de autorizar a emissão do novo documento (CRLV) com substituição do motor, deverá efetuar pesquisa no sistema sobre a procedência do motor que vai ser autorizado a ser colocado no veículo, principalmente se foi dado baixa no veículo originário do motor por eventuais danos decorrentes de acidentes de trânsito ou simplesmente substituição autorizada pela autoridade de trânsito anterior podendo ainda ocorrer que o motor a ser colocado, é produto de receptação, nesse caso, juntar cópia do processo administrativo ou eventualmente do inquérito policial. Todo cuidado por parte de quem compra é indispensável para não ser responsabilizada posteriormente. O processo administrativo de substituição do motor, deve estar instruído, sempre com a melhor prova para futura comprovação. A nota fiscal, ainda é uma das melhores comprovações de origem do motor.

"ANEXO DA PORTARIA Nº 3, DE 15 DE JANEIRO DE 1999

AO ÓRGÃO EXECUTIVO DE TRÂNSITO DO ESTADO .... (ou DISTRITO FEDERAL).

Sr. Diretor.

Nos termos do disposto no art. 2º da Portaria Denatran nº 03/1999, venho pelo presente comunicar a substituição do motor do veículo de minha propriedade, conforme declaração abaixo:

DECLARAÇÃO

Eu (nome do proprietário do veículo)............................, portador da Cédula de Identidade nº.................. e CPF/CGC.................., residente (endereço completo).................. declaro que foi substituído o motor do veículo

---

182. Publicada no *DOU* de 18.1.1999.

abaixo identificado, por outro motor com as mesmas especificações técnicas do anterior, adquirido conforme cópia autenticada de Nota Fiscal em anexo.

Veículo (marca/modelo/versão)................ Ano de Fabricação.......................
Ano-modelo.................... nº de chassi....................... Placa...................
UF................... Código RENAVAM................................
ESPICIFICAÇÕES TÉCNICAS DO MOTOR ANTERIOR:
Nº de cilindros.................. Combustível................... Cilindrada (cm3)...............
Potência (cv)..................... nº do motor.................... Ref. de Fábrica...................

Assinatura do proprietário (com firma reconhecida em Cartório).

154

Art. 230. **Conduzir o veículo:**

VIII – **sem ter sido submetido à inspeção de segurança veicular, quando obrigatória:**

- **Amparo Legal** – art. 230 VIII – CTB.
- **Infração** – Grave.
- **Número de pontos** – 5 (cinco).
- **Penalidade** – Multa.
- **Valor da Multa** – R$ 127,69 – Resolução Contran nº 136/2002.
- **Medida Administrativa** – Retenção do veículo para regularização.
- **Código da Infração** – 662-9 – Denatran/Detran – Resolução Contran nº 66/1998 (Corresponde ao art. 230, VIII – CTB).
- **Competência** – Estado – Resolução Contran nº 66/1998.

A **Inspeção de Segurança Veicular** (ISV), vem estabelecida do art. 104 do Código que preconiza: *"Os veículos em circulação terão suas condições de segurança, de controle de emissão de gases poluentes e de ruído avaliadas mediante inspeção, que será obrigatória, na forma e periodicidade estabelecidas pelo Contran para os itens de segurança e pelo Conama para emissão de gases poluentes e ruído".*

Os §§ 1º ao 4º do art. 104, foram vetados. Sobre o assunto inspeção veicular, o Contran disciplinou o assunto na Resolução 84/1998, com entrada em vigor desde sua publicação em 20.11.1998, não obstante, retificada em 23.11.1998, até o presente momento não teve aplicabilidade e a Resolução nº 101/1999, publicada em 20.9.1999, suspendeu por trinta (30) dias a vigência da Resolução nº 84/1998. Entretanto, a Resolução Contran nº 107/1999, prorrogou a suspensão da Resolução nº 84/1998, por prazo indeterminado, considerando a insuficiência do prazo estabelecido na Resolução nº 101/1999, publicada no *DOU* de 6.1.2000, para elaboração da nova adequação da forma de inspeção de segurança veicular.

Em síntese, será exigida a inspeção de segurança veicular quando for expedido novo certificado de registro do veículo (art. 124, XI), quando da transferência de propriedade, domicílio intermunicipal e interestadual do proprietário do veículo, ocorrendo qualquer alteração de suas características (art. 1º da Resolução nº 5/1998 Contran) ou quando for renovar o seu licenciamento anual (art. 131, § 3º). Importa destacar que se o veículo for reprovado na inspeção de segurança veicular será aplicada a medida administrativa do recolhimento do veículo (art. 104, § 5º).

155

> **Art. 230.** Conduzir o veículo:
> **IX –** sem equipamento obrigatório ou estando este ineficiente ou inoperante:
> - **Amparo Legal** – art. 230, IX – CTB.
> - **Infração** – Grave.
> - **Número de pontos** – 5 (cinco).
> - **Penalidade** – Multa.
> - **Valor da Multa** – R$ 127,69 – Resolução Contran nº 136/2002.
> - **Medida Administrativa** – Retenção do veículo para regularização.
> - **Código da Infração** – 663-7 – Denatran/Detran – Resolução Contran nº 66/1998 (Corresponde ao art. 230, IX – CTB).
> - **Competência** – Estado – Resolução Contran nº 66/1998.

Os equipamentos obrigatórios são aqueles mencionados no art. 105 do Código de Trânsito Brasileiro, cujo rol não é exaustivo. O legislador atribuiu ao Contran a competência para estabelecer outros equipamentos obrigatórios.

À guisa de explicitação, importa destacar que a redação do inciso IX do art. 230, aponta três hipóteses em que poderá configurar-se infração em relação a equipamentos obrigatórios: *1)* veículo conduzido sem equipamento obrigatório (ausência, falta); *2)* veículo conduzido com equipamento obrigatório ineficiente (existe equipamento, entretanto, não funciona completamente, não produz o efeito desejado, não atinge seus fins, não funciona com precisão técnica, afeta a qualidade. Exemplo: Luz do farol desregulada, freio desregulado, pneu sobressalente desgastado, macaco sem lubrificação, etc.); *3)* veículo conduzido com equipamento obrigatório inoperante (apesar de existir o equipamento, não produz o efeito necessário, afeta a eficácia, exemplo: extintor de incêndio descarregado, limpador de pára-brisa sem funcionar buzina e luzes queimadas, cinto de segurança não funcionam, macaco quebrado etc.

De outra parte, o agente fiscalizador de trânsito, poderá constatar no veículo objeto de fiscalização a ausência, a ineficiência e a inoperância dos equipamentos obrigatórios, entretanto, apesar das três situações infracionais, a autuação deverá ser apenas uma, fundado no Telex Contran nº 78/1976; inicialmente, o Código nos incisos do art. 105, destacou como equipamentos obrigatórios: o cinto de segurança (inciso I); registrador instantâneo inalterável de velocidade e tempo para veículos de transporte e de condução veicular, os de transporte de passageiros com mais de dez lugares e os de carga com peso bruto total superior a quatro mil, quinhentos e trinta e seis quilogramas (inciso II); encosto de cabeça (inciso III); dispositivo destinado ao controle de emissão de gases poluentes e de ruído (inciso V); para as bicicletas, campainha, sinalização noturna dianteira, traseira, lateral e nos pedais, e espelho retrovisor do lado esquerdo. Ao Contran caberá ainda disciplinar o uso dos equipamentos obrigatórios dos veículos e determinar suas especificações técnicas.

O Contran, considerando a necessidade de proporcionar às autoridades fiscalizadoras as condições precisas para o exercício do ato de fiscalização, publicou no *DOU* de 12.2.1998, a Resolução nº 14/1998, estabelecendo os equipamentos obrigatórios para a frota de veículos em circulação no país.

Entendemos ainda em vigor as Resoluções do Contran no que não conflitar com as editadas posteriormente:

— Resolução nº 533/1978: Dispõe sobre a substituição de rodas de veículos automotores.

— Resolução nº 588/1980: Trata da fabricação e reforma de pneumáticos com indicadores de profundidade.

— Resolução nº 560/1980: Fixa os tipo de capacidade mínima dos extintores de incêndio a que são obrigados a portar os veículos automotores.

— Resolução nº 579/1981: Regulamenta o roteiro para apreciação, pelo plenário do Contran, de invento, destinado à adoção como equipamento de uso opcional ou obrigatório em veículos automotores.

— Resolução nº 679/1987: Dispõe sobre o uso de luzes intermitentes rotativas.

— Resolução nº 680/1987: Estabelece requisitos referentes aos sistemas de iluminação e de sinalização de veículos.

— Resolução nº 692/1988: Altera a Resolução 680/1987, Resolução nº 743/1989, altera o art. 2º da Resolução nº 560/1980 que fixa os tipo de capacidade mínima dos extintores de incêndio em veículos automotores.

— Resolução nº 768/1993: Declara que são extensivas aos importadores de veículos automotores todas as obrigações e prerrogativas previstas nos atos resolutivos do Contran.

— Resolução nº 777/1993: Dispõe sobre os procedimentos para avaliação do sistema de freios de veículos.

— Resolução nº 794/1995: Normatiza o uso de registrador de velocidade em veículos das espécies passageiros ou mistos.

— Resolução nº 805/1995: Estabelece os requisitos técnicos mínimos do pára-choque traseiro dos veículos de carga.

— Resolução nº 808/1995: Altera o art. 2º da Resolução 777/1993.

ART. 230

— Resolução nº 815/1996: Dispõe sobre requisitos técnicos mínimos do registrador de velocidade e tempo (tacógrafo), seu uso e fiscalização por parte dos órgãos integrantes do sistema nacional de trânsito.

— Resolução nº 816/1996: Dispõe sobre a fiscalização do uso do registrador de velocidade e tempo provido de disco diagrama.

— Resolução nº 872/1996: Regulamenta o dispositivo de sinalização refletora de emergência.

— Resolução nº 14/1998: Estabelece os equipamentos obrigatórios para a frota de veículos em circulação e dá outras providências.

— Resolução nº 15/1998: Dispõe sobre o transporte de menores de dez anos e dá outras providências.

— Resolução nº 28/1998: Dispõe sobre a circulação de veículos nas rodovias, no que se refere a Resolução 14/1998.

— Resolução nº 34/1998: Complementa a Resolução 14/1998.

— Resolução nº 35/1998: Método de ensaio para mediação de pressão sonora por buzina ou equipamento similar.

— Resolução nº 37/1998: Fixa normas de utilização de alarmes sonoros e outros acessórios de segurança.

— Resolução nº 43/1998: Complementa a Resolução 14/1998.

— Resolução nº 44/1998: Dispõe sobre requisitos técnicos para o encosto de cabeça.

— Resolução nº 46/1998: Estabelece requisitos de instalação e procedimentos para ensaios de cintos de segurança.

— Resolução nº 62/1998: Estabelece o uso de pneus extra largos e define seus limites de peso.

— Resolução nº 87/1999: Dá nova redação e prorroga prazo do art. 6º da Resolução 14/1998.

— Resolução nº 92/1999: Dispõe sobre requisitos técnicos mínimos do registrador instantâneo e inalterável de velocidade e tempo.

— Resolução nº 105/1999: Dispositivo de segurança.

AUTO DE INFRAÇÃO – CAMPO DE OBSERVAÇÕES – ART. 230, IX

O Cetran/SP, emitiu e publicou Parecer no *DOE* de 21.12.2001, ao responder consulta do Presidente da JARI da Ciretran de Barretos, sobre a existência de dispositivo legal que obrigue o agente da autoridade a mencionar no campo de observações do AIIP, qual o equipamento obrigatório faltante, tendo em vista o que determina o art. 230, inciso IX do CTB.

"Sobre este assunto, podemos esclarecer que não há na legislação de trânsito, dispositivo específico que obrigue o agente a descrever ou identificar, no campo de observações do AIIP, o equipamento faltante ou inoperante. Todavia, se não o fizer, certamente tornará o AIIP inconsistente, tendo em

vista a extensa relação de equipamentos obrigatórios previstos na Resolução nº 14/1998 do Contran. Tal procedimento constituir-se-á num cerceamento de defesa do infrator, pois este, não saberá do que defender-se. Entendo, portanto que o agente, ao contatar que o veículo não dispõe de um equipamento obrigatório ou estando este inoperante, ao lavrar o AIIP, deve descrever no campo de observações qual o equipamento faltante ou inoperante." (Danilo Rosin, Conselheiro do Cetran/SP).

EQUIPAMENTOS OBRIGATÓRIOS

1. **Equipamentos obrigatórios, exigidos para automóveis e ônibus elétricos:**

    1.1. buzina (exigida pela Resolução Contran nº 14/1998 e regulamentada pela Resolução Contran nº 35/1998);

    1.2. chave de fenda ou outra ferramenta apropriada para a remoção de calotas (exigida pela Resolução Contran nº 14/1998, havendo previsão como exceção na Resolução Contran nº 28/1998);

    1.3. chave de roda (exigida pela Resolução Contran nº 14/1998, havendo previsão de exceção na Resolução Contran nº 28/1998);

    1.4. cinto de segurança para todos os ocupantes dos veículos;

    Observações:

    a) Todos os ocupantes de veículos (passageiro e motorista) devem usá-lo (Resolução nº 14/1998 e 28/1998). Para condutor e tripulantes e passageiros transporte coletivo, deve-se observar a Resolução Contran nº 14/1998.

    b) Tratando-se de ônibus e microônibus fabricados a partir de 1º.1.1999, deverá ser equipado com cinto para todos os passageiros, podendo ser do tipo subabdominal.

    c) Os ônibus e microônibus, independentemente da data de sua fabricação, devem ter instados, a partir de 1º.1.1999, cinto de segurança para condutor e tripulantes.

    d) Veículos destinados ao transporte de passageiros em percurso que seja autorizado viajar em pé, não são obrigados a terem o cinto.

    e) Automóveis e mistos deles derivados, fabricados a partir de 1º.1.1999, devem ser equipados com cintos três pontos graduável, com retrator, nos assentos dianteiros próximos as portas sendo que, nos assentos intermediários, dianteiros e/ou traseiros, poderá ser o tipo três pontos, com ou sem retrator, ou o tipo subabdominal, e, nos assentos traseiros laterais, o tipo três pontos, com ou sem retrator, ou o do tipo subabdominal.

    f) Automóveis conversíveis, devem ser equipados com o cinto tipo três pontos, com ou sem retrator, ou com o tipo subabdominal.

    g) Caminhonetes e veículos de uso misto, devem ser equipados, nos assentos dianteiros próximos à portas, com o tipo três pontos, com ou sem retratar, e nos assentos intermediários dianteiros e traseiros, com o tipo três pontos ou subabdominal, e nas laterais traseiras, os três pontos ou subabdominal.

h) Veículos de transporte de escolares, devem ser equipados com cintos de segurança, no assento do condutor, com o tipo três pontos com ou sem retrator. Nos demais assentos, o tipo três pontos com ou sem retrator ou o tipo subabdominal.

i) Caminhões, devem ser equipados com cinto de segurança nos assentos próximos às portas e assentos intermediários com o tipo três pontos com ou sem extrator, ou subabdominal.

j) Veículos fabricados até a data de 31.12.1983, podem utilizar os cintos cujos modelos estejam de acordo com as normas anteriores em vigor.

k) Veículos produzidos após 16.9.1985, não foram objeto de imposição pelo Contran, entretanto, foram equipados de acordo com a Resolução Contran nº 658/1985, esta, revogada pela Resolução Contran nº 48/1998.

1.5. cinto de segurança para a árvore de transmissão em veículos de transporte coletivo e carga (exigido pela Resolução Contran nº 14/1998);

1.6. dispositivo de sinalização luminosa ou refletora de emergência (triângulo) – independentemente do sistema de iluminação do veículo (exigido pela Resolução Contran nº 14/1998 e regulamentado pela Resolução Contran nº 36/1998; ver ainda Resolução Contran nº 388/1968, 604/82 e 827/1996);

1.7. dispositivo retrorefletivo para veículos de carga com PTB superior a 4.536 kg, nos termos da Resolução Contran nº 105/1999, com vigência suspensa pela Resolução Contran nº 119/2000 (Obs: Nesse passo, verificar as Portarias Denatran nºs 16, 18, 19 e 20/2000);

1.8. dispositivos destinados ao controle de ruído motor, naqueles dotados de motor de combustão (exigido pela Resolução Contran nº 14/1998);

1.9. espelhos retrovisores interno e externo (exigido pela Resolução Contran nº 14/1998, veículos automotores produzidos a partir de 1º.1.1999, devem ser dotados de espelhos em ambos os lado. É facultativo o uso de espelho interno nos caminhões, ônibus e microônibus, quando estes terem espelhos externos (Resolução Contran nº 479/74 e 43/898);

1.10. extintor de incêndio (exigido pela Resolução Contran nº 14/1998 e regulamentada pela Resolução Contran nº 560/1980, alterada pela Resolução Contran nº 743/1989 e parecer Contran nº 34/1994, deve ser as condições de uso [selo e manômetro];

1.11. faróis principais dianteiros de cor branca ou amarela (exigido pela Resolução Contran nº 14/1998 e regulamentado pela Resolução Contran nº 680/1987);

1.12. freio de estacionamento e de serviço com comandos independentes (exigido pela Resolução Contran nº 14/1998 e regulamentado pela Resolução Contran nº 777/1993);

1.13. lanternas de freio de cor vermelha (exigida pela Resolução Contran nº 14/1998 e regulamentada pela Resolução Contran nº 680/1987);

1.14. lanterna de marcha a ré, de cor branca [para veículos fabricados a partir de 1º.1.1990] (exigida pela Resolução nº 14/1998 e regulamentada pela Resolução Contran nº 680/1987. Nota: A exceção vem na Resolução Contran nº 14/1998);

1.15. lanternas de posição traseira de cor vermelha (exigida pela Resolução Contran nº 14/1998, regulamentada pela Resolução Contran nº 680/1987);

1.16. lanternas de iluminação de placa traseira, de cor branca (exigida pela Resolução Contran nº 14/1998, regulamentada pela Resolução Contran nº 680/1987);

1.17. lanternas delimitadoras e lanternas laterais nos veículos de carga, quando suas dimensões assim exigirem;

1.18. lanternas indicadoras de direção: dianteiras de cor âmbar e traseira de cor âmbar ou vermelha (exigida pela Resolução Contran nº 14/1998 e regulamentada pela Resolução Contran nº 680/1987);

1.19. lavador de pára-brisa [para automóveis e camionetas derivadas de veículos produzidos a partir de 1º.1.1974, bem como para utilitários, veículos de carga, ônibus e microônibus, produzidos a partir de 1º.1.1999] (exigido pela Resolução Contran nº 14/1998, com exceção prevista no art. 2º da Resolução Contran nº 14/1998);

1.20. limpador de pára-brisa (exigida pela Resolução Contran nº 14/1998);

1.21. luzes de posição dianteiras (faroletes) de cor branca ou amarela (exigida pela Resolução Contran nº 14/1998 e regulamentada pela Resolução Contran nº 680/1987);

1.22. macaco compatível com o peso e a carga do veículo (exigido pela Resolução Contran nº 14/1998 – exceção prevista na Resolução Contran nº 28/1998);

1.23. pala interna de proteção contra o sol (pára-sol) para o condutor (exigida pela Resolução Contran nº 14/1998);

1.24. pára-choques dianteiro e traseiro (exigido pela Resolução Contran nº 14/1998 e regulamentado pela Resolução Contran nº 805/1995);

1.25. pneus que ofereçam condições mínimas de segurança (exigido pela Resolução Contran nº 14/1998, regulamentado pela Resolução Contran nº 558/80. Pneu recauchutado ver Resolução Contran nº 811/1996);

1.26. protetores de rodas traseiras dos caminhões (exigido pela Resolução Contran nº 14/1998);

1.27. pisca-alerta [lanternas intermitentes de advertência] (obrigatório para veículo fabricados a partir de 1º.1.1990, exigido pela Resolução Contran nº 680/1987);

1.28. registrador instantâneo e inalterável de velocidade e tempo (tacógrafo), nos veículos de transporte passageiros com mais de 10 lugares e nos de carga com capacidade máxima de tração igual ou superior a 19T (exigido pela Resolução Contran nº 14/1998, regulamentado pela Resolução Contran nº 92/1999 que estabelece requisitos técnicos mínimos, devendo ser observado ainda a Resolução Contran nº 87/1998);

Notas:

— veículos destinados ao transporte de escolares (CTB, art. 136, IV c/c a Resolução Contran nº 14/1998, art. 1º, 21);

— veículos destinados ao transporte de passageiros com mais de 10 lugares, exceto para os registrados na categoria particular e que não realizem transporte remunerado (CTB, art. 105 c/c Resolução Contran nº 14/1998, arts. 1º, 21 e 2º, III, b);

— veículos transportadores de Produtos Perigosos a Granel (RTPP, art. 5º, c/c Resolução Contran nº 14/1998, art. 3º);

— veículos de carga com PBT superior a 4536 kg (CTB, art. 105);

1.29. retrorefletores (catadióptricos) traseiros de cor vermelha (exigido pela Resolução Contran nº 14/1998, regulamentado pela Resolução Contran nº 680/1987, com exceção prevista na Resolução Contran nº 14/1998);

Nota: exigidos para veículos fabricados a partir de 1º.1.1990;

1.30. roda sobressalente, compreendendo o aro e o pneu com ou sem câmara de ar, conforme o caso (exigida pela Resolução Contran nº 14/1998, com exceção prevista nas Resoluções Contran nºs 14/1998 e 28/1998);

Notas: Desde que pertençam as empresas que possuam equipes próprias para a troca de pneus, ou, se, estiverem nos trajetos compreendidos entre o fabricante e o município de destino, inclusive nas rodovias, não serão exigidos nos veículos abaixo descritos:

a) veículos equipados com pneus capazes de trafegar sem ar, ou equipados com dispositivo automático de enchimento emergencial;

b) Ônibus e microônibus que integrem o sistema de transporte urbano de passageiros, nos municípios, regiões e micro-regiões metropolitanas ou conglomerados urbanos;

c) Caminhões com características específicas para transporte de lixo e de concreto;

d) Veículos de carroçaria blindada para transporte de valores;

1.31. velocímetro (exigido pela Resolução Contran nº 14/1998, com previsão de exceção na Resolução Contran nº 87/1999);

Nota: Não exigido para veículos que tenham tacógrafo;

1.32. dispositivo destinado ao controle de ruído de motor, naqueles dotados de motor a combustão;

1.33. duplo comando de freios para veículos de quatro ou mais rodas, empregados na instrução prática de direção (exigido pela Resolução Contran nº 74/1998, art. 9º, § 2º, VIII);

1.34. encosto de cabeça para veículos produzidos a partir de 1º.1.1999 (exigido pela Resolução Contran nº 44/1998).

2. **Equipamentos obrigatórios exigidos para os reboques e semi-reboques:**

   2.1. freio de estacionamento e de serviço, com comandos independentes para os veículos com capacidade superior a 750 Kg e produzidos a partir de 1997 (exigido pela Resolução Contran nº 14/1998 e regulamentado pelas Resoluções Contran nºs 777/1993 e 808/1995);

   2.2. iluminação de placa traseira (exigida pela Resolução Contran nº 14/1998 e regulamentada pela Resolução Contran nº 680/1987);

   2.3. lanternas de posição traseira de cor vermelha (exigida pela Resolução Contran nº 14/1998 e regulamentada pela Resolução Contran nº 680/1987);

   2.4. lanternas de freio de cor vermelha (exigida pela Resolução Contran nº 14/1998 e regulamentada pela Resolução Contran nº 680/1987);

   2.5. lanternas delimitadoras e lanternas laterais, quando suas dimensões assim o exigirem (exigidas pela Resolução Contran nº 14/1998 e regulamentada pela Resolução Contran nº 680/1987);

   2.6. lanternas indicadoras de direção traseiras, de cor âmbar ou vermelha (exigida pela Resolução Contran nº 14/1998 e regulamentada pela Resolução Contran nº 680/1987);

   2.7. pára-choque traseiro (exigido pela Resolução Contran nº 14/1998 e regulamentado pela Resolução Contran nº 805/1995);

   2.8. pneus que ofereçam condições mínimas de segurança (exigido pela Resolução Contran nº 14/1998 e regulamentado pelas Resoluções Contran nºs 558/80 e 62/1998);

   2.9. protetores das rodas traseiras (exigido pela Resolução Contran nº 14/1998).

3. **Equipamentos obrigatórios exigidos para ciclomotores:**

   3.1. buzina (exigida pela Resolução Contran nº 14/1998, havendo observação na Resolução Contran nº 35/1998);

   3.2. dispositivos destinados ao controle de ruído do motor (exigido pela Resolução Contran nº 14/1998);

   3.3. espelho retrovisores de ambos os lados (exigido pela Resolução Contran nº 14/1998);

   3.4. farol dianteiro de cor branca ou amarela (exigido pela Resolução Contran nº 14/1998 e regulamentado pela Resolução Contran nº 680/1987);

   3.5. lanterna de cor vermelha na parte traseira (exigida pela Resolução Contran nº 14/1998 e regulamentada pela Resolução Contran nº 680/1987);

3.6. pneus que ofereçam condições mínimas de segurança (exigido pela Resolução Contran nº 14/1998 e regulamentado pela Resolução Contran nº 558/1980);

3.7. velocímetro (exigido pela Resolução Contran nº 14/1998).

4. **Equipamentos obrigatórios exigidos para motonetas, motocicletas e triciclos:**

4.1. buzina (exigida pela Resolução Contran nº 14/1998, com observação na Resolução Contran nº 35/1998);

4.2. dispositivos destinados ao controle de ruído do motor (exigido pela Resolução Contran nº 14/1998);

4.3. espelhos retrovisores de ambos os lados (exigidos pela Resolução Contran nº 14/1998);

4.4. farol dianteiro de cor branca ou amarela (exigido pela Resolução Contran nº 14/1998 e regulamentado pela Resolução Contran nº 680/1987);

4.5. iluminação da placa traseira (exigida pela Resolução Contran nº 14/1998);

4.6. indicadores luminosos de mudança de direção dianteiro e traseiro (exigido pela Resolução Contran nº 14/1998);

4.7. lanterna de freio de cor vermelha (exigida pela Resolução Contran nº 14/1998 e regulamentada pela Resolução Contran nº 680/1987);

4.8. pneus que ofereçam condições mínimas de segurança (exigido pela Resolução CONRAN 14/1998 e regulamentada pela Resolução Contran nº 558/1980);

4.9. velocímetro (exigido pela Resolução Contran nº 14/1998);

4.10. lanterna de cor vermelha na parte traseira (exigida pela Resolução Contran nº 14/1998).

5. **Equipamentos obrigatórios exigidos para quadriciclos:**

5.1. buzina (exigida pela Resolução Contran nº 14/1998, com observação na Resolução Contran nº 35/1998);

5.2. dispositivos destinados ao controle de ruído do motor (exigido pela Resolução Contran nº 14/1998);

5.3. espelhos retrovisores de ambos os lados (exigido pela Resolução Contran nº 14/1998);

5.4. farol dianteiro de cor branca ou amarela (exigido pela Resolução Contran nº 14/1998 e regulamentado pela Resolução Contran nº 680/1987);

5.5. iluminação da placa traseira (exigida pela Resolução Contran nº 14/1998);

5.6. indicadores luminosos de mudança de direção dianteiro e traseiro (exigido pela Resolução Contran nº 14/1998 e regulamentado pela Resolução Contran nº 680/1987);

5.7. lanterna de cor vermelha na parte traseira (exigida pela Resolução Contran nº 14/1998 e regulamentada pela Resolução Contran nº 680/1987);

5.8. lanterna de freio de cor vermelha (exigida pela Resolução Contran nº 14/1998 e regulamentada da pela Resolução Contran nº 680/1987);

5.9. pneus que ofereçam condições mínimas de segurança (exigidos pela Resolução Contran nº 14/1998, regulamentada pela Resolução Contran nº 558/1980)

5.10. velocímetro (exigido pela Resolução Contran nº 14/1998);

5.11. protetor das rodas traseiras (exigido pela Resolução Contran nº 14/1998).

6. Equipamentos obrigatórios exigidos para tratores de rodas e mistos:

6.1. dispositivos destinados ao controle e ruído do motor (exigido pela Resolução Contran nº 14/1998);

6.2. faróis dianteiros de luz branca ou amarela (exigido pela Resolução Contran nº 14/1998 e regulamentado pela Resolução Contran nº 680/1987);

6.3. indicadores luminosos de mudança de direção dianteiros e traseiros (exigido pela Resolução Contran nº 14/1998 e regulamentado pela Resolução Contran nº 680/1987);

6.4. lanternas de freio de cor vermelha (exigida pela Resolução Contran nº 14/1998, e regulamentado pela Resolução Contran nº 680/1987);

6.5. lanternas de posição traseira de cor vermelha (exigida pela Resolução Contran nº 14/1998 e regulamentada pela Resolução Contran nº 680/1987);

6.6. pneus que ofereçam condições mínimas de segurança (exigido pela Resolução Contran nº 14/1998 e regulamentado pela Resolução Contran nº 558/1980).

7. Equipamentos obrigatórios exigidos para tratores de esteiras:

7.1. faróis dianteiros de luz branca ou amarela (exigido pela Resolução Contran nº 14/1998);

7.2. lanternas de posição traseiras de cor vermelha (exigida pela Resolução Contran nº 14/1998 e regulamentada pela Resolução Contran nº 680/1987);

7.3. lanternas de freio de cor vermelha (exigida pela Resolução Contran nº 14/1998 e regulamentada pela Resolução Contran nº 680/1987);

7.4. indicadores luminosos de mudança de direção dianteiros e traseiros (exigido pela Resolução Contran nº 14/1998 e regulamentado pela Resolução Contran nº 680/1987);

7.5. dispositivo destinado ao controle do ruído do motor (exigido pela Resolução Contran nº 14/1998);

7.6. Quando a visibilidade interna não permitir, utilizar-se-ão espelhos retrovisores laterais.

ART. 230

8. **Equipamentos Obrigatórios para bicicletas conforme disciplina o art. 105, VI do CTB e art. 5º da Resolução Contran nº 14/1998, regulamentada pela Resolução Contran nº 46/1998, de 22.5.1998, com exigência a partir de 1º.1.2000, devendo serem dotadas dos seguintes equipamentos obrigatórios:**

8.1. espelho retrovisor do lado esquerdo, acoplado ao guidon e sem haste de sustentação;

   Nota: estão dispensados do espelho retrovisor e campainha as bicicletas destinadas à prática de esportes, quando em competição dos seguintes tipos:

   a) mountain bike (ciclismo de montanha);

   b) down hill (descida de montanha);

   c) free style (competição estilo livre);

   d) competição em avenida, estrada e velódromo;

   e) outros;

8.2. campainha, entendido como tal o dispositivo sonoro mecânico, eletromecânico, elétrico, ou pneumático, capaz de identificar uma bicicleta em movimento;

   Nota: ver nota do item anterior.

8.3. sinalização noturna – composta de retrorefletores, com alcance mínimo de visibilidade de trinta metros, com a parte prismática protegida contra a ação das intempéries nos seguintes locais:

   a) na dianteira, nas cores branca ou amarela;

   b) na traseira na cor vermelha;

   c) nas laterais e nos pedais de qualquer cor.

| 156 |

Art. 230. Conduzir o veículo:

X – com equipamento obrigatório em desacordo com o estabelecido pelo Contran:

- **Amparo Legal** – art. 230, X – CTB.
- **Infração** – Grave.
- **Número de pontos** – 5 (cinco).
- **Penalidade** – Multa.
- **Valor da Multa** – R$ 127,69 – Resolução Contran nº 136/2002.
- **Medida Administrativa** – Retenção do veículo para regularização.
- **Código da Infração** – 664-5 – Denatran/Detran – Resolução Contran nº 66/1998 (Corresponde ao art. 230, X – CTB).
- **Competência** – Estado – Resolução Contran nº 66/1998.

A infração configura-se quando o agente fiscalizador de trânsito constata que o equipamento obrigatório do veículo está em desacordo com o estabelecido pelo Contran (Resoluções). Há divergência entre o equipamento obrigatório instalado no veículo e o regulamentado, disciplinado pelo Contran. Este órgão de trânsito, é o legitimado para indicar o uso e as especificações técnicas dos equipamentos obrigatórios. Exemplo: caminhões equipados com o pára-choque traseiro em desacordo com a Resolução Contran nº 805/1995; veículos fabricados a partir de 1º.1.1998 que estiverem portando o dispositivo de sinalização refletora de emergência (triângulo) em desacordo com a Resolução Contran nº 827/1996 (os fabricados antes desta data podem portar o antigo triângulo, conforme dispõe as Resoluções Contran nº 388/1968 e nº 604/1982).

157

Art. 230. *Conduzir o veículo:*

XI – *com descarga livre ou silenciador de motor de explosão defeituoso, deficiente ou inoperante:*

- **Amparo Legal** – art. 230, XI – CTB.
- **Infração** – Grave.
- **Número de pontos** – 5 (cinco).
- **Penalidade** – Multa.
- **Valor da Multa** – R$ 127,69 – Resolução Contran nº 136/2002.
- **Medida Administrativa** – Retenção do veículo para regularização.
- **Código da Infração** – 665-3 – Denatran/Detran – Resolução Contran nº 66/1998 (Corresponde ao art. 230, XI – CTB).
- **Competência** – Estado – Resolução Contran nº 66/1998.

Nessas condições, o excesso de ruído é prejudicial a saúde humana, causando irritação, desconforto e revolta aos demais usuários ou moradores da via.

Não obstante, não é raro que condutores de veículos deliberadamente retirem o miolo do escapamento para efetivamente produzir ruído acima dos limites toleráveis. Dependendo da ação do condutor, das circunstâncias de cada caso e o ruído provocado, poderá configurar-se também infração penal, independentemente da administrativa.

Os exemplos mais comuns da infração administrativa ocorrem quando o veículo estiver sendo conduzido: sem escapamento, com escapamento furado, quebrado, danificado, emendado, amarrado, faltando partes, sem o miolo interno, etc.

Quanto ao silenciador de motor de explosão, trata-se de dispositivo destinado ao controle de ruído e motor, naqueles veículos dotados de motor a combustão, nos termos do item 23, § 1º da Resolução Contran nº 14/1998. É equipamento obrigatório.

158

Art. 230. *Conduzir o veículo:*
XII – *com equipamento ou acessório proibido:*
- **Amparo Legal** – art. 230, XII – CTB.
- **Infração** – Grave.
- **Número de pontos** – 5 (cinco).
- **Penalidade** – Multa.
- **Valor da Multa** – R$ 127,69 – Resolução Contran nº 136/2002.
- **Medida Administrativa** – Retenção do veículo para regularização.
- **Código da Infração** – 666-1 – Denatran/Detran – Resolução Contran nº 66/1998 (Corresponde ao art. 230, XII – CTB).
- **Competência** – Estado – Resolução Contran nº 66/1998.

Equipamentos obrigatórios são aqueles previstos na Resolução Contran nº 14/1998. Acessórios, destinam-se a aumentar o conforto do condutor e passageiros ou ainda embelezar o veículo, entretanto, serão proibidos pelo Contran expressamente. Ainda que de uso opcional ou obrigatório, os equipamentos e acessórios serão apreciados através de roteiro, pelo plenário do Contran, conforme Resolução nº 579/1981.

Citamos como exemplo de acessório proibido, o uso de alarme em veículo que não esteja em atendimento médico, policial, em socorro de incêndio e salvamento; veículo adaptado com aparelho de taxímetro e não destinado ao regulamentar transporte de passageiros (táxi).

Quanto aos veículos que estiverem com aparelho anti-radar, a infração será a prevista no inciso III do art. 230.

159

Art. 230. *Conduzir o veículo:*
XIII – *com o equipamento do sistema de iluminação e de sinalização alterados:*
- **Amparo Legal** – art. 230, XIII – CTB.
- **Infração** – Grave.
- **Número de pontos** – 5 (cinco).
- **Penalidade** – Multa.
- **Valor da Multa** – R$ 127,69 – Resolução Contran nº 136/2002.

ART. 230

- **Medida Administrativa** – *Retenção do veículo para regularização.*
- **Código da Infração** – *667-0 – Denatran/Detran – Resolução Contran nº 66/1998 (Corresponde ao art. 230, XIII – CTB).*
- **Competência** – *Estado – Resolução Contran nº 66/1998.*

Anteriormente ao novel diploma de trânsito (CTB), disciplinava o assunto, a Resolução Contran nº 680/1987, entretanto com o advento da Resolução Contran nº 2/1998, em seu art. 1º, § 2º, manteve expressamente os requisitos atinentes aos sistemas de iluminação e sinalização de veículos mencionados na Resolução Contran nº 680/1987. Em seguida, foi editada a Resolução Contran nº 14/1998, que revogou a Resolução Contran nº 2/1998; com isso, entendemos que a Resolução nº 680/1987, com as modificações da Resolução Contran nº 692/1988, não foi revogada tácita ou expressamente, devendo ser observado nas eventuais alterações dos sistemas de iluminação e sinalização dos veículos os anexos I, II, III e IV. As Resoluções que devem ser consultadas são: 680/1987, 692/1988, 14/1998, 36/1998, 84/1998.

Essas alterações, demonstram condutores exibicionistas, que tem como objetivo chamar a atenção, uma vez que desobedecem a uniformidade que se pretende com a imposição da observância da regra geral em relação ao equipamento do sistema de iluminação e sinalização do veículo. Alterá-lo, significa violar os preceitos estabelecidos pelo legislador. Exemplo de infração: mudar a cor das luzes de posição, dos faróis dirigidos para laterais, farol de milha ou de neblina colocados na parte traseira do veículo, etc.

Cores obrigatórias: *1)* faróis de longo alcance: cor branca, uso facultativo; *2)* faróis principais: cor branca ou amarela; *3)* faróis de neblina: cor branca ou amarela, uso facultativo; *4)* luzes de posição dianteira: cor branca ou amarela; *5)* lanternas de freio: cor vermelha; *6)* lanterna de freio elevada: cor vermelha, uso facultativo; *7)* lanterna de iluminação da placa traseira: cor branca; *8)* lanterna de marcha à ré: cor branca; *9)* lanternas de neblina: cor vermelha, uso facultativo; *10)* lanternas de posição traseira: cor vermelha; *11)* lanternas delimitadoras dianteira: cor branca (Anexo II da Resolução nº 680/1987); *12)* lanternas delimitadoras traseira: cor vermelha (Anexo II Resolução nº 680/1987); *13)* lanternas indicadoras de direção dianteira: cor amarelo âmbar; *14)* lanternas indicadoras de direção traseira: cor âmbar ou vermelha; *15)* pisca-alerta para veículos fabricados a partir de 1º.1.1990, conforme Resolução nº 680/1987; *16)* lanternas intermitentes de advertência: cor amarelo âmbar; *17)* retrorefletores traseiros (catadiópticros): cor vermelha.

Art. 230. Conduzir o veículo:

XIV – *com registrador instantâneo inalterável de velocidade e tempo viciado ou defeituoso, quando houver exigência desse aparelho:*

- **Amparo Legal** – art. 230, XIV – CTB.
- **Infração** – Grave.
- **Número de pontos** – 5 (cinco).
- **Penalidade** – Multa.
- **Valor da Multa** – R$ 127,69 – Resolução Contran nº 136/2002.
- **Medida Administrativa** – Retenção do veículo para regularização.
- **Código da Infração** – 668-8 – Denatran/Detran – Resolução Contran nº 66/1998 (Corresponde ao art. 230, XIV – CTB).
- **Competência** – Estado – Resolução Contran nº 66/1998.

O dispositivo refere-se ao tacógrafo, não devendo ser estendido ao velocímetro ou relógio de tempo. O tacógrafo é de uso obrigatório para todos os veículos de transporte de escolares, conforme arts. 105 inciso II e 136 inciso IV do Código de Trânsito Brasileiro, sendo regulamentado pela Resolução Contran nº 794/1995. Os veículos de transporte de passageiros com mais de dez lugares e de carga com capacidade máxima de tração igual ou superior a quatro mil e quinhentos e trinta e seis quilogramas, também são obrigatórios a utilização do tacógrafo, por força do disposto no art. 105, inciso II do Código. Os veículos de carga, com mais de 4.536 Kg, fabricados até 1991, estão isentos de usar o tacógrafo somente até 1º.1.1999, conforme previsão do art. 2º, inciso III, "a" da Resolução Contran nº 14/1998. Esta infração aplica-se aos veículos que são obrigados a usarem o tacógrafo, e instalado, o tacógrafo estiver viciado ou defeituoso. Não obstante, se previsto o uso do tacógrafo para o veículo e não tiver instalado, a infração será a prevista no art. 230, inciso IX do CTB.

À guisa de lembrança, os veículos que são obrigados ao uso do tacógrafo ou registrador instantâneo de velocidade e tempo, quando envolverem-se em acidente de trânsito com vítima, caberá somente ao perito oficial encarregado de levantamento pericial do local, retirar o disco ou unidade armazenadora do registro, por força do art. 279 do Código, sendo de extrema importância a coleta destes dados que revelarão a velocidade desencadeada pelo veículo, quando do acidente, estabelecendo eventual responsabilidade do condutor. Nos acidentes de trânsito sem vítimas, não é obrigatório referida providência, entretanto, também poderá servir de eventual informação em outras ações judiciais ou processos administrativos. De lembrar-se que nos veículos em que o tacógrafo é obrigatório, é considerado equipamento obrigatório conforme imposição da Resolução nº 14/1998 do Contran. Também as Resoluções Contran nº 816/1996 e nº 92/1999, referem-se ao registrador de velocidade e tempo dos veículos.

Em síntese, os veículos que são obrigados ao uso de tacógrafo são:

1. veículos destinados ao transporte de escolares, conforme art. 105 inciso II e 136, inciso IV do CTB c/c a Resolução Contran nº 14/1998, art. 1º item 21;
2. veículos destinados ao transporte de passageiros com mais de dez lugares, registrados na categoria aluguel, conforme art. 105 do CTB, c/c a Resolução Contran nº 14/1998, arts. 1º, item 21, e 2º, inciso III, "b";

3. veículos transportadores de produtos perigosos (PP) a granel, conforme RTPP, art. 5º, c/c a Resolução Contran nº 14/1998, art. 3º e Decreto nº 96.044/1988, art. 45, inciso II, alínea "e";

4. veículos de carga com PBT superior a 4.536 kg (art. 105 do CTB).

161

Art. 230. *Conduzir o veículo:*

XV – *com inscrições, adesivos, legendas e símbolos de caráter publicitário afixados ou pintados no pára-brisa e em toda a extensão da parte traseira do veículo excetuadas as hipóteses previstas neste Código:*

- **Amparo Legal** – art. 230, XV – CTB.
- **Infração** – Grave.
- **Número de pontos** – 5 (cinco).
- **Penalidade** – Multa.
- **Valor da Multa** – R$ 127,69 – Resolução Contran nº 136/2002.
- **Medida Administrativa** – Retenção do veículo para regularização.
- **Código da Infração** – 669-6 – Denatran/Detran – Resolução Contran nº 66/1998 (Corresponde ao art. 230, XV – CTB).
- **Competência** – Estado – Resolução Contran nº 66/1998.

O objetivo do preceito é garantir a segurança dos condutores e usuários da via, proibindo qualquer conduta que afete a visão dos condutores, evitando com isso que seja aumentado os pontos cegos através de inscrições, adesivos, legendas e símbolos de caráter publicitário afixados ou pintados no pára-brisa e em toda extensão da parte traseira do veículo. Pode ocorrer ainda, que as colagens e anúncios não consentidos desviem a atenção dos demais condutores, além de configurar eventual poluição visual ambiente.

Importa mencionar, o art. 111 do Código, estabelecendo que é vedado nas áreas envidraçadas do veículo, o uso de cortinas, persianas fechadas ou similares nos veículos em movimento, salvo nos que possuam espelhos retrovisores em ambos os lados. Também é vedado a oposição de inscrições, películas refletivas ou não, painéis decorativos ou pinturas, quando comprometer a segurança do veículo na forma de regulamentação do Contran. É proibido o uso de inscrição de caráter publicitário ou qualquer outra que possa desviar a atenção dos condutores em toda a extensão do pára-brisa e da traseira dos veículos, salvo se não colocar em risco a segurança do trânsito.

O inciso I do art. 111 do Código foi vetado, e tinha a seguinte redação: *"Aposição de inscrições, películas refletivas ou não, adesivos, painéis decorativos ou pinturas, salvo as de caráter técnico necessárias ao funcionamento do veículo".* E teve como razões do veto: "É certo que o objetivo do inciso I inspira-se em razões de segurança do trânsito. Não obstante, a proibição total de uso de quaisquer adesivos não parece condizente com qualquer noção de razoabilidade recomenda-se, por isso, o veto ao dispositivo a maneira poderá ser objeto de proposta de regulamentação em projeto a ser encaminhado pelo executivo ao Congresso Nacional".

O inciso XV ao proibir inscrições, adesivos, legendas de caráter publicitário, excetua as hipóteses previstas no Código, sendo que referidas hipóteses não estão inseridas no âmbito do art. 111, devendo o Contran regulamentá-las, o que foi disciplinado pela Resolução Contran nº 73/1998, que estabelece critérios para a posição de inscrições, painéis decorativos e películas não refletias nas áreas envidraçadas dos veículos, de acordo com o disposto no inciso III do art. 111.

Dessa forma, a aposição de inscrições ou anúncios, painéis decorativos e pinturas na áreas envidraçadas das laterais e traseiras dos veículos, será permitida, se atendida as seguintes condições:

I – material deverá apresentar transparência mínima de 50% de visibilidade de dentro para fora do veículo;

II – veículo deverá possuir espelhos retrovisores externo direito e esquerdo.

Importa destacar que a aplicação de película não refletiva nas áreas envidraçadas dos veículos automotores será permitida, se observadas as condições:

I – a transmissão luminosa do conjunto vidro-película não poderá ser inferior a 75% no pára-brisa e de 70% para os demais;

II – ficam excluídos dos limites fixados no inciso anterior, os vidros que não interferem nas áreas envidraçadas, indispensáveis a dirigibilidade do veículo, desde que atendam, no mínimo, a 50% de transmissão luminosa;

III – veículo deverá possuir espelhos retrovisores externos direito e esquerdo.

Pela resolução em comento (73/1998), ficou estabelecida como áreas envidraçadas indispensáveis à dirigibilidade do veículo:

I – área do pára-brisa excluindo uma faixa periférica superior de 25 centímetros de largura que se sobrepõe à área ocupada pela banda degradê, caso existente;

II – as áreas correspondentes das janelas das portas dianteiras esquerda e direita;

III – as áreas do quebra-ventos fixos ou basculantes, caso existentes.

Quanto a marca do instalador e o índice de transmissão luminosa existente em cada conjunto vidro-película, serão gravados indelevelmente na película por meio de chancela, devendo ser visível pelos lados externos dos vidros.

| 162 |

Art. 230. *Conduzir o veículo:*

XVI – *com vidros total ou parcialmente cobertos por películas refletivas ou não, painéis decorativos ou pinturas:*

- **Amparo Legal** – art. 230, XVI – CTB.
- **Infração** – Grave.
- **Número de pontos** – 5 (cinco).
- **Penalidade** – Multa.
- **Valor da Multa** – R$ 127,69 – Resolução Contran nº 136/2002.
- **Medida Administrativa** – Retenção do veículo para regularização.
- **Código da Infração** – 670-0 – Denatran/Detran – Resolução Contran nº 66/1998 (Corresponde ao art. 230, XVI – CTB).
- **Competência** – Estado – Resolução Contran nº 66/1998.

A diferença do inciso XV e o XVI do art. 230 do Código, é que na primeira, o legislador referiu-se ao pára-brisa e a parte traseira dos veículos, excetuando-se dos demais vidros (art. 230, XV). O inciso XVI, trata dos demais vidros dos veículos, isto é, quaisquer vidros do conduzido, vale dizer, os vidros laterais, os quebra-vento fixos ou basculantes (Resolução nº 73/1998, art. 2º, § 1º, II e III).

Em outras palavras, a Resolução Contran nº 73/1998, autoriza a aplicação de película não refletiva nas áreas envidraçadas do veículo, entretanto, a transmissão luminosa do conjunto vidro-película não poderá ser inferior a 75% no pára-brisa, excluída uma faixa de 25cm de largura na parte superior (banda degradê); 70% nos vidros das janelas das portas dianteiras direita e esquerda, e dos quebra-ventos fixos ou basculantes, caso existentes, e 50% nos demais vidros laterais traseiros e no traseiro. A película deve ter a marca do instalador e o índice de transmissão luminosa gravados indelevelmente, através de chancela, em cada conjunto vidro-película, visíveis pelos lados externos dos vidros, devendo os veículos possuírem espelhos retrovisores externos de ambos os lados.

163

Art. 230. Conduzir o veículo:

XVII – com cortinas ou persianas fechadas, não autorizadas pela legislação:

- **Amparo Legal** – art. 230, XVII – CTB.
- **Infração** – Grave.
- **Número de pontos** – 5 (cinco).
- **Penalidade** – Multa.
- **Valor da Multa** – R$ 127,69 – Resolução Contran nº 136/2002.
- **Medida Administrativa** – Retenção do veículo para regularização.
- **Código da Infração** – 671-8 – Denatran/Detran – Resolução Contran nº 66/1998 (Corresponde ao art. 230, XVII – CTB).
- **Competência** – Estado – Resolução Contran nº 66/1998.

ART. 230

Trata-se de mais uma situação elencada no art. 111 do Código que o legislador achou melhor desdobrá-la, e a título de explicitação, transcrevemos parte do *caput* do artigo mencionado e o seu inciso II: *"É vedado, nas áreas envidraçadas do veículo (...) II. O uso de cortinas, persianas fechadas ou similares nos veículos em movimento, salvo nos que possuam espelhos retrovisores em ambos os lados".* A redação do dispositivo ora analisado, é complexa, entretanto, somente será proibido o uso de cortina fechada quando o veículo estiver em movimento e desprovido de dois espelhos retrovisores externos.

164

Art. 230. *Conduzir o veículo:*

XVIII – *em mau estado de conservação, comprometendo a segurança, ou reprovado na avaliação de inspeção de segurança e de emissão de poluentes e ruído prevista no art. 104:*

- **Amparo Legal** – *art. 230, XVIII – CTB.*
- **Infração** – *Grave.*
- **Número de pontos** – *5 (cinco).*
- **Penalidade** – *Multa.*
- **Valor da Multa** – *R$ 127,69 – Resolução Contran nº 136/2002.*
- **Medida Administrativa** – *Retenção do veículo para regularização.*
- **Código da Infração** – *672-6 – Denatran/Detran – Resolução Contran nº 66/1998 (Corresponde ao art. 230, XVIII – CTB).*
- **Competência** – *Estado – Resolução Contran nº 66/1998.*

O inciso XVIII do art. 230, possui condutas múltiplas que podem ser consideradas infrações de trânsito: *1)* conduzir o veículo em mau estado de conservação, comprometendo a segurança; *2)* conduzir o veículo reprovado na avaliação de inspeção de segurança; *3)* conduzir o veículo reprovado na avaliação de emissão de poluentes; *4)* conduzir o veículo reprovado na avaliação de ruído.

A inspeção obrigatória vem estabelecida no art. 104 do Código e foi disciplinada pelas Resoluções Contran nºs 5/1998, 27/1998, 56/1998, 84/1998 e 107/2000. Em relação aos ruídos, o Contran os regulamentou através da Resolução nº 35/1998, o método de ensaio para mediação de pressão sonora por buzina ou equipamento similar. Tratando-se do meio ambiente, o assunto vem esclarecido através das Leis nºs 6.938/1981, regulamentada pelos Decretos nºs 99.274/1990 e 9.605/1998, além das Resoluções do Conama nºs 251/1999 e 252/1999.

A inspeção técnica de veículos tem por objetivo inspecionar e atestar as reais condições do itens de segurança da frota em circulação e será executada conforme disposto na Resolução Contran nº 84/1998 e seus anexos, observando-se, ainda, as normas estabelecidas pela ABNT – Associação Brasileira de Normas Técnicas. Não obstante, a Resolução Contran nº 107/2000, suspendeu a vigência da Resolução Contran nº 84/1998.

A Inspeção Técnica de Veículos abrangerá: *1)* identificação do veículo; *2)* equipamentos obrigatórios e proibidos; *3)* sistema de sinalização; *4)* sistema de iluminação; 5) sistema de direção; 6) sistema de eixo e suspensão; *7)* pneus e rodas; *8)* sistemas de componentes complementares.

O veículo transitando em mau estado de conservação e segurança pode afetar sobremaneira a segurança viária, tratando-se de um dos itens mais importantes do art. 230, a nosso ver, a fiscalização deve ser rigorosa, evitando com isso, que acidentes ocorram. As infrações do mau estado de conservação do veículo são decorrentes da desídia, descuido, desinteresse, descaso para com o estado geral do veículo, desgastes, falta de reparos em peças ou em sistemas que afetem a circulação do veículo com segurança, ou ainda por questão financeira para o reparo e conservação do veículo.

Exemplos: direção com jogo ou torta, lataria podre ou faltando pedaços, falta de portas, falta ou defeito de equipamentos obrigatórios, portas que não fecham com o trinco, portas amarradas, vazamento de combustível ou tanque sem tampa, lataria danificada com saliências cortantes, assoalho rompido, corroído ou com adaptações provisórias, carrocerias de veículos quebradas ou tortas, pneu cujo desgaste da banda de rodagem tenha atingido os indicadores de desgaste (TWI) ou cuja profundidade remanescente seja inferior a 1,6 mm, nos termos da Resolução Contran nº 558/1980, etc.

```
165
```

Art. 230. *Conduzir o veículo:*
XIX – *sem acionar o limpador de pára-brisa sob chuva:*
- **Amparo Legal** – *art. 230, XIX – CTB.*
- **Infração** – *Grave.*
- **Número de pontos** – *5 (cinco).*
- **Penalidade** – *Multa.*
- **Valor da Multa** – *R$ 127,69 – Resolução Contran nº 136/2002.*
- **Medida Administrativa** – *Retenção do veículo para regularização.*
- **Código da Infração** – *673-4 – Denatran/Detran – Resolução Contran nº 66/1998 (Corresponde ao art. 230, XIX – CTB).*
- **Competência** – *Estado – Resolução Contran nº 66/1998.*

Conforme observa-se pelo item 4 do art. 1º da Resolução Contran nº 14/1998, o limpador de pára-brisa é equipamento obrigatório para veículos automotores.

ART. 230

Diante disso, o inciso XIX do art. 230 do Código preconiza que é infração de trânsito conduzir veículo sem utilizar-se do limpador de pára-brisa sob chuva. Já o inciso IX do art. 230, penaliza a falta do limpador de pára-brisa, ineficiência ou eventual inoperância do equipamento. O agente fiscalizador de trânsito, apesar de em alguns casos ser possível a cumulação de infrações por força do art. 266, no caso em tela (XIX: deixar de acionar o limpador de pára-brisa; e, o inciso IX: equipamento obrigatório ineficiente ou inoperante), não poderá cumular as infrações, posto que não situações que não se superpõem.

Indispensável lembrar, que o art. 27 do Código determina que antes de colocar o veículo em circulação nas vias públicas, o condutor deverá verificar a existência e as boas condições de funcionamento dos equipamentos de uso obrigatório.

| 166 |

Art. 230. Conduzir o veículo:

XX – sem portar a autorização de escolares, na forma estabelecida no art. 136:

- **Amparo Legal** – art. 230, XX – CTB.
- **Infração** – Grave.
- **Número de pontos** – 5 (cinco).
- **Penalidade** – Multa e apreensão do veículo.
- **Valor da Multa** – R$ 127,69 – Resolução Contran nº 136/2002.
- **Código da Infração** – 674-2 – Denatran/Detran – Resolução Contran nº 66/1998 (Corresponde ao art. 230, XX – CTB).
- **Competência** – Estado – Resolução Contran nº 66/1998.

Os veículos de transporte de escolares, inserem-se no âmbito do art. 135 do Código, estabelecendo que os veículos de aluguel, destinados ao transporte individual ou coletivo de passageiros de linhas regulares ou empregados em qualquer serviço, para registro, licenciamento e respectivo emplacamento de característica comercial, deverão estar devidamente autorizados pelo poder público concedente (União, Estados, Distrito Federal e Municípios).

O art. 329 do Código, destaca que os condutores de veículos mencionados nos arts. 135 e 136 do CTB, para exercerem suas atividades, deverão apresentar, previamente certidão negativa do registro de distribuição criminal relativamente aos crimes de homicídio, roubo, estupro e corrupção de menores, renovável a cada cinco anos, junto ao órgão responsável pela respectiva concessão ou autorização.

O Código de Trânsito Brasileiro no Capítulo XIII, ao tratar da condução de escolares, mormente em seus arts. 136 *usque* 139, firma as linhas básicas a serem observadas, sem prejuízo das normas esparsas, determinando que os veículos especialmente destinados à condução coletiva de escolares somente poderão circular nas vias com autorização emitida pelo órgão ou entidade executivos de trânsito dos Estados e do Distrito Federal, exigindo-se para tanto:

I – registro como veículo de passageiro;

II – inspeção semestral para verificação dos equipamentos obrigatórios e de segurança;

III – pintura de faixa horizontal na cor amarela, com quarenta centímetros de largura, à meia altura, em toda a extensão das partes laterais e traseira da carroceria, com o dístico **escolar** em preto, sendo que, em caso de veículo de carroceria pintada na cor amarela, as cores aqui indicadas devem ser invertidas;

IV – equipamento registrador instantâneo inalterável de velocidade e tempo;

V – lanternas de luz branca, fosca ou amarela dispostas nas extremidades na parte superior dianteira e lanternas de luz vermelha dispostas na extremidade superior da parte traseira;

VI – cintos de segurança em número igual obrigatório à lotação;

VII – outros requisitos e equipamentos obrigatórios estabelecidos pelo Contran.

A autorização que refere-se o art. 136 mencionada anteriormente, deverá ser afixada na parte interna do veículo, em local visível, com inscrição da lotação permitida, sendo vedada a condução de escolares em número superior à capacidade estabelecida pelo fabricante.

O condutor de veículo destinado à condução de escolares deverá satisfazer os seguinte requisitos:

1. ter idade superior a vinte e um anos;
2. ser habilitado na categoria "D";
3. não ter cometido nenhuma infração grave ou gravíssima, ou ser reincidente em infrações médias durante os doze últimos meses;
4. ser aprovado em curso especializado, nos termos da regulamentação Contran.

Estas disposições, não exclui a competência municipal de aplicar as exigências previstas em regulamentos, para o transporte de escolares.

A autorização para condução de escolares, é expedida pelos órgãos executivos de trânsito dos Estados e do Distrito Federal (Detran's e/ou Ciretran's).

De outro lado, em relação a pintura de faixa horizontal, o Detran/SP, através da Portaria nº 174/1999,[183] autorizou em caráter temporário, até que o Contran se manifeste sobre o assunto, da utilização de faixa adesiva de substituição à pintura, vedando a utilização de faixas imantadas, magnéticas ou qualquer outro dispositivo que possam retirá-las, temporária ou permanentemente.

Em outras palavras, o veículo de transporte de escolares somente poderá transitar com autorização expedida pelo órgão executivo de trânsito do Estado (Detran, Ciretran ou Seção de trânsito), por força do disposto no art. 136 do CTB.

---

183. Publicada no *DOE* 30.1.1999.

Referida autorização deverá ser afixada em local visível da parte interna do veículo, indicando a lotação de alunos permitida, posto que, o transporte de alunos em número superior à capacidade prevista no Certificado de Registro de veículo, é proibida nos termos do art. 137 do Código.

Em relação ao curso, a regulamentação vem na Resolução nº 57/1998 e seus anexos, informando os conteúdos programáticos a serem ministrados, assim como a Resolução Contran nº 789/1994, que regulamenta também o curso para treinamento de condutores de veículos de transporte de escolares, e no que não conflitar é aplicável.

Por outro lado, inarredável a transcrição da Portaria Detran/SP nº 1.153/2002, que estabelece critérios para a expedição de autorização destinada aos veículos de transporte escolar, consoante os termos do art. 136 do Código de Trânsito Brasileiro.

"PORTARIA DETRAN/SP Nº 1.153, DE 26 DE AGOSTO DE 2002

Estabelece critérios para a expedição de autorização destinada aos veículos de transporte escolar.

O Diretor do Departamento Estadual de Trânsito.

Considerando a disposição cogente expressa no art. 136 do Código de Trânsito Brasileiro, impondo o atendimento de requisitos mínimos para a circulação de veículos destinados ao transporte de escolar;

Considerando as regras complementares contidas nos arts. 137 a 139 e 329, todos do Código de Trânsito Brasileiro;

Considerando, por derradeiro, a competência conferida a este órgão executivo estadual de trânsito, nos termos do disposto no art. 22 do ordenamento federal de trânsito, Resolve:

Art. 1º. O transporte coletivo de escolares será regido pelas normas estabelecidas nesta Portaria.

Art. 2º. O condutor de veículo destinado à condução de escolares deve satisfazer os seguintes requisitos:

I – ter idade superior a vinte e um anos;

II – ser habilitado na categoria "D";

III – ser aprovado em curso especializado, comprovado através da apresentação de credencial expedida pela Divisão de Educação de Trânsito do Detran/SP;

IV – não ter cometido nenhuma infração grave ou gravíssima, ou ser reincidente em infrações médias durante os doze últimos meses; e

V – apresentar certidão negativa do registro de distribuição criminal, relativa aos crimes de homicídio, roubo, estupro e corrupção de menores, renovável a cada cinco anos (art. 329 do CTB).

Art. 3º. O veículo destinado à condução coletiva de escolares, para fins de circulação nas vias abertas à circulação, deve satisfazer aos seguintes requisitos:

I – registro como veículo de passageiros, classificado na categoria aluguel;

II – pintura de faixa horizontal na cor amarela, com quarenta centímetros de largura, à meia altura, em toda a extensão das partes laterais e traseira da carroçaria, com o dístico ESCOLAR, padrão Helvética Bold, em preto, com altura de vinte a trinta centímetros, sendo que, em caso de veículo de carroçaria pintada na cor amarela, as cores aqui indicadas devem ser invertidas;

III – equipamento registrador instantâneo inalterável de velocidade de tempo (tacógrafo);

IV – lanternas de luz branca, fosca ou amarela, dispostas nas extremidades da parte superior dianteira, e de luz vermelha nas extremidades da parte superior traseira;

V – cintos de segurança em número igual à lotação, conforme segue:

a) para o condutor deverá ser do tipo três pontos, com ou sem retrator; e

b) para os passageiros poderá ser do tipo três pontos, com ou sem retrator, ou do tipo subabdominal;

VI – extintor de incêndio com carga de pó químico seco ou de gás carbônico de quatro quilos, fixado na parte dianteira do comportamento destinado a passageiros;

VII – limitadores de abertura dos vidros corrediços, de no máximo dez centímetros;

VIII – dispositivos próprios para a quebra ou remoção de vidros em caso de acidente;

IX – assentos com, no mínimo, trinta centímetros de largura, para cada criança com até doze anos de idade incompletos;

X – distância de, no mínimo, vinte e três centímetros entre os assentos; .

XI – (Revogado).

• *Revogado pelo art. 1º da Portaria Detran nº 1.094, de 6.8.2003.*

O Delegado de Polícia Diretor do Departamento Estadual de Trânsito, Considerando a motivação ofertada pela Divisão de Controle e Fiscalização de Veículos e Condutores deste órgão executivo estadual de trânsito, a teor do contido no Protocolo Detran nº 129374-5/2003, externando entendimento quanto a desnecessidade de que os veículos utilizados no transporte escolar ostentem faixa adesiva, de 20 cm x 20 cm, afixada na parte interna do vidro dianteiro, à direita do condutor, parte superior, expressando deforma visível a capacidade máxima de lotação permitida pelo órgão de trânsito para o transporte exclusivamente escolar, resolve:

Art. 1º. *Fica revogado o inciso XI do art. 3º da Portaria Detran nº 1.153, de 26 de agosto de 2002, publicada no DOE de 28.8.2002.*

Art. 2º. *Esta Portaria entra em vigor na data de sua publicação. (Publicado no DOE nº 148, de 8.8.2003)*

Redação anterior: XI – *faixa adesiva, de vinte centímetros por vinte centímetros, afixada na parte interna do vidro dianteiro, à direita do condutor, parte superior, expressando de forma visível a capacidade máxima de lotação permitida pelo órgão de trânsito para o transporte exclusivamente escolar; e*

XII – todos os demais equipamentos obrigatórios, comuns aos veículos da mesma espécie, previstos no Código de Trânsito Brasileiro e Resoluções do Conselho Nacional de Trânsito – Contran.

§ 1º. Para o atendimento do inciso II deste artigo será admitida a utilização de faixa adesiva em substituição à pintura, desde que atendidas todas as demais especificações, vedada a utilização de faixa imantada, magnética ou a utilização de qualquer outro dispositivo que possa retirá-la, de forma temporária ou definitiva.

§ 2º. O veículo da marca Volkswagen, modelo Kombi, deverá estar equipado com grade tubular afixada em seu interior, de forma a separar o compartimento traseiro sobre o motor do espaço destinado aos bancos.

Art. 4º. O veículo deverá ser submetido à inspeção semestral para verificação dos equipamentos obrigatórios, de segurança e dos estabelecidos nesta Portaria, de acordo com o final de placa, obedecendo ao seguinte calendário permanente:

a) finais 1 e 2 – fevereiro e agosto;

b) finais 3 e 4 – março e setembro;

c) finais 5 e 6 – abril e outubro;

d) finais 7 e 8 – maio e novembro;

e) finais 9 e 0 – junho e dezembro.

§ 1º. Na Capital, respeitados os limites acima, a inspeção será realizada pela Divisão de Controle e Fiscalização de Veículos e Condutores do Detran/SP, competindo ao seu Diretor estabelecer cronograma próprio, em face das peculiaridades do Setor de Vistoria, para melhor atendimento da demanda.

§ 2º. No âmbito das demais unidades de trânsito, a inspeção será determinada pelo Diretor da Circunscrição Regional de Trânsito, sendo conferidas, em face de cada peculiaridade local, as mesmas atribuições especificadas no parágrafo anterior.

§ 3º. A inspeção dependerá de prévia e específica comprovação do pagamento da taxa de vistoria no valor de 5,5 UFESP, prevista no item 21 da Tabela "C" – Serviços de Trânsito – Lei Estadual nº 7.645/1991, com suas posteriores alterações.

§ 4º. O veículo não submetido à inspeção semestral terá seu registro bloqueado.

§ 5º. Aprovado na inspeção, além do integral atendimento de todos os demais requisitos, será expedida a "AUTORIZAÇÃO PARA TRANSPORTE DE ESCOLARES", consoante modelo estabelecido no Anexo desta Portaria.

Art. 5º. A realização de modificações das características originais do veículo, possuidor ou não de autorização, tendo por objetivo ampliar a capacidade nominal de lotação para o transporte escolar, dependerá, além do atendimento dos requisitos estabelecidos na Resolução Contran nº 25/1998, de prévia e específica autorização do Diretor do Departamento Estadual de Trânsito – Detran/SP.

§ 1º. O pedido deverá ser formulado pelo fabricante ou por empresa previamente capacitada, regularmente credenciada pelo INMETRO – Instituto Nacional de Metrologia, Normalização e Qualificação, mediante a apresentação dos seguintes requisitos:

I – licença para uso da configuração de veículo ou motor, emitida pelo IBAMA – Instituto Brasileiro do Meio Ambiente;

II – comprovante de capacitação técnica, emitido pelo INMETRO – Instituto Nacional de Metrologia, Normalização e Qualificação;

III – projeto de engenharia e memorial descritivo contendo todas as especificações técnicas concernentes à modificação das características do veículo;

IV – certificado de segurança veicular – CSV;

V – fotografias externas e internas do veículo ou protótipo;

VI – comprovação do pagamento de taxa no valor de 5,5 UFESP, prevista no item 21 da Tabela "C" – Serviços de Trânsito – Lei Estadual n° 7.645/1991, com suas posteriores alterações; e

VII – aprovação em inspeção, realizada pela Divisão de Controle e Fiscalização de Veículos e Condutores do Detran/SP.

§ 2°. Os fabricantes, montadoras, importadores, transformadoras ou encarroçadoras, que possuírem capacitação laboratorial e de engenharia e os importadores com amparo técnico do fabricante, desde que devidamente comprovado, estarão dispensados da apresentação do documento descrito no inciso IV do parágrafo primeiro deste artigo.

§ 3°. As empresas descritas no parágrafo anterior, na hipótese de possuírem Código de marca/modelo/versão conferido através de Certificado de Adequação à Legislação de Trânsito – CAT, expedido pelo Departamento Nacional de Trânsito – Denatran, estarão desobrigadas da apresentação dos documentos indicados nos incisos I a IV do parágrafo primeiro deste artigo.

§ 4°. Fica vedado ao proprietário do veículo ampliar a capacidade de lotação do veículo para fins de transporte escolar.

Art. 6°. O condutor deverá, no exercício das atividades diárias, portar relação atualizada de cada escolar transportado, contendo nome, data de nascimento e telefone.

Art. 7°. Aquele que deixar de operar no transporte escolar deverá requerer a alteração da categoria do veículo para "particular", providenciando sua total descaracterização, além de proceder a devolução da "AUTORIZAÇÃO" a que se refere o § 5° do art. 4° desta Portaria.

Art. 8°. A autoridade de trânsito responsável pela expedição da referida autorização, nos casos de impossibilidade temporária de utilização do veículo autorizado, em decorrência de roubo, furto, avaria ou situação previamente comprovada, poderá conceder autorização temporária, com validade máxima de até trinta dias, permitindo que o condutor possa transportar as crianças em outro veículo.

Parágrafo único. A expedição da autorização temporária dependerá do prévio atendimento de todos os requisitos de segurança estabelecidos nesta Portaria, após aprovação em vistoria realizada pelo setor competente.

Art. 9º. A inobservância do disposto nesta Portaria sujeitará o infrator às penalidades e medidas administrativas previstas nos arts. 167, 168, 230, VIII e XX, 231, VII e 237, todas do Código de Trânsito Brasileiro, dentre outras, conforme o caso.

Art. 10. Os veículos destinados ao transporte escolar, desde que registrados e autorizados antes da publicação desta Portaria, terão até 31 de dezembro de 2005 para adequação às disposições contidas nos incisos IX e X do art. 3º desta Portaria.

Parágrafo único. O requisito contido no inciso XI do art. 3º desta Portaria passará a ser exigido a partir de 1º de janeiro de 2003.

Art. 11. Os fabricantes, montadoras, importadores, transformadoras ou encarroçadoras, amparados por atos administrativos permissivos para a ampliação da capacidade nominal de lotação dos veículos especialmente destinados ao transporte escolar, desde que precedentes à edição e publicação desta Portaria, deverão apresentar, no prazo máximo de noventa dias, novos projetos de adequações para cada veículo.

§ 1º. Os projetos deverão comprovar a manutenção ou a diminuição da capacidade de lotação expandida em relação à capacidade nominal inicialmente estabelecida pelo fabricante, montadora, importador, transformadora ou encarroçadora.

§ 2º. Analisado o requerimento do interessado, com o prévio atendimento dos requisitos contidos no art. 5º desta Portaria, naquilo que for pertinente e aplicável, será expedido novo ato administrativo.

Art. 12. Fica vedada a aposição de inscrições, anúncios, painéis decorativos e pinturas nas áreas envidraçadas do veículo.

Art. 13. O disposto nesta Portaria não exclui a competência municipal de estabelecer outros requisitos ou exigências para o transporte de escolares.

Art. 14. Esta Portaria entrará em vigor na data de sua publicação, revogando-se todas as disposições em contrário."

Anexo – Anverso
SECRETARIA DE ESTADO DOS NEGÓCIOS DA SEGURANÇA PÚBLICA
DEPARTAMENTO ESTADUAL DE TRÂNSITO
(DIVISÃO DE CONTROLE E FISCALIZAÇÃO DE VEÍCULOS E CONDUTORES OU CIRCUNSCRIÇÃO REGIONAL OU SEÇÃO DE TRÂNSITO)
AUTORIZAÇÃO PARA TRANSPORTE DE ESCOLARES Nº _____.

Considerando o disposto no art. 136 do Código de Trânsito Brasileiro e na Portaria Detran nº 1.153, de 26 de agosto de 2002, o veículo marca: _____, modelo: _____, placas: _____ está autorizado a transportar ____ crianças de até 12 anos de idade incompletos, sendo que, acima dessa idade, deve ser observada a capacidade nominal do veículo, descrita no CRLV.

É vedado o transporte de adultos e/ou adolescentes em veículo transformado, destinado exclusivamente ao transporte de crianças, observando as disposições contidas na Portaria em epígrafe.

Esta autorização deve ser afixada na parte interna do veículo, em local visível, conforme prevê o art. 137 do Código de Trânsito Brasileiro.

São Paulo, ... de .... de ....

AUTORIDADE DE TRÂNSITO

Verso

1º SEMESTRE	2º SEMESTRE	1º SEMESTRE	2º SEMESTRE
CARIMBO E ASSINATURA	CARIMBO E ASSINATURA	CARIMBO E ASSINATURA	CARIMBO E ASSINATURA
1º SEMESTRE	2º SEMESTRE	1º SEMESTRE	2º SEMESTRE
CARIMBO E ASSINATURA	CARIMBO E ASSINATURA	CARIMBO E ASSINATURA	CARIMBO E ASSINATURA
1º SEMESTRE	2º SEMESTRE	1º SEMESTRE	2º SEMESTRE
CARIMBO E ASSINATURA	CARIMBO E ASSINATURA	CARIMBO E ASSINATURA	CARIMBO E ASSINATURA

Dimensões da Autorização: 15 cm x 15 cm – frente e verso.

DECRETO 48.073, DE 8 DE SETEMBRO DE 2003 [184]

Regulamento do Serviço Rodoviário Intermunicipal de Transporte Coletivo de Estudantes, criado pela Lei nº 11.258, de 6 de novembro de 2002

Geraldo Alckmin, Governador do Estado de São Paulo, no uso de suas atribuições legais,

Decreta:

Art. 1º. Fica aprovado o Regulamento do Serviço Rodoviário Intermunicipal de Transporte Coletivo de Estudantes, criado pela Lei nº 11.258, de 6 de novembro de 2002, Anexo a este Decreto.

Art. 2º. Este Decreto entra em vigor na data de sua publicação.

Palácio dos Bandeirantes, 8 de setembro de 2003

Geraldo Alckmin

---

184. Publicado no *DOE* nº 170, de 9.9.2003.

ANEXO
A que se refere o artigo 1º do Decreto nº 48.073, de 8.9.2003

REGULAMENTO DO SERVIÇO RODOVIÁRIO INTERMUNICIPAL DE TRANSPORTE COLETIVO DE ESTUDANTES

Seção I - Das Características do Serviço

Art. 1º. O Serviço Rodoviário Intermunicipal de Transporte Coletivo de Estudantes, criado pela Lei nº 11.258, de 6 de novembro de 2002, tem por finalidade atender ao deslocamento de ida e retorno de estudantes a estabelecimentos de ensino onde estejam matriculados.

Parágrafo único. Incumbe à Agência Reguladora de Serviços Públicos Delegados de Transporte do Estado de São Paulo - ARTESP a administração, o controle e a autorização da prestação do serviço de que trata este artigo, exceto nas regiões metropolitanas.

Art. 2º. O Serviço Rodoviário Intermunicipal de Transporte Coletivo de Estudantes será realizado sob o regime de fretamento contínuo, com as seguintes características:

I - utilização de peruas ou outros veículos similares, sem taxímetro, com capacidade de 6 (seis) a 20 (vinte) lugares, excluído o condutor;

II - processamento da origem e do destino das viagens em abrigo de passageiros e, na falta deste, em agência de venda de passagens, ambos dotados de requisitos mínimos de capacidade, segurança, higiene e conforto;

III - proibição de circulação de passageiros no interior dos veículos, bem como do transporte de passageiros em pé;

IV - prestação exclusiva a estudantes, não podendo assumir caráter de serviço aberto ao público;

V - ajuste entre o prestador do serviço e os interessados, mediante contrato individual ou coletivo;

VI - proibição de cobrança de passagens, bem como de remuneração por viagens avulsas.

Parágrafo único. No caso de contratação do serviço por estabelecimento de ensino não será admitida cláusula de exclusividade de prestação ou de restrição a prestadores regularmente autorizados.

Seção II - Da Autorização

Art. 3º. O serviço poderá ser executado por pessoa física ou jurídica, obedecidas as exigências previstas neste regulamento e nas demais normas pertinentes.

Art. 4º. Para a obtenção de autorização por pessoa física, o interessado deverá apresentar junto à ARTESP, além do requerimento instruído com foto e documentos pessoais:

I – prova da plena propriedade do veículo ou documentação de aquisição mediante financiamento com alienação fiduciária, "leasing" ou arrendamento mercantil, em nome do requerente, mediante a apresentação do Certificado de Registro e Licenciamento do Veículo, com emplacamento no Estado de São Paulo para operação comercial;

II – certidão de matrícula fornecida pelo estabelecimento de ensino, em nome de cada um dos usuários, que deverá ser renovada semestralmente;

III – Carteira Nacional de Habilitação, categoria mínima "D", com exame de sanidade física e mental válido e sem restrições, se condutor;

IV – atestados, inclusive dos condutores, de:

a) antecedentes criminais;

b) residência;

c) conclusão de curso de direção defensiva, dos condutores;

d) conclusão de curso de condutor de escolares expedido pelo Departamento Estadual de Trânsito – DETRAN, dos condutores;

V – Apólice de Seguro de Responsabilidade Civil, conjugada com Acidentes Pessoais de Passageiros (APP) em favor dos passageiros, tripulantes e motorista, com as seguintes coberturas:

a) Responsabilidade Civil (Danos Materiais e Corporais) equivalente a 50.000 (cinqüenta mil) UFESP´s para veículos com capacidade até 10 (dez) passageiros;

b) Responsabilidade Civil (Danos Materiais e Corporais) equivalente a 100.000 (cem mil) UFESP´s para veículos com capacidade entre 11 (onze) a 20 (vinte) passageiros;

c) Acidentes Pessoais de Passageiros por Morte (por passageiro multiplicado pelo número de assentos), equivalente a 1.000 (mil) UFESP's;

d) Acidentes Pessoais de Passageiros por Invalidez (por passageiro multiplicado pelo número de assentos), equivalente a 1.000 (mil) UFESP's.

Art. 5º. Para a autorização de pessoa jurídica, o interessado deverá apresentar requerimento instruído com os seguintes documentos:

I – instrumento constitutivo, arquivado no órgão competente, onde conste como objeto social a exploração do transporte coletivo de passageiros;

II – relativos às pessoas físicas que constituem a sociedade: Registro Geral – R.G. e Cadastro de Pessoas Físicas – CPF.

III – prova de regularidade jurídico-fiscal, nos termos estabelecidos nos arts. 28 e 29 da Lei Federal nº 8.666, de 21 de junho 1993 e art. 27, §§ 1º e 4º, da Lei nº 6.544, de 22 de novembro de 1989;

IV – certidão de matrícula fornecida pelo estabelecimento de ensino, em nome de cada um dos usuários, que deverá ser renovada semestralmente;

V – relação dos condutores com cópia autenticada da respectiva Carteira Nacional de Habilitação, categoria mínima "D", com exame de sanidade física e mental em vigor e sem restrições;

VI – atestados de:

a) antecedentes criminais de cada sócio e motoristas prepostos;

b) residência de cada sócio e motoristas prepostos;

c) conclusão de curso de direção defensiva daqueles que forem conduzir o veículo;

d) conclusão de curso de condutor de escolares expedido pelo DETRAN daqueles que forem conduzir o veículo;

VII – relação, especificação e prova da plena propriedade de pelo menos 2 (dois) veículos ou documentação de aquisição mediante financiamento com alienação fiduciária, "leasing" ou arrendamento mercantil, em nome da empresa, mediante a apresentação do Certificado de Registro e Licenciamento do Veículo, com emplacamento no Estado de São Paulo para operação comercial;

VIII – Apólice de Seguro de Responsabilidade Civil, conjugada com Acidentes Pessoais de Passageiros (APP) em favor dos passageiros, tripulantes e motorista, com as seguintes coberturas:

a) Responsabilidade Civil (Danos Materiais e Corporais) equivalente a 50.000 (cinqüenta mil) UFESP´s para veículos com capacidade até 10 (dez) passageiros;

b) Responsabilidade Civil (Danos Materiais e Corporais) equivalente a 100.000 (cem mil) UFESP´s para veículos com capacidade entre 11 (onze) a 20 (vinte) passageiros;

c) Acidentes Pessoais de Passageiros por Morte (por passageiro multiplicado pelo número de assentos), equivalente a 1.000 (mil) UFESP's;

d) Acidentes Pessoais de Passageiros por Invalidez (por passageiro multiplicado pelo número de assentos), equivalente a 1.000 (mil) UFESP's.

Art. 6º. Atendidos os requisitos, a ARTESP emitirá certificado de registro, com validade de 12 (doze) meses, renovável por igual período, desde que assim se requeira com antecedência mínima de 2 (dois) meses da data do vencimento.

§ 1º. A ARTESP poderá instituir a cobrança de preço público referente à análise dos procedimentos relativos aos pedidos de autorização, sua renovação e vistorias.

§ 2º. A ARTESP poderá exigir outros requisitos para deferimento ou renovação da autorização.

§ 3º. Toda e qualquer alteração na estrutura jurídica da empresa, seja na denominação, participação, direção, categoria ou modalidade de serviço em que se encontre registrada, deverá ser comunicada à ARTESP no prazo de 30 (trinta) dias, para anotação e expedição de certificado atualizado.

Seção III - Dos Veículos

Art. 7º. Os veículos utilizados no serviço de que trata este decreto deverão ter, no máximo, 5 (cinco) anos contados da data de fabricação e atender à legislação, resoluções e normas técnicas vigentes, relativas à fabricação, adaptações e padronização, especialmente às do Código de Trânsito Brasileiro, Portarias do DETRAN e da ARTESP.

§ 1º. É obrigatório o uso de tacógrafo e dispositivo de leitura e a manutenção dos registros por 30 (trinta) dias para exame.

§ 2º. A ARTESP poderá determinar o padrão de pintura e de comunicação visual, respeitadas as regras supervenientes.

§ 3º. A ARTESP poderá, ainda, estabelecer exigências especiais para os veículos segundo faixa etária de estudantes e região.

§ 4º. Toda e qualquer alteração quantitativa ou qualitativa na frota de veículos e condutores deverá ser comunicada à ARTESP no prazo de 30 (trinta) dias para anotação e atualização.

Art. 8º. Os veículos deverão ser submetidos à vistoria semestral, nos termos do que vier a ser estabelecido pela ARTESP.

Seção IV - Dos Condutores

Art. 9º. Os prestadores de serviço deverão cadastrar, com antecedência, os condutores de seus veículos junto à ARTESP.

§ 1º. Os condutores deverão portar Carteira Nacional de Habilitação, categoria mínima "D", com exame de sanidade física e mental válido, sem restrições, bem como cumprir as exigências da legislação aplicável.

§ 2º. As pessoas físicas poderão requerer a inclusão de prepostos para condução de seus veículos, nas condições estabelecidas pela ARTESP.

§ 3º. O prestador de serviço somente poderá substituir o condutor mediante o prévio cadastramento deste junto à ARTESP.

Seção V - Das Penalidades

Art. 10. A inobservância dos dispositivos do presente regulamento sujeitará o infrator às penalidades previstas na Lei Federal nº 9.503, de 23 de setembro de 1997 (Código de Trânsito Brasileiro) e no Decreto nº 29.912, de 12 de maio de 1989.

Seção VI - Das Disposições Finais

Art. 11. Nenhuma viagem poderá ser realizada sem condutor cadastrado e sem que a bordo do veículo encontre-se o documento de autorização da ARTESP, prova de pagamento do Seguro de Acidentes Pessoais, a lista de estudantes transportados e a comprovação de vinculação do usuário com estabelecimento de ensino.

Art. 12. A ARTESP poderá editar normas complementares às disposições deste Regulamento e celebrar convênios para o seu fiel cumprimento".

PORTARIAS AUTORIZADORAS DE VEÍCULOS ESPECÍFICOS (MARCA E MODELO)

"PORTARIA DETRAN N° 94, DE 29 DE JANEIRO DE 2002

Autoriza a expedição de autorização a que se refere o art. 136 do CTB, aos veículos de marca Iveco modelo Dally 40.12 Maxivan – versão 23 lugares.

O Delegado de Polícia Diretor,

Considerando o disposto nos arts. 22, 98, 103, 106, 107, 117, 120, 135, 136, 139 e 329, todos do Código de Trânsito Brasileiro:

Considerando o disposto nas Resoluções n°s 25/1998, 77/1998 e 78/1998, do Conselho Nacional de Trânsito – Contran;

Considerando o disposto na Portaria n° 174/1999, deste Departamento;

Considerando, finalmente, que o veículo marca IVECO, modelo Daily 40.12 Maxiva; devidamente homologado pelo Departamento Nacional de Trânsito – Denatran, após ter sua capacidade original de fábrica aumentada de 16 para 23 lugares, destinados exclusivamente para crianças até 12 anos de idade, obteve o Certificado de Segurança Veicular – CSV n° 519201 (Protocolado Detran n° 0189678-4/2001), cumprindo assim, o que determina a Resolução Contran n° 25/1998, em seu art. 2°,

Resolve:

Art. 1°. Autorizar a expedição de "autorização" prevista no art. 136 do CTB, aos veículos da marca IVECO, modelo Daily 40.12 Maxivan, para o transporte de 23 escolares, com idade de até 12 anos, além do condutor, distribuídos na seguinte conformidade:

(a) Lado direito – 08 (oito) crianças;

(b) Lado esquerdo – 10 (dez) crianças;

(c) Fundos – 05 (cinco) crianças.

Art. 2°. O interessado em obter a referida autorização deverá observar o que dispõe a Portaria Detran n° 174/1999, apresentando, obrigatoriamente, o veículo com CRV e o CRLV devidamente atualizados, à Unidade de Vistoria da Divisão de Controle e Fiscalização de Veículos e Condutores deste Departamento, situada na Rua Joaquim Carlos, 655, Pari, São Paulo, ou, nos demais municípios, nos locais designados pelas respectivas Ciretran's, para vistoria.

Art. 3°. A autorização, cuja falta sujeitará o infrator às penalidades previstas no art. 230, inciso XX, do CTB, deverá ser afixada na parte interna do veículo, em local visível, com inscrição da lotação permitida.

Art. 4°. Esta Portaria entra em vigor na data de sua publicação."

"PORTARIA DETRAN Nº 95, DE 29 DE JANEIRO DE 2002

Autoriza a expedição de autorização a que se refere o art. 136 do CTB, aos veículos de marca Iveco, modelo Daily 40.12 Maxivan – versão 25 lugares.

O Delegado de Polícia Diretor,

Considerando o disposto nos arts. 22, 98, 103, 106, 107, 117, 120, 135, 136, 139 e 329, todos do Código de Trânsito Brasileiro;

Considerando o disposto nas Resoluções nºs 25/1998, 77/1998 e 78/1998, do Conselho Nacional de Trânsito – Contran;

Considerando o disposto na Portaria nº 174/1999, deste Departamento;

Considerando, finalmente, que o veículo marca Iveco, modelo Daily 40.12 Maxivan, devidamente homologado pelo Departamento Nacional de Trânsito – Denatran, após ter sua capacidade original de fábrica aumentada de 16 para 25 lugares, destinados exclusivamente para crianças de até 12 anos de idade, obteve o Certificado de Segurança Veicular – CSV nº 519202 (protocolado Detran nº 0189681-4/2001), cumprindo assim, o que determina a Resolução Contran nº 25/1998, em seu art. 2º, Resolve:

Art. 1º. Autorizar a expedição de "autorização", prevista no art. 136 do CTB, aos veículos da marca IVECO modelo Daily 40.12 Maxivan, para o transporte de 25 escolares, com idade de até 12 anos, além do condutor, distribuídos na seguinte conformidade:

(a) Lado direito – 10 (dez) crianças;

(b) Lado esquerdo – 10 (dez) criança;

(c) Fundos – 5 (cinco) crianças.

Art. 2º. O interessado em obter a referida autorização deverá observar o que dispõe a Portaria Detran nº 174/1999, apresentando, obrigatoriamente, o veículo com CRV e o CRLV devidamente atualizados, à Unidade de vistoria da Divisão de Controle e Fiscalização de Veículos e Condutores deste Departamento, situada na Rua Joaquim Carlos, 655, Pari, São Paulo, ou, nos demais municípios, nos locais designados pelas respectivas Ciretran's, para vistoria.

Art. 3º. A autorização, cuja falta sujeitará o infrator às penalidades previstas no art. 230, inciso XX, do CTB, deverá ser afixada na parte interna do veículo, em local visível, com inscrição da lotação permitida.

Art. 4º. Esta Portaria entra em vigor na data de sua publicação."

"PORTARIA DETRAN Nº 98, DE 31 DE JANEIRO DE 2002

Autoriza a expedição de autorização a que se refere o art. 136 do CTB, aos veículos da marca Fiat, modelo Ducato Revescap – versão 22 lugares.

O Delegado de Polícia Diretor do Departamento Estadual de Trânsito resolve:

Art. 1º. Autorizar a expedição de "autorização", prevista no art. 136, do CTB, aos veículos marca Fiat, modelo Ducato Revescap, para o transporte de 22 escolares, com idade de até 12 anos, além do condutor, distribuídos na seguinte conformidade:

(a) Primeiro banco – 2 crianças;

(b) Segundo banco – 5 crianças;

(c) Terceiro banco – 5 crianças;

(d) Quarto banco – 4 crianças; e

(e) Quinto banco – 6 crianças.

Art. 2º. O interessado em obter a referida autorização deverá observar o que dispõe a Portaria Detran nº 174/1999, apresentando obrigatoriamente o veículo com o CRV e CRLV devidamente atualizados, à Unidade de vistoria da Divisão de Controle e Fiscalização de Veículos e Condutores deste Departamento, situada na Rua Joaquim Carlos, 655, Pari, São Paulo, ou, nos demais municípios, nos locais designados pelas respectivas Ciretrans, para vistoria.

Art. 3º. A autorização, cuja falta sujeitará o infrator às penalidades previstas no art. 230, inciso XX, do CTB, deverá ser afixada na parte interna do veículo, em local visível, com inscrição da lotação permitida.

Art. 4º. Para transportar crianças acima de 12 anos de idade, o condutor deverá observar a capacidade nominal do veículo, constante do CRLV.

Art. 5º. Esta Portaria entra em vigor na data de sua publicação."

"PORTARIA DETRAN Nº 238, DE 7 DE MARÇO DE 2002

Autoriza a expedição de autorização a que se refere o art. 136 do CTB, aos veículos da marca Mercedes Benz – Marcopolo, modelo Vicino – versão 29 lugares.

O Delegado de Polícia Diretor do Departamento Estadual de Trânsito,

Considerando o disposto nos arts. 22, 98, 103, 106, 107, 117, 120, 135, 136 a 139 e 329, todos do CTB;

Considerando o disposto nas Resoluções nºs 25/1998, 77/1998 e 78/1998, do Conselho Nacional de Trânsito Contran, assim como o disposto na Portaria Detran nº 174/1999;

Considerando, finalmente, o disposto no protocolado nº 0029315-6/2002, deste Departamento, resolve:

Art. 1º. Autorizar a expedição de "autorização", prevista no art. 136, do CTB, aos veículos da marca Mercedes Benz – Marcopolo, modelo Vicino, versão 29 lugares, para o transporte exclusivo de 28 escolares, com idade de até 12 anos, além do condutor, distribuídos na seguinte conformidade:

Lado direito – 10 (dez) crianças;

Lado esquerdo – 13 (treze) crianças; e

Fundos – 5 (cinco) crianças.

Art. 2º. O interessado em obter a referida autorização deverá observar o que dispõe a Portaria Detran nº 174/1999, apresentando, obrigatoriamente, o veículo com o CRV e o CRLV, devidamente atualizados, à Unidade de vistoria da Divisão de Controle e Fiscalização de Veículos e Condutores deste Departamento, situada Rua Joaquim Carlos, 655, Pari, São Paulo, ou, nos demais municípios, nos locais designados pelas respectivas Ciretrans, para vistoria.

Art. 3º. A autorização, cuja falta sujeitará o infrator às penalidades previstas no art. 230, inciso XX, do CTB, deverá ser afixada na parte interna do veículo, em local visível, com inscrição da lotação permitida.

Art. 4º. Esta Portaria entra em vigor na data de sua publicação."

"PORTARIA DETRAN Nº 274, DE 14 DE MARÇO DE 2002

Autoriza a expedição de autorização a que se refere o art. 136 do CTB, aos veículos da marca Iveco – Marcopolo, modelo Fratello, versão 25 lugares.

O Delegado de Polícia Diretor do Departamento Estadual de Trânsito,

Considerando o disposto nos arts. 22, 98, 103, 106, 107, 117, 120, 135, 136 a 139 e 329, todos do Código de Trânsito Brasileiro;

Considerando o disposto nas Resoluções nºs 25/1998, 77/1998 e 78/1998, do Conselho Nacional de Trânsito – Contran;

Considerando o disposto na Portaria Detran nº 174/1999;

Considerando, finalmente, o disposto no Protocolado 0032248-2/2002, deste Departamento, resolve:

Art. 1º. Autorizar a expedição de autorização, prevista no art. 136, do CTB, aos veículos da marca Iveco – Marcopolo, modelo Fratello, versão 25 lugares, para o transporte exclusivo de 24 escolares, com idade de até 12 anos, além do condutor, distribuídos na seguinte conformidade:

(a) Lado direito – 8 crianças;

(b) Lado esquerdo – 11 crianças; e

(c) Fundos – 5 crianças.

Art. 2º. O interessado em obter a referida autorização deverá observar o que dispõe a Portaria Detran nº 174/1999, apresentando, obrigatoriamente, o veículo com o CRV e o CRLV, devidamente atualizados, à Unidade de vistoria da Divisão de Controle e Fiscalização de Veículos e Condutores deste Departamento, situada na Rua Joaquim Carlos, 655, Pari, São Paulo, ou, nos demais municípios, nos locais designados pelas respectivas Ciretrans, para vistoria.

Art. 3º. Aa autorização, cuja falta sujeitará o infrator às penalidades previstas no art. 230, inciso XX, do CTB, deverá ser afixada na parte interna do veículo, em local visível, com inscrição da lotação permitida;

Art. 4º. Esta Portaria entra em vigor na data de sua publicação."

ART. 230

"PORTARIA DETRAN Nº 503, DE 25 DE ABRIL DE 2002

Autoriza a expedição de autorização a que se refere o art. 136 do CTB, aos veículos da marca Fiat, modelo Ducato 2.8, versão 26 lugares.

O Delegado de Polícia Diretor,

Considerando o disposto nos arts. 22, 98, 103, 106, 107, 117, 120, 135, 136 a 139 e 329, todos do Código de Trânsito Brasileiro;

Considerando o disposto nas Resoluções nºs 25/1998, 77/1998 e 78/1998, do Conselho Nacional de Trânsito – Contran;

Considerando o disposto na Portaria Detran nº 174/1999; e

Considerando, finalmente, o disposto no protocolado nº 0052718-1/2002, deste Departamento, Resolve:

Art. 1º. Autorizar a expedição de "autorização", prevista no art. 136, do CTB, aos veículos da marca Fiat, modelo Ducato 2.8, versão 26 lugares, transformado pela Refam Comércio e Indústria Ltda., para o transporte exclusivo de 25 escolares, com até 12 anos de idade, além do condutor, distribuídos na seguinte conformidade:

(a) Primeiro assento – 03 (três) crianças;

(b) Segundo assento – 06 (seis) crianças;

(c) Terceiro assento – 05 (cinco) crianças;

(d) Quarto assento – 05 (cinco) crianças; e

(e) Quinto assento – 06 (seis) crianças.

Art. 2º. O interessado em obter a referida autorização deverá observar o que dispõe a Portaria Detran nº 174/1999, apresentando, obrigatoriamente, o veículo com o CRV e o CRLV, devidamente atualizados, à Unidade de vistoria da Divisão de Controle e Fiscalização de Veículos e Condutores deste Departamento, situada na Rua Joaquim Carlos, 655, Pari, São Paulo, ou, nos demais municípios, nos locais designados pelas respectivas Ciretrans, para vistoria.

Art. 3º. A autorização, cuja falta sujeitará o infrator às penalidades previstas no art. 230, inciso XX, do CTB, deverá ser afixada na parte interna do veículo, em local visível, com inscrição da lotação permitida.

Art. 4º. Esta Portaria entra em vigor na data de sua publicação."

"PORTARIA DETRAN Nº 943, DE 16 DE JULHO DE 2002

Autoriza a expedição de autorização a que se refere o art. 136 do CTB, aos veículos da marca Fiat, modelo Ducato, versões Vetrato, Combinato e Minibus.

O Delegado de Polícia Diretor,

Considerando o disposto nos arts. 22, 98, 103, 106, 107, 117, 120, 135, 136 a 139 e 329, todos do Código de Trânsito Brasileiro;

Considerando o disposto nas Resoluções 25/1998, 77/1998 e 78/1998, do Conselho Nacional de Trânsito – Contran;

Considerando o disposto na Portaria Detran nº 174/1999; e

Considerando, finalmente, que a empresa Fabusforma do Brasil Ltda., obteve por intermédio do Departamento Nacional de Trânsito – CAT 20/2002 e 21/20, destinados à transformação de veículos a serem utilizados no transporte de escolares, conforme documentos apensos aos Protocolados 65414-0/2002 e 77978-4/2002, deste departamento, resolve:

Art. 1º. Autorizar a expedição de "autorização", prevista no art. 136, do CTB, aos veículos da marca Fiat, modelo Ducato, versões Vetrato, teto alto e teto baixo, Combinato e Minibus, transformados pela Fabusforma do Brasil Ltda, para o transporte exclusivo de 25 escolares, com até 12 anos de idade, além do condutor, distribuídos na seguinte conformidade;

(a) Primeiro assento – 3 crianças;

(b) Segundo assento – 6 crianças;

(c) Terceiro assento – 5 crianças;

(d) Quarto assento – 5 crianças; e

(e) Quinto assento – 6 crianças.

Art. 2º. O interessado em obter a referida autorização deverá observar o que dispõe a Portaria Detran nº 174/1999, apresentando, obrigatoriamente, o veículo com o CRV e o CRLV, devidamente atualizados, à Unidade de vistoria da Divisão de Controle e Fiscalização de Veículos e Condutores deste Departamento, situada na Rua Joaquim Carlos, 655, Parí, São Paulo, ou, nos demais municípios, nos locais designados pelas respectivas Ciretrans, para vistoria.

Art. 3º. A autorização cuja falta sujeitará o infrator às penalidades previstas no art. 230, inciso XX, do CTB, deverá ser afixada na parte interna do veículo, em local visível, com inscrição da lotação permitida.

Art. 4º. Esta Portaria entra em vigor na data de sua publicação."

"PORTARIA DETRAN Nº 944, DE 16 DE JULHO DE 2002

Autoriza a expedição a que se refere o art. 136 do CTB, aos veículos da marca Peugeot, modelo Boxer.

O Delegado de Policia Diretor,

Considerando o disposto nos arts. 22, 98 103, 106, 107, 117, 120, 135, 136 e 329 todos os Código de Transito Brasileiro;

Considerando o disposto nas Resoluções nºs 25/1998, 77/1998 e 78/1998, do Conselho Nacional de Trânsito – Contran;

Considerando o disposto na Portaria Detran nº 174/1999; e

Considerando, finalmente, o disposto nos Protocolados 70608-6/2002 e 77978-4/2002, deste departamento, resolve:

Art. 1º. Autoriza a expedição de "autorização", prevista no art. 136 do CTB, aos veículos da marca Peugeot, modelo Boxer, transformados pela Fabusforma do

Brasil Ltda., para o transporte exclusivo de 25 escolares, com até 12 anos de idade, além do condutor, distribuídos na seguinte conformidade:

(a) Primeiro assento – 3 crianças;

(b) Segundo assento – 6 crianças;

(c) Terceiro assento – 5 crianças;

(d) Quarto assento – 5 crianças; e

(e) Quinto assento – 6 crianças.

Art. 2º. O interessado em obter a referida autorização deverá observar o que dispõe a Portaria Detran nº 174/1999, apresentando, obrigatoriamente, o veículo com o CRV e o CRLV, devidamente atualizados, à unidade de vistoria da Divisão de Controle e Fiscalização de Veículos e Condutores deste departamento, situada na Rua Joaquim Carlos, 655, Pari, São Paulo, ou, nos demais municípios, nos locais designados pelas respectivas Ciretrans, para vistoria.

Art. 3º. A autorização, cuja falta sujeitará o infrator às penalidades previstas no art. 230, inciso XX do CTB, deverá ser afixada na parte interna do veículo em local visível, com inscrição da lotação permitida.

Art. 4º. Esta Portaria entra em vigor na data de sua publicação."

"PORTARIA DETRAN Nº 959, DE 17 DE JULHO DE 2002

Autoriza a expedição de autorização a que se refere o art. 136 do CTB, aos veículos da marca Marcopolo, modelo Volare.

O Delegado de policia Diretor,

Considerando o disposto nos arts. 22, 98, 103, 106, 107, 117, 120, 135, 136 a 139 e 329, todos do Código de Transito Brasileiro;

Considerando o disposto nas Resoluções nºs 25/1998, 77/1998 e 78/1998, do Conselho Nacional de Trânsito – Contran;

Considerando o disposto na Portaria Detran nº 174/1999; e

Considerando, finalmente, o disposto no Protocolado 83017-8/2002, deste departamento, resolve:

Art. 1º. Autorizar a expedição de 'autorização' prevista no art. 136, do CTB, aos veículos da marca Marcopolo, modelo Volare, para o transporte exclusivo de 29 escolares, com até 12 anos de idade, além do condutor, distribuídos na seguinte conformidade:

(a) Lado direito – 9 crianças;

(b) Lado esquerdo – 15 crianças; e

(c) Fundos – 5 crianças.

Art. 2º. O interessado em obter a referida autorização deverá observar o que dispõe a Portaria Detran nº 174/1999, apresentando, obrigatoriamente, o veículo com o CRV e o CRLV, devidamente atualizados, a unidade de vistoria da Divisão de Controle e Fiscalização de Veículos e condutores deste departamento, situada na Rua Joaquim Carlos, 655, Pari, São Paulo, ou, nos demais municípios, nos locais designados pelas respectivas Ciretrans, para vistoria.

Art. 3º. A autorização, cuja falta sujeitará o infrator às penalidades previstas no art. 230, inciso XX, do CTB, deverá ser afixada na parte interna do veículo, em local visível com inscrição da lotação permitida.

Art. 4º. Esta Portaria entra em vigor na data de sua publicação."

"PORTARIA DETRAN Nº 981, DE 26 DE JULHO DE 2002

Autoriza a expedição de autorização a que se refere o art. 136 do CTB, aos veículos da marca Fiat, modelo Ducato, versões Vetrato e Combinato.

O Delegado de Polícia Diretor,

Considerando o disposto nos arts. 22, 98, 103, 106, 107, 117, 120, 135, 136 a 139 e 329, todos do Código de Trânsito Brasileiro;

Considerando o disposto na Portaria Detran nº 174/1999; e

Considerando, finalmente, o disposto no Protocolado nº 0092534-9/2002, deste Departamento, resolve:

Art. 1º. Autorizar a expedição de "autorização" prevista no art. 136, do CTB, aos veículos da marca Fiat, modelo Ducato, versões Vetrato e Combinato, transformados pela empresa Nik's Revestimentos e Transformações para Utilitários Ltda., para o transporte exclusivo de 24 escolares com até 12 anos de idade, além do condutor, distribuídos na seguinte conformidade;

(a) Primeiro assento – 3 crianças;

(b) Segundo assento – 6 crianças;

(c) Terceiro assento – 5 crianças;

(d) quarto assento – 4 crianças; e

(e) quinto assento – 6 crianças.

Art. 2º. O interessado em obter a referida autorização deverá observar o que dispõe a Portaria Detran nº 174/1999, apresentando, obrigatoriamente, o veículo com o CRV e o CRLV, devidamente atualizados, à Unidade de Vistoria da Divisão de Controle e Fiscalização de Veículos e Condutores deste Departamento, situada na Rua Joaquim Carlos, 655, Pari, São Paulo, ou, nos demais municípios, nos locais designados pelas respectivas Ciretrans, para vistoria.

Art. 3º. A autorização, cuja falta sujeitará o infrator às penalidades previstas no art. 230, inciso XX, do CTB, deverá ser afixada na parte interna do veículo, em local visível, com inscrição da lotação permitida.

Art. 4º. Esta Portaria entra em vigor na data de sua publicação."

"PORTARIA DETRAN Nº 1.101, DE 14 DE AGOSTO DE 2002

Autoriza à expedição de autorização a que se refere o art. 136 do CTB, aos veículos da marca Fiat, modelo Ducato, versão Vetrato.

O Delegado de Polícia Diretor do Departamento Estadual de Trânsito, Considerando o disposto nos arts. 22, 98, 103, 106, 107, 117, 120, 135, 136 a 139 e 329, todos do Código de Trânsito Brasileiro;

Considerando o disposto nas Resoluções Contran nºs 25/1998, 77/1998 e 78/1998;

Considerando o contido na Portaria Detran nº 174/1999; e

Considerando, finalmente, o disposto no Protocolo Detran nº 127831-2/2002, resolve:

Art. 1º. Autorizar a expedição de "autorização", prevista no art. 136 do CTB, aos veículos da marca Fiat, modelo Ducato, versão Vetrato, transformados pela empresa Nik's Revestimentos e Transformações para Autos Utilitários Ltda., para o transporte exclusivo de 25 escolares, com até 12 anos de idade, além do condutor, distribuídos na seguinte conformidade:

(a) Primeiro assento – 03 (três) crianças;

(b) Segundo assento – 06 (seis) crianças;

(c) Terceiro assento – 05 (cinco) crianças;

(d) Quarto assento – 05 (cinco) crianças; e

(e) Quinto assento – 06 (seis) crianças.

Art. 2º. O interessado em obter a referida autorização deverá observar o que dispõe a Portaria Detran nº 174/1999, apresentando, obrigatoriamente, o veículo com o CRV e o CRLV, devidamente atualizados, à Unidade de Vistoria da Divisão de Controle e Fiscalização de Veículos e Condutores deste Departamento, situada à rua Joaquim Carlos, 655, Pari, São Paulo, ou, nos demais municípios, nos locais designados pelas respectivas Ciretrans, para vistoria.

Art. 3º. A autorização, cuja falta sujeitará o infrator às penalidades previstas no art. 230, inciso XX, do CTB, deverá ser afixada na parte interna do veículo, em local visível, com inscrição da lotação permitida.

Art. 4º. Esta Portaria entra em vigor na data de sua publicação".

"PORTARIA DETRAN Nº 1.102, DE 14 DE AGOSTO DE 2002

Autoriza a expedição de autorização a que se refere o art. 136 do CTB, aos veículos da marca Fiat, modelo Ducato, versão Combinato.

O Delegado de Polícia Diretor do Departamento Estadual de Trânsito,

Considerando o disposto nos arts. 22, 98, 103, 106, 107, 117, 120, 135, 136 a 139 e 329, todos do Código de Trânsito Brasileiro;

Considerando o disposto nas Resoluções Contran nºs 25/1998, 77/1998 e 78/1998;

Considerando o contido na Portaria Detran nº 174/1999; e

Considerando, finalmente, o disposto no Protocolo Detran nº 127831-2/2002, resolve:

Art. 1º. Autorizar a expedição de "autorização", prevista no art. 136 do CTB, aos veículos da marca Fiat, modelo Ducato, versão Combinato, transformados pela empresa Nik's Revestimentos e Tranformações para Autos Utilitários Ltda., para o transporte exclusivo de 25 escolares com até 12 anos de idade, além do condutor, distribuídos na seguinte conformidade:

(a) Primeiro assento – 03 (três) crianças;

(b) Segundo assento – 06 (seis) crianças;

(c) Terceiro assento – 05 (cinco) crianças;

(d) Quarto assento – 05 (cinco) crianças; e

(e) Quinto assento – 06 (seis) crianças.

Art. 2º. O interessado em obter a referida autorização deverá observar o que dispõe a Portaria Detran nº 174/1999, apresentando, obrigatoriamente, o veículo com o CRV e o CRLV, devidamente atualizados, à Unidade de Vistoria da Divisão de Controle e Fiscalização de Veículos e Condutores deste Departamento, situada à Rua Joaquim Carlos, 655, Pari, São Paulo, ou, nos demais municípios, nos locais designados pelas respectivas Ciretrans, para vistoria.

Art. 3º. A autorização, cuja falta sujeitará o infrator às penalidades previstas no art. 230, inciso XX, do CTB, deverá ser afixada na parte interna do veículo, em local visível, com inscrição da lotação permitida.

Art. 4º. Esta Portaria entra em vigor na data de sua publicação."

"PORTARIA DETRAN Nº 1.136, DE 20 DE AGOSTO DE 2002

Autoriza a expedição de autorização a que se refere o art. 136 do CTB, ao veículo marca Mercedes Benz, modelo L0812.

O Delegado de Polícia Diretor,

Considerando o disposto nos arts. 22, 98, 103, 106, 107, 117, 120, 135, 136 a 139 e 329, todos do Código de Trânsito Brasileiro;

Considerando, o disposto nas Resoluções Contran nºs 25/1998, 77/1998 e 78/1998 e na Portaria Detran nº 174/1999; e

Considerando, finalmente o disposto no Protocolo Detran nº 116944-0/2002, resolve:

Art. 1º. Autorizar a expedição de "autorização", prevista no art. 136 do CTB, ao veículo marca Mercedes Benz, modelo L0812, placas IHI-5002, chassi nº 9BM688177MB910226, registrado nesta capital, de propriedade da empresa Clone Transportes de Escolares Ltda., para transporte exclusivo de 31 escolares, com até 12 anos de idade, além do condutor, distribuídos na seguinte conformidade:

(a) Lado direito: 10 (dez) crianças;

(b) Lado esquerdo: 15 (quinze) crianças;

(c) Fundos: 6 (seis) crianças.

Art. 2º. O interessado em obter a referida autorização deverá observar o que dispõe a Portaria Detran nº 174/1999, apresentando, obrigatoriamente, o veículo com o CRV e o CRLV, devidamente atualizados, à Unidade de vistoria da Divisão de Controle e Fiscalização de Veículos e Condutores deste Departamento, situada na Rua Joaquim Carlos, 655, Pari, São Paulo, ou, nos demais municípios, nos locais designados pelas respectivas Ciretrans, para vistoria.

Art. 3º. A autorização, cuja falta sujeitará o infrator às penalidades previstas no art. 230, inciso XX, do CTB, deverá ser afixada na parte interna do veículo, em local visível, com inscrição da lotação permitida.

Art. 4º. Esta Portaria entra em vigor na data de sua publicação."

"PORTARIA DETRAN Nº 122, DE 27 DE JANEIRO DE 2003

Autoriza a expedição de autorização a que se refere o art. 136 do CTB, ao veículo marca Fiat, modelos Ducato Vetrato (Multi) e Combinato.

O Delegado de Polícia Diretor do Departamento Estadual de Trânsito,

Considerando o disposto nos arts. 22, 98, 103, 106, 107, 117, 120, 135, 136 a 139 e 329, todos do CTB;

Considerando o disposto nas Resoluções nºs 25/1998, 77/1998 e 78/1998, do Conselho Nacional de Trânsito – Contran, assim como as regras especificadas na Portaria Detran nº 1.153, de 2002;

Considerando, finalmente, o disposto no Protocolo Detran 188803-0/2002, resolve:

Art. 1º. Autorizar a expedição de "autorização", prevista no art. 136, do CTB, aos veículos da marca Fiat, modelos Ducato Vetrato (Multi) e Combinato, transformados pela Refam Comércio e Indústria Ltda. para o transporte exclusivo de até 25 escolares, com até 12 anos de idade, além do condutor, observados os incisos IX e X, do art. 3º, da Portaria Detran nº 1.153, de 2002.

Art. 2º. O interessado em obter a referida autorização deverá apresentar o veículo com o CRV e o CRLV, devidamente atualizados, à Unidade de vistoria da Divisão de Controle e Fiscalização de Veículos e Condutores deste Departamento, situada na Rua Joaquim Carlos, 655, Pari, São Paulo, ou, nos demais municípios, nos locais designados pelas respectivas Ciretrans, para vistoria.

Art. 3º. A autorização, cuja falta sujeitará o infrator às penalidades previstas no art. 230, inciso XX, do C.T.B., deverá ser afixada na parte interna do veículo, em local visível, com inscrição da lotação permitida.

Art. 4º. Esta Portaria entra em vigor na data de sua publicação."

"PORTARIA DETRAN Nº 171, DE 14 DE FEVEREIRO DE 2003

Autoriza a expedição de autorização a que se refere o art. 136 do CTB, aos veículos da marca Iveco, modelo 4912 Neobus Thunder Boy.

O Delegado de Polícia Diretor do Departamento Estadual de Trânsito,

Considerando o disposto nos arts. 22, 98, 103, 106, 107, 117, 120, 135 a 139 e 329, todos do CTB;

Considerando o disposto nas Resoluções nºs 25/1998, 77/1998 e 78/1998, do Conselho Nacional de Trânsito – Contran, assim como as regras especificadas na Portaria Detran nº 1.153, de 2002; e

Considerando finalmente, o disposto no Protocolo Detran 158896-6/2002, resolve:

Art. 1º. Autorizar a expedição de "autorização", prevista no art. 136, do CTB, aos veículos da marca Iveco, modelo 4912 Neobus Thunder Boy, transformados pela San Marino Ônibus e Implementos Ltda., para o transporte exclusivo de até 31 escolares, com até 12 anos de idade incompletos, além do condutor, observados os incisos IX e X do art. 3º, da Portaria Detran nº 1.153, de 2002.

Art. 2º. O interessado em obter a referida autorização deverá apresentar o veículo com o CRV e o CRLV, devidamente atualizados, à Unidade de vistoria da Divisão de Controle e Fiscalização de Veículos e Condutores deste Departamento, situada na Rua Joaquim Carlos, 655, Pari, São Paulo, ou, nos demais municípios, nos locais designados pelas respectivas Ciretrans, para vistoria.

Art. 3º. A autorização, cuja falta sujeitará o infrator às penalidades previstas no art. 230, inciso XX, do CTB, deverá ser afixada na parte interna do veículo, em local visível, com inscrição da lotação permitida.

Art. 4º. Esta Portaria entrará em vigor na data de sua publicação."

"PORTARIA DETRAN Nº 172, DE 14 DE FEVEREIRO DE 2003

Autoriza a expedição de autorização a que se refere o art. 136 do CTB, aos veículos da marca VW modelo 8150 Neobus Thunder Boy.

O Delegado de Polícia Diretor do Departamento Estadual de Trânsito,

Considerando o disposto nos arts. 22, 98, 103, 106, 107, 117, 120, 135 a 139 e 329, todos do CTB;

Considerando o disposto nas Resoluções nºs 25/1998, 77/1998 e 78/1998, do Conselho Nacional de Trânsito – Contran, assim como as regras especificadas na Portaria Detran nº 1.153, de 2002; e

Considerando, finalmente, o disposto no Protocolo Detran nº 148027-8/2002, resolve:

Art. 1º. Autorizar a expedição de "autorização", prevista no art. 136, do CTB, aos veículos da marca Volkswagen, modelo 8150 Neobus Thunder Boy, transformados pela empresa San Marino Ônibus e Implementos Ltda, para o transporte exclusivo de até 36 escolares, com até 12 anos de idade incompletos, além do condutor, observados os incisos IX e X do art. 3º, da Portaria Detran nº 1.153, de 2002.

Art. 2º. O interessado em obter a referida autorização deverá apresentar o veículo com o CRV e CRLV, devidamente atualizados, à Unidade de Vistoria da Divisão de

ART. 230

Departamento, situada na Rua Joaquim Carlos, 655, Pari, São Paulo, ou, nos demais municípios, nos locais designados pelas respectivas Ciretrans, para vistoria.

Art. 3º. A autorização, cuja falta sujeitará o infrator às penalidades previstas no art. 230, inciso XX, do CTB, visível, com inscrição da lotação permitida.

Art. 4º. Esta Portaria entrará em vigor na data de sua publicação."

"PORTARIA DETRAN Nº 173, DE 14 DE FEVEREIRO DE 2003

Autoriza a expedição de autorização a que se refere o art. 136 do CTB, aos veículos da marca Fiat Ducato, modelos Vetrato (Multi), Combinato e Minibus.

O Delegado de Polícia Diretor do Departamento Estadual de Trânsito,

Considerando o disposto nos arts. 22, 98, 103, 106, 107, 117, 120, 135 a 139 e 329, todos do CTB;

Considerando o disposto nas Resoluções nºs 25/1998, 77/1998 e 78/1998, do Conselho Nacional de Trânsito – Contran, assim como as regras especificadas na Portaria Detran nº 1.153, de 2002; e

Considerando, finalmente, o disposto no Protocolo Detran nº 178463-3/2002, resolve:

Art. 1º. Autorizar a expedição de "autorização", prevista no art. 136, do CTB, aos veículos da marca Fiat Ducato, modelos Vetrato (multi), Combinato e Minibus, transformados pela Revescap Indústria e Comércio de Produtos, Serviços e Adaptações para Veículos Ltda., para o transporte exclusivo de até 24 escolares, com até 12 anos de idade incompletos, além do condutor, observados os incisos IX e X do art. 3º, da Portaria Detran nº 1.153, de 2002.

Art. 2º. O interessado em obter a referida autorização deverá apresentar o veículo com o CRV e CRLV, devidamente atualizados, à Unidade de Vistoria da Divisão de Departamento, situada na Rua Joaquim Carlos, 655, Pari, São Paulo, ou, nos demais municípios, nos locais designados pelas respectivas Ciretrans, para vistoria.

Art. 3º. A autorização, cuja falta sujeitará o infrator às penalidades previstas no art. 230, inciso XX, do CTB, visível, com inscrição da lotação permitida.

Art. 4º. Esta Portaria entrará em vigor na data de sua publicação."

"PORTARIA DETRAN Nº 174, DE 14 DE FEVEREIRO DE 2003

Autoriza a expedição de autorização a que se refere o art. 136 do CTB, aos veículos da marca Marcopolo, modelo Volare A5 Eson.

O Delegado de Polícia Diretor do Departamento Estadual de Trânsito,

Considerando o disposto nos arts. 22, 98, 103, 106, 107, 117, 120, 135 a 139 e 329, todos do CTB;

Considerando o disposto nas Resoluções nºs 25/1998, 77/1998 e 78/1998, do Conselho Nacional de Trânsito – Contran, assim como as regras especificadas na Portaria Detran nº 1.153, de 2002; e

Considerando, finalmente, o disposto no Protocolo Detran nº 148549-0/2002, resolve:

Art. 1º. Autorizar a expedição de "autorização", prevista no art. 136, do CTB, aos veículos da marca Marcopolo, modelo Volare A5 Eson, encarroçados pela própria Marcopolo S.A., para o transporte exclusivo de até 25 escolares, com até 12 anos de idade incompletos, além do condutor, observados os incisos IX e X do art. 3º, da Portaria Detran nº 1.153, de 2002.

Art. 2º. O interessado em obter a referida autorização deverá apresentar o veículo com o CRV e CRLV, devidamente atualizados, à Unidade de Vistoria da Divisão de Departamento, situada na Rua Joaquim Carlos, 655, Pari, São Paulo, ou, nos demais municípios, nos locais designados pelas respectivas Ciretrans, para vistoria.

Art. 3º. A autorização, cuja falta sujeitará o infrator às penalidades previstas no art. 230, inciso XX, do CTB, visível, com inscrição da lotação permitida.

Art. 4º. Esta Portaria entrará em vigor na data de sua publicação."

"PORTARIA DETRAN Nº 241, DE 25 DE FEVEREIRO DE 2003

Autoriza a expedição de autorização a que se refere o art. 136 do CTB, aos veículos da marca Mercedes Benz, modelos Sprinter 310 e 312.

O Delegado de Polícia Diretor do Departamento Estadual de Trânsito,

Considerando o disposto nos arts. 22, 98, 103, 106, 107, 117, 120, 135 a 139 e 329, todos do CTB;

Considerando o disposto nas Resoluções nºs 25/1998, 77/1998 e 78/1998, do Conselho Nacional de Trânsito – Contran, assim como as regras especificadas na Portaria Detran nº 1.153, de 2002; e

Considerando, finalmente, o disposto no Protocolo Detran nº 194685-4/2002, Resolve:

Art. 1º. Autorizar a expedição de "autorização", prevista no art. 136, do CTB, aos veículos da marca Mercedes Benz, modelos Sprinter 310 e 312, transformados pela Fabusforma do Brasil Ltda, para o transporte exclusivo de até 25 escolares, com até 12 anos de idade incompletos, além do condutor, observados os incisos IX e X do art. 3º, da Portaria Detran nº 1.153, de 2002.

Art. 2º. O interessado em obter a referida autorização deverá apresentar o veículo com o CRV e o CRLV, devidamente atualizados, à Unidade de vistoria da Divisão de Controle e Fiscalização de Veículos e Condutores deste Departamento, situada na Rua Joaquim Carlos, 655, Pari, São Paulo, ou, nos demais municípios, nos locais designados pelas respectivas Ciretrans, para vistoria.

Art. 3º. A autorização, cuja falta sujeitará o infrator às penalidades previstas no art. 230, inciso XX, do CTB, deverá ser afixada na parte interna do veículo, em local visível, com inscrição da lotação permitida.

Art. 4º. Esta Portaria entrará em vigor na data de sua publicação."

167

> **Art. 230.** Conduzir o veículo:
> **XXI –** de carga, com falta de inscrição da tara e demais inscrições previstas neste Código:
> - **Amparo Legal** – art. 230, XXI – CTB.
> - **Infração** – Média.
> - **Número de pontos** – 4 (quatro).
> - **Penalidade** – Multa.
> - **Valor da Multa** – R$ 85,13 – Resolução Contran nº 136/2002.
> - **Código da Infração** – 675-0 – Denatran/Detran – Resolução Contran nº 66/1998 (Corresponde ao art. 230, XXI – CTB).
> - **Competência** – Estado – Resolução Contran nº 66/1998.

O dispositivo do art. 230, XXI, tem conexão com o art. 117 do Código, que estabelece aos veículos de transporte de carga e os coletivos de passageiros deverão conter, em local facilmente visível, a inscrição indicativa de sua tara, do peso bruto total (PBT), do peso bruto total combinado (PBTC) ou capacidade máxima de tração (CMT) e de sua lotação, vedado o uso em desacordo com sua classificação.

A Resolução Contran nº 49/1998, disciplina a inscrição de dados técnicos em veículos de carga e de transporte coletivo de passageiros, de acordo com os arts. 117, 230, XXI e 231, X, do Código.

Os veículos de carga e os de transporte coletivo de passageiros, produzidos a partir de 1º de setembro de 1998, deverão ter indicação de tara, lotação, peso bruto total e capacidade máxima de tração registrados conforme anexo da Resolução Contran nº 49/1998.

Quanto aos veículos de carga e os de transporte coletivo licenciados até 31.8.1998, deverão ter suas informações técnicas registradas na forma da legislação vigente até esta data (22.5.1998).

Importa destacar as seguintes definições:

Tara: Peso próprio do veículo, acrescido dos pesos da carroçaria e equipamento, do combustível, das ferramentas e acessórios, da roda sobressalente, do extintor de incêndio e de fluído de arrefecimento, expresso em quilogramas (Anexo I do CTB e Resolução Contran nº 49/1998, item 3.1).

Lotação: Carga útil máxima, incluindo condutor e passageiros, que o veículo transporta, expressa em quilogramas para os veículos de carga, ou número de pessoas, para os veículos de passageiros (Anexo I do CTB e Resolução Contran nº 49/1998, item 3.2).

Peso Bruto Total (PBT): O peso máximo que o veículo pode transmitir ao pavimento, constituído de soma da tara mais a lotação (Anexo I do CTB e Resolução Contran nº 49/1998, item 3.3).

Capacidade máxima de tração (CMT): Máximo peso que a unidade de tração é capaz de tracionar, indicado pelo fabricante, baseado em condições sobre suas limitações de geração e multiplicação de momento de força e resistência dos elementos que compõem a transmissão (Anexo I do CTB e Resolução Contran nº 49/1998, item 3.4).

A Resolução Contran nº 49/1998, revogou as Resoluções Contran nºs 562/1980, 572/1981 e 583/1981.

O objetivo da Resolução nº 49/1998, segundo seu anexo, é estabelecer requisitos para inscrição indicativa e obrigatória da tara, da lotação do peso bruto total e do peso bruto total combinado e capacidade máxima de tração. Aplica-se a veículos de transporte de carga e transporte coletivo de passageiros. O fabricante de caminhão e do caminhão-trator fará constar, além das indicações da tara, da lotação e do peso bruto total, o peso bruto total com terceiro eixo ou capacidade máxima de tração, sempre e somente nos casos em que o veículo puder ser dotado de terceiro eixo e reboque ou semi-reboque.

As indicações nos veículos automotores de carga, produzidos a partir de 1º.9.1998, será inscrita ou afixada em um dos seguintes locais abaixo nominados, assegurando-se a facilidade de visualização:

1) na coluna de qualquer porta, junto às dobradiças, ou no lado da fechadura;

2) na borda de qualquer porta;

3) na parte inferior do assento, voltada para a porta;

4) na superfície interna de qualquer porta;

5) no painel de instrumentos.

Nos veículos destinados ao transporte coletivo de passageiros, a indicação deverá ser afixada na parte frontal interna acima do pára-brisa ou na parte superior da divisória da cabina de comando do lado do condutor. Na impossibilidade técnica ou ausência de local para fixação, poderá ser utilizados os mesmos locais previstos para os veículos de carga.

Nos reboques e semi-reboques, a indicação deverá ser afixada na parte externa da carroceria na lateral dianteira.

As determinações acima transcritas, tem aplicabilidade a partir de 1º.9.1998 (Resolução nº 49/1998), anteriormente a data citada, isto é, os veículos licenciados até 31.8.1998, aplicam-se as normas da Resolução nº 562/1980 e posteriores alterações (Resoluções Contran nºs 572/1981 e 583/1981).

A responsabilidade pela inscrição e conteúdo das informações técnicas será do fabricante quando tratar-se de veículos acabados ou inacabados, ou ainda do fabricante da carroceria ou de outros implementos, isto é, para a lotação, em caráter complementar ao lançado pelo fabricante do veículos, ou do responsável pelas modificações, quando se tratar de veículo já licenciado que tiver sua estrutura alterada: Indicação de tara, lotação, peso bruto total e capacidade máxima de tração.

168

> **Art. 230.** Conduzir o veículo:
> **XXII –** com defeito no sistema de iluminação, de sinalização ou com lâmpadas queimadas:
> - **Amparo Legal** – art. 230 XXII – CTB.
> - **Infração** – Média.
> - **Número de pontos** – 4 (quatro).
> - **Penalidade** – Multa.
> - **Valor da Multa** – R$ 85,13 – Resolução Contran nº 136/2002.
> - **Medida Administrativa** – Não há previsão.
> - **Código da Infração** – 676-9 – Denatran/Detran – Resolução Contran nº 66/1998 (Corresponde ao art. 230, XXII – CTB).
> - **Competência** – Estado – Resolução Contran nº 66/1998.

Não se pode confundir a proibição prevista anteriormente no inciso XIII do art. 230 (conduzir o veículo com equipamento do sistema de iluminação e de sinalização alterados) e a prevista no inciso XXII do art. 230 (conduzir o veículo com defeito no sistema de iluminação de sinalização ou com as lâmpadas queimadas). No inciso XIII do art. 230, o veículo está com os equipamentos, entretanto, em desacordo com as especificações do Contran, mormente contrariando a Resolução Contran nº 680/1987, alterada pela Resolução nº 692/1988. Há o equipamento, mas está alterado. Tratando-se do inciso XXII do art. 230, também o veículo possui os equipamentos, mas neste caso, o equipamento em questão está com defeito. Exemplo: farol desregulado, focando de lado ou para cima.

Também haverá a infração prevista no inciso XXII do art. 230, quando o veículo estiver transitando com lâmpada queimada. Importa destacar que apenas uma lâmpada queimada é suficiente para a caracterização da infração, e havendo outras, deve ser aplicada apenas uma infração, não sendo cumulativa a conduta, entretanto, o agente fiscalizador de trânsito deverá consignar no campo de observação do auto de infração quais as lâmpadas que estavam queimadas por ocasião da fiscalização/constatação.

169

> **Art. 231.** Transitar com o veículo:
> **I –** danificando a via, suas instalações e equipamentos:
> - **Amparo Legal** – art. 231, I – CTB.
> - **Infração** – gravíssima.

- **Número de pontos** – 7 (sete).
- **Penalidade** – Multa.
- **Valor da Multa** – R$ 191,54 – Resolução Contran nº 136/2002.
- **Medida Administrativa** – Retenção do veículo para regularização.
- **Código da Infração** – 677-7 – Denatran/Detran – Resolução Contran nº 66/1998 (Corresponde ao art. 231, I CTB.
- **Competência** – Município – Resolução Contran nº 66/1998.

O preceito visa conservar o bem público, isto é, as vias públicas. Eventual dano na via, suas instalações e equipamentos, podem decorrer de ação culposa ou dolosa, por isso, dependendo do dano, além das providências administrativas, o agente fiscalizador ou o órgão público responsável pela via (órgãos municipais, estaduais e federais) deverão comunicar o fato a autoridade policial para deliberação desta e conseqüentemente o registro do ocorrido através de boletim de ocorrência, uma vez que o autor causador do dano, conforme o caso, será responsabilizado civil e criminalmente. Mesmo que o condutor possua autorização especial de trânsito (AET), não se exime da responsabilidade pelo dano que provocar na via ou a terceiros, nos termos do § 2º do art. 101 do CTB. Exemplo: Transitar com o veículo danificando a pavimentação asfáltica, abrindo sulcos na pavimentação, danificando calçadas, canteiros, placas, fiação elétrica, catadióptricos, semáforos, viadutos, pontes, etc.

170

Art. 231. Transitar com o veículo:
II – derramando, lançando ou arrastando sobre a via:
a) carga que enseja transportando:
- **Amparo Legal** – art. 231, II – CTB.
- **Infração** – Gravíssima.
- **Número de pontos** – 7 (sete).
- **Penalidade** – Multa.
- **Valor da Multa** – R$ 191,54 – Resolução Contran nº 136/2002.
- **Medida administrativa-** Retenção do veículo para regularização.
- **Código da Infração** – 678-5 – Denatran/Detran – Resolução Contran nº 66/1998 (Corresponde ao art. 231, II, "a" – CTB).
- **Competência** – Município – Resolução Contran nº 66/1998.

As condutas do dispositivo em comento são três: *1)* derramando (espalhando, transbordando, entornando); *2)* lançando (atirando, arremessando, jogando); *3)* arrastando (movendo sem afastar do solo, deslocando). A carga que esteja transportando pode ser areia, pedra, grãos, madeira, caixas, resíduos, terra, e todo o tipo de carga a granel.

O Código estabelece no seu art. 102, que o veículo de carga deverá estar devidamente equipado quando transitar, de modo a evitar o derramamento da carga sobre a via. Ficou estabelecido que o Contran fixará os requisitos mínimos e a forma de proteção das cargas, de acordo com a sua natureza.

As Resoluções Contran nºs 506/1976 (disciplina o transporte de carga em caminhão tanque); 577/1981 (dispõe sobre o transporte de cargas sobre a carroceria dos veículos classificados nas espécies automóvel e mistos); 699/1988 (fixa os requisitos de segurança para os veículos que transportem produtos siderúrgicos); 732/1989 (dispõe sobre o transporte de carga granel de sólidos a granel nas vias abertas à circulação pública); 725/1988 (fixa os requisitos de segurança para a circulação de veículos transportadores de contêineres); 746/1989 (altera a Resolução nº 699/1988). Até que o Contran faça a revisão ou revogação, estas resoluções continuam a ter aplicabilidade.

De outra parte, eventualmente poderá ser aplicada a Lei de Contravenções Penais, art. 37.

| 171 |

Art. 231. Transitar com o veículo:
II – derramando, lançando ou arrastando sobre a via:
b) combustível ou lubrificante que esteja utilizando:

- **Amparo Legal** – art. 231, II, b – CTB.
- **Infração** – Gravíssima.
- **Número de pontos** – 7 (sete).
- **Penalidade** – Multa.
- **Valor da Multa** – R$ 191,54 – Resolução Contran nº 136/2002.
- **Medida administrativa** – Retenção do veículo para regularização.
- **Código da Infração** – 679-3 – Denatran/Detran – Resolução Contran nº 66/1998 (Corresponde ao art. 231, II, "b" – CTB).
- **Competência** – Município – Resolução Contran nº 66/1998.

O legislador especificou esta infração, vez que, é comum depararmos com situações desta natureza, e sem dúvida uma da mais perigosas, colocando em risco a vida dos demais condutores e pedestres da via. Todos sabemos que principalmente o lubrificante derramando na via, pode ocasionar e já ocasionou inúmeros acidentes de trânsito, principalmente envolvendo motociclistas. As conseqüências são gravíssimas e muitas vezes irreversíveis ou com seqüelas para o resto da vida ao usuário da via. Na verdade é causa para derrapagem, colisões, abalroamentos, perda da aderência do veículo ao solo e atropelamentos. Inúmeros motociclistas já perderam a vida por causa da conduta desidiosa, desleixada do condutor do veículo que derrama sobre a via lubrificantes. Não só os veículos transportadores deste produtos é o causador principal dos acidentes, mas também os veículos com avarias mecânicas. Exemplo: tanque sem tampa, motor danificado, tanque de armazenamento danificado, etc.

172

> **Art. 231.** *Transitar com o veículo:*
> **II –** *derramando, lançando ou arrastando sobre a via:*
> **c)** *qualquer objeto que possa acarretar risco de acidente:*
> - **Amparo Legal** – *art. 231, II, c – CTB.*
> - **Infração** – *Gravíssima.*
> - **Número de pontos** – *7 (sete).*
> - **Penalidade** – *Multa.*
> - **Valor da Multa** – *R$ 191,54 – Resolução Contran nº 136/2002.*
> - **Medida Administrativa** – *Retenção do veículo para regularização.*
> - **Código da Infração** – *680-7 – Denatran/Detran – Resolução Contran nº 66/1998 (Corresponde ao art. 231, II, "c" – CTB).*
> - **Competência** – *Município – Resolução Contran nº 66/1998.*

O legislador ao utilizar-se da expressão "qualquer objeto", atingiu outros objetos materiais, excluindo-se tudo o que for derramado, lançado ou arrastado sobre a via sem ser carga, combustível ou lubrificante, uma vez que o art. 231, inciso II, alíneas "a" e "b" já disciplinou o assunto.

De grande importância lembrar a dicção do art. 26 do Código em seus incisos I e II, que estabelecem aos usuários das vias terrestres, o dever de abster-se de todo ato que possa constituir perigo ou obstáculo para o trânsito de veículos, de pessoas ou de animais, ou ainda causar danos a propriedades públicas ou privadas, devem abster-se de obstruir o trânsito ou torná-lo perigoso, atirando, depositando ou abandonando na via objetos ou substâncias, ou nela criando qualquer outro obstáculo.

173

> **Art. 231.** *Transitar com o veículo:*
> **III –** *produzindo fumaça, gases ou partículas em níveis superiores aos fixados pelo Contran:*
> - **Amparo Legal** – *art. 231, III – CTB.*

ART. 231

> - **Infração** – Grave.
> - **Número de pontos** – 5 (cinco).
> - **Penalidade** – Multa.
> - **Valor da Multa** – R$ 127,69 – Resolução Contran nº 136/2002.
> - **Medida administrativa** – Retenção do veículo para regularização.
> - **Código da Infração** – 681-5 – Denatran/Detran – Resolução Contran nº 66/1998 (Corresponde ao art. 231, III – CTB).
> - **Competência** – Município – Resolução Contran nº 66/1998.

Aqui também o dispositivo tem conexão com o art. 104 do Código, vale dizer, os veículos em circulação terão suas condições de segurança, de controle de emissão de gases poluentes e de ruído avaliadas mediante inspeção, que será obrigatória, na forma e periodicidade estabelecida pelo Contran para os itens de segurança e pelo Conama para a emissão de gases poluentes e ruído, conforme Resoluções Contran nºs 5/1998, 27/1998, 84/1998 e 107/2000. A inspeção técnica obrigatória, entretanto, está suspensa pela Resolução nº 107/2000.

Importa de outro lado destacar, que as Resoluções Contran nºs 507/1976 e 510/1977, ainda não estão revogadas ou revisadas por força do art. 314 do Código, assim como as Resoluções do Conama – Conselho Nacional do Meio Ambiente – nºs 251, 252, 255/1999, por força do art. 31 da Resolução Contran nº 84/1998. Ainda deve ser observada as Resoluções Conama nºs 7/1993 e 18/1995. Dentro ainda do assunto, também deve ser objeto de pesquisa a Lei nº 8.723, de 28.10.1993, que dispõe sobre a Redução de Poluentes por veículos automotores, e as Leis nºs 6.938/1981 (e seu Decreto nº 99.274/1990), e 9.605/1998.

Uma das formas de constatação da infração pelo agente público fiscalizador de trânsito é a utilização da escala *Ringelmann*, isto é, a aferição do excesso de fumaça será feito mediante observação e comparação no ponto de escapamento do cano dos gases expedidos pelo motor (ou outros meios cujos resultados possam ser comparados com a referida escala, conforme dispõe a norma NB225 da ABNT) e as instruções nela contidas, devendo no campo destinado as observações do AIT, destacar a Resolução Contran nº 510/1977. A escala *Ringelmann* funciona como padrão da medida para fixação dos índices de produção de fumaça pelos veículos automotores.

A Resolução Contran nº 510/1977, dispõe sobre a circulação e fiscalização de veículos automotores diesel.

Será permitida a emissão de fumaça até a tonalidade igual ao padrão do número dois, da escala *Ringelmann,* equivalente a quarenta por cento do teor negro.

Para altitudes superiores a 500 metros, admite-se o padrão nº 3. O veículo que expelir fumaça superior a esses padrões, ficará sujeito a ser autuado e demais disposições correspondentes.

Não será expedido o certificado de registro e nem renovada a licença do veículo que apresentar-se desregulado e sem lacre, conforme dispõe o parágrafo único do Decreto nº 79.134/1977.

Na falta, violação, ineficiência ou inoperância do **lacre de bomba injetora**, a tipificação legal, a autuação, deverá ser a prevista no art. 230, IX do CTB (conduzir o veículo sem equipamento obrigatório ou estando este ineficiente ou inoperante).

174

> **Art. 231.** *Transitar com o veículo:*
>
> **IV –** *com suas dimensões ou de sua carga superiores aos limites estabelecidos legalmente ou pela sinalização, sem autorização:*
>
> - **Amparo Legal** – *art. 231, IV – CTB.*
> - **Infração** – *Grave.*
> - **Número de pontos** – *5 (cinco).*
> - **Penalidade** – *Multa.*
> - **Valor da Multa** – *R$ 127,69 – Resolução Contran nº 136/2002.*
> - **Medida administrativa** – *Retenção do veículo para regularização.*
> - **Código da Infração** – *682-3 – Denatran/Detran – Resolução Contran nº 66/1998 (Corresponde ao art. 231, IV – CTB).*
> - **Competência** – *Município – Resolução Contran nº 66/1998.*

Esta infração de trânsito tem relação com o art. 99 *caput* do Código, ao dispor que somente poderá transitar pelas vias terrestres os veículos cujo peso e dimensões atenderem aos limites estabelecidos pelo Contran, mormente em sua Resolução nº 12/1998, em seu art. 1º.

As dimensões autorizadas para veículos, **com ou sem carga**, são as seguintes:

1) largura máxima: 2,60 m;

2) altura máxima: 4,40 m.

O comprimento total, para veículos simples; 14,00m; veículos articulados: 18,15m; veículos com reboque: 19,80m.

Os limites para o cumprimento do balanço traseiro de veículos de transporte de passageiros e de cargas são:

1) nos veículos simples de transporte de carga, até 60% (sessenta por cento) da distância entre os dois eixos, não podendo exceder a 3,50 (três metros e cinqüenta centímetros);

2) no veículos simples de transporte de passageiros:

   a) com motor traseiro: até 62% (sessenta e dois por cento) da distância entre eixos;

   b) com motor central: até 66% (sessenta e seis por cento) da distância entre eixos.

c) com motor dianteiro: até 71% (setenta e um por cento) da distância entre eixos.

A distância entre eixos, será medida de centro a centro das rodas dos eixos dos extremos do veículo.

Não é permitido o registro e licenciamento de veículos cujas dimensões excedam as mencionadas anteriormente, exceto quando regulamentadas pelo Contran, conforme Resoluções nºs 68/1998, 75/1998 e 76/1998.

Os veículos em circulação, com dimensões excedentes aos limites fixados na Resolução Contran nº 12/1998, art. 1º, registrados e licenciados até 13 de novembro de 1996, poderão circular até seu sucateamento, mediante **autorização específica** e segundo os critérios abaixo, devendo ser ainda observadas as Resoluções Contran nº 68/1998 e 75/1998.

Os critérios mencionados são:

1) Para veículos que tenham dimensões máximas, até 20,00 metros de cumprimento; até 2,86 metros de largura, e até 4,40 metros de altura, será concedida **autorização específica definitiva,** fornecida pela autoridade com circunscrição sobre a via, devidamente visada pelo proprietário do veículo ou seu representante credenciado, podendo circular durante as vinte e quatro horas do dia, com validade até o seu sucateamento, e que conterá os seguintes dados: nome e endereço do proprietário do veículo; cópia do **Ce**rtificado de **R**egistro do **V**eículos – CRV; desenho do veículo, suas dimensões e excessos.

2) Para os veículo, cujas dimensões excedam os limites previstos anteriormente, será concedida **autorização específica anual,** fornecida pela autoridade com circunscrição sobre a via e considerando os limites dessa via, com validade de um ano, renovada até o sucateamento do conjunto veicular, obedecendo os seguinte parâmetros: volume de tráfego; traçado da via; projeto do conjunto veicular, indicando dimensão de largura, comprimento e altura, número de eixos, distância entre eles e pesos. É de observar-se, por força do disposto no art. 101 do Código, que as disposições anteriormente mencionadas, não aplicam-se aos veículos especialmente projetados para o transporte de carga indivisível.

É importante lembrar que o condutor que for surpreendido dirigindo veículo que tenha necessidade de **Autorização Especial de Trânsito** (AET) nos termos do art. 101 do CTB, e não a tiver, comete a infração de trânsito prevista no art. 231, inciso IV, não obstante, portando a AET (autorização especial de trânsito), mas deixando de observar os critérios nela fixados, dentre os quais, horário, rota, validade, etc., cometerá a infração do art. 231, inciso VI do Código (transitar o veículo em descordo com a autorização especial, expedida pela autoridade competente para transitar com dimensões excedentes, ou quando a mesma estiver vencida). No inciso IV do art. 231, o desrespeito dá-se em relação as dimensões do veículo ou da carga previstas na lei e na sinalização e o inciso VI do art. 231, caracteriza-se com a desobediência as regras, inseridas na autorização especial de trânsito (AET), expedida em razão do excesso das dimensões.

De outra parte, os limites poderão ser estabelecidos pelo órgão de trânsito, com circunscrição sobre a via, através das placas R-15, R-16 e R-18.

| 175 |

> **Art. 231.** *Transitar com o veículo:*
>
> **V –** *com excesso de peso, admitindo percentual de tolerância quando aferido por equipamento, na forma a ser estabelecida pelo Contran:*
>
> **Parágrafo único.** *Sem prejuízo das multas previstas nos incisos V e X, o veículo que transitar com excesso de peso ou excedendo à capacidade máxima de tração, não computado o percentual tolerado na forma do disposto na legislação, somente poderá continuar viagem após descarregar o que exceder, segundo critérios estabelecidos na referida legislação complementar.*
>
> - **Amparo Legal** – art. 231, V – CTB.
> - **Infração** – Média.
> - **Número de pontos** – 4 (quatro).
> - **Medida administrativa** – Retenção do veículo e transbordo da carga excedente. **Nota:** A Resolução Contran nº 136/2002, de 4.2.2002, publicada no DOU de 9.4.2002, dispõe para todo território nacional, sobre os valores das multas por infração de trânsito, vez que, a Unidade de Referência Fiscal (UFIR), foi extinta.
> - **Penalidade** – Multa R$ 85,13 – Resolução Contran nº 136/2002 – acrescida a cada duzentos quilogramas ou fração de excesso de peso apurado, constante na seguinte tabela:
>   a. até seiscentos quilogramas – R$ 90,44
>   b. de seiscentos e um a oitocentos quilogramas – R$ 95,76
>   c. de oitocentos e um a um mil quilogramas – R$ 106,41
>   d. de um mil e um a três mil quilogramas – R$ 117,05
>   e. de três mil e um a cinco mil quilogramas – R$ 127,69
>   f. acima de cinco mil e um quilogramas – R$ 138,33
> - **Código da infração** – 683-1 – Denatran/Detran – Resolução Contran nº 66/1998 (Corresponde ao art. 231, V – CTB).
> - **Competência** – Município – Resolução Contran nº 66/1998.

A Resolução Contran nº 12/1998, em seu art. 2º, estabeleceu os limites máximos de peso bruto transmitido por eixo de veículo, nas superfícies das vias públicas, conforme determinação do art. 99 do Código de trânsito brasileiro.

Sobre o assunto ainda, indispensável a leitura das Resoluções do Contran nºs 603/1982, 696/1988, 733/1989, 12/1998, 49/1998, 68/1998, 75/1998, 76/1998, 102/1999, 104/2000 e Deliberação Contran nº 15/1999, além dos arts. do CTB: 99, 100, 101, 102, 231, 257, § 4º, § 5º, e § 6º, 323 e 327. A Lei nº 7.408/1985, permite a tolerância de 5%, na pesagem de carga em veículos de transporte. O Contran proferiu esclarecimentos sobre a Lei nº 7.408/1985 na Decisão nº 6/1994, acolhendo o Parecer nº 01 de 13.12.1985, que a tolerância de 5%, sobre os limites de peso bruto total e peso bruto transmitido por eixo de veículos à superfície das vias públicas, aplica-se somente na pesagem por balança rodoviária e destina-se a equalizar possíveis discrepâncias de aferição de equipamentos de pesagem. Permite-se a tolerância máxima de 7,5% sobre os limites do peso bruto transmitido por eixo de veículos à superfície das vias públicas (Deliberação nº 11, de 9.8.1999, confirmada pela Resolução nº 102, de 31.8.1999).

Segundo o art. 2º da Resolução Contran nº 12/1998, os limites máximos de peso bruto total e peso bruto transmitido por eixo de veículo, nas superfícies das vias públicas, são as seguintes:

1) peso bruto total por unidade ou combinações de veículos: 45t;

2) peso bruto por eixo isolados: 10t;

3) peso bruto por conjunto de dois eixos em tandem, quando a distância entre os dois planos verticais, que contenham os centros das rodas, for superior a 1,20m e inferior ou igual a 2,40m: 17t;

4) peso bruto por conjunto de dois eixos não em tandem, quando a distância entre os dois planos verticais, que contenham os centros das rodas, for superior a 1,20 m, e inferior ou igual a 2,40m: 15t.

5) peso bruto por conjunto de três eixos em tandem, aplicável somente a semi-reboque, quando a distância entre os três planos verticais, que contenham os centros das rodas, for superior a 1,20 m, e inferior ou igual a 2,40m: 25,5t;

6) peso bruto por conjunto de dois eixos, sendo um dotado de quatro pneumáticos e outro de dois pneumáticos interligados por suspensão especial, quando a distância entre os dois planos verticais que contenham os centros das rodas for:

   a) inferior ou igual a 1,20m: 9t;

   b) superior a 1,20 e inferior ou igual a 2,40m: 13,5t.

Serão considerados eixos em tandem dois ou mais eixos que constituam um conjunto integral de suspensão, podendo qualquer deles ser ou não motriz.

Quando, em conjunto de dois eixos, a distância entre os dois planos verticais paralelos, que contenham os centros das rodas, for superior a 2,40m, cada eixo será considerado como se fosse isolado.

Em qualquer par de eixos ou conjunto de três eixos em tandem, como quatro pneumáticos em cada, com os respectivos limites legais de 17t e 25,5t, a diferença de peso bruto total entre os eixos mais próximos não deverá exceder a 1.700 kg (deve ser verificada a Resolução Contran nº 68/1998).

O registro e o licenciamento de veículos com peso excedente aos limites fixados anteriormente, não é permitido, salvo nova configuração conforme regulamentação da Resolução Contran nº 68/1998.

As configurações de eixos duplos com distância dos dois planos verticais, que contenham os centros das rodas inferior a 1,20m, serão regulamentadas pelo Contran, especificando os tipos de planos e peso por eixo, após ouvir o órgão rodoviário específico do ministério dos transportes.

ART. 231

Os ônibus com peso por eixo superior ao fixado anteriormente (art. 2º da Resolução Contran nº 12/1998) e licenciados antes de 13 de novembro de 1996, poderão circular até o término de sua vida útil, desde que respeitado o disposto no art. 100 do CTB e observadas as condições do pavimento e das obras de arte rodoviárias.

Os limites máximos de peso bruto por eixo e por conjunto de eixos, estabelecidos no art. 2º da Resolução Contran nº 12/1998, só prevalecem:

1) se todos os eixos forem dotados de, no mínimo, quatro pneumáticos cada um;

2) se todos os pneumáticos, de um mesmo conjunto de eixos, forem da mesma rodagem e calcarem rodas no mesmo diâmetro.

Nos eixos isolados, dotados de dois pneumáticos, o limite máximo de peso bruto por eixo será de seis toneladas, observada a capacidade e os limites de peso indicados pelo fabricante dos pneumáticos.

No conjunto de dois eixos, dotados de dois pneumáticos cada, desde que direcionais, o limite máximo de peso será de doze toneladas.

CETRAN/SP: INTERPRETAÇÃO DA LEGISLAÇÃO DE PESO APLICÁVEL AS RODOVIAS BRASILEIRAS[185]

"(...) 17) Ofício PR-0263/2003, da NOVADUTRA DE SÃO JOSÉ DOS CAMPOS. Assunto: Interpretação da Legislação de peso aplicável as Rodovias Brasileiras. Relator: Conselheiro Moacir Francisco Ramos. Decisão: emitido Parecer, que passamos a transcrever. "A NOVADUTRA vem a este Conselho perquirir sobre a interpretação que se deva dar à "legislação de peso aplicável às rodovias brasileiras" (sic), solicitando um pronunciamento específico sobre o peso máximo permitido para um conjunto transportador composto de cavalo mecânico com um eixo direcional e um eixo de tração com rodagem dupla, ao qual se acopla um semi-reboque de três eixos em tandem com rodagem dupla. A consulta é recebida por este relator com fundamento no inciso III, do artigo 14, do CTB, que não impõe fronteiras para o pronunciamento deste Conselho sobre matéria referente à aplicação da legislação de trânsito, sobretudo quando trata-se de fiscalização e controle de peso também exercido nos limites territoriais deste Estado de São Paulo. I - Quanto à primeira questão proposta pela consulente versando sobre a interpretação da legislação de peso aplicada às rodovias nacionais, diga-se, inicialmente, que a chamada "lei da balança" é na realidade o conjunto de leis e regulamentos técnicos que restringem o peso transmitido ao pavimento das estradas por veículos automotores. O novo Código Civil manteve a redação do Código de 1916, que já incluía as estradas no rol dos bens públicos pelos quais o Estado deveria zelar. Daí porque a legislação especial estabeleceu normas restritivas ao seu uso, fixando limites de peso por eixo, conjunto de eixos e no peso bruto total ou combinado, aviando com isso a conservação desse bem público. Portanto, as estradas são bens públicos construídos, mantidos e conservados diretamente pelo Estado ou por em-

---

185. Publicado no *DOE* nº 173, de 12.9.2003.

presas privadas no âmbito de uma política genérica de descentralização administrativa de serviços públicos, sendo a "lei da balança" uma limitação técnica para que as estradas alcancem o tempo de vida útil predeterminado em projeto. Nesse sentido, estrada sem controle idôneo de peso e conscientização do usuário resulta antecipação certa de gastos com restaurações extemporâneas, em detrimento do erário público.Para viabilizar a longevidade das estradas, o Código de Trânsito Brasileiro, em seu artigo 99, remeteu ao Conselho Nacional de Trânsito – Contran a regulamentação dos limites de peso, consubstanciando as formas de aferição do equipamento de pesagem ou documento fiscal (§ 1º), a tolerância percentual sobre os limites de peso bruto transmitido por eixo de veículos à superfície das vias, quando aferido por equipamento (§ 2º) e a metodologia e periodicidade de aferição dos equipamentos fixos ou móveis utilizados na pesagem, ouvido o órgão ou entidade de metrologia legal (§ 3º). No mesmo sentido, o artigo 100, do CTB, vetou o trânsito de veículo ou combinação de veículos com peso por eixo e peso bruto total ou combinado superior ao fixado pelo fabricante e acima da capacidade máxima de tração da unidade tratora. Outrossim, quanto à penalidade por transitar com excesso de peso, o artigo 323, do CTB, introduziu regra de transição, prescrevendo que o Contran fixaria a metodologia de aferição de peso de veículos e percentuais de tolerância, permanecendo suspensa a vigência das penalidades previstas no inciso V do artigo 231, aplicando-se provisoriamente a multa equivalente a vinte UFIR por duzentos quilogramas ou fração de excesso. Posto que a referida metodologia ainda pende de regulamentação, entendo que vigora a regra de transição prevista nas disposições finais e transitórias do CTB, vale dizer, penalidade de multa de 20 UFIR a cada 200 quilogramas ou fração de excesso de peso. Registre-se, ainda, que o parágrafo único do citado artigo 323 manteve a tolerância de 5% sobre os limites de peso bruto total e por eixo estabelecida na Lei nº 7.408, de 25.11.1985, alterada pela Resolução nº 104/1999, do Contran, que redefiniu as tolerâncias sobre os limites legais em caráter ainda provisório. Cumprindo o mandamento legal contido no artigo 99, do CTB, o Contran expediu a Resolução nº 12/1998, estabelecendo os limites legais de peso, constituindo essa resolução a fonte primária para a determinação dos limites de peso bruto total ou peso bruto total combinado, a saber: – Peso bruto total por unidade ou combinações de veículos: 45t – Peso bruto por eixo isolado: 10t – Peso bruto por conjunto de dois eixos em tandem: 17t, quando a distância entre os dois planos verticais que contenham os centros das rodas for superior a 1,20m e inferior ou igual a 2,40m – Peso bruto por conjunto de dois eixos não em tandem: 15t, quando a distância entre os dois planos verticais que contenham os centros das rodas for superior a 1,20m e inferior ou igual a 2,40m – Peso bruto por conjunto de três eixos em tandem, aplicável somente a semi-reboque: 25,5t, quando a distância entre os três planos verticais que contenham os centros das rodas for superior a 1,20m e inferior ou igual a 2,40m – Peso bruto por conjunto de dois eixos, sendo um dotado de quatro pneumáticos e outro de dois pneumáticos interligados por suspensão especial: 9t, quando a distância entre os dois planos verticais que contenham os centros das rodas for inferior ou igual a 1,20m e 13,5t quando for superior a 1,20m e inferior ou igual a 2,40m – em qualquer par de eixos ou conjuntos de três eixos em tandem, com quatro pneumáticos em cada, com os respectivos limites de 17t e 25,5t, a diferença de peso bruto total entre os eixos mais próximos não deverá exceder a 1.700 quilogramas – Peso bruto por eixo isolado dotados de dois pneumáticos, observada a capacidade e os limites de peso indicados pelo fabricante: 6t – Peso bruto do conjunto de dois eixos, dotados de dois pneumáticos cada qual, direcionais: 12t? Concluo, portanto, que a fiscalização de peso nas rodovias está submetida ao binômio configuração-peso. Em outras palavras, o peso bruto total ou peso bruto total combinado é função da configuração do veículo ou combinação de veículos. Exemplo: um caminhão com um eixo direcional e dois eixos traseiros, com rodagem dupla, em tandem, será fiscalizado de acordo com a seguinte composição de pesos: 1 eixo direcional = 6 toneladas (rodagem simples); 2 eixos traseiros = 17 toneladas (rodagem dupla/*tandem*); Peso Bruto Total = 23 toneladas Considerando a tolerância legal de 5%, esse mesmo caminhão, além de medida administrativa de transbordo, estará sujeito a penalidade de multa se ultrapassar o peso bruto total, decorrente do seguinte cálculo: 23 toneladas x 1,05 = 24 toneladas e 150 quilos. Se referido caminhão registra um peso bruto total de 27 toneladas, a multa deve ser lavrada sem considerar a tolerância legal como peso excedente, da seguinte forma: Peso aferido = 27 toneladas (em balança) Limite + tolerância = 24 toneladas e 150 quilos Penalidade: multa de 20 UFIR a cada 200 quilos ou fração; Peso excedente = 2 toneladas e 850 quilos; multa = 300 UFIR; Medida administrativa: transbordo de 2 toneladas e 850 quilos. II - A segunda questão proposta pela consulente indaga especificamente sobre o limite legal de peso aplicável a um conjunto transportador composto de cavalo mecânico com um eixo direcional e um eixo de tração com rodagem dupla, ao qual se acopla um semi-reboque de três eixos em tandem com rodagem dupla. Seguindo igual raciocínio, isto é o peso é função da configuração, tem-se os seguintes limites por eixo ou conjunto de eixos: eixo direcional = 6 toneladas; eixo da tração = 10 toneladas (isolado); conjunto de 3 eixos = 25,5 toneladas (rodagem dupla – tandem); Peso Bruto total Combinado = 41,5 toneladas Tolerância legal: Finalmente observo que o limite legal de 45 toneladas para o peso bruto total previsto na Resolução nº 12/1998 constitui o teto admissível (acrescido da tolerância legal de 5%) para circulação sem autorização especial, de sorte que não se confunde com o limite legal de peso bruto total ou combinado determinando em função da configuração do veículo, que é o critério lógico a ser observado pelos órgãos e entidades executivos rodoviários para preservação da malha".

| 176 |

Art. 231. *Transitar com o veículo:*

VI – *em desacordo com a autorização especial, expedida pela autoridade competente para transitar com dimensões excedentes, ou quando a mesma estiver vencida:*

- **Amparo Legal** – art. 231, VI – CTB.
- **Infração** – Grave.

ART. 231

- **Número de pontos** – 5 (cinco).
- **Penalidade** – Multa e apreensão do veículo.
- **Valor da Multa** – R$ 127,69 – Resolução Contran nº 136/2002.
- **Medida administrativa-** Remoção do veículo.
- **Código da Infração** – 684-0 – Denatran/Detran – Resolução Contran nº 66/1998 (Corresponde ao art. 231, VI – CTB).
- **Competência** – Município – Resolução Contran nº 66/1998.

O veículo para transitar com dimensões excedentes, deverá ter expedida pelo órgão de trânsito com circunscrição sobre a via **Autorização Especial de Trânsito (AET)**, e nela deverá conter algumas exigências, dentre as quais: limite das dimensões, condições de trânsito, validade, sinalização, itinerário, podendo conforme o caso, sem determinada pela autoridade de trânsito o acompanhamento por escolta nos termos da Resolução Contran nº 679/1987.

De outra parte, importa destacar que a presente infração (art. 231, VI do CTB), configura-se quando o condutor de veículo com dimensões excedentes, tiver e portar a **Autorização Especial de Trânsito (AET)**, mas estiver transitando com referido veículo em desacordo com autorização especial (horário, rota, excesso de limites das dimensões excedentes ao autorizado, etc.) ou ainda, com a autorização especial de trânsito (AET) vencida.

Caso o condutor de veículo com dimensões excedentes estiver em trânsito, entretanto, não tenha a **Autorização Especial de Trânsito (AET)**, cometerá a infração prevista no art. 231 inciso IV do Código e não a do art. 232. Trata-se de infração específica, como é o caso de não portar CNH, CRLV.

| 177 |

Art. 231. Transitar com o veículo:
VII – com lotação excedente:
- **Amparo Legal** – art. 231, VII – CTB.
- **Infração** – Média.
- **Número de pontos** – 4 (quatro).
- **Penalidade** – Multa.
- **Valor da Multa** – R$ 85,13 – Resolução Contran nº 136/2002.
- **Medida administrativa** – Retenção do veículo.
- **Código da Infração** – 685-8 – Denatran/Detran – Resolução Contran nº 66/1998 – 685-8 Corresponde ao art. 231, VII – CTB).
- **Competência** – Estado e Município – Resolução Contran nº 66/1998.

Lotação, é a carga útil máxima, incluindo condutor e passageiros que o veículo transporta, expressa em quilogramas para os veículos de carga, ou número de pessoas, para os veículos de passageiros, segundo definição da Resolução Contran nº 49/1998, item 32 e Anexo I do CTB. O presente dispositivo tem conexão com o art. 117 do CTB, que preconiza aos veículos de transporte de carga e aos coletivos de passageiros deverão conter, em local facilmente visível, a inscrição indicativa de sua tara, do peso bruto total (PBT), do peso bruto total combinado (PBTC) ou capacidade máxima de tração (CMT) e de sua lotação, vedado o uso em desacordo com sua classificação (Resolução nº 49/1998, que disciplina a inscrição de dados técnicos em veículos de carga e de transporte coletivo de passageiros). A capacidade de lotação consta no certificado de registro e licenciamento de veículo (CRLV) ou no próprio veículo.

Nos veículos destinados ao transporte coletivo de passageiros a indicação deverá ser afixada na parte frontal interna acima do pára-brisa ou na parte superior de divisória da cabina de comando do lado do condutor.

Esse dispositivo do inciso VII do art. 231, aplica-se a todos os veículos, inclusive aos de duas rodas. Por força do § 5º do art. 270 do Código, a critério do agente, não se dará a retenção imediata, quando se tratar de veículo de transporte coletivo transportando passageiros, desde que ofereça condições de segurança para circulação e via pública.

178

Art. 231. *Transitar com o veículo:*

VIII – *efetuando transporte remunerado de pessoas ou bens, quando não for licenciado para esse fim, salvo casos de força maior ou com permissão da autoridade competente:*

- **Amparo Legal** – *art. 231, VIII – CTB.*
- **Infração** – *Média.*
- **Número de pontos** – *4 (quatro).*
- **Penalidade** – *Multa.*
- **Valor da Multa** – *R$ 85,13 – Resolução Contran nº 136/2002.*
- **Medida administrativa** – *Retenção do veículo.*
- **Código da Infração** – *686-6 – Denatran/Detran – Resolução Contran nº 66/1998 (Corresponde ao art. 231, VIII – CTB).*
- **Competência** – *Município – Resolução Contran nº 66/1998.*

Há conexão entre o dispositivo focalizado e os arts. 108, 109 e 135 do Código. Quanto a permissão, esta vem regulamentada pelas Resoluções Contran nº 82/1998, que dispõe sobre a autorização a título precário para o transporte de passageiros em veículos de carga e a nº 49/1998, que trata da inscrição de dados técnicos em veículos de carga e de transporte coletivo de passageiros. Não obstante, o inciso VIII do art. 231, também está intimamente ligado com a Resolução Contran nº 514/1977, que trata do serviço de lotação em veículos e transporte individual de passageiros, licenciados na categoria de aluguel. Importa destacar que os veículos de aluguel, destinados ao transporte de passageiros, dependerá de autorização do poder público concedente.

Em síntese, o inciso VIII do art. 231, aplica-se ao transporte remunerado de pessoas ou bens, quando o veículo não for licenciado para esse fim, exceto no caso de força maior (fato imprevisível, resultante de ato alheio, não há como o indivíduo superá-lo) ou com permissão da autoridade competente. Exemplo: Veículo utilizado como táxi, mas não é licenciado para esse fim, lotações não autorizadas, clandestinas, etc.

Para o desempenho da atividade de transporte remunerado, além da permissão da autoridade competente, o veículo deve ser licenciado na categoria aluguel, isto é, com placas vermelhas com caracteres brancos, conforme Resolução Contran nº 45/1998.

Os veículos com mais de dez lugares, registrados na categoria aluguel, devem ser equipados com o registrador instantâneo inalterável de velocidade (tacógrafo), nos termos da Resolução Contran nº 14/1998. Na sua falta, caberá conforme o caso, a aplicação do disposto nos incisos IX ou XI do art. 230.

Poderá ainda, a conduta caracterizar-se, sem prejuízo de eventuais penalidades administrativas, a infração penal do art. 47 da Lei de Contravenções Penais, motivo pelo qual, o condutor de veículo de transporte remunerado de pessoas e bens, que não for licenciado para esse fim ou caso de força maior ou ainda autorizado pela autoridade competente, deve ser conduzido a Unidade Policial Civil da área, para avaliação e providências por parte da autoridade policial.

| 179 |

Art. 231. *Transitar com o veículo:*
IX – *desligado ou desengrenado, em declive:*

- **Amparo Legal** – *art. 231, IX – CTB.*
- **Infração** – *Média.*
- **Número de pontos** – *4 (quatro).*
- **Penalidade** – *Multa.*
- **Valor da Multa** – *R$ 85,13 – Resolução Contran nº 136/2002.*
- **Medida administrativa** – *Retenção do veículo.*
- **Código da Infração** – *687-4 – Denatran/Detran – Resolução Contran nº 66/1998 (Corresponde ao art. 231, IX – CTB).*
- **Competência** – *Município – Resolução Contran nº 66/1998.*

A conduta prevista nesta infração pode levar a acidentes, oferecendo risco ao próprio condutor e aos demais usuários da via. Por isso, os veículos que forem surpreendidos transitando desligado ou desengrenado, em declive, deverão ser autuados. Veículo desengrenado (ponto morto), é a conhecida "banguela", prática reiterada de condutores de veículos de grande porte, principalmente, nas rodovias, e sem dúvida causa de inúmeros acidentes. Nesses casos, há aumento considerável da velocidade do veículo e os freios são prejudicados quanto a sua eficiência. Quando o veículo está desligado, poderá ocorrer o travamento da direção. Há entendimentos que esta infração pode ser cumulada (art. 266 do CTB) com a prevista no inciso XII do art. 220 (deixar de reduzir a velocidade do veículo de forma compatível com a segurança do trânsito em declive).

180

Art. 231. *Transitar com o veículo:*

X – *excedendo a capacidade máxima de tração:*

Parágrafo único. *Sem prejuízo das multas previstas nos incisos V e X, o veículo que transitar com excesso de peso ou excedendo à capacidade máxima de tração, não computando o percentual tolerado na forma do disposto na legislação, somente poderá continuar viagem após descarregar o que exceder, segundo critérios estabelecidos na referida legislação complementar:*

- **Infração** – *Média a gravíssima, a depender da relação entre o excesso de peso apurado e a capacidade máxima de tração, a ser regulamentada pelo Contran.*
- *Situações caracterizadoras:*

— *Art. 231, X – a) transitar com o veículo excedendo a capacidade máxima de tração, em infração considerada média pelo Contran:*

- **Amparo Legal** – *art. 231, X, a – CTB.*
- **Infração** – *Média.*
- **Número de pontos** – *4 (quatro).*
- **Penalidade** – *Multa.*
- **Valor da Multa** – *R$ 85,13 – Resolução Contran nº 136/2002.*
- **Medida administrativa** – *Retenção do veículo e transbordo de carga.*
- **Código da Infração** – *688-2 Denatran/Detran – Resolução Contran nº 66/1998 (Corresponde ao art. 231, X, a – CTB).*
- **Competência** – *Município – Resolução Contran nº 66/1998.*

— *Art. 231, X – b) transitar com o veículo excedendo a capacidade máxima de tração, em infração considerada grave pelo Contran:*

- **Amparo Legal** – *art. 231, X, b – CTB.*
- **Infração** – *Grave.*

- **Número de pontos** – 5 (cinco).
- **Penalidade** – Multa.
- **Valor da Multa** – R$ 127,69 – Resolução Contran nº 136/2002.
- **Medida administrativa** – Retenção do veículo e transbordo de carga excedente.
- **Código da Infração** – 689-0 – Denatran/Detran – Resolução Contran nº 66/1998 (Corresponde ao art. 231, X, b – CTB).
- **Competência** – Município – Resolução Contran nº 66/1998.

— **Art. 231, X – c) transitar com o veículo excedendo a capacidade máxima de tração, em infração considerada gravíssima pelo Contran:**

- **Amparo Legal** – art. 231, X, c – CTB.
- **Infração** – gravíssima.
- **Número de pontos** – 7 (sete).
- **Penalidade** – Multa.
- **Valor da Multa** – R$ 191,54 – Resolução Contran nº 136/2002.
- **Medida administrativa** – Retenção do veículo e transbordo de carga excedente.
- **Código da Infração** – 690-4 – Denatran/Detran – Resolução Contran nº 66/1998 (Corresponde ao art. 231, X, c – CTB).
- **Competência** – Município – Resolução Contran nº 66/1998.

Capacidade máxima de tração, é o máximo peso que a Unidade de tração é capaz de tracionar, indicado pelo fabricante, baseado em condições sobre suas limitações de geração e multiplicação de momento de força e resistência dos elementos que compõem a transmissão (Anexo I do CTB).

Importa também a dicção do art. 100 do CTB: *"Nenhum veículo ou combinação de veículos poderá transitar com lotação de passageiros, com peso bruto total ou com peso bruto total combinado com peso por eixo, superior ao fixado pelo fabricante, nem ultrapassar a capacidade máxima de tração da Unidade Tratora".*

Capacidade máxima de tração, também é tratada na Resolução Contran nº 12/1998.

181

Art. 232. Conduzir veículo sem os documentos de porte obrigatório referidos neste Código:
- **Amparo Legal** – art. 232 – CTB.
- **Infração** – Leve.

- **Número de pontos** – 3 (três).
- **Penalidade** – Multa.
- **Valor da Multa** – R$ 53,20 – Resolução Contran nº 136/2002.
- **Medida administrativa** – Retenção do veículo até a apresentação do documento.
- **Código da Infração** – 691-2 – Denatran/Detran – Resolução Contran nº 66/1998 (Corresponde ao art. 232 – CTB).
- **Competência** – Estado – Resolução Contran nº 66/1998.

Esta infração caracteriza-se quando o condutor é surpreendido na direção de veículo automotor, sem portar os documentos obrigatórios. O condutor é habilitado, o veículo está licenciado, entretanto, o condutor não os está portando.

Os documentos de porte obrigatório e referidos pelo Código e Resolução do Contran nº 13/1998, são:

1. **Carteira Nacional de Habilitação (CNH)** – Não pode ser cópia reprográfica; serão aceitas exclusivamente no original, por força do § 5º do art. 159 do CTB. O porte da CNH é obrigatório nos termos do § 1º do art. 159, c/c art. 269, § 3º e Resolução Contran nº 13/1998.

2. **Permissão para Dirigir (PPD)** – Será aceita exclusivamente no original, conforme § 5º do art. 159 do CTB, não serão aceitas xerox. O porte da PPD é obrigatório nos termos do § 1º do art. 159, c/c art. 269, § 3º do Código e Resolução Contran nº 13/1998.

3. **Certificado de Registro e Licenciamento do Veículo (CRLV)** – Também é documento de porte obrigatório conforme art. 133 do CTB, c/c art. 9º da Resolução Contran nº 664/1986 e Resolução Contran nº 13/1998. Importa acentuar, que a Resolução Contran nº 13/1998, autorizou o porte do CRLV, em cópia autenticada pela Repartição de trânsito que o expediu (Ciretran, Detran). Inafastável comentarmos a **Deliberação Cetran/SP** nº 002/1998, que dispõe sobre Documentos de Porte Obrigatório: **CNH** e **CRLV** – cópia autenticada. Referida Deliberação, estabeleceu que o Código de Trânsito Brasileiro, define como documentos de porte obrigatório: A Permissão para Dirigir (PPD), ou a Carteira Nacional de Habilitação (CNH), que devem ser apresentados no original (art. 159 § 1º ao 5º) e o Certificado de Licenciamento Anual (CRLV – art. 133). O regulamento do Código Nacional de Trânsito permite cópia do Certificado, desde que autenticada na repartição de trânsito que o expediu (art. 173, parágrafo único). As disposições transitórias do CTB afirmam que as Resoluções do Contran que não o contrariem senão mantidas até revisão (art. 314). Com maior razão o Regulamento do Código, embora não mencionado. O CTB, não proibiu o porte de cópia autenticada, que continua válida pelo prazo do licenciamento. Os agentes referidos no art. 280 do CTB, devem abster-se de lavrar auto de infração por falta de documento de porte obrigatório quando lhes for apresentada a cópia autenticada. Os autos de infrações já lavrados serão declarados insubsistentes pela autoridade de trânsito. Feita essas considerações da Delibera-

ção Cetran nº 002/1998, imperioso lembrar que a Resolução Contran nº 13/1998, autorizou o porte do CRLV, em cópia autenticada pela repartição de trânsito que o expediu (Ciretran/Detran). Não obstante, quanto a Carteira Nacional de Habilitação (CNH) ou Permissão para Dirigir (PPD), o porte é obrigatório somente nos originais, não há exceção para cópia reprográfica em qualquer situação (art. 1º do art. 159 do CTB c/c art. 269 § 3º e Resolução Contran 13/1998).

4. A Resolução Contran nº 13/1998, estabeleceu também como documento de porte obrigatório a **Autorização, utilizada na condução de ciclomotores** (Resolução nº 50/1998, Anexo I) e **Autorização Para Estrangeiro Dirigir no Brasil** (Resolução nº 50/1998, Anexo III).

5. Além disso, a Resolução Contran nº 13/1998, em seu art. 1º incisos III e IV, estabeleceu como documento de porte obrigatório o **comprovante do pagamento atualizado do Imposto Sobre Propriedade de Veículos Automotores, (IPVA),** conforme normas Estaduais, inclusive do Distrito Federal e também o comprovante de pagamento do **Seguro Obrigatório de Danos Pessoais Causados por Veículos Automotores de Vias Terrestres;** (DPVAT – Lei nº 6.194/1974 com as alterações da Lei nº 8.441/1992). Caso estes pagamentos estejam averbados no CRLV, não há necessidades de portá-los (IPVA e DPVAT). Não obstante, entendemos que o IPVA e o DPVAT, devem ser objetos de exibição somente ao órgão de trânsito, por ocasião do licenciamento anual (art. 131, § 2º).

Deliberação Cetran/SP nº 007/1998 – Proíbe a exigência do DPVAT e IPVA e cancela autos de infração lavrados

O Conselho Estadual de Trânsito, tendo em vista a Resolução nº 13/1998 do Contran, na qual se exigem, além da Autorização para Dirigir, da Permissão para Dirigir, Carteira Nacional de Habilitação e Certificado de Licenciamento Anual, prova de pagamento do IPVA e do Certificado do Seguro Obrigatório – DPVAT; Representou ao Ministro da Justiça argüindo a ilegalidade da exigência de porte dos dois últimos, não previstos no Código de Trânsito Brasileiro. Isto posto, até que o Contran reveja sua posição e cumpra o disposto no CTV, os agentes de fiscalização devem abster-se de exigir o IPVA e o DPVAT. Os autos de infração eventualmente lavrados deverão ser declarados insubsistentes, nos termos do art. 281, parágrafo único (publicada no *DOE* de 14.02.98).

6. **Licença para aprendizagem de direção veicular (LADV)** – Nos termos da Resolução Contran nº 50/1998; para a prática de direção veicular em via pública, ou em locais predeterminados ou específicos para esse fim, o candidato a obtenção da Permissão para Dirigir ou mudança de categoria da Carteira Nacional de Habilitação deverá portar a Licença Para Aprendizagem de Direção Veicular (LADV), expedida pelo órgão executivo de trânsito ou entidades por esse credenciados, segundo modelo próprio. Para ministrar aula prática, em qualquer categoria, o instrutor deverá portar o LADV do candidato. O candidato à Permissão para Dirigir, que for encontrado conduzindo desacompanhado do respectivo instrutor, terá a licença para aprendizagem de direção veicular cassada e só poderá obter nova licença após 6

(seis) meses da cassação. A LADV – deve ser apresentada junto com documento de identidade expressamente reconhecido pela legislação federal (Resolução Contran nº 50/1998 e 74/1998).

7. Credencial de Transportador de Escolares (CTE) – Nos termos do art. 138, V do CTB.

8. Credencial de Instrutor de candidato a obtenção da Permissão para Dirigir ou mudança da carteira nacional de habilitação (CI) – Resolução Contran nº 50/1998 e 74/1998.

OUTROS DOCUMENTOS DE IDENTIDADE RECONHECIDOS PELA LEGISLAÇÃO FEDERAL

Não se pode esquecer, que as carteiras de identidade emitidas pelos órgãos de identificação dos Estados e Distrito Federal, além dos documentos de identidade profissional, emitidas por órgãos oficiais de controle profissional, são válidos como prova de identidade nos termos do parecer do Contran nº 72/1994, Ata nº 3.670/1994. Exemplo: Carteira de identidade da Ordem dos Advogados do Brasil, Engenheiro, Psicólogo, Médico, Militares, Músico, Passaporte de Estrangeiro e outros. Referidos documentos tem fé pública e substitui o documento de identidade quando exibido.

A FÉ PÚBLICA DA CARTEIRA NACIONAL DE HABILITAÇÃO

A Carteira Nacional de Habilitação, expedida em modelo único e de acordo com as especificações do Contran (Resolução nº 71/1998), contendo fotografia, identificação e CPF do condutor, tem fé pública e equivale ao documento de identidade em todo território nacional, nos termos do art. 159 do Código de Trânsito Brasileiro.

DA AUTORIZAÇÃO PARA CONDUZIR CICLOMOTORES

A autorização para conduzir ciclomotores (APCC), é apurada por meio de realização dos cursos e exames previstos na Resolução Contran nº 50/1998, requerido pelo candidato que saiba ler e escrever, que seja penalmente imputável [somente maior de 18 (dezoito) anos], mediante apresentação de prova de identidade reconhecida na legislação de federal.

Em síntese, para a circulação (dirigir) de ciclomotores no território nacional, é obrigatório o porte da Autorização para conduzir ciclomotores ou da **Carteira de Habilitação na Categoria "A"** (condutor de veículo motorizado de duas ou três rodas, com ou sem carro lateral). Para habilitar-se na categoria "A", deve ser usada no mínimo, uma motocicleta acima de 125cc. A autorização para conduzir ciclomotor expedida pelos Detran's e Ciretran's, é válida para todo o território nacional, sendo obrigatória a sua apresentação no original e acompanhada de documento de identidade, reconhecido pela legislação federal.

182

> **Art. 233.** Deixar de efetuar o registro de veículo no prazo de trinta dias, junto ao órgão executivo de trânsito, ocorridas as hipóteses previstas no art. 123:
> - **Amparo Legal** – art. 233 – CTB.
> - **Infração** – Grave.
> - **Número de pontos** – 5 (cinco).
> - **Penalidade** – Multa.
> - **Valor da Multa** – R$ 127,69 – Resolução Contran nº 136/2002.
> - **Medida administrativa** – Retenção do veículo para regularização.
> - **Código da Infração** – 692-0 – Denatran/Detran – Resolução Contran nº 66/1998 (Corresponde ao art. 233 – CTB).
> - **Competência** – Estado – Resolução Contran nº 66/1998.

As hipóteses que são obrigatórias o registro do veículo conforme o art. 123 do Código, no prazo máximo de trinta dias, junto ao órgão executivo de trânsito são:

I – transferência de propriedade;

II – quando o proprietário mudar o município de domicílio ou residência;

III – for alterada qualquer característica do veículo;

IV – houver mudança de categoria.

O prazo para o proprietário adotar as providências necessárias à efetivação da expedição de novo certificado de registro de veículo quando ocorrer a transferência de propriedade é de trinta dias, entretanto, nos demais casos, as providências deverão ser imediatas nos termos do § 1º do art. 123.

Tratando-se de transferência de domicílio ou residência no mesmo município, o proprietário comunicará o novo endereço num prazo máximo de trinta dias ao órgão de trânsito, aguardando o novo licenciamento para alterar o certificado de licenciamento anual.

Na prática, o agente fiscalizador de trânsito terá condições de constatar as infrações previstas nos incisos III e IV do art. 123; já as dos incisos I e II do mesmo artigo, somente os órgãos de trânsito (Detran e Ciretran), que possuem o cadastro do veículo, é que poderão confirmar se a infração foi cometida.

A data como marco inicial para efetuar-se a transferência do veículo, consta somente no verso do certificado de registro do veículo, e não trata-se de documento de porte obrigatório, o que inviabiliza ao agente público fiscalizador de trânsito confirmar a infração. Na maior parte das vezes, ocorre a alienação do veículo pela tradição, e o adquirente, não o transfere imediatamente ou no prazo marcado no art. 123 c/c art. 233 do Código (30 dias), é o que é pior, quase sempre com a conivência do vendedor do veículos e antigo proprietário, fato que poderá trazer-lhe muitos dissabores quando na seqüência ocorrer acidente de trânsito com o novo proprietário ou ainda, por ocasião de infrações de trânsito, ensejando-lhe a responsabilidade pelo pagamento das multas ou da pontuação, restando-lhe com sua irresignação os recursos administrativos ou judiciais cabíveis.

Ocorrendo a hipótese do inciso I do art. 123, isto é, transferência de propriedade do veículo, haverá obrigação solidária do antigo proprietário nos termos do art. 134 do Código que preceitua: "No caso de transferência de propriedade, o proprietário antigo deverá encaminhar ao órgão executivo de trânsito do estado dentro de um prazo de trinta dias, cópia autenticada do comprovante de transferência de propriedade, devidamente assinado e datado, sob pena de ter que se responsabilizar solidariamente pelas penalidades impostas e suas reincidências até a data da comunicação".

De outra parte, nos termos do art. 273, inciso II do Código, ocorrerá o recolhimento do certificado de registro do veículo, mediante recibo, se alienado o veículo, não for transferida sua propriedade no prazo máximo de trinta dias.

183

Art. 234. *Falsificar ou adulterar documento de habilitação e de identificação do veículo:*

- **Amparo Legal** – *art. 234 – CTB.*
- **Infração** – *Gravíssima.*
- **Número de pontos** – *7 (sete).*
- **Penalidade** – *Multa e apreensão do veículo.*
- **Valor da Multa** – *R$ 191,54 – Resolução Contran nº 136/2002.*
- **Medida administrativa** – *Remoção do veículo.*
- **Código da Infração** – *693-9 – Denatran/Detran – Resolução Contran nº 66/1998 (Corresponde ao art. 234 – CTB).*
- **Competência** – *Estado – Resolução Contran nº 66/1998.*

Tratando-se de falsificação ou adulteração de documento de habilitação (Permissão para Dirigir, Carteira Nacional de Habilitação, autorização para direção de ciclomotores, autorização para estrangeiros dirigir no Brasil), e de identificação do veículo (CRV, CRLV), o agente público fiscalizador de trânsito obrigatoriamente deverá conduzir o investigado a Unidade Policial Civil da área, para apreciação da Autoridade Policial, que conforme o caso, formará sua convicção ou não, para a lavratura de eventual auto de prisão em flagrante por força do art. 297 do Código Penal. A deliberação pela lavratura ou não da peça flagrancial, é ato exclusivo do delegado de polícia, restando tão somente a quem apresentar a ocorrência relatar o ocorrido, não intervindo na decisão da Autoridade Policial. Na maioria das vezes, apesar das medidas e cautelas adotadas, há necessidade de aguardar-se o exame pericial do documento examinado para melhor apuração dos fatos. Estando à disposição os documentos representativos do objeto material do crime, torna-se indispensável o exame pericial.

A falsificação, é a contrafação, a formação do documento, é fabricar havendo distinção entre a falsidade material, onde o que se falsifica é a materialidade gráfica, visível do documento e a falsidade ideológica, nesta última o falso constitui o seu teor ideativo ou intelectual.[186] O falso material envolve a forma do documento e o falso ideológico diz respeito ao conteúdo do documento.[187] A falsidade ideológica concerne ao conteúdo e não à forma.

Adulterar é mudar, alterar dados do documento, como exemplo a substituição da fotografia na carteira nacional de habilitação ou na Permissão para Dirigir, ou do nome do condutor, ou ainda, do conteúdo, dizeres escrito, lançado pelo órgão de trânsito, como a data da expedição ou validade do documento (Exemplo: validade do exame médico).

Importa destacar que o documento de habilitação e o certificado de propriedade e licenciamento anual de veículo, constitui documento público (aquele expedido pelo Estado). À guisa de explicitação, o certificado de propriedade de veículo é considerado documento formal e substancialmente público.[188] Destacando-se, "ainda que o réu não tenha preenchido pessoalmente o documento, foi ele quem promoveu a falsificação da carteira nacional de habilitação em nome de terceiro, e portanto, pelo crime de falso deve responder, sendo irrelevante que a referida CNH não tenha chegado as mãos do destinatário e que o réu não a tenha usado".[189]

| 184 |

Art. 235. **Conduzir pessoas, animais ou carga nas partes externas do veículo, salvo nos casos devidamente autorizados:**

- **Amparo Legal** – art. 235 – CTB.
- **Infração** – Grave.
- **Número de pontos** – 5 (cinco).
- **Penalidade** – Multa.
- **Valor da Multa** – R$ 127,69 – Resolução Contran nº 136/2002.
- **Medida administrativa** – Retenção do veículo, para transbordo.
- **Código da Infração** – 694-7 – Denatran/Detran – Resolução Contran nº 66/1998 (Corresponde ao art. 235 – CTB).
- **Competência** – Município – Resolução Contran nº 66/1998.

---

186. STF, *RTJ* 122/157.
187. STF, *RTJ* 105/19960.
188. *RT* 480/285.
189. *RT* 731/573.

A proibição atinge todos os veículos (passageiro, carga, utilitário, etc.). Parte externa do veículo é o espaço exterior, não abrangido pelo espaço interior da carroceria. É fora dos limites da carroceria. Fora do compartimento adequado para conduzir pessoas, quando o veículo for licenciado para esse fim ou para transportar qualquer espécie de carga. É vedado o transporte ou a condução de pessoas, animais ou carga nas partes externas do veículo. Exemplo: pára-choques dianteiro ou traseiro, partes anterior ou posterior, laterais e tampas de carrocerias, estribos ou degraus, capô, teto ou tampa que cobre o motor, etc.

O transporte de pessoas, animais ou carga nas partes externas do veículo, é proibido no sentido longitudinal, lateral ou vertical. O agente fiscalizador de trânsito, ao elaborar a autuação deverá esclarecer no campo de observações complementares do auto de infração se a hipótese flagranciada de infração de trânsito é relacionada a pessoas, animais ou carga. Apenas uma delas configura a violação ao artigo ora em exame.

Além das execuções já mencionadas, o texto do artigo, parte final, prevê a condução de pessoas, animais ou carga nas partes externas do veículo quando expressamente autorizado pela autoridade competente. Exemplo: Caminhão de coleta de lixo, trata-se de excepcionalidade decorrente de exercício de profissão; outros casos autorizados.

TRANSPORTE DE BICICLETAS NA PARTE EXTERNA DE VEÍCULOS DE TRANSPORTE DE PASSAGEIROS E MISTOS

O artigo em comento, admite algumas exceções, dentre as quais, o Contran através da Resolução nº 549/1979, **permitiu o transporte** de bicicletas na parte posterior externa e sobre o teto dos veículos de transporte de passageiros e misto, devendo a bicicleta transportada ser afixada a estrutura do veículo por dispositivo apropriado, de forma a não atentar contra a segurança do veículo e do trânsito. A bicicleta não deverá exceder a largura do veículo, nem impedir a visibilidade do condutor através do seu vidro traseiro, nem obstruir as luzes do veículo. Após instalada a bicicleta não poderá ultrapassar o limite máximo de comprimento e altura estabelecido para os veículos com dimensões excedentes autorizadas.

TRANSPORTE DE CARGA EM VEÍCULOS DESTINADOS AO TRANSPORTE DE PASSAGEIROS A QUE SE REFERE O ART. 109 DO CÓDIGO DE TRÂNSITO BRASILEIRO

O transporte de carga em veículos destinados ao transporte de passageiros, do tipo ônibus, microônibus, ou outras categorias, está autorizado desde que observadas as exigências da Resolução Contran nº 26/1998, bem como os regulamentos dos respectivos poderes concedentes dos serviços. A carga só poderá ser acomodada em compartimento próprio, separado dos passageiros, que no ônibus é o bagageiro. É proibido o transporte de produtos considerados perigosos conforme legislação específica, bem como daqueles que, por sua forma ou natureza comprometam a segurança do veículo, de seus ocupantes ou de terceiros. Os limites máximos de peso e dimensões de carga, serão os fixados pelas legislações existentes na esfera Federal, Estadual ou Municipal. No caso do transporte rodoviário internacional de passageiros serão obedecidos os Tratados, Convenções ou Acordos Internacionais, enquanto vinculados à República Federativa do Brasil.

Transporte de pessoas no cofre, pára-lama, pára-choque, dificultando a visão: "O fato de permitir o acusado que passageiros se colocassem, sentados ou deitados defronte do pára-brisa do veículo, dificultando-lhe a visibilidade, é de manifesta imprudência e bastante para configurar sua culpa no acidente ocorrido".[190]

Transportar pessoa sobre o "cofre" do automóvel, expondo-as a perigo, será mera infração administrativa, se nada acontecer. Diante de um evento lesivo, porém, tal conduta passa para a esfera penal.[191] Motorista de caminhão que permite a motociclista segurar na carroceria para fazer a moto pegar "no tranco": "A manobra de arrastamento de alguém agarrado à carroceria de caminhão, para fazer pegar no tranco uma motocicleta, é evidentemente perigosa, sendo patente a culpa do motorista do automotor, por acidente que resulta a morte do motociclista, visto ter agido com voluntária omissão de diligência, no cálculo das conseqüências previsíveis do fato".

Caminhão de coleta de lixo – transporte de trabalhadores no estribo – não é imprudência: "Não caracteriza imprudência o fato do motorista de caminhão destinado à coleta de lixo transportar colegas nos estribos, excepcionalidade decorrente do exercício de profissão."[192]

| 185 |

Art. 236. *Rebocar outro veículo com cabo flexível ou corda, salvo em casos de emergência:*

- **Amparo Legal** – art. 236 – CTB.
- **Infração** – Média.
- **Número de pontos** – 4 (quatro).
- **Penalidade** – Multa.
- **Valor da Multa** – R$ 85,13 – Resolução Contran nº 136/2002.
- **Medida Administrativa** – Não há previsão.
- **Código da Infração** – 695-5 – Denatran/Detran – Resolução Contran nº 66/1998 (Corresponde ao art. 236 – CTB).
- **Competência** – Município – Resolução Contran nº 66/1998.

---

190. *RT* 380/206.
191. Cf. *JUTACRIM* 58/325 e ainda: *JUTACRIM* 62/277; 69/437, 50/367, 47/196, 78/232, 29/296, *RT* 658/305, 447/406, 301/641; *RJD* 21/185.
192. *RT* 708/348.

Não havendo possibilidade de reparos em curto espaço de tempo do veículo avariado em via pública é permitido pela legislação o seu rebocamento para local apropriado através de veículos especiais denominado guincho. Não é permitido, exceto em casos de comprovada emergência, o reboque de outro veículo com cabo flexível ou corda, uma vez que pode partir-se ocasionando ou atingindo eventuais pedestres. A corrente também não deve ser autorizada. Ainda que o rebocamento esteja sendo realizado com os meios autorizados, é dever do agente fiscalizador de trânsito ao deparar com a situação, verificar se a conduta é realizada com segurança. A dicção do art. 236, parte final, admite exceções, entretanto, somente após esgotar os meios mais seguros (guincho, cambão) não sendo este possível, e a situação emergencial exigir, poderá ser feito o rebocamento com objeto flexível ou corda. Havendo fiscalização, cabe ao condutor o ônus dessa prova em relação a propalada emergência. O reboque deve ser o adequado ou havendo estacionamento seguro nas imediações, o veículo avariado, ainda poderá ser empurrado para esse local. Demais disso, são exceções, e portanto, as medidas cautelares devem se maiores. Outro fator a ser observado pela fiscalização, é a categoria da carteira nacional de habilitação do condutor do veículo rebocado.

REBOQUE DE OUTRO VEÍCULO COM MOTOCICLETA, MOTONETA E CICLOMOTOR

Tratando-se de motocicleta, motoneta e ciclomotor, estes veículos não podem rebocar qualquer tipo de veículo, salvo o carro lateral. O Contran, através da Resolução nº 69/1998, revogou a Resolução nº 47/1998, que regulamentava o reboque de carretas por motocicletas. Neste caso (reboque de outro veículo por motocicleta, motoneta e ciclomotor), a infração será tipificada no art. 244 inciso VI do Código.

Rebocamento irregular de veículos e acidente – lesões corporais culposas: "rebocamento de veículo feito de forma irregular, ensejando acidente. Manobra excepcional empreendida em desacordo com as leis de trânsito e de maneira inadequada. Vedação contida no Código Nacional de Trânsito a que condutor reboque outro veículo com corda ou cabo metálico, salvo em casos de emergência. Exceção não configurada por ter o fato ocorrido no perímetro urbano da cidade. Rebocamento de veículos só pode ser feito por veículos especiais (guinchos) ou por meio de cabo rígido conhecido por cambão. Imprudência configurada, de parte dos motoristas de veículos, não respeitando a preferencial na operação reboque, cortando a circulação do ciclista que chocou-se com o cabo, caindo e lesionando-se. Culpa concorrente da vítima. Condenações mantidas".[193]

Rebocar com cabo de aço e distância excessiva entre veículos: "Age imprudência quem reboca automotor com emprego de cabo de aço, de molde a deixar entre o veículo rebocador uma excessiva distância.".[194]

---

193. *RTJE* 59/119.
194. *JUTACRIM* 35/322.

186

> **Art. 237.** Transitar com o veículo em desacordo com as especificações, e com falta de inscrição e simbologia necessárias e sua identificação, quando exigidas pela legislação:
> - **Amparo Legal** – art. 237 – CTB.
> - **Infração** – Grave.
> - **Número de pontos** – 5 (cinco).
> - **Penalidade** – Multa.
> - **Valor da Multa** – R$ 127,69 – Resolução Contran nº 136/2002.
> - **Medida Administrativa** – Retenção do veículo para regularização.
> - **Código da Infração** – 696-3 – Denatran/Detran – Resolução Contran nº 66/1998 (Corresponde ao art. 237 – CTB).
> - **Competência** – Estado – Resolução Contran nº 66/1998.

As especificações são as mencionadas no Certificado de Registro de Veículo (CRV) e no Certificado de Registro e Licenciamento de Veículo (CRLV). Tratando-se da simbologia e inscrição, são as previstas nos arts. 117 determinada pelo poder concedente; e art. 136 inciso III: pintura de faixa horizontal na cor amarela para a condução coletiva de escolares. Tratando-se de produtos perigosos: Lei nº 2.063/1983 e Decreto nº 96.044/1988. O Decreto nº 1.563/1995 e o Decreto nº 1.797/1996, tratam do acordo internacional entre o Brasil, Argentina, Uruguai e Paraguai. Em outras palavras, aplica-se o dispositivo em comento aos veículos da Administração Direta da União, Estados, Distrito Federal e Município que não tiverem a sigla ou logotipo do órgão ou entidade em cujo nome estiver registrado o veículo, quando obrigatório por força do disposto no art. 120, § 1º do Código. Os veículos de auto-escola, que não possuírem a inscrição auto-escola. Os veículos transportadores de escolares ou moto-escola, que não possuírem a faixa horizontal com o dístico "escolar", conforme art. 136 inciso III do CTB. Veículos de transporte coletivo de passageiros (ônibus), por força do disposto no art. 117 veículos de transporte individual de passageiros (táxi), art. 135. As exceções são para os veículos de uso bélico (art. 120, § 2º) e os de serviço reservado policial (art. 116).

TRANSPORTANDO E EMBARCANDO *PRODUTOS PERIGOSOS* SEM RÓTULOS DE RISCO E PAINÉIS DE SEGURANÇA

Transportar produto perigoso sem utilizar, nas embalagens e no veículo, rótulos de risco e painéis de segurança em bom estado e correspondentes ao produto transportado, configura infração de trânsito prevista no art. 45, inciso III, alínea "f" do Decreto nº 96.044/1988 (Código da infração, Detran-SP-916-4) e multa, conforme dispõe à Portaria do Denatran nº 38/1998.

Embarcar produto perigoso em veículo que não esteja utilizando rótulos de risco e painéis de segurança afixados nos locais adequados, é infração do art. 46, inciso II, alínea "c" do Decreto nº 96.044/1988 (Código da infração, Detran/SP-926-1), e multa, conforme Portaria nº 38/1998 do Denatran.

```
187
```

> **Art. 238.** Recusar-se a entregar à autoridade de trânsito ou a seus agentes, mediante recibo, os documentos de habilitação, de registro, de licenciamento de veículo e outros exigidos por lei, para averiguação de sua autenticidade:
> - **Amparo Legal** – art. 238 – CTB e art. 330 – CP.
> - **Infração** – Gravíssima.
> - **Número de pontos** – 7 (sete).
> - **Penalidade** – Multa e apreensão do veículo.
> - **Valor da Multa** – R$ 191,54 – Resolução Contran nº 136/2002.
> - **Medida Administrativa** – Remoção do veículo.
> - **Código da Infração** – 697-1 – Denatran/Detran – Resolução Contran nº 66/1998 (Corresponde ao art. 238 – CTB).
> - **Competência** – Estado – Resolução Contran nº 66/1998.

É dever de todos os condutores de veículos, ao serem fiscalizados entregarem à autoridade de trânsito ou a seus agentes, mediante recibo, os documentos de habilitação, de registro, de licenciamento de veículo e outros exigidos por lei, para averiguação de sua autenticidade.

Os documentos normalmente exigidos quando da fiscalização de trânsito pelo agente fiscalizador são:

1. **Carteira Nacional de Habilitação (CNH)** – Não pode ser cópia reprográfica, sendo aceitas exclusivamente no original por força do § 5º do art. 159 do CTB. O porte da CNH é obrigatório nos termos do § 1º do art. 159 c/c art. 269, § 3º do CTB e Resolução Contran nº 13/1998.

2. **Permissão para Dirigir (PPD)** – Será aceita exclusivamente no original, conforme § 5º do art. 159 do CTB, não serão aceitas xerox. O porte da Permissão para Dirigir é obrigatório nos termos do § 1º do art. 159, c/c art. 269, § 3º do Código e Resolução Contran nº 13/1998.

3. **Certificado de Registro e Licenciamento de Veículo (CRLV)** – Conforme art. 133 do CTB, c/c art. 9º da Resolução Contran nº 664/1986 e Resolução Contran nº 13/1998. Preconiza a Resolução Contran nº 13/1998, no seu § 1º inciso II, que em relação ao CRLV, serão aceitos no original ou cópia autenticada pela repartição de trânsito que o expediu (Ciretran, Detran).

4. **Autorização para condução de ciclomotores (APCC),** nos termos da Resolução Contran nº 50/1998, Anexo I, tratando-se de documento de porte obrigatório, nos termos da Resolução Contran nº 13/1998. A autorização para conduzir ciclomotores é apurada por meio de realização dos cursos e exames previstos na Resolução Contran nº 50/1998, requerido pelo candidato que saiba ler e escrever, que seja penalmente imputável (somente maior de dezoito anos), mediante apresentação de prova de identidade reconhecida pela legislação federal. Em linhas gerais, para a circulação (Dirigir) de ciclomotores no território nacional, é obrigatório o porte da autorização para conduzir ciclomotores (APCC) ou da carteira nacional de habilitação na categoria "A", logicamente aceitando-se a Permissão para Dirigir (PPD), na categoria "A". Para habilitar-se na categoria "A" (condutor de veículo motorizado de duas ou três rodas com ou sem carro lateral), deve ser usado no mínimo uma motocicleta acima de 125cc. A autorização para conduzir ciclomotor (APCC), expedida pelos Detrans ou Ciretrans, é válida para todo o território nacional, sendo obrigatório sua apresentação no original e acompanhada de documento de identidade reconhecido pela legislação federal.

5. **Autorização para estrangeiro dirigir no Brasil (APEDNB)** – Válido no original, e é documento reconhecido pela legislação de trânsito, mormente segundo a Resolução Contran nº 50/1998.

OUTROS DOCUMENTOS EXIGIDOS POR LEI

a) A Resolução Contran nº 13/1998, em seu art. 1º incisos III e IV, estabeleceu como documento de porte obrigatório o **comprovante atualizado do imposto sobre propriedade de veículo automotores (IPVA), e comprovante do seguro obrigatório de danos pessoais (DPVAT),** no original ou cópia autenticada. Não obstante, entendemos que casos estes pagamentos estejam averbados no certificado de registro e licenciamento do veículo (CRLV), não há necessidade de portá-los (IPVA e DPVAT), devendo referidos documentos serem objeto de fiscalização pelo órgão de trânsito, por ocasião do licenciamento anual, nos termos do art. 131, § 2º do CTB.

b) **A licença para aprendizagem de direção veicular (LADV),** deve ser exigida nos termos da Resolução Contran nº 50/1998, para a prática de direção veicular em vias pública, ou em locais pré-determinados ou específicos para esse fim. O candidato a obtenção da Permissão para Dirigir (PPD) ou mudança de categoria da carteira nacional de habilitação (CNH), deverá portar a licença para aprendizagem de direção veicular (LADV), expedida pelo órgão executivo de trânsito, vale dizer, para ministrar aula prática, em qualquer categoria, o instrutor deverá portar o LADV do candidato. O candidato a Permissão para Dirigir (PPD), que for encontrado conduzindo desacompanhado do receptivo instrutor, terá sua licença para aprendizagem de direção veicular cassada e só poderá obter nova licença após seis meses da cassação. A LADV, deve ser apresentada junto com documento de identidade expressamente reconhecida pela legislação federal (Resoluções Contran nºs 50/1998 e 74/1998).

c) Credencial de instrutor de candidato a obtenção da Permissão para Dirigir ou mudança de categoria da carteira nacional de habilitação, nos termos da Resoluções Contran nº 50/1998 e nº 74/1998. O instrutor deverá portá-la e exibi-la quando determinar o agente fiscalizador de trânsito.

d) Credencial de transportador de escolares (CTE), também condutor dessa modalidade de veículo deverá portá-la e exibi-la quando da fiscalização, nos termos do art. 138, V do CTB.

e) Outros documentos mencionados na legislação em geral, como exemplo o CRV – Certificado de Registro de Veículo, nos termos do art. 273 do CTB. Importa destacar que o CRV, não é documento de porte obrigatório.

A ação fiscalizatória, encontra respaldo também no art. 272, cuja dicção é clara, firmando que o recolhimento da carteira nacional e da Permissão para Dirigir, dar-se-á mediante recibo, além dos casos previstos no Código de trânsito brasileiro, também quando houver suspeita de sua inautenticidade ou adulteração, cabendo ainda a medida de recolhimento quando a suspeita recair sobre o certificado de registro (CRV) e o certificado de registro e licenciamento de veículo (CRLV), nos termos dos arts. 273 e 274 do CTB. Indispensável lembrar, que nos casos de suspeição de inautenticidade ou adulteração de quaisquer dos documentos anteriormente mencionados e outros mencionados na legislação em geral, será obrigatória a apresentação do fato e investigação da autoridade policial, o Delegado de Polícia, para deliberação e formação de convicção para demais providências.

De outro lado, a dicção do art. 238 do Código, "mediante recibo", nada mais é do que o auto de exibição e apreensão, ou comprovante de recolha.

O agente fiscalizador de trânsito, determinando ao condutor a entrega do documento de habilitação, registro, licenciamento de veículo e outros exigidos por lei, para averiguação de sua autenticidade, havendo recusa injustificada ocorrerá eventualmente o crime de desobediência e se resultar ofensas, desacato (arts. 330 e 331 do CP). A competência para fiscalizar documentos é específica, não aplicando-se a todos os agentes de trânsito enumerados no § 4º do art. 280, mas somente aos policiais militares e rodoviário federais e autoridade de trânsito. Não obstante, aos demais, havendo flagrante, poderá qualquer do povo agir na forma preconizada no art. 301 do Código de processo penal.

Ainda, necessário transcrevermos o art. 269, § 1º do CTB: *"A ordem, o consentimento, a fiscalização, as medidas administrativas e coercitivas adotadas pelas autoridades de trânsito e seus agentes têm por objetivo prioritário a proteção à vida e a incolumidade física da pessoa."*.

De outra parte, deixando o condutor envolvido em acidente com vítima de identificar-se ao policial e de lhe prestar informações necessárias à confecção do Boletim de Ocorrência, incidirá na violação do art. 176, inciso V do CTB, e ainda, poderá ocorrer a violação do disposto no art. 66 da Lei de Contravenções Penais (recusa de dados sobre a própria identidade ou qualificação).

A distinção necessária a fazer é que nesta infração do art. 238, há fundada suspeita de que o documento (habilitação, PPD, CRLV, CRV, etc.), tem fraude, há suspeita de sua inautenticidade. A infração do art. 195 do Código, dá-se, quando o condutor desobedece às ordens da autoridade de trânsito ou seus agentes, são

ART. 238

mais abrangentes, ou ainda, quando nos termos do art. 232, o veículo está sendo conduzido sem os documentos de porte obrigatório. A diferença é tênue, no caso do art. 238, há suspeita de autenticidade do documento de trânsito os outros exigidos por lei; tratando-se do art. 195, há desobediência a ordem legal emanada da autoridade de trânsito ou seus agentes, não há suspeita de autenticidade, dá-se uma ordem legal e esta não é obedecida. Quanto a do art. 232, o condutor não está portando os documentos de porte obrigatório. Essas são as distinções.

Waldyr de Abreu,[195] na sua consagrada obra, acentua-o, referindo-se a abordagem e conflito entre o policial e o condutor: "se estes documentos estiverem dentro de carteiras, devem ser delas retirados pelo próprio motorista e, de preferência, recebidos um de cada vez. Já nos referimos a atritos e mal entendidos ocorridos, quando o policial procura tirar estes documentos, às vezes mal conservados e velhos".

DEVER DO CONDUTOR DE EXIBIR DOCUMENTOS

"**Parecer:** *Poder de Polícia – Código Nacional de Trânsito – Dever do Condutor de exibir documentos – Interpretação da palavra exibir – Inciso XVIII, do art. 83, do CNT.*

O Comando do Policiamento do Interior, solicita o pronunciamento da Consultoria Jurídica sobre o significado da palavra "exibir" constante do art. 175, Inciso XVII, do Regulamento do Código Nacional de Trânsito, tendo-se em vista que alguns motoristas se recusam a passar às mãos do Policial Militar os documentos de habilitação e os relativos ao veículo, sob a alegação de que são obrigados a exibi-los e não a entregá-los.

Ao examinarmos a questão, verificamos que se trata de um problema de interpretação.

O Código Nacional de Trânsito em seu art. 83, inciso XVII, repetido no inciso XVII, do art. 175, de seu regulamento, enuncia como um dos deveres do condutor de veículos "Portar e, sempre que solicitado pela autoridade de trânsito ou seus agentes, exibir os respectivos documentos de habilitação, de licenciamento do veículo e outros que forem exigidos por Lei ou regulamento".

Uma interpretação literal do texto concluirá que exibir os documentos significa mostrá-los e, sendo assim, não seria o condutor obrigado a entregá-los ao Policial para examinar.

No entanto, uma interpretação como essa peca pela superficialidade, pois se limita ao primeiro estágio de uma boa interpretação.

É preciso compreender o significado do dever de exibição na perspectiva de sua finalidade.

As normas jurídicas visam a um fim que lhes esclarece e determina o significado.

No caso da palavra "exibir", notemos que ela contrasta com a palavra "entregar" do Inciso XVIII. A comparação é elucidativa: "entrega contra recibo", significa

---

195. *Trânsito, Como Policiar e ser Policiado,* pp. 10-11.

privar-se o condutor, temporariamente, dos documentos de habilitação e do veículo para averiguação de autenticidade.

É um ato que pode seguir-se à exibição se houver fundada suspeita de falsificação dos documentos.

A nosso ver, o confronto das suas regras já indica que "exibir" não tem o significado restrito que se atribuiu na historieta do jornal.

Daí a necessidade de indagar-se qual o objetivo visado pela norma legal.

Trata-se de norma que objetiva a permitir à autoridade de trânsito ou seus agentes o exame dos documentos de habilitação e do veículo a fim de verificar-se sua regularidade e autenticidade. Trata-se pois de norma que impõe um meio (o dever do condutor) para que se efetive o exercício do poder de polícia.

O significado da norma compõe-se de elementos, entre os quais temos sua *ratio legis*.

Assim, não se atinge o verdadeiro significado de um preceito legal se considerar tão somente o sentido literal. No caso em questão, não se obtém o significado do dever estatuído no Inciso XVII, do art. 83, do CNT sem compreender a finalidade da norma que lhe completa o sentido.

Diante dessas considerações, entendemos que "exibir" os documentos, nos termos do preceito legal sob exame, significa passá-los às mãos da autoridade de trânsito ou de seus agentes para que seja possível realizar-se o objetivo legal que é permitir-se o manuseio da documentação para verificação de sua regularização e autenticidade.

É nosso parecer. José Luiz Fourniol Rebello – Procurador do Estado."[196]

188

Art. 239. *Retirar do local veículo legalmente retido para regularização, sem permissão da autoridade competente ou de seus agentes:*

- **Amparo Legal** – *art. 239 – CTB.*
- **Infração** – *Gravíssima.*
- **Número de pontos** – *7 (sete).*
- **Penalidade** – *Multa e apreensão do veículo.*
- **Valor da Multa** – *R$ 191,54 – Resolução Contran nº 136/2002.*
- **Medida Administrativa** – *Remoção do veículo.*
- **Código da Infração** – *698-0 – Denatran/Detran – Resolução Contran nº 66/1998 (Corresponde ao art. 239 – CTB).*
- **Competência** – *Estado e Município – Resolução Contran nº 66/1998.*

---

196. Fonte: *Bol G* nº 205, de 28 de outubro de 1992, item 17.

Na lição de Geraldo de Faria Lemos Pinheiro e Dorival Ribeiro: *"O preceito faz supor a existência de uma infração anterior, para a qual esteja prevista a medida administrativa de retenção do veículo, de forma expressa, obedecido o disposto nos arts. 269 e 270, com a conseqüente retirada sem a liberação da autoridade competente os seus agentes". (Código de Trânsito Brasileiro Interpretado*, p. 395).

Waldyr de Abreu firma entendimento que, *"Sabe-se que a retenção não é uma punição ou sanção. É apenas uma medida administrativa que, em regra, visa impedir os veículos circularem sem condições próprias. Mas também quando à sua direção esteja alguém incapacitado para fazê-lo, mesmo que seja temporariamente. Aí a irregularidade não é do veículo. Por exemplo, se o condutor está sob a influência de bebida alcoólica, na forma do art. 165; ou com a carteira de habilitação vencida há mais de trinta dias, o que é previsto no art. 162, item V, do CTB. Quando a irregularidade ocorre no veículo, reza o Código que a retenção é para a correção ser feita, o que pode ocorrer imediatamente ou não. Se alguém, sem a devida permissão, retira o carro legalmente retido, incorre, então, no dispositivo em apreço, apenado com multa gravíssima e apreensão do veículo além da remoção. E se a retenção se dá pela segunda hipótese acima, por exemplo, o fato de estar a carteira de habilitação do condutor vencida? Não seria absurdo, por interpretação extensiva ou mesmo aplicação analógica, já que não se trata de dispositivo penal, aplicar-se ao agente o mesmo dispositivo em apreço. Parece, porém mais próprio o enquadramento do fato no art. 195 do CTB, isto é, desobedecer à ordem emanada da autoridade de trânsito ou seu agente no sentido de reter o veículo. E a retenção do veículo continuaria valendo". (Código de Trânsito Brasileiro*, pp. 86-87).

Na visão de Arnaldo Rizzardo: *"Uma vez retido o veículo, por aplicação de medida administrativa, e com maior razão quando apreendido, não pode o proprietário ou condutor retirá-lo sem autorização da autoridade competente ou de seus agentes. Unicamente depois de regularizada a anormalidade é que virá a autorização. No caso de apreensão, permanecerá o veículo sob a custódia da autoridade num prazo de até trinta dias (art. 262 do Código). Para a entrega, deverá haver um ato da autoridade, materializado no procedimento que se instaurou, e colhendo-se a assinatura do condutor. Para que se configure a infração, considerada gravíssima, basta a manifestação de que há a retenção, tipificando-a a negativa em obedecer e o afastamento do local com o veículo. As penalidades compreendem a multa e a apreensão do veículo, removendo-o administrativamente a autoridade ou seu agente." (Comentários ao Código de Trânsito Brasileiro*, p. 511).

Esta infração pode ocorrer no local de retenção, isto é, via pública ou local propriamente determinado para o veículo permanecer custodiado, até que seja sanada a irregularidade, como exemplo, motociclista ou passageiro conduzindo motocicleta sem o capacete de segurança, condutor ou passageiro sem usar o cinto de segurança, quando houver necessidade de desembarcar o excesso de passageiros ou carga, remoção da película não autorizada ao pára-brisa ou vidros laterais, etc. Em tese, dependendo da conduta, poderá configurar violação ao disposto ao art. 330 do CP, com conseqüente apresentação a autoridade policial do desobediente.

189

> **Art. 240.** Deixar o responsável de promover a baixa do registro de veículo irrecuperável ou definitivamente desmontado:
> - **Amparo Legal** – art. 240 – CTB.
> - **Infração** – Grave.
> - **Número de pontos** – 5 (cinco).
> - **Penalidade** – Multa.
> - **Valor da Multa** – R$ 127,69 – Resolução Contran nº 136/2002.
> - **Medida Administrativa** – Recolhimento do certificado de registro e do certificado de licenciamento anual.
> - **Código da Infração** – 699-8 – Denatran/Detran – Resolução Contran nº 66/1998 (Corresponde ao art. 240 – CTB).
> - **Competência** – Estado – Resolução Contran nº 66/1998.

Veículo irrecuperável ou definitivamente desmontado é aquele que não é mais possível voltar à circulação. As causas podem ser as mais variadas, dentre as quais, acidentes de trânsito, ferrugem generalizada, podridão da lataria, inexistência de peças para conserto e reposição, incêndio, inundação, intempéries, desuso ou danos ou avarias em sua estrutura afetando a segurança e inviabilizando sua recuperação.

O art. 126 do Código impõe que o proprietário de veículo irrecuperável ou definitivamente desmontado, deverá requerer a baixa do registro, no prazo e forma estabelecida pelo Contran, isto é, dentro de quinze dias, após a conclusão do laudo pericial que constatar essa irrecuperabilidade, nos termos do art. 6º da Resolução Contran nº 11/1998, sendo vedada a remontagem do veículo sobre o mesmo chassi, de forma a manter o registro anterior. A obrigação mencionada é da companhia seguradora ou do adquirente do veículo destinado a desmontagem, quando estes mudarem ao proprietário (art. 126, parágrafo único do CTB). O Certificado de Registro de licenciamento de veículo (CRLV) e o Certificado de Registro (CRV), serão recolhidos definitivamente pelo órgão de trânsito conforme art. 1º, § 3º da Resolução Contran nº 11/1998, assim como destruir as partes do chassi que contém o registro VIN e sua placas.

A baixa do registro de veículos é obrigatória sempre que o veículo for retirado de circulação nas seguintes possibilidades: I. Veículo irrecuperável; II. Veículo definitivamente desmontado; III. Sinistrado com laudo de perda total; IV. Vendidos ou leiloados como sucata (art. 1º da Resolução Contran nº 11/1998). O desmonte legítimo de veículo deverá ser efetuado exclusivamente por Empresa Credenciada pelos Órgãos ou Entidades Executivos de Trânsito dos Estados ou Distrito Federal, que deverão encaminhar semestralmente ao Órgão Máximo Executivo de Trânsito e da União a relação dos registros dos veículos desmontados para confirmação de baixa, no registro nacional de veículos automotores (Renavam), nos termos do § 4º da Resolução nº 11/1998, acrescido pelo art. 1º da Resolução Contran nº 113/2000.

Disciplina também o assunto, isto é, a baixa obrigatória de veículos vendidos ou leiloados como sucata, a Lei nº 8.722 de 27.10.1993,[197] estabelecendo que os documentos dos referidos veículos, bem como a parte do chassi que contém o seu número, serão obrigatoriamente recolhidos, antes da venda, aos órgãos responsáveis pela sua baixa. A Lei em comento (nº 8.722/1993), foi regulamentada pelo Decreto nº 1305, de 9.11.1994[198] que em seu art. 1º, considera irrecuperável todo veículo que em razão de sinistro, intempérie ou desuso, haja sofrido danos ou avarias em sua estrutura, capazes de inviabilizar recuperação que atenda aos requisitos de segurança veicular, necessária para a circulação nas vias públicas. Os veículos irrecuperáveis, pelo Decreto citado, é considerado sucata. A baixa de veículo realizada nos termos do Decreto nº 1.305/1994, e art. 4º da Resolução Contran nº 11/1998, é irreversível, irrevogável e definitiva, de cujo auto deverá ser lavrada Certidão de Baixa de Veículo (Anexo I da Resolução Contran nº 11/1998). Importa salientar, que compete ao órgão de trânsito, no âmbito de sua circunscrição fiscalizar os estabelecimentos que executem leilões, reformas, recuperação, compra, venda ou desmanche de veículos, usados ou não, a fim de assegurar o fiel cumprimento do disposto no Decreto nº 1.305/1994, sem prejuízo das ações policiais de repressão às atividades delituosas.

De outro lado, o órgão executivo de trânsito competente só efetuará a baixa do registro após prévia consulta ao cadastro do Renavam. Efetuada a baixa do registro, deverá esta ser comunicada, de imediato, ao Renavam (art. 127).

A baixa do registro do veículo somente será autorizada mediante quitação de débitos fiscais e de multas de trânsito e ambientais, vinculadas ao veículo, independentemente da responsabilidade pelas infrações cometidas (art. 2º da Resolução Contran nº 11/1998). A baixa do registro do veículo será providenciada mediante requisição do responsável e laudo pericial confirmando a sua condição (art. 5º da Resolução Contran nº 11/1998).

Importante que os agentes fiscalizadores de trânsito tenham conhecimento e apliquem a Resolução Contran nº 25/1998, mormente seu art. 9º que impõe aos órgãos fiscalizadores, por ocasião do acidente de trânsito, deverão especificar no Boletim de Ocorrência de Acidente de Trânsito (BOAT) a situação do veículo envolvido em uma das seguintes categorias:

I – dano de pequena monta, quando o veículo sofrer danos que não afetem a sua estrutura ou sistemas de segurança;

II – danos de média monta, quando o veículo sinistrado for afetado nos seus componentes mecânicos e estruturais, envolvendo a substituição de equipamentos de segurança especificados pelo fabricante e que reconstituídos, possa voltar a circular;

III – danos de grande monta ou perda total, quando o veículo for enquadrado no inciso III, art. 1º da Resolução nº 11/1998 do Contran, isto é, sinistrado com laudo de perda total.

---
197. Publicada no DOU de 28.10.1993.
198. Publicada no DOU de 10.11.1994.

Em caso de danos de média e grande monta, o órgão fiscalizador responsável pela ocorrência, deverá comunicar o fato ao órgão executivo de trânsito dos Estados ou Distrito Federal, onde o veículo for licenciado para que seja providenciado o bloqueio no cadastro do veículo. Em caso de danos de média monta, o veículo só poderá retornar a circulação, após a emissão do certificado de segurança veicular (CSV), emitido por entidade credenciada pelo Inmetro. O proprietário do veículo automotor, de posse do Boletim de Ocorrência de Acidente de Trânsito (BOAT), de grande monta, poderá no prazo de sessenta dias confirmar esta condição ou não através de um laudo pericial. Quando não houver a confirmação do dano de grande monta através de um laudo pericial, o proprietário do veículo automotor levará este laudo ao órgão executivo de trânsito dos Estado ou Distrito Federal onde o veículo estiver licenciado, para que seja providenciado o desbloqueio no cadastro do veículo, após cumprido o procedimento previsto anteriormente (art. 10 e 11 da Resolução Contran nº 25/1998).

"**PORTARIA DETRAN Nº 1.183, DE 18 DE AGOSTO DE 2003**[199]

Dispõe sobre a baixa permante de veículo sinistrado.

O Delegado de Polícia Diretor,

Considerando as disposições contidas nos arts. 123 e 126 do Código de Trânsito Brasileiro;

Considerando as exigências impostas pelas Resoluções Contran nºs 11, 24 e 25, todas de 1998, tratando das regras para baixa de registro de veículos e das ocorrências envolvendo acidentes de trânsito, quando do ressarcimento pecuniário realizado pelas Companhias Seguradoras e retorno à circulação em face dos danos verificados, mediante a prévia apresentação de Certificado de Segurança Veicular – CSV;

Considerando o regramento contido na Portaria Detran nº 840, de 25 de agosto de 1998, a qual estabelece a obrigatoriedade de transferência de propriedade dos veículos automotores, decorrentes das indenizações procedidas pelas Companhias Seguradoras, em razão da sub-rogação existente nos respectivos contratos firmados com seus segurados, por ocasião de acidentes de trânsito ou quaisquer outros eventos;

Considerando, por derradeiro, a necessidade de dotar todas unidades de trânsito de dados técnicos atinentes a baixa permanente do registro e controle dos veículos porventura passíveis de recuperação para futura circulação nas vias públicas, resolve:

Art. 1º. O proprietário de veículo irrecuperável ou definitivamente desmontado, deverá requerer a baixa permanente do registro, sendo vedada a remontagem do veículo sobre o mesmo chassi, de forma a manter o registro anterior (cf. art. 126 do CTB).

---

199. Publicado no *DOE* nº 155, de 19.9.2003.

Parágrafo único. A obrigação de que trata este artigo é da companhia seguradora ou do adquirente do veículo destinado à desmontagem, quando estes sucederem ao proprietário.

Art. 2º. O prazo e a forma são os estabelecidos na Resolução Contran nº 11, de 1998, complementada pela Resolução Contran nº 25, de 1998.

Art. 3º. Constará do Certificado de Registro de Veículo – CRV, mediante anotação no campo de observações, a expressão sinistro/recuperado, quando o veículo, envolvido em acidente de trânsito, for passível de recuperação nos termos da Resolução Contran nº 25, de 1998.

Art. 4º. A Companhia Seguradora ou o adquirente do veículo, para fins de expedição do Certificado de Registro de Veículo – CRV, deverá apresentar, além das exigências inerentes à transferência de propriedade, os seguintes documentos:

I – Certificado de Segurança Veicular – CSV, expedido por Organismo de Inspeção Credenciado – OIC, credenciado pelo Inmetro na área de segurança veicular;

II – decalque do chassi (gravação do código de identificação veicular – VIN) e das partes, peças e componentes que contenham os dados de identificação veicular (cf. Resolução Contran nº 24, de 1998); e

III – notas fiscais relativas à aquisição de partes, peças e componentes que contenham os dados de identificação veicular, quando não corresponderem aos dados originários do veículo cadastrado no Registro Nacional de Veículos Automotores – Renavam.

Art. 5º. A expedição do Certificado de Registro de Veículo – CRV, na hipótese prevista nesta Portaria, ficará condicionada à prévia realização e aprovação em vistoria a ser determinada pela autoridade de trânsito, atendidas todas as exigências especificadas na Resolução Contran nº 5, de 1998.

Art. 6º. Na hipótese de veículo furtado ou roubado, por ocasião de sua recuperação, será exigida a vistoria especificada no art. anterior e a apresentação do Certificado de Segurança Veicular – CSV, nos casos em que houver constatação de avarias ou consertos relacionados com a substituição de partes, peças e componentes (agregados) que contenham os dados de identificação veicular (cf. Resolução Contran nº 24, de 1998).

Parágrafo único. A obrigação de que trata este artigo aplica-se para a instituição financeira que tenha retomado o veículo, seja em razão de ordem judicial ou por entrega amigável do devedor, atendidas as demais disposições contidas na Portaria Detran nº 635, de 9-6-2000.

Art. 7º. Esta Portaria entra em vigor na data de sua publicação".

A Secretaria de Segurança Pública do Estado de São Paulo, já havia tratado do assunto anteriormente, publicando a Resolução SSP nº 28, de 10.3.1993, pelo menos duas vezes no *Diário Oficial*, na verdade a segunda publicação tratava-se uma republicação em face da relevância da matéria. Conforme se disse, referida Resolução foi publicada no *DOE* nº 46, de 11.3.1993, p. 4 e no *DOE* nº 197, de 14.10.1997, p. 49.

RESOLUÇÃO SSP-SP Nº28, DE 10 DE MARÇO DE 1993

Dispõe sobre bloqueio e liberação do Certificado de Registro e Licenciamento de Veículos e dá outras providências

O Secretário da Segurança Pública,

Considerando o grande número de veículos sinistrados, com danos de monta, que, reformados, voltam à circulação;

Considerando a necessidade que tem a administração pública de, no interesse da população determinar medidas que levem referidos veículos a passar por exames periciais que comprovem suas condições de circular com absoluta segurança;

Considerando o disposto na legislação de trânsito, resolve:

Art. 1º. Os órgãos operacionais das Polícias Civil e Militar deverão consignar expressamente nos boletins e talões de ocorrências que versem sobre acidentes de trânsito, a situação do veículo envolvido, no que se refere a danos de pequena, média ou grande monta, considerada esta quando atingir mais de 75% do veículo.

Art. 2º. Considerando os danos do veículo como de grande monta, o órgão operacional responsável pela ocorrência comunicará o fato à repartição de trânsito de registro do veículo, que providenciará o bloqueio no cadastro de veículos do Detran.

Art. 3º. O desbloqueio do veículo no cadastro somente ocorrerá após perícia junto a entidade homologada pelo Instituto Nacional de Metrologia, Normalização e Qualidade Industrial, que comprove estar com todas suas condições originais de segurança.

Art. 4º. A Delegacia Geral de Polícia, o Comando Geral da Polícia Militar e a Diretoria do Detran baixarão instruções complementares, para a efetiva execução desta Resolução, no prazo de 30 dias.

Art. 5º. Esta resolução entrará em vigor na data da sua publicação.

| 190 |

Art. 241. **Deixar de atualizar o cadastro de registro do veículo ou de habilitação do condutor:**
- *Amparo Legal* – art. 241 – CTB.
- *Infração* – Leve.
- *Número de pontos* – 3 (três).
- *Penalidade* – Multa.
- *Valor da Multa* – R$ 53,20 – Resolução Contran nº 136/2002.

ART. 241

> - **Código da Infração** – 700-5 – Denatran/Detran – Resolução Contran nº 66/1998 (Corresponde ao art. 241 – CTB).
> - **Competência** – Estado – Resolução Contran nº 66/1998.

As condutas típicas neste artigo são duas: deixar de atualizar o cadastro de registro do veículo ou de habilitação do condutor. No primeiro caso, há necessidade de observar-se a obrigatoriedade de expedição de novo certificado de registro de veículo quando for transferida a propriedade; o proprietário mudar o município de domicílio ou residência; for alterada qualquer característica do veículo; ou houver mudança de categoria. No caso de transferência de propriedade, o prazo para o proprietário adotar as providências necessárias à efetivação do novo certificado de registro de veículo é de trinta dias, sendo que nos demais casos as providências deverão se imediatas (art. 123, § 1º). No caso de transferência de domicílio ou residência no mesmo município, o proprietário comunicará o novo endereço num prazo de trinta dias e aguardará o novo licenciamento para alterar o certificado de licenciamento anual (§ 2º do art. 123). Não bastasse isso, no caso de transferência de propriedade, o proprietário antigo deverá encaminhar ao órgão executivo de trânsito do Estado dentro de um prazo de trinta dias, cópia autenticada do comprovante de transferência de propriedade, devidamente assinado e datado, sob pena de ter que se responsabilizar solidariamente pelas penalidades impostas e suas reincidências até a data da comunicação (art. 134). No segundo caso, apesar do § 4º do art. 159 que determinava o registro da CNH, ter sido vetado, entendemos que por força do disposto do § 1º do art. 3º da Resolução Contran nº 71/1998, a expedição da carteira nacional de habilitação (CNH), dar-se-á compulsoriamente, quando da troca da Permissão para Dirigir (PPD), pela CNH permanente, ao término de um ano; na revalidação dos exames; quando ocorrer alteração de dados do condutor; em caso de perda, dano ou extravio e quando houver a reabilitação do condutor. Não obstante, o condutor para eximir-se da autuação prevista no art. 241, deverá apenas comunicar ao órgão de trânsito seu novo endereço ou domicílio é o que infere-se pelas razões do veto do § 4º do art. 159.

De destacar-se, que a não atualização do cadastro de registro do veículo, afeta a notificação obrigatória do condutor por infrações a legislação de trânsito conforme determina o art. 282, uma vez que o condutor não tomará ciência da imposição da penalidade, por isso, não ingressará com defesa administrativa e a notificação devolvida por desatualização do endereço do veículo será considerada válida para todos os efeitos (§ 1º do art. 282).

Mais uma vez, lançamos mãos do entendimento do respeitado Waldyr de Abreu:[200] *"O Renach e o Renavam são fundamentais no coibir a subtração de veículos, no infracionamento do trânsito e reincidência e na revelação da duplicidade ilegal de carteiras de habilitação, imprescritível à execução das suspensões e cassações delas. Proclama-se a importância dessas punições, até no direito penal, mas se tornam inócuas há facilidade de serem frustradas".*

---

200. *Código de Trânsito Brasileiro*, p. 88.

191

Art. 242. Fazer falsa declaração de domicílio para fins de registro, licenciamento ou habilitação:
- **Amparo Legal** – art. 242 – CTB.
- **Infração** – Gravíssima.
- **Número de pontos** – 7 (sete).
- **Penalidade** – Multa.
- **Valor da Multa** – R$ 191,54 – Resolução Contran nº 136/2002.
- **Código da Infração** – 701-3 – Denatran/Detran – Resolução Contran nº 66/1998 (Corresponde ao art. 242 – CTB).
- **Competência** – Estado – Resolução Contran nº 66/1998.

O dispositivo do art. 242, tem conexão com os arts. 120, 131 e 140 do CTB. No primeiro caso, o Código dispõe que todo veículo automotor, elétrico, articulado, reboque ou semi-reboque, deve ser registrado perante o órgão executivo de trânsito. No segundo, o certificado de licenciamento anual será expedido ao veículo licenciado, vinculado ao certificado de registro. Por último, a habilitação para conduzir veículo automotor e elétrico será apurada por meio de exames que deverão ser realizados junto ao órgão ou entidade executivos de trânsito do Estado ou Distrito Federal, do domicílio ou residência do candidato, ou na sede estadual ou distrital do próprio órgão, após o preenchimento dos requisitos básicos.

Esta infração na prática será aplicada pelos agentes fiscalizadores de trânsito, dada a dificuldade no primeiro momento de constatá-la, tenho que é mais fácil a responsabilização pelos órgãos de trânsito fundado nos seus arquivos. Acredito ainda que o objetivo do legislador foi preventivo, de alerta e com isso, preservar as informações que constam no sistema atualizados. A localização imediata do domicílio do proprietário de veículo é indispensável em determinadas situações, principalmente nas de emergência ou ainda para notificá-lo a apresentar defesa escrita nos termos do art. 282 do Código. Importa lembrar, que a notificação devolvida por desatualização do endereço será considerada válida para todos os efeitos (§ 1º, art. 282).

Dependendo da situação fática, a falsa declaração de domicílio para fins de registro, licenciamento ou habilitação poderá constituir-se em violação ao art. 299 do Código Penal.

Importa lembrar, que quando ocorrer a transferência de propriedade do veículo, será obrigatória a expedição de novo certificado de registro de veículo, devendo o novo proprietário adotar as providências necessárias a efetivação do documento de registro do veículo em trinta dias (art. 123, I e § 1º).

Quando o proprietário de veículo, mudar o município de domicílio ou residência, será também obrigatório a expedição de novo certificado de registro, desta vez, imediatamente (art. 123, inciso II e § 1º parte final).

Entretanto, no caso de **transferência de domicílio ou residência no mesmo município**, o proprietário comunicará o novo endereço num prazo de trinta dias e aguardará o novo licenciamento anual (art. 123, § 2º).

No caso de transferência de propriedade, **o proprietário antigo** deverá encaminhar ao órgão executivo de trânsito do Estado dentro de um prazo de trinta dias, cópia autenticada do comprovante de transferência de propriedade, devidamente assinado e datado, sob pena de ter que se responsabilizar solidariamente pelas penalidades impostas e suas reincidências até a data da comunicação (art. 134).

"COMUNICADO Nº 4, DE 30 DE MARÇO DE 2001

O Delegado de Polícia Diretor comunica aos Diretores das Unidades instaladas na Sede do Departamento e das Circunscrições Regionais e Seções de trânsito, a publicação da **Portaria nº 20, de 23.3.2001** (DOU 26.3.2001), expedida pelo Departamento Nacional de Trânsito – Denatran, estabelecendo regras para fins de comprovação de domicílio nos procedimentos de anotação e registro de dados relativos a condutores e veículos, abaixo transcrita:

"PORTARIA DENATRAN Nº 20, DE 23 DE MARÇO DE 2001.

O Diretor do Departamento Nacional de Trânsito – Denatran, no exercício das atribuições que lhe confere o art. 19, incisos VI e VII da Lei nº 9.503, de 23 de setembro de 1997 – Código de Trânsito Brasileiro, c/c o art. 7º do Decreto nº 2.802, de 13 de outubro de 1998, e considerando o disposto nos capítulos relativos ao registro de veículos e à habilitação, tudo com vistas à máxima segurança do Sistema Nacional de trânsito e seus usuários, resolve:

Art. 1º. A autoridade trânsito responsável pelos procedimentos de anotação e registro de dados a condutores e veículos deverá exigir declaração de próprio punho, firmada sob as penas da lei, nos processos em que pairem dúvidas quanto à veracidade das informações prestadas pelo interessado quanto ao seu domicílio.

Parágrafo único. Considera-se como documentos hábeis de comprovação de domicílio, constas de água, luz, e telefone em nome do interessado, ou cópia autenticada de contrato de locação de imóvel por ele celebrado, devidamente registrado.

Art. 2º. A exigência de que trata o artigo anterior não exclui o proprietário e/ou condutor do veículo das penalidades constantes dos arts. 241 e 242 do Código de Trânsito Brasileiro.

Art. 3º. Esta Portaria entra em vigor na data de sua publicação."

192

> **Art. 243.** Deixar a empresa seguradora de comunicar ao órgão executivo de trânsito competente a ocorrência de perda total do veículo e de lhe devolver as respectivas placas e documentos:
> - **Amparo Legal** – art. 243 – CTB.
> - **Infração** – Grave.
> - **Número de pontos** – 5 (cinco).
> - **Penalidade** – Multa.
> - **Valor da Multa** – R$ 127,69 – Resolução Contran nº 136/2002.
> - **Medida Administrativa** – Não há previsão.
> - **Código da Infração** – 702-1 – Denatran/Detran – Resolução Contran nº 66/1998 (Corresponde ao art. 243 – CTB).
> - **Competência** – Estado – Resolução Contran nº 66/1998.

A situação fática amolda-se, quando o veículo automotor segurado, envolve-se em acidente de trânsito com danos de grande monta que, indiquem sua perda total, tornando-se inviável sua recuperação, principalmente afetando sua estrutura ou sistemas de segurança, não permitindo assim, sua reconstituição para voltar a circulação. Deverá os danos de perda total ser declarado por laudo. Há verdadeira sucessão de propriedade. A companhia seguradora indeniza o proprietário do veículo sinistrado, ocasião em que passa a ser a responsável para promover a baixa do veículo junto ao órgão executivo de trânsito, entretanto, havendo omissão, está caracterizada a infração do art. 243. Além disso, há necessidade de devolver as respectivas placas e documentos do veículo. A presente infração encontra fundamento no art. 1º inciso III e art. 6º da Resolução Contran nº 11/1998 c/c art. 126, parágrafo único do CTB e art. 1º, § 3º, letra "e" do Decreto nº 1.305/1994 que regulamentou a Lei nº 8.722/1993. A imposição desta penalidade deverá ser imposta pelo órgão executivos de trânsito, pois o agente fiscalizador de trânsito não terá meios seguros de constatar em via pública a presente infração. A medida visa com isso, combater os furtos e receptação de veículos, bem como a falsidade documental, a remontagem do veículo sem a adequada segurança, adulterações e o comércio clandestino de peças de veículos.

O art. 9º da Resolução Contran nº 25/1998, determina aos órgão fiscalizadores que especifiquem no Boletim de Ocorrência de Acidente de Trânsito (BOAT) a situação do veículo envolvido em uma das seguintes categorias:

I – dano de pequena monta, quando o veículo sofrer danos que não afetem a sua estrutura ou sistemas de segurança;

II – danos de média monta, quando o veículo sinistrado for afetado nos seus componentes mecânicos e estruturais, envolvendo a substituição de equipamentos de segurança especificados pelo fabricante, e que reconstituídos, possa volta a circular;

III – danos de grande monta, ou perda total, quando o veículo for enquadrado no inciso III, art. 1º da Resolução nº 11/1998 do Contran, isto é, sinistrado com laudo de perda total.

Importa destacar, que em caso de danos de média e grande monta, o órgão fiscalizador responsável pela ocorrência, deverá comunicar o fato ao Órgão Executivo de Trânsito dos Estados ou Distrito Federal, onde o veículo for licenciado para que seja providenciado o bloqueio no cadastro do veículo. Em caso de danos de média monta, o veículo só poderá retornar a circulação, após a emissão do certificado de segurança veicular (CSV), emitido por entidade credenciada pelo Inmetro.

| 193 |

Art. 244. Conduzir motocicleta, motoneta e ciclomotor:

I – sem usar capacete de segurança com viseira ou óculos de proteção e vestuário de acordo com as normas e especificações aprovadas pelo Contran:

- **Amparo Legal** – art. 244 – CTB.
- **Infração** – Gravíssima.
- **Número de pontos** – 7 (sete).
- **Penalidade** – Multa e suspensão do direito de dirigir.
- **Valor da Multa** – R$ 191,54 – Resolução Contran nº 136/2002.
- **Medida Administrativa** – Recolhimento do documento de habilitação.
  Nota: Quanto ao recolhimento da CNH ou PPD, trata-se de medida a ser aplicada exclusivamente pela Autoridade de Trânsito, observando os princípios da ampla defesa e contraditório nos termos do art. 5º, II, LV e LVII da CF, art. 265 do CTB e Deliberação Cetran/SP nº 199/2000 publicada no DOE nº 195 de 10.10.2000, p. 4.
- **Código da Infração** – 703-0 – Denatran/Detran – Resolução Contran nº 66/1998 (Corresponde ao art. 244, I – CTB).
- **Competência** – Estado e Município – Resolução Contran nº 66/1998.

Os veículos denominados motocicleta, motoneta e ciclomotor, estão classificados no art. 96 do Código. O Anexo I do CTB os define:

1. Motocicleta – Veículo automotor de duas rodas, com ou sem *side-car*, dirigido por condutor em posição montada;

2. Motoneta – veículo automotor de duas rodas, dirigido por condutor em posição sentada;

3. Ciclomotor – Veículo de duas ou três rodas, provido de um motor de combustão interna cuja cilindrada não exceda a cinqüenta centímetros cúbicos (3,05 polegadas cúbicas) e cuja velocidade máxima de fabricação não exceda a cinqüenta quilômetros por hora.

A infração em comento é observada diariamente no trânsito urbano. O condutor de motocicleta ainda não conscientizou-se da relevância do uso de capacete de segurança e muitos já perderam a vida quando envolvida em acidente de trânsito. Alguns chegam a portá-los no braço com a motocicleta em movimento, entretanto sem usá-los, exceto quando vislumbram que na via pública vão deparar-se com operações fiscalizadoras de trânsito.

A infração caracteriza-se quando o condutor de motocicleta, motoneta e ciclomotor, na direção destes veículos, não estão usando capacete de segurança.

O Contran, através da Resolução nº 20/1998, disciplinou o uso de capacete de segurança pelo condutor e passageiros de motocicletas, motonetas, ciclomotores, triciclos e quadriciclos motorizados, isto é, só poderão circular com esses veículos utilizando capacete de segurança que possuam os requisitos adequados. Se o capacete de segurança não tiver viseira transparente diante dos olhos, o condutor deverá, obrigatoriamente, utilizar óculos de proteção. O capacete deverá estar devidamente afixado na cabeça para que seu uso seja considerado correto.

Quanto ao item vestuário de segurança mencionados pelo art. 244, inciso I, parte final e art. 54 inciso III do Código, ainda não foi regulamentado pelo Contran, não sendo possível sua exigência. Crianças menores de sete anos, não podem ser transportadas nestes veículos por imposição do inciso V do art. 244.

194

Art. 244. *Conduzir motocicleta, motoneta e ciclomotor:*

II – *transportando passageiro sem o capacete de segurança, na forma estabelecida no inciso anterior, ou fora do assento suplementar colocado atrás do condutor ou em carro lateral:*

- **Amparo Legal** – *art. 244, II – CTB.*
- **Infração** – *Gravíssima.*
- **Número de pontos** – *7 (sete).*
- **Penalidade** – *Multa e suspensão do direito de dirigir.*
- **Valor da Multa** – *R$ 191,54 – Resolução Contran nº 136/2002.*
- **Medida Administrativa** – *Recolhimento do documento de habilitação.*
  Nota: *Quanto ao recolhimento da CNH ou PPD, trata-se de medida a ser aplicada exclusivamente pela autoridade de trânsito observando os princípios da ampla defesa e contraditório nos termos do art. 5º, II, LV e LVII da CF, art. 265 do CTB e Deliberação Cetran/SP nº 199/2000, publicada no DOE nº 195 de 10.10.2000, p. 4.*
- **Código da Infração** – *704-8 – Denatran/Detran – Resolução Contran nº 66/1998 (Corresponde ao art. 244, II – CTB).*
- **Competência** – *Município – Resolução Contran nº 66/1998.*

A incidência dá-se quando o condutor de motocicleta, motoneta e ciclomotor, é surpreendido conduzindo um deste veículos, transportando passageiro sem que este esteja usando capacete de segurança com viseira ou óculos de proteção de acordo com as imposições da Resolução Contran nº 20/1998 e art. 55 inciso I do Código ou fora do assento suplementar colocado atrás do condutor ou em carro lateral, conforme inciso II do art. 55. Quanto ao vestuário de proteção, não é exigido até o presente momento por falta de regulamentação pelo Contran. Não obstante, deve-se observar as imposições da Resolução Contran nº 20/1998, tanto para o condutor como para o passageiro destes veículos. Importa ainda destacar, que as crianças menores de sete anos não podem ser transportadas nestes veículos, sob pena de cometimento da infração prevista no inciso V do art. 244.

195

Art. 244. *Conduzir motocicleta, motoneta e ciclomotor:*
III – *fazendo malabarismo ou equilibrando-se apenas em uma roda:*

- **Amparo Legal** – *art. 244, III CTB.*
- **Infração** – *Gravíssima.*
- **Número de pontos** – *7 (sete).*
- **Penalidade** – *Multa e suspensão do direito de dirigir.*
- **Valor da Multa** – *R$ 191,54 – Resolução Contran nº 136/2002.*
- **Medida Administrativa** – *Recolhimento do documento de habilitação.*
  Nota: Quanto ao recolhimento da CNH ou PPD, trata-se de medida a ser aplicada exclusivamente pela autoridade de trânsito observando os princípios da ampla defesa e contraditório nos termos do art. 5º, II, LV e LVII do CF, art. 265 do CTB e Deliberação Cetran/SP nº 199/2000, publicada no DOE nº 195 de 10.10.2000, p. 4.
- **Valor da Multa** – *R$ 191,54 – Resolução Contran nº 136/2002.*
- **Código da Infração** – *705-6 – Denatran/Detran – Resolução Contran nº 66/1998 (Corresponde ao art. 244, III – CTB).*
- **Competência** – *Município – Resolução Contran nº 66/1998.*

Malabarismo, quer dizer acrobacia. Ocorre a infração quando o condutor de motocicleta, motoneta e ciclomotor, na direção destes veículo, na maioria das vezes a pretexto de chamar a atenção ou auto afirmar-se, utiliza-se de manobras incomuns, arriscadas, perigosas, posições e movimentos difíceis, extravagantes, equilibrando-se e transitando com o veículo com apenas umas das rodas no solo (dianteira ou traseira), isto é, empinado, realizando curvas fechadas com acentuada inclinação para os lados ou conduzi-la em pé sobe o guindon, tanque, assento, pedais ou de costas para o painel do veículo, etc. Nestes casos a apresentação do condutor é obrigatória na unidade policial civil da área, para deliberação e providências criminais pela autoridade policial, independentemente das medidas administrativas.

Importante acentuar que por força do disposto no § 1º do art. 244, aplica-se aos ciclos (bicicleta) a presente infração. Não obstante, a imposição deve ser regulamentada pelo Contran, posto que para ciclos não se exige documento de habilitação. Na prática, no presente momento não é possível a aplicabilidade do dispositivo em relação ao ciclos.

196

Art. 244. *Conduzir motocicleta, motoneta e ciclomotor:*
IV – *com os faróis apagados:*

- **Amparo Legal** – *art. 244, IV – CTB.*
- **Infração** – *Gravíssima.*
- **Número de pontos** – *7 (sete).*
- **Penalidade** – *Multa e suspensão do direito de dirigir.*
- **Valor da Multa** – *R$ 191,54 – Resolução Contran nº 136/2002.*
- **Medida Administrativa** – *Recolhimento do documento de habilitação.*
  Nota: Quanto ao recolhimento da CNH ou PPD, trata-se de medida a ser aplicada exclusivamente pela autoridade de trânsito observando os princípios da ampla defesa e contraditório nos termos do art. 5º, II, LV e LVII do CF, art. 265 do CTB e Deliberação Cetran/SP nº 199/2000, publicada no DOE nº 195 de 10.10.2000, p. 4.
- **Código da Infração** – *706-4 – Denatran/Detran – Resolução Contran nº 66/1998 (Corresponde ao art. 244, IV – CTB).*
- **Competência** – *Município – Resolução Contran nº 66/1998.*

A redação do inciso IV do art. 244, é confusa, acarretando interpretação divergente na doutrina. Para Geraldo de Faria Lemos Pinheiro e Dorival Ribeiro:[201] "redigido o inciso IV como se encontra, sem qualquer referência a dia ou noite, é de se entender que em qualquer período será infração conduzir motocicletas, motonetas ou ciclomotores com os faróis apagados. Cuidando no incisos IV das três modalidades de veículos de duas rodas, não precisava o legislador particularizar no art. 150, I, alínea "d", mencionando apenas os ciclomotores. Aliás, quando tratou das provas de direção veicular, na Resolução nº 50/1998, o Contran considerou como falta eliminatória para a categoria "A" fazer o percurso com o farol apagado" (art. 24, "g").

O ilustre Arnaldo Rizzardo,[202] entende que "os faróis ficarão sempre ligados ou acesos, no tocante às motocicletas e similares, ou seja, durante o dia e a noite,

---

201. *Código de Trânsito Brasileiro Interpretado*, pp. 401-402.
202. *Comentários ao Código de Trânsito Brasileiro*, p. 634.

utilizando luz baixa, como vem previsto no parágrafo único do art. 40 do Código, o que aumenta a percepção pelos condutores de outros veículos".

Da mesma opinião, João Batista da Silva:[203] "trata-se de infração do condutor, que tem o comando e o domínio do veículo. O farol, ou faróis tem de estar acesos, seja durante o dia, seja à noite".

Entretanto, adotam postura diversa, isto é, que a obrigatoriedade do uso dos faróis acesos para condução de motocicleta, motoneta e ciclomotor, aplica-se somente durante o dia, como é o caso do consagrado Aureliano Pires Vasques,[204] explicando: "O legislador empregou o termo "faróis apagados" no sentido "lato sensu", não especificando se durante o dia ou a noite. Pela ilação desse dispositivo, conclui-se que os faróis das motocicletas e motonetas deverão estar acesos apenas à noite, uma vez que o legislador, quando quer obriga o uso da luz acesa de dia e de noite como fê-lo com ciclomotores, obrigando-os a circularem com a luz baixa acesa diuturnamente (art. 250, I, "d" do CTB). Por outro lado, o legislador utiliza o termo "faróis" no art. 244, IV e "luz baixa" no art. 250, I, "d". Porém não define no seu Anexo I o que seria "farol", apenas "luz baixa".

De opinião semelhante a anterior, Gilberto Antonio Faria Dias,[205] ao acentuar: "Considerando o disposto nos arts. 40, parágrafo único e 250, I, "d", do CTB, entendemos que as motocicletas e as motonetas devam transitar com os faróis acesos só durante à noite, ou seja, entre o pôr-do-sol e o seu nascer. Entretanto, os ciclomotores devem transitar com os faróis acesos durante o dia e à noite".

Posição a nosso ver, intermediária, é adotada por Waldyr de Abreu,[206] "O item IV reprime a circulação dos veículos, em apreço com os faróis apagados. Entendemos seja assim à noite, em túneis ou em outras circunstâncias em que os riscos da escuridão sejam acentuados. Quando não, a infração seria enquadrável no art. 230, XIII ou XXII do CTB, por equidade, de punição mais leve".

Nossa posição: Entendemos que o dispositivo aplica-se aos condutores de motocicletas, motonetas, que transitem com os referidos veículos com os faróis apagados de dia como à noite. Tratando-se de ciclomotores, aplica-se o disposto no art. 250, I, "d", combinado com o art. 40, parágrafo único, parte final do CTB.

Por outro lado, importa destacar a Resolução Contran nº 18/1998, que recomenda o uso nas rodovias, de farol baixo aceso durante o dia, considerando que o sistema de iluminação é elemento integrante da segurança ativa dos veículos e as cores e formas dos veículos modernos contribuem para mascará-los no meio ambiente, dificultando a sua visualização a uma distância efetivamente segura para qualquer ação preventiva, mesmo em condições de boa luminosidade.

A luz baixa, tem como finalidade ainda, iluminar a via diante do veículo, sem ocasionar ofuscamento ou incômodo injustificáveis aos condutores e outros usuários da via que venham em sentido contrário.

---

203. *Código de Trânsito Brasileiro Explicado*, p. 561.
204. *Código de Trânsito Comentado e o Despachante, a Auto-Escola e os Órgãos de Trânsito*, p. 112.
205. *Manual de Trânsito*, p. 18.
206. *Código de Trânsito Brasileiro*, p. 91.

| 197 |

Art. 244. *Conduzir motocicleta, motoneta e ciclomotor:*
V – *transportando criança menor de sete anos ou que não tenha nas circunstâncias, condições de cuidar de sua própria segurança:*
- **Amparo Legal** – *art. 244, V – CTB.*
- **Infração** – *Gravíssima.*
- **Número de pontos** – *7 (sete).*
- **Penalidade** – *Multa e suspensão do direito de dirigir.*
- **Valor da Multa** – *R$ 191,54 – Resolução Contran nº 136/2002.*
- **Medida Administrativa** – *Recolhimento do documento de habilitação.*
  Nota: Quanto ao recolhimento da CNH ou PPD, trata-se de medida a ser aplicada exclusivamente pela autoridade de trânsito observando os princípios da ampla defesa e contraditório nos termos do art. 5º, II, LV e LVII do CF, art. 265 do CTB e Deliberação Cetran/SP nº 199/2000, publicada no DOE nº 195 de 10.10.2000, p. 4.
- **Código da Infração** – *707-2 – Denatran/Detran – Resolução Contran nº 66/1998 (Corresponde ao art. 244, V – CTB).*
- **Competência** – *Município – Resolução Contran nº 66/1998.*

As condutas típicas são duas: a primeira do dispositivo proíbe o transporte de criança menor de sete anos em motocicleta, motoneta e ciclomotor; a segunda, é vedado o transporte de crianças que não tenha condições de cuidar de sua própria segurança. A infração estará caracterizada mesmo que a criança nessas condições esteja sendo transportada no "side-car" (carro lateral), entendemos que neste caso, não aplica-se o limite temporal de sete anos (exemplo: enfermas, deficientes, acidentadas, que não possam segurar-se com firmeza no condutor, equilibrar-se com segurança, com membros engessados, etc.). O objetivo do legislador é a segurança dessas pessoas.

| 198 |

Art. 244. *Conduzir motocicleta, motoneta e ciclomotor:*
VI – *rebocando outro veículo:*
- **Amparo Legal** – *art. 244, VI – CTB.*
- **Infração** – *Média.*
- **Número de pontos** – *4 (quatro).*
- **Penalidade** – *Multa.*
- **Valor da Multa** – *R$ 85,13 – Resolução Contran nº 136/2002.*
- **Medida Administrativa** – *Não há previsão.*

ART. 244

> - **Código da Infração** – 708-0 – Denatran/Detran – Resolução Contran nº 66/1998 (Corresponde ao art. 244, VI – CTB).
> - **Competência** – Município – Resolução Contran nº 66/1998.

O reboque de outro veículo, não é permitido pelos veículos motocicletas, motoneta e ciclomotor, sendo entretanto autorizado o *side-car* (carro lateral). A Resolução Contran nº 47/1998, que permitia a esses veículos o reboque de carretas com carga, foi revogada pela Resolução Contran nº 69/1998.

Para os veículos de quatro rodas, o Código admite o reboque de outro veículo através da utilização de cabo rígido (cambão) ou em casos de emergência com cabo flexível ou corda (art. 236). De outra parte, o reboque de motocicleta, motoneta e ciclomotor poderá ser realizado com veículos especiais destinados a esse fim (guincho) ou por outro veículo de quatro ou mais rodas que contenha compartimento adequado para o transporte ou remoção, com segurança.

199

> **Art. 244.** Conduzir motocicleta, motoneta e ciclomotor:
> **VII –** sem segurar o guidom com ambas as mãos, salvo eventualmente para indicação de manobras:
> - **Amparo Legal** – art. 244, VII – CTB.
> - **Infração** – Média.
> - **Número de pontos** – 4 (quatro).
> - **Penalidade** – Multa.
> - **Valor da Multa** – R$ 85,13 – Resolução Contran nº 136/2002.
> - **Medida Administrativa** – Não há previsão.
> - **Código da Infração** – 709-9 – Denatran/Detran – Resolução Contran nº 66/1998 (Corresponde ao art. 244, VI – CTB).
> - **Competência** – Município – Resolução Contran nº 66/1998.

O preceito ora em comento tem conexão com o inciso II do art. 54 do Código, no que tange a obrigatoriedade do condutor de motocicleta, motoneta e ciclomotor segurar o guidom com as mãos. As exceções são autorizadas, para indicação de manobras estabelecidas no Código e indicadas através de gestos (Conversão a direita ou esquerda, e parada, prevista no Anexo II, item 6, "b"). Não se trata aqui das manobras denominadas de malabarismo, vez que estas, são tipificadas no art. 244 inciso III. No caso em tela, basta que o condutor não segure o guidom com ambas as mãos e não esteja indicando manobras para que configure-se a infração. É que podem surgir situações imprevistas no trânsito e o fato compromete a segurança do condutor e demais usuários da via.

A tipificação deste inciso, aplica-se também aos ciclos (bicicletas) dicção do § 1º do art. 244. Não obstante, não tem aplicabilidade no presente momento em relação aos ciclos, exceto se advier regulamentação pelo Contran.

200

> **Art. 244.** *Conduzir motocicleta, motoneta e ciclomotor:*
> **VIII –** *transportando carga incompatível com suas especificações:*
> - **Amparo Legal** – *art. 244, VIII – CTB.*
> - **Infração** – *Média.*
> - **Número de pontos** – *4 (quatro).*
> - **Penalidade** – *Multa.*
> - **Valor da Multa** – *R$ 85,13 – Resolução Contran nº 136/2002.*
> - **Código da Infração** – *710-2 – Denatran/Detran – Resolução Contran nº 66/1998 (Corresponde ao art. 244, VIII – CTB).*
> - **Competência** – *Município – Resolução Contran nº 66/1998.*

A nosso ver, há necessidade do Contran regulamentar as especificações e critérios de fiscalização. Entretanto o agente fiscalizador de trânsito não pode permanecer impassível diante de eventuais situações que exponha a riscos de acidente o condutor e demais usuários da via. Carga incompatível, é aquela que extrapola os limites laterais, comprimento, altura ou contenha excesso de peso em relação ao veículo. Exemplo: caixas, embalagens, pacotes, barras de ferro, tubos de PVC, vara de pescar, etc.

A conduta prejudica eventuais manobras, prejudica a visibilidade e desvia a atenção do condutor, podendo inclusive durante o trajeto a carga desprender-se, transformando-se em fator de risco, afetando a segurança viária.

A infração prevista neste inciso, tem aplicação aos ciclos (bicicleta) conforme redação do § 1º do art. 244. No entanto, inaplicável até que o Contran regulamente o assunto em relação aos ciclos e seus condutores (ciclistas).

201

> **Art. 244.** *Conduzir motocicleta, motoneta e ciclomotor:*
> **§ 1º.** *Para ciclos aplica-se o disposto nos incisos III, VII e VIII, além de:*
> **a)** *conduzir passageiro fora da garupa ou assento especial a ele destinado:*

- **Amparo Legal** – art. 244, § 1º "a" CTB.
- **Infração** – Média.
- **Número de pontos** – 4 (quatro).
- **Penalidade** – Multa.
- **Valor da Multa** – R$ 85,13 – Resolução Contran nº 136/2002.
- **Medida Administrativa** – Não há previsão.
- **Código da Infração** – 711-0 – Denatran/Detran – Resolução Contran nº 66/1998 (Corresponde ao art. 244 § 1º, "a" – CTB).
- **Competência** – Município – Resolução Contran nº 66/1998.

Ciclo, conforme definição do Anexo I do Código, trata-se de veículo de pelo menos duas rodas a propulsão humana, exemplo: bicicleta. Não se confunde com o ciclomotor. A infração é o transporte de passageiro em bicicleta fora do assento a ele destinado. Na prática, atualmente, há impossibilidade de imposição, e execução da penalidade. O assunto depende de regulamentação, isto é, para aplicabilidade de eventuais sanções aos condutores de bicicletas.

202

Art. 244. Conduzir motocicleta, motoneta e ciclomotor:
§ 1º. Para ciclos aplica-se o disposto nos incisos III, VII e VIII, além de:
b) transitar em vias de trânsito rápido ou rodovias, salvo onde houver acostamento ou faixas de rolamento próprias:

- **Amparo Legal** – art. 244, § 1º "b" CTB.
- **Infração** – Média.
- **Número de pontos** – 4 (quatro).
- **Penalidade** – Multa.
- **Valor da Multa** – R$ 85,13 – Resolução Contran nº 136/2002.
- **Medida Administrativa** – Não há previsão.
- **Código da Infração** – 712-9 – Denatran/Detran – Resolução Contran nº 66/1998 (Corresponde ao art. 244 § 1º, "b" – CTB).
- **Competência** – Município.

Ciclo, é o veículo de pelo menos duas rodas a propulsão humana, Exemplo: bicicleta. Ciclomotor, é o veículo de duas ou três rodas, provido de um motor de combustão interna, cuja cilindrada não exceda a cinqüenta centímetros cúbicos (3,05 polegadas cúbicas) e cuja velocidade máxima de fabricação não exceda a cinqüenta quilômetros por hora (Anexo I do CTB). O legislador, vedou o trânsito de ciclomotor em vias de trânsito rápido (Aquela caracterizada por acessos especiais com trânsito livre, sem interseções em nível, sem acessibilidade direta aos lotes lindeiros e sem travessia de pedestres em nível), ou rodovias (via rural pavimentada), exceto onde houver acostamento (parte da via diferenciada da pista de rolamento destinada à parada ou estacionamento de veículos, em caso de emergência, e à circulação de pedestres e bicicletas, quando não houver local apropriado para esse fim ou faixas de rolamento próprias). Não obstante, estendeu o preceito contido na alínea "b" do § 1º do art. 244, aos ciclos (bicicleta) conforme já dissemos, no momento não há aplicabilidade, aguardando-se regulamentação pelo Contran. Quanto ao ciclomotor, é possível autuação. A medida visa assegurar preventivamente que acidentes não ocorram, uma vez que são veículos lentos, frágeis e o próprio deslocamento do vento do veículo maior, pode ser fator de risco de acidente, projetando o condutor de ciclos ou ciclomotores ao solo.

Importa destacarmos, que onde for permitido, os ciclomotores devem ser conduzidos pela direita da pista de rolamento, preferencialmente no centro da faixa mais à direita ou no bordo da pista sempre que não houver acostamento ou faixa própria a eles destinada, proibida a sua circulação nas vias de trânsito rápido e sobre as calçadas urbanas. Quando uma via comportar duas ou mais faixas de trânsito e a da direita for destinada ao uso exclusivo de outro tipo de veículo, os ciclomotores deverão circular pela faixa adjacente à da direita (art. 57).

Nas vias urbanas e nas rurais de pista dupla, a circulação de bicicleta deverá ocorrer, quando não houver ciclovia, ciclofaixa ou acostamento, ou quando não for possível a utilização destes, nos bordos da pista de rolamento, no mesmo sentido de circulação regulamentado para a via, com preferência sobre os veículos automotores. A autoridade de trânsito com circunscrição sobre a via poderá autorizar a circulação de bicicletas no sentido contrário ao fluxo dos veículos automotores, desde que dotado o trecho com ciclofaixa (art. 58).

| 203 |

Art. 244. *Conduzir motocicleta, motoneta e ciclomotor:*
§ 1º. *Para ciclos aplica-se o disposto nos incisos III, VII e VIII, além de:*
c) *transportar crianças que não tenham, nas circunstâncias, condições de cuidar de sua própria segurança:*

- **Amparo Legal** – art. 244 § 1º "c" – CTB.
- **Infração** – Média.
- **Número de pontos** – 4 (quatro).
- **Penalidade** – Multa.
- **Valor da Multa** – R$ 85,13 – Resolução Contran nº 136/2002.
- **Medida Administrativa** – Não há previsão.
- **Código da Infração** – 713-7 – Denatran/Detran – Resolução Contran nº 66/1998 (Corresponde ao art. 244 § 1º, "c" – CTB).
- **Competência** – Município – Resolução Contran nº 66/1998.

O Código de Trânsito Brasileiro, veda o transporte de crianças com idade inferior a dez anos de idade no banco dianteiro do veículo, autorizando, entretanto, o transporte no banco traseiro (art. 64), devendo usar, individualmente, cinto de segurança ou sistema de retenção equivalente. Excepcionalmente, nos veículos dotados exclusivamente de banco dianteiro, o transporte de menores de dez anos poderá ser realizado neste banco, observadas rigorosamente, as normas de segurança. Na hipótese do transporte de menores de dez anos exceder a capacidade de lotação do banco traseiro, será admitido o transporte daquele de maior estatura no banco dianteiro. As excepcionalidades não se aplicam ao transporte remunerado de menores de dez anos em automóveis. É proibido a utilização de dispositivos no cinto de segurança que travem, afrouxem ou modifiquem, de qualquer forma, o seu funcionamento normal. O não cumprimento implicará nas sanções previstas nos arts. 167 ou 168 do CTB, de acordo com a infração cometida (Resolução nº 15/1998).

Também é proibido o transporte de crianças menores de sete anos em motocicletas, motonetas ciclomotor ou que não tenham, nas circunstâncias condições de cuidar de sua própria segurança (art. 244, V).

Para as bicicletas, o legislador não fixou o limite de idade para transporte de crianças, mas não autoriza o transporte de crianças em bicicletas que não tenham, nas circunstâncias, condições de cuidar de sua própria segurança. Exemplo: doente, acidentada, engessada, problemas mentais ou que por qualquer motivo não consiga segurar-se com firmeza, para evitar eventuais quedas. Apesar da vedação, não há no momento, como aplicar a penalidade, vez que, depende de regulamentação. Nem por isso, o agente público de trânsito deverá permanecer inerte ao observar referidas situações, devendo no caso envolvendo bicicletas agir preventivamente, orientando.

| 204 |

Art. 244. *Conduzir motocicleta, motoneta e ciclomotor:*

§ 2º. *Aplica-se aos ciclomotores o disposto na alínea "b" do parágrafo anterior:*

(b) transitar em vias de trânsito rápido ou rodovias, salvo onde houver acostamento ou faixas de rolamento próprias:

- **Amparo Legal** – art. 244 § 2º – CTB.
- **Infração** – Média.
- **Número de pontos** – 4 (quatro).
- **Penalidade** – Multa.
- **Valor da multa** – R$ 85,13 – Resolução Contran nº 136/2002.
- **Medida Administrativa** – Não há previsão.
- **Código da Infração** – 712-9 – Denatran/Detran – Resolução Contran nº 66/1998 (Corresponde ao art. 244, § 2º – CTB).
- **Competência** – Município – Resolução Contran nº 66/1998.

Ciclomotor, é veículo de duas rodas ou três rodas, provido de um motor de combustão interna, cuja cilindrada não exceda a cinqüenta centímetros cúbicos (3,05 polegadas cúbicas) e cuja velocidade máxima de fabricação não exceda a cinqüenta quilômetros por hora. Acostamento, é parte da via diferenciada da pista de rolamento destinada à parada ou estacionamento de veículos, em caso de emergência, é a circulação de pedestres e bicicletas, quando não houver local apropriado para esse fim. Vias de trânsito rápido são aquelas caracterizadas por acessos especiais com trânsito livre, sem interseções em nível, sem acessibilidade direta aos lotes lindeiros e sem travessia de pedestres em nível. A proibição é por questão de segurança, fundado em que os ciclomotores não desenvolvem velocidade acima de 50 km/h, e nas vias de trânsito rápido ou rodovias, a velocidade mínima poderá ser superior a mencionada, o que em tese, poderá contribuir para acidentes ou prejudicar a livre circulação dos demais veículos.

205

Art. 245. *Utilizar a via para depósito de mercadorias, materiais ou equipamentos, sem autorização do órgão ou entidade de trânsito com circunscrição sobre a via.*

Parágrafo único. *A penalidade e a medida administrativa, incidirão sobre a pessoa física ou jurídica responsável.*

- **Amparo Legal** – art. 245 – CTB.
- **Infração** – Grave.
- **Número de pontos** – 5 (cinco).
- **Penalidade** – Multa.
- **Valor da Multa** – R$ 127,69 – Resolução Contran nº 136/2002.
- **Medida Administrativa** – Remoção da mercadoria ou do material.
- **Código da Infração** – 714-5 – Denatran/Detran – Resolução Contran nº 66/1998 (Corresponde ao art. 245 – CTB).
- **Competência** – Município – Resolução Contran nº 66/1998.

Estranhamente a conduta do artigo ora focalizado constou como infração de trânsito, e na prática, acredito que raramente será aplicada, não obstante, a medida administrativa de remoção da mercadoria, material ou equipamento, é indispensável como ação imediata, posto que, a ordem, o consentimento, a fiscalização, as medidas administrativas e coercitivas adotadas pelas autoridade de trânsito e seus agentes terão por objetivo prioritário a proteção à vida e à incolumidade física da pessoa (§ 1º do art. 269). A conduta descrita é típica de área comercial ou defronte aos locais de construções, ocasião em que despejam ou amontoam entulhos. A autuação poderá recair sobre pessoa física ou jurídica, não importando se é condutor ou não de veículo. O legislador procurou com essa medida ga-

Art. 246

rantir a segurança dos usuários da via, isto é, condutores ou pedestres uma vez que afeta a visibilidade e a livre circulação. Segundo o Anexo I do Código, via, é a superfície por onde transitam veículos, pessoas e animais, compreendendo a pista, a calçada, o acostamento, ilha e canteiro central. Como se percebe pela dicção, a calçada é considerada via.

Demais disso, qualquer obstáculo a livre circulação e à segurança de veículos e pedestres, tanto na via quanto na calçada, caso não possa ser retirado, deve ser devida e imediatamente sinalizado (art. 94).

Observando-se a redação do artigo, verifica-se que o legislador deixou de considerar a conduta como infração se o interessado tiver autorização do órgão ou entidade de trânsito com circunscrição sobre a via.

Atualmente os órgãos municipais tem autorizado, no caso de entulhos, detritos ou sobra de construções, a utilização de caçambas colocadas na via pública (pista de rolamento ou calçada), na maioria das vezes, sem a sinalização adequada, o que oferece risco aos condutores de veículos, principalmente a noite. Algumas cidades já possuem legislação municipal sobre a correta utilização e sinalização dessas caçambas, outras ainda não se conscientizaram dessa providência indispensável.

Novamente, citamos os importantes esclarecimentos de Arnaldo Rizzardo:[207] "O dispositivo, para a utilização da via com tais finalidades, requer a autorização pela autoridade ou entidade de trânsito, que será concedida caso não prejudicada excessivamente a circulação. Observa-se que as posturas municipais também contêm, geralmente, previsão sobre o mesmo assunto, proibindo o depósito de bens particulares em locais públicos. Não há impedimento que se repita a sanção com a do Código, eis que motivada esta pelo prejuízo e perigo no trânsito. Outrossim, a penalidade de multa, considerada grave a infração atinge, na forma do § 1º do artigo, o responsável pelo depósito. Literalmente vista a regra, pode-se considerar responsável o condutor. Seu objetivo, no entanto, é atingir quem ordenou a irregularidade, ou o proprietário do material, que deverá suportar as cominações. Do contrário, nem sempre afigurar-se-ia fácil identificar o condutor e impor remoção. Mas nada impede, na dificuldade de encontrar a pessoa que autorizou o descarregamento, que o condutor suporte as cominações, eis que também enquadra-se como responsável".

206

Art. 246. Deixar de sinalizar qualquer obstáculo *à livre circulação, à segurança de veículo e pedestres*, tanto no leito da via terrestre como na calçada, *ou obstacularizar a via indevidamente.*

Parágrafo único. A penalidade será aplicada à pessoa física ou jurídica responsável pela obstrução, devendo a autoridade com

---

207. *Comentários ao Código de Trânsito Brasileiro*, pp. 518-519.

circunscrição sobre a via providenciar a sinalização de emergência, às expensas do responsável, ou, se possível, promover a desobstrução.

- **Penalidade** – *Multa agravada em até cinco vezes, a critério de autoridade de trânsito, conforme o risco de segurança.*
- **Situações caracterizadoras:**

a) *Deixar de sinalizar qualquer obstáculo à livre circulação, à segurança de veículo e pedestres, tanto no leito da via terrestre como na calçada, ou obstaculizar a via indevidamente, <u>sem agravamento pela autoridade.</u>*

- **Amparo Legal** – *art. 246, a – CTB.*
- **Infração** – *Gravíssima.*
- **Número de pontos** – *7 (sete).*
- **Penalidade** – *Multa (sem agravamento).*
- **Valor da Multa** – *R$ 191,54 – Resolução Contran nº 136/2002.*
- **Medida Administrativa** – *Não há previsão.*
- **Código da infração** – *715-3 – Denatran/Detran – Resolução Contran nº 66/1998 (Corresponde ao art. 246, a – CTB).*
- **Competência** – *Município – Resolução Contran nº 66/1998.*

b) *Deixar de sinalizar qualquer obstáculo à livre circulação à segurança de veículo e pedestres, tanto no leito da via terrestre como na calçada, ou obstaculizar a via indevidamente, <u>com agravamento de penalidade de duas vezes pela autoridade de trânsito.</u>*

- **Amparo Legal** – *art. 246, b – CTB.*
- **Infração** – *Gravíssima.*
- **Número de pontos** – *7 (sete).*
- **Penalidade** – *Multa (agravada duas vezes).*
- **Valor da Multa** – *R$ 191,54 – Neste caso, R$ 191,54 x 2 = R$ 383,08. Trata-se de multa agravada com fator multiplicador de duas vezes.*
- **Medida Administrativa** – *Não há previsão.*
- **Código da infração** – *716-1 – Denatran/Detran – Resolução Contran nº 66/1998 (Corresponde ao art. 246, b – CTB).*
- **Competência** – *Município – Resolução Contran nº 66/1998.*

c) *Deixar de sinalizar qualquer obstáculo à livre circulação à segurança de veículo e pedestres, tanto no leito da via terrestre como na calçada, ou obstaculizar a via indevidamente, <u>com agravamento de penalidade de três vezes pela autoridade de trânsito.</u>*

- **Amparo Legal** – *art. 246, c – CTB.*
- **Infração** – *Gravíssima.*
- **Número de pontos** – *7 (sete).*

- **Penalidade** – Multa (agravada em três vezes).
- **Valor da Multa** – R$ 191,54 – Resolução Contran nº 136/2002. Neste caso, R$ 191,54 x 3 = R$ 574,62. Trata-se de multa agravada com fator multiplicador de três vezes.
- **Medida Administrativa** – Não há previsão.
- **Código da infração** – 717-0 – Denatran/Detran – Resolução Contran nº 66/1998 (Corresponde ao art. 246, c – CTB).
- **Competência** – Município – Resolução Contran nº 66/1998.

d) Deixar de sinalizar qualquer obstáculo à livre circulação à segurança de veículo e pedestres, tanto no leito da via terrestre como na calçada, ou obstacularizar a via indevidamente, *com agravamento de penalidade de quatro vezes pela autoridade de trânsito.*

- **Amparo Legal** – art. 246, d – CTB.
- **Infração** – Gravíssima.
- **Número de pontos** – 7 (sete).
- **Penalidade** – Multa (agravada quatro vezes).
- **Valor de cada multa** – R$ 191,54 – Resolução Contran nº 136/2002. Neste caso, R$ 191,54 x 4 = R$ 766,16. Trata-se de multa agravada com fator multiplicador de quatro vezes.
- **Código da infração** – 718-8 – Denatran/Detran – Resolução Contran nº 66/1998 (Corresponde ao art. 246, d – CTB).
- **Competência** – Município – Resolução Contran nº 66/1998.

e) Deixar de sinalizar qualquer obstáculo à livre circulação à segurança de veículo e pedestres, tanto no leito da via terrestre como na calçada, ou obstacularizar a via indevidamente, *com agravamento de penalidade de cinco vezes pela autoridade de trânsito.*

- **Amparo Legal** – art. 246, e – CTB.
- **Infração** – Gravíssima.
- **Número de pontos** – 7 (sete).
- **Penalidade** – Multa (agravada cinco vezes).
- **Valor da Multa** – R$ 191,54 – Resolução Contran nº 136/2002. Neste caso, R$ 191,54 x 5 = R$ 957,70. Trata-se de multa agravada com fator multiplicador de cinco vezes.
- **Código da infração** – 719-6 – Denatran/Detran – Resolução Contran nº 66/1998 (Corresponde ao art. 246, e – CTB).
- **Competência** – Município – Resolução Contran nº 66/1998.

Útil a lição de Arnaldo Rizzardo:[208] "Segundo o Código, mais revela-se a infração quando não sinalizado o obstáculo à livre circulação do que simplesmente

---

208. *Op. cit.*, p. 519.

colocar algum material na via. Apropria-se, no entanto, a previsão mais nas circunstâncias de se realizarem obras, escavações, remoções de terra, paralelepípedos, pedras, lajotas e outros objetos da via ou do calçamento, situações comuns nos trabalhos de colocação de canos de esgoto, de água e de gás, e tubulações de fios telefônicos ou condutores de energia elétrica. Igualmente nas obras de recuperação de vias pelo poder público ou empresas contratados, verificando-se a formação de acúmulos de materiais, o desnivelamento e o estreitamento da pista, sem a menor sinalização".

Não se pode desconhecer o conteúdo do art. 95 do Código, ao determinar que nenhuma obra ou evento que possa perturbar ou interromper a livre circulação de veículos e pedestres, ou colocar em risco sua segurança, será iniciada sem permissão prévia do órgão ou entidade de trânsito com circulação sobre a via. A obrigação de sinalizar é do responsável pela execução ou manutenção da obra ou do evento, salvo em caso de emergência, a autoridade de trânsito com circunscrição sobre a via avisará a comunidade, por intermédio dos meios de comunicação social, com quarenta e oito horas de antecedência, de qualquer interdição da via, indicando-se os caminhos alternativos a serem utilizados. A inobservância do disposto no art. 95, será punida com multa que varia entre 50 a 300 Ufir, independentemente das cominações cíveis e penais cabíveis; ao servidor público responsável pela inobservância de qualquer das normas previstas nos arts. 93, 94 e 95, a autoridade de trânsito aplicará multa diária na base de 50% do dia de vencimento ou remuneração devida enquanto permanecer a irregularidade.

O art. 24, IX do Código de Trânsito Brasileiro, destaca que compete aos órgãos e entidades executivos de trânsito dos município, no âmbito de sua circunscrição, fiscalizar o cumprimento da norma contida no art. 95, aplicando as penalidades e arrecadando as multas nele previstas. A Resolução Contran nº 66/1998, instituiu a tabela de distribuição de competência dos órgãos executivos de trânsito, bem como, fiscalização de trânsito, aplicação das medidas administrativas, penalidades cabíveis e arrecadação das multas aplicadas. Importa ainda lembrar, que a Resolução Contran nº 561/80, dispõe sobre a sinalização de obras nas vias públicas.

O art. 94 do CTB, estabelece que a livre circulação e à segurança de veículos e pedestres, tanto na via quanto na calçada, caso não possa ser retirado, deve ser devida e imediatamente sinalizado.

207

Art. 247. *Deixar de conduzir pelo bordo da pista de rolamento, em fila única, os veículos de tração ou propulsão humana e os de tração animal, sempre que não houver acostamento ou faixa a eles destinados:*

- *Amparo Legal* – *art. 247 – CTB.*
- *Infração* – *Média.*
- *Número de Pontos* – *4 (quatro).*
- *Penalidade* – *Multa.*

- **Valor da Multa** – R$ 85,13 – Resolução Contran nº 136/2002.
- **Medida Administrativa** – Não há previsão.
- **Código da Infração** – 720-0 – Denatran/Detran – Resolução Contran nº 66/1998 (Corresponde ao art. 247 – CTB).
- **Competência** – Município – Resolução Contran nº 66/1998.

Bordo da pista de rolamento, é a margem da pista, podendo ser demarcada por linhas longitudinais de bordo que delineiam a parte da via destinada à circulação de veículos (Anexo I, CTB). Veículo de tração animal, são aqueles que depende da utilização de animais domesticados para puxá-los (exemplo: carroça, charrete, etc.).Veículos de propulsão humana, são aqueles cujo movimento depende do esforço físico do próprio condutor (exemplo: bicicleta).

— Os veículos de tração animal serão conduzidos pela direita da pista, junto a guia da calçada (meio-fio) ou acostamento, sempre que não houver faixa especial a eles destinada, devendo seus condutores obedecer, no que couber, às normas de circulação previstas no Código de trânsito brasileiro e as que vierem a ser fixados pelo órgão ou entidade com circunscrição sobre a via (art. 52).

— Nas vias urbanas e nas rurais de pista dupla, a circulação de bicicletas deverá ocorrer, quando não houver ciclovia, ciclofaixa ou acostamento, ou quando não for possível a utilização destes, nos bordos da pista de rolamento, no mesmo sentido de circulação regulamentado para a via, com preferência sobre os veículos automotores. A autoridade com circunscrição sobre a via poderá autorizar a circulação de bicicletas no sentido contrário ao fluxo dos veículos automotores, desde que dotado o trecho com ciclofaixa.

De outro lado, importa destacar que o ciclista desmontado empurrando a bicicleta equipara-se ao pedestre em direitos e deveres (art. 68, § 1º).

208

Art. 248. Transportar em veículo destinado ao transporte de passageiros carga excedente em desacordo com o estabelecido no art. 109:

- **Amparo Legal** – art. 248 – CTB.
- **Infração** – Grave.
- **Número de pontos** – 5 (cinco).
- **Penalidade** – Multa.
- **Valor da Multa** – R$ 127,69 – Resolução Contran nº 136/2002.
- **Medida Administrativa** – Retenção para transbordo.
- **Código da Infração** – 721-8 – Denatran/Detran – Resolução Contran nº 66/1998 (Corresponde ao art. 248 – CTB).
- **Competência** – Estado – Resolução Contran nº 66/1998.

A carga excedente somente pode ser transportada em veículos de passageiros, em compartimentos próprios, coletivo ou não. Veículos de passageiro, segundo o Anexo I do Código, são aqueles destinado ao transporte de pessoas e suas bagagens.

O dispositivo em questão, remete o leito ao art. 109 do Código cuja redação determina que o transporte de carga em veículos destinados ao transporte de passageiros só pode ser realizado de acordo com as normas estabelecidas pelo Contran, vale dizer, nos termos da Resolução Contran nº 26/1998, destacando-se que o transporte de carga em veículos destinados ao transporte de passageiros, do tipo ônibus, microônibus, ou outras categorias, está autorizado desde que observadas as exigências de Resolução em tela (26/1998), bem como os regulamentos dos respectivos poderes concedentes dos serviços. A carga só poderá ser acomodada em compartimento próprio, separado dos passageiros, que no ônibus é o bagageiro. Ficou proibido o transporte de produtos considerados perigosos conforme legislação específica, bem como daqueles que, por sua forma ou natureza, comprometam a segurança do veículo, de seus ocupantes ou de terceiros. Os limites máximos de peso e dimensões da carga, serão os fixados pelas legislações existentes na esfera federal, estadual ou municipal. No caso do transporte rodoviário internacional de passageiros serão obedecidas os tratados, convenções ou acordos internacionais, enquanto vinculados à República Federativa do Brasil.

Admite-se o transporte de carga junto aos passageiros, desde que sejam pequenos volumes, e não interfiram na segurança dos veículos, exemplo: bagagem de mão, bens de reduzido tamanho, encomendas de dimensões e peso compatíveis, etc.

209

Art. 249. *Deixar de manter acesas, à noite, as luzes de posição, quando veículo estiver parado, para fins de embarque ou desembarque de passageiros e carga e descarga de mercadorias:*

- *Amparo Legal* – art. 249 – CTB.
- *Infração* – Média.
- *Número de pontos* – 4 (quatro).
- *Penalidade* – Multa.
- *Valor da Multa* – R$ 85,13 – Resolução Contran nº 136/2002.
- *Medida Administrativa* – Não há previsão.
- *Código da Infração* – 722-6 – Denatran/Detran – Resolução Contran nº 66/1998 (Corresponde ao art. 249 CTB.
- *Competência* – Município – Resolução Contran nº 66/1998.

ART. 250

Pelo Anexo I do Código de Trânsito Brasileiro, luz de posição (lanterna), é a luz do veículo destinada a indicar a presença e a largura do veículo. Noite, é o período do dia compreendido entre o pôr-do-sol e o nascer do sol.

O preceito do art. 249, tem estreita ligação com o determinado no art. 40 inciso VII do CTB, que impõe ao condutor de veículo, o dever de manter acesas, à noite, as luzes de posição (lanterna) quando o veículo estiver parado para fins de embarque ou desembarque de passageiros e carga e descarga de mercadorias. Também o inciso I do art. 40 faz menção da utilização da luz durante a noite.

210

> **Art. 250.** *Quando o veículo estiver em movimento:*
> **I–** *deixar de manter acesa a luz baixa:*
> **a)** *durante a noite:*
> - **Amparo Legal** – art. 250, I, a – CTB.
> - **Infração** – Média.
> - **Número de pontos** – 4 (quatro).
> - **Penalidade** – Multa.
> - **Valor da Multa** – R$ 85,13 – Resolução Contran nº 136/2002.
> - **Código da Infração** – 723-4 – Denatran/Detran – Resolução Contran nº 66/1998 (Corresponde ao art. 250, I, "a" – CTB).
> - **Competência** – Município – Resolução Contran nº 66/1998.

Luz baixa, trata-se de utilização de facho de luz do veículo destinada a iluminar a via diante do veículo, sem ocasionar ofuscamento ou incômodo injustificáveis aos condutores e outros usuários da via que venham em sentido contrário. Noite, é o período do dia compreendido entre o pôr-do-sol e o nascer do sol (ambas as definições integram o Anexo I do CTB). É imperativo o uso de luz baixa com o veículo em movimento durante a noite. Aplica-se a todos os veículos indistintamente.

211

> **Art. 250.** *Quando o veículo estiver em movimento:*
> **I–** *deixar de manter acesa a luz baixa:*
> **b)** *de dia, nos túneis providos de iluminação pública:*
> - **Amparo Legal** – art. 250, I, b – CTB.

- **Infração** – Média.
- **Número de pontos** – 4 (quatro).
- **Penalidade** – Multa.
- **Valor da Multa** – R$ 85,13 – Resolução Contran nº 136/2002.
- **Medida Administrativa** – Não há previsão.
- **Código da Infração** – 724-2 – Denatran/Detran – Resolução Contran nº 66/1998 (Corresponde ao art. 250, I, "b" – CTB).
- **Competência** – Município – Resolução Contran nº 66/1998.

A utilização de luz baixa, tem caráter obrigatório durante o dia nos túneis, ainda que providos de iluminação pública. O preceito tem conexão com o inciso I do art. 40 do CTB. Entendemos que fundado nos arts. 244 inciso IV do Código e Resolução nº 50/1998 do Contran, é obrigatório o uso dos faróis acesos durante o dia como motocicleta, motoneta e ciclomotor.

Apesar da redação defeituosa, vale também a determinação para os túneis que não tenham iluminação pública.

212

Art. 250. *Quando o veículo estiver em movimento:*
I – *deixar de manter acesa a luz baixa:*
c) *de dia e de noite, tratando-se de veículo de transporte coletivo de passageiros, circulando em faixas ou pistas a eles destinadas:*
- **Amparo Legal** – art. 250, I, c – CTB.
- **Infração** – Média.
- **Número de pontos** – 4 (quatro).
- **Penalidade** – Multa.
- **Valor da Multa** – R$ 85,13 – Resolução Contran nº 136/2002.
- **Medida Administrativa** – Não há previsão.
- **Código da Infração** – 725-0 – Denatran/Detran – Resolução Contran nº 66/1998 (Corresponde ao art. 250, I, "c" – CTB).
- **Competência** – Município – Resolução Contran nº 66/1998.

Os veículos de transporte coletivo de passageiros, quando circulando em faixas ou pistas a eles destinadas, de dia e de noite, deverão utilizar-se de luz baixa, conforme dicção do art. 250, I, "c", combinado com parágrafo único do art. 40.

213

> **Art. 250.** Quando o veículo estiver em movimento:
> **I –** deixar de manter acesa a luz baixa:
> **d)** de dia e de noite, tratando-se de ciclomotores:
> - Amparo Legal – art. 250, I, d – CTB.
> - Infração – Média.
> - Número de pontos – 4 (quatro).
> - Penalidade – Multa.
> - Valor da Multa – R$ 85,13 – Resolução Contran nº 136/2002.
> - Medida Administrativa – Não há previsão.
> - Código da Infração – 726-9 – Denatran/Detran – Resolução Contran nº 66/1998 (Corresponde ao art. 250, I, "d" – CTB.
> - Competência – Município – Resolução Contran nº 66/1998.

Ciclomotores, são veículos dotados de duas ou três rodas, provido de um motor de combustão interna, cuja cilindrada não exceda a cinqüenta quilômetros por hora. A estes também se estende a obrigatoriedade da manter da luz baixa quando o veículo estiver em movimento, de dia e de noite.

214

> **Art. 250.** Quando o veículo estiver em movimento:
> **II –** deixar de manter acesa pelo menos as luzes de posição sob chuva forte, neblina ou cerração:
> - Amparo Legal – art. 250, II – CTB.
> - Infração – Média.
> - Número de pontos – 4 (quatro).
> - Penalidade – Multa.
> - Valor da Multa – R$ 85,13 – Resolução Contran nº 136/2002.
> - Código da Infração – 727-7 – Denatran/Detran – Resolução Contran nº 66/1998 (Corresponde ao art. 250, II – CTB).
> - Competência – Município – Resolução Contran nº 66/1998.

Luz de posição de posição, são as lanternas, isto é, luz do veículo destinada a indicar a presença e a largura do veículo (Anexo I do CTB). Estas deverão ser mantidas acesas sob chuva forte, neblina ou cerração. A intenção do legislador é que o veículo seja visto pelos demais usuários da via, é questão de visibilidade e segurança no trânsito. O art. 250, inciso II, tem conexão com o inciso IV do art. 40 do CTB. A obrigatoriedade estende-se seja dia ou principalmente noite ocorrendo essas condições climáticas.

215

Art. 250. *Quando o veículo estiver em movimento:*
III – *deixar de manter a placa traseira iluminada, à noite:*

- **Amparo Legal** – art. 250, III – CTB.
- **Infração** – Média.
- **Número de pontos** – 4 (quatro).
- **Penalidade** – Multa.
- **Valor da Multa** – R$ 85,13 – Resolução Contran nº 136/2002.
- **Medida Administrativa** – Não há previsão.
- **Código da Infração** – 728-5 – Denatran/Detran – Resolução Contran nº 66/1998 (Corresponde ao art. 250, III – CTB).
- **Competência** – Estado – Resolução Contran nº 66/1998.

A identificação do veículo é um dos itens mais importantes no trânsito por vários motivos. É a sua individualização em relação aos demais. A placa traseira deve estar iluminada a noite, justamente para facilitar o trabalho dos órgãos fiscalizadores. Existem condutores que deliberadamente deixam esta luz apagada para não serem identificados em casos de infrações de trânsito, acidentes e ações criminosas.

A infração prevista no inciso III do art. 250, é conexa com o preceituado no inciso VI do art. 40 do CTB. Entendo, tratar-se a presente infração de umas das mais importantes do Código, o agente fiscalizador de trânsito deve ser rigoroso ao deparar-se com situações dessa natureza. Haverá concurso de infrações com a prevista no art. 230, VI (*Conduzir o veículo com qualquer uma das placas de identificação sem condições de legibilidade e visibilidade*).

Estando a lâmpada queimada, ou por defeito no sistema de iluminação não esteja acendendo, a infração será a do inciso XXII do art. 230 do CTB.

Não havendo lanterna (lâmpada) de iluminação da placa traseira, a infração será a prevista no art. 230, IX do Código (conduzir o veículo sem equipamento obrigatório), por força da Resolução Contran nº 14/1998, art. 1º, item 14, por tratar-se de equipamento obrigatório.

216

> **Art. 251.** Utilizar as luzes do veículo:
> **I –** o pisca-alerta, exceto em imobilizações ou situações de emergência:
> - **Amparo Legal** – art. 250, I – CTB.
> - **Infração** – Média.
> - **Número de pontos** – 4 (quatro).
> - **Penalidade** – Multa.
> - **Valor da Multa** – R$ 85,13 – Resolução Contran nº 136/2002.
> - **Medida Administrativa** – Não há previsão.
> - **Código da Infração** – 729-3 – Denatran/Detran – Resolução Contran nº 66/1998 (Corresponde ao art. 250, I – CTB).
> - **Competência** – Município – Resolução Contran nº 66/1998.

Pisca-alerta, é a luz intermitente do veículo, utilizada em caráter de advertência, destinada a indicar aos demais usuários da via que o veículo está imobilizado ou em situação de emergência (Anexo I do CTB). O pisca-alerta é um Código internacional de veículo em emergências: Exemplo: Mal súbito, acidentes ou situações em que o condutor ou passageiro necessite de atendimento. São situações em que a gravidade de determinada circunstância indiquem a necessidade de socorro ou auxílio imediato.

O inciso em comento, tem conexão com o art. 40, V do CTB, que baliza o uso do pisca alerta (luzes de advertência) nas situações de imobilização, emergência ou quando a regulamentação da via assim o determinar. Não obstante, a Resolução Contran nº 36/1998, estabelece a forma de imobilização de advertência para os veículos que, em situação de emergência, estiverem imobilizados no leito viário, conforme o art. 46 do Código de Trânsito Brasileiro, isto é, além do acionamento das luzes de advertência (pisca-alerta), deverá colocar o triângulo de sinalização ou equipamento similar à distância mínima de 30 metros da parte traseira do veículo, o qual deverá ser instalado perpendicularmente ao eixo da via, e em condição de boa visibilidade.

217

> **Art. 251.** Utilizar as luzes do veículo:
> **II –** baixa e alta de forma intermitente, exceto nas seguintes situações:
> **a)** a curtos intervalos quando for conveniente advertir a outro condutor que se tem o propósito de ultrapassá-lo;
> **b)** em imobilizações ou situação de emergência como advertência utilizando pisca alerta;

> **c)** *quando a sinalização de regulamentação da via determinar o uso do pisca-alerta:*
> - **Amparo Legal** – art. 251, II, a, b, c – CTB.
> - **Infração** – Média.
> - **Número de pontos** – 4 (quatro).
> - **Penalidade** – Multa.
> - **Valor da Multa** – R$ 85,13 – Resolução Contran nº 136/2002.
> - **Medida Administrativa** – Não há previsão.
> - **Código da Infração** – 730-7 – Denatran/Detran – Resolução Contran nº 66/1998 (Corresponde ao art. 251, II, "a", "b", "c" – CTB).
> - **Competência** – Município – Resolução Contran nº 66/1998.

A utilização da luz baixa e alta do veículo de forma intermitente, está disciplinada pelo art. 251, II, "a", "b" e "c", c/c o art. 40 do CTB, vale dizer, somente será permitido quando:

a) Em curtos intervalos quando for conveniente advertir a outro condutor que se tem o propósito de ultrapassá-lo (art. 251, II, "a" c/c art. 40, III do CTB).

b) Em imobilizações ou situação de emergência, como sinal de advertência, acionando-se também o pisca-alerta (art. 251, II, "b" c/c art. 40, V, "a" do CTB e seu Anexo I).

c) Nos casos de existir sinalização regulamentar na via, determinando o uso do pisca-alerta (art. 251, II, "c" c/c art. 40, V, "b" do CTB e seu Anexo I).

No primeiro caso, menciona-se apenas as luzes baixa e alta do veículo utilizada de forma intermitente, no segundo e terceiro, além das luzes baixa e alta, é acionado também o pisca-alerta.

A guisa de esclarecimento, trazemos as definições abaixo:

— luz baixa: Facho de luz do veículo destinada a iluminar a via diante do veículo, sem ocasionar ofuscamento ou incômodo injustificáveis aos condutores e outros usuário da via que venham em sentido contrário;

— luz alta: Facho de luz do veículo destinado a iluminar a via até uma grande distância do veículo;

— pisca-alerta: Luz intermitente do veículo, utilizada em caráter de advertência, destinada a indicar aos demais usuários da via que o veículo está imobilizado ou em situação de emergência.

As situações caracterizadoras de trânsito são três e as lançamos abaixo para refutar dúvidas:

> **Art. 251.** *Utilizar as luzes do veículo:*
> **II –** *baixa e alta de forma intermitente, exceto nas seguintes situações:*
> **a)** *a curtos intervalos quando for conveniente advertir a outro condutor que se tem o propósito de ultrapassá-lo;*

- **Amparo Legal** – art. 251, II, a – CTB.
- **Infração** – Média.
- **Número de pontos** – 4 (quatro).
- **Penalidade** – Multa.
- **Valor da Multa** – R$ 85,13 – Resolução Contran nº 136/2002.
- **Medida Administrativa** – Não há previsão.
- **Código da Infração** – 730-7 – Denatran/Detran – Resolução Contran nº 66/1998 (Corresponde ao art. 251, II, "a" – CTB).
- **Competência** – Município – Resolução Contran nº 66/1998.

O objetivo dessa tipificação é vedar a comunicação entre condutores que não seja o propósito de ultrapassagem ou emergência. Estará configurada a presente infração quando condutores que transitam em sentido contrário utilizarem-se das luzes baixa (facho de luz do veículo destinada a iluminar a via diante do veículo, sem ocasionar ofuscamento ou incômodo injustificáveis aos condutores e outros usuários da via que venham em sentido contrário) e luz alta (facho de luz do veículo destinado a iluminar a via até uma grande distância do veículo), de forma intermitente, para avisar outros condutores, mormente os que transitam em sentido contrário sobre a existência de fiscalização na via. Exemplo: operação radar, abordagem para fiscalização de documentos ou interceptação de pessoas que praticaram infrações penais. Na quase totalidade dos avisos, estes são transmitidos através da utilização das luzes baixa e alta do veículo de forma intermitente para delatar na via fiscalização voltada para os veículos que transitam com excesso de velocidade ou velocidade incompatível com o local. Trata-se de falsa cortesia e poderá avisar marginais da presença da polícia na busca deles e eventuais vítimas, hoje comum nos crimes de roubos e seqüestros. A meu ver, quando flagrados esses condutores devem ser punidos com todo rigor da Lei; pena que o legislador não dotou o artigo da penalidade de multa gravíssima e agravada e de suspensão do direito de dirigir, na primeira infração desta natureza. Condutas dessa natureza, podem acarretar a morte da vítima no crime de seqüestro.

O Código no art. 40 inciso III, determina que a troca de luz baixa e alta, de forma intermitente e por curto período de tempo, com o objetivo de advertir outros motoristas, só poderá ser utilizada para indicar a intenção de ultrapassar o veículo que segue à frente ou para indicar a existência de risco à segurança para os veículos que circulam em sentido contrário.

Art. 251. Utilizar as luzes do veículo:
II – baixa e alta de forma intermitente, exceto nas seguintes situações:
b) em imobilizações ou situação de emergência como advertência utilizando pisca alerta;
- **Amparo Legal** – art. 251, II, b – CTB.
- **Infração** – Média.

ART. 251

- **Número de pontos** – 4 (quatro).
- **Penalidade** – Multa.
- **Valor da Multa** – R$ 85,13 – Resolução Contran nº 136/2002.
- **Medida Administrativa** – Não há previsão.
- **Código da Infração** – 730-7 – Denatran/Detran – Resolução Contran nº 66/1998 (Corresponde ao art. 251, II, "b" – CTB).
- **Competência** – Município – Resolução Contran nº 66/1998.

Neste dispositivo, o que se proíbe á a utilização das luzes do veículo baixa e alta de forma intermitente, que não seja motivada por imobilizações ou situações de emergência, como advertência, utilizando o pisca-alerta. É o uso conjunto da luz baixa e alta de forma intermitente, e do pisca-alerta, nas situações mencionadas.

Não se pode deixar passar ao largo, o preconizado, no art. 46 do CTB, que determina, sempre que for necessária a imobilização temporária de um veículo no leito viário, em situação de emergência deverá ser providenciada a imediata sinalização de advertência na forma estabelecida na Resolução Contran nº 36/1998, isto é, além do acionamento imediato do pisca-alerta (luzes de advertência) providenciará a colocação do triângulo de sinalização equipamento similar à distância mínima de 30 metros da parte da parte traseira do veículo, instalado perpendicularmente ao eixo da via, e em condições de boa visibilidade.

Art. 251. Utilizar as luzes do veículo:

II – baixa e alta de forma intermitente, exceto nas seguintes situações:

c) quando a sinalização de regulamentação da via determinar o uso do pisca-alerta:

- **Amparo Legal** – art. 251, II, c – CTB.
- **Infração** – Média.
- **Número de pontos** – 4 (quatro).
- **Penalidade** – Multa.
- **Valor da Multa** – R$ 85,13 – Resolução Contran nº 136/2002.
- **Medida Administrativa** – Não há previsão.
- **Código da Infração** – 730-7 – Denatran/Detran – Resolução Contran nº 66/1998 (Corresponde ao art. 251, II, "c" – CTB).
- **Competência** – Município – Resolução Contran nº 66/1998.

A redação do dispositivo ora em análise, tem conexão com o art. 40 inciso V, alínea "b" do Código, determinando que o condutor utilizará o pisca-alerta além das situações do art. 251, II, "b" (imobilizações ou situações de emergência), também quando a regulamentação da via assim o determinar. A utilização da luz baixa e alta juntamente com o pisca-alerta, fora do estabelecimento no art. 251, inciso II, alíneas "a", "b", "c", configura infração de trânsito.

218

> **Art. 252.** Dirigir o veículo:
> **I –** com o braço do lado de fora:
> - **Amparo Legal** – art. 252, I – CTB.
> - **Infração** – Média.
> - **Número de pontos** – 4 (quatro).
> - **Penalidade** – Multa.
> - **Valor da Multa** – R$ 85,13 – Resolução Contran nº 136/2002.
> - **Medida Administrativa** – Não há previsão.
> - **Código da Infração** – 731-5 – Denatran/Detran – Resolução Contran nº 66/1998 (Corresponde ao art. 252, I – CTB).
> - **Competência** – Município – Resolução Contran nº 66/1998.

A postura do condutor na direção de veículo automotor é de extrema relevância para a segurança do trânsito, mormente, ao próprio condutor e demais usuários da via. O motorista deve estar atento, de modo em qualquer circunstância repentina, perceber o risco com antecedência e agir a tempo, evitando assim, eventual acidente.

A conduta prevista no art. 252, I do Código, ocorre quando o condutor na direção de automotor dirige com o braço do lado de fora, ainda que parcialmente, por imprudência, negligência, displicência, comodidade, descanso do braço, hábito, ventilação para as mãos, etc.

O risco acentua-se nessas circunstâncias, principalmente pelos veículos que transitam paralelamente ou ainda em casos do condutor de outro veículo perder controle direcional de seu conduzido vindo a abalroar o veículo do condutor que está com o braço pelo lado de fora, causando além dos danos materiais, ofensas físicas com seqüelas graves ou amputação do membro superior. Há condutores que dirigem com o braço parcialmente fora do veículo e seguram fortemente na estrutura do quebra vento ou mesmo da porta, e com a outra mão segura e dirige o veículo, com o aditício de dirigi-lo com o corpo encostado na porta, o que é uma imprudência, porque em curva, é previsível a compreensão da porta com o peso do corpo, e em virtude da força centrífuga, tendente a abertura da mesma, poderá ocorrer a queda do motorista.

Importa assinalar, que quando o condutor dirigindo o automotor efetuar gesto indicativo nos termos do Anexo II, 6-b do Código de que irá dobrar à esquerda, à direita, diminuir a marcha ou parar, não constituirá infração de trânsito.

A presente infração de trânsito é típica do condutor. Portanto, caso seja passageiro quem esteja com o braço do lado de fora do veículo, entendemos que por tratar-se de infração com acentuado risco, o condutor deverá ser atuado com fulcro no art. 169 do CTB (dirigir sem atenção ou sem cuidados indispensáveis à segurança), e o agente fiscalizador de trânsito utilizará o campo destinado a observações do auto de infração de trânsito para esclarecer esta situação, exemplo: passageiro com o braço do lado de fora do veículo em movimento.

A responsabilidade pelas infrações decorrentes de atos praticados na direção do veículo, caberá ao condutor nos termos do § 3º do art. 257. O Código ao tratar das normas gerais de circulação e conduta, determina que os usuários da via pública, devem abster-se de todo ato que possa constituir perigo ou obstáculo para o trânsito de veículos, pessoas ou animais (art. 26, I). Impõe-se também ao condutor, o dever de a todo momento ter domínio de seu veículo, dirigindo-o com atenção e cuidados indispensáveis à segurança do trânsito (art. 28).

Esta infração não pode ser confundida com a prevista no art. 252, V (dirigir o veículo com apenas uma das mãos). Nesta, o condutor não dirige com o braço para fora do veículo, mas com apenas uma das mãos, exemplo: dirigir namorando abraçado, segurando algum objeto e uma das mãos, etc.

219

Art. 252. Dirigir o veículo:

II – *transportando pessoas, animais ou volume à sua esquerda ou entre os braços e pernas:*

- **Amparo Legal** – art. 252, II – CTB.
- **Infração** – Média.
- **Número de pontos** – 4 (quatro).
- **Penalidade** – Multa.
- **Valor da Multa** – R$ 85,13 – Resolução Contran nº 136/2002.
- **Medida Administrativa** – Não há previsão.
- **Código da Infração** – 732-3 – Denatran/Detran – Resolução Contran nº 66/1998 (Corresponde ao art. 252, II – CTB).
- **Competência** – Estado – Resolução Contran nº 66/1998.

O condutor de veículo quando estiver na direção de veículo automotor, deverá estar com os membros superiores e inferiores livres, aptos a realizarem com segurança e desenvolvimento as operações necessárias a condução do veículo. Entretanto, estará configurada a infração do inciso II do art. 252, quando o condutor transportar no veículo, pessoas, animais ou volume à sua esquerda (entre o condutor e a porta) ou entre os braços e pernas. Exemplo: pessoas, cachorro, gato, presentes, bebidas, etc.

Tratando-se de transporte de criança nestas condições, vale dizer à esquerda ou entre os braços e pernas do condutor, haverá concurso de infrações nos termos do art. 266 do Código, entre os arts. 168 (transportar crianças em veículo automotor sem a observância das normas de segurança sem a observância das normas de segurança especiais pelo Código) e a infração prevista no inciso II do art. 252. São aplicadas, duas infrações simultâneas, devendo ser aplicadas, cumulativamente, as respectivas penalidades. De outro lado, constatando-se que o veículo está com lotação excedente, a infração será a prevista no art. 231 inciso VII do CTB. A capacidade de lotação consta no certificado de registro e licenciamento de veículo (CRLV), ou no próprio veículo.

220

Art. 252. Dirigir o veículo:
III – com incapacidade física ou mental temporária que comprometa a segurança do trânsito:

- **Amparo Legal** – art. 252, III – CTB.
- **Infração** – Média.
- **Número de pontos** – 4 (quatro).
- **Penalidade** – Multa.
- **Valor da Multa** – R$ 85,13 – Resolução Contran nº 136/2002.
- **Medida Administrativa** – Não há previsão.
- **Código da Infração** – 733-1 – Denatran/Detran – Resolução Contran nº 66/1998 (Corresponde ao art. 252, III – CTB).
- **Competência** – Estado – Resolução Contran nº 66/1998.

Na interpretação de Geraldo de Faria Lemos Pinheiro e Dorival Ribeiro:[209] "A incapacidade física ou mental temporária deve ser aquela que pelos indícios de fácil visualização podem ser notadas pelo agente. A descrição da incapacidade deve ser feita no campo próprio do auto de infração".

Importa acentuar, que o art. 166 do CTB penaliza a ação de quem confia ou entrega a direção de veículo a pessoa que, mesmo habilitada, por seu estado físico ou psíquico, não estiver em condições de dirigi-lo com segurança, respondendo ainda pela infração penal prevista no art. 310 do CTB. O preceito do art. 252, III, é direcionado ao condutor especificamente que é surpreendido dirigindo veículo com incapacidade física ou mental temporária e que comprometa a segurança do trânsito. Exemplo: condutor dirigindo o veículo com alguma parte do corpo imobilizada ou engessada (braço, perna, pescoço ou tronco), submetido a grave cirurgia recentemente, etc.

Importante os exemplos citados por Arnaldo Rizzardo:[210] "No caso em análise, ao próprio condutor pune-se, se surpreendido na direção quando sua condição

---

209. *Código de Trânsito Interpretado*, p. 409.
210. *Op. cit.*, p. 527.

física ou mental for inconveniente para a segurança do trânsito. Numa casuística mais ilustrativa, apontam-se como estados físicos ou mentais inapropriados ou comprometedores: o cansaço físico ou mental; a extenuação por longos períodos na direção, como jornada de trabalho acima da permitida legalmente; a doença ou dor em partes do corpo; sonolência por ingestão de medicamentos que diminuem a capacidade de percepção e concentração, o abatimento espiritual e corporal decorrente de notícias ou eventos trágicos; a depressão moral, alteração do animo por motivos de discussões ou desentendimentos; a elevação ou forte diminuição de pressão arterial; a tontura; o torpor do corpo ou da mente em razão de uso de medicamentos antidepressivos. Hipóteses como as acima representam, embora com diferenças de intensidade, incapacidade física ou mental comprometedora da segurança de trânsito".

221

Art. 252. Dirigir o veículo:

IV – usando calçado que não se firme nos pés ou que comprometa a utilização dos pedais:

- **Amparo Legal** – art. 252, IV – CTB.
- **Infração** – Média.
- **Número de pontos** – 4 (quatro).
- **Penalidade** – Multa.
- **Valor da Multa** – R$ 85,13 – Resolução Contran nº 136/2002.
- **Medida Administrativa** – Não há previsão.
- **Código da Infração** – 734-0 – Denatran/Detran – Resolução Contran nº 66/1998 (Corresponde ao art. 252, IV – CTB).
- **Competência** – Estado – Resolução Contran nº 66/1998.

É a restrição ao uso de calçado cuja estrutura não possibilite a fixação deste ao pé do condutor, o que, sem dúvida pode dificultar a operação dos pedais de embreagem, de freios e de aceleração do veículo, e dessa forma ocasionar acidentes. Este dispositivo não dispõe contra o uso de sandálias, desde que elas estejam bem fixadas aos pés do motorista. A proibição constante neste inciso do art. 252, IV do CTB, destina-se a calçados que possam trazer perigo à segurança do trânsito. Calçados dessa natureza podem ser citados como: tamancos, chinelos, sandálias soltas, sapatos com saltos muito altos e finos e similares.

Dirigir o veículo usando calçado que não se firme nos pés do condutor, é o calçado inadequado, largo, salto alto, salto fino alongado ou do tipo plataforma. Quanto mais alto o salto, maior o risco de acidente e dificuldade de movimentação dos pés, com folga nos pés, ou que comprometa a utilização dos pedais, afetando com isso a segurança dos ocupantes do veículo e de outros veículos, além de pedestres, uma vez que na troca do pedal, o condutor que utiliza-se de chinelos poderá enroscá-lo

ART. 252

nos pedais ou no tapete, impedindo a utilização necessária e adequada dos pedais, desviando inclusive a atenção do condutor do veículo para outras situações que deve ter sob visão e controle no trânsito. Havendo indispensável necessidade ou ainda interesse pessoal do uso destes calçados pelo motorista, principalmente em festas e recepções, sugestionamos o uso sobressalente de tênis ou sapatos fechados, os quais serão utilizados somente quando na direção do veículo, havendo em seguida a troca pelo calçado de interesse/satisfação pessoal.

Importa salientar, que dirigir com os pés descalços ou sem calçados, não constitui infração de trânsito, portanto, o agente fiscalizador de trânsito não poderá efetuar a autuação por falta de amparo legal. É importante salientar, que apesar de não haver previsão para autuação de quem dirige com os pés descalço, a conduta porém não é recomenda; além de ocasionar insatisfação, desconforto principalmente se o motorista não está acostumado a dirigir descalço é certo que o motorista que conduz o veículo sem calçado tem menos sensibilidade e força para pressionar os pedais do acelerador e do freio. É conduto não recomendada.

O Contran já manifestou-se sobre o assunto através do Parecer nº 76/1971, referente ao art. 181, XX, "d", do RCNT, assim como na ata da 77ª Reunião do Contran do dia 5.9.1980, ao interpretar o Ofício nº 7/1980 do presidente do Cetran/RN, sobre a expressão "calçado inadequadamente", isto é, na linha anteriormente mencionada.

De outro lado, a título de esclarecimentos, a presente infração estatuída no inciso IV do art. 252 do Código, tem aplicação também para condutores de motocicletas e similares.

Os arts. 26 e 28 do Código de Trânsito Brasileiro, tem conexão com o inciso IV do art. 252.

222

Art. 252. *Dirigir o veículo:*

V – *com apenas uma das mãos, exceto quando deva fazer sinais regulamentares de braço, mudar a marcha do veículo, ou acionar equipamentos e acessórios do veículo:*

- **Amparo Legal** – art. 252, V – CTB.
- **Infração** – Média.
- **Número de pontos** – 4 (quatro).
- **Penalidade** – Multa.
- **Valor da Multa** – R$ 85,13 – Resolução Contran nº 136/2002.
- **Medida Administrativa** – Não há previsão.
- **Código da Infração** – 735-8 – Denatran/Detran – Resolução Contran nº 66/1998 (Corresponde ao art. 252, V – CTB).
- **Competência** – Estado – Resolução Contran nº 66/1998.

Na direção de veículo automotor, o condutor deve sempre manter ambas as mãos na direção, exceto quando esteja efetuando sinal regulamentar de braço (gestos, nos termos do Anexo II, 6-b do CTB), mudando a marcha do veículo ou acionando equipamentos e acessórios do veículo. Esta infração corre por exemplo, quando o condutor estiver dirigindo o veículo abraçado com uma das mãos à pessoa e outra na direção; segurando sua mão, segurando algum animal, segurando algum objeto com uma das mãos, alimentos (sorvete), bebidas (refrigerante, alcoólicas, etc.), segurando o cigarro e apenas uma das mãos ao volante, etc.

A prática prevista no inciso V do art. 252, tem conexão com os arts. 26, I e 28 do Código.

223

Art. 252. Dirigir o veículo:

VI – *utilizando-se de fones nos ouvidos conectados a aparelhagem sonoro ou de telefone celular:*

- **Amparo Legal** – *art. 252, VI – CTB.*
- **Infração** – *Média.*
- **Número de pontos** – *4 (quatro).*
- **Penalidade** – *Multa.*
- **Valor da Multa** – *R$ 85,13 – Resolução Contran nº 136/2002.*
- **Código da Infração** – *736-6 – Denatran/Detran – Resolução Contran nº 66/1998 (Corresponde ao art. 252, VI – CTB).*
- **Competência** – *Estado e Município – Resolução Contran nº 66/1998.*

A infração prevista no inciso VI do art. 252, desdobra-se em duas partes. Na primeira a conduta vedada é dirigir veículo utilizando-se de fones nos ouvidos (walkman e outros) conectados a aparelhagem sonora. A segunda, dá-se quando o condutor é surpreendido dirigindo veículo utilizando-se de telefone celular.

O Denatran (Departamento Nacional de Trânsito), considerando o resultado do estudo técnico realizado pela Associação Brasileira de Medicina de Tráfego (A-BRAMET) no sentido do perigo do uso do aparelho celular e seus acessórios ao volante, resolveu, através da Portaria nº 48 de 28 de agosto de 2002,[211] data que passou a vigorar, tornar sem efeito a Portaria nº 24 de 23 de abril de 2002, que permitia o uso de aparelho de fone de ouvido do tipo monoauricular, quando da condução de veículo automotor. Dentre vários motivos que fundamentaram a decisão e defendida por aqueles que são contra o uso de celular no trânsito, na mão,

---

211. Publicada no *DOU* de 29.8.2002.

ART. 252

com fone de ouvido ou viva-voz, está que, a conduta pode provocar desvio de atenção, interferência avançada na qualidade de direção do condutor, ocasionando acidentes graves de trânsito. O condutor nestas condições (ao celular, na mão, com fone de ouvido ou viva-voz), compromete a segurança de terceiros, pois não olha o retrovisor, ziguezagueia, reduz a velocidade, avança sinal, pára em cima da faixa de pedestres, dirige com instabilidade direcional, é indeciso, avalia mal as situações. Em linhas gerais, o celular na mão, com fone de ouvido ou viva-voz é incompatível com a direção de veículos automotores no trânsito. É ligação perigosa e alguém pode ficar falando sozinho. Apesar de muitos motoristas acreditarem que dirigir envolve apenas as atividades motoras e, nesse caso, o uso do telefone celular conectado ao viva-voz ou fone de ouvido, não afetaria o comportamento e a qualidade de dirigir, vez que, as mãos ficam livres para segurar a direção e efetuar eventuais mudanças de marcha e manobras. Contudo, não se pode desprezar que dirigir afeta a parte mental e fatores psicológicos também interferem na atenção, havendo necessidade de liberação de estímulos, os quais se retardados podem afetar a decisão a ser tomada pelo motorista. O uso do celular (na mão, viva-voz ou com fone de ouvidos) sobrecarrega o sistema cognitivo, de comunicação, de forma que respostas para o processamento de informação, incluindo a busca visual, controle de velocidade, detecção de sinais e tomada de decisão tornam-se mais lentas.

A partir da publicação da Portaria Denatran nº 48/2002, todo condutor dirigindo veículo automotor em via pública fazendo uso do celular tradicional, viva-voz ou com fone de ouvidos conectados ao aparelho, comete infração de trânsito.

De observar-se que, a restrição atinge somente o motorista e não passageiros. Também é permitido o uso de celular nas condições acima mencionadas quando o condutor parar o veículo em local apropriado, isto é, não estando o veículo em movimento.

Sobre o assunto, muito bem explicado a opinião de Arnaldo Rizzardo:[212] "Depreende-se do dispositivo que é completamente proibido utilizar fones nos ouvidos (*walkman*) e telefone celular enquanto alguém dirige. A colocação de fones nos ouvidos impede a audição de sinalizações sonoras emitidas por veículos e mesmo pela autoridade policial. Já o uso de telefone celular, além de exigir que fique rente ao ouvido, para escutar as transmissões, deverá o condutor utilizar uma das mãos com o aparelho, com prejuízo para a direção. Ademais, a atenção fica dividida entre o interlocutor, o manejo do volante e o movimento do trânsito. Assim, não pairam dúvidas quanto à nocividade de uso durante o tráfego. Pelo teor do dispositivo, unicamente proibidos a aparelhagem sonora se conectada a fones colocados nos ouvidos e o uso de telefone celular, com seu deslocamento ao ouvido e a boca. Não há contra a ouvida de música ou som, ou que se recebam e transmitam mensagens através de telefone celular, se empregada aparelhagem de transmissão de viva voz, isto é, se ouvir e falar o condutor sem o uso das mãos ao segurar o aparelho, que ficará, então, instalado em local apropriado no veículo".

---

212. *Comentários ao Código de Trânsito Brasileiro*, pp. 528-529.

UTILIZAÇÃO DE TELEFONIA MÓVEL CELULAR PELO CONDUTOR DE VEÍCULO EM MOVIMENTO NA VIGÊNCIA DO CÓDIGO ANTERIOR

"DECISÃO CONTRAN Nº 4, DE 26 DE ABRIL DE 1994[213]

Processo s/nº de 1994.

Interessado – Conselho Nacional de Trânsito.

Assunto – Utilização de telefonia móvel celular pelo condutor de veículo em movimento.

O Conselho Nacional de Trânsito – Contran, usando das atribuições que lhe confere o art. 5º da Lei nº 5.108, de 21 de setembro de 1966, que institui o Código nacional de trânsito, e o art. 9º do regulamento aprovado pelo Decreto nº 32.127, de 16 de janeiro de 1968; e

Considerando a deliberação do colegiado tomada na reunião de 26 de abril de 1994;

Considerando a existência de várias consultas efetuadas por órgão do sistema nacional de trânsito a respeito da matéria.

Decide:

Art. 1º. A utilização de telefonia celular pelo condutor de veículo em movimento é proibida e se constitui em infração de trânsito, devendo ser capitulada como infringência ao CNT, conduta tipificada ao art. 89, XXI, letra "B" do Código de trânsito brasileiro, ou seja:

"É proibido a todo condutor de veículo dirigir:

b) usando apenas uma das mãos, exceto quando deva fazer de braço ou mudar a marcha de câmbio.

Penalidade: grupo 4".

Art. 2º. O uso de telefonia móvel celular pelo condutor de veículo em movimento não consiste infração quando se opera equipamento especial de viva voz, ou outro que libere as mãos de quem o utilize, instalado acessoriamente no automotor.

Art. 3º. A utilização manual de telefone celular, exclusivamente por passageiros dos veículos automotores é livre, em movimento ou não.

Art. 4º. Esta decisão entra em vigor na data de sua publicação."

O Detran/SP, também manifestou-se sobre o assunto, através do Comunicado Detran/SP-2 de 27.4.1994[214] na vigência do Código anterior.

O Diretor do Detran-SP, considerando o elevado número de consultas formuladas ao órgão, comunica às autoridade de trânsito, agentes policiais, profissionais ligados à área e ao público em geral, que o uso de aparelho telefônico celular pelo

---

213. Publicado no *DOU* de 16.5.1994.
214. Publicado no *DOE* 28.4.1994.

condutor automotor, estando este em movimento, se enquadra no dispositivo previsto no art. 89, inciso XXI, letra "b" do Código Nacional de Trânsito, cuja penalidade é multa do grupo 4. A legislação proíbe a direção de veículo automotor usando o condutor apenas uma das mãos (exceto para mudança de marcha ou para sinalização de braços), o que alcança o uso de telefone celular na direção de veículo automotor.

| 224 |

Art. 253. *Bloquear a via com o veículo:*
- **Amparo Legal** – art. 253 – CTB.
- **Infração** – Gravíssima.
- **Número de pontos** – 7 (sete).
- **Penalidade** – Multa e apreensão do veículo.
- **Valor da Multa** – R$ 85,13 – Resolução Contran nº 136/2002.
- **Medida Administrativa** – Não há previsão.
- **Código da Infração** – 737-4 – Denatran/Detran – Resolução Contran nº 66/1998 (Corresponde ao art. 253 – CTB).
- **Competência** – Município – Resolução Contran nº 66/1998.

Via segundo o Anexo I do Código de Trânsito Brasileiro, é a superfície por onde transitam veículos, pessoas e animais, compreendendo a pista, a calçada, o acostamento, ilha e canteiro central.

O art. 2º do CTB, amplia o conceito acima, ao definir vias terrestres e urbanas como as rurais, avenidas, os logradouros, os caminhos, as passagens, as estradas e as rodovias. Consideram-se ainda vias terrestres, as praias abertas à circulação pública e as vias internas pertencentes aos condomínios constituídos por unidades autônomas.

Bloqueio, segundo o minidicionário Sacconi,[215] quer dizer, "sitiar, impedir o movimento ou a circulação, obstruir". O bloqueio da via pública pode ocorrer por diversos motivos, dentre os quais, destacamos: bloqueio da via pública com o veículo por motoristas em protesto, impedindo o uso da via pública, gerando congestionamento e impossibilitando o trânsito; bloqueio da via com veículo para angariar fundos a determinada finalidade, humanitária ou não; bloqueio da via com o veículo em atividade desportiva não autorizada (gincana), manobras realizadas por veículos que levam tempo ocasionando congestionamento da via; bloqueio da via com o veículo quando de realização de greve, bloqueio da via com o veículo para carga e descarga, caso não configure outra infração, bloqueio da via com o veículo em qualquer evento não autorizado, exemplo: político, religioso, comércio; blo-

---

215. Luiz Antonio Sacconi. *Minidicionário Sacconi da Língua Portuguesa*. São Paulo: Atual Editora, 1996, p.106.

queio da via com o veículo, por esta ser estreita, apesar de não haver proibição de estacionamento, impedindo a passagem de outros veículos; bloqueio da via com o veículo para promover espetáculos públicos, etc.

Importa destacar, que se o bloqueio da via dar-se por motivo de acidente de trânsito, força maior, caso fortuito, ou mediante autorização da autoridade com circunscrição sobre a via, não haverá a infração.

225

Art. 254. *É proibido ao pedestre:*

I – *permanecer ou andar nas pistas de rolamento, exceto para cruzá-las onde for permitido:*

- **Código da infração** – *738-2 – Denatran/Detran – Resolução Contran nº 66/1998 (Corresponde ao art. 254, I – CTB).*

II – *cruzar pistas de rolamento nos viadutos, pontes, ou túneis, salvo onde exista permissão:*

- **Código da infração** – *739-0 – Denatran/Detran – Resolução Contran nº 66/1998 (Corresponde ao art. 254, II – CTB).*

III – *atravessar a via dentro das áreas de cruzamento, salvo quando, houver sinalização para esse fim:*

- **Código da Infração** – *740-4 – Denatran/Detran – Resolução Contran nº 66/1998 (Corresponde ao art. 254, III – CTB).*

IV – *utilizar-se da via em agrupamentos capazes de perturbar o trânsito, ou para a prática de qualquer folguedo, esporte, desfiles e similares, salvo em casos especiais e com a devida licença da autoridade competente:*

- **Código da Infração** – *741-2 – Denatran/Detran – Resolução Contran nº 66/1998 (Corresponde ao art. 254, IV – CTB).*

V – *andar fora da faixa própria, passarela, passagem aérea ou subterrânea:*

- **Código da Infração** – *742-0 – Denatran/Detran – Resolução Contran nº 66/1998 (Corresponde ao art. 254, V – CTB).*

VI – *desobedecer à sinalização de trânsito específica.*

- **Código da Infração** – *743-9 – Denatran/Detran – Resolução Contran nº 66/1998 (Corresponde ao art. 254, VI – CTB).*
- **Infração** – *Leve.*
- **Penalidade** – *Multa, em 50% (cinqüenta por cento) do valor da infração leve.*
- **Valor de cada Multa** – *R$ 26,60 – Resolução Contran nº 136/2002.*
- **Competência** – *Município – Resolução Contran nº 66/1998.*

No art. 254 e incisos (I, II, III, IV, V, VI), o Código também criou medida de punição aos pedestres que não utilizam-se da via pública observando regras de segurança. Entretanto, ainda não estão sendo aplicadas referidas autuações. Entendemos que para a aplicabilidade dos dispositivos ora em comento, haverá necessidade de uma grande campanha educativa, de conscientização da maioria dos pedestres.

Não obstante, à guisa de esclarecimentos, por força do disposto no § 1º do art. 68 do Código, os incisos do art. 254, aplicam-se aos ciclistas desmontados empurrando as bicicletas.

226

Art. 255. Conduzir bicicleta em passeios onde não seja permitida a circulação desta, ou de forma agressiva, em desacordo com o disposto no parágrafo único do art. 59:
- **Amparo Legal** – art. 255 – CTB.
- **Infração** – Média.
- **Penalidade** – Multa.
- **Valor da Multa** – R$ 85,13 – Resolução Contran nº 136/2002.
- **Código da Infração** – 744-7 – Denatran/Detran – Resolução Contran nº 66/1998 (Corresponde ao art. 255 – CTB).
- **Medida Administrativa** – Remoção da bicicleta, mediante recibo para o pagamento da multa.
- **Competência** – Município – Resolução Contran nº 66/1998.

Passeio, é parte da calçada ou da pista de rolamento, neste último caso, separada por pintura ou elemento físico separador, livre de interferências, destinada à circulação exclusiva de pedestres e, excepcionalmente de ciclista (Anexo I do CTB).

O art. 255, parte final, faz remissa ao parágrafo único do art. 59, e este não existe, foi um equívoco do legislador que queria dizer, parágrafo único do art. 58.

No art. 59 do CTB, a dicção leva ao entendimento que somente quando autorizado e devidamente sinalizado pelo órgão de trânsito com circunscrição sobre a via, será permitida a circulação de bicicletas nos passeios, e o art. 58, estabelece que nas vias urbanas e nas rurais de pista dupla, a circulação de bicicletas deverá ocorrer, quando não houver ciclovia, ciclofaixa ou acostamento, ou quando não for possível a utilização destes, nos bordos da pista de rolamento, no mesmo sentido de circulação regulamentado para a via, com preferência sobre os veículos automotores. A autoridade de trânsito com circunscrição sobre a via poderá autorizar a circulação de bicicletas no sentido contrário ao fluxo dos veículos automotores, desde que dotado o trecho com ciclofaixa.

Bicicleta (ciclos), é o veículos de propulsão humana, dotado de duas rodas, não sendo para efeito do Código, similar à motocicleta, motoneta e ciclomotor (Anexo I do CTB).

Quanto a segunda parte do art. 255, ao referir-se a condução de bicicleta de forma agressiva, entendemos que a infração configura-se no excesso de velocidade, nas manobras arriscadas e bruscas, na desobediência acintosa da sinalização de trânsito, com risco de atropelar pedestres pela forma que dirige, dirigir com provocação, habilidade, etc.

De registrar-se que até o presente momento, não foi aplicada este dispositivo, pela complexidade da identificação do ciclista, autuação e cobrança de multa.

A competência para o registro e licenciamento das bicicletas é do órgão municipal do domicílio ou residência dos proprietários (art. 129). A autorização para a condução de bicicletas, também ficou a cargo dos municípios (§ 1º do art. 141).

Importa mencionar, que o art. 201 do CTB, considera infração média e penalidade de multa, quando o condutor de veículo deixar de guardar a distância lateral de um metro e cinqüenta centímetros ao passar ou ultrapassar bicicleta. Configura ainda infração grave de trânsito se o condutor deixar de reduzir a velocidade do veículo de forma compatível com a segurança do trânsito ao ultrapassar ciclista (art. 220, XIII do CTB).

DAS PENALIDADES, DAS MEDIDAS ADMINISTRATIVAS E DO PROCESSO ADMINISTRATIVO

CAPÍTULO XVI - DAS PENALIDADES

Art. 256. A autoridade de trânsito, na esfera das competências estabelecidas neste Código e dentro de sua circunscrição, deverá aplicar, às infrações nele previstas, as seguintes penalidades:
I - advertência por escrito;
II - multa;
III - suspensão do direito de dirigir;
IV - apreensão do veículo;
V - cassação da Carteira Nacional de Habilitação;
VI - cassação da Permissão para Dirigir;
VII - freqüência obrigatória em curso de reciclagem.

§ 1º. A aplicação das penalidades previstas neste Código não elide as punições originárias de ilícitos penais decorrentes de crimes de trânsito, conforme disposições de lei.

§ 2º. (Vetado)

§ 3º. A imposição da penalidade será comunicada aos órgãos ou entidades executivos de trânsito responsáveis pelo licenciamento do veículo e habilitação do condutor.

Art. 257. As penalidades serão impostas ao condutor, ao proprietário do veículo, ao embarcador e ao transportador, salvo os casos de descumprimento de obrigações e deveres impostos a pessoas físicas ou jurídicas expressamente mencionados neste Código.

• *(Resolução Contran nº 108, de 21.12.1999)*

§ 1º. Aos proprietários e condutores de veículos serão impostas concomitantemente as penalidades de que trata este Código toda vez que houver responsabilidade solidária em infração dos preceitos que lhes couber observar, respondendo cada um de *per si* pela falta em comum que lhes for atribuída.

§ 2º. Ao proprietário caberá sempre a responsabilidade pela infração referente à prévia regularização e preenchimento das formalidades e condições exigidas para o trânsito de veículo na via terrestre, conservação e inalterabilidade de suas características, componentes, agregados, habilitação legal e compatível de seus condutores, quando esta for exigida, e outras disposições que deva observar.

§ 3º. Ao condutor caberá a responsabilidade pelas infrações decorrentes de atos praticados na direção do veículo.

Das Penalidades, das Medidas Administrativas e do Processo Admnistrativo

§ 4º. O embarcador é responsável pela infração relativa ao transporte de carga com excesso de peso nos eixos ou no peso bruto total, quando simultaneamente for o único remetente da carga, e o peso declarado na nota fiscal, fatura ou manifesto for inferior àquele aferido.

§ 5º. O transportador é o responsável pela infração relativa ao transporte de carga com excesso de peso nos eixos ou quando à carga proveniente de mais de um embarcador ultrapassar o peso bruto total.

§ 6º. O transportador e o embarcador são solidariamente responsáveis pela infração relativa ao excesso de peso bruto total, se o peso declarado na nota fiscal, fatura ou manifesto for superior ao limite legal.

§ 7º. Não sendo imediata a identificação do infrator, o proprietário do veículo terá quinze dias de prazo, após a notificação da autuação, para apresentá-lo, na forma que dispuser o CONTRAN, ao fim do qual, não o fazendo, será considerado responsável pela infração.

• *(Resolução Contran nº 17, de 12.2.1998)*

§ 8º. Após o prazo previsto no parágrafo anterior, não havendo identificação do infrator e sendo o veículo de propriedade de pessoa jurídica, será lavrada nova multa ao proprietário do veículo, mantida a originada pela infração, cujo valor é o da multa multiplicada pelo número de infrações iguais cometidas no período de doze meses.

§ 9º. O fato de o infrator ser pessoa jurídica não o exime do disposto no § 3º do art. 258 e no art. 259.

Art. 258. As infrações punidas com multa classificam-se, de acordo com sua gravidade, em quatro categorias:

• *A UFIR foi extinta, sendo congelada no valor de R$ 1,0641 pelo § 3º do art. 29 da Medida Provisória nº 1.973-69, de 21.12.2000, tendo sido a nº 2.176-79, de 23.8.2001, sua última reedição.*

I - infração de natureza gravíssima, punida com multa de valor correspondente a 180 (cento e oitenta) UFIR;

• *Equivalente a R$ 191,53.*

II - infração de natureza grave, punida com multa de valor correspondente a 120 (cento e vinte) UFIR;

• *Equivalente a R$ 127,69.*

III - infração de natureza média, punida com multa de valor correspondente a 80 (oitenta) UFIR;

• *Equivalente a R$ 85,12.*

IV - infração de natureza leve, punida com multa de valor correspondente a 50 (cinqüenta) UFIR.

• *Equivalente a R$ 53,20.*

§ 1º. Os valores das multas serão corrigidos no primeiro dia útil de cada mês pela variação da UFIR ou outro índice legal de correção dos débitos fiscais.

§ 2º. Quando se tratar de multa agravada, o fator multiplicador ou índice adicional específico é o previsto neste Código.

§ 3º. (Vetado)

§ 4º. (Vetado)

Art. 259. A cada infração cometida são computados os seguintes números de pontos:

I - gravíssima: sete pontos;

II - grave: cinco pontos;

III - média: quatro pontos;

IV - leve: três pontos.

§ 1º. (Vetado)

§ 2º. (Vetado)

Art. 260. As multas serão impostas e arrecadadas pelo órgão ou entidade de trânsito com circunscrição sobre a via onde haja ocorrido a infração, de acordo com a competência estabelecida neste Código.

§ 1º. As multas decorrentes de infração cometida em unidade da Federação diversa da do licenciamento do veículo serão arrecadadas e compensadas na forma estabelecida pelo CONTRAN.

§ 2º. As multas decorrentes de infração cometida em unidade da Federação diversa daquela do licenciamento do veículo poderão ser comunicadas ao órgão ou entidade responsável pelo seu licenciamento, que providenciará a notificação.

Das Penalidades, das Medidas Administrativas e do Processo Admnistrativo

§ 3º. (Revogado)
• *Parágrafo revogado pelo art. 7º da Lei nº 9.602, de 21.1.1998.*

§ 4º. Quando a infração for cometida com veículo licenciado no exterior, em trânsito no território nacional, a multa respectiva deverá ser paga antes de sua saída do País, respeitado o princípio de reciprocidade.

Art. 261. A penalidade de suspensão do direito de dirigir será aplicada, nos casos previstos neste Código, pelo prazo mínimo de um mês até o máximo de um ano e, no caso de reincidência no período de doze meses, pelo prazo mínimo de seis meses até o máximo de dois anos, segundo critérios estabelecidos pelo CONTRAN.

• *(Resolução Contran nº 54, de 21.5.1998)*

§ 1º. Além dos casos previstos em outros artigos deste Código e excetuados aqueles especificados no art. 263, a suspensão do direito de dirigir será aplicada sempre que o infrator atingir a contagem de vinte pontos, prevista no art. 259.

§ 2º. Quando ocorrer suspensão do direito de dirigir, a Carteira Nacional de Habilitação será devolvida a seu titular imediatamente após cumprida a penalidade e o curso de reciclagem.

Art. 262. O veículo apreendido em decorrência de penalidade aplicada será recolhido ao depósito e nele permanecerá sob custódia e responsabilidade do órgão ou entidade apreendedora, com ônus para o seu proprietário, pelo prazo de até 30 (trinta) dias, conforme critério a ser estabelecido pelo CONTRAN.

• *(Resolução Contran nº 53, de 21.5.1998)*

§ 1º. No caso de infração em que seja aplicável a penalidade de apreensão do veículo, o agente de trânsito deverá, desde logo, adotar a medida administrativa de recolhimento do Certificado de Licenciamento Anual.

§ 2º. A restituição dos veículos apreendidos só ocorrerá mediante o prévio pagamento das multas impostas, taxas e despesas com remoção e estada, além de outros encargos previstos na legislação específica.

§ 3º. A retirada dos veículos apreendidos é condicionada, ainda, ao reparo de qualquer componente ou equipamento obrigatório que não esteja em perfeito estado de funcionamento.

§ 4º. Se o reparo referido no parágrafo anterior demandar providência que não possa ser tomada no depósito, a autoridade responsável pela apreensão liberará o veículo para reparo, mediante autorização, assinando prazo para sua reapresentação e vistoria.

Art. 263. A cassação do documento de habilitação dar-se-á:

I - quando, suspenso o direito de dirigir, o infrator conduzir qualquer veículo;

II - no caso de reincidência, no prazo de 12 (doze) meses, das infrações previstas no inciso III do art. 162 e nos arts. 163, 164, 165, 173, 174 e 175;

III - quando condenado judicialmente por delito de trânsito, observado o disposto no art. 160.

§ 1º. Constatada, em processo administrativo, a irregularidade na expedição do documento de habilitação, a autoridade expedidora promoverá o seu cancelamento.

§ 2º. Decorridos dois anos da cassação da Carteira Nacional de Habilitação, o infrator poderá requerer sua reabilitação, submetendo-se a todos os exames necessários à habilitação, na forma estabelecida pelo CONTRAN.

• *(Resolução Contran nº 50, de 21.5.1998)*

Art. 264. (Vetado)

Art. 265. As penalidades de suspensão do direito de dirigir e de cassação do documento de habilitação serão aplicadas por decisão fundamentada da autoridade de trânsito competente, em processo administrativo, assegurado ao infrator amplo direito de defesa.

Art. 266. Quando o infrator cometer, simultaneamente, duas ou mais infrações, ser-lhe-ão aplicadas, cumulativamente, as respectivas penalidades.

Art. 267. Poderá ser imposta a penalidade de advertência por escrito à infração de natureza leve ou média, passível de ser punida com multa, não sendo reincidente o infrator, na mesma infração, nos últimos doze meses, quando a autoridade, considerando o prontuário do infrator, entender esta providência como a mais educativa.

§ 1º. A aplicação da advertência por escrito não elide o acréscimo do valor da multa prevista no § 3º do art. 258, imposta por infração posteriormente cometida.

§ 2º. O disposto neste artigo aplica-se igualmente aos pedestres, podendo a multa ser transformada na participação do infrator em cursos de segurança viária, a critério da autoridade de trânsito.

Art. 268. O infrator será submetido a curso de reciclagem, na forma estabelecida pelo CONTRAN:

I - quando, sendo contumaz, for necessário à sua reeducação;

II - quando suspenso do direito de dirigir;

III - quando se envolver em acidente grave para o qual haja contribuído, independentemente de processo judicial;

IV - quando condenado judicialmente por delito de trânsito;

V - a qualquer tempo, se for constatado que o condutor está colocando em risco a segurança do trânsito;

VI - em outras situações a serem definidas pelo CONTRAN.

• *(Resolução Contran nº 58, de 21.5.1998)*

CAPÍTULO XVII - DAS MEDIDAS ADMINISTRATIVAS

Art. 269. A autoridade de trânsito ou seus agentes, na esfera das competências estabelecidas neste Código e dentro de sua circunscrição, deverá adotar as seguintes medidas administrativas:

I - retenção do veículo;

II - remoção do veículo;

III - recolhimento da Carteira Nacional de Habilitação;

IV - recolhimento da Permissão para Dirigir;

V - recolhimento do Certificado de Registro;

VI - recolhimento do Certificado de Licenciamento Anual;

VII - (Vetado)

VIII - transbordo do excesso de carga;

IX - realização de teste de dosagem de alcoolemia ou perícia de substância entorpecente ou que determine dependência física ou psíquica;

X - recolhimento de animais que se encontrem soltos nas vias e na faixa de domínio das vias de circulação, restituindo-os aos seus proprietários, após o pagamento de multas e encargos devidos.

XI - realização de exames de aptidão física, mental, de legislação, de prática de primeiros socorros e de direção veicular.

• *Inciso acrescido pelo art. 1º da Lei nº 9.602, de 21.1.1998.*

§ 1º. A ordem, o consentimento, a fiscalização, as medidas administrativas e coercitivas adotadas pelas autoridades de trânsito e seus agentes terão por objetivo prioritário a proteção à vida e à incolumidade física da pessoa.

§ 2º. As medidas administrativas previstas neste artigo não elidem a aplicação das penalidades impostas por infrações estabelecidas neste Código, possuindo caráter complementar a estas.

§ 3º. São documentos de habilitação a Carteira Nacional de Habilitação e a Permissão para Dirigir.

§ 4º. Aplica-se aos animais recolhidos na forma do inciso X o disposto nos arts. 271 e 328, no que couber.

Art. 270. O veículo poderá ser retido nos casos expressos neste Código.

§ 1º. Quando a irregularidade puder ser sanada no local da infração, o veículo será liberado tão logo seja regularizada a situação.

§ 2º. Não sendo possível sanar a falha no local da infração, o veículo poderá ser retirado por condutor regularmente habilitado, mediante recolhimento do Certificado de Licenciamento Anual, contra recibo, assinalando-se ao condutor prazo para sua regularização, para o que se considerará, desde logo, notificado.

DAS PENALIDADES, DAS MEDIDAS ADMINISTRATIVAS E DO PROCESSO ADMNISTRATIVO

§ 3º. O Certificado de Licenciamento Anual será devolvido ao condutor no órgão ou entidade aplicadores das medidas administrativas, tão logo o veículo seja apresentado à autoridade devidamente regularizado.

§ 4º. Não se apresentando condutor habilitado no local da infração, o veículo será recolhido ao depósito, aplicando-se neste caso o disposto nos parágrafos do art. 262.

§ 5º. A critério do agente, não se dará a retenção imediata, quando se tratar de veículo de transporte coletivo transportando passageiros ou veículo transportando produto perigoso ou perecível, desde que ofereça condições de segurança para circulação em via pública.

* Decreto nº 2.521, de 20.3.1998 (DOU de 23.3.1998, p. 1) - Dispõe sobre a exploração, mediante permissão e autorização de serviços de transporte interestadual e internacional de passageiros e dá outras providências.
* Portaria do Ministério do Transportes nº 426, de 30.9.1998 (DOU de 2.10.1998, p. 3) - Aprova a Norma Complementar nº 9/1998, que estabelece procedimentos para aplicação, processamento e arrecadação das multas por infração decorrentes da operação do transporte interestadual e internacional de passageiros, de que tratam os capítulos XIII e XIV do Decreto nº 2.521/1998.

Art. 271. O veículo será removido, nos casos previstos neste Código, para o depósito fixado pelo órgão ou entidade competente, com circunscrição sobre a via.

Parágrafo único. A restituição dos veículos removidos só ocorrerá mediante o pagamento das multas, taxas e despesas com remoção e estada, além de outros encargos previstos na legislação específica.

Art. 272. O recolhimento da Carteira Nacional de Habilitação e da Permissão para Dirigir dar-se-á mediante recibo, além dos casos previstos neste Código, quando houver suspeita de sua inautenticidade ou adulteração.

Art. 273. O recolhimento do Certificado de Registro dar-se-á mediante recibo, além dos casos previstos neste Código, quando:

I - houver suspeita de inautenticidade ou adulteração;

II - se, alienado o veículo, não for transferida sua propriedade no prazo de trinta dias.

Art. 274. O recolhimento do Certificado de Licenciamento Anual dar-se-á mediante recibo, além dos casos previstos neste Código quando:

I - houver suspeita de inautenticidade ou adulteração;

II - se o prazo de licenciamento estiver vencido;

III - no caso de retenção do veículo, se a irregularidade não puder ser sanada no local.

Art. 275. O transbordo da carga com peso excedente é condição para que o veículo possa prosseguir viagem e será efetuada às expensas do proprietário do veículo, sem prejuízo da multa aplicável.

Parágrafo único. Não sendo possível desde logo atender ao disposto neste artigo, o veículo será recolhido ao depósito, sendo liberado após sanada a irregularidade e pagas as despesas de remoção e estada.

Art. 276. A concentração de seis decigramas de álcool por litro de sangue comprova que o condutor se acha impedido de dirigir veículo automotor.

Parágrafo único. O CONTRAN estipulará os índices equivalentes para os demais testes de alcoolemia.

Art. 277. Todo condutor de veículo automotor, envolvido em acidente de trânsito ou que for alvo de fiscalização de trânsito, sob suspeita de haver excedido os limites previstos no artigo anterior, será submetido a testes de alcoolemia, exames clínicos, perícia, ou outro exame que por meios técnicos ou científicos, em aparelhos homologados pelo CONTRAN, permitam certificar seu estado.

Parágrafo único. Medida correspondente aplica-se no caso de suspeita de uso de substância entorpecente, tóxica ou de efeitos análogos.

Art. 278. Ao condutor que se evadir da fiscalização, não submetendo veículo à pesagem obrigatória nos pontos de pesagem, fixos ou móveis, será aplicada a penalidade prevista no art. 209, além da obrigação de retornar ao ponto de evasão para fim de pesagem obrigatória.

Parágrafo único. No caso de fuga do condutor à ação policial, a apreensão do veículo dar-se-á tão logo seja localizado, aplicando-se, além das penalidades em que incorre, as estabelecidas no art. 210.

Art. 279. Em caso de acidente com vítima, envolvendo veículo equipado com registrador instantâneo de velocidade e tempo, somente o perito oficial encarregado do levantamento pericial poderá retirar o disco ou unidade armazenadora do registro.

CAPÍTULO XVIII - DO PROCESSO ADMINISTRATIVO

SEÇÃO I - DA AUTUAÇÃO

Art. 280. Ocorrendo infração prevista na legislação de trânsito, lavrar-se-á auto de infração, do qual constará:

I - tipificação da infração;

II - local, data e hora do cometimento da infração;

III - caracteres da placa de identificação do veículo, sua marca e espécie, e outros elementos julgados necessários à sua identificação;

IV - o prontuário do condutor, sempre que possível;

V - identificação do órgão ou entidade e da autoridade ou agente autuador ou equipamento que comprovar a infração;

VI - assinatura do infrator, sempre que possível, valendo esta como notificação do cometimento da infração.

  • *(Resolução Contran nº 1, de 23.1.1998)*

§ 1º. (Vetado)

§ 2º. A infração deverá ser comprovada por declaração da autoridade ou do agente da autoridade de trânsito, por aparelho eletrônico ou por equipamento audiovisual, reações químicas ou qualquer outro meio tecnologicamente disponível, previamente regulamentado pelo CONTRAN.

  • *(Resolução Contran nº 23, de 21.5.1998)*

§ 3º. Não sendo possível a autuação em flagrante, o agente de trânsito relatará o fato à autoridade no próprio auto de infração, informando os dados a respeito do veículo, além dos constantes nos incisos I, II e III, para o procedimento previsto no artigo seguinte.

§ 4º. O agente da autoridade de trânsito competente para lavrar o auto de infração poderá ser servidor civil, estatutário ou celetista ou, ainda, policial militar designado pela autoridade de trânsito com jurisdição sobre a via no âmbito de sua competência.

SEÇÃO II - DO JULGAMENTO DAS AUTUAÇÕES E PENALIDADES

Art. 281. A autoridade de trânsito, na esfera da competência estabelecida neste Código e dentro de sua circunscrição, julgará a consistência do auto de infração e aplicará a penalidade cabível.

Parágrafo único. O auto de infração será arquivado e seu registro julgado insubsistente:

I - se considerado inconsistente ou irregular;

II - se, no prazo máximo de trinta dias, não for expedida a notificação da autuação.

  • *Inciso com redação dada pelo art. 3º da Lei nº 9.602, de 21.1.1998.*

  • *(Resolução SSP nº 213, de 8.6.1998 - Dispõe sobre os procedimentos dos Autos de Infração para Imposição de Multas e Medidas administrativas por infração de trânsito, de competência do Departamento Estadual de Trânsito.)*

Art. 282. Aplicada a penalidade, será expedida notificação ao proprietário do veículo ou ao infrator, por remessa postal ou por qualquer outro meio tecnológico hábil, que assegure a ciência da imposição da penalidade.

§ 1º. A notificação devolvida por desatualização do endereço do proprietário do veículo será considerada válida para todos os efeitos.

§ 2º. A notificação a pessoal de missões diplomáticas, de repartições consulares de carreira e de representações de organismos internacionais e de seus integrantes será remetida ao Ministério das Relações Exteriores para as providências cabíveis e cobrança dos valores, no caso de multa.

§ 3º. Sempre que a penalidade de multa for imposta a condutor, à exceção daquela que trata o § 1º do art. 259, a notificação será encaminhada ao proprietário do veículo, responsável pelo seu pagamento.

§ 4º. Da notificação deverá constar a data do término do prazo para apresentação de recurso pelo responsável pela infração, que não será inferior a trinta dias contados da data da notificação da penalidade.

  • *Parágrafo acrescido pelo art. 1º da Lei nº 9.602, de 21.1.1998.*

DAS PENALIDADES, DAS MEDIDAS ADMINISTRATIVAS E DO PROCESSO ADMNISTRATIVO

§ 5º. No caso de penalidade de multa, a data estabelecida no parágrafo anterior será a data para o recolhimento de seu valor.
• *Parágrafo acrescido pelo art. 1º da Lei nº 9.602, de 21.1.1998.*
• *(Resolução Contran nº 59, de 21.5.1998)*

Art. 283. (Vetado)

Art. 284. O pagamento da multa poderá ser efetuado até a data do vencimento expressa na notificação, por 80% (oitenta por cento) do seu valor.
Parágrafo único. Não ocorrendo o pagamento da multa no prazo estabelecido, seu valor será atualizado à data do pagamento, pelo mesmo número de UFIR fixado no art. 258.

Art. 285. O recurso previsto no art. 283 será interposto perante a autoridade que impôs a penalidade, a qual remeterá à JARI, que deverá julgá-lo em até trinta dias.
• *O referido art. 283 foi vetado quando da aprovação da Lei.*

§ 1º. O recurso não terá efeito suspensivo.

§ 2º. A autoridade que impôs a penalidade remeterá o recurso ao órgão julgador, dentro dos dez dias úteis subseqüentes à sua apresentação, e, se o entender intempestivo, assinalará o fato no despacho de encaminhamento.

§ 3º. Se, por motivo de força maior, o recurso não for julgado dentro do prazo previsto neste artigo, a autoridade que impôs a penalidade, de ofício, ou por solicitação do recorrente, poderá conceder-lhe efeito suspensivo.
• *Superintendências Regionais de Polícia Rodoviária Federal - SPRF, em número de 22, compõe-se de 156 Delegacias, cf. art. 3º da Portaria nº 122, de 20.3.1997.*

Art. 286. O recurso contra a imposição de multa poderá ser interposto no prazo legal, sem o recolhimento do seu valor.

§ 1º. No caso de não provimento do recurso, aplicar-se-á o estabelecido no parágrafo único do art. 284.

§ 2º. Se o infrator recolher o valor da multa e apresentar recurso, se julgada improcedente a penalidade, ser-lhe-á devolvida a importância paga, atualizada em UFIR ou por índice legal de correção dos débitos fiscais.

Art. 287. Se a infração for cometida em localidade diversa daquela do licenciamento do veículo, o recurso poderá ser apresentado junto ao órgão ou entidade de trânsito da residência ou domicílio do infrator.
Parágrafo único. A autoridade de trânsito que receber o recurso deverá remetê-lo, de pronto, à autoridade que impôs a penalidade acompanhado das cópias dos prontuários necessários ao julgamento.

Art. 288. Das decisões da JARI cabe recurso a ser interposto, na forma do artigo seguinte, no prazo de trinta dias contado da publicação ou da notificação da decisão.

§ 1º. O recurso será interposto, da decisão do não provimento, pelo responsável pela infração, e da decisão de provimento, pela autoridade que impôs a penalidade.

§ 2º. No caso de penalidade de multa, o recurso interposto pelo responsável pela infração somente será admitido comprovado o recolhimento de seu valor.

Art. 289. O recurso de que trata o artigo anterior será apreciado no prazo de trinta dias:
I - tratando-se de penalidade imposta pelo órgão ou entidade de trânsito da União:
   a) em caso de suspensão do direito de dirigir por mais de seis meses, cassação do documento de habilitação ou penalidade por infrações gravíssimas, pelo CONTRAN;
   b) nos demais casos, por colegiado especial integrado pelo Coordenador-Geral da JARI, pelo Presidente da Junta que apreciou o recurso e por mais um Presidente de Junta;
II - tratando-se de penalidade imposta por órgão ou entidade de trânsito estadual, municipal ou do Distrito Federal, pelos CETRAN e CONTRANDIFE, respectivamente.
Parágrafo único. No caso da alínea *b* do inciso I, quando houver apenas uma JARI, o recurso será julgado por seus próprios membros.

Art. 290. A apreciação do recurso previsto no art. 288 encerra a instância administrativa de julgamento de infrações e penalidades.
Parágrafo único. Esgotados os recursos, as penalidades aplicadas nos termos deste Código serão cadastradas no RENACH.

EMENTÁRIOS

EMENTÁRIO DAS RESOLUÇÕES DO CONTRAN ANTERIORES A LEI Nº 9.503/1997 (EM VIGOR)

Nº 379/1967 – *Dispõe sobre a criação de Circunscrições Regionais de Trânsito nos Estados, e dá outras providências.*

Nº 383/1967 – *Resolve alterar a redação do Regulamento dos Congressos Nacionais de Trânsito.*

Nº 385/1967 – *Delega ao Diretor-Geral do Departamento Nacional de Estradas de Rodagem a competência para indicar os Presidentes das Juntas Administrativas de Recursos de Infrações.*

Nº 388/1968 – *Dispõe sobre o dispositivo de sinalização refletora de emergência de que trata o RCNT.*

Nº 389/1968 – *Dispõe sobre o dispositivo de identificação "táxi".*

Nº 393/1968 – *Altera a redação da Resolução nº 389/1968 que trata do dispositivo de identificação "táxi".*

Nº 399/1968 – *Dispõe sobre a exigibilidade de uso de Registrador de Velocidade nos veículos destinados ao transporte de escolares.*

Nº 404/1968 – *Classifica a periculosidade das mercadorias a serem transportadas por veículos automotores.*

Nº 412/1968 – *Autoriza o Touring Club do Brasil a emitir Certificado Internacional para Conduzir.*

Nº 420/1969 – *Aprova diretriz para a realização da Campanha Nacional Educativa de Trânsito em todo o Território Nacional.*

Nº 422/1969 – *Dispõe sobre normas regulamentares relativas à alienação fiduciária em garantia, de veículos automotores.*

Nº 437/1970 – *Estabelece modelos de chapa para os veículos de representação dos Tribunais Federais, dos Governadores e Secretários de Estado, dos Presidentes das Assembléias Legislativas e dos Tribunais Estaduais.*

Nº 466/1974 – *Dispõe sobre a reabilitação de quem teve sua Carteira Nacional de Habilitação cassada.*

Nº 479/1974 – *Dispõe sobre a obrigatoriedade da instalação de espelhos retrovisores em veículos automotores.*

Nº 491/1975 – *Autoriza o Automóvel Club do Brasil a expedir os documentos que especifica.*

Nº 493/1975 – *Regulamenta o uso de placa de "Experiência", e dá outras providências.*

Nº 507/1976 – *Estabelece requisitos de controle de emissão de gases do cárater de motores veiculares, movidos a gasolina.*

Nº 510/1977 – *Dispõe sobre a circulação e fiscalização de veículos automotores diesel.*

Nº 513/1977 – *Estabelece modelos de placas de bronze oxidado, destinadas a veículos automotores dos Ministérios Civis, órgãos autônomos e autarquias federais. (Alterada pela Resolução nº 693/1985).*

Nº 514/1977 – *Serviço de lotação em veículos de transporte individual de passageiros, licenciados na "categoria de aluguel".*

Nº 520/1977 – *Autoriza o Auto-Tour Associação Automobilística a expedir os documentos para circulação internacional previstos na legislação vigente.*

Nº 523/1977 – *Placas especiais para o cerimonial do Ministério das Relações Exteriores.*

Nº 528/1977 – *Proíbe o uso em veículos automotores de aparelho capaz de detectar os efeitos de radar, inclusive o denominado DRIVER ALERT ou similar.*

Nº 529/1978 – *Emplacamento de veículos pertencentes a autarquias instituídas por lei.*

Nº 533/1978 – *Dispõe sobre a substituição de rodas de veículos automotores, e dá outras providências. (Alterada pela Resolução nº 569/1981).*

Nº 538/1978 – *Disciplina o licenciamento do veículo tipo "motor-casa" e define a categoria dos seus condutores.*

Nº 545/1978 – *Estabelece requisitos de segurança para rodas especiais, e dá outras providências.*

Nº 549/1979 – *Permite o transporte de bicicleta na parte externa dos veículos de transporte de passageiros e misto.*

Nº 558/1980 – *Fabricação e reforma de pneumático com indicadores de profundidade.*

Nº 560/1980 – *Fixa os tipos e a capacidade mínima dos extintores de incêndio a que são obrigados a portar os veículos automotores e consolida as Resoluções nºs 433/1970 e 500/1976. (Alterada pela Resolução nº 743/1989).*

Nº 561/1980 – *Sinalização complementar de obras nas vias públicas e consolidação das Resoluções nºs 402/1968 e 482/1974.*

Nº 566/1980 – *Funcionamento do Plenário do Conselho Nacional de Trânsito – Contran.*

Nº 569/1981 – *Altera a Resolução nº 533/1978, que dispõe sobre a substituição de rodas de veículos automotores, e dá outras providências.*

Nº 571/1981 – *Remessa de prontuário à repartição do domicílio do condutor habilitado em outra repartição.*

Nº 577/1981 – *Dispõe sobre o transporte de cargas sobre a carroceria dos veículos classificados nas espécies automóvel e mistos.*

Nº 579/1981 – *Regulamenta o roteiro para apreciação, pelo plenário do CONTRAN, de inventos destinados à adoção como equipamentos de uso opcional ou obrigatório em veículos automotores.*

Nº 580/1981 – *Disciplina o licenciamento de veículos automotores, adaptados com sistema gasogênio.*

Nº 592/1982 – *Define áreas especiais de estacionamento, áreas de segurança e estacionamentos especiais.*

Nº 593/1982 – *Estende o uso da placa de "Fabricante" a veículos da indústria de pneumáticos.*

Nº 594/1982 – *Revoga a obrigatoriedade do porte do selo adesivo indicador do combustível "álcool".*

Nº 599/1982 – *Dispõe sobre a interpretação, o uso e a colocação da sinalização vertical de trânsito, nas vias públicas.*

Nº 601/1982 – *Proíbe a instalação de tanque suplementar e a condução de combustível em veículos automotores.*

Nº 603/1982 – *Dispõe sobre a circulação de veículos com dimensões excedentes aos limites fixados no RCNT. (Alterada pelas Resoluções nºs 696/1988 e 733/1989).*

Nº 604/1982 – *Define a área refletora do triângulo de que trata a Resolução nº 388/1968.*

Nº 605/1982 – *Estabelece normas à expedição de documentos para circulação internacional.*

Nº 606/1982 – *Proíbe o uso e a substituição da plaqueta.*

Nº 611/1983 – *Dispõe sobre o transporte de menor em veículos automotores.*

Nº 612/1983 – *Dispõe sobre o trânsito de veículos novos com cargas ou passageiros antes do registro e licenciamento. (Alterada pela Resolução nº 726/1989).*

Nº 628/1984 – *Revoga dispositivo da Resolução nº 597/1982 e permite a circulação de veículos de carga com adaptação do 4º eixo.*

Nº 636/1984 – *Requisitos de segurança para componentes de veículos automotores.*

Nº 637/1984 – *Dispõe sobre a identificação dos veículos de transporte rodoviário de bens, de propriedade ou arrendados por transportador registrado no RTB.*

Nº 647/1985 – *Representação classista nos Conselhos Estaduais de Trânsito.*

Nº 652/1985 – *Estabelece modelo-padrão de documento, destinado à baixa da alienação fiduciária dos veículos automotores.*

Nº 661/1985 – *Estabelece modelo-padrão do auto de infração de trânsito cometida em vias urbanas.*

Nº 662/1985 – *Institui documento-padrão de baixa de veículos.*

Nº 664/1986 – *Dispõe sobre os modelos dos documentos de registro e licenciamento de veículos, e dá outras providências. (Alterada pelas Resoluções nºs 721/1988, 729/1989 e 779/1994).*

Nº 666/1986 – *Dispõe sobre a edição de normas complementares de interpretação, colocação e uso de marcas viárias e dispositivos auxiliares à sinalização de trânsito.*

Nº 667/1986 – *Dispõe sobre a divisão do Território Nacional em Regiões de Trânsito.*

INFRAÇÕES DE TRÂNSITO COMENTADAS

EMENTÁRIOS

Nº 671/1986 – *Dispõe sobre a atuação e o recolhimento de multas aplicadas a veículos licenciados em outros países.*

Nº 675/1986 – *Dispõe sobre requisitos aplicáveis aos materiais de revestimento interno do habitáculo de veículos, e dá outras providências.*

Nº 676/1986 – *Norma-padrão para o estabelecimento da velocidade máxima, permitida para veículos automotores, nas vias públicas.*

Nº 677/1986 – *Fiscalização do uso indevido do gás liquefeito de petróleo, GLP, em veículos automotores.*

Nº 679/1987 – *Dispõe sobre o uso de luzes intermitentes rotativas, e dá outras providências.*

Nº 680/1987 – *Estabelece requisitos referentes aos sistemas de iluminação e de sinalização de veículos. (Alterada pela Resolução nº 692/1988).*

Nº 686/1987 – *Fixa normas de utilização de acessórios de segurança contra furto ou roubo para os veículos automotores em circulação nas vias terrestres brasileiras.*

Nº 688/1988 – *Dispõe sobre o controle, guarda e fiscalização dos formulários destinados à documentação de condutores e de veículos.*

Nº 692/1988 – *Altera dispositivos da Resolução nº 680/1987.*

Nº 694/1988 – *Estende o uso da placa de "Fabricante" a veículos importados pela indústria automobilística para efeito de realização de testes.*

Nº 699/1988 – *Fixa os requisitos de segurança para circulação de veículos que transportem produtos siderúrgicos. (Alterada pela Resolução nº 746/1989).*

Nº 700/1988 – *Dispõe sobre a classificação dos veículos, que especifica, e dá outras providências.*

Nº 714/1988 – *Dispõe sobre o registro e a alienação de veículos automotores de fabricação nacional, desinternados da Amazônia Ocidental.*

Nº 720/1988 – *Estabelece critério para o uso do cinto de segurança.*

Nº 721/1988 – *Modifica a redação da Resolução nº 664/1986, que dispõe sobre os modelos dos documentos de registro e licenciamento de veículos, e dá outras providências.*

Nº 724/1988 – *Define veículo inacabado ou incompleto, para efeito de trânsito nas vias públicas.*

Nº 725/1988 – *Fixa os requisitos de segurança para circulação de veículos transportadores de contêineres.*

Nº 726/1989 – *Altera a redação da Resolução nº 612/1983, que dispõe sobre o trânsito de veículos novos com cargas ou passageiros antes do registro e licenciamento.*

Nº 729/1989 – *Acrescenta os §§ 1º e 2º, ao art. 15 da Resolução nº 664/1986, que dispõe sobre os modelos dos documentos de registro e licenciamento de veículos, e dá outras providências.*

Nº 732/1989 – *Dispõe sobre o transporte de carga de sólidos a granel nas vias abertas à circulação pública em todo o território nacional.*

Nº 733/1989 – *Altera o Anexo II da Resolução nº 603/1983, alterada pela Resolução nº 696/1988, que trata da altura da placa de sinalização de advertência para a circulação de veículos com dimensões excedentes aos limites fixados no RCNT.*

Nº 736/1989 – *Estabelece norma para o estacionamento de veículo automotor junto à guia da calçada (meio-fio).*

Nº 738/1989 – *Estabelece procedimento a ser adotado pelas Circunscrições Regionais de Trânsito. (Alterada pela Resolução nº 753/1991).*

Nº 741/1989 – *Permite o porte de painéis e/ou inscrições de publicidade em táxis e revoga a Resolução CONTRAN nº 614/1983.*

Nº 743/1989 – *Altera o art. 2º da Resolução nº 560/1980, que fixa os tipos e capacidade mínima dos extintores de incêndio em veículos automotores.*

Nº 746/1989 – *Altera a Resolução nº 699/1988, que fixa os requisitos de segurança para circulação de veículos que transportem produtos siderúrgicos.*

Nº 753/1991 – *Revoga o art. 2º da Resolução nº 738/1989.*

Nº 756/1991 – *Dispõe sobre as cores das placas de identificação de veículos pertencentes a entidades públicas.*

Nº 757/1991 – *Estabelece normas para uso de capacetes de segurança pelos condutores e passageiros de motocicletas, motonetas e similares.*

Nº 761/1992 – *Altera dispositivos da Resolução nº 640/1985.*

Nº 768/1993 – *Declara que são extensivas aos importadores de veículos automotores todas as obrigações e prerrogativas previstas nos atos resolutivos do CONTRAN.*

Nº 769/1993 – *Altera dispositivos da Resolução nº 758/1992.*

Nº 772/1993 – *Regulamenta a Inserção e Exclusão do gravame da Alienação Fiduciária em Garantia do Cadastro de Veículos e no Certificado de Registro dos Veículos – CRV.*

EMENTÁRIOS

Nº 776/1993 – Regulamenta a circulação de caminhões com adaptação de eixo auxiliar e revoga a Resolução nº 597/1982.

Nº 779/1994 – Altera a redação do art. 11 da Resolução nº 664/1986, que dispõe sobre os modelos dos documentos de Registro e Licenciamento de Veículos, com redação dada pela Resolução nº 721/1988.

Nº 783/1994 – Disciplina a aplicação de segunda placa traseira de identificação nos veículos dotados de dispositivo de engate para reboques.

Nº 784/1994 – Regulamenta o uso e estabelece requisitos para os vidros de segurança dos veículos e revoga as normativas que menciona.

Nº 789/1994 – Aprova as Normas Gerais do Curso para Treinamento de Condutores de Transporte Escolares.

Nº 790/1994 – Dispõe sobre o registro e a alienação de veículos automotores, desinternados das Áreas de Livre Comércio.

Nº 791/1994 – Acrescenta à sinalização de trânsito, placas de indicação de atrativos turísticos e revoga Resolução nº 689/1988. (Com alteração introduzida pela Resolução nº 807/1995).

Nº 793/1994 – Dispõe sobre o uso de placa de "Fabricante" e revoga as resoluções que menciona.

Nº 794/1995 – Normatiza o uso do Registrador de Velocidade (tacógrafo) em veículos das espécies passageiros ou mistos.

Nº 795/1995 – Dispõe sobre Barreira Eletrônica, sua definição, autorização, instalação e homologação e revoga a Resolução nº 785/1994.

Nº 797/1995 – Define a abrangência do termo "Viatura Militar", para o Sistema Nacional de Trânsito.

Nº 798/1995 – Altera dispositivo da Resolução nº 734/1989.

Nº 800/1995 – Altera dispositivos da Resolução nº 734/1989 e revoga Resolução nº 792/1994.

Nº 801/1995 – Dispõe sobre requisitos técnicos necessários a uma Barreira Eletrônica e revoga Resolução nº 796/1995.

Nº 802/1995 – Altera dispositivo da Resolução nº 664/1986.

Nº 805/1995 – Estabelece os requisitos técnicos mínimos do pára-choque traseiro dos veículos de carga.

Nº 806/1995 – Regulamenta a inserção e a exclusão do gravame de reserva de domínio no Cadastro de Veículos e no Certificado de Registro de Veículos – CRV.

Nº 807/1995 – Acrescenta à Resolução nº 791/1994, a Placa Informações Turísticas.

Nº 808/1995 – Altera dispositivo da Resolução nº 777/1993.

Nº 810/1996 – Revoga Resolução nº 685/1987.

Nº 827/1996 – Regulamenta o dispositivo de sinalização refletora de emergência de que trata o Regulamento do CNT.

Nº 835/1997 – Estabelece placa de identificação e define procedimentos para o registro, emplacamento e licenciamento de veículos automotores pertencentes às Missões Diplomáticas, às Repartições Consulares de Carreira, aos Organismos Internacionais, aos Funcionários Estrangeiros Administrativos de Carreira e aos Peritos Estrangeiros de Cooperação Internacional.

Nº 836/1997 – Dispõe sobre a gravação, em caráter opcional, de caracteres alfanuméricos, da placa de identificação, nos vidros do veículo.

EMENTÁRIO DAS RESOLUÇÕES DO CONTRAN POSTERIORES A LEI Nº 9.503/1997 (até nº 150, de 8.10.2003)

Nº 01, de 23.1.1998 – Estabelece as informações mínimas que deverão constar do Auto de Infração de trânsito cometida em vias terrestres (urbanas e rurais).

Nº 02, de 23.1.1998 – Dispõe sobre os equipamentos obrigatórios dos veículos e fixa prazo de entrada em vigor do art. 105 do Código de Trânsito Brasileiro. (Revogada pela Resolução nº 14, de 6.2.1998).

Nº 03, de 23.1.1998 – Revoga a Resolução nº 825/1996.

Nº 04, de 23.1.1998 – Dispõe sobre o trânsito de veículos novos nacionais ou importados, antes do registro e licenciamento.

Nº 05, de 23.1.1998 – Dispõe sobre a vistoria de veículos e dá outras providências.

Nº 06, de 23.1.1998 – Revoga as Resoluções 809 e 821 do Contran.

Nº 07, de 23.1.1998 – Modifica dispositivos das Resoluções 734/1989, 765/1993 e 828/1997, que tratam da formação de condutores e dos procedimentos para a habilitação.

INFRAÇÕES DE TRÂNSITO COMENTADAS

EMENTÁRIOS

Nº 08, de 23.1.1998 – *Estabelece sinalização indicativa de fiscalização mecânica, elétrica, eletrônica ou fotográfica dos veículos em circulação.* (Revogada pela Resolução nº 79, de 19.11.1998).

Nº 09, de 23.1.1998 – *Estabelece prazo para substituição das placas de identificação de veículos.* (Revogada pela Resolução nº 45, de 21.5.1998).

Nº 10, de 23.1.1998 – *Estabelece requisitos necessários à coordenação do Sistema de arrecadação de multas.*

Nº 11, de 23.1.1998 – *Estabelece critérios para a baixa de registro de veículos a que se refere bem como os prazos para efetivação.*

Nº 12, de 6.2.1998 – *Estabelece os limites de peso e dimensões para veículos que transitem por vias terrestres.*

Nº 13, de 6.2.1998 – *Dispõe sobre documentos de porte obrigatório e dá outras providências.*

Nº 14, de 6.2.1998 – *Estabelece os equipamentos obrigatórios para a frota de veículos em circulação e dá outras providências.*

Nº 15, de 6.2.1998 – *Dispõe sobre o transporte de menores de dez anos e dá outras providências.*

Nº 16, de 6.2.1998 – *Altera os modelos e especificações dos Certificados de Registro – CRV e de Licenciamento de Veículos – CRVL.*

Nº 17, de 6.2.1998 – *Estabelece os procedimentos de informação sobre o condutor do veículo, no momento da infração.*

Nº 18, de 17.2.1998 – *Recomenda o uso, nas rodovias, de farol baixo aceso durante o dia, e dá outras providências.*

Nº 19, de 17.2.1998 – *Estabelece as competências para nomeação e homologação dos coordenadores do RENAVAM – Registro Nacional de Veículos Automotores e do RENACH – Registro Nacional de Carteiras de Habilitação.*

Nº 20, de 17.2.1998 – *Disciplina o uso de capacete de segurança pelo condutor e passageiros de motocicletas, motonetas, ciclomotores, triciclos e quadriciclos motorizados, e dá outras providências.*

Nº 21, de 17.2.1998 – *Dispõe sobre o controle, guarda e fiscalização dos formulários destinados à documentação de condutores e de veículos.*

Nº 22, de 17.2.1998 – *Estabelece, para efeito da fiscalização, forma para comprovação do exame de inspeção veicular a qual se refere o art. 124, c/c art. 230, inciso I do Código de Trânsito Brasileiro.*

Nº 23, de 21.5.1998 – *Define e estabelece os requisitos mínimos necessários para autorização e instalação de instrumentos eletrônicos de medição de velocidade de operação autônoma, conforme o § 2º do art. 280 do Código de Trânsito Brasileiro.*

Nº 24, de 21.5.1998 – *Estabelece o critério de identificação de veículos, a que se refere o art. 114 do Código de Trânsito Brasileiro.*

Nº 25, de 21.5.1998 – *Dispõe sobre modificações de veículos e dá outras providências, previstas nos arts. 98 e 106 do Código de Trânsito Brasileiro.*

Nº 26, de 21.5.1998 – *Disciplina o transporte de carga em veículos destinados ao transporte de passageiros a que se refere o art. 109 do Código de Trânsito Brasileiro.*

Nº 27, de 21.5.1998 – *Dispõe sobre a inspeção de segurança veicular de que trata o art. 104 do Código de Trânsito Brasileiro.*

Nº 28, de 21.5.1998 – *Dispõe sobre a circulação de veículos nas rodovias nos trajetos entre o fabricante de chassi/plataforma, montadora, encarroçadora ou implementador final até o município de destino, a que se refere a Resolução nº 14/98.*

Nº 29, de 21.5.1998 – *Dispõe sobre a integração dos órgãos e entidades executivas de trânsito dos municípios ao Sistema Nacional de Trânsito, de acordo com o § 2º do art. 24 e art. 333 do Código de Trânsito Brasileiro.* (Revogada pela Resolução nº 65, de 23.9.1998).

Nº 30, de 21.5.1998 – *Dispõe sobre campanhas permanentes de segurança no trânsito a que se refere o art. 75 do Código de Trânsito Brasileiro.*

Nº 31, de 21.5.1998 – *Dispõe sobre a sinalização de identificação para hidrantes, registros de água, tampas de poços de visita de galerias subterrâneas, conforme estabelece o art. 181, VI do Código de Trânsito Brasileiro.*

Nº 32, de 21.5.1998 – *Estabelece modelos de placas para veículos de representação, de acordo com o art. 115, § 3º do Código de Trânsito Brasileiro.*

Nº 33, de 21.5.1998 – *Regulamenta os serviços dos organismos de qualificação de trânsito e critérios de credenciamento e funcionamento dos Centros de Formação de Condutores.* (Revogada pela Resolução nº 74, de 19.11.1998).

Nº 34, de 21.5.1998 – *Complementa a Resolução nº 14/98 do Contran, que dispõe sobre equipamentos obrigatórios para os veículos automotores.*

Nº 35, de 21.5.1998 – *Estabelece método de ensaio para medição de pressão sonora por buzina ou equipamento similar a que se referem os arts. 103 e 227, V do Código de Trânsito Brasileiro e o art. 1º da Resolução nº 14/98 do Contran.*

Nº 36, de 21.5.1998 – *Estabelece a forma de sinalização de advertência para os veículos que, em situação de emergência, estiverem imobilizados no leito viário, conforme o art. 46 do Código de Trânsito Brasileiro.*

Nº 37, de 21.5.1998 – *Fixa normas de utilização de alarmes sonoros e outros acessórios de segurança contra furto ou roubo para os veículos automotores, na forma do art. 229 do Código de Trânsito Brasileiro.*

Nº 38, de 21.5.1998 – *Regulamenta o art. 86 do Código de Trânsito Brasileiro, que dispõe sobre a identificação das entradas e saídas de postos de gasolina e de abastecimento de combustíveis, oficinas, estacionamentos e/ou garagens de uso coletivo.*

Nº 39, de 21.5.1998 – *Estabelece os padrões e critérios para a instalação de ondulações transversais e sonorizadores nas vias públicas disciplinados pelo Parágrafo único do art. 94 do Código de Trânsito Brasileiro.*

Nº 40, de 21.5.1998 – *Estabelece os critérios para aposição de inscrições, películas, painéis decorativos ou pinturas, de acordo com o disposto no inciso III do art. 111 do Código de Trânsito Brasileiro, acrescentado pela Lei nº 9.602, de 21 de janeiro de 1998. (Revogada pela Resolução nº 73, de 19.11.1998).*

Nº 41, de 21.5.1998 – *Estabelece os procedimentos para o cadastramento de veículos no RENAVAM e emissão do Certificado de Segurança, de acordo com os arts. 97 e 103 do Código de Trânsito Brasileiro. (Revogada pela Resolução nº 77, de 19.11.1998).*

Nº 42, de 21.5.1998 – *Dispõe sobre os equipamentos e materiais de primeiros socorros de porte obrigatório nos veículos a que se refere o art. 112 do Código de Trânsito Brasileiro. (Revogada pela Lei nº 9.792, de 14.4.1999).*

Nº 43, de 21.5.1998 – *Complementa a Resolução nº 14/98, que dispõe sobre equipamentos de uso obrigatório nos veículos automotores.*

Nº 44, de 21.5.1998 – *Dispõe sobre os requisitos técnicos para o encosto de cabeça, de acordo com art. 105, III do Código de Trânsito Brasileiro.*

Nº 45, de 21.5.1998 – *Estabelece o Sistema de Placas de Identificação de Veículos, disciplinado pelos arts. 115 e 221 do Código de Trânsito Brasileiro.*

Nº 46, de 21.5.1998 – *Estabelece os equipamentos de segurança obrigatórios para as bicicletas conforme disciplina o art. 105, VI do Código de Trânsito Brasileiro e art. 5º da Resolução nº 14/98.*

Nº 47, de 21.5.1998 – *Define as características e estabelece critérios para o reboque de carretas por motocicleta, de acordo com o art. 97 do Código de Trânsito Brasileiro. (Revogada pela Resolução nº 69, de 23.11.1999).*

Nº 48, de 21.5.1998 – *Estabelece requisitos de instalação e procedimentos para ensaios de cintos de segurança de acordo com o inciso I do art. 105 do Código de Trânsito Brasileiro.*

Nº 49, de 21.5.1998 – *Disciplina a inscrição de dados técnicos em veículos de carga e de transporte coletivo de passageiros, de acordo com os arts. 117, 230, XXI e 231, X do Código de Trânsito Brasileiro.*

Nº 50, de 21.5.1998 – *Estabelece os procedimentos necessários para o processo de habilitação, normas relativas à aprendizagem, autorização para conduzir ciclomotores e os exames de habilitação, conforme dispõe os arts. 141, 142, 143, 148, 150, 158, 263 do Código de Trânsito Brasileiro.*

Nº 51, de 21.5.1998 – *Dispõe sobre os exames de aptidão física e mental e os exames de avaliação psicológica a que se refere o inciso I, do art. 147 do Código de Trânsito Brasileiro e os §§ 3º e 4º do art. 2º da Lei nº 9.602/1998.*

Nº 52, de 21.5.1998 – *Disciplina o uso de medidores da alcoolemia e a pesquisa de substâncias entorpecentes no organismo humano de acordo com os arts. 165, 276 e 277 do Código de Trânsito Brasileiro e dá outras providências. (Revogada pela Resolução nº 81, de 19.11.1998).*

Nº 53, de 21.5.1998 – *Estabelece critérios em caso de apreensão de veículos e recolhimento aos depósitos, conforme art. 262 do Código de Trânsito Brasileiro.*

Nº 54, de 21.5.1998 – *Dispõe sobre a penalidade de suspensão do direito de dirigir, nos termos do art. 261 do Código de Trânsito Brasileiro.*

Nº 55, de 21.5.1998 – *Acresce a disciplina de Meio Ambiente e Cidadania na modalidade de ensino a distância do curso de formação de condutores de veículos de transportes escolares, de acordo com o inciso IV do art. 145 do Código de Trânsito Brasileiro.*

Nº 56, de 21.5.1998 – *Disciplina a identificação e emplacamento dos veículos de coleção, conforme dispõe o art. 97 do Código de Trânsito Brasileiro.*

Nº 57, de 21.5.1998 – *Estabelece normas gerais para curso de capacitação de condutores de veículos de transporte coletivo de passageiros, conforme inciso IV do art. 145 do Código de Trânsito Brasileiro.*

EMENTÁRIOS

Nº 58, de 21.5.1998 – *Estabelece normas gerais do curso de reciclagem para infratores do Código de Trânsito Brasileiro, de acordo com o art. 268.*

Nº 59, de 21.5.1998 – *Dispõe sobre a notificação de infrações de trânsito dos veículos pertencentes a sociedades de arrendamento mercantil.*

Nº 60, de 21.5.1998 – *Dispõe sobre a permissão de utilização de controle eletrônico para o registro do movimento de entrada e saída e de uso de placas de experiência pelos estabelecimentos constantes do art. 330 do Código de Trânsito Brasileiro.*

Nº 61, de 21.5.1998 – *Esclarece os arts. 131 e 133 do Código de Trânsito Brasileiro que trata do Certificado de Licenciamento Anual.*

Nº 62, de 21.5.1998 – *Estabelece o uso de pneus extralargos e define seus limites de peso de acordo com o Parágrafo único do art. 100 do Código de Trânsito Brasileiro.*

Nº 63, de 21.5.1998 – *Disciplina o registro e licenciamento de veículos de fabricação artesanal, conforme o art. 106 do Código de Trânsito Brasileiro.*

Nº 64, de 23.9.1998 – *Altera a composição dos Conselhos Estaduais de Trânsito – CETRANs, do Conselho de Trânsito do Distrito Federal – CONTRANDIFE e das Juntas Administrativas de Recursos de Infrações – JARIs.*

Nº 65, de 23.9.1998 – *Dispõe sobre a integração dos órgãos e entidades executivos dos municípios ao Sistema Nacional de Trânsito, de acordo com o § 2º do art. 24 e art. 333 do Código de Trânsito Brasileiro – CTB. (Revogada pela Resolução nº 106, de 21.12.1999).*

Nº 66, de 23.9.1998 – *Institui tabela de distribuição de competência dos órgãos executivos de trânsito.*

Nº 67, de 23.9.1998 – *Concede prazo para regularização da habilitação dos condutores de veículos a que se refere o art. 144, do Código de Trânsito Brasileiro – CTB.*

Nº 68, de 23.9.1998 – *Requisitos de segurança necessários à circulação de Combinações de Veículos de Carga – CVC, a que se referem os arts. 97, 99 e 314 do Código de Trânsito Brasileiro – CTB e os §§ 3º e 4º dos arts. 1º e 2º, respectivamente, da Resolução nº 12/1998 – Contran.*

Nº 69, de 23.9.1998 – *Revoga a Resolução nº 47, de 21 de maio de 1998, que define as características e estabelece critérios para o reboque de carretas por motocicletas.*

Nº 70, de 23.9.1998 – *Dispõe sobre curso de treinamento específico para condutores de veículos rodoviários transportadores de produtos perigosos. (Revogada pela Resolução nº 91, de 4.5.1999).*

Nº 71, de 23.9.1998 – *Altera o § 1º do art. 3º e os Anexos I, II e III da Resolução nº 765/1993 – Contran, e dá outras providências.*

Nº 72, de 19.11.1998 – *Altera o Anexo da Resolução nº 17/98, que estabelece procedimentos de informação sobre o condutor do veículo, no momento da infração.*

Nº 73, de 19.11.1998 – *Estabelece critérios para aposição de inscrições, painéis decorativos e películas não refletivas nas áreas envidraçadas dos veículos, de acordo com o disposto no inciso III do art. 111 do Código de Trânsito Brasileiro – CTB.*

Nº 74, de 19.11.1998 – *Regulamenta o credenciamento dos serviços de formação e processo de habilitação de condutores de veículos.*

Nº 75, de 19.11.1998 – *Estabelece os requisitos de segurança necessários a circulação de Combinações para Transporte de Veículos – CTV.*

Nº 76, de 19.11.1998 – *Altera a redação do art. 2º, § 2º da Resolução nº 68/1998 – Contran e substitui o seu Anexo III.*

Nº 77, de 19.11.1998 – *Estabelece os procedimentos para o cadastramento de veículos no RENAVAM, a emissão do Certificado de Segurança Veicular – CSV e a comprovação de atendimento dos requisitos de segurança veicular, de acordo com o que dispõe o art. 103 do Código de Trânsito Brasileiro – CTB.*

Nº 78, de 19.11.1998 – *Trata das normas e requisitos de segurança para a fabricação, montagem e transformação de veículos.*

Nº 79, de 19.11.1998 – *Estabelece a sinalização indicativa de fiscalização.*

Nº 80, de 19.11.1998 – *Altera os Anexos I e II da Resolução nº 51/1998 – Contran, que dispõe sobre os exames de aptidão física e mental e os exames de avaliação psicológica.*

Nº 81, de 19.11.1998 – *Disciplina o uso de medidores da alcoolemia e a pesquisa de substâncias entorpecentes no organismo humano, estabelecendo os procedimentos a serem adotados pelas autoridades de trânsito e seus agentes.*

Nº 82, de 19.11.1998 – *Dispõe sobre a autorização, a título precário, para o transporte de passageiros em veículos de carga.*

Nº 83, de 19.11.1998 – *Reconhece o Departamento Nacional de Estradas de Rodagem – DNER como o Órgão Executivo Rodoviário da União.*

EMENTÁRIOS

Nº 84, de 19.11.1998 – Estabelece normas referentes a Inspeção Técnica de Veículos – ITV de acordo com o art. 104 do Código de Trânsito Brasileiro – CTB. (Suspensa pela Resolução nº 107, de 21.12.1999).

Nº 85, de 4.5.1999 – Dispensa os tripulantes de aeronaves do exame de aptidão física e mental necessário à obtenção ou à renovação periódica da Carteira Nacional de Habilitação – CNH.

Nº 86, de 4.5.1999 – Prorroga o prazo estabelecido no art. 5º da Resolução nº 820/1996, que trata da utilização do radar portátil avaliador de velocidade pela fiscalização de trânsito.

Nº 87, de 4.5.1999 – Dá nova redação à alínea "a", e cria a alínea "c" no inciso III do art. 2º, prorroga o prazo referente ao inciso II do art. 6º da Resolução nº 14/1998 – Contran, que estabelece os equipamentos obrigatórios para a frota de veículos em circulação e dá outras providências.

Nº 88, de 4.5.1999 – Estabelece modelo de placa para veículos de representação e dá outras providências.

Nº 89, de 4.5.1999 – Altera a Resolução nº 74/1998, que regulamenta o credenciamento dos serviços de formação e processo de habilitação de condutores de veículos.

Nº 90, de 4.5.1999 – Prorroga o prazo para expedição da Carteira Nacional de Habilitação, conforme disposto no art. 5º da Resolução nº 71/1998 – Contran.

Nº 91, de 4.5.1999 – Dispõe sobre os Cursos de Treinamento Específico e Complementar para Condutores de Veículos Rodoviários Transportadores de Produtos Perigosos.

Nº 92, de 4.5.1999 – Dispõe sobre requisitos técnicos mínimos do registrador instantâneo e inalterável de velocidade e tempo, conforme o Código de Trânsito Brasileiro.

Nº 93, de 4.5.1999 – Altera o art. 10 e revoga os arts. 11 e 13, todos da Resolução nº 50/1998, que trata sobre processo de habilitação de condutores de veículos.

Nº 94, de 14.7.1999 – Estabelece modelo de placa para veículos de representação.

Nº 95, de 14.7.1999 – Fixa o Calendário de Licenciamento anual de veículos para todo território nacional. (Revogada pela Resolução nº 110 de 24.2.2000).

Nº 96, de 14.7.1999 – Altera os itens 4.1 das Diretrizes para estabelecimento do Regimento Interno das Juntas Administrativas de Recursos de Infrações – JARIs e 7 das Diretrizes para estabelecimento do Regimento Interno dos Conselhos Estaduais de Trânsito – CETRAN e do Conselho de Trânsito do Distrito Federal – CONTRANDIFE.

Nº 97, de 14.7.1999 – Dispõe sobre a utilização do percentual dos recursos do Seguro Obrigatório de Danos Pessoais Causados por Veículos Automotores de Vias Terrestres (DPVAT), destinados ao órgão Coordenador do Sistema Nacional de Trânsito pelo parágrafo único do art. 78 do Código de Trânsito Brasileiro.

Nº 98, de 14.7.1999 – Acresce parágrafos aos arts. 10 e 30 da Resolução nº 50/1998 – Contran.

Nº 99, de 31.8.1999 – Prorroga o prazo de substituição das placas de identificação dos veículos, previsto no art. 8º da Resolução nº 45/1998 – Contran.

Nº 100, de 31.8.1999 – Prorroga os prazos estabelecidos nos arts. 3º da Resolução nº 79/1998 e 6º da Resolução nº 811998 – Contran.

Nº 101, de 31.8.1999 – Suspensão da vigência da Resolução nº 84/1998 – Contran que estabelece forma e periodicidade referente a Inspeção Técnica de Veículos – ITV de acordo com o art. 104 do Código de Trânsito Brasileiro.

Nº 102, de 31.8.1999 – Dispõe sobre a tolerância máxima de peso bruto de veículos.

Nº 103, de 21.12.1999 – Prorroga o prazo para a entrada em vigor do disposto no art. 1º da Resolução nº 87, de 4.5.1999, que alterou a Resolução nº 14/1998 – Contran.

Nº 104, de 21.12.1999 – Dispõe sobre tolerância máxima de peso bruto de veículos.

Nº 105, de 21.12.1999 – Estabelece a obrigatoriedade de utilização de dispositivos de segurança para prover melhores condições de visibilidade diurna e noturna em veículos de transporte de carga. (Suspensa pela Resolução nº 119, de 26.7.2000).

Nº 106, de 21.12.1999 – Dispõe sobre a integração dos órgãos e entidades executivos municipais rodoviários e de trânsito ao Sistema Nacional de Trânsito.

Nº 107, de 21.12.1999 – Suspende a vigência da Resolução nº 84/1998.

Nº 108, de 21.12.1999 – Dispõe sobre a responsabilidade pelo pagamento de multas.

Nº 109, de 21.12.1999 – Trata da homologação dos equipamentos, aparelhos ou dispositivos para exames de alcoolemia (etilômetros, etilotestes ou bafômetros).

Nº 110, de 24.2.2000 – Fixa o calendário para renovação do Licenciamento Anual de Veículos e revoga a Resolução Contran nº 95/1999.

Nº 111, de 24.2.2000 – Prorroga o prazo estabelecido no art. 3º da Resolução nº 79/1998.

Nº 112, de 5.5.2000 – Prorroga o prazo estabelecido no art. 4º da Resolução nº 105/1999, e dá outras providências.

INFRAÇÕES DE TRÂNSITO COMENTADAS

EMENTÁRIOS

Nº 113, de 5.5.2000 – *Acrescenta § 4º ao art. 1º da Resolução nº 11/1998 – Contran.*

Nº 114, de 5.5.2000 – *Acrescenta Parágrafo único ao art. 4º da Resolução nº 104/1999 – Contran.*

Nº 115, de 5.5.2000 – *Proíbe a utilização de chassi de ônibus para transformação em veículos de carga.*

Nº 116, de 5.5.2000 – *Revoga a Resolução Contran nº 506/1996.*

Nº 117, de 26.7.2000 – *Prorroga o prazo estabelecido no parágrafo único do art. 5º da Resolução nº 820/1996 – Contran.*

Nº 118, de 26.7.2000 – *Prorroga o prazo estabelecido no art. 3º da Resolução nº 79/1998 – Contran.*

Nº 119, de 26.7.2000 – *Suspende a vigência da Resolução nº 105/1999 – Contran.*

Nº 120, de 14.2.2001 – *Dispõe sobre o Projeto Educação e Segurança no Trânsito – Escolas de ensino médio – que trata da inclusão de conteúdos específicos sobre Trânsito no Ensino Médio, em consonância com o disposto na Resolução nº 50/1998 – Contran e define procedimentos para implantação nas escolas interessadas.*

Nº 121, de 14.2.2001 – *Altera o Anexo da Resolução no 66/1998 – Contran, que institui tabela de distribuição de competência dos órgãos executivos de trânsito.*

Nº 122, de 14.2.2001 – *Acrescenta parágrafos ao art. 3º da Resolução nº 765/1993 Contran e dá outras providências. (Revogada pela Resolução Contran nº 133, de 2.4.2002 e pela Deliberação Contran nº 31, de 29.1.2002) (Ver Resolução Contran nº 140, de 19.9.2002).*

Nº 123, de 14.2.2001 – *Prorroga o prazo estabelecido no Parágrafo único do art. 5º da Resolução nº 820/1996 – Contran.*

Nº 124, de 14.2.2001 – *Estabelece normas relativas à alienação fiduciária de veículos automotores e dá outras providências.*

Nº 125, de 14.2.2001 – *Prorroga o prazo estabelecido no art. 3º da Resolução nº 79/1998 – Contran.*

Nº 126, de 6.8.2001 – *Altera as cores predominantes do Certificado de Registro de Veículo – CRV e do Certificado de Registro e Licenciamento de Veículo – CRLV.*

Nº 127, de 6.8.2001 – *Altera o inciso I do art. 1º da Resolução nº 56, de 21.5.1998 – Contran, e substitui o seu anexo.*

Nº 128, de 6.8.2001 – *Estabelece a obrigatoriedade de utilização de dispositivo de segurança para prover melhores condições de visibilidade diurna e noturna em veículos de transporte de carga.*

Nº 129, de 6.8.2001 – *Estabelece os requisitos de segurança e dispensa a obrigatoriedade do uso de capacete para o condutor e passageiros do triciclo automotor com cabine fechada, quando em circulação somente em vias urbanas.*

Nº 130, de 2.4.2002 – *Dispõe sobre a competência do Denatran para propor programas e projetos destinados a atribuir maior segurança e confiabilidade ao Certificado de Registro de Veículo – CRV e ao Certificado de Registro e Licenciamento de Veículos – CRLV.*

Nº 131, de 2.4.2002 – *Revogada pela Deliberação 34, de 9.5.2002. (Declarada nula pela Resolução Contran nº 140, de 19.9.2002).*

Nº 132, de 2.4.2002 – *Estabelece a obrigatoriedade de utilização de película refletiva para prover melhores condições de visibilidade diurna e noturna em veículos de transporte de carga em circulação.*

Nº 133, de 2.4.2002 – *Revoga a Resolução Contran nº 122,de 14 de fevereiro de 2001, que acrescenta parágrafo ao art. 3º da Resolução nº 765/1993 Contran, estabelecendo faixa dourada na Carteira Nacional de Habilitação.*

Nº 134, de 2.4.2002 – *Revoga a Resolução nº 782, de 29 de junho de 1994, do Contran, que institui o Documento Provisório, que substitui a título precário, o Certificado de Registro e Licenciamento de Veículo (CRLV).*

Nº 135, de 2.4.2002 – *Aprova o Regimento das Câmaras Temáticas.*

Nº 136, de 2.4.2002 – *Dispõe sobre os valores das multas de infração de trânsito.*

Nº 137, de 28.8.2002 – *Dispõe sobre a atribuição de competência para a realização da inspeção técnica nos veículos utilizados no transporte rodoviário internacional de cargas e dá outras providências.*

Nº 138, de 28.8.2002 – *Aprova o Regimento Interno das Câmaras Temáticas.*

Nº 139, de 28.8.2002 – *Dá nova redação ao item 4.1 das diretrizes para estabelecimento do regimento interno das Juntas Administrativas de Recursos de Infrações – JARIS e ao art.1º da Resolução 96/1999.*

Nº 140, de 19.9.2002 – *Declara a nulidade da Resolução nº 131, de 2 de abril de 2002 e da Deliberação nº 34, de 9 de maio de 2002, publicadas, respectivamente, no Diário Oficial da União de 9 e 10 de maio do corrente.*

Nº 141, de 16.10.2002 – *Dispõe sobre o uso, a localização, a instalação e a operação de aparelho, de equipamento ou de qualquer outro meio tecnológico para auxiliar na gestão do trânsito e dá outras providências.*

EMENTÁRIOS

Nº 142, de 26.3.2003 – *Dispõe sobre o funcionamento do Sistema Nacional de Trânsito – SNT, a participação dos órgãos e entidades de trânsito nas reuniões do sistema e as suas modalidades.*

Nº 143, de 26.3.2003 – *Dispõe sobre a utilização dos recursos do Seguro Obrigatório de Danos Pessoais Causados por Veículos Automotores de Vias Terrestres – DPVAT, destinados ao órgão Coordenador do Sistema Nacional de Trânsito e dá outras providências.*

Nº 144, de 21.8.2003 – *Aprova o Regimento Interno das Câmaras Temáticas.*

Nº 145, de 21.8.2003 – *Dispõe sobre o intercâmbio de informações, entre órgãos e entidades executivos de trânsito dos Estados e do Distrito Federal e os demais órgãos e entidades executivos de trânsito e executivos rodoviários da União, dos Estados, Distrito Federal e dos Municípios que compõem o Sistema Nacional de Trânsito e dá outras providências.*

Nº 146, de 27.8.2003 – *Dispõe sobre requisitos técnicos mínimos para a fiscalização da velocidade de veículos automotores, reboques e semi-reboques, conforme o Código de Trânsito Brasileiro.*

Nº 147, de 19.9.2003 – *Estabelece diretrizes para a elaboração do Regimento Interno das Juntas Administrativas de Recursos de Infrações – JARI.*

Nº 148, de 19.9.2003 – *Declara revogadas as Resoluções nº 472/1974, 568/1980, 812/96 e 829/1997.*

Nº 149, de 19.9.2003 – *Dispõe sobre uniformização do procedimento administrativo da lavratura do auto de infração, da expedição da Notificação da Autuação e da Notificação da Penalidade de multa e de advertência por infrações de responsabilidade do proprietário e do condutor do veículo e da identificação do condutor infrator.*

Nº 150, de 8.10.2003 – *Estabelece diretrizes para a elaboração do Regimento Interno dos Conselhos Estaduais de Trânsito – Cetran e do Conselho de Trânsito do Distrito Federal – Contrandife.*

EMENTÁRIO DAS DELIBERAÇÕES DO CONTRAN POSTERIORES A LEI Nº 9.503/1997

Nº 01, de 3.12.1998 – *Aprova o tema da Semana Nacional de Trânsito – 1998.*

Nº 02, de 31.1.1999 – *Trata da utilização do radar portátil avaliador de velocidade pelo DPRF.*

Nº 04, de 5.2.1999 – *Altera a redação do art. 10 da Resolução nº 50/1998 – Autorização para dirigir ciclomotores.*

Nº 05, de 10.2.1999 – *Prorroga o prazo estabelecido no art. 5º da Resolução nº 71/1998 – Carteira Nacional de Habilitação.*

Nº 06, de 19.3.1999 – *Revoga e altera artigos de resoluções que tratam dos Centros de Formação de Condutores.*

Nº 07, de 21.5.1999 – *Prorroga os prazos estabelecidos nos art. 3º da Resolução nº 79/1998 e art. 6º da Resolução nº 81/1998.*

Nº 08, de 30.7.1999 – *Trata do calendário para substituição de placas de identificação dos veículos.*

Nº 11, de 9.8.1999 – *Estabelece a tolerância do peso bruto transmitido por eixo de veículos nas vias públicas.*

Nº 12, de 30.9.1999 – *Estabelece os prazos para entrada em vigor do uso de equipamentos obrigatórios.*

Nº 13, de 5.11.1999 – *Estabelece o responsável pelo pagamento da penalidade de multa.*

Nº 15, de 5.11.1999 – *Trata da aferição de peso de veículo.*

Nº 17, de 20.3.2000 – *Estabelece o escalonamento para utilização dos dispositivos reflexivos de segurança.*

Nº 18, de 20.3.2000 – *Estabelece procedimentos para desmonte legítimo de veículo.*

Nº 19, de 3.5.2000 – *Admite a tolerância de 5% sobre o peso declarado na nota fiscal.*

Nº 20, de 3.5.2000 – *Proíbe a utilização de chassi de ônibus para sua transformação em veículo de carga.*

Nº 21, de 3.5.2000 – *Revoga a Resolução nº 506/1976 que disciplina o transporte de carga em caminhão-tanque.*

Nº 24, de 30.6.2000 – *Suspende a Resolução nº 105/1999 – Faixas refletivas.*

Nº 25, de 28.12.2000 – *Prorroga até 31.12.2001 a utilização de radar portátil avaliador de velocidade.*

Nº 26, de 28.12.2000 – *Prorroga até 31.12.2001 o prazo referente ao art. 3º da Resolução Contran nº 79/1998.*

Nº 27, de 18.4.2001 – *Estabelece a obrigatoriedade de utilização de dispositivo de segurança para prover melhores condições de visibilidade diurna e noturna em veículos de transporte de carga.*

EMENTÁRIOS

Nº 28, de 11.12.2001 – *Caberá ao Departamento Nacional de Trânsito – Denatran, propor programas e projetos destinados a atribuir maior segurança e confiabilidade ao Certificado de Registro de Veículo – CRV e ao Certificado de Registro e Licenciamento de Veículos – CRLV.*

Nº 29, de 19.12.2001 – *Dispõe sobre requisitos técnicos mínimos para fiscalização da velocidade de veículos automotores, elétricos, reboques e semi-reboques, conforme o Código de Trânsito Brasileiro.*

Nº 30, de 9.12.2001 – *Estabelecer a obrigatoriedade de utilização de dispositivo de segurança para prover melhores condições de visibilidade diurna e noturna em veículos de transporte de carga em circulação.*

Nº 31, de 29.1.2002 – *Revoga a Resolução nº 122, de 14.2.2001 – Faixa Dourada.*

Nº 32, de 21.2.2002 – *Revoga a Resolução nº 782/1994.*

Nº 33, de 03.4.2002 – *Dispõe sobre aplicação da receita arrecadada com a cobrança das multas de trânsito, conforme art.320 do Código de Trânsito Brasileiro.*

Nº 34, de 09.5.2002 – *Revoga a Resolução nº 131, de 2.4.2002.*

Nº 35, de 04.6.2002 – *Dispõe sobre a atribuição de competência para a realização da inspeção técnica nos veículos utilizados no transporte rodoviário internacional de cargas e dá outras providências.*

Nº 36, de 20.6.2002 – *Aprova o Regimento Interno das Câmaras Temáticas.*

Nº 37, de 16.4.2003 – *Concede prazo para cumprimento do art. 21 da Resolução nº 141/2002 – Contran, que "Dispõe sobre o uso, a localização, a instalação e a operação de aparelho, de equipamento tecnológico para auxiliar na gestão do trânsito e dá outras providências".*

Nº 38, de 11.7.2003 – *Dispõe sobre requisitos técnicos mínimos para a fiscalização da velocidade, de avanço de sinal vermelho e da parada sobre a faixa de pedestres de veículos automotores, reboques e semi-reboques, conforme o Código de Trânsito Brasileiro.*

EMENTÁRIO DAS PORTARIAS DENATRAN (DE INTERESSE GERAL)

Nº 119, de 19.3.1997 – *Cria 27 Juntas Administrativas de Recursos de Infrações, que funcionarão junto às Superintendências e Distritos do DPRF, no âmbito de suas respectivas jurisdições.*

Nº 01, de 5.2.1998 – *Auto de Infração – Codificação para elaboração e para preenchimento.*

Nº 02, de 5.2.1998 – *Relatório Trimestral de Movimentação das Contas Bancárias de Multas de Trânsito.*

Nº 13, de 25.9.1998 – *Dispõe sobre o transporte de um veículo automotor novo.*

Nº 38, de 10.12.1998 – *Dispõe sobre os códigos das infrações referentes ao transporte rodoviário de produtos perigosos.*

Nº 50, de 30.12.1998 – *Dispõe sobre o repasse de 5% do valor das multas arrecadadas na conta do FUNSET, no Branco do Brasil.*

Nº 01, de 7.1.2000 – *Disciplina o uso de medidores de alcoolemia e pequisa de substâncias entopecentes no organismo humano.*

Nº 02, de 7.1.2000 – *Trata da homologação dos equipamentos, aparelhos ou dispositivos para exame de alcoolemia (etilômetros, etilotestes ou bafômetros).*

Nº 03, de 7.1.2000 – *Trata da homologação dos equipamentos, aparelhos ou dispositivos para exame de alcoolemia (etilômetros, etilotestes ou bafômetros).*

Nº 04, de 19.1.2000 – *Trata da homologação dos equipamentos, aparelhos ou dispositivos para exame de alcoolemia (etilômetros, etilotestes ou bafômetros).*

Nº 05, de 31.1.2000 – *Trata da homologação dos equipamentos, aparelhos ou dispositivos para exame de alcoolemia (etilômetros, etilotestes ou bafômetros).*

Nº 16, de 22.3.2000 – *Estabelece os procedimentos para aplicação dos Dispositivos Refletivos de Segurança em veículos de carga com PBT superior a 4.536 kg.*

Nº 17, de 22.3.2000 – *Dispõe sobre a identificação do ano de fabricação do veículo.*

Nº 18, de 22.3.2000 – *Estabelece a obrigatoriedade de utilização de dispositivos de segurança para prover melhores condições de visibilidade.*

Nº 19, de 22.3.2000 – *Estabelece a obrigatoriedade de utilização de dispositivos de segurança para prover melhores condições de visibilidade diurna.*

Nº 20, de 22.3.2000 – *Estabelece a obrigatoriedade de utilização de dispositivos de segurança para prover melhores condições de visibilidade diurna.*

EMENTÁRIOS

Nº 01, de 5.1.2001 – *Nomeia o Coordenador Geral de Qualificação do Fator Humano no Trânsito do Denatran.*

Nº 03, de 9.1.2001 – *Institui comissão para vistoria técnica.*

Nº 04, de 9.1.2001 – *Institui comissão para vistoria técnica.*

Nº 05, de 9.1.2001 – *Institui comissão para vistoria técnica.*

Nº 06, de 10.1.2001 – *Designa Coordenador do Denatran.*

Nº 07, de 23.1.2001 – *Define o prazo para transitar quando a compra for por meio eletrônico.*

Nº 11, de 23.2.2001 – *Nomeia os membros da Câmara Temática de Assuntos Veiculares.*

Nº 12, de 23.2.2001 – *Nomeia os membros da Câmara Temática de Cidadania e Educação.*

Nº 13, de 23.2.2001 – *Nomeia os membros da Câmara Temática de Engenharia da Via, Sinalização e Tráfego.*

Nº 14, de 23.2.2001 – *Nomeia os membros da Câmara Temática de Esforço Legal: Infrações, Penalidades, Crimes de Trânsito e Policiamento.*

Nº 15, de 23.2.2001 – *Nomeia os membros da Câmara Temática de Habilitação.*

Nº 16, de 23.2.2001 – *Nomeia os membros da Câmara Temática de Saúde.*

Nº 17, de 23.2.2001 – *Homologa o modelo Alcootest 7410, de etiloteste eletroguímico Dräger.*

Nº 21, de 16.4.2001 – *Trata da homologação dos equipamentos, aparelhos ou dispositivos para exames de alcoolemia (etilômetros, etilotestes ou bafômetros).*

Nº 22, de 23.4.2001 – *Constitui comissão incumbida de fazer vistoria técnica nas instalações e a análise de toda documentação no SENAI/SP e CETRAN/SP.*

Nº 23, de 3.5.2001 – *Resolve que o ano-modelo somente poderá ser imediatamente anterior, igual ou imediatamente posterior ao ano de fabricação do veículo.*

Nº 28, de 30.5.2001 – *Institui guia com código de barras, padrão DENATRAN/FEBRABAN, para arrecadação das multas de trânsito de competência da União, dos Estados, do Distrito Federal e dos Municípios*

Nº 29, de 30.5.2001 – *Altera o texto do art. 23 da Portaria nº 47/1999 – DENATRAN.*

Nº 30, de 30.5.2001 – *Altera o inciso VI do art. 1º da Portaria DENATRAN nº 13/2001.*

Nº 31, de 5.6.2001 – *Designa Gestor Financeiro.*

Nº 32, de 6.6.2001 – *Aprova os Registradores Instantâneos Inalteráveis de Velocidade e Tempo, providos de Discos Diagrama.*

Nº 33, de 29.6.2001 – *Designa Coordenador-Geral de Planejamento Estratégico.*

Nº 34, de 29.6.2001 – *Designa Coordenador-Geral de Infra-Estrutura de Trânsito nos impedimentos do titular.*

Nº 35, de 4.7.2001 – *Altera a composição dos membros da Câmara Temática de Cidadania e Educação.*

Nº 36, de 4.7.2001 – *Altera a composição dos membros da Câmara Temática de Saúde.*

Nº 37, de 10.7.2001 – *Designa Coordenador-Geral de Qualificação do Fator Humano no Trânsito nos impedimentos do titular.*

Nº 38, de 18.7.2001 – *Designa gestor financeiro do Denatran e seu substituto.*

Nº 39, de 25.7.2001 – *Aprova dispositivo de segurança para prover melhores condições de visibilidade diurna e noturna em veículos de transporte de carga (Revogada pela Portaria nº 41/2001).*

Nº 40, de 30.7.2001 – *Nomeia os membros e suplentes da JARI, no Estado de Goiás.*

Nº 41, de 10.8.2001 – *Dá novo texto e revoga a Portaria nº 39/2001.*

Nº 42, de 22.8.2001 – *Altera a composição dos membros da Câmara Temática de Habilitação.*

Nº 43, de 22.8.2001 – *Altera a composição dos membros da Câmara Temática de Assuntos Veiculares.*

Nº 44, de 22.8.2001 – *Altera a composição dos membros da Câmara Temática de Engenharia da Via, Sinalização e Tráfego.*

Nº 45, de 11.9.2001 – *Altera a composição dos membros da Câmara Temática de Cidadania e Educação.*

Nº 46, de 11.9.2001 – *Altera a composição dos membros da Câmara Temática de Saúde.*

Nº 47, de 11.9.2001 – *Altera a composição dos membros da Câmara Temática de Habilitação.*

Nº 48, de 11.10.2001 – *Altera a composição dos membros da Câmara Temática de Assuntos Veiculares.*

Nº 49, de 11.10.2001 – *Altera a composição dos membros da Câmara Temática de Engenharia da Via, Sinalização e Tráfego.*

Nº 50, de 26.10.2001 – *Homologa o equipamento denominado cronotacógrafo, marca SEVA, modelo SV 2001. (Revogada pela Portaria nº 53, de 6.12.2001 e reestabelecida pela Portaria nº 1 de 15.1.2002)*

Nº 51, de 29.11.2001 – *Aprovar o retrorefletor Marca: JB5 – Veicles Reflective.*

Nº 52, de 3.12.2001 – *Atualiza a relação de órgãos autuadores de trânsito constante do Anexo III da Portaria nº 1, de 5.2.1998.*

EMENTÁRIOS

Nº 53, de 6.12.2001 – *Revoga a Portaria nº 50, de 26 de outubro de 2001 (Revogada pela Portaria nº 1, de 15.1.2002).*

Nº 54, de 6.12.2001 – *Concede autorização especial de trânsito, em caráter experimental, junto aos órgãos competentes, a Pierino Gotti.*

Nº 55, de 20.12.2001 – *Altera a composição dos membros da Câmara Temática de Engenharia da Via, Sinalização e Tráfego.*

Nº 57, de 20.12.2001 – *Institui o Registro e Câmara Nacional de Compensação de Multas Interestaduais – RENACOM.*

Nº 01, de 15.1.2002 – *Revoga a Portaria nº 53, de 6.1.2.2001 e reestabelece a Portaria nº 50, de 26.10.2001 que homologa o equipamento denominado cronotacógrafo, marca SEVA, modelo SV 2001.*

Nº 02, de 16.1.2002 – *Baixa a Tabela de valores referenciais de velocidade, Anexo I, para fins de autuação/penalidade por infração ao art. 218, do Código de Trânsito Brasileiro.*

Nº 03, de 21.1.2002 – *Estabelece os procedimentos para aplicação dos Dispositivos Refletivos de Segurança em veículos de carga com PBT superior a 4536 kg.*

Nº 07, de 8.2.2002 – *Altera a composição dos membros da Câmara Temática de Engenharia da Via, Sinalização e Tráfego.*

Nº 08, de 8.2.2002 – *Altera a composição dos membros da Câmara Temática de Assuntos Veiculares.*

Nº 09, de 8.2.2002 – *Homologa o modelo BAF – 110, de etilômetro eletroquímico, marca LPC.*

Nº 10, de 20.2.2002 – *Altera a composição dos membros da Câmara Temática de Cidadania e Educação.*

Nº 11, de 20.2.2002 – *Altera a composição dos membros da Câmara Temática de Saúde,.*

Nº 12, de 21.2.2002 – *Estabelece método de Ensaio para Medição de pressão sonora por buzina ou equipamento similar para ciclomotores, motocicletas, motonetas e triciclos.*

Nº 14, de 28.2.2002 – *Revoga a Portaria nº 20, de 23 de março de 2001 – Denatran, que estabelece a exigência de declaração de próprio punho do interessado, perante a autoridade de trânsito, para fins de anotação e registro de dados relativos a condutores de veículos automotores.*

Nº 16, de 7.3.2002 – *Prorroga, pelo prazo de 30 (trinta) dias, a vigência da Portaria nº 54, de 6 de dezembro de 2001, publicada no DOU de 12 de dezembro de 2001.*

Nº 17, de 15.3.2002 – *Homologa o modelo AI – Sensor IV com impressora, de etilômetro eletroquímico, marca Intoximeters Inc.*

Nº 19, de 18.3.2002 – *Suspende as concessões da Autorização Especiais de Trânsito – AET's para novas Combinações de Veículos de Carga – CVC, de nove eixos, com comprimento inferior a 24,0 m;.*

Nº 20, de 18.3.2002 – *Estabelece os procedimentos para aplicação dos Dispositivos Refletivos de Segurança em veículos de carga com peso bruto total (PBT) superior a 4536 kg.*

Nº 21, de 5.4.2002 – *Revoga a Portaria nº 24, de 08 de maio de 2001 – Denatran.*

Nº 23, de 23.4.2002 – *Homologa o modelo INTOXILYZER 400, de etilômetro portátil, marca CMI.*

Nº 24, de 23.4.2002 – *Entende a inexistência de infração ao Código de Trânsito Brasileiro pelo uso de aparelho de fone de ouvido, do tipo monoauricular, quando da condução de veículo automotor. (Tornada sem efeito pela Portaria Nº 48, de 28.8.2002).*

Nº 25, de 30.4.2002 – *Aprova o retrorrefletor, com os seguintes dados:Marca: Nikkalite – CMY.*

Nº 26, de 6.5.2002 – *Institui Grupo de Trabalho com o objetivo de elaborar Projeto destinado a atribuir maior segurança e confiabilidade ao Certificado de Registro de Veículos – CRV e ao Certificado de Registro e Licenciamento de Veiculo – CRLV.*

Nº 27, de 7.5.2002 – *Estabelece os procedimentos para cadastramento dos instaladores/fabricantes de Equipamentos Veiculares (carroçaria) e emissão do Certificado de Adequação à Legislação de Trânsito – CAT, para efeito de complementação do pré-cadastro do Sistema Nacional de Trânsito.*

Nº 28, de 8.5.2002 – *Estabelece os procedimentos para cadastramento dos instaladores/fabricantes de Equipamentos Veiculares (carroçaria) e emissão do Certificado de Adequação à Legislação de Trânsito – CAT, para efeito de complementação do pré-cadastro do Sistema Nacional de Trânsito.*

Nº 31, de 27.6.2002 – *Inclui o DNIT na relação de órgãos autuadores de trânsito.*

Nº 42, de 9.7.2002 – *Prorroga, pelo prazo de 90 (noventa) dias, a vigência da Portaria nº 56, de 20 de dezembro de 2001.*

Nº 47, de 15.8.2002 – *Define o Certificado de Inspeção Técnica Veicular – CITV e do Selo de Aprovação na Inspeção Veicular – SAIV, para os veículos utilizados no transporte rodoviário internacional de cargas.*

Nº 48, de 28.8.2002 – *Torna sem efeito a Portaria nº 24, de 23 de abril de 2002.*

Nº 52, de 24.10.2002 – *Inclui a ANTT na relação de órgãos autuadores de trânsito.*

Nº 53, de 24.10.2002 – *Concede autorização ao DPRF para utilizar aparelho ou equipamento sem registrador de imagem.*

Nº 57, de 12.11.2002 – *Conceder autorização ao DER do Estado de São Paulo para utilizar aparelho ou equipamento sem registrador de imagem.* (Tornada sem efeito pela Portaria nº 57, de 17.12.2002).

Nº 59, de 21.11.2002 – *Estabelece procedimentos para inclusão de penalidades nos sistemas Renach e Renavam.*

Nº 60, de 26.11.2002 – *Estabelece procedimento de inspeção em veículos automotores.*

Nº 61, de 11.12.2002 – *Instituir, no âmbito do Departamento Nacional de Trânsito – Denatran, o Comitê Setorial de Desburocratização.*

Nº 64, de 17.12.2002 – *Tornar sem efeito a Portaria nº 57, de 12.11.2002.*

Nº 65, de 27.12.2002 – *Fica disponibilizada a consulta pública aos Sistemas de Registro Nacional de Veículos Automotores – Renavam e de Registro Nacional de Carteiras de Habilitação – Renach.*

Nº 66, de 27.12.2002 – *Instituir o Módulo de Controle de Documentos de Segurança no Sistema de Registro Nacional de Veículos Automotores – Renavam.*

Nº 67, de 27.12.2002 – *Instituir Grupo de Trabalho, com o objetivo de elaborar projeto destinado a atribuir maior segurança e confiabilidade ao Certificados de Registro de Veículo – CRV e ao Certificados de Registro e Licenciamento de Veículo – CRLV.*

Nº 07, de 2.5.2003 – *Instaura Correição Geral Extraordinária na Coordenação Geral de Instrumental Jurídico e da Fiscalização e no Setor de Protocolo entre os dias 9 de junho a 4 de julho de 2003.*

Nº 09, de 1º.8.2003 – *Determina o arquivamento dos procedimentos administrativos por exaurimento de finalidade, nos termos do art. 52 da Lei nº 9784/1999.*

Nº 10, de 27.8.2003 – *Determina ampla divulgação do tema proposto pelo Denatran e aprovado pelo CONTRAN, para as comemorações da Semana Nacional de Trânsito, cujo tema é "DÊ PREFERÊNCIA À VIDA".*

EMENTÁRIO DE NORMAS SOBRE TRANSPORTE DE PRODUTOS PERIGOSOS

Lei nº 7.092, de 19.4.1983 - *Cria o Registro Nacional de Transportadores Rodoviários de bens, fixa condições para o exercício da atividade, e dá outras providências.*

Decreto-Lei nº 2.063, de 6.10.1983 - *Dispõe sobre multas a serem aplicadas por infrações à regulamentação para execução do serviço de transporte rodoviário de cargas ou produtos perigosos, e dá outras providências.*

Decreto nº 96.044, de 18.5.1988 - *Aprova o Regulamento para o Transporte Rodoviário de Produtos Perigosos, e dá outras providências.*

Portaria do Ministério dos Transportes nº 409, de 12.9.1997 (*DOU* de 15.9.1997) - *Determina a desclassificação do produto nº 2.489 - Difenilmetano-4, 4'Diisociato, como produto perigoso.*

Resolução Contran nº 404, de 21.11. 1968 - *Transporte de Produtos Perigosos.*

ABREVIATURAS

ABDETRAN - Associação Brasileira dos Departamentos Estaduais de Trânsito
ABNT - Associação Brasileira de Normas Técnicas
ABRAMET - Associação Brasileiro de Medicina de Tráfego
AC - Apelação Civil
ACrim - Apelação Criminal
AET - Autorização Especial de Trânsito
AIIP - Auto de Infração e Imposição de Penalidade
AIT - Auto de Infração de Trânsito
AR - Aviso de recebimento
Art. ou art. - Artigo
ARVC - Auto de Retirada de Veículo da Circulação
BATCH - Processamento feito pela central de computação
BIN - Base de Índice Nacional
BO - Boletim de Ocorrência
BOAT - Boletim de Ocorrência de Acidente de Trânsito
CALT - Certificado de Adequação à Legislação de Trânsito
CAT - Coordenadoria de Administração Tributária
CE - Constituição Estadual
CET - Companhia de Engenharia de Tráfego

CETESB - Companhia Estadual de Tecnologia de Saneamento
CETRAN - Conselho Estadual de Trânsito
CF - Constituição Federal
CFC - Centro de Formação de Condutores
CIPAT - Centro de Intercâmbio Preventivo de Acidentes de Trânsito
CIRETRAN - Circunscrição Regional de Trânsito
CJ - Consultoria Jurídica
CLA - Certificado de Licenciamento Anual
CMT - Capacidade Máxima de Tração
CMT - Capacidade Máxima Permitida
CNH - Carteira Nacional de Habilitação
CNP - Conselho Nacional de Petróleo
CNSP - Conselho Nacional de Seguros Privados
CNT - Código Nacional de Trânsito
CNV - Gás Natural Veicular
COM - Comunicado
CONAMA - Conselho Nacional do Meio Ambiente
CONCETRAN - Conselho Comunitário de Educação para o Trânsito
CONMETRO - Conselho Nacional de Metrologia
CONTETRAN - Conselho Territorial de Trânsito

CONTRADIFE - Conselho de Trânsito do Distrito Federal

CONTRAN - Conselho Nacional de Trânsito

COSESP - Companhia de Seguros do Estado de São Paulo

CP - Código Penal

CPC - Código de Processo Civil

CPP - Código de Processo Penal

CPPM - Código de Processo Penal Militar

CR - Certificado de Recolha

CRLV - Certificado de Registro e Licenciamento de Veículo

CRV - Certificado de Registro de Veículo

CSV - Certificado de Segurança Veicular

CTB - Código de Trânsito Brasileiro

CTV - Convenção sobre Trânsito Viário de Viena

CVT - Combinação para Transporte de Veículos

DECON - Departamento Estadual de Polícia do Consumidor

DENATRAN - Departamento Nacional de Trânsito

DER - Departamento de Estradas de Rodagem

DERSA - Desenvolvimento Rodoviário

DETRAN - Departamento Estadual de Trânsito

DIVECAR - Divisão de Investigações sobre furto e roubo de veículos e cargas

DJU - Diário da Justiça da União

DNC - Departamento Nacional de Combustível

DNER - Departamento Nacional de Estrada e Rodagem

DNSPC - Departamento Nacional de Seguros Privados e Capitalização

DOE - Diário Oficial do Estado

DOU - Diário Oficial da União

DPRF - Departamento de Polícia Rodoviária Federal

DPVAT - Danos Pessoais Causados por Veículos Automotores de Vias Terrestres – É também denominado Seguro Obrigatório

DSV - Departamento de Operações do Sistema Viário

DUT ou DUAL - Documento Único de Trânsito (no qual consta além do Consórcio de Resseguros de Veículos (CRV) o bilhete DPVAT, (substituído pelo CRLV)

FUNSET - Fundo Nacional de Segurança e Educação do Trânsito

GLP - Gás Liquefeito de Petróleo

GMV - Gás Metano Veicular

GNV - Gás Natural Veicular

IBAMA - Instituto Brasileiro do Meio Ambiente e dos Recursos Naturais Renováveis

IBCRIM - Instituto Brasileiro de Ciências Criminais

ICMS - Imposto sobre Circulação de Mercadorias e Serviços

INMETRO - Instituto Nacional de Metrologia, Normalização e Qualidade Industrial

INPI - Instituto Nacional de Propriedade Industrial

INST - Instituto Nacional de Segurança no Trânsito

IPR - Instituto de Pesquisas Rodoviárias

IPVA - Imposto sobre Propriedade de Veículos Automotores [em 1985 a TRU (taxa rodoviária única] foi extinta

IRB - Instituto de Resseguros do Brasil

ITV - Inspeção Técnica de Veículos

JARI - Junta Administrativa de Recursos de Infrações

JTACRIM-SP - Julgados do Tribunal de Alçada Criminal de São Paulo

JTASP - Julgados do Tribunal de Alçada de São Paulo

LADV - Licença para Aprendizagem de Direção Veicular

LCP - Lei das Contravenções Penais

LCVM - Licença para Uso da Configuração de Veículos ou Motor

LICP - Lei de Introdução ao Código Penal

MAN - Marcações de Áreas Neutras

ABREVIATURAS

MILT - Multa por Infração de Trânsito
MJ - Ministério da Justiça
MS - Mandado de Segurança
ONU - Organização Das Nações Unidas
OQT - Organização de Qualificação de Trânsito
PBT - Peso Bruto Total
PBTC - Peso Bruto Total Combinado
PDU - Plano Diretor Urbano
PM - Polícia Militar
PPD - Permissão para Dirigir
PROCONVE - Programa Nacional de Controle de Poluição por Veículos Automotores
RAD - Recibo de Apreensão de Documentos
RAT - Relatório de Acidente de Trânsito
RBUT - Regulamentação Básica Unificada de Trânsito
RCNT - Regulamento do Código Nacional de Trânsito
REFIS - Registrador Fotográfico de Infrações ao Semáforo
REM - Remarcado Chassi
RENACH - Registro Nacional de Carteira de Habilitação
RENAVAM - Registro Nacional de Veículos Automotores

RENFOR - Rede Nacional de Formação e Habilitação de Condutores
RT - Revista dos Tribunais
RTB - Registro Nacional de Transportadores Rodoviários de Bens
SARIT - Sistema Automático de Detecção e Registro de Infrações de Trânsito
SBC - Sistema Brasileiro de Certificação
SENATRAN - Secretaria Nacional de Trânsito
SFD - Serviço de Fiscalização de Despachantes
SINET - Sistema Nacional de Estatísticas de Acidentes de Trânsito
SISNAMA - Sistema Nacional do Meio Ambiente
SSP - Secretaria dos Negócios de Segurança Pública
SSP/SP - Secretaria da Segurança Pública do Estado de São Paulo
SUSEP - Superintendência de Seguros Privados
TC - Termo Circunstanciado (Lei nº 9.099/1995)
TON - Tonelada
TRU - Taxa Rodoviária
VIN - Número de Identificação do Veículo
WMI - Identificador Internacional do Fabricante

BIBLIOGRAFIA

ABREU, Waldyr de. *Código de Trânsito Brasileiro: Infrações Administrativas, Crimes de Trânsito e Questões Fundamentais*. São Paulo: Saraiva, 1998.

──────. *Trânsito: Como Policiar, ser Policiado e Recorrer das Punições*. 2ª ed. rev. e amp. Rio de Janeiro: Renovar, 2001.

ARAGÃO, Ranvier Feitosa. *Acidentes de Trânsito: Aspectos Técnicos e Jurídicos*. Porto Alegre: Editora Sagra Luzzatto, 1999.

ARAUJO, Luiz Alberto David. *A Proteção Constitucional das Pessoas Portadoras de Deficiência*. 2ª ed. Brasília: Corde, 1996.

──────. NUNES JUNIOR, Vidal Serrano. *Curso de Direito Constitucional*. 7ª ed. rev. e atual. São Paulo: Editora Saraiva, 2003.

ARAÚJO, Marcelo José. *Trânsito: Questões Controvertidas*. Curitiba: Editora Juruá, 2002.

BARBOSA, Manoel Messias. *Delitos do Automóvel e Prática Processual*. 4ª ed. rev. e atual. de acordo com a Nova Constituição. São Paulo: Leud, 1991.

──────. *A Imprudência nos Delitos de Automóvel: Considerações e Jurisprudência*. São Paulo: Editora Jabor, 1979.

──────. SOBRINHO, José Almeida; MUKAI, Nair Sumiko Nakamura. *Código de Trânsito Brasileiro Anotado e Legislação Complementar em Vigor*. 6ª ed. rev. e atual. São Paulo: Editora Método, 2002.

BEUX, Armindo. *Acidentes de Trânsito na Justiça*. Rio de Janeiro: Editora do autor, Forense, 1973. v. III.

CARDOSO, Vicente Fontana. *Crimes em Acidentes de Trânsito: Comentários e Jurisprudência*. Rio de Janeiro: Forense, 1973.

CARRIDE, Norberto de Almeida. *Código de Trânsito Anotado*. São Paulo: N.A. Carride, 2000.

──────. *Direito de Trânsito e Responsabilidade Civil de A a Z*. 2ª ed., rev. e atual. São Paulo: Juarez de Oliveira, 2003.

CROCE, Delton; CROCE JÚNIOR, Delton. *Manual de Medicina Legal*. 4ª ed. rev. e amp. São Paulo: Saraiva, 1998.

CROCE JÚNIOR, Delton; CROCE, Delton. *Manual de Medicina Legal*. 4ª ed. rev. e amp. São Paulo: Saraiva, 1998.

DAMASCENO, Antônio Sérgio de Azevedo. *Multas de Trânsito: Saiba como Recorrer*. 2ª ed. atual. e rev. Rio de Janeiro: Freitas Bastos, 2001.

DIAS, Gilberto Antonio Faria. *Manual Faria de Trânsito: As Infrações de Trânsito e suas Conseqüências*. 3ª ed. rev. atual. e aum. São Paulo: Editora Juarez de Oliveira, 2001.

BIBLIOGRAFIA

DINIZ, Maria Helena. *Código Civil Anotado,* 9ª ed. rev. e atual. de acordo com o novo Código civil (Lei nº 10.406, de 10.1.2002). São Paulo: Saraiva, 2003.

DELMANTO JUNIOR, Roberto; DELMANTO, Roberto. *Código Penal Comentado.* 4ª ed. atual. e amp. Rio de Janeiro: Editora Renovar, 1998.

DELMANTO, Roberto; DELMANTO JUNIOR, Roberto. *Código Penal Comentado.* 4ª ed. atual. e amp. Rio de Janeiro: Editora Renovar, 1998.

FERREIRA FILHO, Manoel Gonçalves. *Comentários à Constituição Brasileira de 1988.* São Paulo: Saraiva, 1997, v. 1 – Arts. 1º a 103.

FUKASSAWA, Fernando Y. *Crimes de Trânsito: De Acordo com a Lei nº 9.503, de 23.9.1997.* São Paulo: Editora Oliveira Mendes, 1998.

GARCIA, Ismar Estulano. *Crimes de Trânsito.* Goiânia: AB Editora, 1997.

GASPARINI, Diógenes. *Direito Administrativo.* 6ª ed. rev., atual. e aum. São Paulo: Editora Saraiva, 2001.

GIMENES, Eron Veríssimo. *Manual de Procedimento do PM no Trânsito.* Bauru: Gráfica Editora Olitra, 1990.

—————. *Prática das Infrações no Trânsito: Acidente de Trânsito, Normas para Transporte de Escolares, Código de Identificação das Infrações de Trânsito, Fundamentos Legais, Resoluções Contran, Portarias Cetran-Denatran, Comentários.* Bauru: Edipro, 1996.

—————. "A competência nos crimes ambientais – Fauna", *Revista do Instituto de Pesquisas e Estudos de Bauru/SP,* Instituição Toledo de Ensino, Faculdade de Direito de Bauru, nº 33, dez./mar. 2002, p. 355.

—————. "Crimes contra a saúde pública e falsificação, adulteração e outras irregularidades em medicamentos e substâncias alimentícias", *Revista do Instituto de Pesquisas e Estudos de Bauru/SP,* Instituição Toledo de Ensino, Faculdade de Direito de Bauru, nº 26, ago./nov. 1999, p. 219.

—————. "A escuta telefônica à luz da Lei nº 9.296/1996", em parceria com Lucas Pimentel de Oliveira, promotor Público da Comarca de Bauru/SP, *Revista do Instituto de Pesquisas e Estudos de Bauru/SP,* Instituição Toledo de Ensino, Faculdade de Direito de Bauru, nº 21, ago./nov. 1999, p. 259.

GOMES, Luiz Flávio. *Estudos de Direito Penal e Processo Penal.* São Paulo: Editora Revista dos Tribunais, 1998.

HOLANDA, Aurélio Buarque de. *Novo Dicionário Aurélio da Língua Portuguesa.* 2ª ed. rev. e aum. 32ª impressão. Rio de Janeiro: Editora Nova Fronteira, 1986, p. 945.

HONORATO, Cássio Mattos. *Trânsito: Infrações e Crimes.* Campinas: Millennium, 2000.

JESUS, Damásio E. de. *Crimes de Trânsito: Anotações à Parte Criminal do Código de Trânsito (Lei nº 9.503, de 23 de setembro de 1997).* 2ª ed. São Paulo: Saraiva, 1998.

—————. *Código Penal Anotado.* 9ª ed. rev. e atual. São Paulo: Saraiva, 1999.

KRIGGER, Ilson Idalécio Marques. *Processo Administrativo e Defesa do Infrator no Novo Código de Trânsito Brasileiro.* Porto Alegre: Síntese, 1998.

LAZZARI, Carlos Flores; WITTER, Ilton da Rosa. *Nova Coletânea de Legislação de Trânsito.* 18ª ed. Porto Alegre: Editora Sagra Luzzatto, 2001.

LOPES, Maurício Antonio Ribeiro. *Código de Trânsito Brasileiro Anotado.* São Paulo: Editora Revista dos Tribunais, 1998.

MAGGIO, Eduardo Antônio. *Manual de Infrações, Multas de Trânsito e seus Recursos.* 2ª ed. rev. e amp. São Paulo: Editora Jurista, 2002.

MARTINS, Sidney. *Multas de Trânsito: Defesa Prévia e Processo Punitivo, legislação, doutrina, jurisprudência.* Curitiba: Editora Juruá, 2002.

MAZZILLI, Hugo Nigro. *Questões Criminais Controvertidas.* São Paulo: Saraiva, 1999.

BIBLIOGRAFIA

MEIRELLES, Hely Lopes. *Direito Administrativo Brasileiro.* 21ª ed. atual por Eurico De Andrade Azevedo, Délcio Balestero Aleixo e José Emmanuel Burle Filho. São Paulo: Malheiros Editores, 1996.

MIRABETE, Julio Fabbrini. *Código Penal Interpretado.* São Paulo: Atlas, 1999.

MIRANDA, Gilson Delgado; PIZZOL, Patricia Miranda. *Processo Civil: Recursos.* 3ª ed. São Paulo: Atlas, 2002 (Série fundamentos jurídicos).

MOREIRA, José Carlos Barbosa. *Comentários ao Código de Processo Civil.* 7ª ed. Rio de Janeiro: Forense, 1998. v.5, p. 231, apud Gilson Delgado Miranda e Patricia Miranda Pizzol. *Op. cit.*, p. 17.

MUKAI, Nair Sumiko Nakamura; SOBRINHO, José Almeida; BARBOSA, Manoel Messias. *Código de Trânsito Brasileiro Anotado e Legislação Complementar em Vigor.* 6ª ed. rev. e atual. São Paulo: Editora Método, 2002.

NOGUEIRA, Fernando Célio de Brito. *Crimes do Código de Trânsito: De Acordo com a Lei Federal n° 9.503, de 23 de setembro de 1997.* São Paulo: Atlas, 1999.

NOGUEIRA, Paulo Lúcio. *Delitos do Automóvel: Apontamentos sobre o Dolo Eventual.* 2ª ed. São Paulo: Sugestões Literárias, 1973.

NUCCI, Guilherme de Souza. *Código Penal Comentado.* 2ª ed. rev. amp. e atual. com as Leis nºs 9.983/2000 (crimes previdenciários), 10.028/2000 (crimes contra as finanças públicas e denunciação caluniosa), 10.224/2001 (crimes de assédio sexual), 10.268/2001 (crimes de falso testemunho e suborno). São Paulo: Editora Revista dos Tribunais, 2002.

NUNES JUNIOR, Vidal Serrano; ARAUJO, Luiz Alberto David. *Curso de Direito Constitucional.* 7ª ed. rev. e atual. São Paulo: Editora Saraiva, 2003.

OLIVEIRA, Juarez de; PINHEIRO. Geraldo de Faria Lemos; RIBEIRO, Dorival; (Org.). *Código de trânsito brasileiro sistematizado: Lei nº 9.503, de 23.9.1997, alterada pelas Leis nºs 9.602, de 21.1.1998, de 14.4.1999, 10.350, de 21.12.2001 e 10.517, de 11.7.2002.* 3ª ed. atual. e substancialmente aumentada. Rio de Janeiro: Juarez de Oliveira, 2003.

PINHEIRO, Geraldo de Faria Lemos; RIBEIRO, Dorival. *Código Nacional de Trânsito Anotado: Lei nº 5.108, de 21 de setembro de 1966.* São Paulo: Saraiva, 1996.

──────. *Código de Trânsito Brasileiro Interpretado: Lei n° 9.503, de 23 de setembro de 1997.* São Paulo: Editora Juarez de Oliveira, 2000.

PINHEIRO. Geraldo de Faria Lemos; RIBEIRO, Dorival; OLIVEIRA, Juarez de (Org.). *Código de Trânsito Brasileiro Sistematizado: Lei nº 9.503, de 23.9.1997, alterada pelas Leis nºs 9.602, de 21.1.1998, de 14.4.1999, 10.350, de 21.12.2001 e 10.517, de 11.7.2002.* 3ª ed. atual. e substancialmente aumentada. Rio de Janeiro: Juarez de Oliveira, 2003.

PIRES, Ariosvaldo de Campos; SALES, Sheila Jorge Selim de. *Crimes de Trânsito na Lei nº 9.503/1997.* Belo Horizonte: Del Rey, 1998.

PIZZOL, Patricia Miranda; MIRANDA, Gilson Delgado. *Processo Civil: Recursos.* 3ª ed. São Paulo: Atlas, 2002 (Série fundamentos jurídicos).

RIBEIRO, Dorival; PINHEIRO, Geraldo de Faria Lemos. *Código Nacional de Trânsito Anotado: Lei nº 5.108, de 21 de setembro de 1966.* São Paulo: Saraiva, 1996.

RIBEIRO, Dorival; OLIVEIRA, Juarez de; PINHEIRO. Geraldo de Faria Lemos; (Org.). *Código de Trânsito Brasileiro Sistematizado: Lei nº 9.503, de 23.9.1997, alterada pelas Leis nºs 9.602, de 21.1.1998, de 14.4.1999, 10.350, de 21.12.2001 e 10.517, de 11.7.2002.* 3ª ed. atual. e substancialmente aumentada. Rio de Janeiro: Juarez de Oliveira, 2003.

ROCHA, Luiz Carlos. *Direito de Trânsito: Teoria e Prática.* 4ª ed. atual. e aum. São Paulo: Sugestões Literárias, 1989.

RIZZARDO, Arnaldo. *Comentários ao Código de Trânsito Brasileiro.* 2ª ed. rev. atual., e amp. São Paulo: Editora Revista dos Tribunais, 2000.

———. *Comentários ao Código de Trânsito Brasileiro*. 3ª ed. rev. atual., e amp. São Paulo: Editora Revista dos Tribunais, 2001.

———. *Comentários ao Código de Trânsito Brasileiro*. 4ª ed. rev. atual., e amp. São Paulo: Editora Revista dos Tribunais, 2003.

SABATOVSKI, Emílio; FONTOURA, Iara P.; FOLMANN (Org.). *Legislação & Código de Trânsito*. 8ª ed. Curitiba: Juruá, 2002.

SALES, Sheila Jorge Selim de; PIRES, Ariosvaldo de Campos. *Crimes de Trânsito na Lei nº 9.503/1997*. Belo Horizonte: Del Rey, 1998.

SCHMIDT, Ana Sofia. *A Vítima e o Direito Penal: Uma Abordagem do Movimento Vitimológico e de seu Impacto no Direito Penal*. São Paulo: Editora Revista dos Tribunais, 1999.

SILVA, Wilson Melo. *Da Responsabilidade Civil Automobilística*. 5ª ed. São Paulo: Saraiva, 1988.

SILVA, João Baptista da. *Código de Trânsito Brasileiro Explicado*. Belo Horizonte: Editora O Lutador, 1999.

SILVA, José Geraldo; SOPHI, Roberta Ceriolo. *Dos Recursos em Matéria de Trânsito*. 4ª ed. rev. atual. e amp. Campinas: Editora Millennium, 2001.

SILVA, José Ribeiro da. *Código de Trânsito Anotado: Lei nº 9.503, de 23 de setembro de 1997*. Campinas: Bookseller, 1998.

SOBRINHO, José Almeida; BARBOSA, Manoel Messias; MUKAI, Nair Sumiko Nakamura. *Código de Trânsito Brasileiro Anotado e Legislação Complementar em Vigor*. 6ª ed. rev. e atual. São Paulo: Editora Método, 2002.

SOPHI, Roberta Ceriolo; SILVA, José Geraldo. *Dos Recursos em Matéria de Trânsito*. 4ª ed. rev. atual. e amp. Campinas: Editora Millennium, 2001.

SWENSSON, Walter Cruz; SWENSSON NETO, Renato. *Manual de Procedimentos e Prática de Trânsito: De Acordo com o Código de Trânsito Brasileiro – Lei nº 9.503, de 23.9.1997*. 2ª ed., atual. e aum. São Paulo: Editora Juarez de Oliveira, 2002.

SWENSSON NETO, Renato; SWENSSON, Walter Cruz. *Manual de Procedimentos e Prática de Trânsito: De Acordo com o Código de Trânsito Brasileiro – Lei nº 9.503, de 23.9.1997*. 2ª ed., atual. e aum. São Paulo: Editora Juarez de Oliveira, 2002.

VASQUES, Aureliano Pires. *Código de Trânsito Comentado e o Despachante, a Auto-escola e os Órgãos de Trânsito*. Presidente Prudente: Gráfica Grafoeste, 1997.

VIOLANTE, Carlos Alberto M. S. M.; VIOLANTE, Ana Vanuíre S. M.; VIOLANTE, Rosângela A. Evangelista. *Multas de Trânsito: Soluções para o Licenciamento, Doutrina, Jurisprudência, Modelos*. Campinas: Edicamp, 2001.

VIOLANTE, Ana Vanuíre S. M.; VIOLANTE, Carlos Alberto M. S. M.; VIOLANTE, Rosângela A. Evangelista. *Multas de Trânsito: Soluções para o Licenciamento, Doutrina, Jurisprudência, Modelos*. Campinas: Edicamp, 2001.

VIOLANTE, Rosângela A. Evangelista; VIOLANTE, Carlos Alberto M. S. M.; VIOLANTE, Ana Vanuíre S. M.. *Multas de Trânsito: Soluções para o Licenciamento, Doutrina, Jurisprudência, modelos*. Campinas: Edicamp, 2001.

WITTER, Ilton da Rosa; LAZZARI, Carlos Flores. *Nova Coletânea de Legislação de Trânsito*. 18ª ed. Porto Alegre: Editora Sagra Luzzatto, 2001.